PORT-ROYAL

PAR

C.-A. SAINTE-BEUVE

TROISIÈME ÉDITION

TOME TROISIÈME

PARIS
LIBRAIRIE DE L. HACHETTE ET Cie
BOULEVARD SAINT-GERMAIN, N° 77

1867
Tous droits réservés

A la page 505, ligne 15, au lieu de 1657, lisez : 1667.

PORT-ROYAL

IMPRIMERIE GÉNÉRALE DE CH. LAHURE
Rue de Fleurus, 9, à Paris

> Le tome troisième, publié six ans après le second,
> en 1848, portait dans la première édition
> cette préface explicative[1].

L'intervalle de temps qui s'est écoulé depuis la publication du second volume de cet ouvrage a été plus long que je ne comptais, et qu'on n'avait droit d'attendre. Le public me permettra-t-il de lui expliquer en peu de mots comment cette interruption est due à plusieurs causes, et ne vient pas de la faute de l'auteur uniquement?

Lorsque j'ai commencé à m'occuper de Port-Royal, ce sujet était loin d'être à l'ordre du jour; j'ai pu, durant plusieurs années, nourrir lentement mon projet, l'approfondir, aller exposer à Lausanne, dans un Cours, les premiers résultats de mes études, revenir à Paris rédiger mes deux premiers volumes, sans que rien indiquât l'espèce de vogue et la con-

---

1. Je ferai pourtant observer que la division des tomes était un peu différente dans les deux éditions précédentes et que les chapitres VI et VII du livre troisième qui font partie de ce tome III dans la présente édition, appartenaient d'abord au tome II; de telle sorte que la place véritable de cette préface serait plus loin, à la page 72-73 du volume; mais cela eût coupé inutilement la suite des chapitres.

currence soudaine que j'allais y rencontrer. Mais ce second volume avait paru à peine, que la face des choses changea. L'Éloge de Pascal, que l'Académie française avait mis au concours, appelait l'attention publique sur cette partie centrale et la plus brillante du tableau dont je m'étais efforcé jusque-là de mettre en lumière les parties sombres. Plusieurs talents distingués entrèrent en lice, quand, se portant à leur tête, un de leurs juges et de leurs maîtres, un grand écrivain, et l'un des plus grands esprits de ce temps-ci, promoteur et agitateur en toute carrière (c'est nommer M. Cousin), évoqua brusquement à lui la cause, entama l'œuvre avec un entrain de verve et un éclat de plume qui étaient faits pour susciter en foule les imitateurs, les contradicteurs même, et à la fois pour ralentir ceux qui ne s'attendaient point à une irruption si redoutable. Les résultats qu'on proclamait coup sur coup chaque matin étaient nouveaux, imprévus; ils ne l'étaient peut-être pas pour ceux qui avaient de longue main étudié la matière, tout à fait autant qu'ils le semblaient au public, et, pour tout dire, aux auteurs eux-mêmes dans le premier éblouissement de la découverte; ils étaient pourtant assez neufs et littérairement assez piquants, ils étaient surtout présentés (quand c'était M. Cousin qui parlait) avec un assez magnifique talent et dans une plénitude de langage assez au niveau des hauteurs du grand siècle pour justifier l'intérêt excité et le retentissement universel. Je sentis dès lors que le sujet au sein duquel je m'étais considéré jusque-là comme cloîtré m'échappait en quelque sorte, au moment où il devenait plus général et plus brillant, ou plutôt je compris qu'à cet endroit lumineux il ne m'avait jamais appartenu ; tout ce qui est gloire, en effet, fait partie du domaine public : *Laus est publica.*

Je ne viens pas me plaindre du succès qu'a eu mon sujet ; mais Port-Royal est devenu de mode, c'est là un fait ; et c'est plus que je n'avais espéré, plus même peut-être que je n'aurais désiré, étant de ceux qui évitent soigneusement la foule, et qui aiment avant tout que chaque chose demeure, s'il se peut, fidèle à son esprit. La mode, la concurrence, le bruit me semblaient plutôt des inconvénients en telle matière : ç'avait été, dans le temps, un inconvénient pour Port-Royal lui-même ; c'en était un aujourd'hui pour l'historien. Et tout ainsi qu'au milieu de ce triomphe des *Provinciales*, qui ouvrait si brillamment l'ère de la décadence, M. Singlin se rappelait, avec un inexprimable regret, l'époque plus austère et toute silencieuse de Saint-Cyran, je me rappelais à mon tour, comme l'âge d'or de mon sujet, ce jour où, au milieu d'une conversation avec M. Royer-Collard, il y a huit ou neuf ans, il s'interrompait tout d'un coup pour me dire : « Nous causons de Port-Royal ; mais savez-vous bien, Monsieur, qu'il n'y a que vous et moi, en ce temps-ci, pour nous occuper de telles choses ? »

Je dus, quoi qu'il en soit, m'arrêter devant le torrent, et attendre qu'il fût dégonflé pour pouvoir continuer ma marche du même pas que devant. Un autre contre-temps, qui eût semblé à de plus empressés un nouvel à-propos, se présenta alors et me barra le chemin. La question religieuse, comme on disait, prit feu de toutes parts; les Jésuites furent à l'ordre du jour presque autant qu'au matin des *Provinciales :* ce n'était pas du tout mon compte pour venir parler d'eux. J'en voulais parler historiquement, froidement, comme d'une chose morte et déjà lointaine, et voilà qu'ils faisaient semblant de revivre, et qu'on faisait semblant d'en avoir peur. Le tumulte à leur sujet grossissait à vue d'œil; un pas de plus, et moi-même, en continuant, je faisais partie de ce tumulte; évidemment il y avait de quoi m'obliger à reculer : je m'étais cru dans un cloître, et je me trouvais dans un carrefour.

Il est résulté pour moi de ces diverses circonstances, et des autres complications fortuites dont la vie ne manque jamais, bien des délais involontaires, un ralentissement inévitable, et, pourquoi ne pas le confesser? un certain dégoût, non pas certes pour mon cher et intime sujet, mais pour cette publicité bruyante à laquelle, portion par portion, je le voyais s'en aller en proie. J'y reviens aujourd'hui, à mon heure, dans une disposition d'esprit qui s'y retrouve conforme; j'y reviens légèrement mortifié, ne souhaitant plus qu'une chose, achever dignement de le traiter, en étant de plus en plus vrai, sincère, indépendant, — indépendant même du sentiment profond qu'il m'inspire.

15 mai 1846.

LIVRE TROISIÈME

PASCAL

(SUITE)

VI

Situation extérieure à la veille des *Provinciales*. — Les cinq Propositions déférées à Rome. — Innocent X. — Avocats pour et contre. — Le docteur Saint-Amour ; son portrait par Brienne. — Audience solennelle ; compliments et condamnation. — La Bulle en France ; Mazarin. — Le Formulaire. — Affaire d'Arnauld à la Faculté. — Assemblées religieuses ; Assemblées politiques. — Une *Chambre de 1815* en Sorbonne. — Arnauld rayé comme indigne. — Pascal survient à son aide ; bataille regagnée. — Année 1656, seconde époque.

Quand Pascal survint pour auxiliaire à Port-Royal, malgré le renom d'Arnauld, malgré les sermons de M. Singlin et sa direction combinée avec celle de M. de Saci, malgré le nombre croissant des solitaires et cette prospérité du saint Désert, malgré l'excellent gouvernement spirituel des Mères, l'ordre du dedans et la multiplication des pensionnaires et des novices, malgré toutes ces raisons de fleurir, Port-Royal était en grand danger et avait besoin de quelque coup éclatant : c'est que les choses au dehors avaient fort empiré. Tâchons brièvement de les débrouiller et de les définir.

Il y avait continuellement des attaques violentes et publiques de Jésuites contre Port-Royal ; quelques-unes arrivaient de temps en temps à un degré de scandale intolérable. Ainsi, en 1651, le Père Brisacier, de la maison de Blois, s'était mis à prêcher contre M. de Callaghan (ou Mac-Callaghan), ami de Port-Royal, proche parent des Muskry, des Hamilton, et Irlandais lui-même, que madame d'Aumont avait établi curé en l'une de ses terres (Cour-Chiverny) aux environs de Blois. On avait répondu (car on répondait toujours) par un écrit *en quatre parties* au sermon *en quatre points* du Père Brisacier, lequel ne resta pas en arrière, et dans un vrai libelle intitulé : *le Jansénisme confondu dans l'Avocat du Sieur Callaghan...*, passa toutes les limites : il y traitait les religieuses de Port-Royal de *Vierges folles, impénitentes, asacramentaires, incommuniantes, phantastiques;* ayant tout épuisé, il finissait par les appeler *Callaghanes!* La mère Angélique, informée par madame d'Aumont de ces infamies, et ayant lu quelque chose du libelle, crut devoir en demander justice à l'archevêque, M. de Gondi, par une lettre pleine de modération et de dignité (17 décembre 1651). L'archevêque, pressé d'ailleurs par madame d'Aumont, rendit une Censure. Je ne donne là qu'un échantillon. Des excès pourtant, comme ceux du Père Brisacier ou plus tard du Père Meynier, comme ceux, autrefois, du Père Nouet et de tous ces *casse-cous* du parti, se réfutaient d'eux-mêmes. Le danger véritable pour Port-Royal n'était pas là, mais bien dans ce qui se suivait sourdement et obstinément à Rome, pour revenir éclater avec autorité en France.

Le livre de Jansénius, on le sait, avait été, quelque temps après sa publication, censuré par une Bulle d'Urbain VIII ; mais cette Bulle n'était pas décisive ; et d'ailleurs les Jansénistes, selon l'usage où nous les verrons de toujours savoir les intentions des Papes mieux qu'eux-mêmes, soutenaient qu'elle avait été en partie surprise à ce pontife. Urbain VIII, selon eux, avait pensé que, pour étouffer les disputes, il suffisait de renouveler et de confirmer les Bulles de Pie V et de Grégoire XIII, et il aurait ordonné qu'on dressât une Constitution en ce sens, en défendant d'y nommer Jansénius ; mais l'assesseur du Saint-Office, Albizzi, d'accord avec le Cardinal-patron (on était sous le népotisme des Barberins), aurait dressé la Bulle à l'intention des Jésuites, y nommant à plusieurs reprises Jansénius, et signalant en général dans son livre *plusieurs Propositions* précédemment condamnées chez Baïus. On se prévalait fort, à ce propos, d'une certaine *virgule* qui, ajoutée ou omise, changeait le sens. Quoi qu'il en soit de ces dires à la Gerberon, la Bulle d'Urbain VIII, promulguée en 1643, avait éprouvé de grandes contradictions en Flandre et en France. Des docteurs de l'Université de Louvain, entre autres un M. Sinnich, Irlandais, avaient été députés à Rome pour obtenir une explication favorable, et pour y défendre, comme on disait, la doctrine de saint Augustin. En France, l'archevêque de Gondi, toujours sans consistance, s'était hâté de recevoir la Bulle ; elle fut signifiée, moyennant une lettre de cachet, à la Faculté de Théologie de Paris, laquelle, dans son assemblée du 15 janvier 1644, conclut qu'il n'était pas régulier, pour le présent, de la recevoir, et se contenta de défendre aux docteurs et bacheliers de soutenir les Propositions condamnées par Pie V, Grégoire XIII et Urbain VIII.

Tout ceci, mais surtout l'indétermination des points quant à Jansénius, prêtait à l'évasion.

Urbain VIII étant mort le 29 juillet 1644, Innocent X (cardinal Pamphile), vieillard de soixante et douze ans, lui succéda. On passa de l'influence des neveux à celle de la signora Dona Olimpia, belle-sœur du nouveau Pape. Les Jésuites se tenaient à l'affût, bien que moins influents près de lui qu'ils n'auraient souhaité. Ce n'est pas tout d'abord que l'affaire de Jansénius fut reprise et poursuivie[1].

Cela revint par la France. En juillet 1649, le syndic

[1]. Nous avons sur ces premiers temps d'Innocent X, et sur son caractère, avant qu'il eût pris parti, de curieux renseignements chez un des nôtres, et des renseignements que tout garantit judicieux et impartiaux. Je les tire des *Négociations* de l'abbé de Saint-Nicolas (Henri Arnauld), chargé d'affaires à Rome, non janséniste à cette époque, et tout occupé de suivre les instructions de Mazarin en faveur des Barberins. Dans sa dépêche du 10 juin 1646, l'abbé raconte ainsi sa première réception par le Pape : « Je me rendis « au palais à l'heure marquée (*vingt-et-une heures*) ; je fus à l'ins- « tant introduit auprès du Pape. Il me reçut en la manière que « je m'étois proposé qu'il feroit, c'est-à-dire avec un visage riant, « des paroles étudiées, mais douces, obligeantes et accompa- « gnées de toutes les démonstrations imaginables dont une per- « sonne est capable pour gagner l'esprit d'une autre ; mais j'étois « tellement prévenu sur tout cela, qu'il fit certainement un effet « tout contraire à celui qu'il avoit dessein de faire. Il ne me « voulut point permettre de parler que je ne me fusse levé au- « paravant. Après lui avoir dit que je venois à ses pieds sur l'as- « surance que Messieurs les Ambassadeurs de Venise et quel- « ques autres personnes m'avoient donnée, qu'il étoit très-disposé « à donner satisfaction à Leurs Majestés (le Roi et la Reine-Régente) ; « lui avoir fait connoître que je ne mettois nullement en doute « que je ne dusse remporter des effets de tant de paroles qu'il « avoit dites sur cela, et quelques autres choses sur le même « sujet, je lui présentai ma lettre de créance : après quoi il fut « un peu de temps sans parler, *en attendant la sortie de quel- « ques larmes, qui ne me surprirent non plus que tout le reste, « car je m'y étois attendu, aussi bien qu'à un grand tremble- « ment de mains, ayant su que cela lui étoit ordinaire quand « il parle d'affaires importantes.* Puis il commença à me dire « qu'il ne savoit à quoi attribuer son malheur de n'être pas cru « aussi affectionné à la France qu'il l'étoit effectivement.... » Et après tout un détail très-particulier d'affaires, l'abbé de Saint-Nicolas conclut ainsi : « La longueur du siége d'Orbitello lui « donne du cœur et le confirme dans sa lenteur naturelle, qui est « tout à fait espagnole. Au reste, sa manière de traiter est telle- « ment pleine d'artifice, qu'il faut être bien précautionné pour « ne pas s'y laisser prendre. » Le cardinal Mazarin, de son côté, par ses lettres, recommande bien à l'abbé, lorsqu'il ira à l'audience du Pape, de *ne jamais se retirer de ses pieds* sans lui

Cornet que bien nous connaissons[1], avait dénoncé à la Faculté de Paris les fameuses Propositions, extraites. Bien que, l'entreprise n'eût pas eu d'abord plein succès et que, sur le rapport du conseiller Broussel, un Arrêt du Parlement eût supprimé le premier essai de censure, le signal et la méthode de l'attaque étaient donnés : on savait avec précision les points de mire.

Les Jésuites de Rome en relation suivie avec ceux de Paris, et particulièrement, dit-on, le Père Annat, futur confesseur du roi, écrivant au Père Dinet qui l'était alors, avertirent que, si on faisait demander la censure des Propositions par une portion du Clergé de France, on réussirait infailliblement auprès du pontife, qui serait jaloux de donner signe de souveraineté. M. Habert donc, actuellement évêque de Vabres, et qui autrefois, étant théologal de Paris, avait prêché le premier contre le livre de Jansénius, travailla ses confrères les évêques, et dressa, de la part d'un grand nombre d'entre eux, une Lettre au Pape, requérant jugement sur les cinq Propositions. Le nombre des signatures alla graduellement de soixante et dix à quatre-vingt-cinq ; il est vrai qu'on y employa toutes sortes d'obsessions. Le bon M. Vincent (de Paul) ne s'y ménageait pas. Cette lettre de M. Habert, qui semblait émaner du corps entier de l'Épiscopat, et qui ne représentait réellement que des signatures individuelles, ne fut pas communiquée à l'Assemblée générale du Clergé dont la convocation tombait au commencement de l'année 1651. Aussi plusieurs évêques s'élevèrent-ils contre ce qu'ils appelaient une usurpation de

---

rédire un à un les points de contest, afin de faire voir qu'il ne se tient pas pour satisfait. Ajoutez encore, si vous le voulez, les renseignements de Retz sur ce Pape indécis, avare et fin. Les pauvres Jansénistes, une fois entre ses mains et à ses pieds, n'eurent guère de parti à tirer d'un tel juge.

1. Précédemment, page 149 du tome deuxième (liv. II, chap. XI).

pouvoir et de titre. Ils s'en plaignirent au Nonce ; et une douzaine d'entre eux, soit collectivement, soit même individuellement, M. de Gondrin, archevêque de Sens, M. Godeau, évêque de Vence, M. de Montchal, archevêque de Toulouse [1], écrivirent à leur tour au Pape pour l'informer de l'état vrai de la question et, selon eux, des dangers. Cependant la Reine-Régente de son côté, sur l'avis de Vincent de Paul, s'adressait également au Saint-Siége pour qu'il voulût se hâter de définir la foi sur ce point.

C'est par suite de toute cette manœuvre que le procès fut porté à Rome, ce que les Jésuites avaient surtout désiré ; car ils savaient l'esprit de cette Cour, sa prudence ici d'accord avec le siècle, son aversion pour les dogmes

---

1. M. de Montchal, que je n'ai l'occasion de nommer qu'en passant, mourut peu après, dans le courant de cette année même 1651 ; il a laissé de curieux *Mémoires* ecclésiastiques et des plus hostiles au cardinal de Richelieu. Il les composa sous la régence d'Anne d'Autriche : il y a déchargé ses indignations et ses haines. Il avait montré de la générosité comme évêque, et s'était signalé par sa résistance, notamment dans l'Assemblée du Clergé tenue à Mantes en 1641. Cette résistance, toutefois, inspirée par un louable sentiment d'honneur, s'était employée uniquement dans l'intérêt et en vue des priviléges de son Ordre. Il compta parmi les approbateurs de *la Fréquente Communion*, et, auparavant, du *Petrus Aurelius*. Dans ses *Mémoires*, il a très-positivement attribué l'arrestation de M. de Saint-Cyran à son refus d'aider au projet de Patriarcat conçu par le cardinal de Richelieu. Le passage est formel : « L'abbé de Saint-Cyran, dit-il, personnage de grande piété et d'un éminent savoir, fut recherché et prié d'écrire pour ce Patriarche et contre le mariage de M. le duc d'Orléans. Pour l'y obliger, on lui avoit offert l'évêché de Bayonne, qui étoit le diocèse de sa naissance, et des abbayes pour ses proches ; mais, s'en étant excusé trop brusquement à la duchesse d'Aiguillon, qui avoit pris la peine elle-même de le visiter pour ce sujet, il fut bientôt après emprisonné au bois de Vincennes *sous un autre prétexte.* » Il est encore un endroit (tome II, page 704) où M. de Saint-Cyran est mentionné avec honneur. Malgré ces points dignes de remarque, M. de Montchal ne fut jamais pour Port-Royal qu'un allié lointain et de rencontre.

rigoureux, et se tenaient pour assurés tôt ou tard du résultat [1]. M. Hallier, successeur de M. Cornet dans le Syndicat de la Faculté de Paris, ci-devant gallican zélé, mais dès à présent voué aux Jésuites, fut envoyé à Rome avec MM. Lagault et Joysel, pour y soutenir la requête des évêques molinistes. D'autre part, les docteurs Saint-Amour, de Lalane, Brousse, le licencié Angran, et plus tard M. Manessier avec le célèbre Père Des Mares de l'Oratoire, s'y rendirent et y tinrent pied, pour plaider la défense des évêques augustiniens. Toutes les difficultés et les traverses qu'éprouvèrent ces vaillants

[1]. Intrigue à part, ils n'avaient pas tort d'y compter. Je sors, autant que je puis, des personnalités, et je note les points de vue à mesure que je les trouve. Quand on suit la marche des discussions et des hérésies durant les premiers siècles au sein du Christianisme, on voit qu'à chaque effort de la raison (Arius, Nestorius, Pélage) pour remettre le Christianisme commençant, et non défini encore sur tous les points, dans les voies du sens humain et de l'explication naturelle, il y eut un effort contraire des saints et orthodoxes pour serrer le ressort, et pour montrer, d'après saint Paul, le Christianisme régénérateur aussi contraire à la *nature* et aussi *invraisemblable* rationnellement que possible : *la folie de la Croix!* et cela jusqu'à saint Augustin, qui achève de circonscrire le dogme dans tout son contour, et de l'asseoir carrément au sommet du rocher. Or, à mille ans de distance, on remarque un mouvement inverse et comme expansif au sein du Catholicisme, mouvement dont les Jésuites deviennent le plus actif, le plus élastique organe, et qui va de tout point à laisser le dogme se détendre, se concilier davantage et, faut-il le dire? *transiger*, non pas avec la raison philosophique sans doute, mais avec la nature, avec les intérêts humains et civilisés, de toutes parts reparus. Rome, sans pousser à ce mouvement, y consent du moins, par tact, par sens pratique; et ceux qui veulent reprendre à l'ancien cran et resserrer de nouveau les choses dans le cercle inflexible qu'ils décrivent au nom de saint Augustin, sont mal venus, et sur la défensive à leur tour, et finalement éliminés. Je ne fais que poser le double point de vue, et la marche générale, indépendante, en quelque sorte, des passions mêmes. — On a dit plus brièvement et dans le même sens : « Les Jansénistes sont des *Alcestes* chrétiens; tous les autres, auprès d'eux, sont des *Philintes.* »

avocats sont au long exposées dans le *Journal* de Saint-Amour[1], le plus infatigable d'entre eux, espèce d'Ajax théologien, assez plaisamment décrit par Brienne :

« Louis Gorin de Saint-Amour, fils du cocher de Louis XIII, que Sa Majesté aimoit fort à cause de son adresse à bien mener son carrosse, et pour quelques autres bonnes qualités qui étoient dans ce cocher du corps[2]; ce Louis, dis-je, de Saint-Amour, de fils de cocher, devint par son savoir-faire Recteur de l'Université de Paris, la plus célèbre de l'Univers, et ensuite de la Maison et Société de Sorbonne. Il avoit un corps et une mine plus propre encore à conduire le carrosse du Roi qu'à porter le bonnet et le chapeau sur les bancs de la Sorbonne, qui plioient sous les pieds de cet autre Hercule ; plus grand et plus fort n'étoit point celui de la Fable ; je doute qu'il fût plus éloquent et plus courageux. Tel donc, et plus terrible encore, parut, durant sa Licence, le gigantesque Saint-Amour. Les Cornet, les Péreyret et les Moines[3], ce trio de docteurs molinistes, craignoient plus Saint-Amour tout seul que tout le parti janséniste ensemble. En effet c'étoit pour eux un redoutable adversaire. Quel homme, bon Dieu ! aujourd'hui à Paris, demain à Rome ; et, de là, comme un fantôme, porté en l'air, ou sur le cheval de Pacolet, on le voit au *prima mensis*, où la seconde Lettre de M. Arnauld alloit être censurée tout d'une voix : mais combien ne fit-il point revenir de docteurs à son avis[4] ?... »

1. Un volume in-folio, 1662 : il fut condamné en janvier 1664, par Arrêt du Conseil, à être brûlé par la main du bourreau. — La publication de ce volume parut intempestive et fâcheuse aux amis politiques, dans un moment où l'on espérait encore un résultat de la négociation de M. de Comminges. On lit à la fin d'une lettre de madame de Longueville à madame de Sablé : « Mon Dieu! n'êtes-vous pas bien en colère contre M. de Saint-Amour, qui a été malheureusement publier son livre qui va tout gâter ? »

2. *Cocher du corps*, espèce de pointe opposée à ce qui va suivre : *Recteur de l'Université*, comme qui dirait *cocher de l'esprit*.

3. Espèce de calembour, à cause du nom du docteur Le Moine.

4. Tel est le portrait en charge que trace du grand champion janséniste ce bizarre Brienne dans ses *Anecdotes de Port-Royal* ou *Histoire secrète du Jansénisme*, ouvrage manuscrit dont je ne possède que quelques extraits, et que j'ai vainement recherché

Ce *frais et gaillard* Saint-Amour, *la fleur de l'École*, comme dirait plus élégamment Bossuet, était déjà allé deux fois à Rome, avant d'y faire l'avocat d'office du parti. Une première fois, n'étant que licencié, en 1646, il y avait accompagné M. de Souvré, l'abbé de Bassompierre et autres jeunes gens de qualité. Une seconde fois, en 1650, il y était retourné, comme pour le Jubilé, mais très-probablement dans un but moins dévotieux; il s'était rendu à la ville sainte *par la route de Genève*, dit encore le malin Brienne. Le fait est qu'il y servit dès lors et y étudia sur le terrain les intérêts engagés de ses amis, balançant de son mieux l'action du Père Annat. Il put voir combien Jansénius y était en mauvaise odeur, combien son *Hæreo, fateor*, à propos de la Bulle de Pie V [1], restait au gosier des Romains. Il donna conseil dès lors de ne point mêler du tout ce nom dans la cause et de se retrancher à saint Augustin. Ce fut toute une tactique très-opposée à la première droiture invincible de Saint-Cyran; mais nous commençons fort, ce semble, à la perdre de vue.

Je ne sais même si, politiquement, on y gagna : les théologiens français, en séparant leur cause de celle des théologiens de Louvain, se trouvèrent en définitive plus faibles.

Après quatre ou cinq mois de séjour, à ce second voyage, Saint-Amour quitta Rome un peu à la hâte (13 avril 1651), sachant qu'il n'avait pas tenu à ses ennemis de lui faire goûter des prisons de l'Inquisition : il paraît que, tout en se croyant prudent, il avait parlé trop haut selon son usage de Sorbonne; mais le Pape avait

---

jusqu'ici. Si on le retrouvait (et on m'entendra exprimer plus d'une fois ce désir), toute la seconde moitié de l'histoire de Port-Royal en serait éclairée d'une foule de feux-follets, qui, accueillis avec réserve, serviraient du moins à l'égayer.

1. Précédemment, page 146 du tome deuxième (liv. II, chap. xi).

rompu les mauvais projets d'un seul petit mot : « *Lasciatelo andare*, laissez-le aller. »

Saint-Amour revenait donc en France et se trouvait à Gênes, quand une lettre de ses amis de Paris changea sa détermination, et le décida à rentrer dans Rome (juin 1651), malgré toute crainte, pour y devenir l'avocat officiel des évêques augustiniens, de concert avec les autres docteurs qui le rejoignirent.

Le Pape, cédant aux instances combinées, nomma (juillet 1652) une Congrégation particulière composée de cinq cardinaux et de treize théologiens ou consulteurs, et la chargea de procéder à l'examen des cinq Propositions : on y mit toutes les formes; il assista lui-même à dix séances de trois ou quatre heures chacune. On ne peut nier que l'affaire n'ait été approfondie : mais ce n'était pas seulement ce qu'auraient voulu les avocats jansénistes. Le principal artifice contre eux leur paraissait consister en ce qu'on refusa de les entendre contradictoirement à leurs adversaires. Saint-Amour et ses amis, tout pleins et bouillants de leur doctrine, et déjoués sous main, sans la pouvoir faire éclater et retentir, s'écriaient volontiers comme le héros :

> Et combats contre nous à la clarté des cieux!

Le récit de leurs mésaventures serait long. Voulaient-ils faire imprimer à Rome, à leurs frais, les livres de saint Augustin qu'ils jugeaient décisifs sur la matière, et qu'on y lisait peu, ou qui même y étaient assez rares, ils éprouvaient pour l'impression mille difficultés que leur suscitait Albizzi, lequel cependant laissait imprimer à leur barbe un écrit du Père Annat adversaire. Ils étaient obligés, souvent, pour faire arriver leurs écritures au Pape, d'attendre son retour de promenade et de le saisir au passage dans l'antichambre[1]. Ils obtinrent néan-

---

[1]. N'exagérons pas : Saint-Amour lui-même ne peut nier les

moins, quand probablement la décision était déjà prise et la Bulle arrêtée *in petto*, d'être entendus par le Saint-Père en présence de la Congrégation, mais sans dispute et non *contradictoirement*, comme ils l'avaient désiré. Le 19 mai 1653 eut lieu cette solennelle séance qui fut la onzième tenue par le Pape et la dernière. M. de Lalane, en un latin lucide, développa ce que l'on a appelé l'Écrit *à trois colonnes*, dans lequel il distinguait et discutait les divers sens possibles des Propositions, le sens hérétique et calviniste qu'on répudiait, le sens catholique qu'on adoptait, et le contre-pied de celui-ci, qu'on imputait aux Molinistes adversaires. Le Père Des Mares, à son tour, plaida, en latin également, la Grâce efficace et sa nécessité en toutes les actions pieuses. Ils haranguèrent, à eux deux, plus de quatre heures, et la nuit seule interrompit le Père Des Mares dans ses citations. Ils parlèrent d'or, et le Pape le leur dit; mais la Bulle n'en eut pas moins son issue.

On assure que le Pape hésita jusqu'au dernier moment : arrivé au bord du fossé, dit Pallavicino (l'un des membres de la Congrégation), il s'arrêta court, et on ne pouvait le faire avancer. Il avait répondu dans les commencements à Saint-Amour reçu par lui en audience particulière, et qui le voulait mettre sur le fond : « Et

---

façons gracieuses d'Innocent X, et que les audiences près de lui, quand on les obtenait, ne fussent *tout à fait douces et agréables*. On reconnaît bien le même vieillard caressant et fin que nous a décrit l'abbé de Saint-Nicolas; d'ailleurs, sous cet air de bonhomie, *génie fort perçant*, nous dit Retz. Un jour Saint-Amour, en lui présentant un tome de saint Augustin, se permit de le louer d'avance du bienfait que lui devrait l'Église pour avoir fixé solennellement la doctrine, et qu'elle pourrait dire de lui plus véritablement qu'Ennius sur Fabius :

Unus homo nobis cunctando restituit rem.

Il ne répondit que par un sourire et sa bénédiction. Mais ce Saint-Amour aussi, on lui doit cette justice, dans son grand coffre avait de l'esprit.

puis, voyez-vous, ce n'est pas là ma profession; outre que je suis vieux, je n'ai jamais étudié la Théologie. » — « Le Pape n'est pas Théologien, il est Canoniste, disait à Saint-Amour le Père Ubaldino, général des Somasques: *il Papa non è Teologo; non è la sua professione : è Legista.* » Innocent X avait certainement de lui-même quelque répugnance à entrer dans ce fond de subtilités, bien que le goût lui en vînt chemin faisant.

Les avocats augustiniens entendus dans cette audience finale, il semblait juste que le Pape prît de nouveau l'avis des théologiens *consulteurs*; mais les cardinaux adversaires poussèrent à une conclusion prompte, et touchèrent le ressort de l'infaillibilité personnelle. Le Pape avait dit un jour à Saint-Amour en lui montrant son Crucifix : « Voilà mon conseil en ces sortes d'affaires. » Et en effet il répéta par la suite à M. Bosquet, évêque de Lodève, qu'à cette occasion le Saint-Esprit lui avait fait voir clairement la vérité, en lui dévoilant dans un moment les matières les plus difficiles de la Théologie : espèce d'*infaillibilité d'enthousiasme* qui parut une énormité à tous les Catholiques non ultramontains.

Dans une petite Congrégation intime, tenue le 27 mai, huit jours après l'audience solennelle, et où n'assistèrent que quatre cardinaux avec Albizzi, le Pape, s'il avait hésité jusque-là, passa outre, et la Bulle fut décrétée. Pendant ce temps, nos députés augustiniens étaient au dehors l'objet de congratulations interminables pour *la gloire de leur action* en cette grande audience. La pièce à leur égard fut complète, *dans un pays, comme dit Retz, où il est moins permis de passer pour dupe qu'en lieu du monde*[1].

---

1. En apprenant l'issue de cette affaire, et après un moment de silence, la mère Angélique dit à M. Arnauld, qui était venu l'en informer, ces énergiques paroles : « Il faut que je vous dise

La Bulle condamnait les cinq Propositions comme hérétiques, sans entrer dans aucune explication sur le sens, hors une distinction pour la cinquième. Quoique les Jansénistes aient essayé de dire qu'elles n'étaient pas expressément et directement attribuées à Jansénius dans leur sens hérétique, elles paraissaient plus que suffisamment rattachées à son livre par ce préambule : « *Étant arrivé à l'occasion de l'impression d'un livre qui a pour titre :* l'Augustin *de Cornélius Jansénius*, qu'entre autres opinions de cet auteur, il s'est élevé une contestation, principalement en France, sur cinq de ses Propositions.... » Et s'il avait pu rester encore quelque doute, la conclusion n'en laissait pas : « Nous n'entendons pas toutefois, par cette déclaration et définition faite touchant les cinq susdites Propositions, approuver en façon quelconque les autres opinions qui sont contenues dans le livre ci-dessus nommé de *Cornélius Jansénius*. » La Bulle fut affichée à Rome le 9 juin.

une pensée qui me vient dans l'esprit; c'est qu'il me semble que notre siècle n'étoit pas digne de voir un aussi grand miracle qu'auroit été celui-ci, que cinq particuliers (qui, bien que pieux et zélés pour la vérité, ne sont pas des Saints qui fassent des miracles) eussent pu, seuls, être assez puissants pour résister à toutes les intrigues et les cabales des Molinistes, à toutes les poursuites de M. Hallier, à toutes les lettres de la Reine, et à toute la corruption de la Cour de Rome. Il ne faut pourtant pas perdre courage. L'orgueil des ennemis passera jusqu'à l'insolence. Ils n'étoient pas encore assez superbes, ni nous assez humbles. Dieu a assez de voies pour les rabattre.... » Et à M. Le Maître qui lui rappelait le *Derideter justi simplicitas :* « C'est vrai, répliquait-elle, mais nous ne devons pas pourtant quitter notre simplicité pour leurs finesses.... » Voilà ce qu'elle disait, mais on ne s'y tint pas. — Sur cette affaire de la Bulle et sur les circonstances de son enfantement on peut lire aujourd'hui les livres VII et VIII des *Mémoires* du Père Rapin; où y verra le contre-pied de la Relation de Saint-Amour. L'éditeur des *Mémoires*, M. Aubineau, recommande ces livres ou chapitres à l'admiration des âmes catholiques romaines : les âmes libres ou simplement chrétiennes en jugeront différemment. (Voir à l'*Appendice*.)

Ce qui assaisonna, pour parler avec le *Journal* de Saint-Amour, *le coup fourré* de cette décision, c'est que les députés augustiniens, avant de partir, étant allés à l'audience du Pape lui baiser les pieds et recevoir sa bénédiction, Sa Sainteté leur témoigna combien leur conduite l'avait édifiée, et combien leurs discours l'avaient charmée ; enfin, selon l'expression officielle de l'ambassadeur de France (M. de Valençay) écrivant à M. de Brienne, secrétaire d'État, Sa Sainteté *les caressa extrêmement;* et comme ils prirent confiance de lui dire qu'ils ne croyaient pas qu'Elle eût voulu, par ce décret, porter préjudice à la doctrine de la Grâce efficace par elle-même, ni à la doctrine de saint Augustin, le Pape répondit, comme avec étonnement, que cela était hors de doute : *O! questo è certo!* —Tous les mystères et les ambiguïtés de la *Signature* sont renfermés dans ce peu de mots. Ceux des Jansénistes qui crurent pouvoir souscrire à la Bulle en conscience, exceptèrent la doctrine de saint Augustin (c'est-à-dire, pour eux, de Jansénius), en répétant d'après le Pape, auteur de la Bulle : *O! questo è certo!*

Sur ce mot que leur dit le Pape, les députés, poursuit Gerberon, avant de se retirer, « demandèrent à Sa Sainteté des indulgences, et Elle leur en donna fort libéralement ; puis ils lui déclarèrent qu'avec la grâce de Dieu, ils demeureroient toujours très-attachés au Saint-Siége et à la doctrine de saint Augustin, qui étoit celle du Saint-Siége même ; et, ayant reçu sa bénédiction, ils se retirèrent[1]. » Ils affectaient une grande joie.

Une fois dans cette voie double, le Jansénisme est perdu, et, j'ajouterai, il le mérite. Saint-Cyran, où es-tu ?

---

1. *Histoire générale du Jansénisme*, tome II, page 146.

C'est de cette Bulle d'Innocent X, et bientôt du Formulaire d'Alexandre VII, que la persécution en France contre Port-Royal va se servir et s'armer avec une véritable cruauté. Port-Royal, du moins, échappera en partie aux fautes de ses partisans théologiens, par plusieurs de ses beaux caractères. Après tout, si par-devant ces souverains pontifes passés et prochains, Urbain VIII, Innocent X, Alexandre VII, Clément XI, arbitres d'une doctrine que je ne me permets pas de juger, si devant eux, ou au-dessous de leurs noms, on inscrivait, d'une part, ces archevêques de Paris fâcheux ou funestes, Gondi, Marca, Péréfixe et autres, si on y ajoutait en regard la liste parallèle des confesseurs du Roi depuis le Père Annat jusqu'au Père Tellier, et que l'on citât entre deux la lignée, même décroissante, des hommes de Port-Royal, de Saint-Cyran à Du Guet, ce serait là un Écrit *à trois colonnes* qui aurait aussi sa simple éloquence.

L'annonce de la Bulle en France exalta l'invective et réjouit la fureur de bien des ennemis. Ce fut le moment où les Jésuites publièrent ce scandaleux *Almanach*, dont M. de Saci se teignit trop les chastes doigts en le réfutant. Dans les comédies de leurs colléges, ils représentaient à l'envi Jansénius emporté par des Diables ; à leur collége de Mâcon, dans une de ces farces, le digne évêque d'Ypres, chargé de fers, avait été traîné en triomphe par un de leurs écoliers qui jouait la Grâce suffisante[1]. On avait, à la veille du pur Louis XIV, une recrudescence épaisse du plus grossier goût *écolâtre* du Moyen-Age. Dans un acte de théologie soutenu chez eux à Caen, un bachelier ayant opposé à leur répondant

---

1. Cette scène avait eu lieu dans une mascarade d'écoliers au Carnaval de 1651, c'est-à-dire un peu avant le moment où nous sommes ; mais le fait en résume beaucoup d'autres.

l'autorité de saint Augustin, le répondant répliqua lestement, en y joignant le geste : « *Transeat Augustinus!* à d'autres saint Augustin ! » C'était un hourra général contre la Grâce. Les Jansénistes se plaisaient à raconter qu'un évêque moliniste, visitant une abbaye de son diocèse, et entrant dans le réfectoire au moment où on lisait ces paroles : « C'est Dieu qui opère en nous le vouloir et le faire, » avait imposé silence au lecteur et s'était fait apporter le livre : il se trouva que c'était saint Paul.

Je demande pardon d'avoir à toucher des matières du dehors qui nous jettent si loin de nos études chéries, de ces sérieux et nobles entretiens, de ces graves et saints caractères, notre véritable, notre unique sujet; mais ils furent graves et chastes, les cœurs de ces hommes, ils furent nobles et humbles à ce prix. Le monde du dehors fut tel pour eux que je le montre : c'est le ruisseau impur du faubourg qui salit le bas des murs de notre monastère.

La Bulle, d'où se grossissait l'orage, arrivait en France dans des circonstances on ne pouvait plus favorables pour son succès. Les clameurs seules et les injures n'eussent été rien ; mais ici la menace avait toute sa portée. Repassons un peu.

Port-Royal d'abord, pris même en soi, et malgré ses hommes diversement capables, n'était pas en mesure pour une défense vigoureuse, pour une démarche concertée. M. de Saint-Cyran, à son lit de mort, si l'on s'en souvient, avait dit à son médecin qui l'était aussi du Collège des Jésuites : « Dites à vos Pères que j'en laisse douze meilleurs que moi. » Eh bien, de ces *douze,* ou, pour parler plus exactement, de cette *demi-douzaine* qu'il entrevoyait, pas un ne le remplaçait effectivement ; c'est ici surtout qu'on va le sentir. Je les compte :

M. de Saci, qui n'était excellent qu'à gouverner les âmes, une à une, moralement, tout à l'intérieur, et non pas à avoir une vue générale de gouvernement en pareille crise ;

M. Singlin, tout à l'heure débordé ; il est insuffisant ;

M. de Barcos, — absent, retiré dans son abbaye, et d'ailleurs confus et sans netteté, avec la plume malheureuse, et d'une autorité déjà compromise ;

M. Le Maître, — pénitent puissant, toujours à genoux, toujours indompté, *rugissant*, n'ayant pas trop de toute la main serrée de M. de Saci pour le tenir, depuis qu'il a perdu son chef auguste en M. de Saint-Cyran ;

M. d'Andilly, — un beau nom par rapport au monde, de beaux cheveux blancs, une décoration du Désert plutôt qu'une colonne, non théologien, et sans autre autorité que pour le respect personnel qui lui est acquis.

Reste Arnauld, réputé chef au dehors, général qui n'est, à vrai dire, que le plus bouillant soldat.

Je ne parle pas des secondaires ; je ne parle pas de l'illustre mère Angélique, la plus capable peut-être d'embrasser l'ensemble, si son humilité de servante du Seigneur lui avait seulement permis de songer un seul instant à ces questions.

Ainsi, en lui-même, Port-Royal, au moment où la Bulle arrivait, était une place de beaucoup plus formidable apparence que de résistance solide et que d'obéissance réelle sous un même chef fidèle à l'esprit. Tout à l'entour, au contraire, il y avait chez les ennemis un grand mouvement de coalition et d'union.

Le cardinal Mazarin, à qui ces disputes religieuses étaient foncièrement indifférentes, et qui n'y voyait qu'un jeu d'où il pût tirer son épingle politique, avait intérêt, depuis l'emprisonnement du cardinal de Retz[1], à ménager le Pape, pour que Sa Sainteté ne s'en mêlât point, et qu'elle agréât la démission du Coadjuteur qu'on était en train d'arracher. A ce lendemain de la Fronde, malgré sa mansuétude, le ministre en voulait sans doute un peu aux Jansénistes des espérances que le Coadjuteur avaient fondées sur eux : il pouvait leur en vouloir plus directement de leur participation commençante à la nouvelle faction ecclésiastique que tentaient les amis de Retz pour le maintenir à l'archevêché de Paris[2]. Le Père Annat, revenu de Rome, et alors Provincial de son Ordre en attendant qu'il devînt confesseur du Roi, pressa le Cardinal sur ces cordes toutes politiques. Par un intérêt combiné, l'archevêque de Toulouse, M. de Marca, savant canoniste, qui visait à l'archevêché de Paris, et qui avait à se faire pardonner de Rome un ancien écrit gallican composé du temps qu'il était magistrat, offrait ses ardents services auprès de l'Assemblée du Clergé. Le Roi donc ayant délivré le 4 juillet 1653, de l'avis de son Conseil, des lettres-patentes pour faire recevoir cette Bulle ou Constitution par tout le royaume, et cela sans aucune de ces restrictions qu'on opposait d'ordinaire à certaines clauses, le Cardinal assembla chez lui, le 11 juillet, les prélats qui se trouvaient présents à Paris ou à la Cour, et là on reçut la Bulle comme au nom de tout le Clergé. M. de Marca composa un modèle, non évasif, de Mandement, pour être publié par les évêques ; et dans une lettre, de sa rédaction également, adressée par les prélats au Pape, on remarqua qu'il avait glissé, dès la troisième ligne, que les cinq Propositions étaient *extraites*

---

1. Le cardinal de Retz ne se sauva du château de Nantes que le 8 août 1654; à l'arrivée de la Bulle, il était à Vincennes.
2. Les Jansénistes passaient pour avoir prêté leur plume à la Protestation en latin contre son arrestation, adressée par lui au Sacré Collége.

(*excerpta*) du livre de Jansénius, ce qui allait un peu plus loin littéralement que la Bulle et la précisait [1] : mais ce fut la tactique en France pour trancher l'affaire, la rendre directe, personnelle aux Jansénistes, et atteindre le point délicat de la persécution. On obtint, non sans quelque peine, du bonhomme de Gondi son assentiment. Il avait l'air de vouloir résister ; mais on mit en avant la Reine-Régente ; elle lui fit dire qu'elle trouvait fort étrange qu'il lui refusât ce bon office, d'autant que c'était le premier qu'elle lui eût demandé. Le courage du vieil archevêque galant et courtisan ne tint pas à ce mot [2]. Tous les évêques reçurent la Bulle ; la Faculté de Théologie de même, sans la moindre opposition : seulement il y eut des prélats, tels que l'archevêque de Sens, M. de Gondrin, qui, en la publiant, y joignirent des explications. Ce n'était pas là le compte des Molinistes qui désiraient mettre leurs adversaires dans l'impossibilité d'adhérer moyennant raisonnement ; et ils travaillèrent à serrer de plus en plus le filet, ou, si l'on aime mieux, à serrer le garrot, pour faire feu contre eux, durant ce temps, plus à l'aise. Curieux et chétif exemple, à l'étudier de près, de la méchanceté des hommes !

Cette manœuvre occupa les Assemblées du Clergé de 1654, 1655, 1656 : l'acceptation de la Bulle pure et simple, de la Bulle bien précisée au sens du fait comme du droit. Plus d'échappatoire. M. de Gondrin fut amené à rétracter tristement, coup sur coup, les explications publiées dans sa Lettre pastorale. Mais, cette acceptation plénière de la Bulle une fois obtenue des évêques, on n'avait pas encore atteint le but, et M. de Marca imagina, en 1655, une rédaction de Formulaire qu'on ferait

---

1. Comme dans une réponse à un Discours du Trône, où l'on reprendrait, en les précisant, les paroles d'en haut.

2. M. de Gondi mourut au commencement de l'année suivante, le 21 mars 1654.

signer des simples ecclésiastiques, ou même, nous le verrons, des religieuses. Ce formulaire, décrété par l'Assemblée générale de 1656, était ainsi conçu : « Je me soumets sincèrement à la Constitution de N. S. P. le Pape Innocent X..., *et je condamne de cœur et de bouche la doctrine des cinq Propositions de Cornélius Jansénius, contenues dans son livre intitulé* AUGUSTINUS, *que le Pape et les Évêques ont condamnées; laquelle doctrine n'est point celle de saint Augustin, que Jansénius a mal expliquée contre le vrai sens de ce saint Docteur.* » Cependant Alexandre VII, qui venait de succéder à Innocent X, confirmait par une Bulle nouvelle (16 octobre 1656) le décret de son prédécesseur ; on inséra dans le Formulaire précédent la soumission à cette seconde Bulle qui déterminait encore mieux le sens anti-janséniste de celle d'Innocent X, et l'Assemblée de 1657 arrêta que le Roi serait supplié de faire expédier une Déclaration enjoignant à tous les ecclésiastiques du royaume de signer. Mais le Parlement de Paris ne se prêta pas à enregistrer la Déclaration et la Bulle ; il fallut la présence du Roi pour le contraindre. Ces difficultés, que j'abrége, parurent lasser subitement le Cardinal, qui répondit un jour assez brusquement à de nouvelles instances du Père Annat, que sa Compagnie lui donnait seule plus d'affaires que tout le royaume, et que le Roi avait plus fait pour eux qu'il ne devait[1]. Il y eut un

---

1. Le cardinal Mazarin ne se sentait pas du tout sur son terrain quand il s'agissait de Bulles, et que le Parlement mettait en avant les droits et libertés de l'Église gallicane. L'avocat-général Omer Talon, qui était mort à cette date, a fait en un endroit de ses *Mémoires* cette remarque essentielle : « M. le cardinal Mazarin, lequel est fort intelligent et aigu dans les affaires, et principalement en celles de la Cour de Rome qu'il a pratiquées toute sa vie, mais qui ne sait pas l'usage du royaume dans les choses de cette qualité, a peine à comprendre comment en France nous pouvons nous opposer aux ordres émanés de Cour de Rome. » — Le

intervalle singulier, une pause; le Formulaire et la Signature, bien que décrétés, en restèrent là jusqu'en l'année 1660, où l'affaire se réveilla. Mais nous dépassons le moment des *Provinciales* dont l'effet irritant d'abord, et bientôt immense, n'était peut-être pas sans liaison avec ce répit soudain que procurèrent la résistance du Parlement, la lassitude du Cardi-

récit qu'on va lire donnera d'ailleurs assez fidèlement l'idée du peu de passion qu'il apportait dans ces débats. Après l'évasion du cardinal de Retz du château de Nantes, les curés de Paris qui le tenaient pour leur archevêque avaient pris parti hautement pour lui, notamment M. Du Hamel, curé de Saint-Merry, qu'on avait, pour ce fait, exilé par lettre de cachet à Langres; un des prêtres de cette paroisse, M. Feydeau, raconte dans ses *Mémoires*, à l'année 1655, l'anecdote suivante : « M. le cardinal Mazarin voulut voir ceux d'entre les Ecclésiastiques qui étoient plus renommés pour être Jansénistes, et les traiter fort honnêtement. M. l'abbé de Bourzeis me présenta à Son Éminence : M. de La Croix-Christ m'accompagnoit. Il nous parla avec une grande bonté. Il nous dit d'abord qu'encore qu'il ne fût pas savant, il savoit pourtant bien que saint Pierre disoit : *Obedite præpositis vestris, etiam dyscolis;* que le Roi étant revenu avoit usé d'une grande bonté envers ses sujets; que ce n'étoit que pour servir à l'État que lui qui parloit demeuroit en France; que plût à Dieu qu'il eût travaillé autant pour son salut qu'il avoit travaillé pour l'État; que nous devions inspirer au peuple des sentiments de soumission et d'obéissance envers le Roi, et qu'on entendoit cependant beaucoup de bruit dans les paroisses, et qu'on s'y mêloit de beaucoup de choses; que M. Du Hamel avoit prêché dans son prône en faveur du cardinal de Retz qui étoit un prisonnier et dans la disgrâce du Roi; que M. Du Hamel lui-même ne se conduisoit pas dans Langres comme un homme qui reconnoît que son Prince n'est pas content de lui, qu'il y faisoit grand éclat. Je dis à Son Éminence que nous n'avions jamais inspiré d'autres sentiments aux peuples que l'obéissance envers le Roi; que nous ne nous mêlions dans nos paroisses que de faire subsister les pauvres qui sont les sujets du Roi; que M. Du Hamel étoit malheureux puisqu'on rapportoit à Son Éminence beaucoup de choses qu'il n'avoit point dites, ou qu'on les rapportoit d'une autre manière qu'il ne les avoit dites. — Et pensez-vous, nous dit-il d'un ton familier, que je croie tout ce qu'on m'en dit? Non, non; j'ai par écrit tous ses derniers prônes, et si vous le voulez, je vous les ferai

nal, et l'étourdissement des Jésuites au lendemain du coup.

On peut maintenant se bien figurer la conjoncture générale au dehors, et le fond de l'horizon si chargé de toutes parts, si menaçant contre Port-Royal lorsqu'au commencement de 1656, les *Provinciales* vinrent à éclater. Il ne reste qu'à définir la circonstance particulière qui leur donna naissance, et ce qu'on appelle l'affaire d'Arnauld en Sorbonne.

Après l'acceptation en France de la Bulle d'Innocent X, Arnauld avait paru se résigner en silence. Il y avait même eu, par l'entremise de M. d'Andilly et de l'abbé de Bourzeis près du cardinal Mazarin, un projet de trêve et d'armistice : Port-Royal s'engageait à se taire, si les adversaires ne recommençaient pas. Mais le Père Annat et consorts rompirent bientôt ce silence. On s'en plaignit à Mazarin, à qui tout cela ne devait sembler qu'un jeu d'osselets après la Fronde. M. d'Andilly lui fit passer sous les yeux une pièce de vers latins injurieuse, qui se débitait au Collége des Jésuites. On y appelait les Jansénistes des *grenouilles du Lac de Genève,*

Rana Gebenneis prognata paludibus !...

Mazarin prétextait l'ignorance de l'auteur. Cette situation par trop naïve ne pouvait durer, et Arnauld, dégagé à son

voir. — Il se tint toujours debout et nu-tête ; et M. l'abbé de Bourzeis qui étoit présent le loua de sa grande bonté devant lui, et encore plus dans son absence, de ce qu'il nous avoit si bien reçus. Nous en étions étonnés nous-mêmes, et de ce qu'il paroissoit trouver bon que nous prissions la liberté de le contredire et de parler plus haut que lui. Ceci arriva le lendemain des Rois, le jour que le Pape Innocent X mourut (7 janvier 1655). » — (A propos de la citation latine de Mazarin, on peut remarquer que, sans être inexacte, elle est composite, formée en partie d'un verset de l'Épître de saint Paul aux Hébreux, XIII, 17, et de la fin d'un verset de la première Épître de saint Pierre, II, 18.)

grand contentement, se remit à répliquer de plus belle.
Ce fut alors qu'il établit au long la grande question du
fait et du *droit*, vraie thèse d'avocat, qui devint une logomachie interminable. Sur ces entrefaites le duc de
Liancourt, grand seigneur ami de Port-Royal, qui avait
été ramené d'une vie assez galante à la religion par sa
digne épouse[1], eut un démêlé désagréable avec sa paroisse. C'était pourtant le moins difficultueux des hommes. On raconte qu'il s'était fait bâtir un petit appartement au désert des Champs, et que, lorsqu'il allait y
passer quelque temps, il édifiait tout le monde par son
extrême civilité, y saluant chapeau bas les moindres
personnes qu'il rencontrait, tout à fait poli comme M. de
Lacépède. Le vacher même lui semblait *vénérable*, nous
dit Fontaine ; du plus loin qu'il apercevait quelque manière de paysan, il ouvrait de grands yeux, et, se découvrant, il demandait à l'oreille de son voisin : *N'est-ce pas
un de ces Messieurs?* A Paris, il habitait sur la paroisse
de Saint-Sulpice et logeait chez lui le Père Des Mares et
l'abbé de Bourzeis ; sa petite-fille enfin, fille unique de
son propre fils tué à Mardick, mademoiselle de La Roche-
Guyon, était pensionnaire à Port-Royal. On a tous les
griefs. Or, s'étant présenté, le 31 janvier 1655, à un
M. Picoté, prêtre de sa paroisse et son confesseur ordinaire[2], il ne put recevoir l'absolution. Il venait d'achever sa confession détaillée, et attendait la parole du
prêtre, quand celui-ci lui dit : « Vous ne me parlez point
d'une chose de conséquence, qui est que vous avez chez
vous un Janséniste, un hérétique[3] ; vous ne me parlez

1. Jeanne de Schomberg, fille du maréchal de ce nom, ancien
surintendant des finances, le patron et l'ami de M. d'Andilly. Il
sera reparlé d'elle avec le soin qu'elle mérite (liv. V, chap. IX).
2. Les confesseurs étaient distincts des Directeurs, et en eux-
mêmes réputés assez indifférents, n'étant là en quelque sorte que
pour l'œuvre du sacrement.
3. Il entendait parler de l'abbé de Bourzeis, académicien, con-

point non plus d'une petite-fille que vous faites élever à Port-Royal, et du commerce que vous avez avec ces Messieurs. » Le confesseur exigeant un *mea culpa* là-dessus, et parlant même de rétractation publique, le pénitent ne put se résoudre d'aucune manière à s'en accuser, et il sortit paisiblement du confessionnal. Mais l'affaire fit grand bruit. Patience ! ce M. Picoté était nécessaire comme point de départ : sans lui, sans cette affaire de sacristie, point de *Provinciales !*

On crut, et avec raison, que le refus d'absolution avait été concerté entre le confesseur et l'ancien curé de la paroisse, M. Olier, fondateur du séminaire de Saint-Sulpice, homme à la saint Vincent de Paul, de plus de zèle et de charité que d'étendue et de fermeté d'intelligence, plein de cérémonies et d'images, mystique d'ailleurs jusqu'à la vision[1]. Il avait, en pratique, rendu de grands services, avait notamment formé (en 1651) une espèce d'association contre les duels et dressé à cet effet un règlement qu'un grand nombre de gentilshommes de sa paroisse avaient solennellement signé. La fondation de la maison de Saint-Sulpice suffit pour honorer et perpétuer sa mémoire. Il y avait plusieurs années déjà qu'il s'était vu obligé par ses infirmités de résigner sa cure à M. Le Ragois de Bretonvilliers, mais

---

troversiste abondant, d'ailleurs peu dangereux, qui aurait bien voulu un évêché de Mazarin. Cet abbé se rétracta peu après de son opposition à la Bulle, et, ainsi que le dit en manière d'excuse une Relation janséniste, *changea de conduite, mais non de sentiment.* Il signa le 4 novembre 1661. Il était de Volvic, près Riom, en Auvergne.

1. Il était en commerce habituel avec les Anges, et disait qu'*un des plus grands qui se fût jamais donné à créature sur la terre, et que l'on croyait être un* Séraphin, *ne le quittait pas.* Le Semeur a récemment reproduit des extraits onctueux de ses *Lettres spirituelles* (septembre et octobre 1841); pour tout dire, il y faudrait joindre les autres extraits singuliers donnés par Nicole (*Nouvelles Lettres* de celui-ci, suite du tome VIII des *Essais*, p. 194). Nicole,

en se réservant la haute main. Deux ou trois ans avant l'affaire actuelle, il avait essayé de ramener à ses idées le vertueux duc son paroissien, en des conférences auxquelles le Père Des Mares assistait[1]. En tout, le digne M. Olier, comme saint Vincent de Paul, comme M. Eudes, comme M. de Bernières-Louvigni, appartenait, dans le dix-septième siècle, à la respectable famille de ces *doux*, qui, je l'ai fait remarquer plus d'une fois, n'eurent guère jamais à l'égard des nôtres que du miel aigri[2].

C'est sur ce refus de sacrement parti de Saint-Sulpice, qu'Arnauld écrivit sa *Première Lettre à une Personne de Condition*, qui commence en ces termes : « Le désir

qui s'en moque doucement, en conclut que Dieu permet quelquefois que les plus grandes choses du monde s'exécutent par des visionnaires, et tirent leur origine de visions. Ceci est du Voltaire à la Nicole, et insinue avec sérieux et humilité une petite part d'ironie dans l'histoire religieuse. Une telle idée, pour peu qu'on la poussât, mènerait loin.

1. Un récit très-circonstancié de ces conférences, transmis par le Père Rapin, et dans un sens tout favorable à M. Olier, a été inséré dans le n° 4 (décembre 1859) des *Études de Philosophie et d'Histoire*, publiées par les Pères Daniel et Gagarin. — Ce récit se retrouve dans les *Mémoires*, aujourd'hui publiés, du Père Rapin.

2. On trouve, au tome second des *Mémoires* (manuscrits) de *M. de Beaubrun*, dont il sera parlé ci-après, le récit original de cette affaire *par M. de Liancourt lui-même*. M. Olier y est positivement impliqué. Ce récit diffère d'ailleurs, en quelques points, de la version que nous avons donnée et qui résume l'essentiel. M. Picoté ne laissa échapper en effet dans le confessionnal qu'une partie des griefs au sujet de *ces gens-là*, comme il désignait les Jansénistes ; le reste fut dit plus en détail par le curé de Saint-Sulpice, parlant à la duchesse de Liancourt, dans une visite qu'elle lui fit quelques jours après de la part de son mari. — Les *Mémoires* du Père Rapin abondent sur cette affaire, et le même M. Picoté y paraît (surtout dans les *Notes*) un homme presque à canoniser, un simple à lumières surnaturelles. Les Sulpiciens aussi le révèrent comme celui à qui M. Olier se confessait et de qui il a pu dire : « Il me semble que Dieu me parle par sa bouche,

que Dieu me donne plus que jamais de fuir toutes sortes de contestations et de disputes m'auroit empêché de me rendre à la prière que vous m'avez faite, de vous dire mon sentiment touchant une affaire.... » C'est ainsi que, de désir en désir de fuir les disputes, Arnauld s'y engageait de plus en plus. Sa *Lettre* provoqua une foule de réponses du Père Annat et des autres intéressés, *neuf* écrits en tout, auxquels il dut encore répliquer dans une *seconde Lettre à un Duc et Pair* (c'était M. de Luines), datée de Port-Royal des Champs, 10 juillet 1655. Dans cette seconde Lettre, qui était tout un volume, ses ennemis relevèrent deux points comme particulièrement attaquables, à savoir : 1° il y justifiait le livre de Jansénius et mettait en doute que les Propositions y fussent; 2° il y reproduisait même la première des Propositions condamnées, en disant que *l'Évangile et les Pères nous montraient en la personne de saint Pierre un Juste à qui la Grâce nécessaire pour agir avait manqué*. En vain Arnauld avait-il fait remettre son nouvel écrit au pape Alexandre VII, qui, dit-on, le reçut en donnant tout haut des louanges à l'auteur : on dénonça le livre à M. Claude Guyart, nouveau Syndic de la Faculté de Théologie de Paris et nommé dans cette vue. Celui-ci, dévoué au parti moliniste, fit nommer (4 novembre) des commissaires également molinistes pour examiner.

L'affaire, pour peu qu'on y réfléchisse, était capitale : il s'agissait d'ôter une bonne fois la parole à Arnauld, de le bâillonner en Sorbonne, lui et les docteurs ses amis, et de s'assurer par un coup de vigueur l'appui de la Faculté de Théologie, ce tribunal permanent de la doctrine.

comme il parlait à son peuple par celle de Moïse. » M. Picoté et Moïse! c'est un peu rude ; mais avec ces esprits *injudicieux* il ne faut s'étonner de rien. (Voir au reste, si l'on veut entendre les deux sons, la *Vie de M. Olier*, par l'abbé Faillon, tome II, p. 221.)

On a le détail des nombreuses assemblées qui se tinrent depuis le 1ᵉʳ décembre 1655 jusqu'au 31 janvier 1656. J'en ai sous les yeux les récits manuscrits, les comptes rendus jour par jour, les incidents, les opinions, tout le *plumitif*, comme on dit, et, qui plus est, la coulisse et le jeu secret[1]. Pour rendre à ces formes de discussions religieuses, si mortes, un peu de l'intérêt singulier et des passions qui les animèrent, il suffit d'en saisir le rapport frappant avec nos Assemblées politiques : ces séances de Sorbonne pour la censure d'Arnauld firent, à bien des contemporains d'alors, la même impression qu'à nous telle session enflammée de la Chambre, durant les jours les plus militants de la Restauration. Des unes déjà, comme des autres, qu'en reste-t-il ? Un petit nombre d'années se sont écoulées, et les neveux n'y savent plus rien comprendre.

Pour faire passer à coup sûr les premières mesures qui portaient au syndicat M. Guyart, et qui déféraient le livre à six commissaires, on avait usé de précautions : des moines surnuméraires en nombre inusité avaient été introduits. Ces sortes d'infusions de moines à haute dose faisaient toujours contestation en Sorbonne et semblaient illégales à beaucoup de membres[2]. Plus de

---

1. *Mémoires de Beaubrun* (Bibliothèque du Roi, manuscrits, suppl. franç., n° 2673, 2 vol.). Rien n'initie mieux au second Port-Royal et au Jansénisme de la veille des *Provinciales* que ce récit, et surtout les papiers originaux qui y sont joints, documents autographes, recueillis de toutes parts, revus par Saint-Amour lui-même, et comprenant aussi les notes et les pièces de M. de Saint-Gilles. L'abbé de Beaubrun, janséniste de la fin du siècle, ami et exécuteur testamentaire de Nicole, en devint possesseur et les mit en ordre pour une histoire qu'il projetait et qu'il a ébauchée dans le premier des deux volumes.

2. La règle aurait été que chacun des quatre Ordres mendiants n'eût que deux voix délibératives, ce qui fait *huit* ; et dans les as-

soixante docteurs, Saint-Amour en tête, protestèrent des premières décisions comme d'abus, devant le Parlement. L'Arrêt promettait d'être favorable aux réclamants; mais la Cour, Mazarin, Fouquet comme procureur général, s'en mêlèrent, si bien que, par un tour brusque et malgré les conclusions de l'avocat-général Talon, l'appel fut mis à néant; l'affaire revint en Sorbonne pour être décidée par les intéressés. Les commissaires firent leur rapport le 1er décembre; ils incriminèrent dans la Lettre d'Arnauld les deux points déjà indiqués : 1° celui de la prétendue orthodoxie de Jansénius, comme étant une proposition téméraire et injurieuse au Saint-Siége; 2° celui de la Grâce qui aurait manqué à saint Pierre, comme étant une proposition déjà frappée d'anathème et hérétique. Le premier point s'appelait *la question de fait*, et le second *la question de droit*. Toutes les séances suivantes, pendant six semaines, furent employées à discuter et à délibérer. On siégeait d'ordinaire de huit heures et demie à midi. Arnauld, dès le 2 décembre, se retira à Port-Royal des Champs pour travailler à la réfutation du rapport. La circonstance pour lui était grande, l'attente universelle. Il avait quarante-trois ans; depuis plus de dix, il était glorieux dans l'Eglise, et passait pour le chef d'un parti puissant. Ses ennemis en Sorbonne [1] redoutaient de l'entendre; on y mettait deux conditions : l'une, qu'il jurerait, avant toutes choses, de se soumettre à la Censure, si elle avait lieu; l'autre, qu'il ne parlerait que pour déclarer son sentiment, sans conférer ni disputer

semblées précédentes, il s'en était trouvé jusqu'à *trente*. Dans les prochaines, ils iront à *quarante*.

[1]. C'est pour abréger qu'on dit Sorbonne ; il y avait aussi Navarre dans la Faculté, et ceux du Collége des Cholets, et d'autres venus d'autre part (*Ubiquistæ*) ; mais les assemblées se tenaient dans le Collége même de Sorbonne : *Comitia extraordinaria habita sunt a Facultate in aula Collegii Sorbonnæ.*

(*candide, simpliciter, sine ambagibus et disputatione, mentem suam aperturus, non disputaturus*); on craignait de lui ouvrir la lice, athlète qu'il était. Il n'intervint donc que par ses écritures. Tout cela se passait en latin. A dater du 20 décembre, M. le Chancelier (Séguier) eut ordre du Roi d'assister aux séances, et il y vint avec son cortége de cérémonie, huissiers et hoquetons, sous prétexte de maintenir l'ordre et de commander la liberté, mais, dans le vrai, pour surveiller et faire incliner les voix. C'était d'ailleurs pour la forme un vrai Concile gallican, et assez comparable pour le procédé au cinquième Concile général qui se tint, sous Justinien, sur l'affaire des *trois Chapitres* : on en était ici aux cinq Propositions, et, par rapport à Arnauld, aux *deux questions*. Le docteur Saint-Amour dominait de la tête le débat, et se signalait le premier sur la brèche. Il y en avait de non moins bouillants en face, comme l'évêque de Montauban (Pierre de Berthier) qui, en opinant en latin, faisait un peu de *galimatias*. Des évêques de Cour *solécisaient*[1]. Mais le fond de la galerie et des bancs était

---

1. Et l'évêque de Rhodez, Péréfixe, le futur archevêque de Paris, brave homme et pauvre tête, il joue à cette assemblée un rôle curieux, turbulent. Il s'armait toujours du nom du Roi pour *diligenter* l'affaire. Un jour que quelques docteurs demandaient qu'on examinât au préalable le livre de Jansénius, il s'emporta et voulut sortir dans sa colère. L'évêque de Chartres l'arrêta par sa soutane ; mais l'impétuosité de M. de Rhodez fut telle qu'*il fit tomber par terre M. de Chartres et son propre bonnet*, ce qui le mit encore plus hors de lui; et il dit tout haut que c'étaient des insolents. Un des docteurs apostrophés lui répliqua très à propos: « *Non vult Apostolus Episcopum esse iracundum*, l'Apôtre ne veut pas qu'un Évêque soit colère. » Ce fut là le prétexte à l'intervention du Chancelier. On cite encore des paroles bien vives de M. Morel, moliniste, qui, au lever d'une séance, disait des amis d'Arnauld que c'étaient *des gens à envoyer aux galères*: à quoi M. Taignier, un docteur spirituel et contrefait, répondit, en se raillant, qu'*il fallait que ce fût donc une petite galère propre à aller sur la rivière de Gentilly*. Pour

grave, sérieux, sévère, la pure. Faculté, Sorbonne ou Navarre, telle qu'elle se représente à nous de loin par ces docteurs de vieille roche, Launoi, Sainte-Beuve [1].

Cependant Arnauld dépêchait écrit sur écrit que ses amis présentaient à l'Assemblée et n'obtenaient pas toujours de lire. Il y retournait sa justification de toute manière ; il tâchait de la rendre plus claire à l'esprit de parti, en l'exposant selon la méthode des géomètres. Lorsqu'on en fut, après dix-huit ou vingt séances, au moment de clore sur la première question, celle du *fait*, il fit présenter, le 11 janvier, un Écrit qui était une sorte de satisfaction donnée, de désaveu ; il y protestait *qu'il n'eût point parlé dans sa Lettre comme il y parle, s'il eût prévu qu'on lui en eût fait un crime; qu'il voudrait ne l'avoir pas écrite;* et *il demandait pardon au Pape et aux Évêques de l'avoir fait* (Quodque ea scripserim ab Illustrissimis Præsulibus atque a Summo Pontifice libentissime veniam peto). On a une lettre de lui, du 15 décembre, à l'évêque de Saint-Brieuc, Denis de La Barde, qui était thomiste et se montrait assez favorable. Arnauld y humilie, autant qu'il est possible, son opinion janséniste; il se rabat à saint Thomas *le Prince des*

---

la violence des propos et des actes, ces Assemblées de 1655-1656 me font l'effet d'avoir été *la Chambre de* 1815 *de Sorbonne*.

1. Je cite plutôt celui-ci comme nom, bien qu'il ne paraisse pas avoir pris part aux séances ; ce qui ne l'empêcha pas d'être éliminé de la Sorbonne et de la chaire qu'il y occupait, pour avoir refusé de signer la Censure. La prudence pourtant l'emporta : il finit par céder, j'ai regret à le dire, et souscrivit tout quelque temps après, ternissant sa gloire de martyr (on verra, en leur lieu, les circonstances atténuantes et les raisons à décharge). Quant au docteur de Launoi, sans partager la doctrine d'Arnauld, étant du *tiers parti* en matière de Grâce, il le défendit d'autant plus vivement en cette circonstance par équité et générosité ; érudit profond et original, esprit mordant, à bons mots, raillant volontiers le mauvais latin des bulles ou des évêques, et apportant en théologie quelque chose de l'humeur de Gui Patin. (Voir à l'*Appendice*.)

Théologiens, et reconnaît avec lui deux espèces de Grâces : « Je reconnois avec le même Saint que le Juste a toujours le pouvoir d'observer les Commandements de Dieu, qui lui est donné par la première sorte de Grâce, mais qu'il n'a pas toujours cette seconde sorte de Grâce qui est le secours qui meut l'âme, et sans lequel néanmoins ce Saint enseigne que l'homme, quelque juste qu'il soit, ne sauroit faire le bien. » C'est ainsi que dans cette lettre Arnauld en passait par l'opinion tant moquée de Pascal, par la doctrine de cette Grâce *qui est suffisante sans l'être*. Il y proteste de nouveau qu'*il condamne les cinq Propositions, en quelque livre qu'elles se trouvent sans exception, ce qui enferme celui de Jansénius*. Enfin cette fière intelligence d'Arnauld s'incline autant qu'elle le peut et en pure perte ; cela fait souffrir [1].

C'était une condamnation, une flétrissure qu'on voulait. Il fut condamné le 14 janvier, sur la question de fait, à la pluralité de cent vingt-quatre contre soixante et onze ; quinze voix restèrent neutres. Il y eut bien quelque doute sur l'exactitude parfaite du chiffre : ce fut le Syndic qui compta. Le docteur Rousse réclamait l'appel nominal (*vocentur propriis nominibus*) ; mais le Chancelier passa outre. Restait à entamer la question de droit. Il paraît que, vers ce second temps, les Thomistes de l'Assemblée, de qui pouvait dépendre la majorité selon le côté où ils pencheraient, furent un moment en

---

1. Il y a plus, cela fait saigner. Les cris de cette vérité aux abois, et devenue si modeste, sont déchirants. « Faut-il donc, s'écrie-t-il dans ces contrariétés apparentes, si fort enchaîner la vérité à l'extérieur des syllabes : *apicibus verborum ligandam non esse veritatem !* » Et quand il voit que tout est inutile et que les satisfactions ne sont pas reçues, il se contente de répondre ces belles paroles : « Il est quelque chose en moi où la fureur de la persécution ne peut atteindre, c'est l'amour pour mon Dieu qu'ils ne sauroient arracher de mon cœur : *Non auferent Deum meum de corde meo !* »

balance et assez disposés pour Arnauld. On a copie d'un billet qui circula : « Si M. Arnauld veut embrasser la doctrine des Thomistes, nous l'embrasserons lui-même avec plaisir [1];.... » et on lui offrait de reconnaître dans le Juste cette sorte de Grâce actuelle, intérieure et *suffisante*, qui n'est pourtant pas la Grâce *efficace*. Il venait précisément d'essayer de l'admettre dans sa lettre à l'évêque de Saint-Brieuc. Arnauld ne pardonna pas aux Thomistes sa propre faiblesse, et de leur avoir un moment cédé : Pascal fut chargé de la vengeance.

La délibération sur la question de droit commença dans la séance du 18 janvier, et se continua, sans désemparer, jusqu'au 29. Il avait été réglé préalablement, le 17, que, pour abréger, le temps d'opiner de chaque docteur ne passerait point la demi-heure. Les docteurs amis d'Arnauld étouffaient à l'étroit dans ce court espace, et voulaient allonger; le gigantesque Saint-Amour n'y pouvait tenir. Mais le *sable* faisait loi, et le Chancelier, qui avait cru pouvoir s'absenter, reparut tout exprès pour y avoir l'œil. — « Je vous retire la parole, Monsieur; vous n'avez plus la parole, criait le Syndic : *Domine mi, impono tibi silentium.* » Et tous les docteurs de la majorité, surtout M. Morel, le plus fort en poumons, de crier à tue-tête : *La clôture! la clôture!* (*Conclude, Concludatur!*) Un jour, M. Bourgeois [2] resta deux heures à tâcher de s'expliquer, sans pouvoir obtenir un quart d'heure de silence (*denegatum est mihi quadrans*). Jeu, clameur et tricherie parlementaire, il n'est rien de bien nouveau. A un certain moment, soixante docteurs en masse, dont une moitié en protestant par-devant notaires, se retirèrent de l'Assemblée. Le côté *gauche*

---

1. *Histoire des Cinq Propositions,* par l'abbé Dumas, t. 1, p. 145.
2. Le docteur Bourgeois, le même qui avait été autrefois à Rome pour Arnauld dans l'affaire de *la Fréquente Communion.*

resta vide [1]. La suite fut pur coup d'État. Cependant la première Lettre à un Provincial, publiée le 23 janvier 1656, nous dispense de continuer le récit en notre nom. C'est Pascal qui prend la parole et qui achève.

On a bien saisi toute la marche jusqu'ici : l'affaire est perdue en Sorbonne ; il ne s'agit plus de cela, mais du public ; c'est sur ce terrain que la partie va se reprendre, et là, du premier coup, se gagner.

La curiosité depuis deux mois était en effet extrême ; le mouvement inaccoutumé des assemblées faisait l'entretien de tout Paris. Les détails de chaque séance se répandaient à l'instant. Le cardinal Mazarin, dès les premiers jours, avait dit à l'évêque d'Orléans, M. d'Elbène, qu'il fallait accommoder et presser cette affaire ; *que les femmes ne faisaient qu'en parler, quoiqu'elles n'y entendissent rien, non plus que lui.* Mais ce que tout le monde entendait bien, c'était la présence du Chancelier, et ses six huissiers à la chaîne, et ses deux archers, hallebarde en main, et l'anecdote de M. de Rhodez, avec la culbute de son bonnet et de son confrère.

La Reine avait dit tout haut un jour, à la princesse de Guemené, au cercle du Louvre : *Vos docteurs parlent trop.* A quoi madame de Guemené avait assez aigrement répondu : « Vous ne vous en souciez guère, Madame, car vous ferez venir tant de Cordeliers et de Moines mendiants, que vous en aurez de reste. » — « Nous en faisons encore venir tous les jours, » répliqua sèchement la Reine.

C'est à tout ce public plus ou moins mondain ou docte, et tel que nous le voyons encore dans les Let-

1. « On fut très-surpris ce jour-là (24 janvier) de voir la salle peu remplie ; et ce qui marquoit davantage, c'est que, dans les précédentes assemblées, les places s'étoient disposées de telle manière que ceux qui étoient favorables à M. Arnauld avoient affecté d'occuper toujours un côté de la salle, et les Molinistes l'autre côté... » (Relation manuscrite de Beaubrun.)

tres de Gui Patin, à ce public de la galerie extérieure, si excité et si passionné sans trop savoir pourquoi, que les *Provinciales* vont s'adresser. A ces Moines mendiants surnuméraires de la Sorbonne, comment riposter et résister? Il n'y a qu'un moyen; ruse contre ruse, force contre force; Pascal n'hésite pas : à la majorité du dedans oppressive et incongrue, il opposera tout le monde. La question se déplace; la position est trouvée ; la bataille désespérée change de face et la victoire se retourne. Ne craignons pas les nobles images. Ce furent comme à Fontenoi, les quatre pièces de canon qui, pointées à propos, enfoncèrent la colonne anglaise victorieuse. Ce fut comme à Marengo, la charge imprévue de Kellermann.

La Sorbonne est prise, les bancs sont envahis; l'ennemi occupe les retranchements et la place. Ailleurs! ailleurs! Changez d'élément. Montez sur vos vaisseaux légers, et gagnez la bataille de Salamine !

L'année 1656 est pour nous une grande année. J'ai dit autrefois [1] la même chose de l'année 1636, et qu'elle avait été capitale pour notre Port-Royal de Saint-Cyran. Après vingt ans justement révolus, nous sommes arrivés à une époque non moins décisive, non moins *climatérique*, pour ainsi dire. Ces derniers mois de 1655 et ces premiers de 1656 forment un second nœud où tout se resserre, et comme un autre défilé à traverser, qui nous jette dans le second Port-Royal. Un monde nouveau apparaît. On a, du côté sombre de la colonne, le Formulaire, l'inséparabilité du droit et du fait, l'élimination d'Arnauld ; et du côté lumineux, l'entrée en scène de Pascal, l'opinion publique auxiliaire, et le duel à mort entre les deux morales. C'est là-dessus désormais qu'on va vivre.

1. Au tome I, p. 334 (liv. I, chap. xii).

VII

A qui vint l'idée des *Provinciales*. — Anecdote de Perrault. — Première Lettre. — Style nouveau. — Critiques grammaticales du Père Daniel. — Ton comique et jeu. — Détails du succès ; le Chancelier saigné. — Margotin et le président de Bellièvre. — M. de Saint-Gilles et ses expédients. — Chiffre de la vente ; chiffre du tirage. — Chronique secrète. — Seconde Lettre ; le sérieux commence. — Pascal se loue lui-même. — Il raille l'Académie. — Troisième Lettre. — Échec au *Docteur*. — Les Jansénistes du monde. — Mademoiselle d'Aumale et le conseiller Benoise.

On lit dans les intéressants *Mémoires* de Charles Perrault, de celui à qui l'on doit tant de libres idées et de tentatives mêlées, les Dialogues sur les Anciens et les Modernes, la première pensée de la Colonnade du Louvre, les solennités de réception à l'Académie française, les Contes de Fées pour les enfants, et (gloire aimable !) d'avoir maintenu sous Colbert le Jardin des Tuileries ouvert au public, — on lit chez lui ce curieux passage qui nous concerne très-particulièrement :

« Dans le temps où l'on s'assembloit en Sorbonne pour condamner M. Arnauld, mes frères et moi, M. Pepin et quelques autres amis encore, voulûmes savoir à fond de quoi il s'agissoit. Nous priâmes mon frère le docteur[1] de nous en

1. Ce docteur Perrault fut l'un des soixante et onze exclus de la

instruire : nous nous assemblâmes tous au logis de feu mon père, où mon frère nous fit entendre que toutes les questions de la Grâce, qui faisoient tant de bruit, rouloient sur un pouvoir *prochain* et sur un pouvoir *éloigné*, que la Grâce donnoit pour faire de bonnes actions. Les uns disoient qu'à la vérité, lorsque saint Pierre pécha, il n'avoit pas la Grâce qui donne le pouvoir *prochain* de bien faire, mais qu'il avoit la Grâce qui donne le pouvoir *éloigné*, laquelle ne fait jamais faire la bonne action, mais en donne seulement la puissance ; et qu'ainsi M. Arnauld avoit eu tort d'avancer qu'on trouvoit en saint Pierre un Juste à qui la Grâce, sans laquelle on ne peut rien, avoit manqué ; parce que saint Pierre avoit en lui la Grâce qui donne le pouvoir éloigné de bien faire. Mais les autres soutenoient que, le pouvoir éloigné ne produisant jamais la bonne action, et saint Pierre n'ayant point eu la Grâce qui la produit, M. Arnauld n'avoit point mal parlé quand il avoit dit que la Grâce, sans laquelle on ne peut rien, lui avoit manqué, puisqu'à parler raisonnablement, le pouvoir qui ne produit jamais son effet n'est point un vrai pouvoir. Nous vîmes par-là que la question méritoit peu le bruit qu'elle faisoit. Mon frère le receveur raconta cette conférence à M. Vitart, intendant de M. le duc de Luines [1] qui demeuroit au Port-Royal, et lui dit que Messieurs du Port-Royal devoient informer le public de ce qui se passoit en Sorbonne contre M. Arnauld, afin de le désabuser de la croyance où il étoit qu'on accusoit M. Arnauld de choses fort atroces. Au bout de huit jours, M. Vitart vint au logis de mon frère le receveur, qui demeuroit avec moi dans la rue Saint-François au Marais, et lui apporta la première Lettre Provinciale de M. Pascal. « *Voilà*, lui dit-il en lui présentant cette lettre, *le fruit de ce que vous me dites il y a huit jours.* » Cette Lettre, qui ne parle que du pouvoir prochain et du pouvoir éloigné de la Grâce, en attira une seconde, et celle-là une autre.... Voilà quel en a été le sujet et l'origine. »

Faculté pour refus de signer la Censure. En 1669, après la Paix de l'Église, on en comptait encore vingt-deux à rétablir dans leurs droits. Le docteur Perrault mourut en 1661.

1. Et cousin de Racine ou, si l'on veut, son oncle à la mode de Bretagne.

En effet, Pascal se trouvant à Port-Royal des Champs avec Arnauld, Nicole déjà actif, mais encore obscur, et les autres amis desquels était M. Vitart à la suite de M. de Luines, on s'entretenait avec tristesse et indignation du coup qui se portait, et qui ne semblait plus pouvoir être paré. Les écrits apologétiques de M. Arnauld dans la forme géométrique ou non, en latin; adressés à la Sorbonne, n'atteignaient en rien le public, lequel, voyant tant d'appareil de l'autorité ecclésiastique et séculière, ne pouvait s'imaginer qu'il ne s'agissait pas en cette circonstance des plus grands fondements de la foi. On disait donc à M. Arnauld, et M. Vitart le premier: « Adressez-vous au public, il est temps, détrompez-le ; c'est devant lui qu'il faut plaider; vos amis du dehors le désirent. Vous laisserez-vous condamner comme un enfant ? » Nous entendons d'ici la conversation, et M. Vitart insistait : « M. Perrault, le frère du docteur, que je voyais hier, me le disait encore... » Arnauld donc, se rendant aux instances, composa quelque projet d'écrit en ce sens, dont il fit lui-même, deux ou trois jours après, la lecture. Mais il était harassé de tout ce long combat, et sa main pesait deux fois plus de fatigue : l'écrit français s'en ressentait. Ces Messieurs, tout bien disposés qu'ils étaient, n'y donnant aucun applaudissement, Arnauld comprit leur silence, et, n'étant point jaloux de louanges, il leur dit : « Je vois bien que vous ne trouvez pas cet écrit bon pour son effet, et je crois que vous avez raison. » Et, se retournant tout d'un coup vers Pascal : « Mais vous qui êtes jeune (qui êtes un curieux, un bel-esprit), vous devriez faire quelque chose. » Ce qu'il fallait uniquement, c'était de répandre dans le public une espèce de factum net et court, où l'on fît voir que dans ces disputes il ne s'agissait de rien d'important et de sérieux, mais seulement d'une question de mots et d'une pure chicane. Pascal, qui n'avait encore presque rien écrit que sur les sciences, et qui ne connaissait pas combien il était capable de réussir dans ces sortes d'ouvrages destinés à tous, répondit à M. Arnauld qu'il concevait, à la vérité, comment on pourrait faire ce factum, mais que tout ce qu'il pouvait promettre était d'en ébaucher un projet ; que ce serait à d'autres de le polir et de le mettre en état de paraître. Dès le lendemain, il avait la plume à l'œuvre, et ce qu'il ne comptait que pour ébauche devint aussitôt la première Lettre, telle que nous la lisons.

« Car il avoit, nous dit ingénument madame Périer, une éloquence naturelle qui lui donnoit une facilité merveilleuse à dire ce qu'il vouloit ; mais il avoit ajouté à cela des règles dont on ne s'étoit pas encore avisé, dont il se servoit si avantageusement qu'il étoit maître de son style ; en sorte que non-seulement il disoit tout ce qu'il vouloit, mais il le disoit en la manière qu'il vouloit, et son discours faisoit l'effet qu'il s'étoit proposé. »

Ces règles qui sont réelles ici et fondées, je le crois, et que Pascal apportait à son éloquence naturelle, il les trouva du premier coup et les pratiqua dès la seconde ligne avec entière certitude.

Aussi, dès que Pascal, sa Lettre faite, la vint lire à ces Messieurs assemblés, il n'y eut qu'une voix : « Cela est excellent, cela sera goûté ; il faut le faire imprimer. » Ces bons solitaires ne s'étaient jamais trouvés à pareille fête.

Parmi les dix-huit Lettres Provinciales, il n'y en a que cinq qui se rapportent à la question de Sorbonne et du Jansénisme proprement dit : les trois premières[1], la dix-septième et la dix-huitième. Les treize

1. C'est à celles-ci que Paul-Louis Courier pensait, quand il a

autres, depuis la quatrième qui fait transition, tournent contre la morale des Jésuites, et, au lieu de se tenir à la défensive, elles attaquent l'ennemi au cœur, jusque dans son camp.

La première Lettre est toute sur l'affaire de Sorbonne qui n'était pas encore décidée ; mais, à la manière dont il en parle, Pascal marque assez qu'on n'y compte plus et que c'est à un autre tribunal qu'on en appelle. Le jour même où parut la Lettre (23 janvier), les docteurs amis d'Arnauld se retiraient, en protestant, de l'Assemblée. Relisons un peu ce que nous savons depuis si longtemps : ces belles choses connues ont un tout autre air, quand on les reprend dans leur juste cadre[1].

« Monsieur,

« Nous étions bien abusés. Je ne suis détrompé que d'hier ; jusque-là j'ai pensé que le sujet des disputes de Sorbonne étoit bien important, et d'une extrême conséquence pour la Religion. Tant d'assemblées d'une Compagnie aussi célèbre qu'est la Faculté de Paris, et où il s'est passé tant de choses si extraordinaires et si hors d'exemple, en font concevoir une si haute idée qu'on ne peut croire qu'il n'y en ait un sujet bien extraordinaire.

« Cependant vous serez bien surpris quand vous apprendrez par ce récit à quoi se termine un si grand éclat ; et c'est ce que je vous dirai en peu de mots après m'en être parfaitement instruit.

« On examine deux questions, l'une de fait, l'autre de droit.

« Celle de fait consiste à savoir si M. Arnauld est téméraire

---

dit (Préface de ses *Fragments d'une traduction nouvelle d'Hérodote*) : «... La Fontaine, chez nous, empruntant les expressions de Marot, de Rabelais, fait ce qu'ont fait les anciens Grecs, et aussi est plus Grec cent fois que ceux qui traduisent du grec. De même Pascal, soit dit en passant, dans ses deux ou trois premières Lettres, a plus de Platon, quant au style, qu'aucun traducteur de Platon. »

1. Je suivrai dans mes citations des *Provinciales* le texte de l'édition originale ; il a été un peu retouché depuis.

pour avoir dit dans sa seconde Lettre, *Qu'il a lu exactement le livre de Jansénius, et qu'il n'y a point trouvé les Propositions condamnées par le feu Pape; et néanmoins que, comme il condamne ces Propositions en quelque lieu qu'elles se rencontrent, il les condamne dans Jansénius, si elles y sont.*

« La question est de savoir s'il a pu sans témérité témoigner par là qu'il doute que ces Propositions soient de Jansénius, après que Messieurs les Évêques ont déclaré qu'elles y sont.

« On propose l'affaire en Sorbonne. Soixante et onze Docteurs entreprennent sa défense, et soutiennent qu'il n'a pu répondre autre chose à ceux qui, par tant d'écrits, lui demandoient s'il tenoit que ces Propositions fussent dans ce livre, sinon qu'il ne les y a point vues, et que néanmoins il les y condamne, si elles y sont.

« Quelques-uns même passant plus avant ont déclaré que, quelque recherche qu'ils en aient faite, ils ne les y ont jamais trouvées, et que même ils y en ont trouvé de toutes contraires[1], en demandant avec instance que, s'il y avoit quelque Docteur qui les y eût vues, il voulût les montrer; que c'étoit une chose si facile qu'elle ne pouvoit être refusée, puisque c'étoit un moyen sûr de les réduire tous, et M. Arnauld même. Mais on le leur a toujours refusé. Voilà ce qui se passa de ce côté-là.

« De l'autre part, se sont trouvés quatre-vingts Docteurs séculiers, et quelque quarante Moines mendiants, qui ont condamné la Proposition de M. Arnauld, sans vouloir examiner si ce qu'il avoit dit étoit vrai ou faux, et ayant même déclaré qu'il ne s'agissoit pas de la vérité, mais seulement de la témérité de sa Proposition.

« Il s'en est trouvé de plus quinze qui n'ont point été pour la Censure, et qu'on appelle indifférents.

« Voilà comment s'est terminée la question de fait, dont je ne me mets guère en peine. Car, que M. Arnauld soit téméraire ou non, ma conscience n'y est pas intéressée. Et si la curiosité me prenoit de savoir si ces Propositions sont dans Jansénius, son livre n'est pas si rare ni si gros que je ne le pusse lire tout entier pour m'en éclaircir, sans en consulter la Sorbonne.

---

1. Ceci est un peu fort, mais la légèreté commence.

« Mais, si je ne craignois aussi d'être téméraire, je crois que je suivrois l'avis de la plupart des gens que je vois, qui, ayant cru jusqu'ici sur la foi publique que ces Propositions sont dans Jansénius, commencent à se défier du contraire par le refus bizarre qu'on fait de les montrer, qui est tel que je n'ai encore vu personne qui m'ait dit les y avoir vues[1]. De sorte que je crains que cette Censure ne fasse plus de mal que de bien, et qu'elle ne donne à ceux qui en sauront l'histoire une impression tout opposée à la conclusion. Car en vérité le monde devient méfiant, et ne croit les choses que quand il les voit.... »

C'est assez rappeler l'entrée en matière ; les remarques se pressent. Dès le premier mot, on l'a senti, l'enjouement a succédé au sérieux jusque-là de convenance et de rigueur en ces questions : c'est le ton cavalier, indifférent, mondain, qui a le dessus ; nous retrouvons tout de suite l'homme qui, deux ans auparavant, faisait encore rouler sur le pavé de Paris son carrosse à six chevaux, l'honnête homme à la mode qui avait sur sa cheminée Montaigne[2]. Cette nourriture lui a profité. Le voilà plume en main, revenu à sa première habitude, aisément fringant, et d'un autre monde que nos docteurs. *Car en vérité le monde devient méfiant et ne croit les choses que quand il les voit*; et ces *quelque quarante moines*, et ces Propositions qui sont dans Jansénius et que personne n'a vues ; et tout à l'heure Escobar et les bons Pères ; en tout cela Pascal, le premier du dedans, ouvre la porte à la raillerie, c'est-à-dire qu'il introduit l'ennemi dans la place, d'où il ne sortira plus. Par cette fente ouverte et cette brèche, Saint-Évremond et sa *Conversation* du Père Canaye avec le maréchal d'Hoquincourt[3], La Fontaine et sa Ballade, Bayle et le reste,

---

1. De plus en plus intrépide.
2. Les noms même sembleront le dire : *Montalte* est voisin de *Montaigne*.
3. La Conversation qui fait le sujet des plus jolies pages de Saint-

tous les badins en pareille matière entreront. Toutes les plaisanteries dont on a vécu cent cinquante ans sur le gros livre de Jansénius, sur ce qu'on y trouve ou n'y trouve pas, n'ont point d'autre source ; Pascal les a inventées. Elles ont tué les Jésuites[1] et les Molinistes et les Thomistes, elles ont tué ou rendu fort malades bien d'autres choses encore.

Elles se sont elles-mêmes, on peut le dire, atteintes et comme atténuées en triomphant. Attendons-nous bien, en relisant les *Provinciales*, à y trouver mille traits connus, cent fois imités, reproduits, cent fois cités ; on ne sait plus d'où ils viennent : c'est de là. Ils se sont usés dans leur triomphe, et sinon brisés, du moins émoussés quelque peu dans la blessure, *Animasque in vulnere ponunt*; non pas l'âme, non pas la vie, mais du moins une certaine pointe vive et première ne

---

Évremond, eut lieu en 1654, durant la campagne de Flandre; mais il ne m'est pas du tout prouvé que l'auteur en ait écrit le récit avant 1656, et que le Jésuite des *Provinciales* ne lui ait pas remis en idée le Père Canaye. Tout porte à croire le contraire. Le début même indique qu'il n'écrivit pas dans le moment même : « Comme je dînois *un jour*...» Un anachronisme sur la mort de madame de Montbazon n'y devient vraisemblable que si l'on suppose cette dame morte en effet, et depuis déjà assez de temps pour que le lecteur puisse confondre les dates ; et elle ne mourut qu'en 1657. Enfin, ce qui est positif, la pièce ne parut imprimée pour la première fois qu'en 1686, et elle ne courait manuscrite que depuis quelques mois (voir Bayle, *Nouvelles de la République des Lettres*, décembre 1686, art. IV). Saint-Évremond dut raconter bien des fois cette scène à ses amis, avant de l'écrire. — J'appelle cette *Conversation* du Père Canaye et du maréchal d'Hoquincourt la *dix-neuvième* Provinciale.

1. Quand je dis *tué*, les Jésuites pourraient réclamer, car ils vivent, et à certains égards, ils prospèrent :

    Les gens que vous tuez se portent assez bien.

J'aurai, en avançant, occasion d'expliquer toute ma pensée : en attendant je maintiens *tué* en ce sens qu'ils sont à jamais tombés du centre d'action qu'ils occupaient, et qu'ils ont perdu l'accès au gouvernail du monde.

s'est-elle pas en effet perdue ? Il en est de ces traits de Pascal comme des vers de Boileau devenus proverbes. La médaille a mérité de devenir monnaie courante, et le frottement y a passé : *assiduitate viluerunt*.

Quand on relit les *Provinciales*, comme toute œuvre qui a fait sa route dans l'opinion, il est besoin d'un certain oubli ou d'une certaine réflexion, pour leur rendre toute leur fraîcheur.

Cette première Lettre en particulier attire littérairement l'attention comme étant le début de Pascal à titre d'*écrivain*. C'est la première fois qu'il songeait au style. Il avait auparavant écrit sur la Physique, sur les expériences *touchant le Vide;* il avait publié un Avis sur sa Machine arithmétique, et on a une assez longue lettre de lui à la reine Christine, à qui il envoyait cette Machine ; j'ai indiqué aussi sa Lettre à M. de Ribeyre dans le démêlé avec les Jésuites de Clermont. En ces derniers écrits, le style de Pascal pouvait sembler déjà formé ; c'était un bon style, honnête, mais qui n'avait rien de particulier. Il tenait du genre de Descartes en pareille matière, solide et sain, non pas sans agrément, surtout conforme au sujet. Mais Descartes, dans sa phrase pleine, claire, longue pourtant et perpétuellement enchaînée de l'une à l'autre par des conjonctions, n'avait pas encore tout à fait *secoué le joug du latinisme*, pour parler avec La Bruyère. Pascal coupa net dans ces longueurs. Dès la première *Provinciale* il devient pour nous, il devient pour lui-même, qui ne s'en doutait pas jusque-là, le Pascal littéraire.

Il tranche d'emblée, du tout au tout, sur les autres écrivains de Port-Royal et sur la langue des Arnauld, sur ce style *de famille*, dont les défauts ne laissaient pas d'être sensibles dès lors à quelques contemporains gens de goût. Il y a des pages très-curieuses d'un Jésuite érudit et spirituel, mais qui, par malheur pour lui, n'a été spirituel qu'en latin, le Père Vavassor. Ce Père, dans un petit Écrit en réponse à une attaque d'Arnauld, vers 1652[1], avait dénoncé, bien avant Joseph de Maistre, les signes auxquels on pouvait infailliblement reconnaître, entre tous, un livre Port-Royaliste. Un de ces signes, c'étaient d'abord les circuits de périodes, les longueurs de phrases interminables ; une étendue, une ampleur, une rotondité qui sentait le barreau, et encore le barreau pompeux, le barreau des jours solennels et non de tous les jours (ceci regardait M. Le Maître) ; jamais le précis ni le *pied-à-pied* d'une polémique corps à corps et à bout portant. Bien avant Voltaire, le Père Vavassor remarquait qu'un écrivain Port-Royaliste ne savait ce que c'est qu'une phrase courte et coupée : *Quid cæsim sit, quid membratim dicere.* Autre signe encore, selon lui, de tout livre sorti de cette fabrique : l'absence totale de variété, d'ornement dans l'élocution. Ces Messieurs parlent le français avec justesse, avec propriété, c'est vrai, il le leur accordait : ils se donnent bien assez de peine pour cela, ajoutait-il. Mais chez eux, d'ailleurs, quoi de piquant ou de fin, quoi d'incisif : *Ubi acute, ubi sententiose dicta?* Rien qui se grave ; rien de figuré ni qui vienne jamais relever sous leur plume la monotonie fastidieuse, la redondance et le sempiternel retour des mêmes raisons, des mêmes arguments. Voilà ce que disait le Père Vavassor parlant à Arnauld et à M. Le Maître, et, dans son rôle d'adversaire, il n'avait pas si

---

[1]. Arnauld, en défendant M. de Callaghan contre les injures du Père Brisacier, avait supposé trop à la légère qu'un petit pamphlet latin anonyme intervenu dans la querelle était du Père Vavassor : celui-ci prit occasion de là pour adresser au chaleureux docteur la Dissertation où sont comme ensevelies ces pages distinguées et fines sous un appareil pédantesque : *Dissertatio de Libello supposititio, ad Antonium Arnaldum, doctorem et socium Sorbonicum.* Le Père Bouhours, dans la guerre de grammaire qu'il fit depuis à Messieurs de Port-Royal, en a profité.

tort, ce nous semble : ses points d'attaque étaient bien choisis. Mais ce qui pouvait être vrai du style et des livres de Port-Royal pris en gros, à la veille des *Provinciales*, allait ne plus l'être le lendemain : tous les reproches de l'exigeant rhéteur, du critique acerbe, allaient être réfutés d'un coup par ce nouveau-venu, né de lui-même et qui n'avait passé par aucune école. Ce que réclamait le Père Vavassor, il l'avait maintenant ; il était servi selon ses désirs, et bien au delà.

Voltaire a dit (*Siècle de Louis XIV*) : « Le premier livre de génie qu'on vit en prose fut le recueil des *Lettres Provinciales* EN 1654 (il n'y regarde pas de si près). Toutes les sortes d'éloquence y sont renfermées. Il n'y a pas un seul mot qui, depuis cent ans, se soit ressenti du changement qui altère souvent les langues vivantes. Il faut rapporter à cet ouvrage l'époque de la fixation du langage. » Ce jugement, tant de fois reproduit, a force de loi. On relèverait pourtant, au passage, quelques petits mots qui ont changé[1]. De plus, dans ces premières Lettres toutes lestes et charmantes, Pascal, si dégagée qu'il ait la plume, n'offre pas mal de négligences, d'incorrections, qui se rencontrent de moins en moins dans les suivantes.

Les Jésuites qui ont si peu et si malencontreusement répondu à ce livre, l'un de ceux auxquels on ne répond pas, tant il se loge d'abord dans l'esprit et y règne par droit de premier occupant ! — les Jésuites, et le Père Daniel surtout, dans sa réplique tardive en 1694, au milieu

---

1. « Je le suppliai de me dire en quoi consistoit l'hérésie de la proposition de M. Arnauld. C'est, *ce me dit-il*, en ce qu'il ne reconnoît pas... » Ainsi dans l'Épigramme de Patrix :

    Coquin, ce me dit-il, d'une arrogance extrême.

Le *Ce* superflu de *Ce me dit-il* a disparu dans les éditions suivantes de la première *Provinciale*. C'est peut-être, au reste, le seul point gaulois de tout Pascal.

des autres objections plus graves que je ne manquerai pas de mentionner, ont voulu épiloguer sur le style, sur celui des premières Lettres principalement.

Cette Réponse du Père Daniel fut faite sous prétexte de contredire une page d'éloges de Perrault en son *Parallèle des Anciens et des Modernes*. En mettant les *Provinciales* au-dessus de tout (et il le faisait d'autant plus volontiers, on peut le croire, qu'il sentait que lui et ses frères n'avaient pas été tout à fait étrangers à les faire naître), Perrault y avait loué *pureté dans le langage, noblesse dans les pensées, art du dialogue*. Là-dessus, les personnages du Dialogue (car le livre du Père Daniel aussi est en cette forme) se mettent à éplucher la première Lettre sur le texte de 1656. Ces scrupules si tardifs et assez bénins ont de l'intérêt, puisqu'ils s'attaquent à Pascal, à ce Pascal qui *savait des mathématiques et avait de la politesse :* le bon Père lui accorde cela.

Dès la seconde ligne, il critique *jusque-là j'ai pensé*, pour *j'avais pensé*.

Sur le premier paragraphe, il ne tarit pas : « Que dites-vous de cette période? La netteté du style si recommandée par M. de Vaugelas s'y rencontre-t-elle? On entend ici ce que Pascal dit, parce qu'on sait ce qu'il veut dire; mais en effet, si nous y prenons bien garde, il ne le dit pas plus que d'autres choses qu'il ne veut pas dire. Ces *assemblées*, cette *Faculté de Paris*, ces *choses extraordinaires*, cette *haute idée*, s'y trouvent faufilées par des *où*, par des *y*, par des *en*, qui ne font de tout ce discours qu'un tissu d'équivoques.... » Je fais grâce du développement que le Père Daniel fournit à l'appui de ces prétendues équivoques qu'il voudrait bien y voir. Il s'amuse à redire à la répétition du mot *sujet*, du mot *extraordinaire*. Il semble que Pascal ait d'avance entendu cette critique, et qu'il y réponde en disant :
« Quand, dans un discours, on *trouve* des mots répétés,

et qu'essayant de les corriger on les *trouve* si propres qu'on gâteroit le discours, il les faut laisser : c'en est la marque ; et c'est la part de l'envie qui est aveugle, et qui ne sait pas que cette répétition n'est pas faute en cet endroit; car il n'y a point de règle générale[1]. »

De bonne heure il s'est introduit en français une certaine critique grammaticale et microscopique devant laquelle rien ne tient ; j'ai plaisir à le constater. D'Olivet notera mille fautes dans Racine ; Condillac relèvera nombre d'incorrections et d'infractions à sa fameuse *liaison des idées* chez Boileau ; et peu s'en faut qu'ici la première *Provinciale* ne demeure convaincue de toutes les fautes de français, de par Daniel.

Mais Pascal et Boileau (j'espère le montrer un jour de ce dernier), en fondant le style véritablement exact et régulier, n'ont pas donné dans l'excès puriste et académique qui se produisait autour d'eux. Ce juste milieu de leur part est un cachet de leur originalité. Ils ont eu le scrupule dans les vraies limites.

Ces avances prélevées sur nos conclusions littéraires, reprenons nos *Provinciales*. Le reste de la première Lettre est un dialogue tout comique, soit avec le docteur de Navarre, de cette maison de laquelle étaient Cornet, Guyart, les principaux ennemis ; soit avec le *bonhomme* janséniste ; soit enfin avec le disciple de M. Le Moine et avec les Jacobins thomistes, de ceux qui avaient tourné contre Arnauld. Pascal y raille et y coule à fond

---

[1]. Cette nuée de flèches qu'assemble le docte Jésuite contre la première phrase de la première *Provinciale* me rappelle que la première phrase de la Préface des *Lettres Persanes* ressemble fort à un solécisme : « Rien n'a plu davantage dans les *Lettres Persanes* que d'y trouver... » *Davantage que* est proscrit depuis Vaugelas. Montesquieu le savait sans doute en prenant la plume ; mais, au lieu de dire n'a *plus plu*, ou de changer de tour, il a risqué le solécisme, sachant bien que de broncher tout au début ne tirait pas à conséquence pour un coursier de sa race.

ce *pouvoir prochain* qu'Arnauld dans sa lettre à l'évêque de Saint-Brieuc était allé jusqu'à articuler.

« C'est-à-dire, leur dis-je en les quittant (les Jacobins et les disciples de M. Le Moine coalisés), qu'il faut prononcer ce mot des lèvres, de peur d'être hérétique de nom. Car enfin est-ce que le mot est de l'Écriture? — Non, me dirent-ils. — Est-il donc des Pères ou des Conciles, ou des Papes? — Non. — Est-il donc de saint Thomas? — Non. — Quelle nécessité y a-t-il donc de le dire, puisqu'il n'a ni autorité, ni aucun sens de lui-même? — Vous êtes opiniâtre, me dirent-ils; vous le direz, ou vous serez hérétique, et M. Arnauld aussi : car nous sommes le plus grand nombre et, s'il est besoin, nous ferons venir tant de Cordeliers que nous l'emporterons. »

Et tout finit par cette pointe : « Je vous laisse cependant dans la liberté de tenir pour le mot de *prochain* ou non, car j'aime trop mon prochain pour le persécuter sous ce prétexte. » C'est le jeu de mot de Voltaire ou d'Usbek déjà.

Quelques traits de vrai comique ont décelé, en passant, le génie du dialogue que la suite développera. Quand il commence à bien expliquer le *pouvoir prochain* comme l'entendent les Jacobins : « Voilà qui va bien, me répondirent mes Pères en m'embrassant, voilà qui va bien. » Tous ceux qui ont connu, même de nos jours, de bons Pères, de bons religieux paternes, qui ne sont pas du bord janséniste, n'ont-ils pas couru le risque, en causant avec eux, d'être embrassés de la sorte?

A propos du Janséniste de la Lettre, et qui est pourtant *fort bonhomme*, tout janséniste qu'il est, quand l'auteur le prie de lui dire confidemment s'il tient *que les Justes ont toujours un pouvoir véritable d'observer les préceptes* : « Mon homme s'échauffa là-dessus, mais d'un zèle dévot, et dit qu'il ne déguiseroit jamais ses sentiments pour quoi que ce fût, que c'étoit sa créance, et que lui et tous les siens la défendroient jusqu'à la mort, comme étant la pure doctrine de saint Thomas et de saint Augustin, leur maître. »

On pourrait bien objecter, pour le fond, que saint Thomas vient là un peu en contrebande, que Saint-Cyran ne l'y aurait pas mis, que Jansénius et lui n'auraient pas dit si ferme que c'était là leur créance ; car ils croyaient que les Justes n'ont pas toujours ce pouvoir. Mais, pour le moment, il suffit de remarquer comme cette créance est bien celle du moins de notre bonhomme de Janséniste que voilà, comme il s'échauffe et prend la chose à cœur. Se peut-il un jeu plus naturel? Sa voix monte, il parle de défendre la doctrine (le contraire de celle qu'on lui impute) *jusqu'à la mort*. Il est bien vrai qu'il semble un peu bonhomme et ridicule en disant cela, et qu'on le fait un peu tel à dessein. Mais qu'importe? on n'y regarde pas de si près en ce quart d'heure, et, pour se mieux défendre d'abord, on se fera même ridicule sans y mettre tant de façon. C'est que le rôle commence.

« J'admirerais moins les *Lettres Provinciales*, a dit M. Villemain, si elles n'étaient pas écrites avant Molière. » Racine, en un jour de colère contre ses anciens maîtres, avait dit dans le même sens : « Et vous semble-t-il que les *Lettres Provinciales* soient autre chose que des comédies ? »

Voilà dans son sel tout nouveau la première *petite Lettre*. M. Singlin en fut, à ce qu'il paraît, un peu effarouché ; car que devenaient le ton et l'esprit de Saint-Cyran ? Mais le succès fut immense, et le danger de la situation demandait de grands moyens. On distribua de toutes parts l'écrit, qui faisait huit pages in-4° d'impression. Le libraire ou les amis, en revoyant les épreuves, y avaient mis le titre : *Lettre écrite à un Provincial par un de ses amis*; le public l'appela, pour abréger, *la Provinciale*, consacrant par cette locution impropre la popularité de la pièce. On dit ainsi improprement et usuellement les Lettres *familières* de Cicéron, *le Festin de Pierre, la Joconde, l'Aminte*. Les docteurs nommés ou atteints dans la Lettre, surtout le docteur Morel, le plus bouillant, entrèrent en colère; M. le Chancelier, qui avait pris l'affaire sous son patronage, faillit suffoquer de cette seule première Lettre; il en fut saigné, dit-on, *jusqu'à sept fois*[1]. Le jour de la Purification, 2 février, on arrêta Savreux, l'un des libraires et imprimeurs ordinaires de Port-Royal. Sur un ordre du Roi et du Chancelier, lui, sa femme, ses garçons de boutique, furent interrogés par le Lieutenant criminel Tardif (Tardieu?); mais on ne trouva rien à mordre dans les réponses, et peu de chose dans les papiers[2]. Les deux

1. Clémencet, *Histoire littéraire* (manuscrite) *de Port-Royal*, article *Pascal*.
2. Quand je dis *peu de chose*, c'est relativement à la grosse affaire. Voici au reste le récit de Beaubrun : « Comme les deux premières *Lettres Provinciales* rendoient la censure ridicule et ruinoient tout le fruit que la Cour et les ennemis de M. Arnauld s'étoient proposé d'en retirer, on fit une recherche exacte pour découvrir qui en étoit l'auteur. On courut partout chez les imprimeurs, et comme M. Charles Savreux étoit connu pour très-lié à Messieurs de Port-Royal, on ne manqua pas de jeter les yeux sur lui, et sur quelques soupçons on l'arrêta. On saisit tout ce qu'on trouva chez lui ; on lui prit bien des choses, et entre autres un paquet sur lequel étoit écrit le nom de M. l'abbé de Pontchâteau, qui effectivement lui appartenoit, et dans lequel il se trouva une lettre de M. le Cardinal de Richelieu, son oncle. M. de Pontchâteau fut fort inquiet de cet accident.... On apprit que deux docteurs, l'un desquels étoit le sieur Cornet, étoient allés chez le commissaire pour voir son procès-verbal et les livres qu'il avoit pris, qu'ils y retournèrent encore une autre fois; et que les Jésuites disoient partout qu'ils feroient manger à Savreux dans sa prison ce qu'il avoit gagné avec les Jansénistes (Savreux avait acquis, en effet, une fortune considérable par son travail et son industrie). M. Savreux ne fut point étourdi de ce coup ; il tint ferme et reçut cette disgrâce d'une manière très-chrétienne qui faisoit croire qu'il avoit eu moins ses intérêts en vue que l'amour de la Vérité et la crainte de Dieu, en s'exposant à rendre des services à Messieurs de Port-Royal. C'est ce qui

autres libraires de Port-Royal, Petit et Desprez, furent avertis à temps pour prendre leurs précautions; on mit les scellés à leur imprimerie. Mais, le lendemain, un des garçons de Petit,[1] alla trouver le Premier Président de Bellièvre avec la seconde *Provinciale* toute fraîche, voulant lui prouver par là qu'on n'avait pu l'imprimer chez Petit où il y avait le scellé. Le Président de Bellièvre, *qui d'ailleurs était bien intentionné*, se laissa convaincre et fit lever le scellé, enchanté de plus d'avoir par l'occasion les prémices de la seconde Lettre. Il se faisait apporter exactement toutes les suivantes, dès qu'elles paraissaient, et s'en régalait à plaisir. Pascal, par manière de remercîment, a trouvé moyen de le citer avec éloge dans la huitième[2]. Le fait est pourtant que

engagea tous les amis à s'intéresser pour sa liberté, et à offrir leurs prières à Dieu pour sa délivrance. » Au reste, malgré le mauvais vouloir des ennemis, les libraires de Port-Royal ne s'y ruinèrent pas : et ce fut au contraire un grand triomphe lorsqu'un an ou deux après Cramoisi, libraire des Jésuites, fit banqueroute pour plus de trois cent mille livres. — Le fidèle Savreux mériterait une plus ample mention : il fut mis trois fois dans sa vie à la Bastille, pour la bonne cause. Neuf ou dix mois après sa dernière sortie, comme il se rendait en visite à Port-Royal des Champs, le 21 septembre 1669, le carrosse où il était avec trois Pères de l'Oratoire versa à la montée de Jouy ; il se démit les vertèbres du cou et mourut le lendemain à Port-Royal, où on l'avait transporté. Sa veuve, femme forte, l'estima heureux d'être venu mourir en ce monastère où elle eût désiré elle-même se retirer. Elle dut céder pourtant à des conseils qui la retinrent et continuer de vaquer aux affaires de son commerce. Elle légua par son testament à la Maison des Champs tout le bien dont elle put disposer. Le mari, s'il avait vécu, avait dessein de donner ou, comme il disait, de rendre la totalité de son bien à ceux qui avaient le plus contribué à le lui faire acquérir.

1. L'histoire a conservé son nom, il s'appelait *Margotin*. Honneur dans ce bulletin de victoire à tout le monde !
2. Le président de Bellièvre mourut l'année suivante (mars 1657) : « C'étoit un homme voluptueux, sanguin, pléthorique, qui haïssoit la saignée, dit Gui Patin ;... il étoit excellent homme dans sa charge;» un de ces honnêtes gens selon le monde, comme on disait à Port-Royal, mais *qui ne passeraient pas devant Dieu*. Les Jansénistes,

les deux premières furent imprimées chez Petit ; M. de Saint-Gilles, ce solitaire si actif que nous connaissons, en raconte le détail et le comment. Lorsque le commissaire vint chez cet imprimeur qui ne s'y trouva point, sa femme monta à l'imprimerie, mit les formes, quoique fort pesantes, dans son tablier, et passant à travers les gardes, comme une Judith, alla les porter chez un voisin, où, dès la même nuit, on tira trois cents exemplaires de la seconde Lettre, et le lendemain douze cents.

Dès lors nous entrons dans cette carrière de lutinerie et presque de magie, en matière d'impression, où les Jansénistes sont passés maîtres. Au dix-huitième siècle, le Lieutenant de police Hérault, visitant une maison où on lui avait dit que s'imprimaient les *Nouvelles ecclésiastiques*, et n'y ayant rien saisi, trouvait, en remontant dans son carrosse, des paquets tout humides, tout fraîchement imprimés, du nouveau numéro qu'on y avait jetés, comme pour le narguer. L'abbé Grégoire, tout édifié, ajoute : « L'habileté avec laquelle les auteurs de cet ouvrage ont trompé la vigilance de l'Inquisition française peut servir de modèle [1].... » Ce nouveau mérite des Jansénistes remonte à l'impression des *Provinciales*, et l'honneur de l'invention en revient surtout au plus adroit des *factotum* de Port-Royal, M. de Saint-Gilles d'Asson.

M. de Saint-Gilles d'un côté, M. de Saint-Amour de l'autre, leur moment à tous deux est venu.

On lit, dans les pièces annexées aux Mémoires de Beaubrun, une note manuscrite curieuse de la main de ce M. de Saint-Gilles, à la date du 18 août 1656 ; elle nous initie aux secrets :

devenus moins difficiles sur leurs alliés, perdirent beaucoup à sa mort.

1. *Les Ruines de Port-Royal*, p. 72.

« Depuis environ trois mois en çà, c'est moi qui immédiatement ai fait imprimer par moi-même les quatre dernières [1] Lettres au Provincial, savoir : la 7, 8, 9 et 10e. D'abord il falloit fort se cacher, et il y avoit du péril; mais, depuis deux mois, tout le monde et les magistrats eux-mêmes prenant grand plaisir à voir dans ces pièces d'esprit la morale des Jésuites naïvement traitée, il y a eu plus de liberté et moins de péril; ce qui n'a pourtant pas empêché que la dépense n'en ait été et n'en soit encore extraordinaire.

« Mais M. Arnauld s'est avisé d'une chose que j'ai utilement pratiquée : c'est qu'au lieu de donner de ces Lettres à nos libraires Savreux et Desprez pour les vendre et nous en tenir compte, nous en faisons toujours tirer de chacune 12 rames qui font 6,000, dont nous gardons 3,000 que nous donnons, et les autres 3,000 nous les vendons aux deux libraires ci-dessus, à chacun 1,500 pour un sol la pièce; ils les vendent, eux, 2 s. 6 ds et plus. Par ce moyen, nous faisons 50 écus qui nous payent toute la dépense de l'impression, et plus; et ainsi nos 3,000 ne nous coûtent rien, et chacun se sauve [2]. »

M. de Saint-Gilles était trop actif dans ces affaires d'impressions secrètes pour échapper au soupçon. Il fut décrété de prise de corps par le Lieutenant civil, qui le fit trompetter deux fois, et condamner au Châtelet. Mais les amis intervinrent; on obtint un Arrêt de défense du Parlement, et M. Auvry, évêque de Cou-

---

1. Les précédentes l'avaient été, tant par ses soins aussi, que par ceux de quelques autres, comme M. Périer, M. de Pontchâteau. — Il est à croire qu'il y eut plusieurs premières éditions des *Provinciales*, qu'elles furent *composées* et imprimées en plus d'un lieu dans le même temps. C'est ce que m'a semblé indiquer la comparaison de quelques exemplaires de ce qu'on appelle la première édition : on y remarque de légères différences. Un bibliophile, qui a un culte et une dévotion particulière pour Pascal, M. Basse, a fait là-dessus un travail de collation qu'on dit curieux : mais il n'a rien publié encore de ses résultats.

2. On ne s'attendait pas à trouver Arnauld si avisé en expédients industriels; mais c'était pour lui un petit problème arithmétique à résoudre.

tances, assura le cardinal Mazarin que, dans les écrits qu'avait pu faire imprimer ce gentilhomme pour Port-Royal, il n'y avait rien qui regardât la défense du cardinal de Retz. On y crut[1].

Pour revenir à Pascal lui-même, le grand adversaire, au moment où il commença les *Provinciales*, il logeait encore près du Luxembourg, dans une maison qui faisait face à la porte Saint-Michel, et qui avait une sortie de derrière dans le jardin[2]. C'était le poëte Patrix, officier de M. le duc d'Orléans, qui la lui avait prêtée. Mais, pour plus de sûreté, il la quitta et s'alla cacher, sous le nom de M. *de Mons* (encore *Montalte*), dans une petite auberge de la rue des Poirées, à l'enseigne du Roi David, derrière la Sorbonne et tout vis-à-vis le Collége des Jésuites. Comme un général habile, il coupait le corps ennemi. M. Périer, son beau-frère, étant arrivé à Paris sur ces entrefaites, se logea dans la même auberge; un Jésuite, le Père de Fretat, un peu son cousin, l'y vint voir, et lui dit qu'en bon parent il le devait avertir qu'on mettait dans la Société les *Provinciales* sur le compte de son beau-frère, M. Pascal. M. Périer répondit comme

---

1. A propos de ces impressions clandestines, les curieux peuvent lire un petit écrit de quelques feuilles : *De la Liberté de la Presse avant Louis XIV*, par Charles Nodier (Techener, 1834), dont voici le début: « Il y a de très-honnêtes gens qui se persuadent que la liberté de la presse est une des conquêtes de la Révolution.... » Nos documents viennent bien à côté de ceux de M. Nodier. Sur cet article de la liberté de la presse, Port-Royal parle déjà comme un libéral de la Restauration : « On voit ici, écrit l'excellent Clémencet (à propos d'une visite domiciliaire au monastère des Champs), combien les presses incommodent les ennemis des gens de bien et de la Vérité. » Bon Clémencet, vous écrivez cela au dix-huitième siècle, et Condorcet écrit la même chose : lequel des deux se trompe ?

2. Vers l'endroit précisément où loge aujourd'hui M. Royer-Collard ; on aimerait à croire que ce fut peut-être dans la même maison, mais c'était probablement un peu plus bas, plus près de la Place.

il put : il y avait au même moment sur son lit, derrière le rideau entr'ouvert, une vingtaine d'exemplaires de la septième ou huitième Lettre qui étaient à sécher. Dès que le Jésuite fut dehors, M. Périer, délivré d'angoisse, courut conter l'histoire à Pascal qui demeurait dans la chambre d'au-dessus, et ils en firent une gorge chaude, comme on dit[1].

Tout cela est piquant, amusant, mais l'est, il faut en convenir, comme ce qui se pourrait rapporter à la Satyre Ménippée, aux premières représentations du *Tartufe*, aux *Lettres Persanes*, à la Correspondance de Jean-Jacques avec Christophe de Beaumont, aux Mémoires et au procès de Beaumarchais, à son *Mariage de Figaro*, aux Pamphlets de Paul-Louis Courier et aux Chansons de Béranger.

Et ici un rapport bien analogue se présente, et qui tient aux circonstances mêmes. Autour et en dehors des États-généraux factieux de 1593, il y eut la Satyre Ménippée ; autour des Chambres réactionnaires de 1815 et. de 1823, il y eut les Chansons vengeresses de Béranger et les Pétitions railleuses de Courier : autour des Assemblées violentes de Sorbonne de 1655-1656, il y a les *Provinciales*.

Je n'ai pas tout dit encore sur leur succès. D'autres particularités s'ajoutent à la note de Saint-Gilles. Le nombre des exemplaires à tirer augmentait pour chaque Lettre en raison de la vogue accélérée. Un ami de

---

1. On lit encore ceci (Bibliothèque du Roi, manuscrits, supp. franç., n° 1485) : « En 1672, le 27 février, mademoiselle Périer raconta à un de ses amis que M. Pascal, son oncle, avoit un laquais nommé Picard, très-fidèle, qui savoit que son maître composoit les Lettres Provinciales : c'étoit lui qui, pour l'ordinaire, en portoit les manuscrits à M. Fortin, proviseur du Collége d'Harcourt, qui avoit soin de les faire imprimer ; on assure qu'elles ont été imprimées dans le Collége même. » Elles le furent un peu partout.

M. Périer, lui envoyant la dix-septième, le prie de ne pas se presser de la montrer, « parce que, dit-il, il n'y en a encore que *dix mille* de tirées, qu'il nous en faut encore beaucoup, et qu'il pourroit survenir quelque changement. » — « Jamais, dit un auteur, jésuite il est vrai[1], jamais la Poste ne fit de plus grands profits. On envoya des exemplaires dans toutes les villes du royaume ; et, quoique je fusse assez peu connu de Messieurs de Port-Royal, j'en reçus, dans une ville de Bretagne où j'étois alors, un gros paquet *port payé*[2]. » La maison de madame de Sablé, l'hôtel de Nevers où brillait madame Du Plessis-Guénegaud, et vingt autres salons à la mode devinrent des foyers de lecture, de distribution. Toutes les dames de M. d'Andilly y mettaient leur zèle[3].

La septième Lettre alla au cardinal Mazarin, qui en rit fort ; il ne prenait pas les choses si à cœur que M. le Chancelier. Il en rit même assez, on peut le croire, pour être quelque temps désarmé.

On lut la première en Sorbonne. Le jour même où la Censure fut conclue, le 31 janvier 1656, M. de Saint-

---

1. Le Père Daniel, *Entretiens de Cléandre et d'Eudoxe.*
2. On lit en effet dans une lettre de M. de Pontchâteau à M. de Saint-Gilles, du 30 janvier, neuf heures du soir : « ... Au reste, quand vous aurez des commissions, ne vous adressez point à d'autres. *J'ai envoyé une grande quantité de Lettres au Provincial en notre pays.* Cet honnête homme nous obligeroit bien de continuer et nous épargneroit bien du temps. Si vous ou vos amis le connoissez, vous nous obligerez de le lui dire. » (Manuscrits de la Bibliothèque de Troyes.)
3. On peut voir dans l'*Appendice*, à la fin du volume, un extrait de la Correspondance de M. d'Andilly et de Fabert, au sujet des *Provinciales*, et on aura idée, dans un cas singulier qui en représente beaucoup d'autres, de l'espèce de propagande qui s'organisa alors et qui, du centre à la circonférence, se mit à *jouer* dans toutes les directions autour de Port-Royal. — (Voir aussi à l'*Appendice* un passage du Père Rapin sur madame Du Plessis-Guénegaud et l'hôtel de Nevers.)

Amour, dans une lettre à M. Arnauld, et comme correctif aux fâcheuses nouvelles, lui disait : « La Lettre à un Provincial cependant fait des merveilles. Elle fut hier lue en salle après dîner : elle irrita M. Morel ; elle divertit fort M. Duchesne, et elle fit rire du bout des dents l'ancien Pénitencier. J'ai dit à ceux à qui j'en ai parlé qu'elle étoit d'un laïque. »

Pascal ne fut pas soupçonné d'abord. Les premières Lettres étaient tout à fait anonymes ; le pseudonyme de *Louis de Montalte* ne vint que plus tard. On cherchait, dans le premier moment, quelque nom célèbre pour y rattacher ce style tout à fait nouveau. On faisait mille suppositions ; on alla jusqu'à nommer (bon Dieu !) le vieux Gomberville[1]. Il s'en défendit, le bonhomme, par une lettre écrite au Père Castillon, recteur du Collége des Jésuites, et de ses amis. On nomma aussi, à un moment, M. Le Roi, abbé de Haute-Fontaine ; dans une lettre au Père Esprit de l'Oratoire (9 février), il s'en excusa, assurant « qu'il n'en étoit rien, qu'on lui faisoit trop d'honneur, qu'il la trouvoit si belle et si à propos (la seconde), qu'il eût souhaité volontiers l'avoir faite ; qu'elle ne cédoit en rien à la première, que ce seroit une agréable gazette toutes les semaines ; qu'il voudroit bien que l'on fît la réponse du Provincial à l'ami ; que, s'il avoit une imprimerie, il le feroit volontiers répondre. »

Pascal jouissait de son incognito ; il harcelait les ennemis coup sur coup de ce mystère. Sa troisième Lettre, du 9 février, est ainsi souscrite : « Votre très-humble et très-obéissant serviteur, E. A. A. B. P. A. F. D. E. P. » C'était une manière d'énigme et de défi ; en voici la clef : « Votre.... serviteur *et ancien ami Blaise Pascal, Auvergnat, fils d'Étienne Pascal.* » On entend, ce me

---

1. Il n'avait guère que cinquante-six ans, étant né avec le siècle ; mais il avait donné depuis longtemps sa mesure.

semble, nos amis jansénistes réunis tous à la sourdine chez l'abbé de Pontchâteau, dont le logis était le lieu de rendez-vous ; ils rient, portes closes, des fausses conjectures des adversaires, et de leur rage à ne pouvoir deviner. Pascal lançant les flèches des *Provinciales* sans être vu, c'est Nisus dardant ses javelots qui tuent les Rutules près d'Euryale. Mais ici Euryale, c'est-à-dire Arnauld, est sauf, et Nisus échappa. On est en plein succès de stratagème.

Sævit atrox Volscens, nec teli conspicit usquam
Auctorem, nec quo se ardens immittere possit.

La seconde Lettre, datée du 29 janvier, ne parut que le 5 février. Elle ne prenait pas encore de front les Jésuites, et n'atteignait derechef que les Jacobins thomistes, le parti de la défection. Cette Lettre et les deux suivantes furent écrites avec la même promptitude que la première ; Pascal avait trouvé sa veine, et il la suivait. Il se donne plus de champ déjà dans cette seconde, et tout n'y est pas de légèreté et d'enjouement comme dans l'autre ; le sérieux commence, et assez ardemment. Il s'agit toujours de cette lâcheté des *faibles qui sont pires que les méchants,* disait Saint-Cyran, de ce rôle de Ponce Pilate qu'avaient joué les Thomistes dans l'affaire, professant de bouche la *Grâce suffisante*, et la rétractant, la niant tout bas. En regard de la satisfaction de ce bon Jacobin qui s'écrie : « Et je l'ai bien dit ce matin en Sorbonne ; j'y ai parlé toute ma demi-heure, et sans le *sable* j'eusse bien fait changer ce malheureux proverbe, qui court déjà dans Paris : « *Il opine du bonnet comme un moine en Sorbonne ;* » en regard de cette béate jubilation du bonhomme, il y a, dans la bouche de l'ami janséniste, l'éloquente et vive Parabole de l'Église comparée à un homme en voyage, qui est attaqué et blessé par les voleurs : trois médecins surviennent, dont deux menteurs, qui se coalisent pour chasser le bon. Il faut relire cet endroit, qui présage les éloquentes péroraisons de la dixième Lettre, de la quatorzième, et l'apostrophe de la seizième, toutes parties où le railleur s'efface, où reparaît le Chrétien sérieux.

En même temps, par cette distinction qu'il fait de lui et de l'ami janséniste, Pascal se donne le moyen de rester léger et badin quand il veut, tout en devenant éloquent par la voix de son second, et de façon indirecte, en avertissant de la chose éloquente, ce qui n'est jamais inutile près du public[1]. Tout ce qu'il met dans la bouche de cet ami *plus sérieux que lui* pourrait être signé Saint-Cyran. Mais il ne s'abandonne pourtant pas au delà des bornes, et, quand cet ami s'échauffe un peu trop, il tourne court et lève la séance, laissant le trait enfoncé à point, et assaisonné, au bout, du sel habituel.

Entre la seconde et la troisième *Provinciale*, et en tête de celle-ci, se trouve une petite lettre, qui est censée une Réponse du Provincial adressée à son ami : l'auteur s'y loue lui-même indirectement, d'un air tout à fait dégagé, qui sied et qu'on croit : « Elles (vos Lettres) ne sont pas seulement estimées des théologiens, elles sont encore agréables aux gens du monde et intelligibles aux femmes mêmes. » Et encore, dans cette Réponse supposée reçue de province, il entre deux autres billets, de plus en plus flatteurs, cités et insérés ; ainsi l'éloge, revenant comme de *troisième* main, semble moins direct, plus permis sous la plume de l'auteur, et n'en va pas moins son train dans l'esprit du lecteur :
« Elle (la Lettre) est *tout à fait ingénieuse et tout à fait bien écrite. Elle narre sans narrer ;* elle éclaircit les

---

1. Un moraliste fin l'a remarqué : citer quelquefois un mot de soi comme d'un autre, cela le fait plus valoir et réussit mieux.

affaires du monde les plus embrouillées ; *elle raille fine-ment*; elle instruit...; *elle redouble le plaisir*; elle est encore une excellente apologie, et, si l'on veut, *une délicate et innocente censure*..., et il y a enfin *tant d'art, tant d'esprit et tant de jugement*[1]!... » Pascal savait l'homme, il savait quand et en quelle mesure on peut oser avec lui, il savait qu'il y a une certaine manière de se louer à la face des autres, qui, loin de les choquer, les guide. On peut aller presque droit à la rencontre de ce vent de l'amour-propre, en sachant, moyennant certains biais, en enfler adroitement ses voiles. « L'homme est ainsi fait, nous dit-il dans une *pensée*, qu'à force de lui dire qu'il est un sot, il le croit. » Il y a une certaine manière de lui dire ce qu'on est soi-même, et ce qu'on vaut, qui lui en dessine et lui en achève l'idée. Pascal pratique tout cela à merveille ; Montaigne et son art ont passé par là.

Dans cette même petite Réponse dite de province, Pascal, supposant un billet cité d'un de ces Messieurs de l'Académie, en qualifie l'auteur *un des plus illustres entre ces hommes tous illustres*. Voilà la plaisanterie une

---

1. L'abbé Prévost et Walter Scott faisaient des articles sur eux-mêmes dans les journaux ; c'était impartial et flatteur comme le jugement du public. Ainsi déjà Pascal. Les *petites Lettres*, après tout, ne furent qu'un journal, une espèce de *gazette* (comme disait l'abbé Le Roi), qui parut pendant un an, une ou deux fois par mois. — Ceci est dit dans la supposition que les billets insérés et cités ne sont qu'une feinte et un jeu de l'auteur. Il se peut cependant que ces billets aient été réellement écrits ; surtout ce billet adressé à une dame par une personne qu'on s'abstient de désigner d'aucune sorte, et de laquelle on dit seulement : « Vous voudriez bien savoir qui est la personne qui en écrit de la sorte : mais contentez-vous de l'honorer sans la connoître, et quand vous la connoîtrez, vous l'honorerez bien davantage. » Si j'en crois un indice qui est dans la petite Lettre de Racine contre Port-Royal, il s'agirait là de mademoiselle de Scudéry, à qui l'on payait ainsi à l'avance les éloges qu'on lui devra pour la page de la *Clélie* sur le saint Désert.

fois trouvée, contre l'Académie et les Quarante, et qui va être éternelle. Il est vrai que Pascal la place dans la bouche d'un Provincial qui est censé tout admirer de Paris : son trait de légère satire devient en même temps un trait de costume et de caractère. Dans cette lettre supposée de l'académicien, qu'il transcrit, autre raillerie finement sensible : « Je voudrois que la Sorbonne, qui doit tant à la mémoire de feu monsieur le Cardinal, voulût reconnoître la juridiction de son Académie françoise ; l'auteur de la Lettre seroit content ; car, en qualité d'Académicien, *je condamnerois d'autorité, je bannirois, je proscrirois, peu s'en faut que je ne die, j'exterminerois* de tout mon pouvoir ce pouvoir prochain qui fait tant de bruit pour rien.... » C'est à croire que Pascal a voulu faire un petit pastiche de Balzac, avant Boileau.

Et quand il fait parler l'académicien, Pascal, notons-le encore, simule un style un peu plus ancien, plus suranné que le sien propre, lequel ne l'est pas du tout : *Peu s'en faut que je ne* DIE, *j'en suis* MARRI. Ainsi, en un temps où l'Académie réglait véritablement et fixait le langage, Pascal (ce m'est évident) la trouve déjà un peu surannée et arriérée, nonobstant Vaugelas. Il la devance ; il use, pour mieux réussir dans le monde, du langage du monde même, du dernier langage[1]. Il n'a qu'à se souvenir pour cela de sa manière de causer et d'entendre causer en ces années 1651-1654, où il était si répandu, où il voyait tout ce qu'il y avait de mieux

---

1. Dans les premières éditions des *Provinciales*, je rencontre quelques mots comme *atroces, détestables, horriblement, vertement*, qui ont été remplacés et atténués dans les suivantes par des mots moins crus : *fortement réfuté*, pour *vertement*, par exemple. Ce fut une concession aux délicatesses et à la petite bouche du monde. Il y a encore dans les premières éditions : *il faut que je vous die, je vas vous dire, il s'y agit, avoir accoutumé*. On a laissé des *violements de charité* (onzième Lettre).

et de plus jeune en façon et en usage ; de ces années où MM. de La Rochefoucauld et de Retz avaient tout à l'heure quarante ans, et où il en avait trente[1].

La troisième Lettre Provinciale, datée du 9 février, commença à paraître le 12, avec un éclat et un applaudissement supérieur à ce qu'on avait vu des deux premières. « Ce succès, dit M. de Saint-Gilles, choqua de plus en plus les adversaires, qui faisoient mettre des *mouchards* (c'est son expression) à toutes les imprimeries : ce qui augmenta beaucoup les frais de l'impression. »

Cette Lettre porte tout entière sur la condamnation définitive d'Arnauld, qu'on avait achevé de voter le 29 janvier[2]. C'est un bulletin ironique et léger de la conclusion. Un passage au début nous prouverait, si nous l'ignorions, combien le Jansénisme que les gens du monde ne connaissent guère que d'après Pascal et ne commencent qu'à lui, était déjà vieux pour lui[3] : « Ressouvenez-vous, je vous en prie, des étranges impressions qu'on nous donne *depuis si longtemps* des Jansénistes. Rappelez dans votre mémoire les cabales, les factions, les erreurs, les schismes, les attentats qu'on leur reproche *depuis si longtemps,* de quelle sorte on

---

1. Cependant si le billet à une dame est de mademoiselle de Scudéry, le billet de l'académicien pourrait bien être de quelque Gomberville, ou tout simplement de l'illustre Chapelain ; le style est assez lourd et assez empesé pour cela (voir l'*Appendice* à la fin du volume). La malice de Pascal consisterait alors à s'en être servi et à en avoir fait montre, prenant pour soi l'éloge et laissant les gens de goût apercevoir d'eux-mêmes la différence des styles qui sautait aux yeux.

2. Il se tint encore une séance le 31, pour quelque formalité d'ensemble. Il avait suffi en tout de cinq séances depuis la retraite des amis d'Arnauld.

3. On appelle volontiers le Jansénisme du nom de Pascal, comme la peinture grecque du nom d'Apelles : c'est le grand éclat, et le commencement de la fin.

les a décriés dans les chaires et dans les livres, et combien ce torrent, *qui a eu tant de violence et de durée*, étoit grossi dans ces dernières années....[1] » — Toutes les plaisanteries futures sur les censures de la Sorbonne sont recélées dans ce seul mot : « Ils ont jugé plus à propos et plus facile de censurer que de repartir, parce qu'il leur est bien plus aisé de trouver des Moines que des raisons. » Voilà du coup la Sorbonne décriée sans retour. Quand elle se mêlera d'atteindre, au dix-huitième siècle, des livres illustres, Buffon ou Jean-Jacques, on ne le prendra pas avec elle sur un autre ton. A partir de Pascal, être docteur de Sorbonne est devenu, pour le monde et aux yeux des profanes, un désagrément, un ridicule, comme d'être chanoine, par exemple, depuis *le Lutrin*. Le docte bonnet ne s'est pas plus relevé de cet affront des *Provinciales*, que la *calotte* de Chapelain de la parodie de Boileau. Arnauld fut le dernier dont on put dire, que la *beauté* du doctorat l'avait déçu.

Arnauld, lui, ne s'en doutait pas; en s'indignant, il était docteur encore ; il continuait, dans une suite d'écrits, à démontrer son innocence en bon latin, en bonnes formes; il lançait sa *Dissertatio theologica quadripartita* (Dissertation quadripartite!). Qu'importe? peine perdue auprès des ennemis qui le condamnaient *quand même,* aussi bien qu'auprès du monde qui l'absolvait lestement, sans le lire, et qui répétait désormais avec Pascal : « Cette instruction m'a ouvert les yeux. J'y ai compris que c'est ici une hérésie d'une nouvelle espèce. Ce ne sont pas les sentiments de M. Arnauld qui sont hérétiques, ce n'est que sa personne ; c'est une hérésie personnelle. Il n'est pas hérétique pour ce qu'il a dit ou écrit, mais seulement pour ce qu'il est M. Arnauld.

---

1. L'oserai-je dire? à cette distance, à ce degré du drame, dans les profondeurs déjà mystérieuses, M. de Saint-Cyran apparaît et devient comme l'Eschyle de céans.

C'est tout ce qu'on trouve à redire en lui. Quoi qu'il fasse, s'il ne cesse d'être, il ne sera jamais bon Catholique. » A force de tuer du coup la Sorbonne, Pascal tua à jamais, avec sa façon, le docteur de Sorbonne par excellence, son illustre ami en personne, Antoine Arnauld.

S'il ne le tua pas du même coup, il le fit vieillir en un an de quarante.

Les *Provinciales* avaient pour but de créer un parti d'*indifférents favorables*; elles ont réussi, et trop bien pour leur cause : *mercedem suam receperunt*. Les *Provinciales* ont créé les amis de Port-Royal, comme madame de Sévigné, par exemple, comme La Fontaine[1]; elles auraient conquis Montaigne. De ces alliés-là, on n'exigeait que peu : « *Ce serait trop les presser, il ne faut pas tyranniser ses amis*[2]. » Ces Jansénistes amateurs, tout en préconisant les illustres solitaires, le grand Arnauld, le fameux M. Nicole, allaient bientôt redisant du fond, non point tout à fait comme Pascal à la fin de sa troisième *Provinciale* : « Ce sont des disputes de théologiens, *et non pas* de théologie, » mais par un léger changement, qui ne leur en paraissait pas un : « Ce sont des disputes de théologiens ET de théologie. » On sautait par mégarde deux petits mots essentiels, confondant désormais indifféremment hommes et choses : cela simplifiait les questions.

Les amis et protecteurs de Port-Royal, qui le servaient de leurs discours, de leur influence dans le monde, lui demandaient en retour de les servir au besoin ; car Port-Royal, ayant ainsi un parti, était très à même de favoriser quelques-uns de ses amis mondains les uns par les autres : ces sortes d'offices se traitent d'ordinaire aveuglément. Et puisqu'il s'agit de lettres, j'en veux ci-

---

1. Comme vous peut-être qui me lisez, comme moi peut-être qui écris.
2. Seconde *Provinciale*; Pascal le dit des Jésuites.

ter une qui revient tant bien que mal à mon propos. Je la trouve manuscrite dans les papiers de madame de Sablé ; elle lui est adressée par mademoiselle Suzanne d'Aumale, bientôt madame de Schomberg, et amie particulière de M. et de mesdames de Grignan. Elle doit être de quelques années après les *Provinciales*. Lisez ; aurait-on jamais écrit de la sorte au Port-Royal d'auparavant ?

« On m'a dit que le Port-Royal gouverne M. de Benoise, conseiller à la Grand'Chambre, et, comme j'ai assez bonne opinion du Port-Royal pour croire que vous le gouvernez, je vous supplie très-humblement, Madame, de faire en sorte que ceux de votre connoissance qui sont le mieux auprès de ce M. Benoise le sollicitent pour une affaire de M. et de madame de Richelieu, pour laquelle madame d'Aiguillon sollicite (*Vous voyez quelle longue chaîne de sollicitations, et qui se vient suspendre à Port-Royal*). Ainsi, madame, je crois qu'il sera aisé d'obtenir de vous la grâce que je vous demande, et je pense même que je ne la dois pas mettre sur mon compte, et que vous serez bien aise de le faire en l'honneur de ceux pour qui je vous la demande. Mais en voilà assez parlé... Je suis avec madame de Grignan[1] qui vous fait les plus grands compliments du monde, et qui ira au Port-Royal dès qu'elle sera désenrhumée. »

Pour ajouter au piquant, vous noterez que mademoiselle d'Aumale était protestante. Cela vérifiait au sérieux le mot de la seconde *Provinciale* : « Je trouvai à la porte un de mes bons amis, grand janséniste, *car j'en ai de tous les partis.* » Eh bien ! nous tenons là le revers et le prix du succès. Le monde avait prêté ses salons à la vogue des *petites Lettres*, et il venait redemander sans façon à Port-Royal ses services, son en-

---

1. Probablement la première madame de Grignan, ou peut-être la seconde. Mademoiselle de Sévigné ne vint qu'en troisièmes noces.

tremise — C'était, de l'un à l'autre, un procédé d'usage entre gens comme il faut, entre honnêtes gens, un prêté-rendu.

Port-Royal du moins, en devenant autre à certains égards, ne cessera pas, durant tout le dix-septième siècle, d'être spirituel et attachant; il gagnera même en agrément, je le crains, ce qu'il va perdre en stricte vertu, et nous ne le quittons pas [1].

---

[1]. C'est ici, dans les premières éditions, que tombait la division entre le tome deuxième et le troisième qui ne devait paraître que plus tard : ce qui explique le sens de ces derniers mots.

VIII

Dix-septième et dix-huitième Provinciales rapprochées des trois
premières ; ces cinq Lettres prises à part. — Pascal jésuitique sur
un point, — inexact sur quelques autres. — Sa grande variation
sur la méthode de défense. — Il se rapproche finalement de Saint-
Cyran. — Sa pensée sur Rome et sur le sens des Bulles. — En
guerre là-dessus avec Arnauld. — Réponses *ultrà*-logiques de
celui-ci. — Position fausse d'Arnauld et du Jansénisme. — Les Protestants la jugent du dehors ; — Pascal la dénonce du dedans. —
Indépendance absolue du Pascal des *Pensées*; hardiesse suprême.

La quatrième Lettre Provinciale tourne droit sur les
Jésuites, que l'auteur n'avait jusqu'alors atteints qu'en
passant. Dans les treize Lettres qui suivent, à partir de
cette quatrième, il se tient à ce nouveau sujet et s'en-
fonce dans leur morale de casuistes : la diversion devint
dès lors le principal et détermina l'aspect dominant,
le caractère définitif de l'ensemble. Si les *Provinciales*
en étaient restées aux quatre premières Lettres et à cet
ordre de controverse, elles ne seraient plus que comme
ces pamphlets, un moment célèbres et bientôt obscurs,
très-recherchés et goûtés des amateurs, et ignorés des
autres : c'est par la discussion de la morale des Jé-

suites qu'elles sont entrées dans le domaine public et dans la grande éloquence. Mais avant de nous y engager, nous parlerons de la dix-septième et de la dix-huitième qui, ainsi que les trois premières, se rapportent plus ou moins aux Propositions de Jansénius. Ces cinq Lettres se détachent naturellement de toutes celles du milieu ; elles ont prêté d'ailleurs à des réponses et à des accusations contre Pascal, qui sont assez sérieuses pour qu'on les examine de près. Cela fait, nous serons plus à l'aise pour nous donner carrière avec lui dans la grande et brillante partie de son entreprise.

Quoiqu'il s'agisse des *Provinciales*, il y a lieu de demander pardon au lecteur de l'aridité et de la subtilité de ce qu'on a ici à démêler. On lit beaucoup les *Provinciales*, pourtant on en parle encore plus qu'on ne les lit, et on ne lit guère souvent ces dernières. Voltaire, parlant rapidement de l'ensemble, a dit : « Elles ont beaucoup perdu de leur piquant, lorsque les Jésuites ont été abolis, et les objets de leurs disputes méprisés. » Mais les choses humaines, y compris les choses théologiques, ont parfois de singuliers retours ; on se reprend, ne fût-ce que par accès, à ce qu'on croyait rejeté. Et puis, au fond, l'intérêt de cette recherche ne laisse pas d'être grand pour nous ; elle va à éclairer profondément l'opinion finale et le degré de foi de Pascal comme catholique romain.

Pendant que Pascal poursuivait la série de ses représailles sur la morale des Jésuites, il y eut des tentatives de réponse de la part de ceux-ci ; le Père Annat avait fait, entre autres, un petit Écrit intitulé *la Bonne Foi des Jansénistes*, où, en rétablissant et discutant quelques-uns des textes incriminés par le terrible railleur, il renouvelait plus formellement contre le parti en masse l'imputation d'hérésie. Ce fut donc à lui nommément que Pascal adressa ses dix-septième et dix-huitième Provinciales; elles sont, l'une du 23 janvier 1657, et l'autre du 24 mars, c'est-à-dire d'un an après le début et l'entrée en lice.

Le Père Annat avait désigné comme étant *le Secrétaire du Port-Royal* l'auteur encore inconnu des *Provinciales* :

« *Vous supposez premièrement, lui répond Pascal*[1], *que celui qui écrit les Lettres est de Port-Royal; vous dites ensuite que le Port-Royal est déclaré hérétique, d'où vous concluez que celui qui écrit les Lettres est déclaré hérétique.* Ce n'est donc pas sur moi, mon Père, que tombe le fort de cette accusation, mais sur le Port-Royal, et vous ne m'en chargez que parce que vous supposez que j'en suis. Ainsi je n'aurai pas grand'peine à m'en défendre, puisque je n'ai qu'à vous dire que je n'en suis pas, et à vous renvoyer à mes Lettres, où j'ai dit *que je suis seul*, et, en propres termes, *que je ne suis point de Port-Royal.* »

Nous savons en quel sens il est vrai que Pascal n'était point de Port-Royal : il n'y demeurait pas au moment où il écrivait toutes ses Lettres; il n'y avait même fait que des séjours et des retraites momentanées. Il est très à croire pourtant que les deux premières furent écrites à Port-Royal des Champs[2], et que ce ne fut que pour les suivantes qu'il s'en vint loger rue des Poirées. Il était d'ailleurs en relation journalière pour son travail (est-il besoin de le répéter?) avec ces Messieurs qui lui fournissaient toutes sortes de notes et en conféraient avec lui. M. de Saint-Gilles, dans ses Mé-

---

1. XVIIe Provinciale.
2. On lit dans le Recueil d'Utrecht (page 229) un petit Mémoire de M. de Pontchâteau qui débute ainsi : « Au commencement de l'année 1656, j'étois à Port-Royal des Champs. *M. Pascal, qui y étoit aussi, y commença les* PETITES LETTRES. Aussitôt après la Censure de Sorbonne, M. Arnauld sortit de Port-Royal, et vint se cacher à Paris avec M. Nicole et M. Le Maître, etc. » Ce départ de M. Arnauld dut coïncider avec celui de Pascal.

moires manuscrits (et M. de Saint-Gilles était le factotum et l'agent de cette impression), dit positivement que toutes ces Lettres ont été combinées, *relues* et *embellies* (ce dernier point seul est douteux), surtout de concert avec M. Arnauld, et aussi avec M. Nicole. Le même M. de Saint-Gilles écrit à la date du vendredi 4 août 1656[1] : « M. Singlin nous a dit en dînant avec nous, savoir avec M. Arnauld, M. Le Maître, M. Pascal, M. de Vaux Akakia[2] et moi, que les ennemis de Port-Royal étoient fort fâchés de ce grand concours de monde qui y venoit (à l'occasion du miracle de la Sainte Épine). » Voilà le tous-les-jours de Pascal durant cette année : il dînait et vivait en compagnie de ces Messieurs. S'il se croit donc en droit de soutenir qu'il n'est pas de Port-Royal à la lettre, s'il ajoute d'un ton d'assurance qu'il est *sans attachement, sans liaison, sans relation,* cela ne se peut entendre, on l'avouera, qu'en un sens quelque peu jésuitique. Si toutes les *Provinciales* étaient vraies comme cette assertion-là, il ne faudrait pas trop

1. Recueil (manuscrit) de Beaubrun, t. II.
2. Les Akakia étaient toute une tribu à Port-Royal : l'aîné, M. Akakia, surnommé *du Mont,* était l'un des confesseurs ; il avait plusieurs frères qu'on distinguait sous les noms de MM. *du Lac, de Vaux, du Lis, du Plessis,* tous les quatre plus ou moins solitaires, et un ou deux d'entre eux, M. de Vaux précisément et M. du Plessis, qui furent avec cela les hommes d'affaires de la maison. Ils descendaient d'un célèbre médecin du seizième siècle qui avait grécisé son nom ou surnom ('Ακακία, *sans malice*), et que Marot a niché à la fin d'un vers, dans une de ses plus jolies Épîtres :

> De trois jours l'un viennent tâter mon poulx
> Messieurs Braillon, Le Coq, *Akakia,*
> Pour me garder d'aller jusqu'à *quia :*
> Tout consulté, ont remis au printemps
> Ma guérison. . . . .

Akakia était un de ces noms prédestinés à servir de jouet à Voltaire, qui s'en affubla si plaisamment dans sa mascarade contre Maupertuis : le malin l'avait retenu pour l'avoir lu dans Marot, ou pour l'avoir entendu autrefois de quelque écho janséniste.

s'étonner que de Maistre eût mis à côté du *Menteur* de Corneille ce qu'il appelle les *Menteuses* de Pascal[1].

Celui-ci, dans ses Lettres dix-septième et dix-huitième, plaide tout à fait le thème qui s'intitule en style d'école la *séparabilité du droit et du fait :* ainsi il proclame que les cinq Propositions sont bien et dûment condamnées par le Pape, alléguant que cette condamnation est reçue des prétendus Jansénistes avec toutes sortes de respects, et qu'on est prêt à la souscrire. Le seul point de dissidence et pour lequel les adversaires font tant de bruit, c'est de savoir si ces Propositions, que tout le monde condamne, sont ou ne sont pas *mot à mot* dans Jansénius : ce qui, suivant lui, devient une question de fait, non de droit ni de foi, une question indifférente sur laquelle on peut avoir tel ou tel avis, selon qu'on a lu ou qu'on n'a pas lu Jansénius, qu'on l'a lu en y trouvant les Propositions, ou en n'ayant pas le coup d'œil de les trouver; une question enfin à propos de laquelle on peut être dans l'erreur, sans se croire le moins du monde hérétique; car le Pape et l'Église qui sont juges de la foi, peuvent eux-mêmes se tromper sur le fait. « Dieu, établit-il en principe, conduit l'Église dans la détermination des points de la foi, par l'assistance de son esprit qui ne peut errer; au lieu que, dans les choses de fait, il la laisse agir par les sens et par la raison, qui en sont naturellement les juges. »

Il couronne ce chef-d'œuvre d'argumentation périlleuse en se donnant le plaisir de citer nombre d'exemples de Papes qui se sont trompés sur des questions de fait, notamment le pape Zacharie excommuniant (ou menaçant d'excommunier) saint Virgile au sujet des antipodes, et récemment le décret de Rome proscrivant l'opinion de Galilée et le mouvement de la terre :

---

1. *Soirées de Saint-Pétersbourg,* deuxième Entretien.

« Ce ne sera pas cela, poursuit-il avec sa ferme ironie, qui prouvera qu'elle demeure en repos ; et si l'on avoit des observations constantes qui prouvassent que c'est elle qui tourne, tous les hommes ensemble ne l'empêcheroient pas de tourner, et ne s'empêcheroient pas de tourner aussi avec elle. » Et il finit par conclure que tout le monde étant d'accord pour condamner les Propositions, et le désaccord n'étant que sur le fait de savoir si elles sont textuellement dans un certain livre, simple fait appréciable par les sens et le jugement, tout ce bruit qu'on fait dans l'Église se fait pour rien, « *pro nihilo*, mon Père, comme le dit saint Bernard. » C'est à peu près par là que Pascal conclut ses *Provinciales : Beaucoup de bruit pour rien*, comme dans la comédie.

Or nous qui, sans être du métier, avons pourtant assisté jusqu'ici en amateur très-curieux à la formation première et aux origines du Jansénisme, nous pouvons déjà répondre à cette agréable légèreté : « Jansénius, quand il méditait si au long avec Saint-Cyran *l'entreprise de Pilmot*, la grande réforme intérieure et fondamentale, savait bien qu'il y aurait beaucoup de bruit et pour beaucoup de causes. »

Les adversaires à leur tour, quand ils furent revenus du premier coup de surprise (ce qui fut un peu long), ne restèrent pas sans réponse, et dans le livre intitulé *Histoire des cinq Propositions de Jansénius* (1700), l'auteur anonyme (l'abbé Dumas) oppose à cette portion des *Provinciales* plusieurs remarques assez judicieuses. Du temps de Pascal et au moment où ses Lettres parurent, les Molinistes triomphaient ; il était juste d'entendre la défense, de prêter l'oreille à l'accusé ; et cela devint non-seulement si juste, mais si agréable et si décidément victorieux, qu'il devient juste aujourd'hui d'entendre quelques réponses des adversaires, dussent-elles paraître beaucoup moins agréables.

Dans les cinq Lettres dont il s'agit (les trois premières et les XVII⁰ et XVIII⁰), l'abbé Dumas choisit une douzaine de faits principaux qu'il conteste; nous en toucherons quelques-uns avec lui.

1° Pascal dit (Ire Lettre) que pendant les assemblées de Sorbonne, comme plusieurs des membres demandaient avec instance que, s'il y avait quelque docteur qui eût vu les cinq Propositions dans le livre de Jansénius, il voulût bien les montrer, *on le leur avait toujours refusé;* et c'est là l'opinion ou plutôt la plaisanterie accréditée : mais ce prétendu refus, répondent les adversaires, est si peu réel que, durant tout ce commencement, les Jansénistes étaient occupés à réfuter les écrits où l'on produisait les textes mêmes de Jansénius, afin de montrer que les cinq Propositions sont bien chez lui ou en propres termes, ou en termes équivalents. Et en effet, sans parler du reste, on trouve au tome XIX des *Œuvres* d'Arnauld, sous le titre de *Réponse au Père Annat touchant les cinq Propositions,* un Écrit composé dès 1654, et tout rempli d'une discussion des textes de Jansénius allégués par ce Père. De plus, l'abbé de Bourzeis, janséniste au début et des plus fervents, quatre ans avant la condamnation des Propositions et au moment de la dénonciation qu'en avait faite le docteur Cornet (1649), avait examiné dans ce qu'on a appelé l'Écrit *in nomine Domini* (à cause de l'épigraphe) le vrai sens des Propositions, non sans indiquer sur chacune les endroits précis du livre de Jansénius qui s'y rapportent. Mais Pascal, lorsqu'il improvisa sa première Lettre, n'avait pas lu tout cela, et ses amis théologiens, qui lurent sa Lettre avant la publication, se gardèrent sans doute de l'en informer.

2° Pascal (XVIII⁰ Lettre) dit : « Je sais le respect que les Chrétiens doivent au Saint-Siége,... mais ne vous imaginez pas que ce fût en manquer que de représenter au Pape, avec toute la soumission que des enfants doivent à leur Père et les membres à leur Chef, qu'on peut l'avoir surpris en ce point de fait ; qu'il ne l'a point fait examiner depuis son pontificat, et que son prédécesseur Innocent X avait fait seulement examiner si les Propositions étoient hérétiques, mais non pas si elles étoient de Jansénius. » A quoi les adversaires répondaient très-pertinemment qu'il suffit de lire le préambule et la conclusion de la Bulle d'Innocent X[1] pour voir qu'on songeait tout à fait à Jansénius en condamnant ces Propositions. De plus, le pape Alexandre VII, qui, étant le cardinal Chigi, avait assisté et coopéré autant que personne à cet examen et à cette condamnation, en savait apparemment quelque chose ; et il déclara qu'une telle assertion, par laquelle on osait avancer que les Propositions avaient été condamnées en elles-mêmes et abstraction faite du livre de Jansénius, était un *insigne mensonge*. Nous sommes en style de controverse théologique, le *mentiris* va et vient des deux côtés ; mais ici il faut convenir que la réponse porte directement.

3° Pascal (XVIIIe Lettre), pour prouver que les Jansénistes condamnent les Propositions condamnées par le Pape et dans le sens même où le Pape les a condamnées, s'attache à séparer leur interprétation de celle de Calvin, à la rapprocher de celle des Thomistes, et il va jusqu'à dire : « Ainsi, mon Père, vos adversaires (les Jansénistes) sont parfaitement d'accord avec les nouveaux Thomistes mêmes, puisque les Thomistes tiennent comme eux et le pouvoir de résister à la Grâce, et l'infaillibilité de l'effet de la Grâce qu'ils font profession de soutenir si hautement. » Or, les contradicteurs remarquaient assez justement que, si ç'avait été là le sentiment

---

1. Voir précédemment, page 19 de ce volume.

de M. Pascal lorsqu'il écrivait sa première et sa seconde Lettre, il n'aurait pas tant fait de railleries sur ces nouveaux Thomistes, sur leur pouvoir *prochain* ou *non prochain*, sur leur Grâce *suffisante qui ne suffit pas;* et que sans doute, en écrivant cette XVIII° Lettre, il avait un peu oublié les premières, qui étaient de plus d'un an auparavant.

Mais il y a mieux : sans insister davantage sur des points de détail, disons d'un seul mot que Pascal fut accusé d'avoir, peu d'années après, changé tout à fait d'avis sur cette question, sur le sens qu'il fallait attacher à la condamnation des Propositions par le Pape, sur cette prétention de séparer le droit et le fait, et sur l'ensemble de la tactique de défense qu'on avait suivie dans cette affaire et à laquelle plus qu'aucun autre il avait participé. Ceci est devenu, sous la plume de l'abbé Dumas, un chapitre qui s'intitulerait bien : *Histoire des Variations attribuées aux théologiens de Port-Royal.* Laissons parler dans ses termes les plus nets le judicieux adversaire :

« A entendre M. Pascal dans la 17° et la 18° de ses Lettres, rien n'étoit plus solide ni plus clair que la distinction et la séparabilité *du fait et du droit* dans l'affaire des cinq Propositions : il n'y avoit, selon lui, nulle contestation sur le droit, mais uniquement sur le fait : c'étoit en cela seul qu'on accusoit le Pape de s'être laissé tromper, et qu'on refusoit d'acquiescer à sa décision ; M. Pascal et les Jansénistes la recevoient très-sincèrement au regard du point de droit, et s'y croyoient obligés; le sens condamné par le Pape n'étoit nullement la doctrine de la Grâce efficace par elle-même ; cette doctrine étoit reconnue orthodoxe de tout le monde, jusque dans Rome et même des Jésuites. C'est ce qui sert de fondement à ces deux Lettres, et d'où M. Pascal prend occasion d'accuser le Père Annat et les Jésuites *de passion, de malignité, de fourberie et de violence* contre les Jansénistes.

« Mais il passa quelque temps après à l'extrémité opposée, qui étoit de croire que le sens de Jansénius, qu'il ne distinguoit point du sens de la Grâce efficace par elle-même, avoit effectivement été condamné par les Constitutions des Papes; que c'étoit néanmoins une vérité de foi, laquelle il n'est pas permis d'abandonner; qu'ainsi les Papes, en la condamnant, s'étoient trompés, non sur le fait, mais sur le droit même. De là M. Pascal concluoit qu'il étoit impossible, en cette occasion, de séparer le fait d'avec le droit; que la signature des défenseurs de Jansénius étoit trompeuse, à moins qu'ils n'y protestassent expressément de ne vouloir point condamner ce sens-là; et qu'enfin ils ne pouvoient pas en conscience faire autrement. »

Cette observation des adversaires est parfaitement fondée, et l'on a les pièces qui la démontrent. Lorsqu'on voulut faire signer le Formulaire aux religieuses de Port-Royal en 1661, Pascal se trouva d'un tout autre avis qu'Arnauld, Nicole et la plupart de ces Messieurs[1]. Dans un Écrit où il maintenait contre eux son opinion, il s'exprimait ainsi :

« Toute la question d'aujourd'hui étant sur ces paroles : *Je condamne les cinq Propositions au sens de Jansénius, ou la doctrine de Jansénius sur les cinq Propositions*, il est d'une extrême importance de voir en quelle manière on y souscrit.

« Il faut premièrement savoir que, dans la vérité des choses, il n'y a point de différence entre condamner la doctrine de Jansénius sur les cinq Propositions, et condamner la Grâce efficace, saint Augustin, saint Paul, etc., etc. C'est pour cette seule raison que les ennemis de cette Grâce s'efforcent de faire passer cette clause.

« Il faut savoir encore que la manière dont on s'y est pris[2]

---

[1]. Il y eut alors deux moments qu'il ne faut pas confondre : en mai 1661, Pascal, qui passait pour avoir prêté sa plume à un *premier* Mandement des vicaires généraux du cardinal de Retz, était d'avis que, sous cette forme, on signât : en novembre de la même année, lors du *second* Mandement, il jugea que, dans les termes nouveaux, on ne le pouvait plus. Tout cela sera expliqué plus loin en détail, au chapitre XVIII.

[2]. Le manuscrit (T. 2199) de la Bibliothèque Mazarine, où se trouve reproduit ce petit Écrit de Pascal, offre quelques variantes

pour se défendre contre les décisions du Pape et des Évêques qui ont condamné cette doctrine et ce sens de Jansénius, a été tellement subtile, qu'encore qu'elle soit véritable dans le fond, elle a été si peu nette et si timide, qu'elle ne paroit pas digne de vrais défenseurs de l'Église.

« Le fondement de cette manière de se défendre a été de dire [1] qu'il y a dans les expressions un fait et un droit, et qu'on promet la créance pour l'un et le respect [2] pour l'autre.

« Toute la dispute est de savoir s'il y a un fait et un droit séparé, ou s'il n'y a qu'un droit; c'est-à-dire si le sens de Jansénius, qui y est exprimé, ne fait autre chose que marquer le droit.

« Le Pape et les Évêques sont d'un côté et prétendent que c'est un point de droit et de foi, de dire que les cinq Propositions sont hérétiques au sens de Jansénius; et Alexandre VII a déclaré dans sa Constitution que, *pour être dans la véritable foi, il faut dire que les mots de* SENS DE JANSÉNIUS *ne font qu'exprimer le sens hérétique des Propositions*, et qu'ainsi c'est un fait qui emporte un droit, et qui fait une portion essentielle de la profession de foi, comme qui diroit : *Le sens de Calvin sur l'Eucharistie est hérétique;* ce qui, certainement, est un point de foi.

« Et un très-petit nombre de personnes, qui font à toute heure des petits Écrits volants [3], disent que ce fait est de sa nature séparé du droit.

---

avec le texte qu'a publié Bossut. Je soupçonne ce dernier d'avoir un peu corrigé et rajeuni son auteur. On lit dans le manuscrit de la Mazarine: « La manière dont on *s'est pris* pour se défendre, etc. »

1. Mais qui l'a dit mieux que vous-même dans les dernières *Provinciales?*

2. Pascal, dans les *Provinciales*, ne disait pas tout à fait qu'on dût avoir du *respect* pour le fait; il réclamait sur ce point une réserve assez peu respectueuse, le doute ou l'indifférence, le droit pour chacun d'en juger d'après ses sens. Ces mots de *respect pour le fait* avaient été introduits depuis : pourtant la doctrine de la *séparabilité du fait et du droit* y menait; du moment qu'on accordait la croyance pour l'un, on ne pouvait guère promettre moins que du respect pour l'autre.

3. Mais qui donc là-dessus a fait mieux que Pascal de ces *petits Écrits volants* qui ont *volé* jusqu'à nous? qui les avait mis plus en honneur et en vogue à Port-Royal?

« Il faut enfin remarquer que ces mots de *fait* et de *droit* ne se trouvent ni dans le Mandement, ni dans les Constitutions, ni dans le Formulaire, mais seulement dans quelques Écrits qui n'ont nulle relation nécessaire avec cette signature ; et, sur tout cela, examiner la signature que peuvent faire en conscience ceux qui croient être obligés en conscience à ne point condamner le sens de Jansénius.

« Mon sentiment est, pour cela, que comme le sens de Jansénius a été exprimé dans le Mandement, dans les Bulles et dans le Formulaire, il faut nécessairement l'exclure formellement par sa signature, sans quoi on ne satisfait point à son devoir....

« ... D'où je conclus que ceux qui signent purement le Formulaire, sans restriction, signent la condamnation de Jansénius, de saint Augustin, de la Grâce efficace.

« Je conclus, en second lieu, que qui excepte la doctrine de Jansénius en termes formels sauve de condamnation et Jansénius et la Grâce efficace.

« Je conclus, en troisième lieu, que ceux qui signent en ne parlant que de la foi, n'excluant pas formellement la doctrine de Jansénius, prennent une voie moyenne qui est abominable devant Dieu, méprisable devant les hommes, entièrement inutile à ceux qu'on veut perdre personnellement. »

Que Pascal ait varié, il n'est plus possible d'en douter après une telle déclaration. Il devient évident que cette manière de séparer dans la défense le droit et le fait, d'admettre la condamnation doctrinale pour légitime et de n'excepter que la vérification matérielle du fait dans Jansénius, lui paraissait, quatre ans plus tard, une faible et petite tactique, qui n'avait servi qu'à embarrasser et qu'on avait eu tort de suivre. Et qui pourtant avait plaidé plus que lui, et par une argumentation plus habile, pour cette distinction du droit et du fait? qui s'était plus appliqué et avait mieux réussi un instant à montrer comme praticable ce défilé qu'il traite ici de Fourches Caudines?

L'accusation contre Pascal serait donc fondée, je le

répète; mais je me hâte d'ajouter que je ne fais pas de ce changement matière à accusation. Voici comme j'entends le tout et comme je l'explique :

Pascal, encore nouveau à Port-Royal, excité par l'affaire d'Arnauld, par le danger de ses amis et le triomphe insolent des persécuteurs, s'engagea d'occasion dans les *Provinciales* où, tout d'abord et au courant de la plume, il eut tout à créer, son style, sa façon, sa connaissance théologique, son érudition qu'il n'avait jamais tournée en ce sens [1]; il réussit du premier coup, il alla au but; l'ardeur, le besoin du succès, le train de la plume, l'applaudissement des amis le guidèrent; il fit flèche de tout bois en ce moment pressant. Plus tard, après quatre années de solitude, de prière, de lecture assidue de l'Écriture, de préparation à son grand ouvrage apologétique, la persécution recommençant, il était autre, et son génie, encore aiguisé d'intérieure vertu, pénétrait à fond la question. Il ne s'arrêtait pas, comme l'éternel Arnauld, dans les ambages logiques et dialectiques. Il vit à nu ce qui était, il vit qu'on avait faibli, biaisé, usé de tactique, là où il eût fallu dire *non* en face. Sa sublime sœur, religieuse à Port-Royal, en mourant victime de son pur amour pour la vérité (octobre 1661), lui enfonça, on peut le croire, un dernier trait, un regret d'avoir visé à l'accommodement humain. Il ne se repentit pas des *Provinciales*, il ne les rétracta pas; on a sa réponse là-dessus : « On m'a demandé si je ne me re-

---

1. M. d'Étemare, l'un des Jansénistes les plus considérables du dix-huitième siècle, aimait à raconter qu'un jour Pascal et le Père Thomassin de l'Oratoire conférèrent pendant deux heures; et au sortir de là le Père Thomassin disait: « Voilà un jeune homme qui a bien de l'esprit, mais qui est bien ignorant. » — Et Pascal, une fois le dos tourné, se prit à dire : « Voilà un bonhomme qui est terriblement savant, mais qui n'a guère d'esprit. » — Le Père Thomassin se trouvait en effet à la maison de Saint-Magloire à cette époque des *Provinciales*.

pens pas d'avoir fait les *Provinciales*. Je réponds que, bien loin de m'en repentir, si j'étois à les faire, je les ferois encore plus fortes[1]…. » C'est en ce sens plus énergique qu'il avait changé ; en répondant ainsi, il songeait surtout à ses Lettres agressives contre les Jésuites et disait que, si c'était à recommencer, il les ferait plus *fortes* ; s'il avait songé à la portion dont nous avons seulement parlé jusqu'ici et que l'autre efface, à ses explications purement défensives du Jansénisme, il aurait dit : « Si c'étoit à recommencer, *je les ferois plus franches.* » Pascal, en persévérant, et par l'entière force de son génie chrétien, avait retrouvé, ressaisi l'esprit de Saint-Cyran, cet esprit interrompu dans Port-Royal, duquel il s'était tant départi lui-même dans les *Provinciales*, et qui ne se continuait que brisé, affligé chez M. Singlin, mêlé d'embrouillements chez le digne M. de Barcos, ou sans voix assez puissante chez Lancelot et quelques autres. Pascal l'avait retrouvé net, ainsi que l'esprit de conduite qu'il aurait fallu dès l'abord tenir. Ce petit Écrit que nous venons de citer de lui, sur la Signature, est remarquablement analogue à ces plaintes que laisse échapper le bon Lancelot, cet humble Élisée de Saint-Cyran, Lancelot *qui avait connu Joseph*[2] :

« Peut-être aussi que la manière dont on a agi pour défendre la Vérité n'a pas été assez pure, et que les moyens qu'on y a employés ont été ou trop précipités, ou trop peu concertés, ou même trop humains ; au lieu que… l'on gâte

---

1. *Recueil de plusieurs pièces*, etc. (Utrecht, 1740), page 279.
2. Nous avons déjà cité ces paroles au tome II, page 128 ; mais elles reviennent ici naturellement et plus au complet ; elles donnent la clef des deux époques distinctes au sein de Port-Royal. Lancelot, vieux, dans une lettre du 24 janvier 1684 à la mère Angélique de Saint-Jean, sur la mort de M. de Saci, partage le monde de Port-Royal en deux classes : ceux de moins en moins nombreux, qui sont *du temps de M. du Verger*, et ceux qui, venus depuis, *n'ont point connu Joseph.*

quelquefois plus les affaires de Dieu en se remuant trop qu'en demeurant en un humble repos, dans lequel on auroit plus de soin de relever sa confiance vers lui par de fréquentes prières. L'on peut aussi ajouter que l'on n'est pas même demeuré dans les termes marqués par M. de Saint-Cyran, en se contentant de faire voir que la doctrine que l'on suivoit n'étoit pas de M. d'Ypres, mais de saint Augustin. On a cru qu'il étoit plus sûr de se jeter dans la *distinction du droit et du fait,* pour laquelle on a combattu durant dix ou douze ans [1], y mêlant en même temps les *chimères des Thomistes,* que M. d'Ypres avoit voulu éviter; ce que M. de Barcos n'a jamais pu approuver, se croyant trop bien informé des intentions de M. d'Ypres et de son oncle pour les abandonner dans un point de cette importance. Ce n'est point à moi à me rendre juge entre de si grands hommes; la postérité en jugera mieux que personne. Je raconte les faits comme un historien qui doit être fidèle pour rendre honneur à la Vérité. J'avoue au moins qu'il est difficile de se persuader, ou que M. d'Ypres, qui avoit lui-même pris ces mesures-là pour éviter toutes les contestations, n'eût pu juger de la véritable manière de soutenir son ouvrage, ou que M. de Saint-Cyran, qui avoit tant de lumières, eût manqué en ce point, ou que nous eussions pu être réduits à un état moins favorable en suivant cette voie-là, que de voir la Signature dans l'Église, le livre de M. d'Ypres flétri à Rome, l'exclusion de la Faculté pour les docteurs, et la perte de la maison de Port-Royal de Paris [2]. »

Ainsi Pascal en était revenu de son côté à l'idée de l'humble Lancelot, mais il l'exprimait selon sa nature, d'un ton autrement énergique et impétueux. Il en faut juger tout aussitôt par quelques-unes de ses *pensées*

---

1. Lancelot commença ses *Mémoires* vers le mois d'octobre 1663; en supposant ce passage écrit en 1664, cela donne en effet *douze* ans depuis les démarches à Rome des docteurs Augustiniens, Saint-Amour et consorts, pendant l'année qui précéda la Bulle d'Innocent X ; ce furent ces démarches qui engagèrent le Jansénisme dans ce que je ne puis m'empêcher de regarder avec Lancelot comme une voie équivoque (voir précédemment, page 20 du présent volume).

2. *Mémoires* de Lancelot, tome I, pages 214 et suiv.

conformes au manuscrit, et par conséquent plus complètes dans leur incomplet que ce qui avait été publié avant ces derniers temps[1] ; il est aisé d'y suivre à travers la marche abrupte le train de l'idée fondamentale :

« Toutes les fois que les Jésuites surprendront le Pape, on rendra toute la Chrétienté parjure.

« Le Pape est très-aisé à être surpris à cause de ses affaires et de la créance qu'il a aux Jésuites; et les Jésuites sont très-capables de le surprendre à cause de la calomnie. » —

« S'ils ne renoncent à la probabilité, leurs bonnes maximes sont aussi peu saintes que les méchantes; car elles sont fondées sur l'autorité humaine, et ainsi, si elles sont plus justes, elles seront plus raisonnables, mais non pas plus saintes. Elles tiennent de la tige sauvage sur quoi elles sont entées.

« —Si ce que je dis ne sert à vous éclaircir, il servira au peuple.

« —Si ceux-là se taisent, les pierres parleront.

« —Le silence est la plus grande persécution. Jamais les Saints ne se sont tus. Il est vrai qu'il faut vocation; mais ce n'est pas des Arrêts du Conseil[2] qu'il faut apprendre si l'on est appelé, c'est de la nécessité de parler. Or, après que Rome a parlé et qu'on pense qu'elle a condamné la Vérité, et qu'ils l'ont écrit, et que les livres qui ont dit le contraire sont censurés, il faut crier d'autant plus haut qu'on est censuré plus injustement et qu'on veut étouffer la parole plus

---

1. Je les cite, sauf une ou deux variantes, d'après l'édition de M. Faugère : avant que cette édition eût paru, je les avais déjà citées à Lausanne, dans mon Cours de 1837-1838, car je possède un petit manuscrit des *Pensées* dont M. Faugère a bien voulu tenir compte dans son édition, et qui m'avait appris sans tant d'effort, et avant ce grand bruit de découvertes, à peu près tout ce qui m'était utile pour mon objet.

2. Ceci donne la date de ces *pensées*, qui sont postérieures à l'Arrêt du Conseil d'État qui condamna la traduction latine des *Provinciales*, en septembre 1660 : ainsi c'est bien des pensées finales de Pascal qu'il s'agit ici.

violemment; jusqu'à ce qu'il vienne un Pape qui écoute les deux parties et qui consulte l'antiquité pour faire justice.

« Aussi les bons Papes trouveront-ils toute l'Église en clameurs [1]. » —

« Si mes Lettres sont condamnées à Rome, ce que j'y condamne est condamné dans le Ciel.

« *Ad tuum, Domine Jesu, tribunal appello* [2].

« Vous-mêmes êtes corruptibles.

« J'ai craint que je n'eusse mal écrit, me voyant condamné ; mais l'exemple de tant de pieux écrits me fait croire au contraire. Il n'est plus permis de bien écrire.

« Tant l'Inquisition [3] est corrompue ou ignorante !

« — Il est meilleur d'obéir à Dieu qu'aux hommes.

« — Je ne crains rien, je n'espère rien. Les Évêques ne sont pas ainsi. Le Port-Royal craint, et c'est une mauvaise politique.... »

« Je ne crains pas même vos censures [4]... »

---

1. Domat, l'ami intime de Pascal, et qui suivit son opinion dans tous ces débats, s'écriait souvent : « N'aurai-je jamais la consolation de voir un Pape chrétien dans la chaire de Saint-Pierre ! »

2. De telles pensées font plus que contre-balancer celle-ci, qui ne se trouve pas dans les premières éditions de Pascal et que Desmolets publia en 1728 (*Continuation des Mémoires de Littérature*, tome V, partie II, page 319) : « Le Pape est (le) premier. Quel autre est connu de tous ? quel autre est reconnu de tous, ayant pouvoir d'influer (M. Faugère lit : *d'insinuer*) par tout le corps, parce qu'il tient la maîtresse-branche qui influe (*s'insinue*) partout ? » Pascal, du moins à partir de 1660, mettait volontiers la cognée à cette *maîtresse-branche*. — Il y a une terrible parole de Luther : il disait qu'il devrait y avoir contre la Papauté une langue à part dont tous les mots fussent des coups de foudre. Dans les plus fortes de ces paroles finales de Pascal et de Saint-Cyran, le coup de foudre nulle part n'a éclaté ; mais, en écoutant bien, ne semble-t-il pas qu'on l'entende sourdement gronder dans le nuage ?

3. Le tribunal de Rome ainsi nommé.

4. Je supprime sur cette fin ce qui n'est pas assez clair. Quoi qu'il en soit, le sentiment qu'exprime ici Pascal en son nom privé : *Je ne crains rien...*, rentre bien dans celui de la XVIIe Provinciale : « Ainsi, mon Père, j'échappe à toutes vos prises. Vous ne pouvez me saisir, de quelque côté que vous le tentiez. Vous pouvez bien toucher le Port-Royal, mais non pas moi... » Pascal, en effet, eut

A travers quelques ellipses, quelques obscurités de détail, il n'y a pas moyen, dans cette suite de pensées, de se méprendre sur la nature et la force du sens. Tout cela est digne de Saint-Cyran pour l'esprit, pour le ton, — digne de celui qui s'écriait à l'arrivée de la Bulle d'Urbain VIII prohibant le livre de Jansénius : « *Ils en font trop, il faudra leur montrer leur devoir !* » Seulement, lui le grand directeur, il aurait ordonné, il aurait conduit : Pascal, simple solitaire, restait ferme, parlait ferme, mais pour son propre compte. Pourquoi Pascal n'a-t-il pas connu Saint-Cyran ? Comme on se figure bien ces deux génies doublés l'un par l'autre, et Pascal lui-même y gagnant !

Nous touchons là à nu, au sein de Pascal, comme nous l'avons fait chez Jansénius en personne et chez Saint-Cyran, le point fondamental par où le Jansénisme s'est le plus séparé d'avec Rome et s'est le plus rapproché d'une rupture décisive. Aucun des autres Jansénistes, à mon sens, n'est allé aussi loin sur ce point et, pour ainsi dire, ne s'est avancé aussi au bord de la rupture que ces trois esprits supérieurs, tellement qu'on a peine à prévoir ce qui serait advenu de leur confession avouée, s'ils avaient vécu un peu davantage.

Tous les autres Jansénistes, Arnauld en tête, ont été plus ou moins inconséquents, sans vue d'ensemble, et associant, moyennant l'appareil logique, toutes sortes de contradictions. Jansénius, Saint-Cyran et Pascal, au

---

toujours, même dans sa liaison avec Port-Royal, une position à part, indépendante, qui tenait un peu à la conscience secrète de sa supériorité, à sa fierté native de génie, et aussi à ses habitudes antérieures d'homme du monde, *d'honnête homme* ; il restait le solitaire-*amateur* par excellence. — Ceci peut corriger ce que nous avons dit précédemment, page 75 ; quand Pascal affirmait si haut qu'il n'était pas de Port-Royal, c'est qu'il sentait qu'à la rigueur il pouvait se passer d'en être.

contraire, n'ont pas été inconséquents ; ils ne sont pas allés jusqu'au bout, voilà tout ce qu'on peut dire. Mais sur leur chemin ils ont toujours marché ferme et droit ; à un certain moment, tout au bord, ils se sont arrêtés. Quelques instants de plus, et qu'auraient-ils fait? Seraient-ils restés campés obstinément en cette position escarpée, et l'auraient-ils pu? auraient-ils rétrogradé? auraient-ils franchi le ravin? Nul ne le peut dire, car la mort (coïncidence singulière !) les prit juste tous les trois sur le temps de cette extrémité.

Pour ce qui est de Pascal, Arnauld essaya de le réfuter et de lui prouver que les papes Innocent X et Alexandre VII, par ces mots de *sens de Jansénius*, n'avaient pu vouloir condamner la Grâce efficace au sens de saint Augustin, de saint Paul ; et il en tirait la conclusion qu'on pouvait signer en conscience, puisqu'on était sûr de ce sens déterminé qu'avait en vue le Pape, lequel ne se trompait qu'en l'attribuant à tort à Jansénius et en le spécifiant à faux de son nom. Ainsi Arnauld plaidait l'orthodoxie du Pape, que *niait* Pascal : c'est ce que toutes les explications jansénistes ont vainement essayé d'obscurcir[1]. Les Écrits par lesquels Arnauld voulut réfuter Pascal furent pour la première fois imprimés par Quesnel, qui répondait, en 1696, au calviniste Melchior Leydecker, auteur d'une *Histoire de Jansénius et du Jansénisme* en latin. Leydecker, comme les écrivains de son bord, soutenait qu'en condamnant les cinq Propositions Rome avait condamné le vrai sens de saint Augustin et de saint Paul sur la Grâce efficace, et qu'elle constituait par cette décision toute l'Église catholique romaine en état de Pélagianisme ou de semi-Pélagianisme. Pascal ne pensait guère autrement ; ce

---

1. Voir la *Préface historique* du tome XXI, in-4°, des Œuvres d'Arnauld, pages cxxix et suivantes, et tome XXII, pages 729, etc.

semble, quand il osait dire qu'il suffisait d'un Pape surpris par les Jésuites pour rendre *toute la Chrétienté parjure*. Quesnel, vrai disciple d'Arnauld, par suite de cette même inconséquence quasi chevaleresque, qui, proscrits, leur faisait défendre la souveraineté des rois contre les maximes de la souveraineté du peuple, Quesnel publia contre Leydecker la *Défense de l'Église romaine*, se faisant fort de prouver que, même en condamnant les cinq Propositions, les Papes n'avaient point eu l'idée de condamner la doctrine de la Grâce. Il faut l'entendre plaider cette cause de l'*Augustinianisme* des Pontifes; jamais avocat ne fut plus intrépide, une fois son parti pris ; c'est un *à plus forte raison* continuel : « *Quand Innocent X a fait sa Bulle contre les cinq Propositions, il n'a rien fait pour l'école de Molina.... Si le pape Alexandre VII a fait quelque chose par sa Bulle qui paroisse avoir servi aux desseins des Pères Jésuites, cela ne fait rien dans le fond....* » Passe encore quand il en est au pacifique Clément IX, et à Innocent XI qui véritablement y prête; surtout il ne tarit pas au sujet de l'orthodoxie augustinienne du Pape alors vivant, Innocent XII, *véritable Ange de paix*. Je ne sais pourtant comment il se serait tiré, quelques années plus tard, de Clément XI et de la Bulle *Unigenitus* qui allait encore une fois trancher cette question de l'*Augustinianisme de Rome*. Cette obstination à savoir mieux que les Papes ce que ceux-ci pensent et définissent est la thèse favorite des Jansénistes à partir d'Arnauld, et cela deviendrait décidément plaisant, si ce n'est que la plaisanterie emploie des armes trop sérieuses.

Le résumé de ce livre de Quesnel et de tant d'autres se peut faire ainsi sous forme abrégée :

« Quoi ! l'on me dit que je ne suis pas de cette maison, que le Chef m'en veut mettre dehors et qu'il vient de le déclarer tout haut. Injure et moquerie! Est-il vrai,

Monsieur, que vous me maltraitiez? Ils le disent. Serait-il possible? Ils plaisantent. Vous me le diriez, vous me le répéteriez en face vous-même, que je n'en croirais pas un mot:

. . . . A tel point
Que vous-même, Monsieur, je ne vous en crois point[1].

Vous avez beau employer en public certains mots dont on ne vous a pas bien appris la valeur[2], le fond de votre pensée m'est connu, et ce fond où je lis est pour moi. Quoi que vous disiez, quoi que vous fassiez, je sais que je suis de votre avis, que vous êtes du mien, et j'y reste. Je reste chez vous, Monsieur, fût-ce malgré vous. »

C'est là, sauf le ton, ce que disent du Pape, et au Pape qui les condamne, Quesnel, Arnauld, et les autres. Si c'était par habileté, par tactique politique, je le concevrais encore; mais je le crains pour eux, c'était

---

1. Dorine, dans *Tartufe*.
2. Je ne charge pas : Arnauld, en croyant marquer son respect au Pape, ne disait pas autre chose; il supposait que dans l'esprit du Pape ces mots, *le sens de Jansénius*, qu'on déclarait condamner, ne signifiaient raisonnablement qu'un certain sens que *se figurait le Pape*, et non pas le vrai sens de cet auteur, et il usait, sans rire, de la similitude suivante : « Il pouvoit être que celui qui disoit que le Parlement étoit plein d'*hémisphères du Mazarin*, s'imaginât, en effet, par un égarement d'esprit, que le Parlement étoit plein de moitiés de sphères appartenantes au Cardinal ; mais, *parce qu'il étoit infiniment plus probable qu'il abusoit de ce mot* et qu'il ne concevoit par là que des *Émissaires*, tout le monde le jugea ainsi et personne ne s'arrêta à cette autre pensée ridiculement possible. » (Tome XXII, page 805, et aussi page 751.) Ainsi ces mots *sens de Jansénius*, dans la bouche du Pape, étaient, selon Arnauld, une pure inadvertance de cette force-là, une simple *impertinence* de termes, et il était permis d'adhérer, en s'arrêtant au sens raisonnable et en rectifiant tout bas le quiproquo : — le tout pour faire acte de plus de respect envers le Pontife.

conviction entêtée : en ce cas, qu'on me passe le mot :
C'est bête !

J'aime mon sujet, je le révère, mais j'y habite depuis des années et j'ai eu le temps d'en faire le tour : j'en sais les côtés faibles et bornés, et, comme rien ne m'oblige à les dissimuler, je les dénonce. Ce que je tiens surtout à observer dans les principaux de ces caractères, c'est, à côté de la supériorité morale, celle de l'esprit, s'il se peut, la portée des vues. Très-peu d'hommes à Port-Royal et dans tout le Jansénisme ont eu cette portée de coup d'œil, et je les compte.

Trois en tout et pour tout : Saint-Cyran, Jansénius et Pascal. C'est la génération vraiment grande.

Arnauld avait l'esprit puissant, vigoureux, admirable à manœuvrer en champ clos, mais de toutes parts borné et barré en ses perspectives.

Nicole avait l'esprit fin, délié, d'une dialectique lucide et agréable, mais il ne démêlait bien les choses que de près.

Ce sont les deux plus actifs de la seconde génération, de laquelle Arnauld est proprement le père et l'oracle.

Quesnel, qui, à son tour, devint comme le père de la troisième génération, renchérit encore sur les inconvénients d'Arnauld en même temps qu'il participa de ses vertus morales.

Les Protestants, éclairés par l'intérêt de leur cause, se tuaient à dire à Quesnel et à Arnauld : « Vous avez beau faire, vous perdez vos forces à nous injurier, car vous êtes plus ou moins des nôtres. Relisez Saint-Cyran : il voulait réformer l'Église, il avait certains grands principes communs avec nous, il pensait que l'Église catholique romaine avait erré tout entière depuis plusieurs siècles quant au dogme et quant aux mœurs, et qu'elle errait encòre de son vivant : *cela est marqué dans ses Écrits en caractères de lumière et de feu.* Vous devriez être du même sentiment, monsieur Quesnel ; *vous combattez contre vos propres lumières,* monsieur Arnauld[1]. Mais, encore un coup, vous avez beau faire ; bon gré mal gré, vous voilà hérétiques tout comme nous ; on vous chasse, sortez avec nous ; vous êtes bien et dûment condamnés selon les règles de Rome[2]. »

De son côté, Pascal n'avait pas dit à Arnauld autre chose, si ce n'est : « Vous êtes et nous sommes bien et dûment condamnés dans les formes, mais l'esprit de cette condamnation est un esprit de mensonge ; tout biais qui mène à s'y soumettre est un acte de lâcheté et de prévarication, et mérite qu'on le flétrisse de son vrai nom, comme *abominable devant Dieu et méprisable devant les hommes.* » — Et s'il ne concluait pas en disant : *Sortons !* il avait pour mot d'ordre : Tenons-nous ferme et *crions !*

De sorte que Pascal, abandonnant la tactique de ses dix-septième et dix-huitième Provinciales et se rendant compte enfin de la situation, l'envisageant avec toute la lucidité et la franchise de son intelligence, l'exprimant avec toute la concision et la véhémence de sa parole, Pascal n'hésitait pas à confesser bien haut combien la Chrétienté catholique, presque tout entière, était engagée par son Chef dans des voies selon lui parjures, c'est-à-dire qu'il soutenait contre Arnauld sur

---

1. Voir Jurieu dans son livre intitulé : *L'Esprit de M. Arnauld,* tome 1, pages 8, 238, etc., etc. Jurieu *l'injurieux* (comme dit Voltaire) se trompait en mettant en doute la parfaite sincérité d'Arnauld ; il accordait trop à ses lumières et faisait tort à son cœur.

2. « Et cur non nobiscum egrediuntur diu Viri optimi, a Papis damnati, a Jesuitis afflicti, pressique intolerabili jugo quod conscientiæ libertatem non permittit ? » (Melchior Leydecker, *de Jansenii Vita et Morte,* lib. III, cap. x.)

ce point et à l'égard de Rome un coin précisément de la même thèse (sauf conclusion) que le calviniste Melchior Leydecker devait soutenir plus tard contre Quesnel; et Quesnel, pour compléter sa Réfutation de Leydecker, n'avait rien de mieux à faire que de publier la Réfutation qu'Arnauld avait opposée autrefois à l'opinion de Pascal.

Au reste, ces deux Écrits d'Arnauld sont, il faut le dire, vraiment pitoyables, et font honte au bon sens à force d'appareil logique. Il procède par maximes : *première Maxime, seconde Maxime*, etc.; il arrive ainsi jusqu'à *onze*, dont les deux dernières sont générales et servent de fondement à toutes les autres. Il applique cet échafaudage à la question qu'il en étouffe; on y perd tout le droit sens et le vif de la réalité. En examinant ensuite un Écrit de Domat qui avait répondu au nom et sous les yeux de son ami Pascal trop malade pour prendre la plume, Arnauld procède de la sorte : *Premier défaut général de cette Réponse, second défaut général,...* et il arrive intrépidement jusqu'au *huitième défaut général.* Ce sont là les faiblesses et les débauches d'esprit du grand docteur[1].

Arnauld s'étonnait dans cette seconde Réponse que la première n'eût pas été bien comprise de ses contradicteurs. Lorsque, bien des années après, il engagea sa célèbre guerre avec Malebranche, celui-ci se plaignait également de n'avoir pas été bien compris de M. Arnauld ; sur quoi Boileau lui disait : « Et qui donc voulez-vous qui vous entende, mon Père, si M. Arnauld ne vous entend pas? » On eût été plus fondé encore à dire, dans le cas présent, à l'illustre argumentateur :

1. Nicole qui, dans ce débat, prêta la main à Arnauld, comme Domat à Pascal, a fait de ce dernier une Réfutation aussi, qui est bien subtile. (Voir le manuscrit, T. 2199, Bibliothèque Mazarine.)

« Et qui donc voulez-vous qui comprenne votre appareil logique, si M. Pascal ne l'a pas compris? »

Ce que je prétends ici conclure et qui est capital à mon sens sur la pensée définitive de Pascal, c'est que, comme Saint-Cyran et comme Jansénius, tout à fait catholique et anti-calviniste par sa façon d'entendre les sacrements et particulièrement l'Eucharistie, il se rapprochait des plus opposés à Rome sur la doctrine de la Grâce, sur l'interprétation et la qualification qu'il donnait aux sentences des Pontifes, et qu'après tout sa manière finale d'entendre l'Église lui permettait, sous le coup de la mort[1], de dire *non* au Pape, et de le croire ou même de le proclamer instrument direct et prolongé de mensonge.

Ad tuum, Domine Jesu, tribunal appello!

Cet éclaircissement qui ne va guère, j'en suis certain, au delà du Pascal des *Pensées*, qui ne lui surimpose rien, qui outre-passe toutefois celui des *Provinciales*, cet éclaircissement une fois obtenu, nous sommes plus à l'aise pour rentrer dans l'examen des petites Lettres, et de leur portion la plus célèbre et la plus accréditée.

---

1. Cette polémique avec Arnauld est de la fin de 1661 et du commencement de 1662 : Pascal mourut en août 1662.

IX

Les *Provinciales* à partir de la quatrième ; revanche sur la Bulle. — Conseils en sens divers ; la lecture d'Escobar décide Pascal. — Génie de celui-ci ; ses limites ; — *moral* avant tout. — Le Père Casuiste des *Provinciales ;* Alain du *Lutrin.* — Pascal semi-dramatique ; art du dialogue. — Critiques littéraires du Père Daniel ; elles portent peu. — Adresses et finesses véritables. — Le *pistolet* du Casuiste. — Instant où le jeu cesse. — Une qualité absente chez Pascal.

A partir de la quatrième Lettre, Pascal, qui semblait tout occupé d'expliquer au public les matières de la Grâce, changea de route, en prit une plus large, et entra tout droit et brusquement dans la morale des Jésuites. Ceux-ci y ont vu un profond calcul et une tactique profonde. Le Père Daniel, dans ses *Entretiens de Cléandre et d'Eudoxe,* après un exposé de la situation critique à laquelle était réduit en ce moment le parti janséniste, continue en ces termes [1] :

« En un mot, jamais parti n'avoit été plus malmené et plus accablé par les Puissances ecclésiastiques et par les Puissances séculières, lorsque ces habiles gens firent changer tout à coup la scène ; et, au moment que les uns les plai-

1. Page 14.

gnoient, que les autres les blâmoient, et que quelques-uns leur insultoient, ils se firent les acteurs d'une comédie qui fit oublier aux spectateurs tout ce qui venoit de se passer. Ils donnèrent le change au public presque sans qu'il s'en aperçût, et le firent prendre aux Jésuites, sur lesquels ils rabattirent tout court après avoir d'abord fait semblant d'en vouloir à la Sorbonne. Ils les mirent sur la défensive et les poussèrent si vivement qu'ils s'attirèrent les applaudissements d'une grande partie de ceux qui n'avoient pour eux, un peu auparavant, que des sentiments d'indignation.... »

Le fait est que les *Provinciales* se peuvent exactement considérer comme la contre-partie et les représailles de l'affaire de Rome, de cette affaire de la Bulle dans laquelle les Députés avaient été joués sous main, avec applaudissements et congratulations en sus, et cela, comme disait Retz, *dans un pays où il est moins permis de passer pour dupe qu'en lieu du monde*[1]. Les *Provinciales* en furent la revanche gagnée à Paris, c'est-à-dire en un pays où l'on a tout, si l'on a pour soi les rieurs et la gloire.

On se tromperait fort pourtant en supposant que le calcul soit entré pour beaucoup dans ce choix de la bonne veine, et qu'un hasard heureux, un de ces hasards qui n'arrivent qu'à ceux qui en savent profiter, n'y ait pas aidé avant tout :

« Quoi qu'il en soit, dit toujours le Père Daniel[2], on prétend que, quelque grand qu'eût été le succès de la quatrième Lettre, le chevalier de Méré conseilla à Pascal de laisser absolument la matière de la Grâce dont elle traitoit encore, quoique par rapport à la morale, et de s'ouvrir une plus grande carrière. »

Nicole, dans son *Histoire des Provinciales*[3], raconte

1. Précédemment, page 18 de ce volume.
2. Page 18 des *Entretiens*.
3. En tête de la traduction latine qu'il a donnée des *Provinciales*

chose sans donner le nom des personnes, mais avec plus de développement :

« *Montalte*, dit-il, fit presque avec la même promptitude la seconde, la troisième et la quatrième Lettre, qui furent reçues avec encore plus d'applaudissement. Il avoit dessein de continuer à expliquer la même matière ; mais ayant mis, je ne sais par quel mouvement, à la fin de la quatrième Lettre, qu'il pourroit parler dans la suivante de la morale des Jésuites, il se trouva engagé à le faire.

« Lorsqu'il fit cette promesse, il n'étoit point encore assuré, comme il l'a souvent dit lui-même, s'il écriroit effectivement sur ce sujet. Il considéroit seulement que si, après y avoir bien pensé, on jugeoit que cela fût utile à l'Église, il n'y auroit rien de plus facile que de satisfaire à sa promesse par une ou deux Lettres, et que cependant il n'y avoit point de danger d'en menacer les Jésuites et de leur donner l'alarme..

« En effet, il pensoit si peu à exécuter cette promesse, qu'il avoit faite plutôt par hasard que de dessein prémédité, qu'après même avoir excité par là l'attente du public, qui souhaitoit avec impatience de le voir expliquer la morale des Jésuites, il délibéra longtemps s'il le feroit. Quelques personnes de ses amis lui représentoient qu'il quittoit trop tôt la matière de la Grâce ; que le monde paroissoit disposé à souffrir qu'on l'en instruisît, et que le succès de sa dernière Lettre en étoit une preuve convaincante. Cette raison faisoit beaucoup d'impression sur lui. Il croyoit pouvoir traiter ces questions qui faisoient alors tant de bruit, et les débarrasser des termes obscurs et équivoques des Scolastiques ;... il espéroit, dis-je, les expliquer d'une manière si aisée et si proportionnée à l'intelligence de tout le monde, qu'il pourroit forcer les Jésuites mêmes de se rendre à la vérité.

« Mais il n'eut pas plus tôt commencé à lire Escobar avec un peu d'attention et à parcourir les autres Casuistes, qu'il

---

sous le nom de Wendrock. — Cette Préface latine de Nicole a été ensuite traduite en français par mademoiselle de Joncoux, et c'est ce dernier texte que nous citons.

ne put retenir son indignation contre ces opinions monstrueuses.... Il crut devoir travailler à les rendre non-seulement la fable, mais encore l'objet de la haine et de l'exécration de tout le monde. C'est à quoi il s'appliqua entièrement depuis par le seul motif de servir l'Église. Il ne composa plus ses Lettres avec la même vitesse qu'auparavant, mais avec une contention d'esprit, un soin et un travail incroyables. Il étoit souvent vingt jours entiers sur une seule Lettre. Il en recommençoit même quelques-unes jusqu'à sept ou huit fois, afin de les mettre au degré de perfection où nous les voyons. »

La dix-huitième lui donna plus de peine que toutes les autres ; il la refit jusqu'à treize fois. — Et Nicole ajoute :

« On ne doit point être surpris qu'un esprit aussi vif que *Montalte* ait eu cette patience. Autant qu'il a de vivacité, autant a-t-il de pénétration pour découvrir les moindres défauts dans les ouvrages d'esprit; souvent à peine trouve-t-il supportable ce qui fait presque l'admiration des autres. »

On le voit assez, dès la quatrième Lettre tout l'écrivain était né en Pascal, l'écrivain au complet avec ses doutes, ses scrupules et ses démangeaisons mêmes, tout comme chez Montaigne, tout comme chez Boileau. On sait ce *post-scriptum* de la seizième, qu'*il n'a faite plus longue*, dit-il, *que parce qu'il n'a pas eu le loisir de la faire plus courte.* C'est du Despréaux tout pur, l'art de faire difficilement des vers faciles ; comme lorsqu'il dira encore : « La dernière chose qu'on trouve en faisant un ouvrage est de savoir celle qu'il faut mettre la première. » Pascal atteint dès lors la théorie classique dans sa précision ; il la fixe telle qu'elle sera reprise et maintenue en toute rigueur dans notre prose depuis La Bruyère jusqu'à Fontanes[1].

1. Parmi les diverses *pensées* et remarques qui attestent combien, à partir de ce moment, il se rendit compte à lui-même de

Il résulte des commentaires de Nicole et même des *on dit* du Père Daniel précédemment rapportés, qu'après la quatrième Lettre et malgré le jour qu'il venait d'ouvrir sur la morale de ses adversaires, Pascal hésitait encore ; que quelques-uns de ses amis du monde, comme le chevalier de Méré, l'attiraient vers ce champ plus large ; que du côté de Port-Royal, au contraire, on l'aurait volontiers retenu plus longtemps sur les matières de la Grâce, et qu'il se décida lui-même de son propre mouvement après une lecture. Il fut bien inspiré en cela, et le chevalier de Méré lui avait donné un conseil d'homme d'esprit[1]. Cette affaire de la Grâce devenait, en effet, ingrate en se prolongeant. Pour peu que Pascal eût insisté et se fût étendu, il se trouvait en désaccord avec le bon sens tout pélagien du monde et de l'avenir. Déjà, dans cette quatrième Lettre, les assertions des Jésuites dont il se moque, et qui vont simple-

---

son procédé de composition et de style, il en est quelques-unes qui peuvent servir à déterminer sa *rhétorique*, en ce qu'elle eut chez lui de plus particulier et comme de personnel ; par exemple, lorsque, insistant sur la nécessité d'approprier les mots aux choses et de se renfermer dans *le simple naturel*, ni plus ni moins, il dit : « L'Éloquence est une peinture de la pensée ; et ainsi ceux qui, après avoir peint, ajoutent encore, font un tableau au lieu d'un portrait. » Pascal marque ici la différence qu'il fait du *portrait* au *tableau*. Ce dernier, à son sens, paraît impliquer quelque chose de faux, de non réel, de *surajouté* à la pensée. Lui, il ne prétend qu'à être un peintre de *portrait* de la pensée intérieure. Le dessin avant tout : nulle couleur là où il n'y a pas d'abord dessin. Ainsi la beauté classique, comme il l'entend, n'est pas séparable de la sobriété et de la simplicité.

1. Le chevalier de Méré ne donnait pas toujours à Pascal d'aussi bons conseils, et il y avait eu des jours où il s'était mêlé, assez impertinemment, de le régenter sur les mathématiques. S'il est vrai que ce fut lui qui l'engagea à quitter ici les matières de la Grâce pour se jeter sur la morale, on peut comparer ce conseil à celui que Gassion aurait donné à Condé pour la manœuvre décisive de Rocroy. — L'a-t-il réellement donné ? Pascal et Condé ont-ils eu besoin de conseil ?

ment à admettre qu'*une action n'est pas un péché lorsqu'elle est involontaire et sans intention formelle du mal*, paraissent au lecteur d'aujourd'hui assez sensées, et plus sensées assurément que l'opinion contraire. Si Pascal avait persisté à toucher cette seule corde, il est douteux que les rieurs lui fussent restés aussi constamment fidèles, parmi ces générations qui ne se croient encore chrétiennes que parce qu'elles le sont à la façon du *Vicaire savoyard*. Il était temps qu'il entrât dans les questions de morale universelle.

Habileté à part, on conçoit très-bien d'ailleurs que Pascal n'ait pu se tenir, en lisant Escobar et les Casuistes ; qu'en face de cette morale d'accommodement, il se soit pris d'un saint zèle ; qu'il s'y soit attaqué uniquement dès lors et comme acharné. Le caractère principal et profond de Pascal, en effet, est surtout *moral*.

Si grand que soit Pascal par le génie, il y a mille choses vraies et grandes dans lesquelles, soit à cause de son temps, soit surtout à cause de sa nature (car il a bien su deviner ce qui était non pas selon son temps, mais selon sa nature), il n'entre pas et n'a pas l'idée d'entrer. Énumérons un peu : il ne sent pas la poésie, il la nie ; et la poésie est toute une partie essentielle de l'homme, même de l'homme religieux. Il étudie, il sonde et scrute la nature, il la contemple dans ses abîmes ; il ne la sent guère que pour s'en effrayer. Il n'y voit pas le symbole, le miroir vivant de l'Univers invisible (*tanquam per speculum*), une occasion de parabole perpétuelle, ce que saint François de Sales entendait si bien. « Si la foudre tomboit sur les lieux bas, dit Pascal, les poëtes et ceux qui ne savent raisonner que sur les choses de cette nature manqueroient de preuves ; » et il ne voit pas assez qu'il y a autre chose que le *raisonner*, en pareille matière ; qu'il y a l'analogie sentie, l'harmonie devinée, Dieu en un mot (pour parler son langage),

Dieu *sensible au cœur* par la nature[1]. Pour l'histoire, Pascal la savait en chrétien, il l'avait approfondie dans l'Écriture et dans les prophéties, comme Saint-Cyran ; il la serrait de près depuis Adam jusqu'au Messie : mais, une fois le Messie obtenu ainsi qu'une certaine tradition depuis Jésus-Christ, une tradition surtout à l'aide des Conciles, une fois cela su et cru, Pascal laisse le reste aller au vent. Le *nez* de Cléopâtre plus court ou plus long, le *grain de sable* de Cromwell, ne lui semblent pas les moindres instruments. Il n'est guère tenté, comme Bossuet, de suivre une loi appréciable de la Providence, un dessein manifeste, jusque par delà et en dehors de cette voie étroite de la révélation ou de la tradition et à travers les orages de l'histoire universelle. Il ne s'arrête nullement à considérer les rapports de la Religion et du Gouvernement politique ; peu lui importe de se figurer l'ensemble des choses humaines roulant sur ces deux pôles, d'y découvrir tout un ordre élevé, étendu, et de *tenir* ainsi, comme dit le grand Évêque, *le fil de toutes les affaires de l'Univers.* Ce fil lui paraîtrait plutôt, comme à Montaigne, un écheveau d'erreurs et de folies. Qu'ajouterai-je encore sur ces limites du génie de Pascal ? En physique, là où il excelle, là où il

---

[1]. Ce n'est pas pour faire un raisonnement, c'est pour exprimer une harmonie, que celle des âmes de poëtes qui a reçu le plus abondamment, depuis saint François de Sales, le don des symboles et paraboles, Lamartine, a dit dans ses *Adieux à la Mer* :

> Le Dieu qui décora le monde
> De ton élément gracieux,
> Afin qu'ici tout se réponde,
> Fit les cieux pour briller sur l'onde,
> L'onde pour réfléchir les cieux.

Quand on croit à un Dieu créateur et providentiel, à un Dieu qui a l'œil sur l'homme et qui lui a préparé sa demeure, pour peu qu'on ait l'imagination sensible, on est amené à voir ainsi toutes choses autour de soi.

innove, il trouve moyen de généraliser le moins qu'il peut[1]. Tout à côté surtout il n'a pas le sentiment de la vie physiologique, comme on dirait aujourd'hui ; géomètre et mécanicien, je ne sais s'il jugeait exactement avec Descartes les animaux de *purs automates*[2], il les séparait du moins de l'homme par un abîme qui ne laissait place à aucun degré de comparaison. Tout ceci revient à dire que Pascal manquait de certains aperçus de philosophie naturelle ou historique ; qu'il ne portait pas son regard vers certains horizons qui sont sujets peut-être à se confondre dans un lointain nébuleux, mais que d'autres esprits ont embrassés, ne fût-ce que par des échappées sublimes ou perçantes[3]. Ce manque, chez Pascal, qui semble même un retranchement voulu par lui, que je ne lui reproche pas et que je constate, tient à ses qualités les plus directes. Esprit logique, géométrique, scrutateur des causes, fin, net, éloquent, il me représente la perfection de l'entendement humain en ce que cet entendement a de plus défini, de plus distinct en soi, de plus détaché par rapport à l'Univers. Il se replie et il habite au sommet de la pensée proprement dite (*arx mentis*), dans une sphère de clarté parfaite. Clarté d'une part et ténèbres partout au delà, effroyables espaces, il n'y a pas de milieu pour lui. Il ne se laisse pas flotter

---

1. Ainsi, après Copernic et Galilée, il ne parle pas du mouvement de la terre comme d'une vérité tout à fait démontrée. Quand il renonce à *l'horreur du vide*, il ne le fait qu'à regret et *contraint par la force de la vérité*.

2. Baillet et mademoiselle Périer l'assurent.

3. Il est bon d'avoir ici présents, comme contraste et comme fond de tableau, le Ve livre de Lucrèce, la Ve et la VIIe *Époque de la Nature* de Buffon. En regard de ces deux vastes esprits naturalistes, si le point de vue de Pascal se resserre et se rétrécit beaucoup, il se définit mieux. Je reviendrai d'ailleurs, à l'occasion des *Pensées*, sur Buffon surtout, qui, sans en avoir l'air, est le grand antagoniste.

aux limites, là où les clartés se mêlent aux ombres nécessaires, là où ces ombres recèlent pourtant et quelquefois livrent à demi des vérités autres que les vérités toutes claires et démontrables[1]. Plus d'un vaste esprit en travail des grands problèmes, et en quête des origines, a fait effort pour remonter vers les âges d'enfantement ou, comme on dit, les Époques de la nature, vers ces jours antérieurs où *l'esprit de Dieu était porté sur les eaux*, et pour arracher aux choses mêmes des lueurs indépendantes de l'homme. Pascal prend le monde depuis le sixième jour, il prend l'Univers réfléchi dans l'entendement humain; il se demande s'il y a là, par rapport aux fins de l'homme, des lumières et des résultats. Avant tout, le bien et le mal l'occupent; sur l'heure et sans marchander, il a besoin de clarté et de certitude, d'une satisfaction nette et pleine; en d'autres termes, il a besoin du souverain bien, il a soif du bonheur. Pascal possède au plus haut degré d'intensité le sentiment de la *personne humaine*.

Or, par là, par cette disposition rigoureuse et circonscrite, par cette concentration de pensée et de sentiment, Pascal retrouve toute force et toute profondeur. Ce seul point, creusé à fond, va lui suffire pour regagner le reste. Si nous le voyons s'élancer d'un tel effort pour embrasser, comme dans un naufrage, le pied de l'arbre de la Croix, c'est que la vue des misères de l'homme, la propre conscience de son ennui, de son inquiétude et de sa détresse, c'est que tout ce qu'il sent en

---

1. Pour parler à la moderne et rendre toute ma pensée, Pascal est l'esprit le moins *panthéistique* qui se puisse concevoir. Qui mieux que lui, par moments, a compris les profondeurs de l'infini et, pour ainsi dire, le désert du ciel? Mais il ne s'y laisse pas absorber, il tient bon, et l'on retrouve toujours, comme sur son cachet, le regard qui se contient et s'enferme dans la *Couronne d'épines*.

lui de tourmenté et de haïssable, lui inspire l'énergie violente du salut. Quand j'ai dit que l'esprit de Pascal se refusait par sa nature à certaines vues, à certaines atteintes et échappées dans d'autres ordres de vérités, j'ai peut-être été trop loin d'oser ainsi lui assigner des bornes que pourraient déranger bien des aperçus de ses *Pensées*; mais ce qui est certain, c'est que, si ce n'était par nature, il s'y refusait au moins par volonté. Simple atome pensant en présence de l'Univers, au sein, comme il dit, de ces espaces infinis qui l'enferment et dont *le silence éternel l'effraye*, sa volonté se roidit, et défend à cet esprit puissant (plus puissante elle-même) d'aller au hasard et de flotter ou de sonder avec une curiosité périlleuse à tous les confins. Car sa volonté, ou, pour la mieux nommer, sa personnalité humaine n'aime pas à se sentir moindre que les choses; elle se méfie de cet Univers qui l'opprime, de ces infinités qui de toutes parts l'engloutissent, et qui vont éteindre en elle par la sensation continue, si elle n'y prend garde, son être moral et son tout. Elle a peur d'être subornée, elle a peur de s'écouler. C'est donc en elle seule et dans l'idée sans cesse agitée de sa grandeur et de sa faiblesse, de ses contradictions incompréhensibles et de son chaos, que cette pensée se ramasse, qu'elle fouille et qu'elle remue, jusqu'à ce qu'elle trouve enfin l'unique clef, la foi, cette foi qu'il définissait (on ne saurait assez répéter ce mot aimable) *Dieu sensible au cœur*, ou encore *le cœur incliné par Dieu*. Telle est la foi de Pascal dans sa règle vivante. Voilà le point moral où tout aboutit en lui, l'endroit où il réside d'habitude tout entier, où sa volonté s'affermit et se transforme dans ce qu'il appelle la Grâce, où sa pensée la plus distincte se rencontre et se confond avec son sentiment le plus ému. Il aime, il s'apaise, il se passionne désormais par là; et s'il rencontre jamais des empoisonneurs publics de la morale, des corrupteurs de ce cœur *incliné* et régénéré, s'il les surprend surtout sous le couvert du Chrétien, oh! qu'ils tremblent! il les haïra en conscience et tout haut au même titre que tout ce qu'il haïssait en lui avant la régénération, et plus que tout ce qu'il y haïssait; car nier l'unique recours, ou s'en passer, est chose horrible, mais empoisonner l'unique source est chose infâme.

On conçoit donc que, dès qu'il se fut mis à la lecture d'Escobar, Pascal n'ait pu se tenir; que la fibre la plus sensible, le point le plus saintement irritable de son être ait tressailli, et que tout un nouveau plan de guerre se soit à l'instant déroulé à ses yeux.

Et puis, ramenant son coup d'œil aux nécessités de la circonstance, il comprit que le meilleur moyen n'était plus de défendre Hippone dans Hippone, Carthage dans Carthage, mais de vaincre les Romains dans Rome, je veux dire les Jésuites au cœur de leur morale.

De ce jour-là, la question fut nettement dessinée; tout se réduisit à un pur duel, un duel *à mort* entre Pascal et la Société, ou, pour parler plus justement, entre le Jansénisme d'une part et le Jésuitisme de l'autre. Le rôle du Jansénisme sa destinée, sa vocation historique, à dater de ce moment, parut être uniquement de tuer *l'autre* et de mourir après, vainqueur, mais transpercé en une même blessure. Toute cette grande entreprise de réforme intérieure et doctrinale, selon Jansénius et Saint-Cyran, aboutit et fit place à un simple rôle pratique, courageux, obstiné, impitoyable, et à un combat mortel corps à corps. Le monde, qui aime les combats bien vifs et les résultats bien nets, n'a guère connu et loué le Jansénisme que par là, et ce qui a été la déviation à bien des égards, le rétrécissement et l'idée fixe de la secte, est devenu son seul titre de gloire.

Les Jansénistes, depuis Pascal, ont été, par rapport

aux Jésuites, les *exécuteurs des hautes œuvres* de la morale publique.

Avant Pascal, l'attaque contre leur morale était pourtant commencée. L'abbé de Saint-Cyran, en relevant, dès 1626, les erreurs de *la Somme* du Père Garasse, y avait dénoncé plusieurs propositions d'une morale tout à fait drolatique et déshonorante dans un chrétien [1]. Arnauld surtout, en 1643, lançant la première escarmouche contre la Société en corps, avait publié sous ce titre : *Théologie morale des Jésuites, extraite fidèlement de leurs livres*, un recueil de plusieurs maximes et règles de conduite, de leur façon, plus ou moins révoltantes ou récréatives. La Faculté de Théologie de Paris avait censuré quelques propositions de morale du Père Bauny, en 1641 ; l'Université avait condamné, en 1644, la Morale du Père Héreau. M. Hallier, *qui depuis...* [2], avait soutenu vers le même temps une polémique sur ces matières contre le Père Pinthereau. Mais tout cela restait enfermé dans l'école, et Pascal seul afficha publiquement et livra le coupable au monde.

« Monsieur,

« Il n'est rien tel que les Jésuites. J'ai bien vu des

---

[1]. Lors de cette première attaque contre un membre de la Société, il n'y avait pas encore de parti pris chez Saint-Cyran; dans l'Épître dédicatoire de son livre, il disait de l'Ordre des Jésuites qu'il l'honorait *comme une des plus fortes Compagnies de l'armée du Fils de Dieu*, et bien d'autres choses. (Voir précédemment, tome I, livre I, chap. XII, page 313.) — Balzac, au chapitre VIII du *Prince*, avait parlé contre les Casuistes de Cour, mais en termes généraux et sans désigner particulièrement les Jésuites : « Il est venu depuis une autre Théologie, plus douce et plus agréable, qui se sait mieux ajuster à l'humeur des Grands.... » Le passage, d'ailleurs, est des plus élégants et des mieux tournés.

[2]. M. Hallier passa depuis au Molinisme et fut, si l'on s'en souvient, l'un des poursuivants des cinq Propositions à Rome. Pascal, au commencement de sa quatrième Lettre, en citant le M. Hallier d'autrefois contre le Père Bauny, en perce deux du même trait.

Jacobins, des Docteurs et de toute sorte de gens, mais une pareille visite manquoit à mon instruction. Les autres ne font que les copier. Les choses valent toujours mieux dans leur source.... »— Ainsi s'entame cette quatrième Lettre, et le duel avec elle [1].

De la quatrième jusqu'à la fin de la dixième, les *Provinciales* ne sont qu'une suite variée d'un seul et même développement ; ce sont des conversations avec le bon Père Casuiste sur la morale, la doctrine de probabilité, la direction d'intention, les accommodements, l'inutilité de l'amour de Dieu, les facilités de la confession, et le dessein politique de tout cela. A partir de la onzième, l'auteur répond à des attaques, à de prétendues réfutations, à des calomnies ; il laisse l'offensive ingénieuse et détournée pour la défensive, mais pour une défensive ouverte et à toutes bordées qui doit peu réjouir les attaquants. Le Provincial à qui il adressait ses Lettres a disparu ; plus de détour, c'est aux Révérends Pères eux-mêmes qu'il parle, c'est à leur face qu'il fait éclater la vérité.

Jusqu'à la dixième, il pratique l'art du dialogue ironique comme Platon l'a pu faire ; de la onzième à la seizième, il rappelle plus d'une fois ces *Verrines*, ces *Catilinaires*, ces *Philippiques* des grands orateurs de

---

[1]. Si l'on jette les yeux sur les éditions originales, l'impression même atteste qu'il y a là un redoublement, et que l'affaire décidément s'engage. Les trois premières Lettres, en plus gros caractères, faisaient à peine chacune huit pages in-4°. Avec la quatrième, les caractères deviennent plus serrés, plus fins, la matière plus dense. Les Lettres n'excèdent pourtant jamais les huit pages in-4°, excepté la seizième (qui encore a son post-scriptum d'excuse) et les deux suivantes et dernières, où le restant de la polémique déborde. Jusque-là, au plus fort du combat, Pascal, de plus en plus écrivain et maître de sa plume, s'était fait une loi de réduire et de faire tomber juste à une certaine mesure chaque petit acte, observant en cela une idée de proportion et de nombre.

l'Antiquité, et la vigueur surtout de Démosthène. Ce sont toutes les sortes d'éloquence, comme dit Voltaire.

On a eu précédemment, dans l'Entretien de Pascal et de M. de Saci[1], un dialogue naturel, réel, qui, entre ces deux hommes causant d'Épictète et de Montaigne, le long des hauteurs déjà dépouillées de Port-Royal des Champs, sous quelque ciel de fin d'automne (un ciel chrétien et à demi voilé), nous a semblé égaler, sinon par la bordure, certainement pour le fond, les plus beaux échantillons des Anciens. A ce dialogue *naturel* succède ici le dialogue d'*art*; il n'est pas supérieur au premier, mais il en est digne. L'enjouement s'y mêle davantage et y dessine le principal rôle.

Ce bon Père Casuiste, qui révèle si volontiers les secrets du métier, car il aime, dit-il, les gens curieux ; si accueillant, si caressant, qui ne se tient pas dès qu'on l'écoute, tant c'est pour lui un art chéri dont il est plein que cette moelle du Casuisme, comme pour d'autres les coquillages ou les papillons, comme pour le Diphile de La Bruyère les oiseaux ; qui sait produire si à point le Père Bauny *que voici, et de la cinquième édition encore;* qui vous fait prendre dans sa bibliothèque le livre du Père Annat contre M. Arnauld, juste à cette *page 34, où il y a une oreille;* qui, tout fier de trouver dans son Père Bauny le Philosophe cité tant bien que mal en latin, vous *serre* malicieusement *les doigts*, et vous dit, avec un œil qui rit de plaisir et d'innocente vanité : *Vous savez bien que c'est Aristote ;* ce bonhomme[2] qui nous expose sur chaque point *la grande méthode dans*

---

1. Tome II, page 393.
2. Je me permets de ne faire qu'un du bon Jésuite de la quatrième Lettre et du Casuiste de la cinquième et des suivantes ; ils ont un caractère très-approchant, et je ne vois pas pourquoi Pascal les a distingués. Au reste, à moins d'y regarder tout exprès, on ne s'aperçoit pas qu'ils sont deux.

tout son lustre, et nous donne la recette bénigne selon laquelle il faut, pour chaque opinion, que *le temps la mûrisse peu à peu*; qui, si vous le piquez au jeu, ne sait rien d'impossible à ses Docteurs, et vous dit, pour peu que vous ayez l'air de douter de vos cas difficiles, absolument comme on dirait d'une charade : *Proposez-les pour voir;* cet excellent personnage, toujours bouche ouverte à l'hameçon, et si habile à nous faire dévider l'écheveau, mériterait un nom qui le distinguât entre tous, et qui le fixât dans la mémoire à côté de Patelin, de Macette, de Tartufe, d'Onuphre, sans pourtant le rendre aussi odieux; car il y va, le pauvre homme! dans la pleine innocence de son cœur.

Je proposerais bien de l'appeler *Alain*, puisqu'à n'en pas douter c'est lui, dans la personne d'Alain, dont Boileau s'est souvenu, quand il a dit au chant IV du *Lutrin*, de ce *Lutrin* qui n'achève pas mal toute cette parodie de la Sorbonne entamée par les *Provinciales* :

> Alain tousse et se lève; Alain, ce savant homme,
> Qui de Bauny vingt fois a lu toute la Somme,
> Qui possède Abély, qui sait tout Raconis,
> Et même entend, dit-on, le latin d'A-Kempis :
> . . . .
> « Consultons sur ce point quelque auteur signalé,
> Voyons si des Lutrins Bauny n'a point parlé [1]....»

Mais cet Alain, s'il a été autrefois notre bonhomme de Père, n'est plus pourtant le même dans Boileau; il a changé; il a pris de l'embonpoint, de l'importance; il tousse, il se rengorge. Non, notre bon Père de chez Pascal n'est pas encore Alain, et il faut le laisser sans nom; il a bien su vivre sans cela.

Si Pascal n'aimait ni n'estimait la poésie proprement

---

1. Bauny, Raconis, Abély, tous les ennemis de Port-Royal y passent.

dite, il n'était pas sans quelque part du génie dramatique; il avait donc, à un certain degré, la poésie, c'est-à-dire la création par le côté où la physionomie humaine intervient et sert de figure. Il nous offre ce genre d'expression dans un jeu sobre, avec une réalité vive et naïve; non pas la forme dramatique tout à fait détachée, ni en groupe, mais suivant une sorte de bas-relief modéré ; moins complétement que Platon en ses Dialogues socratiques ou La Fontaine en ses Fables, plus librement que La Bruyère dans Onuphre, comme Montesquieu dans Usbek et ses Persans[1]; voilà la famille de génies semi-dramatiques à laquelle se rattache Pascal par le coin de son art. Lui qui a si dédaigneusement parlé de la poésie pure, il faut se rappeler comme il se trahit en parlant de la Comédie avec une impression de tendresse :

« Tous les grands divertissements sont dangereux, dit-il, pour la vie chrétienne; mais, entre tous ceux que le monde a inventés, il n'y en a point qui soit plus à craindre que la Comédie. C'est une représentation si naturelle et si délicate des passions, qu'elle les émeut et les fait naître dans notre

---

[1]. L'opinion de Montesquieu sur la poésie, sur celle qu'il réprouve et celle qu'il excepte, s'accorde remarquablement avec le sentiment de Pascal. Rica étant allé, comme Montalte, dans une maison de moines, en visite la bibliothèque et y trouve un bibliothécaire savant, qui est de plus homme de sens et sincère : « Ce sont ici les poëtes, me dit-il (Lettre CXXXVII), c'est-à-dire ces auteurs dont le métier est de mettre des entraves au bon sens et d'accabler la raison sous les agréments, comme on ensevelissoit autrefois les femmes sous leurs ornements et leurs parures (cela ressemble fort aux *Reines de village* de Pascal).... Voici les poëtes dramatiques, qui, selon moi, sont les poëtes par excellence et les maîtres des passions.... Voici les lyriques, que je méprise autant que j'estime les autres, et qui font de leur art une harmonieuse extravagance. » Citer de tels jugements, ce n'est pas y adhérer, mais c'est rappeler qu'au fond ils rendent la façon de sentir de toute une famille d'esprits fermes et fins.

cœur, et surtout celle de l'amour, principalement lorsqu'on le représente fort chaste et fort honnête.... Ainsi l'on s'en va de la Comédie le cœur si rempli de toutes les beautés et de toutes les douceurs de l'amour, l'âme et l'esprit si persuadés de son innocence, qu'on est tout préparé à recevoir ses premières impressions ou plutôt à chercher l'occasion de les faire naître dans le cœur de quelqu'un, pour recevoir les mêmes plaisirs et les mêmes sacrifices que l'on a vus si bien dépeints.... »

En écrivant cette page tendre, la plus tendre qu'il ait écrite (j'en excepte à peine celles du *Discours de l'Amour*), Pascal se souvenait-il d'avoir vu Chimène? se reprochait-il, comme saint Augustin, les pleurs qu'il avait versés? S'il m'est échappé de dire que Corneille n'avait pas eu de prise sur lui, je me rétracte : voici le point où son atteinte secrète se découvre[1]. On retrouve chez Pascal une autre observation intime du même genre dans cette pensée, qui semble résumer sa poétique, sa rhétorique insinuante :

« Quand un discours naturel peint une passion ou un effet,

1. Cette Pensée de Pascal se retrouve identiquement dans le petit volume des *Maximes* de madame de Sablé, publié aussitôt après la mort de cette dame (1678); c'est la LXXXIe et dernière. Est-ce une raison pour la retirer à Pascal, comme le fait M. Cousin (Voir *Madame de Sablé*, 1854, page 84)? Madame de Sablé avait fait, il est vrai, un *Écrit* contre la Comédie; mais cette Pensée d'une seule page est-elle la même chose que cet *Écrit*? Une Pensée de Pascal, relative à ce même sujet qu'elle traitait, n'a-t-elle pu se rencontrer parmi les papiers de madame de Sablé, où on l'aura prise pour une des siennes? Laquelle des deux choses est la plus probable, qu'on ait trouvé dans les papiers de Pascal une Pensée de madame de Sablé, ou dans les papiers de madame de Sablé (qui était une grande curieuse, comme on sait,) une Pensée de Pascal? Cette réflexion sur la Comédie n'est point dans le manuscrit *autographe* de Pascal, mais elle est dans la *Copie* faite d'après les papiers trouvés dans son cabinet. Enfin, de ce qu'elle n'est point, et ne m'a point paru à moi-même, du ton habituel de Pascal, est-ce une preuve qu'elle n'est pas de lui? — Dans le doute, je m'en tiens encore à la tradition.

on trouve dans soi-même la vérité de ce qu'on entend, laquelle on ne savoit pas qu'elle y fût[1], en sorte qu'on est porté à aimer celui qui nous le fait sentir : car il ne nous a pas fait montre de son bien, mais du nôtre, et ainsi ce bienfait nous le rend aimable, outre que cette communauté d'intelligence que nous avons avec lui incline nécessairement le cœur à l'aimer. »

Et combien cela devient plus vrai, et que le lecteur se laisse encore mieux surprendre et *incliner*, quand ce *discours naturel* n'est autre qu'un personnage créé qui parle et agit devant vous avec naïveté et sous lequel se dérobe l'auteur !

Ce n'est pas que les intéressés pourtant n'aient cherché à relever, dans les *Provinciales*, quelques défauts contraires à ce qu'on a appelé *les règles du dialogue*. Le Père Daniel (VI⁰ Entretien) fait remarquer qu'au commencement de la sixième Lettre Pascal dit, en parlant du récit de sa seconde visite : « Je le ferai (ce récit) plus exactement que l'autre, car j'y portai des tablettes pour marquer les citations des passages, et je fus bien fâché de n'en avoir point apporté dès la première fois. Néanmoins, si vous êtes en peine de quelqu'un de ceux que je vous ai cités dans l'autre Lettre, faites-le-moi savoir ; je vous satisferai facilement. » Cette phrase, qui se trouve dans les premières éditions, a été supprimée depuis; elle indique, en effet, l'invraisemblance plutôt qu'elle ne la corrige. D'ailleurs, dans la Lettre précédente, où *il n'avait pas de tablettes*, Pascal ne citait pas

---

1. En général, je m'astreindrai dans les citations des *Pensées* à l'édition de M. Faugère, la seule exacte et conforme de tout point au manuscrit. Et pourtant, dans certains cas comme celui-ci, j'ai presque regret qu'on n'ait plus le droit de citer l'ancien texte, plus courant et plus net. Pascal, s'il s'était relu lui-même en vue de l'impression, aurait sans doute dégagé sa phrase dans le sens où le firent les premiers éditeurs.

moins textuellement les passages. Seulement, soit qu'on lui eût fait l'objection dans l'intervalle de la cinquième à la sixième Lettre, soit qu'il sentît le besoin d'une précaution pour arriver à l'indication détaillée des chapitre, page, paragraphe, etc., il glissa cette phrase qui fut, depuis, jugée inutile[1].

Ce ne sont là que des vétilles, on le sent bien, et qui ne tiennent que très-peu au véritable art du dialogue. Le dialogue, comme la scène, a ses conditions et ses illusions, auxquelles on se prête, quand la vérité générale est observée et anime le tout. Un *post-scriptum* comme celui de la huitième Lettre vaut, à lui seul, bien des précautions, et, dans sa finesse naïve, acquiert à l'auteur bien des dispenses : « J'ai toujours oublié *à vous dire qu'il y a des Escobars de différentes impressions. Si vous en achetez, prenez de ceux de Lyon où, à l'entrée, il y a une Image d'un Agneau qui est sur un livre scellé de sept sceaux....* » Ce malin *post-scriptum*, dans son espèce d'inquiétude, et sous son air de bibliographie circonstanciée, ne couronne-t-il pas toutes les vraisemblances, surtout pour ceux qui n'achèteront jamais Escobar, mais qui sont flattés de savoir qu'ils le pourraient certainement acheter? Cet *Agneau scellé des sept sceaux*, c'est le petit pois chiche sur le visage, *la gerçure indéfinissable*, pour parler avec Diderot ; ce qui fait dire en face d'un portrait dont on n'a jamais vu l'original : « Comme c'est vrai ! comme c'est ressemblant[2] ! »

La huitième Lettre avait besoin de cette malice finale,

---

1. Dans le *Catéchisme des Jésuites*, d'Étienne Pasquier (1602), qui est également en forme de dialogue, je vois qu'il est aussi question de *tablettes* qu'on prend pour marquer au long tous les passages qu'allègue l'Avocat. Pasquier use largement de ce petit moyen, et transcrit des pièces entières : on est moins difficile avec lui qu'avec Pascal.

2. Après avoir lu la sixième Provinciale, M. Le Roi, abbé de

car elle est un peu surchargée de textes et vraiment lourde entre les autres. On a trouvé dans les papiers de Pascal une phrase ébauchée : « Après ma huitième,

Haute-Fontaine, pénétré de satisfaction, en avait écrit en des termes très-forts à madame de Sablé : « Il dit qu'elle étoit admirable, que c'étoit un chef-d'œuvre de la plus forte, de la plus féconde et de la plus ingénieuse raillerie ; qu'il faut qu'il fasse une terrible résistance à son amour-propre et à sa vanité pour n'avoir pas envie d'en être estimé l'auteur, comme on en faisoit courir le bruit (on avait dit à tout hasard que les premières *Provinciales* étaient de l'abbé Le Roi) ; que, sans y penser, cette Lettre fera faire plusieurs éditions de cet incomparable livre d'Escobar ; qu'il ne donneroit pas dès à présent le sien pour une pistole ; qu'il est fort en peine où l'on trouvera des Filliucius, des Caramuels et des Sanchez, et que ce seroit une plaisante chose si la cherté s'alloit mettre sur les Casuistes. » (*Mémoires* manuscrits de Beaubrun, tome I.) La cherté ou du moins la curiosité s'y mit en effet. Escobar avait été imprimé quarante et une fois avant 1656 ; il le fut une quarante-deuxième fois en 1656, grâce aux *Provinciales*. — Escobar lui-même vivait encore à cette date ; le bonhomme mourut à Madrid en 1669, âgé d'environ quatre-vingts ans. Il fut fort étonné quand il sut tout le bruit et le scandale qu'il faisait en France, et quand les échos en arrivèrent jusqu'à lui. Je lis dans un livre intitulé : *Jugement et nouvelles Observations sur les Œuvres de maître François Rabelais* (1697) : « Si Rabelais revenoit au monde, il seroit étonné de voir que son nom et des livres qu'il a composés pour se divertir y aient tant fait de bruit. On peut ajouter que ce docteur en médecine ne seroit pas le seul... ; car, sans nous arrêter à tant d'autres, qu'est-ce que n'ont point fait les Écrits de Jansénius et d'Escobar ?... Quelques François, qui rendirent visite par curiosité à ce dernier en voyageant, nous rapportent que cet homme qu'ils dépeignent comme un homme sans façon, simple, et un vrai israélite, fut fort étonné d'apprendre le bruit que son livre avoit fait en France, croyant n'avoir rien écrit qui ne fût soutenable par de bonnes raisons et autorités de savants théologiens. » Il se voyait traité de relâché, tympanisé comme tel, *au delà* des Pyrénées, et il avait paru, assure-t-on, trop sévère *en deçà*, si bien qu'il aurait failli même, quelques années auparavant, être déféré à l'Inquisition comme rigoriste. Quoi qu'il en soit, Escobar a eu l'heur insigne, je ne dis pas l'honneur, de donner un mot de plus à notre langue, comme Patelin, Lambin, Calepin, Marivaux, Silhouette, Guillotin, et comme autrefois Villon. Ces mots-là sont le plus souvent aux dépens de celui qui les donne.

je croyois avoir assez répondu. » Il a bien fait de rayer cette phrase-là, de renoncer surtout à cette idée; il aurait eu tort de s'arrêter sur cette Lettre huitième, et il semble avoir voulu marquer sa reprise d'entrain par la vive et accueillante ouverture de la suivante :

« Je ne vous ferai pas plus de compliment que le bon Père m'en fit la dernière fois que je le vis. Aussitôt qu'il m'aperçut, il vint à moi, et me dit en regardant dans un livre qu'il tenoit à la main : « *Qui vous ouvriroit le Paradis ne vous obligeroit-il pas parfaitement? Ne donneriez-vous pas les millions d'or pour en avoir une clef et entrer dedans quand bon vous sembleroit? Il ne faut point entrer en de si grands frais; en voici une, voire cent, à meilleur compte.* » Je ne savois si le bon Père lisoit ou s'il parloit de lui-même ; mais il m'ôta de peine en disant : Ce sont les premières paroles d'un beau livre du Père Barry, etc. »

C'est ainsi que Pascal, dès qu'il s'est senti quelque peu en lenteur, se rachète incontinent.

Comme pendant de cet excellent début, on peut rappeler la dernière page de la Lettre septième; dans celle-ci ce n'est plus la vivacité, c'est la lenteur même qui devient piquante et dramatique. Il s'agit de montrer que selon le Père Lamy, en dirigeant bien l'intention, *il est permis à un Ecclésiastique ou à un Religieux de tuer un calomniateur qui menace de publier des crimes scandaleux de sa Communauté*.... Et à ce moment le lecteur fait, en souriant, l'application de la maxime à l'auteur lui-même. C'est comme un pistolet, chargé à l'adresse de Montalte, que le bon Père, sans se douter de l'à-propos, lui montre, lui fait admirer, et qu'ils tiennent longtemps tous deux entre les mains. Cette application prompte que fait le lecteur est déjà comique; mais ce qui le devient davantage et ce qui est d'un art excellent, c'est le développement, la lenteur même avec laquelle cela est ménagé, contenu, *filé* jusqu'à la fin de la Lettre, et toujours en dialogue, en action. Plus ce malheureux pistolet chargé reste de temps entre leurs mains, plus on le retourne en tous sens, plus on fait semblant de l'approcher et de l'essayer, et plus aussi le piquant de l'attente et une sorte d'inquiétude égayée s'en augmentent. Des calomniateurs en général, l'auteur met la question sur les Jansénistes en particulier : *Savoir si les Jésuites peuvent tuer les Jansénistes*; puis il la resserre encore et la pose sur lui-même :

« — Tout de bon, mon Père, je suis un peu surpris de tout ceci, et ces questions du Père L'Amy et de Caramoüel ne me plaisent point. — Pourquoi, dit le Père, êtes-vous Janséniste? — J'en ai une autre raison, lui dis-je. C'est que j'écris de temps en temps à un de mes amis de la campagne ce que j'apprends des maximes de vos Pères. Et quoique je ne fasse que rapporter simplement et citer fidèlement leurs paroles, je ne sais néanmoins s'il ne se pourroit pas rencontrer quelque esprit bizarre qui, s'imaginant que cela vous fait tort, n'*en*[1] tirât de vos principes quelque méchante conclusion. — Allez, me dit le Père, il ne vous en arrivera point de mal, j'en suis garant. Sachez que ce que nos Pères ont imprimé eux-mêmes et avec l'approbation de nos Supérieurs n'est ni mauvais, ni dangereux à publier. »

Ainsi le bon Père, en même temps qu'il le tranquillise, se frappe lui-même sans s'en douter; la raison de sécurité qu'il lui donne et qui revient à celle-ci : *qu'on ne sauroit raisonnablement se plaindre de voir divulguer ce qui n'a été imprimé une première fois qu'avec l'approbation des Supérieurs*, est un coup contre lui-même, contre les siens; et, pour suivre notre image, ce pistolet qui, après tous ces jolis remuements, se trouve n'être qu'un jouet à l'égard de Pascal le plus menacé,

---

1. Ces petites taches (*nævi*), qui sont les signes de l'édition originale, ont disparu dans les suivantes.

devient tout d'un coup fatal au bon religieux et lui part tout de bon dans la manche, en blessant toute la Compagnie.

On a dit, entre autres objections encore, que ce bon Père Casuiste va de plus en plus en s'exagérant comme caractère ; que (contrairement au *servetur ad imum*), de simple qu'il était seulement d'abord, il devient un niais qui tombe dans tous les piéges, et qui, lorsqu'il est déjà dit expressément que les Lettres courent Paris et font scandale, continue ses révélations comme s'il n'était nullement informé de l'effet. Mais Pascal, en observant l'art, ne s'y asservit pas et n'en est pas dupe. Après tout, c'est moins un dialogue direct qu'il nous donne, que le récit fait par l'un des interlocuteurs et dans lequel l'autre est nécessairement sacrifié : il suffit que ce soit d'un air naturel. A mesure qu'il a moins besoin de son bon Père, Pascal le soigne moins, il le fait plus insoutenable, il le brusque jusqu'à ce qu'enfin il éclate. Alors et bon Père et provincial supposé, tout cela disparaît ; le combat s'engage à nu, et l'écrivain, encore masqué, mais sans plus de rôle, s'attaque droit à l'ennemi. Toute cette gradation, qui est celle de la passion même, de la conviction sérieuse et ardente, par conséquent du véritable art supérieur, s'opère dans l'esprit du lecteur comme dans celui de l'écrivain. Et ce dernier, en sa marche vigoureuse, met pleinement d'accord l'inspiration du talent avec le mouvement de l'homme moral et presque avec la colère du Chrétien.

C'est ici le lieu de relire l'admirable et victorieuse péroraison de la dixième Lettre, qui couronne, en les brisant, cette suite de dialogues ; le temps de l'ironie a cessé, l'indignation commence : « O mon Père, il n'y a point de patience que vous ne mettiez à bout, et on ne peut ouïr sans horreur les choses que je viens d'entendre.... » J'y renvoie, mais à condition qu'on relira en effet : c'est l'instant même où Pascal se lève ; le léger appareil de scène est renversé ; il devient dès lors un réfutateur pressant, terrible, épée nue, un orateur.

Entre tant d'éloges que nous venons de donner aux *Provinciales* comme pièces d'art, éloges qui sont loin d'égaler encore ceux que leur ont décernés Perrault, Boileau et madame de Sévigné, il est une qualité ou plutôt un don que nous ne pouvons toutefois y reconnaître, non plus que dans rien de ce qu'a écrit Pascal. Le Pascal des *Pensées* saura unir la passion mélancolique, et presque byronienne, avec une sorte de fermeté et de précision géométrique qui imprimera une vigueur incomparable à son accent ; dans ses petites Lettres, il combine l'éloquence, la finesse, l'enjouement ; on parle à tout moment de Platon et de dialogue socratique à son sujet : la *grâce* pourtant, cette muse des Grecs, il l'a peu. Malebranche et surtout Fénelon, dans leur rigueur moindre et leur marche plus flottante, en eurent sans doute quelque chose ; cependant il faut avouer qu'en général les écrivains chrétiens, dans les matières théologiques ou métaphysiques, y reviennent malaisément. Entre tant de divinités charmantes et coupables que le Christianisme a détrônées et qu'il n'a pas toutes anéanties, il en est une qu'il a bien décidément immolée et qui tenait à l'âge premier du monde, à l'allégresse facile des esprits, c'est un certain éclat naturel et riant, c'est *Aglaé*, la plus jeune des Grâces[1].

---

1. *Aglaé* signifie *splendeur*, « qu'il faut entendre, dit un vieil auteur, pour cette grâce d'entendement qui consiste au *lustre* de vérité et de vertu. »

X

Examen du fond. — Quelques citations inexactes. — Filliucius, sur l'exemption du jeûne. — Procédé de Pascal en citant. — Réponses des Jésuites en partie fondées. — Page émue du Père Daniel. — Pascal a pourtant raison ; comment cela. — Les Jésuites *Gouvernement* ; machiavélisme. — Escobar pris comme *verre grossissant*. — Coup d'œil sur les débuts de la Société. — Saint Ignace et saint François-Xavier selon le Père Bouhours. — Esprit *jésuitique* ; — une fois connu, à jamais reconnaissable. — Colère généreuse.

Voilà pour la forme, il faut aborder le fond. Si Pascal, dans cette portion des *Provinciales*, semble renouveler le tour des Dialogues socratiques, il ne les rappelle pas moins pour le but et l'effet. Il fait l'office d'un véritable Socrate chrétien, rétablissant et vengeant l'exacte morale à la honte des Casuistes, de ces modernes sophistes qui la falsifient.

Je sais tout ce qui a été dit pour atténuer, pour parer après coup les traits de Pascal, ou, faute d'y réussir, pour mettre sur le compte d'une calomnie envenimée les incurables blessures qu'il avait faites. Un Ordre comme celui des Jésuites ne meurt pas (car je le maintiens mort et je dirai bientôt comment) sans susciter tôt ou tard des espèces de vengeurs, sans jeter du moins force poussière à son ennemi. Eux donc ou leurs ayants cause, ils ont, dès le temps des *Provinciales* et depuis à diverses reprises, essayé de répondre. Ils ont relevé çà et là quelque texte inexact, quelque traduction de passage un peu plus arrangée et plus aiguisée qu'il ne faudrait, et on ne doit pas dissimuler qu'ils en ont eu à montrer plus d'un exemple. Je ne veux pas faire grâce ici du plus notable, et dès l'abord, pour preuve d'impartialité, je l'étalerai tout au long.

On se rappelle l'endroit de la cinquième *Provinciale*, au moment où l'auteur s'égaye le plus sur les jolies questions d'Escobar :

« Voyez, dit-il (le bon Père), voyez encore ce trait de Filliucius, qui est un de ces vingt-quatre Jésuites : *Celui qui s'est fatigué à quelque chose, comme à poursuivre une fille, est-il obligé de jeûner? Nullement. Mais s'il s'est fatigué exprès pour être par là dispensé du jeûne, y sera-t-il tenu ? Encore qu'il ait eu ce dessein formé, il n'y sera point obligé.* Eh bien ! l'eussiez-vous cru? me dit-il. — En vérité, mon Père, lui dis-je, je ne le crois pas bien encore.... »

Pascal nous a avertis qu'il n'avait point porté ses *tablettes* avec lui à cette première visite ; s'il les avait eues, il aurait sans doute cité plus exactement le passage, qu'il n'a rendu si gai qu'en le tronquant. Si on se procure en effet le gros traité latin in-folio des *Questions morales* (*Moralium Quæstionum de Christianis Officiis et Casibus Conscientiæ*...) de l'honnête Filliucius, on finit par trouver, au milieu d'une suite nombreuse de cas qui y sont successivement examinés, celui-ci, qui, au premier abord, n'a rien de bien divertissant. C'est au tome second, traité XXVII, partie II, chap. VI, 123. Il me faut citer le texte même dans sa lourdeur authentique, car la première infidélité de Pascal est de l'avoir rendu leste et plaisant :

« Dices secundo, an qui malo fine laboraret ut ad aliquem occidendum vel ad insequendam amicam, vel quid simile, teneretur ad jejunium. Respondeo talem peccaturum quidem ex malo fine, at sequuta defatigatione excusaretur a jejunio (*et il cite comme autorité Médina, puis il continue*) ; nisi fieret in fraudem, secundum aliquos ; sed melius alii, culpam quidem esse in apponenda causa fractionis jejunii, at, ea posita, excusari a jejunio. »

« Tu demanderas si celui qui se fatiguerait pour une mauvaise fin, comme qui dirait pour tuer son ennemi ou pour poursuivre sa maîtresse, ou pour toute autre chose de ce genre, serait obligé au jeûne. Je réponds que celui-là aurait péché, en tant qu'il aurait poursuivi une fin criminelle, mais que, s'étant mis une fois hors d'état à force de fatigue, il serait exempt du jeûne. — A moins toutefois, disent quelques-uns, qu'il n'y ait mis une intention de fraude (l'intention de s'exempter). — Pourtant d'autres pensent plus justement que le péché consiste à s'être procuré une raison de rompre le jeûne, mais que, cette raison une fois produite, on est exempt du jeûne. »

Wendrock (Nicole) a beau s'évertuer pour nous démontrer que Montalte a bien cité : quoi, se peut-il, monsieur Nicole, que vous soyez d'une morale si relâchée en matière de citations ? La différence de ce texte avec celui de Pascal saute aux yeux en effet; l'honnête Pénitencier Filliucius, écrivant pour les gens du métier, ne tranche pas la question de ce ton cavalier qu'on lui prête : il n'absout pas d'emblée et indistinctement le libertin ; il ne dit pas, en un mot, ce qu'on lui fait dire. On peut trouver subtiles les distinctions qu'il se pose, on peut se demander s'il y a lieu de mettre l'infraction du jeûne un seul moment en balance avec les actes illicites qui sont mentionnés tout à côté ; mais prenez garde ! ces questions-là, si vous les poussez, atteignent aisément la Confession elle-même : si vous restez au point de vue catholique, si vous admettez la juridiction de ce tribunal institué pour tout entendre en secret, même les plus misérables et les plus contradictoires aveux, si vous vous souvenez qu'il s'y présentait souvent des pénitents bien étranges, comme Louis XI, par exemple, ou Philippe II, ou Henri III (je parle des plus connus), pour qui c'était une affaire sérieuse de jeûner le lendemain d'un meurtre ou d'une course libertine, vous trouverez moins étranges les précautions et distinctions que Filliucius prescrivait à la date de 1626, et qu'on retrouverait plus ou moins chez les autres Casuistes de ce temps.

Le Père Daniel a fort insisté encore [1] sur un passage du Père Bauny, également cité dans la Lettre cinquième et qui l'est en termes peu exacts. Cette cinquième Provinciale fut faite un peu vite, et l'on conçoit maintenant qu'au commencement de la suivante, Pascal, avant d'entamer le récit de sa seconde visite, ait dit qu'il le ferait *plus exactement* que l'autre. Il y avait eu des réclamations dans l'intervalle, des avertissements venus sans doute de ses amis mêmes, et il se tint plus en garde désormais. Quand le Père Annat, dans son Écrit intitulé : *La Bonne Foi des Jansénistes en la Citation des Auteurs* (décembre 1656), se mit en devoir de dénoncer les infidélités des dernières Lettres publiées depuis Pâques, il ne put y relever que des inexactitudes de détail, assez réelles sans doute si on prend soi-même des lunettes de casuiste, mais de peu d'importance quant au fond des choses et quant à la suite du raisonnement : somme toute, Lessius, défendu par le Père Annat, gagne peu à être examiné de plus près.

Pascal, comme tous les gens d'esprit qui citent, tire légèrement à lui; il dégage l'opinion de l'adversaire plus nettement qu'elle ne se lirait dans le texte complet; par-

---

1. *Entretiens de Cléandre et d'Eudoxe*, suite du V° Entretien.

fois il *arrache quatre mots*[1] de tout un passage, quand cela lui va et sert à ses fins ; il aide volontiers à la lettre ; enfin, dans cette ambiguïté d'autorités et de décisions, il lui arrive par moments aussi de se méprendre. C'est là tout ce qu'on peut dire, sans avoir droit de mettre en doute sa sincérité. Ajoutons qu'il y a de l'homme du monde encore et de l'homme naturel dans le dégoût avec lequel il touche ces matières si bien étiquetées par d'autres ; cela le mène à brusquer plus d'un cas, et à passer outre à des distinctions subtiles qui n'existent pas pour lui.

On a essayé de lui répondre sur quelques articles plus généraux, et ici, comme sur le chapitre des citations, je ne dissimulerai rien. Le Père Étienne De Champs publia en 1659 un petit livre en latin intitulé : *Quæstio facti*, dans lequel il examine si la fameuse doctrine de la *Probabilité* est particulière aux Jésuites, si elle n'est pas très-antérieure à eux, si elle n'a pas été dans un temps celle de toutes les écoles et de tous les Ordres ; il soutient même que cette doctrine de la Probabilité, reçue sans contestation de tous les théologiens, n'a été pour la première fois attaquée que par un Jésuite, Paul Comitolus ou *Comitolo*, dont Wendrock (Nicole) aurait largement profité sans lui en faire honneur[2]. Cette dissertation du Père De Champs, toute composée de textes, sans déclamation, aurait pu faire de l'effet si l'affaire s'était jugée au pays latin entre professeurs de Navarre et de Sorbonne ; mais on ne la lut pas. Le Père Daniel, bien plus tard, et beaucoup trop tard, eut une idée assez ingénieuse : pour prouver que Pascal aurait pu, s'il l'avait voulu, imputer à tout autre Ordre, aux Dominicains par

---

1. Expression du Père Annat, qui rend bien le procédé impérieux dont se plaignait le bonhomme.
2. Ce Comitolus est cité dans la dixième Provinciale, mais sans être mis en relief.

exemple, tout aussi bien qu'aux Jésuites, la doctrine de la Probabilité, il s'amusa à substituer, dans la cinquième Provinciale, des noms et des extraits d'auteurs dominicains à ceux des auteurs jésuites; il y a suffisamment réussi[1]. Pourquoi s'être allé prendre aux Jésuites, entre tant d'autres, d'une doctrine qui ne leur appartient pas en propre et qui n'est pas de leur invention? Voilà le fond de toutes ces apologies. Je les ai lues et j'y trouve du vrai. C'est ainsi encore que ces Pères ont produit des textes de plus de trente de leurs auteurs qui, avant la condamnation par le pape Innocent XI des *Soixante-cinq Propositions* (1679), s'étaient prononcés pour *la nécessité de l'amour de Dieu dans la pénitence,* pour cet amour filial et tendre dont leurs courroucés adversaires les accusaient de se passer. Ils n'ont pas trouvé un moins grand nombre de textes à fournir contre ce qu'on a bizarrement appelé *le Péché philosophique* (entendez-le cette fois sans aucune malice), une espèce de péché à la manière des Païens, qui se commet par ignorance et oubli de la Loi divine, en infraction aux seules lumières de la raison naturelle, et pour lequel certains de leurs Casuistes s'étaient montrés assez coulants. Je sais toutes ces choses, et j'en pourrais ajouter d'autres dans le même sens, n'était la peur de paraître tomber dans le dossier. Qui ne reconnaîtrait aujourd'hui que ces facéties badines, ces jolies gaietés de la neuvième Provinciale sur la dévotion galante des Pères Barry et Le Moine, et sur les gracieusetés du premier envers la bonne Vierge, s'attaquent bien moins en réalité à la théologie elle-même qu'à un reste de mauvais goût en belle humeur dont le digne évêque de Belley, tout à côté de saint François de Sales, nous a offert maint exemple? Pascal,

---

1. *Recueil de divers Ouvrages* du Père Daniel, tome II, page 372, *Lettre au Père Serry.*

à ces endroits-là, fait de la critique littéraire sans en avoir l'air. L'historiette de cette femme qui, pratiquant tous les jours la dévotion de saluer les images de la Vierge, vécut toute sa vie en péché mortel et fut pourtant sauvée (car *Notre-Seigneur la fit ressusciter exprès*), loin d'être particulière au pauvre Jésuite, n'est qu'une transformation et une transmission dernière de quelque vieux Conte dévot du Moyen-Age, qu'on peut retrouver à sa source chez Barbazan ou chez Le Grand d'Aussy [1]. On a fait remarquer, non sans raison, que ces Casuistes, jésuites ou non, autrefois célèbres, choquaient si peu de leur temps et différaient si peu, par le relâchement, des autres théologiens d'alentour, que saint Charles Borromée, le réformateur, dans un petit traité adressé *aux Confesseurs et Curés de son diocèse*, n'a pas craint de leur recommander d'avoir continuellement entre les mains, pour se guider dans les rencontres difficiles, quelques-uns de ces bons et classiques auteurs de cas de conscience. On a encore produit une lettre d'éloges adressée par saint François de Sales à Lessius, et un passage de ses *Avertissements aux Confesseurs* où il loue et recommande comme très-utile le Père Valère Réginald, l'un des plus maltraités par Pascal. L'espèce de concert surtout qui tendrait à corrompre la morale, cet esprit de gouvernement et de corps qui irait à ruiner insensiblement l'Évangile, et à y substituer une inspiration toute de politique, de ruse et de vanité, ces odieux desseins ont été niés avec énergie, et le sentiment de l'injure a plus d'une fois arraché des plaintes sincères dont je ne veux pas affaiblir ici l'accent.

Le Père Daniel n'est certes pas un écrivain, mais il a su atteindre à une sorte d'éloquence qui naît des

---

[1]. Voir dans les *Fabliaux* de Le Grand d'Aussy celui de *la Sacristine* avec l'indication des variantes; tome V, page 82, édit. de 1829.

choses, dans la page suivante que peu de personnes iraient chercher dans son volume, et qu'aucun lecteur équitable ne me reprochera d'insérer ici :

« ... On en voit, dit-il de ses confrères, quelques-uns à la Cour en crédit, en réputation, respectés, applaudis, honorés de la bienveillance ou de la confiance des Princes, tandis qu'un très-grand nombre meurent de froid et de faim dans les forêts du Canada ; d'autres vont ruiner, de gaieté de cœur, leur santé pour le reste de leur vie dans les îles de l'Amérique Méridionale, où, de trente qui y passeront, il ne s'en trouvera pas deux qui ne succombent avec le temps à la malignité de l'air ; sans parler des gibets de l'Angleterre, des feux et des fosses du Japon, qui ont été le partage d'un grand nombre de leurs missionnaires. Car on le dit nettement et on l'imprime publiquement, que les Jésuites qui sont en ces pays-là ne valent pas mieux que ceux de France. Qu'on dise tant qu'on voudra qu'ils trafiquent et qu'ils s'enrichissent dans ces pays éloignés : ce seroit mettre un peu trop au commerce ; et je ne sache guère de marchands qui voulussent l'être à ce prix. Ces bons Pères iront donc se faire rôtir et manger tout vivants par les Iroquois, passer les hivers dans les bois avec les Sauvages, sans autre retraite qu'une cabane d'écorce, où la fumée aveugle et étouffe ceux qui s'y mettent à l'abri du froid ; et cela pour avoir l'honneur d'établir partout la Morale relâchée, d'étendre la gloire de leur Société, et pour donner lieu aux prédicateurs, qu'on prie quelquefois de prêcher le jour de saint Ignace, de faire compliment aux Jésuites de Paris sur leur zèle, sur leurs fonctions et sur leurs travaux apostoliques ? Si cela est, je ne désespère pas qu'on ne voie naître un jour quelque Société de brigands qui, s'unissant tous dans le dessein de voler, de piller, de tuer, conviendront ensemble que quelques-uns d'entre eux jouiront paisiblement du butin et du fruit des fatigues des autres, sans jamais s'exposer à aucun péril ; et que ceux-ci, après avoir bien volé et bien pillé, sans tirer nul profit de leur peine, se feront pendre et rompre tout vifs sur les échafauds, uniquement pour l'intérêt et pour la sûreté de leurs compagnons [1]. »

---

1. *Entretiens de Cléandre et d'Eudoxe*, IIe Entretien.

Je sais tout cela, et, comme on le voit, j'en tiens compte ; et pourtant j'estime que Pascal a frappé juste dans l'ensemble de ses coups. Force est donc que je m'explique sur l'idée même que j'ai de la Société de Jésus.

Toutes les exceptions d'abord qu'on doit faire quand on parle de cette Société, tous les respects qu'il faut réserver à de grands services rendus et à des hommes recommandables par les talents comme par les vertus, ne sont pas ici une précaution dans ma bouche, mais une justice. Personne n'admire plus que je ne fais les héroïques travaux des Jésuites comme missionnaires, leurs beaux travaux comme savants, les Jésuites du Canada et ceux de la Chine ; personne ne les goûte davantage comme gens d'esprit et de savoir au Collége Louis-le-Grand ou à Trévoux ; et je ne ferai pas au *Journal de Trévoux*, par exemple, l'injure de lui comparer les *Nouvelles ecclésiastiques*, cette triste feuille janséniste, dans laquelle, durant tout le dix-huitième siècle, il ne se rencontre pas une seule étincelle de talent, pas une seule lueur d'impartialité. Honneur donc aux Jésuites missionnaires comme Charlevoix, missionnaires et doctes comme Prémare, aux Jésuites érudits comme Sirmond, Hardouin ou Petau ! Qui n'aurait aimé à connaître et à pratiquer Bouhours, Rapin, Commire, Jouvancy, de La Rue, Sanadon, Buffier, Bougeant, Tournemine, Du Cerceau, Le Jay ou Porée[1] ? Dans leurs colléges encore

---

1. Ou un peu plus tard, aux années du bannissement et de l'exil, le curieux et intéressant Griffet, cher au prince de Ligne ; ou ce Père Desbillons, de qui je lis (dans le *Clément XIII et Clément XIV* de M. de Ravignan) une touchante lettre datée de Manheim et qu'il adressait à son frère en France, lettre pleine d'une soumission triste et douce, d'une douleur corrigée d'aménité, et qui fait qu'on se demande comment les hommes peuvent être si cruels envers les hommes : mais c'est qu'aussi les Corps, les Ordres tout entiers, quand ils étaient les maîtres, ont abusé.

aujourd'hui, dans ces maisons peu sombres où on lit au fronton quelqu'une de ces inscriptions engageantes[1] :

DOMINO

MUSISQUE SACRUM

(toujours le mélange du dévot et du fleuri), la jeunesse est heureuse; on se plaît à leurs leçons, assaisonnées d'une certaine politesse et tempérées de soins affectueux. On ne les quitte qu'en leur disant comme M. de Lamartine, dans ses Adieux au Collége de Belley :

Aimables Sectateurs d'une aimable sagesse,
Bientôt je ne vous verrai plus.

Quiconque a passé par eux, comme l'abbé Prévost ou même Voltaire, leur demeure reconnaissant à toujours. Ils sont le plus souvent encore d'aimables gens à les prendre un à un, d'honnêtes gens à travers toute leur finesse; ils ont été, ils ont eu autrefois des hommes d'érudition vaste, de dévouement héroïque. Ce triple respect sincèrement payé, si l'on en vient à l'ensemble de la conduite et de l'influence, il faut que le ton change. Les individus peuvent être généralement bons, c'est le Corps et l'esprit de ce Corps qui est détestable[2]. Le Père Daniel nous dit : « La politique des Jésuites (telle que Pascal la leur reproche) est une chimère; le système de Pascal n'est pas vraisemblable : si les Jésuites ont corrompu la morale, ce n'a point été de concert les uns avec les autres. » De concert médité et comme par mot d'ordre, certes non; mais par un petit souffle insensible

1. Par exemple, à Fribourg.
2. « Chaque Jésuite était aimable, morigéné, utile, et toute la Société, qui n'était pourtant que la masse des individus, était odieuse, corrompue dans la morale, pernicieuse. Que d'autres expliquent cet étrange phénomène; pour moi je m'y perds. » (L'abbé Galiani, Lettres à madame d'Épinay, t. II, p. 178.)

qui se respirait dans la Société, *tepidus et lenis*, assurément oui. Pascal lui-même, dans ce début de la cinquième Lettre, où, par la bouche de son Janséniste, il redevient chrétien sérieux, de railleur qu'il était et qu'il va être encore, Pascal reconnaît le système de corruption dans sa juste mesure :

« *Sachez donc que leur objet n'est pas de corrompre les mœurs, ce n'est pas leur dessein; mais ils n'ont pas aussi pour unique but celui de les réformer :* ce seroit une mauvaise politique. Voici quelle est leur pensée. Ils ont assez bonne opinion d'eux-mêmes pour croire qu'il est utile et comme nécessaire au bien de la Religion que leur crédit s'étende partout, et qu'ils gouvernent toutes les consciences. Et parce que les maximes évangéliques et sévères sont propres pour gouverner quelques sortes de personnes, ils s'en servent dans ces occasions où elles leur sont favorables. Mais, comme ces mêmes maximes ne s'accordent pas au dessein de la plupart des gens, ils les laissent à l'égard de ceux-là, afin d'avoir de quoi satisfaire tout le monde. »

A cette fin de phrase qui est trop précise, je voudrais substituer comme vérité moins piquante : « Ils se servent volontiers des maximes évangéliques sévères et qu'eux-mêmes pratiquent le plus qu'ils peuvent, lorsque ces maximes ont prise sur les personnes ; mais, si ces maximes ne prennent pas, et pour ne point aliéner d'eux-mêmes et de la religion avec laquelle ils s'identifient ces personnes qu'ils dirigent, ils se prêtent à toutes sortes de satisfactions bénignes, qu'ils justifient ensuite par des sophismes. »

On peut donc démontrer tant qu'on le voudra que bien avant 1540, époque de la fondation de la Société, et depuis, la Théologie entière était infectée du Casuisme, du Probabilisme ; que des Dominicains, des Franciscains, des Universités, même celle de Louvain, des docteurs, même de Sorbonne, et en dernier lieu le fameux trio classique, *Gamache, Isambert* et *Du Val*[1], n'avaient pas cessé de professer cette mauvaise scolastique dans la morale : les Jésuites seuls ont payé pour tous, et ils l'ont, en un certain sens, mérité. Ce que les autres suivaient par routine et isolément, eux ils l'ont rajeuni à leur usage et y ont remis un vif esprit d'intention. En se mêlant activement à la politique et aux affaires du monde, en cherchant l'oreille ou le cœur des rois (j'entends le *cœur* au moral et sans épigramme), ils ont introduit l'adresse humaine sous l'Évangile, et installé le machiavélisme à l'ombre de la Croix. Pascal savait de leur conduite mille traits, mais épars, mais trop présents, mais impossibles à dénoncer ou à démontrer devant le monde d'alors, dont c'étaient trop les procédés et la couleur : qu'a-t-il fait? il a rejeté, pour la rendre plus sensible, son accusation dans le passé. Cette théologie d'Escobar, ce livre des *vingt-quatre vieillards* et des *quatre animaux*, a été entre ses mains comme un verre concentrant et grossissant qui montrait à distance convenable, et sous forme de théorie distincte, ce qui était délié et disséminé dans la morale courante des Jésuites du jour; et à l'instant chacun s'est récrié. — Mais ce livre était à peu près inconnu, dira-t-on, et avant lui, à moins d'être du métier et de la robe, on ne le lisait guère; il a été le déterrer de l'oubli, de la poussière des écoles. — Oui, mais ils ne peuvent s'en plaindre; car ce livre, une fois en circulation, a été un équivalent commode, appréciable et juste, un signe *représentatif* pour tous de cette multitude d'actes et de ruses qui fuyaient dans le présent, ou que du moins on ne pouvait faire toucher du doigt avec évidence. Si, pour convaincre leur fausse

---

1. On les cite volontiers ensemble : ainsi Boileau dans son Épitre sur *l'Amour de Dieu* :

> Faut-il avoir reçu le bonnet doctoral,
> Avoir extrait Gamache, Isambert et Du Val?

monnaie du jour qui était mieux blanchie, on est allé chercher une ancienne fausse monnaie (et pas déjà si ancienne) qu'on avait négligée et dont le mauvais aloi devait sauter aux yeux, ç'a été de bonne guerre; c'est chez eux et dans leur poche de derrière qu'on l'a trouvée.

A quelle époque commença précisément cette mauvaise marche envahissante et tortueuse des Jésuites? La faut-il fixer tout directement à leur naissance, dès leur premier Général et fondateur Ignace de Loyola[1]? Une histoire impartiale et précise serait à faire, et il ne m'appartient pas de l'entamer ici. Mais à ouvrir simplement la Vie de saint Ignace et celle de saint François-Xavier, comme je les trouve écrites par un des Jésuites les plus spirituels du dix-septième siècle, par celui que ses confrères se plaisaient le plus ordinairement à opposer à Pascal pour le piquant et la politesse, le Père Bouhours, je ne puis m'empêcher d'y relever, entre autres, quelques passages caractéristiques, qui jurent avec la saine et mâle idée du Christianisme, telle que nous avons été accoutumés à la voir apparaître chez nos amis. Trois ou quatre de ces traits saillants suffiront à faire mesurer la distance.

S'agit-il de la vénération qu'avaient pour Ignace, encore vivant, les premiers compagnons de ses travaux, Bouhours dira :

---

1. Pascal paraît croire à une décadence assez récente, lorsque dans sa treizième Lettre, à propos des diversités de décisions, il dit : «... C'est donc cette variété qui vous confond davantage. L'uniformité seroit plus supportable, et il n'y a rien de plus contraire aux ordres exprès de Saint Ignace et de vos premiers Généraux, que ce mélange confus de toutes sortes d'opinions. Je vous en parlerai peut-être quelque jour, mes Pères, et on sera surpris de voir *combien vous êtes déchus du premier esprit de votre Institut*, et que vos propres Généraux ont prévu que le déréglement de votre doctrine dans la morale pourroit être funeste non-seulement à votre Société, mais encore à l'Église universelle. »

« Mais l'Apôtre des Indes et du Japon, François-Xavier, sembloit être celui qui l'estimoit et qui le respectoit davantage. *Il lui écrivoit ordinairement à genoux;* il l'appeloit le Père de son âme, et une fois il lui adressa une lettre en ces termes : *A mon Père en Jésus-Christ,* SAINT *Ignace....* Au milieu des dangers où il se trouvoit sur terre et sur mer, il imploroit le secours du Ciel par les mérites du *saint* homme Ignace. Enfin il portoit dans un reliquaire la signature d'une de ses lettres avec une relique de l'Apôtre des Indes, saint Thomas. »

Nous avons vu à Port-Royal les Directeurs bien honorés et placés bien haut, mais rien de cet *agenouillement,* rien de cette sorte de bassesse superstitieuse à l'égard de l'homme ; le tout était bien plus rapporté en droiture à Dieu et au Christ. Lancelot parlant de M. de Saint-Cyran, et Fontaine de M. de Saci, ne séparent jamais leurs noms vénérés de cette qualification de *Monsieur*, qui est le seul titre en usage à Port-Royal, et qui constitue comme le signe respectueux de la personne humaine. Quand le Jansénisme du dix-huitième siècle en vint aux reliquaires et aux calendriers tout remplis des saints de sa façon, Port-Royal avait péri, et l'on était tombé déjà dans l'ignominie des Convulsions.

Si l'on combine cette dévotion au Supérieur, superstitieuse et absolue, qui est inhérente aux Jésuites, avec l'ambition du chef, qui se croit sainte et qui ne connaît pas de limites, on atteindra le ressort de la Société dès sa naissance : double principe uni qui se perpétuera, *obéissance absolue* au dedans, *ambition absolue* au dehors.

Ignace, au lit de mort, dictait pour dernières volontés ces fameuses Règles, qui ont imprimé le suprême cachet à son Ordre :

« 1º Dès que je serai entré en Religion, mon premier soin sera de m'abandonner entièrement à la conduite de mon Supérieur.

« 2º Il seroit à souhaiter que je tombasse entre les mains

d'un Supérieur qui entreprit de dompter mon jugement, et qui s'y attachât tout à fait.

« 3° Dans toutes les choses où il n'y a point de péché, il faut que je suive le jugement de mon Supérieur et non pas le mien.

« 4° Il y a trois manières d'obéir : la première, quand nous faisons ce qu'on nous commande en vertu de l'obéissance, et cette manière est bonne ; la seconde, qui est meilleure, quand nous obéissons sur un simple mot ; la troisième, et la plus parfaite de toutes, quand nous n'attendons pas l'ordre du Supérieur, mais que nous prévenons et que nous devinons sa volonté.

« 5° Il me faut obéir indifféremment à toutes sortes de Supérieurs, sans distinguer le premier d'avec le second, ni même d'avec le dernier ; mais je dois regarder en tous également Notre-Seigneur, dont ils tiennent tous la place, et me souvenir que l'autorité se communique au dernier par ceux qui sont au-dessus de lui.

« 6° Si le Supérieur juge que ce qu'il me commande est bon, et que je croie ne pouvoir obéir sans offenser Dieu ; à moins que cela ne me soit évident, il faudra que j'obéisse. Si néanmoins j'y ai de la peine par quelque scrupule, je consulterai deux ou trois personnes de bon sens, et je m'en tiendrai à ce qu'elles me diront : que si je ne me rends pas après cela, je suis bien éloigné de la perfection que l'excellence de l'état religieux demande.

« 7° Enfin je ne dois point être à moi, mais à mon Créateur, et à celui sous la conduite duquel il m'a mis. Je dois être entre les mains de mon Supérieur comme une cire molle qui prend la forme qu'on veut, et faire tout ce qu'il lui plaît, par exemple, écrire des lettres ou n'en écrire point, parler à une personne ou ne lui parler pas, et autres choses semblables.

« 8° Je dois me regarder comme un corps mort, qui n'a de lui-même aucun mouvement, et comme le bâton dont se sert un vieillard, qu'il prend ou qu'il quitte selon sa commodité ; en sorte que la Religion se serve de moi, suivant qu'elle jugera que je lui suis utile[1]... »

---

1. Le texte est encore plus énergique dans Ribadeneira (*Vita Ignatii*, lib. V, cap. IV). — Pour se faire une juste et impartiale idée

Voilà pour l'obéissance; voici pour l'ambition : la

des Principes de la Société de Jésus en son meilleur temps, il est bon de lire le traité de l'un de ses plus recommandables membres, le Père Alphonse Rodriguez, sur les *Exercices de la Vertu et de la Perfection chrétienne*. Ce Père Rodriguez, Espagnol, mourut en 1616, à quatre-vingt-dix ans, après en avoir passé quarante à enseigner, comme maître des novices, les choses spirituelles. Il existe de son curieux livre une traduction attribuée à *Messieurs de Port-Royal* (1673). Cela surprend au premier regard, et il y aurait bien en effet quelque chose à dire sur la désignation adoptée par les bibliographes. Si M. Varet a mis la main à cette traduction, comme on l'a avancé, les Relations jansénistes qui entrent dans les moindres détails sur la vie et les ouvrages de ce digne ami se gardent bien de nous en avertir. Quoi qu'il en soit, le livre du Père Rodriguez présente l'exposé fidèle et idéal des principes de la Société dans sa rigueur primitive. Au milieu d'une quantité de choses fort élevées et d'une spiritualité très-vive, on y voit se dessiner l'obéissance *passive absolue*, telle qu'Ignace la voulut imposer comme caractère *spécial* de son ordre. Il y a de ce grand fondateur une belle prière : « Recevez, Seigneur, ma liberté tout entière, recevez ma mémoire, mon entendement et toute ma volonté : donnez-moi seulement votre amour et votre grâce ; je serai assez riche et je ne vous demanderai rien davantage. » Si saint Ignace n'avait fait que cette prière, il n'y aurait qu'à s'incliner devant sa ferveur ; mais dans la pratique et dans l'organisation il a tout aussitôt rabaissé son vœu, il a transféré la totalité du pouvoir, de Dieu aux hommes, et il a poussé les images du *corps mort* et du *bâton* jusqu'à leurs extrêmes conséquences. C'est lui qui disait que, si le Pape lui commandait de s'en aller droit au port d'Ostie, et de traverser la mer *sur le premier vaisseau qu'il trouverait, sans mât, sans voile, sans gouvernail, sans rien de ce qu'il faut pour la navigation et même sans vivres*, il le ferait à l'instant, non-seulement sans trouble, mais avec joie et allégresse. Et ce que, lui Général, il dit là qu'il fera sur un mot du Pape, chaque membre de l'Ordre le devra faire sur un mot, sur un signe de son Supérieur immédiat. Quelle formidable milice, dira-t-on, et quelle intrépidité chevaleresque en celui de qui elle est sortie! Mais aussi quelle abdication de soi-même à tous les degrés! et qu'on pense où l'on peut aller avec cette entière et absolue suppression de l'intelligence dans l'exécution de ce qui est commandé! (Voir Rodriguez, partie III, traité v, chap. 6, 7, 8.) — Obéissance *aveugle* de tous au Général et du Général au Pape, la Constitution de l'Ordre des Jésuites est le plus grand acte de foi qui ait jamais été fait à l'infaillibilité d'un homme.

terre entière paraît, du premier jour, une conquête naturelle à Ignace. Il n'a que dix compagnons, et déjà il se la partage. L'Europe lui est trop étroite; il pense déjà aux Indes. Ce n'est pas une sorte d'admiration que je refuserai à un tel essor de cœur; mais j'y vois avant tout la soif d'un conquérant, qui perce jusque dans le zèle du Chrétien :

« Ignace, dit Bouhours, *qui ne se proposoit pas moins que de réformer toute la terre...*, Ignace, voyant Bobadilla hors d'état de se mettre en chemin, pensa devant Dieu à remplir sa place, ou plutôt à choisir celui que Dieu même avoit élu. Un rayon céleste l'éclaira d'abord, et lui fit connoître que François-Xavier étoit ce vaisseau d'élection. Il l'appelle au même moment, et tout rempli de l'esprit divin : « Xavier, lui dit-il, j'avois nommé Bobadilla pour les Indes ; mais le Ciel vous nomme aujourd'hui, et je vous l'annonce de la part du Vicaire de Jésus-Christ. Recevez l'emploi dont Sa Sainteté vous charge par ma bouche, comme si Jésus-Christ vous le présentoit lui-même, et réjouissez-vous d'y trouver de quoi satisfaire ce désir ardent que nous avions de porter la foi au delà des mers. Ce n'est pas ici seulement la Palestine, ni une province de l'Asie : ce sont des terres immenses et des royaumes innombrables; c'est un monde entier. Il n'y a qu'un champ si vaste qui soit digne de votre courage et de votre zèle. Allez, mon Frère, où la voix de Dieu vous appelle, où le Saint-Siége vous envoie, et embrasez tout du feu qui vous brûle. »

Candeur héroïque, foi éblouissante, tant qu'on le voudra; mais aussi quel envahissement accéléré! Voltaire s'est moqué du rapprochement qu'on a fait des noms de Xavier et d'Alexandre; c'est bien au moins Fernand Cortès que cet ordre d'exploits fabuleux rappelle. Opposez maintenant une telle démarche à ces délais volontaires, à ces siéges obstinés de nos directeurs de Port-Royal autour d'une seule âme. On a nettement en regard le procédé d'Ignace et celui de Saint-Cyran. Le premier embrasse des espaces, l'autre s'attaque au fond; l'un ressemble à ces conquérants empressés qui sont obligés en courant de se payer d'une soumission extérieure, l'autre ramasse toute sa force sous l'œil de Celui qui régénère.

Xavier part le 15 mars 1540, *sans autre équipage que son Bréviaire;* car c'est le *Bréviaire* plutôt que l'Écriture même. On sait la suite : du dévouement, de la charité, de l'héroïsme encore un coup, mais une rapidité incroyable à baptiser, à croire au christianisme subit des néophytes; et des superstitions, des crédulités telles, que je ne puis que laisser à Bouhours le courage de nous les dire; ce qu'il fait, au reste, bien lestement :

« Dieu, raconte-t-il en un endroit, rendit alors au Père Xavier le don des langues qui lui avoit été donné dans les Indes en plusieurs occasions ; car, sans avoir jamais appris la langue chinoise, il prêchoit tous les matins en chinois aux marchands de la Chine qui trafiquoient à Amanguchi, et qui y étoient en grand nombre. Il prêchoit l'après-dîner aux Japonois en leur langue, mais si facilement et si naturellement qu'à l'entendre on ne l'auroit pas pris pour un étranger. »

Nous avons des superstitions à Port-Royal; nous allons avoir le miracle de la Sainte Épine; nous avons le miracle de la *farine* et autres par trop impatientants : mais y a-t-il exemple d'une telle familiarité, d'un tel sans façon en fait de miracles? C'est déjà un résultat étrange et caractéristique du régime de la Société, que de telles choses aient pu courir de ce ton de légèreté sous la plume d'un confrère d'autant d'esprit, intéressé à ne rien outrer, à ne rien trahir, en un temps où la critique déjà s'introduisait dans l'histoire ecclésiastique, à la veille de l'abbé Fleury, et comme entre Launoi et Tillemont.

o Si donc la Société de Jésus sur ces trois points, *obéissance, ambition* et *foi à l'aveugle*, se montre telle qu'on vient de l'entrevoir dans la première pureté de sa formation, que sera-ce dès que l'esprit mondain et politique, cet esprit *confesseur des rois*, l'aura en tous sens pénétrée, et sera le moteur de ces puissants ressorts toujours subsistants ? Au reste, pour le reconnaître vrai, cet esprit dénoncé et décrit par Pascal, cet esprit caressant, câlin, énervant, qui tente toujours et chatouille à l'endroit de l'intérêt, cet esprit diabolique et calomniateur, et qui en même temps ne sait pas haïr d'une haine honnête et vigoureuse[1]; qui est toujours prêt à vous flatter si vous revenez, comme ce bon Père de la cinquième Provinciale (*il me fit d'abord mille caresses, car il m'aime toujours*); qui vous offre toutes les facilités et toutes les dispenses, mais seulement si vous lui donnez des gages et si vous êtes à lui[2]; esprit adultère de l'Évangile; tout

---

1. Quelquefois dans les procès de l'Inquisition, entre deux tortures, après l'horrible description, on ajoute que les juges se sont adressés à la victime avec *bénignité : benigne allocuti sunt*, disent les Procès-verbaux. Voilà encore de ces traits naïfs qui gravent la physionomie de l'esprit *jésuitique*, de celui du moins auquel les Jésuites ont eu le malheur de donner leur nom, et qui le garde même quand il est mis en pratique par d'autres que par eux. Ils en ont été *les parrains, sinon les pères*, a très-bien dit M. Vinet.

2. Un Jésuite mathématicien du Collége de ces Pères à Rome disait à un ami de Galilée, alors prisonnier de l'Inquisition, ces propres paroles : « Que ne se tenait-il bien avec nous, avec nos Pères, il vivrait glorieux et honoré, et il aurait pu écrire comme il l'aurait entendu sur toute espèce de sujet, voire même sur le mouvement de la terre : *Se il Galileo si avesse saputo mantenere l'affetto dei Padri di questo collegio, viverebbe glorioso al mondo e non sarebbe stato nulla delle sue disgrazie, e avrebbe potuto scrivere ad arbitrio suo di ogni materia, dico anco del moto della terra...* » (Voir la lettre de Galilée tirée des manuscrits de Peiresc, et publiée au tome IV de l'*Histoire des Sciences...* de M. Libri, page 480.) Ce passage ruine directement une des dénégations dont l'abbé Dumas se croyait le plus sûr, celle qu'il intitule ixe *Fait*, et justifie de tout point une assertion de la dix-huitième Provinciale.

à soi et aux siens; qui est comme un petit souffle demi-parfumé, demi-empesté, mortel à l'âme chrétienne aussi bien qu'à l'âme naturelle, empoisonneur de Plutarque comme de saint Paul, et qui, sous air de douceur, et en l'adulant, convoite éternellement le royaume de la terre; — pour le reconnaître, cet esprit, et le proclamer vrai chez Pascal, nous n'avons pas besoin de l'aller étudier bien loin dans le passé : tous ceux qui l'ont vu, qui l'ont senti à l'œuvre, qui l'ont haï en France sous la Restauration à laquelle il fut si homicide, ceux-là, à travers toutes les politesses de détail, toutes les exceptions et les réserves légitimes, lui sauront dire, en le démêlant dans son essence et en le détestant jusqu'au bout dans sa moindre haleine : *Toi, toujours toi !*

Pascal, en son temps, l'avait senti tout en plein, circulant partout et régnant; il en avait essuyé le fléau dans la personne de ses amis sacrifiés : de là la guerre à mort qu'il lui déclara[1].

[1]. Voltaire n'a rien soupçonné de ce sentiment sérieux, lorsqu'après avoir décerné aux Provinciales tous les éloges littéraires imaginables (*Siècle de Louis XIV*, chap. XXXVII), il ajoute lestement par des paroles souvent citées : « Il est vrai que tout le livre portait sur un fondement faux : on attribuait adroitement à toute la Société les opinions extravagantes de plusieurs Jésuites espagnols et flamands : on les aurait déterrées aussi bien chez des Casuistes dominicains et franciscains. On tâchait dans ces Lettres de prouver qu'ils avaient un dessein formé de corrompre les mœurs des hommes, dessein qu'aucune secte, aucune société n'a jamais eu et ne peut avoir. Mais il ne s'agissait pas d'avoir raison, il s'agissait de divertir le public. » L'élève du Père Porée et l'auteur du *Mondain* s'accommoderait encore mieux, on le conçoit, des Jésuites que des Jansénistes. Il serait aisément de l'avis de cet homme d'esprit qui disait : « Les Jésuites sont, après tout, ceux qui ont tiré le meilleur parti d'une mauvaise religion, en l'éludant ou plutôt en la corrompant; car c'est ce qui caractérise le mauvais, de ne redevenir un peu tolérable que quand il est corrompu. » — Les Jésuites ont procédé en bien des cas comme si au fond le Christianisme, dans son principe, était faux. — Quant à Voltaire, on ne sait que

On avait fait courir le bruit que Pascal s'était repenti d'avoir fait les *Provinciales!* On racontait, comme acheminement à ce prétendu repentir, une certaine historiette de la marquise de Sablé, qui n'aurait pu s'empêcher de demander à Pascal s'il était bien sûr de tout ce qu'il disait dans ses lettres; et Pascal lui aurait répondu que c'était à ceux qui lui fournissaient des mémoires à prendre garde; que, pour lui, son affaire était simplement de les mettre en œuvre. Or, quand on demanda à Pascal, un an environ avant sa mort, *s'il se repentait d'avoir fait les Provinciales*, il répondit, selon le témoignage écrit de mademoiselle Marguerite Périer présente, et avec cet accent qui coupe court à tout :

« 1º Je réponds que, bien loin de m'en repentir, si j'étois à les faire, je les ferois encore plus fortes. — 2º On m'a demandé pourquoi j'ai dit le nom des auteurs où j'ai pris toutes ces propositions abominables que j'y ai citées. Je réponds que si j'étois dans une ville où il y eût douze fontaines, et que je susse certainement qu'il y en eût une d'empoisonnée, je serois obligé d'avertir tout le monde de n'aller point puiser de l'eau à cette fontaine; et comme on pourroit croire que c'est une pure imagination de ma part, je serois obligé de nommer celui qui l'a empoisonnée, plutôt que d'exposer

depuis peu une anecdote singulière, mais avérée, sur son compte: il eut l'idée de réfuter les *Provinciales*, d'en faire la contre-partie, et cela par ordre, pour complaire au cardinal de Fleury et au lieutenant de Police Hérault: « Ces messieurs, le voyant prévenu contre les Jansénistes et ami du Père Tournemine, voulurent l'engager à écrire pour la cause du Molinisme contre le Jansénisme, et il avait commencé quelque chose dans le goût d'*Anti*-Lettres Provinciales. Il vint chez M. Hérault et lui dit qu'il ne pouvait continuer, qu'il se déshonorait étant soupçonné de cela, et regardé comme plume mercenaire, et il jeta son ouvrage au feu. » M. Hérault et le Cardinal ne le lui pardonnèrent pas. (*Journal et Mémoires* du marquis d'Argenson, 4 octobre 1739.) C'est Voltaire lui-même qui a avoué ce beau fait à M. d'Argenson. — Tous ces essais d'*Anti*-Provinciales ont manqué.

toute une ville à s'empoisonner.—3° On m'a demandé pourquoi j'ai employé un style agréable, railleur et divertissant. Je réponds que si j'avois écrit d'un style dogmatique, il n'y auroit eu que les savants qui les auroient lues, et ceux-là n'en avoient pas besoin, en sachant pour le moins autant que moi là-dessus. Ainsi j'ai cru qu'il falloit écrire d'une manière propre à faire lire mes Lettres par les femmes et les gens du monde, afin qu'ils connussent le danger de toutes ces maximes et de toutes ces propositions qui se répandoient alors, et dont on se laissoit facilement persuader.— 4° On m'a demandé si j'ai lu moi-même tous les livres que j'ai cités. Je réponds que non. Certainement il auroit fallu que j'eusse passé une grande partie de ma vie à lire de très-mauvais livres : mais j'ai lu deux fois Escobar tout entier, et pour les autres, je les ai fait lire par quelques-uns de mes amis; mais je n'en ai pas employé un seul passage sans l'avoir lu moi-même dans le livre cité, et sans avoir examiné la matière sur laquelle il est avancé, et sans avoir lu ce qui précède et ce qui suit, pour ne point hasarder de citer une objection pour une réponse ; ce qui auroit été reprochable et injuste [1]. »

Si l'on rapproche ces paroles de quelques autres *Pensées* précédemment citées [2], et qui ont dû être écrites vers le même temps, on verra Pascal, aux approches de la mort, de plus en plus net et vif dans ses déclarations contre cette Société de malheur, qu'il estimait *le fléau de la vérité*. Il y a à cet endroit en lui comme une verve de colère.

Quand Prométhée, dit Horace, pétrit pour la première fois le limon humain et y fit entrer une parcelle de chaque race d'animaux, il y mit, tout au fond de notre poitrine, une étincelle de la colère du lion (*insani leonis vim*). Cette étincelle aveugle, mais qui, modérée et entourée comme il faut, demeure une partie essentielle à

---

1. *Recueil de plusieurs pièces...* Utrecht (1740), page 279.
2. A la page 88 du présent volume.

tout homme généreux, et qui ne périt pas nécessairement dans le Chrétien, Arnauld l'avait ; il avait du *lion*, on l'a dit : il en faut dans tout véritable cœur. Pascal également, au sein de plus hautes lumières, possédait intacte cette faculté franche d'indignation morale. Il n'y en a plus trace dans le cœur humain maté par le Jésuitisme, et alors ce n'est pas d'ordinaire la seule et divine mansuétude qui l'a remplacée[1].

1. Les dernières querelles religieuses en France ont suscité une brochure remarquable qu'il me coûterait de paraître négliger, ou de mettre en cause inconsidérément : je veux parler de l'Écrit apologétique de M. de Ravignan (*De l'Existence et de l'Institut des Jésuites*), où respire une sorte d'éloquence affectueuse. Plus d'un de mes lecteurs sans doute pense à cette brochure, et s'est déjà demandé comment elle s'accommode avec mon jugement. Mais, à mon défaut, on aura ici trois opinions que j'ai recueillies fidèlement, et qui, ce me semble, viendront bien à l'appui de ce chapitre. — Au moment où l'Écrit de M. de Ravignan paraissait, M. Royer-Collard, à qui j'en parlais, me dit : « J'ai lu sa brochure, elle est bien ; mais j'ai dit en finissant : *Voilà un homme qui se croit Jésuite.* Il a la candeur de croire qu'il l'est ; il est vrai que, si on lui montrait ce que c'est que les Jésuites, il ne le croirait pas. Il y a place dans l'Ordre pour de tels hommes ; mais cela ne prouve rien, si ce n'est pour ces individus. » (On me dira que, sur cette même brochure, M. Royer-Collard a écrit à M. de Ravignan une certaine lettre de compliment qu'on a ; mais cette lettre, produite et imprimée depuis, ne saurait faire que je n'aie point entendu de sa bouche ces propres paroles.) — Le sage et religieux duc de Broglie disait un jour, devant moi, sur le même sujet : « Il prouve très-bien que d'autres que les Jésuites ont soutenu le Probabilisme, le Régicide ; mais il ne répond pas à la vraie objection. Pour moi, je ne fais aux Jésuites qu'un reproche : c'est qu'ils sont un *Gouvernement*, et ils en ont tous les inconvénients. » — Enfin, M. Dupin me disait, à propos de cette même brochure, en des termes du plus mâle et du plus incisif bon sens : « Je ne l'ai pas lue encore ; je lui accorderai tout ce qu'il voudra *individuellement* ; j'accorderai qu'il y a eu, qu'il y a des *individus* jésuites honnêtes gens, gens aimables, grands prédicateurs, grands mathématiciens : mais, comme association, comme Ordre, ils n'ont eu que ce qu'ils méritaient. Les meilleurs peuvent à l'instant devenir mauvais et funestes par leur loi d'obéissance : c'est toujours *le bâton dans la main du vieillard.* En France, on a senti cela d'instinct ; tout ce qu'il y a

eu de généreux, de sain et d'intègre s'est du premier jour révolté contre eux ; et, comme Ordre, je ne sais qu'un éloge qu'on pourrait leur donner avec vérité : il faut les louer de toutes les vertus qu'ils ont suscitées et fomentées contre eux par leur présence. » Dans l'ancienne France, en effet, ils eurent toujours contre eux tout ce qu'il y eut de *braves esprits*, comme disait Étienne Pasquier, le premier en date de leurs adversaires. — Pour être impartial jusqu'au bout, j'ajouterai que dans la nouvelle France la position a changé, et que ce n'est pas toujours la marque d'un très-*brave esprit* de les poursuivre, et surtout d'en avoir peur.

— Que si l'on insistait sur ce que les Jésuites gagnent très-visiblement chaque jour et l'emportent, du moins au sein du Catholicisme, en ce sens qu'il n'y a plus chez nos modernes Catholiques aucun esprit d'opposition à leur égard, et que bien au contraire c'est presque une seule et même chose en France maintenant de penser comme un Jésuite ou comme un Catholique, je dirai à mon grand regret que, si c'est tant mieux pour les Jésuites en particulier, c'est tant pis pour les Catholiques en général ; qu'il est fâcheux qu'il n'y ait plus en France telle chose qu'un Clergé de France avec les garanties qu'il offrait ; qu'il serait, en effet, très-grave que tous les Catholiques français parussent avoir désormais pour unique principe, sur chaque question plus ou moins Romaine, de se considérer et d'être, au premier mot d'ordre venu de Rome, comme *le bâton dans la main du vieillard*; qu'une telle idée a toujours paru anti-française, qu'elle le paraîtrait encore, et que, si jamais elle s'autorise (*Dii omen avertant!*), il s'accumule par là bien des dangers pour l'avenir.

XI

Des *Provinciales* depuis la dixième ; vigueur croissante. — [Tous les éloges justifiés. — Une réserve en faveur de Démosthène. — Épisode de la Sainte Épine. — Retour au monastère. — Lettre de la mère Angélique à Arnauld. — Celui-ci poursuivi et caché ; soin touchant. — Les solitaires menacés. — Belle défense de M. d'Andilly : — diplomatie et gloriole. — Lettres de la mère Angélique à la Reine de Pologne : — naïveté et grandeur. — Le lieutenant de police Daubray à Port-Royal des Champs. — Espiègleries et malices des saints. — Le Reliquaire à Port-Royal de Paris. — Marguerite et *Margot*.

Je dois me hâter ; on ne peut tout dire des *Provinciales*. Les dernières pourtant sont de plus en plus solides, éloquentes, et montées, comme dit madame de Sévigné, *sur un ton tout différent*. — La onzième a pour objet de justifier la raillerie en matière sérieuse. C'est le même sujet qu'Arnauld a traité dans sa *Réponse à la Lettre d'une Personne de Condition*, dans laquelle il défendait les *Enluminures*[1] ; c'est le même mot de Tertullien commenté : *Rien n'est plus dû à la vanité que la risée ;* ce sont les mêmes matériaux qu'Arnauld aura

---

1. Il en a été parlé au tome II, p. 334 (liv. II, xvii).

fournis à Pascal. Mais quelle mise en œuvre incomparable! quelle raison supérieure que celle qui maintient et démontre les droits de l'enjouement sans l'écraser, et le pousse encore au même moment et le fait jouer devant elle! On peut mesurer au juste, en lisant la Lettre d'Arnauld et celle de Pascal, en quel sens il est vrai que le grand Docteur a contribué et aidé aux *Provinciales.* Cette onzième Lettre pourrait servir de préface justificative au *Tartufe.*

Pascal y dit, d'après Tertullien : « Ce que j'ai fait n'est qu'un jeu avant un véritable combat. J'ai montré les blessures qu'on vous peut faire, plutôt que je ne vous en ai fait. » Et vraiment il semble, à la nouveauté et à la fraîcheur des coups, que le combat seulement commence.

La douzième Lettre s'engage par la défensive, mais une défensive qui ne fait souffrir que les attaquants, et que les ravager plus au cœur : « Cependant vous me traitez comme un imposteur insigne, et ainsi vous me forcez à repartir; mais vous savez que cela ne se peut faire sans exposer de nouveau, et même sans découvrir plus à fond les points de votre morale; en quoi je doute que vous soyez bons politiques. *La guerre se fait chez vous, et à vos dépens....* » La péroraison de cette douzième est mémorable : à sa dialectique véridiquement passionnée Pascal mêle des développements glorieux qui tout d'un coup s'élèvent; l'orateur éclate en lui : « Je vous plains, mes Pères, d'avoir recours à de tels remèdes.... C'est une étrange et longue guerre que celle où la violence essaye d'opprimer la vérité.... » Et ce qui termine. Non, si Pascal n'avait pas cru profondément à la vérité de sa cause, il n'aurait jamais trouvé de tels accents. Je ne puis que signaler les endroits et courir.

Je note sur la fin de la treizième ce trait soudain qui transporte au Jugement dernier, à ce dernier jour où, dans une interminable récrimination, est-il dit, « Vasquez condamnera Lessius sur un point, comme Lessius condamnera Vasquez sur un autre ; et tous vos auteurs s'élèveront en jugement les uns contre les autres, pour se condamner réciproquement dans leurs effroyables excès contre la loi de Jésus-Christ. » Devant un public qui croyait en réalité au Jugement dernier, c'étaient là de vrais coups de tonnerre oratoires.

La quatorzième Lettre sur l'homicide s'achève par une péroraison qui, du point de vue chrétien également, n'a pu être trop admirée : « Car enfin, mes Pères, pour qui voulez-vous qu'on vous prenne ?... » — Daguesseau, si timide de goût, met hardiment ces dernières Provinciales, et la quatorzième notamment, à côté de ce que l'Antiquité a le plus admiré chez ses orateurs ; et « je doute, ajoute-t-il, que les *Philippiques* de Démosthène et de Cicéron offrent rien de plus fort et de plus parfait[1]. »

La quinzième, toujours vigoureuse, redevient moqueuse et piquante : « ...Et c'est encore un Capucin, mes Pères ; vous êtes aujourd'hui malheureux en Capucins, et je prévois qu'une autre fois vous le pourriez bien être en Bénédictins. » Au reste l'épée est dans les reins de l'adversaire, le *mentiris impudentissime* est sur la gorge : « *Mes Révérends Pères, il n'y a plus moyen de reculer*[2]. »

---

1. *Quatrième instruction à son Fils.*

2. On conçoit que sous le coup de cette moquerie sanglante, de cet enjouement appuyé du glaive, un auteur jésuite (Pirot), qui voulut alors répondre à Pascal (*Apologie pour les Casuistes...*), se soit échappé à cet aveu ingénu, à cette grimace irrésistible de la douleur : « Les plus cruels supplices ne sont pas toujours ceux que l'on endure dans les bannissements, sur les gibets et sur les roues. Le supplice qu'on a fait souffrir à des martyrs que l'on frottoit de miel, pour, après, les exposer aux piqûres des guêpes et bourdons, a été plus cruel que beaucoup d'autres qui semblent plus horribles et qui font plus de compassion. La persécution qu'ont soufferte les Jésuites par les bouffonneries de Port-Royal a quelque

Que dire de la seizième, de celle qu'il n'a faite plus longue que parce qu'il n'a pas eu le loisir de la faire plus courte? On ne la lui reprochera pas, cette longueur; il est bien de le voir, à la fin, ne plus se tenir et déborder. Pascal, nous le savons, était au château de Vaumurier, chez le duc de Luines, lorsqu'il l'écrivit (décembre 1656) ; l'esprit de la solitude, écouté de plus près, l'inspire. Il venge les calomniés, les victimes ; il venge ouvertement M. d'Ypres et M. de Saint-Cyran ; M. d'Ypres dont, l'année précédente, on avait outrageusement arraché dans son église cathédrale l'épitaphe avec la pierre du tombeau ; M. de Saint-Cyran dont, cette année même, l'Assemblée du Clergé de France venait d'arracher le feuillet d'éloge dans le *Gallia christiana* de MM. de Sainte-Marthe[1]. Il maintient en honneur leur cause et proclame leur mémoire. J'ai joie à lui entendre proférer avec respect les noms de ces hommes dont, en ce moment, il ressaisit l'esprit d'incorruptible vigueur et de sainte colère. Les voilà nettement accusés par le Père Meynier d'avoir, il y a trente-cinq ans, formé une cabale pour *ruiner le mystère de l'Incarnation, faire passer l'Évangile pour une histoire apocryphe, exterminer la Religion chrétienne, et élever le Déisme sur les ruines du Christianisme.* Plus tard, M. de Maistre fera un chapitre intitulé : *Analogie de Hobbes et de Jansénius*[2]; ce n'est plus de déisme chez M. de Maistre,

---

chose de semblable; leurs tyrans ont fait l'instrument de leur supplice des douceurs empoisonnées d'un enjouement cruel, et on les a abandonnés et laissés exposés aux piqûres sanglantes de la calomnie. » — On a dit de Pascal « qu'il s'est moqué des Jésuites pour l'éternité. »

1. Ceux qui tempêtaient le plus à l'Assemblée et criaient le plus contre cet éloge étaient les premiers à demander aux auteurs des exemplaires où étaient les feuillets défendus. (Note de M. de Saint-Gilles.)

2. *De l'Église gallicane*, livre I, chap. IV.

c'est quasi d'athéisme, c'est de fanatisme brutal qu'il s'agit ; il y a progrès sur le Père Meynier en talent comme aussi en injure. Pascal a d'avance répondu, et nulle voix n'étouffera la sienne. Les expressions extrêmes, en cette extrémité, se pressent dans sa bouche ; les termes deviennent méprisants, infamants : « *Vous me faites pitié, mes Pères ;...* » et il va jusqu'à les appeler des *lâches* et des *misérables*. Comment y vient-il, comment y est-il poussé irrésistiblement ? Écoutons-le, car il n'y a plus rien après cela :

(Lire ici tout le passage : « *Car à qui prétendez-vous persuader*, etc., » qui se termine par cette explosion célèbre :)

« Cruels et lâches Persécuteurs, faut-il donc que les cloîtres les plus retirés ne soient pas des asiles contre vos calomnies ? Pendant que ces saintes Vierges adorent nuit et jour Jésus-Christ au Saint-Sacrement, selon leur institution, vous ne cessez nuit et jour de publier qu'elles ne croient pas qu'il soit ni dans l'Eucharistie, ni même à la droite de son Père ; et vous les retranchez publiquement de l'Église, pendant qu'elles prient dans le secret pour vous et pour toute l'Église. Vous calomniez celles qui n'ont point d'oreilles pour vous ouïr, ni de bouche pour vous répondre. Mais Jésus-Christ, en qui elles sont cachées pour ne paroître qu'un jour avec lui, vous écoute et répond pour elles. On l'entend aujourd'hui, cette Voix sainte et terrible, qui étonne la nature et qui console l'Église : et je crains, mes Pères, que ceux qui endurcissent leurs cœurs et qui refusent avec opiniâtreté de l'ouïr quand il parle en Dieu, ne soient forcés de l'ouïr avec effroi quand il leur parlera en Juge. »

« Les meilleures comédies de Molière n'ont pas plus de sel que les premières Provinciales, a dit Voltaire : Bossuet n'a rien de plus sublime que les dernières. » L'éloge est pleinement vérifié, ce me semble. N'allons pas être plus rebelles que Voltaire. De même que lorsque nous voulons apprécier Démosthène en face de Philippe, nous nous transportons dans les circonstances d'alors, à la veille ou au lendemain de Chéronée, de même ici il faut, pour juger pleinement de cette éloquence, nous reporter à la situation religieuse véritable, nous figurer, nous si percés et minés de toutes parts dans nos croyances, ce que c'était alors que d'être accusé de ne pas croire à l'*Incarnation* et au *Saint-Sacrement* quand on y croyait, quand on était institué à cette fin d'y veiller sans cesse ; et quelle réalité effective prenaient ces appels si directs à Dieu comme présent chaque jour sur l'autel, comme devant apparaître au jour de colère sur la nuée.

Enfin, pour achever de sentir tout l'effet oratoire et se placer dans les conditions *littéraires* complètes, un petit effort reste à faire, une petite concession indispensable. Cette dernière et triomphante allusion, cette *voix sainte et terrible, qui* en ce moment *étonne la nature et console l'Église*, qu'est-ce autre chose que le miracle dont Port-Royal était alors témoin et sujet, le miracle de la *Sainte Épine* auquel Pascal croyait, auquel une très-grande partie du public croyait autour de lui, et qu'il nous faut admettre absolument en idée, sous peine de manquer l'à-propos et l'énergie foudroyante du trait ?

Ce qui fait, si j'ose achever toute ma pensée, que Démosthène demeurera toujours plus beau, parce qu'il ne demande pas tant d'efforts à distance, et qu'il agit dans des conditions humaines plus saines et plus naturelles.

Démosthène, dans le sublime, garde cet avantage-là sur Pascal, comme dans l'ironie Platon gardait celui de la grâce.

Mais l'allusion de Pascal nous avertit que nous avons à rentrer au sein de Port-Royal, pour voir ce qui s'y est passé depuis cette oppression d'Arnauld et cette vengeance des *petites Lettres*. Le succès de celles-ci se traduit dans le monastère autrement que dans le monde, et tout n'y est pas sans grandeur.

Au moment où Arnauld allait être condamné en Sorbonne, dès le 8 décembre 1655, sa sœur, la digne mère Angélique, lui écrivait ces paroles qui nous ouvrent de ce côté l'intérieur des pensées :

« Je ne puis, mon très-cher Frère, m'empêcher de vous dire que la joie et la sainte tranquillité avec laquelle je vous ai vu partir, pour souffrir tout ce qu'il plairoit à Dieu d'ordonner, en soutenant sa sainte Grâce, a tellement charmé mon esprit, qu'elle en a effacé les craintes humaines que l'amour naturel et la tendresse que j'ai toujours eue pour *mon pauvre petit frère*[1] y avoit répandues, par la vue des maux qu'on lui prépare, mais qui se tourneront en de vrais biens.... Que si on efface votre nom d'entre celui des Docteurs, il n'en sera que mieux écrit dans le livre de Dieu.

« Nous le prions tous tant que nous pouvons, mais c'est principalement pour qu'il vous soutienne par une vraie humilité, patience et débonnaireté. Quoi qu'il vous arrive, *mon très-cher Père*, Dieu sera avec vous, et vous servirez mieux sa sainte vérité par les souffrances que par les écrits[2]. »

Tant que durèrent les délibérations de la Faculté et l'incertitude du résultat, tout Port-Royal était en prières, et les petites filles pensionnaires de Port-Royal, que M. Arnauld avait eues sous sa conduite, faisaient des *neuvaines* pour lui.

M. Arnauld a souvent raconté à ses amis qu'à l'heure même où la Censure se prononçait contre lui en Sorbonne, il se promenait tout seul, calculant le moment et priant Dieu, dans une galerie qui était tout au haut de la maison dans la cour de Port-Royal[3], et que ces

---

1. Elle était de vingt ans son aînée ; tout à côté elle va l'appeler *mon très-cher Père;* alliance touchante de tous les sentiments de nature et de grâce, sous la Croix. — Et ailleurs : « *Je suis votre fille, votre sœur et votre mère.* »

2. Lettres de la Révérende Mère Marie-Angélique..., tome III, page 108.

3. On serait tenté de penser que c'était au monastère de Paris,

paroles de saint Augustin sur le Psaume 118 se présentèrent à son esprit : « Puisqu'ils n'ont persécuté en moi que la Vérité, secourez-moi donc, Seigneur, afin que je combatte pour la Vérité jusqu'à la mort. » — Aussitôt après il se cacha et fit bien, car il n'aurait pas évité la Bastille. On lit dans un petit journal manuscrit de M. de Pontchâteau, qui se rapporte à ce moment :

« Du dimanche 20ᵉ febvrier (1656).

« M. Tassin, petit bedeau de la Faculté, a dit ce matin à M. Manessier qu'il savoit de bonne part qu'on cherchoit partout M. Arnauld pour le prendre, et qu'il y avoit des gens qui passoient pour cela des deux et trois heures la nuit dans les lieux où ils croyoient pouvoir surprendre quelqu'un et en apprendre des nouvelles.

« Les ennemis de M. Arnauld disent partout qu'il est excommunié¹. »

comme plus à proximité des nouvelles ; mais une phrase de M. de Pontchâteau, précédemment citée (page 75), semble indiquer qu'Arnauld resta à Port-Royal des Champs jusqu'*après* la Censure.

1. Au tome second des *Mémoires* manuscrits *de Beaubrun*. — Et (manuscrits de la Bibliothèque de Troyes) dans une lettre à M. de Saint-Gilles, datée du 9ᵉ *febvrier*, cinq heures du matin, le même M. de Pontchâteau, si actif en ce moment de crise, disait : «.... Surtout qu'on cache bien ceux qui le doivent être. On me dit hier au soir, une personne fort amie et fort affectionnée, — on m'a dit que M. A... (Arnauld) n'est pas assez bien caché. Pour moi je ne veux pas songer où il est, car si j'y songeois, je le devinerois aisément. Il ne sera jamais bien caché, à moins qu'il n'y ait qu'une seule personne qui y aille et qui le sache ; et pour cela il faudroit avoir quelqu'un qui fût inconnu, qui ne demeurât pas à Port-Royal, mais plutôt avec lui, et qui n'eût pas la mine d'un homme à (faire) dire : *En voilà un*. J'avois songé à M. Dessaux, qui pourroit même être habillé de noir ; et il faudroit encore, ce me semble, que cette personne n'allât point à Port-Royal, ou au moins que rarement, mais avoir une maison tierce en ville où on mît de part et d'autre les paquets et les lettres ; car certainement les Molinistes et Jésuites sont enragés contre notre *petit Père*.... » M. de Pontchâteau finissait en disant que la seconde Lettre provinciale *est admirable et fait des effets merveilleux :* « Elle rend entièrement ridicule Madame la Faculté, et surtout les Pères Dominicains, qui se repentiront

C'est ainsi qu'il va demeurer enseveli dans diverses retraites successives, durant toutes les années qui suivront, jusqu'au moment de la Paix de l'Église. Il aura pour compagnon assidu, dans cette longue éclipse, M. Nicole, et tantôt l'un, tantôt l'autre de ces Messieurs. M. Le Maître avait été choisi dans les premiers temps pour être près de son oncle, et pour l'aider de sa plume; mais l'ardent solitaire n'y put tenir; cette nécessité d'écrire le remettait aux tentations littéraires, qui étaient son faible et son remords. C'est au seul Nicole qu'il appartenait naturellement d'être le second inséparable d'Arnauld.

La vie du grand Docteur continue donc de marquer ses principales époques par les persécutions et par les fuites. Nous l'avons remarqué déjà[1]; depuis le lendemain du livre de *la Fréquente Communion* (1644) jusqu'en 1648, il s'était tenu caché; puis de 1648 à 1656, nous l'avions retrouvé en simple retraite de demi-solitaire, le plus souvent à Port-Royal des Champs. Le voilà derechef absolument caché de 1656 à 1668. Il se dérobera encore une fois et pour toujours en 1679. Il y eut de ses *amis* et de ses auxiliaires déclarés qu'il ne connut jamais de visage. On lit dans une de ses lettres[2] à M. Vuillart, qui lui avait envoyé un écrit et une lettre de M. Perrault (celui de l'Académie française) : « La lettre que vous m'avez envoyée de M. Perrault m'a mis dans un grand embarras. Elle est si honnête et si civile que je lui en dois être obligé. Il me fait souvenir de l'amitié que messieurs ses frères ont eue pour moi.

---

quelque jour, mais trop tard, de leur lâcheté et de leur politique.... Adieu, j'enverrai aujourd'hui des secondes Lettres à Nantes et ailleurs au pays. » Des deux côtés on est en guerre ouverte, tous les moyens sont bons, et il ne faut s'étonner de rien.

1. Au tome II, page 188.
2. 17 avril 1694.

Je l'avoue, et je leur en dois de la reconnoissance. *Je n'ai jamais vu le Docteur en théologie, parce que j'étois obligé de me cacher tant qu'il a vécu;* mais je sais qu'il n'y a eu personne qui ait parlé pour moi avec tant de force et tant d'esprit dans les Assemblées de la Faculté…. » Ce simple trait jeté en passant, *Je n'ai jamais vu…*, est comme un éclair qui traverse dans un long espace cette vie mystérieuse et à demi souterraine d'Arnauld[1].

Je suis quelquefois sévère pour lui, pour son humeur écriveuse et batailleuse ; je suis terriblement loin de penser avec nos dignes amis qu'*il a été sans contredit le plus grand génie de son siècle;* mais que je suis loin de méconnaître tant de qualités solides ou aimables ! Avec ce haut caractère qu'on lui connaît, il avait des parties naïves et tout à fait charmantes, un cœur d'or. Ainsi traqué, ainsi poursuivi, s'aviserait-on bien d'imaginer à quoi d'abord il s'occupait? Le 31 janvier (1656), jour même où se fulminait en Sorbonne la dernière sentence, étant caché à l'hôtel des Ursins, il écrivait de là à sa nièce la mère Angélique de Saint-Jean, et après les premiers mots de condoléance :

« Vous rirez de ce qui me donne occasion de vous écrire. Il y a un petit garçon d'environ douze ans qui ne sait pas lire ; j'ai envie d'essayer s'il le pourra apprendre par la méthode de M. Pascal. C'est pourquoi je vous prie d'achever ce que vous aviez commencé d'en mettre par écrit, et de nous l'envoyer. Je ne sais si la Mère a bien voulu que vous lussiez la Lettre à un Provincial (la première) ; je voudrais bien savoir ce qu'elle en dit. »

Ainsi, au milieu de l'accablement ou du tumulte de pensées où d'autres seraient en sa place, à peine recueilli sous un toit ami, il ne pense qu'à sanctifier et

---

1. Vingt-quatre ans après cette date de 1656 où nous sommes, madame de Sévigné écrivait (31 mai 1680) : « Le pauvre M. Nicole est dans les Ardennes, et M. Arnauld sous terre comme une taupe. »

presque à égayer sa retraite par un acte de charité, par une expérience d'intelligence ; il veut apprendre à lire à un petit enfant, mais *par la méthode de M. Pascal*. L'amateur de méthodes nouvelles, l'auteur de *la Logique* reparaît dans le chrétien [1].

Cependant Port-Royal tout entier semblait menacé avec lui, et le succès irritant des *Provinciales* n'était pas propre dans ces premiers moments à détourner le danger. Après la quinzaine laissée à la résipiscence du contumace, les rigueurs commencèrent sur tous les points. En Sorbonne on se mit en devoir d'éliminer ses amis, les docteurs qui refusaient de signer la Censure. Et tout d'abord, pour faire un grand exemple, on s'attaqua à M. de Sainte-Beuve, professeur royal en théologie : il fut révoqué et remplacé, sur un ordre du Roi, dans les premiers jours de mars. Nulle affaire ne fit plus de bruit dans le monde ecclésiastique d'alors, à cause de l'influence et de la considération dont jouissait ce personnage, véritable autorité *classique* de son vivant en matière de conscience, et oracle consulté dans tous les cas épineux [2].

---

1. Cette simplicité d'Arnauld, cette naïveté qui tranchait si fort avec son rôle et son caractère de controversiste, a été remarquée même par des indifférents et par des hommes d'un tout autre bord. Le marquis de Louville, connu par ses missions diplomatiques, et dont on a des *Mémoires*, racontait que, dans son enfance, il avait été mis chez un oncle de sa mère, grand Janséniste, M. Dorat (peut-être M. Dorat, docteur en Sorbonne et curé de Massi près de Palaiseau), et que là se réunissaient (vers 1676) les principaux du parti, M. Arnauld, Nicole, le Père Des Mares ; mais Arnauld dérogeait souvent au sérieux des entretiens en se mêlant tout d'un coup aux jeux de l'enfant, ce qui ne laissait pas de dérouter les autres graves personnages. C'était autant de pris sur l'aigreur et sur l'ennui : « Car ces Messieurs, rapporte Louville, parloient toujours des Jésuites, et *n'en parloient jamais que la gorge ne leur enflât.* » L'enfant était très-frappé de ces marques visibles de colère en même temps que de la gaieté d'Arnauld, qui y faisait trêve.

2. M. Hallier, qui avait été son maître, s'emporta fort contre lui aux Assemblées de Sorbonne, et déclara que quand le Roi, dans

En même temps les regards de la Cour se portaient sur le monastère des Champs, sur les solitaires qui vivaient à l'entour, et les petites Écoles qui s'y abritaient. Chaque matin, les amis empressés de Port-Royal, et, entre autres, le célèbre M. de Saint-Gilles, le jeune M. de Pontchâteau, alors âgé seulement de vingt-deux ans et dans tout le premier zèle d'un néophyte encore à demi mondain, se multipliaient par la ville pour recueillir les bruits, pour épier les plans des adversaires, et ils donnaient l'alerte aux endroits menacés. M. d'Andilly, dans ce péril, crut devoir prendre l'initiative, comme étant par son âge et par sa condition, on l'a vu[1], le chef naturel de l'armée pacifique des Solitaires, le doyen et protecteur de ce Désert qu'on voulait forcer. Ces grands rôles lui allaient, et il ne s'épargnait pas à les bien remplir. Il fit comme ces gouverneurs de place qui n'at-

la Lettre de cachet, ne parlerait point de l'exclure de sa chaire, il le faudrait ordonner dans la Maison, *lui seul ayant plus infecté de jeunes gens que tous les livres de M. Arnauld.* Les détails de cette radiation, les formes qu'on y mit, j'allais presque dire les égards, seraient à noter. En même temps que le *Senieur* de Sorbonne recevait la Lettre de cachet où étaient les ordres du Roi relativement à M. de Sainte-Beuve, celui-ci en recevait une particulière dans le même sens, qui lui fut apportée, le 1er mars, sur les neuf heures du matin, par M. Carlier, secrétaire de M. Le Tellier. Le messager était officieusement chargé par le ministre de tirer, s'il se pouvait, du savant professeur une réponse assez satisfaisante pour qu'on n'eût pas à procéder aux dernières rigueurs. M. de Sainte-Beuve, qui devait céder de guerre lasse cinq ans plus tard (1661), fut inébranlable à ce moment. — Est-ce pour faire amende honorable de tant de constance, et pour réparer le temps perdu que plus tard, hélas! quand il eut cédé, il n'y mit plus de mesure? car alors, selon qu'il s'en vanta lui-même, il signa le Formulaire *sept fois* (c'est-à-dire, autant de fois qu'on voulut) purement et simplement, et il écrivit et soutint qu'on était obligé de le signer ainsi par obéissance à ses supérieurs. Voilà ce qui s'appelle une chute. — (Pour un plus ample informé, vouloir bien attendre toutefois jusqu'au chap. II du livre V.)

1. Au tome II, livre II, chap. XV et XVI. En 1656, M. d'Andilly avait soixante-sept ans.

tendent pas que les assiégeants soient aux pieds des murs, et il risqua une sortie en plaine à la découverte. « M. d'Andilly, disent naïvement nos Relations, crut qu'il ne devoit point paroître indifférent sur l'état de M. Arnauld son frère, et *que le Cardinal trouveroit fort mauvais qu'il affectât de se taire*[1]. » De peur donc de paraître manquer au Cardinal (il n'y a que M. d'Andilly pour donner de ces tours-là à ses suppliques), il lui adressa le 12 février une longue lettre apologétique et un peu trop glorieuse, que son ami M. Auvry, évêque de Coutances, se chargea de remettre ; il ne reçut de réponse que par un billet de M. de Pomponne, son fils, qui lui marquait que Son Éminence n'avait pas été satisfaite. Là-dessus grande, immense lettre de M. d'Andilly à l'évêque de Coutances (18 février), toute pleine de sa justification et de ses protestations envers le Cardinal, de ses soumissions pour les *Personnes sacrées de Leurs Majestés*. On ne connaîtrait réellement pas M. d'Andilly et la stratégie qui lui est propre, si on ne suivait d'un peu près le train de ses démarches en ces conjonctures. Donnons-nous-en le spectacle et l'évolution ; il le faut absolument pour comprendre l'esprit vrai des choses, pour apprécier la courtoisie jusque dans les hostilités. Après avoir vu par lui ce qui se tenta sur le devant et comme sur l'esplanade de la place, nous entrerons dedans.

Et avant tout, qu'on n'oublie pas que le Cardinal, selon la justice que lui rendent les plus ardents même des Jansénistes, est manifestement indifférent à ce qui se passe, qu'il laisse faire l'Assemblée du Clergé sans y *prendre aucune part*, et qu'il *va plutôt à empêcher qu'on ne parle de rien*. Mazarin ne demanderait pas mieux de dire des Jansénistes, comme il disait des Protestants :

---

1. *Mémoires* de Beaubrun.

« Le petit troupeau broute de mauvaises herbes, mais il ne s'écarte point. » Pourtant il n'était pas sûr de l'entière et inviolable fidélité de tous autant que de celle de M. d'Andilly, et à cette date il n'avait pas tout à fait tort [1]. L'intrigue opiniâtre de Retz revendiquant l'archevêché de Paris, et s'appuyant à cet effet du parti janséniste, venait à la traverse, et compromettait l'innocence politique de Port-Royal. Quoi qu'il en soit, Mazarin, au fond, redoutait peu cette sorte de *Fronde ecclésiastique* qui succédait à l'autre ; et il n'était pas fâché sans doute de voir s'y occuper et s'y user des passions qui, la veille, étaient plus dangereusement employées. S'il en poursuivait à bon droit l'extinction, c'était politiquement et sans

---

[1]. Saint-Gilles, par exemple, dans son Journal manuscrit, a trouvé moyen d'intercaler, au milieu des particularités qui intéressent le plus Port-Royal, l'article suivant qui sent d'une lieue le frondeur :

« Levée du siége de Valenciennes et de 32 Édits (9 août 1656).

« C'est une chose étrange comme l'on s'est universellement réjoui en toute la France, mais surtout dans Paris, de la levée du siége de Valenciennes, où M. le Prince (de Condé), à la tête de l'armée du Roi d'Espagne, a forcé nos lignes presque sans résistance, a pris prisonnier le maréchal de La Ferté-Seneterre, gouverneur de Lorraine, grand tyran, défait entièrement le régiment des Gardes, et pris très-grand nombre de prisonniers, avec presque tout le canon et bagage.

« Le Clergé, la Justice, et tout le peuple a témoigné grande joie de cet accident, parce que les uns et les autres étoient menacés d'oppression. On disoit publiquement que, si nos troupes eussent eu l'avantage, on devoit faire passer au retour de la campagne plusieurs Édits, les uns disent 32, les autres 60, dont l'un étoit celui des *Aisés*, qu'on disoit déjà se monter à 50 millions. »

« Cela a donné lieu de faire, ou au moins de dire qu'on a fait un placard qu'on m'a assuré avoir été affiché la nuit à la porte de M. le Chancelier, en ces termes qui font allusion au cri qu'on fait des Gazettes par les rues : *Voici la défaite de 32 Édits par M. le Prince devant Valenciennes.* »

On peut dire, je le sais, pour atténuer ce cri de joie très-peu royaliste, que l'entraînement était partagé, que c'était du moins un prince français qui commandait les Espagnols, qu'on était au lendemain de la Fronde ; mais, quoi qu'on fasse, il y aura toujours loin de ces sentiments qu'accueillait Saint-Gilles, à ceux qu'affichait M. d'Andilly.

haine. Mais la Reine, elle, était fort vive, sa dévotion espagnole n'entendait pas raillerie : ses conseillers spirituels avaient alarmé sa conscience, et c'était de toute l'énergie de son cœur qu'elle laissait échapper ce petit cri qui lui était habituel (selon madame de Sévigné) : *Fi, fi, fi de la Grâce !*— Un article de foi ainsi traduit en caprice de femme, comment triompher de cela [1] ?

Le 21 février, l'indiscrétion d'un ami, du secrétaire d'État Brienne (il n'en faisait pas d'autres), qui s'en alla rapporter au Cardinal, en les grossissant, des paroles du Nonce et s'attira une réponse plus précise qu'il n'aurait fallu, sonna tout de bon l'alarme, et l'heure de la conclusion s'annonça comme prochaine.—Le 6 mars, on parla beaucoup de Port-Royal au Louvre, et il fut résolu d'en écarter les enfants et les solitaires. — Le 15 mars, les bruits menaçants ayant pris plus de consistance [2], M. d'Andilly écrivit une nouvelle lettre à son intermédiaire ordinaire, l'évêque Claude Auvry, afin que celui-ci représentât au Cardinal que toutes ces accusations étaient des fantômes contre lesquels les foudres de l'autorité royale n'avaient que faire d'éclater; que son respect l'empêchait d'écrire directement à Son Éminence; qu'il priait cependant de la remercier des effets qu'il avait reçus de l'honneur de sa protection, et du repos

---

1. Je lis dans les *Journaux* de M. Des Lions, à la date du 23 janvier 1655 : « M. Chassebras (un des grands vicaires du cardinal de Retz) me dit en Sorbonne que le cardinal Mazarin, sollicité pour empêcher la Reine de se mêler de ces affaires ecclésiastiques et qu'il lui seroit plus glorieux à lui de s'en rendre le maître, Son Eminence lui répondit qu'il pouvoit à présent disposer de toute la France, mais que pour cela il ne le pouvoit point, et qu'*il arracheroit plutôt les yeux à la Reine que de lui ôter cette pensée.* »

2. Les avis confidentiels dans ces grands moments arrivaient de vingt côtés, de Bartet, attaché au Cabinet de la Reine, de la comtesse de Brégy, dame d'honneur. (Voir dans les *Lettres* de madame de Bregy celle qu'elle adresse à un ami grand Janséniste; ce peut être d'Andilly.)

dont il *pourra jouir* dans ce désert et ce Port où il s'est retiré. Mais le jour même où il venait d'écrire cette lettre diplomatique, il recevait avis de M. de Bartillat, trésorier-général de la maison de la Reine, qui était chargé par Sa Majesté de le prévenir qu'on devait envoyer des Commissaires pour faire sortir tous ceux qui s'étaient retirés à Port-Royal des Champs. C'est ici que M. d'Andilly va se multiplier et illustrer sa capitulation par la plus éclatante défense.

A l'instant il répond à M. de Bartillat avec des expressions de reconnaissance profonde, lui marquant qu'il est trop persuadé de la bonté de Sa Majesté pour craindre qu'elle consente à ce qu'on l'arrache du lieu où Dieu l'a amené pour finir sa vie, et qu'il aimerait autant mourir que de quitter. M. de Bartillat ne manqua pas de faire lire cette réponse à la Reine, et celle-ci promit d'en causer avec le Cardinal.—En même temps, M. d'Andilly se hâtait de faire savoir à l'évêque de Coutances, par une dépêche du 17 mars, le changement survenu depuis son billet de l'avant-veille, l'avis transmis par ordre de la Reine, la résolution prise de faire sortir les solitaires ; et il le suppliait de dire à Son Éminence « que si Dieu permet qu'ils souffrent ce déplaisir, il lui demande une grâce, qui est d'empêcher que l'on envoie des ordres du Roi à Port-Royal, sur *la parole positive* qu'il lui donne, et à laquelle il aimeroit mieux mourir que de manquer, que l'on va faire sortir de Port-Royal toutes les personnes sans exception auxquelles on pourroit le moins du monde trouver à redire ; ce qui se pouvant exécuter dans sept ou huit jours, Sa Majesté pourra envoyer telle personne qu'il lui plaira, afin de voir si l'on n'aura pas satisfait pleinement et de bonne foi à ce qu'il se sera donné l'honneur de lui promettre par ce billet.... » Ainsi M. d'Andilly se met en avant à toute force, il se porte pour caution, il engage sa parole : le résultat sera dans tous les cas le même, qu'on sorte avant la visite des Commissaires ou après; mais on aura l'air d'avoir gagné quelque chose, et avec M. d'Andilly il s'agit fort de l'honneur du pavillon.

Le Cardinal, ayant vu ce billet que lui présenta l'évêque de Coutances, le prit et le montra à la Reine, laquelle, aussitôt après, envoya le même M. de Coutances dire au secrétaire d'État, M. Le Tellier, de ne point faire exécuter l'ordre qu'on avait donné, parce que, *Sa Majesté se confiant en la parole de M. d'Andilly,* elle aimait beaucoup mieux que les choses se passassent avec douceur.

Cette confiance royale en la parole de M. d'Andilly, c'était le grand mot, le mot fait pour colorer l'amertume : le voilà obtenu; le reste va s'en adoucir un peu. Les bons Jansénistes, qui racontent avec détail les rigueurs de ce moment, ne manquent pas de le relever avec une sorte d'orgueil; ils s'arrêtent d'un air de complaisance sur ces merveilleux effets que produit la simple parole donnée par M. d'Andilly. Nous faisons comme eux, mais est-ce notre faute si nous sourions?

M. d'Andilly, non content d'avoir écrit à M. de Coutances, s'était adressé dans le même but à madame de Guemené pour qu'elle en parlât à la Reine : madame de Guemené et madame de Chevreuse, ce furent ses deux dames auxiliaires et comme ses deux *maréchaux de camp* dans cette belle défense[1].

---

1. Il n'était pas inutile de détacher ces dames auprès de la Reine, car il y en avait d'autres fort montées en sens contraire, particulièrement la marquise de Senecé, dévote, emportée et capricieuse, qui avait pris parti contre les Jansénistes. Elle s'était si publiquement affichée que Loret, dans sa Gazette burlesque, a pu dire :

> La marquise de *Seneçay*,
> Dame excellente comme on sçay,

M. de Coutances écrivit donc le 18 mars à M. d'Andilly pour l'informer que la Reine s'était *entièrement fiée* à sa parole, et que Son Éminence s'attendait à la voir exécuter au plus tôt. M. d'Andilly, là-dessus, prenant feu et se piquant d'honneur, répondit à cet évêque, par une lettre du 19, « que, comme il étoit jaloux de sa parole, il l'assuroit qu'*au lieu de huit jours* qu'il avoit demandés pour faire sortir de Port-Royal tous ceux qui s'y étoient retirés et quelques enfants dont on prenoit soin, il espéroit que *mardi au soir, 21ᵉ du mois, qui ne sera que le 4ᵉ jour des 8 qu'il a promis*, cela sera pleinement exécuté. » Il l'exhortait cependant à demander à Son Éminence « qu'Elle voulût bien lui permettre de finir sa vie en repos dans cette retraite, où il ne s'étoit retiré qu'après avoir pris congé de la Reine et de Son Éminence, qui l'avoient trouvé très-agréable; que n'ayant rien fait depuis qui leur pût déplaire, il ne croyoit pas qu'on voulût l'en chasser et lui causer une tristesse qui lui seroit pire que la mort. » Il répéta les mêmes choses encore plus vivement dans une autre lettre (que de lettres! que d'écritures! et nous ne sommes pas au bout) qu'il écrivit le même jour à la duchesse de Chevreuse [1]; il la sollicitait d'employer tout son crédit auprès de la Reine pour obtenir qu'il demeurât dans son désert, et lui indiquait habilement les cordes délicates à toucher : « Qu'il seroit bon de représenter à la Reine

> Est la capitale ennemie
> De secte que je n'aime mie.
>
> La sage comtesse de *Flaix*,
> Si comtesse le fut jamais,
> Et qui si bien sa mère imite... etc.
>
> (*La Muse royale* du 15 janvier 1657, adressée à madame la Princesse Palatine.)

1. La duchesse de Chevreuse, comme mère du duc de Luynes, le pénitent de Vaumurier, avait qualité spéciale pour s'immiscer à la négociation.

qu'on ne sauroit, sans blesser son autorité, croire que, le voulant, Elle ne le puisse, et qu'on ne sauroit douter qu'Elle ne le veuille sans blesser sa justice et sa bonté, d'autant qu'Elle témoigne à tout le monde qu'Elle lui fait l'honneur de l'aimer. »

Je fais grâce d'un autre billet du 21 mars, adressé par M. d'Andilly au Cardinal, et dans lequel, sous prétexte de l'informer que les ordres de la Cour viennent d'être exécutés dans les *quatre* jours promis, il demande pour lui-même la faveur de demeurer. Ce billet de douze lignes était doublé d'une autre lettre à M. de Coutances, que ce dernier ne devait montrer à Son Éminence qu'à la dernière extrémité, et dans laquelle le solitaire, assez diplomate comme on voit, lâchait toutes les bondes du pathétique, déclarait d'un air de confidence que de l'arracher d'une solitude où sa mère était morte au milieu de douze de ses filles[1], dont son père avait été le restaurateur, et qui n'était devenue habitable que par ses propres dépenses et travaux, ce serait le traiter comme un criminel; qu'autant vaudrait la Bastille!... M. de Coutances était averti par un petit billet séparé de n'user de cette pièce de désespoir qu'au cas où le reste n'aurait pas suffi, et comme de lui-même.

— Ai-je raison de dire qu'on ne connaît bien M. d'Andilly qu'après ces détails? Dans ses *Mémoires* il raconte, mais il abrége; il ne donne que les résultats brillants, il supprime les nombreuses machines. Ici nous l'avons tout entier.

Cependant la Cour s'était trop avancée pour reculer. Le 23 mars, la duchesse de Chevreuse rendit compte par lettre à l'intrépide correspondant de l'entretien qu'elle avait eu tant avec le Cardinal qu'avec la Reine : la conclusion était qu'il ne pouvait se dispenser de faire

---

1. Ou petites-filles.

un petit voyage à Pomponne ; mais tout garantissait que cet éloignement serait de peu de durée. La Reine avait demandé *si d'Andilly l'aimait encore ?* ajoutant « qu'elle avoit intérêt qu'il n'abandonnât pas ses arbres dont il lui donnoit tant de beaux fruits. » Le Cardinal enfin mit le comble aux procédés en écrivant le 24 mars un billet de sa main à M. d'Andilly, pour adoucir encore cette manière d'*exil*. Celui-ci sortit donc seulement alors, le dernier et non pas le plus mortifié de la bande, avec tous les honneurs de la guerre ; ce qui faisait dire dans le temps qu'il avait tenu plus ferme pour la défense de son désert que les plus braves gouvernants ne font au cœur des places assiégées.

Il était le 30 mars à Paris, prêt à partir pour Pomponne ; on lit dans les notes (manuscrites) de M. de Pontchâteau ce menu propos qui complète l'esprit de la situation et met un trait de plus à une persécution, de ce côté si courtoise :

« Du 30° mars 1656.

« M. d'Andilly nous a dit aujourd'hui en présence de M. Singlin, de M. l'abbé de Rancé[1] et de M. de Liancourt, que madame la princesse de Guemené étant hier chez M. le Chancelier (Séguier), lui dit : « Je m'en *vas* voir M. d'Andilly ; ne lui voulez-vous rien mander ? C'est votre bon ami. » M. le Chancelier dit : « Je suis son serviteur et l'ai toujours été. » — « Au moins, dit madame de Guemené, je lui dirai que vous êtes plus Janséniste que lui. » — « Pourquoi cela ? » demanda M. le Chancelier. — « Par ce, dit-elle, que vous avez assisté aux Assemblées de Sorbonne et que vous avez entendu tout ce que les Docteurs ont dit, et qu'il ne l'a pas

---

1. Rancé était, en 1656, des grands partisans de Retz et, jusqu'à un certain point, des amis de Port-Royal. Comme un des assidus de l'hôtel de madame Du Plessis-Guénegaud, il passe pour avoir poussé au succès des *petites Lettres*. Il fut au nombre des docteurs qui ne voulurent point signer la Censure d'Arnauld, ce qui ne l'empêcha pas, dans les années suivantes, de signer le Formulaire. On reviendra ailleurs sur son compte.

oui; et cela vous a convaincu et persuadé dans le cœur; et je le dirai partout. » — M. le Chancelier lui dit : « Ne le dites pas au moins à la Reine. »

Nous dirons bien vite, pour en finir de cette espèce de tournoi chevaleresque, qu'avant le mois expiré, l'*exilé* reçut en effet, à Pomponne[1], un ordre de s'en retourner le 1ᵉʳ mai dans sa chère solitude, et d'y aller jouir de la pleine ouverture du printemps. Le lendemain, en passant par Paris, il écrivait à la Reine et au Cardinal des lettres telles qu'on les peut concevoir en ce moment d'effusion. Le Cardinal eut la délicatesse d'y répondre encore par un billet de sa main, qu'on peut lire dans les *Mémoires* de d'Andilly : ce qui obligea ce dernier de récrire une seconde missive, datée le 9 mai, de Port-Royal des Champs, dans laquelle, au milieu d'un torrent de remercîments à Son Éminence pour tant de faveurs, y compris celle de *s'être abaissée jusques à vouloir bien prendre part à sa joie*, il revenait à justifier les Religieuses et la *sainte Maison*, à invoquer hautement protection pour l'innocence de ses proches et de ses amis; car, notez-le bien, à travers tout ce fracas de cérémonies qu'il étale, d'Andilly, en vrai Arnauld qu'il est, ne perd jamais de vue son idée.

Mais c'est à de plus simples et à de plus mâles sentiments qu'il faut s'adresser : la mère Angélique va nous les fournir. Ici le ton subitement change, on rentre dans la vérité des impressions et du langage. Tandis qu'autour du monastère les amis s'agitaient, se signalaient par toutes sortes de prouesses et d'exploits dont les *Provinciales* sont le seul grand, au dedans on se taisait et l'on mourait. Il y eut dans les deux premiers mois de 1656 neuf sœurs qui moururent, une aux Champs et

---

1. Ou plutôt à Fresnes, où il était à passer ce temps d'épreuve chez son amie madame Du Plessis-Guénegaud.

les huit autres à Paris : tout le faubourg en était effrayé. On a d'intéressantes lettres de la mère Angélique à la Reine de Pologne, Marie de Gonzague, pendant toute la durée de la crise. Cette pauvre Reine de Pologne n'était pas moins menacée alors dans son royaume que Port-Royal dans son désert. Les Suédois, par leur invasion soudaine de 1655, l'avaient forcée de fuir en Silésie, et « à la honte de la Chrétienté, comme lui écrivait la mère Angélique, elle ne trouvoit du secours dans son extrémité que parmi les infidèles, » c'est-à-dire auprès du Khan de la petite Tartarie. Ces noms à demi fabuleux reviennent singulièrement dans la Correspondance [1]. La bonne Reine, sortie à peine du plus fort de la tourmente, et tout épouse qu'elle était d'un roi anciennement *jésuite*, offrait cordialement à sa digne amie un asile dans son royaume, tant pour les *hermites* qu'on allait disperser que pour la Révérende *Mère* et son troupeau [2]. Au milieu de ces simplicités presque légendaires de la Correspondance se détachent d'admirables traits :

« (Du 2 mars.) Nos Hermites ne sont pas encore dispersés, mais nous n'attendons que l'heure, Notre Saint-Père (le Pape) l'ayant demandé au Roi : on n'étoit déjà que fort disposé à le faire.... En les éloignant les uns des autres, on ne les éloignera pas de Dieu. »

---

1. « Ce Khan dont parle Votre Majesté paroît avoir beaucoup d'esprit et d'affection pour le Roi (Jean-Casimir), si ces gens en sont capables.... Je supplie sa bonté (la bonté de Dieu) de convertir ce pauvre Prince (toujours le Khan) auquel je me sens fort obligée. » (Lettres du 20 et 27 janvier 1656.) Bossuet est moins naïf, à ce propos, dans le sublime passage de l'Oraison funèbre de la Princesse Palatine : « Charles-Gustave parut à la Pologne étonnée, etc. »

2. L'abbesse en fonction, à cette date de 1656, était la mère Marie des Anges Suireau, si recommandée par son gouvernement de Maubuisson. La mère Angélique, continuée pendant douze ans (voir tome II, page 297), avait achevé son quatrième triennat en 1654, et la mère Marie des Anges avait été élue.

« (Du 10.) Les préparatifs de notre persécution s'avancent tous les jours : *on attend du Tibre l'eau et l'ordre pour nous submerger....* »

« (Du 24.) Enfin tous nos Hermites sont sortis d'ici : il n'y reste plus que mon frère d'Andilly ; il faut qu'il sorte aussi, n'ayant pu obtenir de la Reine, quoiqu'elle lui fasse l'honneur d'avoir de l'affection pour lui, d'y demeurer...; et tout ce qu'on a pu obtenir, c'est qu'il ne vint point de Commissaire les en chasser, sur l'assurance qu'on obéiroit, comme on a fait. Notre vallée a été vraiment une vallée de larmes. »

Les solitaires, en effet, étaient sortis le 20 ; on renvoya les enfants (ils n'étaient que quinze) en partie chez leurs parents, et en partie on les transféra au Chesnai, chez M. de Bernières. Le petit Racine, âgé de seize ans, était parmi les écoliers de Port-Royal des Champs lors de cette dispersion. Il ne paraît pas au reste qu'il ait quitté le pays ; il se retira sans doute à Vaumurier ou à Chevreuse chez ses parents les Vitart, et, dès que les solitaires s'en revinrent peu à peu (ce qui ne tarda guère), il put retrouver ses maîtres. Mais il avait commencé à se dissiper.

Dans une lettre à son neveu M. Le Maître, datée du 28 mars, la mère Angélique continue cette sorte de journal intérieur, si différent par le ton de ce que nous avons ouï chez M. d'Andilly :

« Mon frère d'Andilly qui étoit demeuré le dernier, et qui sembloit devoir être exempt d'une obéissance si rude, part aujourd'hui. Il faut adorer les jugements de Dieu avec humilité.... Nous verrons un jour en l'autre monde, et peut-être encore en celui-ci, une partie des causes que Dieu a eues de laisser opprimer ses serviteurs et sa vérité même. Cependant, nous avons assez de quoi nous consoler, quand ce ne seroit que cette parole qu'*au juste tout lui coopère en bien....* J'espère qu'il assistera ceux qui sont sortis. Ils m'ont extrêmement édifiée : leur douleur a été toute chrétienne, sans murmure et sans découragement, sans chagrin. Enfin on a vu par leur sortie qu'ils n'avoient cherché que Dieu en leur entrée.... Nos Sœurs sont aussi comme il faut, grâce à Dieu; affligées, mais dans le silence. La plus grande part ne l'ont su que quand on a apporté leurs meubles [1]. Les petites filles qui avoient des frères (aux Granges) ont extrêmement pleuré, tant pour leurs frères que pour elles-mêmes, craignant que leur tour ne vienne. Enfin Dieu voit tout. »

Le 30 mars, dans l'intervalle de la cinquième à la sixième Provinciale, et l'un des jours que M. d'Andilly passait à Paris, le Lieutenant civil Daubray en partait à six heures du matin, pour aller s'assurer que les ordres de la Cour avaient été ponctuellement exécutés au monastère des Champs. MM. de Bagnols et de Luzanci, avertis à la minute (les Jansénistes avaient aussi leur police), partirent de Paris à cheval une demi-heure après ; mais ils s'arrangèrent pour ne joindre le magistrat qu'à la descente de Jouy. M. de Bagnols, ci-devant maître des Requêtes, connaissait particulièrement M. Daubray, et se mit dans son carrosse. M. de Luzanci alla en avant prévenir à Port-Royal. On y était parfaitement en règle. Il y eut pourtant encore quelques petites scènes qui rappelèrent assez bien celles qui avaient eu lieu, dix-huit ans auparavant, entre M. Le Maître et Laubardemont.

Le Lieutenant civil alla d'abord aux *Granges*, à cette ferme d'en haut où demeuraient la plupart des Messieurs. Il y trouva les logements vides, et une ou deux personnes seulement qui avaient l'air de paysans. Le premier à qui il s'adressa était un M. *Charles;* on ne le connaissait à Port-Royal même que sous ce nom. De

---

1. Les meubles qui servaient à ces Messieurs furent rapportés dans l'intérieur du couvent après leur sortie, et les Sœurs comprirent. — Ce sont là de ces traits qui éclairent en passant ces vies discrètes et ensevelies.

vrai, il était *messire* Charles Du Chemin, de Picardie, *prêtre*, mais qui, par pénitence et de l'avis de M. Singlin, avait cru pouvoir et devoir s'abstenir des fonctions sacerdotales[1]. Il était chargé aux Granges du soin de la ferme, du labourage. Il joua son personnage de *ménager* à merveille, et, dans son langage patois, il débouta d'un rien le Lieutenant civil. Celui-ci, tout préoccupé d'*imprimerie*, lui demandait : « Où sont les *presses*? » Et le matois paysan, d'un air entendu, le mena droit au *pressoir*[2].

L'autre personne qui avait qualité de *vigneron*, mais qui, comme dit Du Fossé, « travailloit en même temps à tailler la vigne spirituelle de son cœur, » était M. Bouilli, ancien chanoine d'Abbeville. Le Lieutenant

1. *Quelque chose de fort extraordinaire*, dit le Nécrologe, l'avait conduit là. Un jour ou une nuit, une femme qu'il avait assistée à la mort, et près du corps de laquelle il veillait, lui avait paru *tout en feu*. Il avait vu dans ce phénomène, aujourd'hui bien connu, de *combustion spontanée*, un avertissement miraculeux, un signe de son indignité comme prêtre; car à Port-Royal on faisait volontiers comme saint Jérôme, on poussait le respect pour le sacerdoce jusqu'à l'effroi.

2. Notons que ce digne M. Charles, s'il se cachait pour ce qu'il était au Lieutenant civil, ne se dérobait pas moins à ses amis de Port-Royal : « Il avoit un si grand désir de demeurer inconnu, nous dit Du Fossé (*Mémoires*, page 109), que pendant l'espace de plus de trois années que je l'ai vu en ce lieu, quelque liaison même que j'eusse avec lui, je ne pus découvrir qui il étoit.... Jamais il ne lui échappa de dire un mot de latin, quoiqu'il le sût.... Je n'ai jamais connu qu'après sa mort ce qu'il savoit et ce qu'il étoit. » Ainsi ce qui pourrait paraître dissimulation devant le Lieutenant civil n'était que la continuation de son humilité. — M. Charles mourut en avril 1687, après plus de trente-huit années de pénitence et de service ininterrompu. Il ne sortit qu'une seule fois de sa retraite, pour aller recueillir dans son pays l'héritage de son père, et dès lors ce domestique du monastère en devint le bienfaiteur caché. Dans les années de gêne, il fit seul toute la dépense d'un nouveau cours d'eau et de l'écluse d'un moulin à Saint-Lambert, d'un petit étang à Vaumurier. Il avait demandé en mourant d'être inhumé aux pieds de M. Hamon, — tout comme Racine.

civil, après l'interrogatoire, lui dit : « Bonhomme, mettras-tu bien là ton nom ? » Et sur ce que le bonhomme, faisant effort pour signer, paraissait plus accoutumé à la bêche qu'à la plume, le magistrat repartit : « Fais comme tu pourras. » — Ce sont là les petites pièces jansénistes et comme les intermèdes : les *Provinciales* étaient la grande tragi-comédie.

Des Granges le Lieutenant civil descendit à l'abbaye, et interrogea juridiquement la mère Angélique. Il insista sur la question de savoir s'il y avait une *Communauté* de solitaires. Elle lui exposa de point en point comment la réunion avait été toute successive, sans dessein arrêté, et toujours libre. Ce M. Daubray se conduisit d'ailleurs fort poliment ; et à une réponse que lui fit la mère Angélique : « En vérité, Madame, vous dites vrai, répliqua-t-il ; et si M. Arnauld et ces autres Messieurs n'avaient pas tant d'esprit, on ne parlerait pas tant d'eux, et on trouverait moins à redire à ce qu'ils font. » L'interrogatoire terminé, il lui demanda si elle voulait l'entendre relire avant de le signer. Elle lui répondit qu'elle en serait bien aise, puisqu'elle s'attendait à le voir imprimé quelque jour, et qu'il y fallait regarder de près. Et sur ce qu'il lui demandait d'où elle avait cette crainte de voir imprimer l'interrogatoire, elle allégua ce qui s'était passé du temps de M. de Laubardemont. M. Daubray répliqua de bonne grâce : « Oh ! Madame, pour qui me prenez-vous ici ? je ne suis pas Laubardemont, le diable de Loudun[1]. »

---

1. Il était le père de la fameuse marquise de Brinvilliers, qui l'empoisonna dix ans après (1666). Les auteurs jansénistes ont tous grand soin de rappeler l'aventure, insinuant, sans l'oser dire, que ce pourrait bien avoir été une punition du Ciel pour son ministère d'alors. — Il y eut d'ailleurs du singulier dans cette destinée. On lit dans Amelot de La Houssaye (*Mémoires historiques*, etc., tome III, page 76) que le même Daubray, jeune et se trouvant à Rome, avait été en danger de paraître trop lié avec le cardinal Deti, très-mau-

Au sortir du monastère, et après s'être donné l'honneur de saluer le duc de Luines qui était encore à Vaumurier, M. Daubray alla aux *Trous* faire visite, selon l'ordre qu'il en avait reçu, chez M. de Bagnols, lequel, on l'a vu, était du voyage ; il y passa la nuit, et, le lendemain matin, il se rendit chez M. de Bernières au Chesnai. Le reste des enfants des Écoles y étaient réunis au nombre de vingt-trois ou vingt-quatre, sous la conduite d'un maître de Port-Royal, M. Walon de Beaupuis. M. Daubray et les deux commissaires ses adjoints, loin d'y rien trouver à reprendre, parurent plutôt édifiés de la bonne éducation et discipline qu'ils y virent.

Nous donnerons plus loin, et à part, toute l'histoire des Petites Écoles depuis leur premier dessein par M. de Saint-Cyran en 1637, leur organisation complète à Paris en 1646, leur renvoi aux Champs et leurs vicissitudes en 1650 et 1656, jusqu'à leur ruine entière en 1660. On n'a donc pas à s'y détourner ici.

Telle fut en somme, et sans rien surfaire, ce qu'on a appelé à Port-Royal la *seconde* dispersion des solitaires, et la plus bénigne : la *première* avait eu lieu en 1638 ; la plus violente nous attend en 1661, — sans parler encore de celle qui, après l'intervalle de la Paix de l'Église, rouvrit la persécution en 1679, et qui fut la dernière.

On en était donc là à l'intérieur de Port-Royal, et l'on s'attendait à de pires extrémités, comme à l'éloignement des confesseurs et peut-être à la dispersion des religieuses. Dans sa lettre du 6 avril à la Reine de Pologne, la mère Angélique disait :

---

vaise connaissance ; il dut se dérober à cet inconvénient par un prompt départ. Trop agréé d'un cardinal dans sa jeunesse et empoisonné finalement par sa propre fille, c'était pour un galant homme jouer de malheur en fait de sentiments naturels.

« Enfin la Reine a commandé à l'Assemblée du Clergé de nous pousser à bout, et leur a dit que c'étoit sa propre affaire. Je n'en ai nul ressentiment contre Sa Majesté ; je sais qu'elle croit faire un très-bon œuvre, et qu'on lui persuade sans cesse qu'elle n'en sauroit faire un meilleur. Notre-Seigneur a dit que ceux qui persécuteroient ses serviteurs croiroient rendre service à Dieu. Tout ce que nous avons à désirer est de souffrir en cette qualité, et non pas pour nos crimes. »

C'est alors, c'est dans cette arrière-scène de Port-Royal de plus en plus obscurcie et désolée, et que n'ont pas dû nous dérober les brillantes et valeureuses excursions d'un soudain génie, c'est dans le profond de l'autel qu'un jour, à l'improviste, — le vendredi de la Samaritaine, — le jour précisément où l'on chante à l'Introït de la messe ces paroles du Psaume LXXXV : « *Fac mecum signum in bonum....* Seigneur, faites éclater un prodige en ma faveur, afin que mes ennemis le voient et qu'ils soient confondus ; qu'ils voient, mon Dieu, que vous m'avez secouru et que vous m'avez consolé ; » — c'est ce jour-là que Dieu sort de son secret, et qu'on entend, — qu'on entendit tout près de soi cette *Voix sainte et terrible !...* Le miracle de la *Sainte-Épine* fut le coup de tonnerre qui suspendit tout.

Comme il est loin de faire sur nous aujourd'hui le même effet qu'il fit sur les intéressés et en général sur les contemporains, nous nous bornerons d'abord à écouter les témoins les plus fidèles. Dans ces lettres de la mère Angélique où les *Provinciales* sont à peine mentionnées, le miracle tient une grande place. Laissons parler cette humble et grande âme dans toute sa simplicité :

« Je sais, Madame, écrivait-elle vers le commencement de mai 1656 à la Reine Marie de Gonzague, je sais que la bonté de Votre Majesté pour nous lui a fait prendre part à nos persécutions et penser à nous dans ses plus grandes douleurs.... Elle aura donc grande joie d'apprendre l'espérance que Dieu nous donne qu'il nous protégera. Car à l'heure que tout le monde nous croyoit perdues sans ressource..., il est arrivé qu'un très-bon prêtre [1] qui est notre parent, qui depuis quelques années a eu dévotion particulière de rechercher plusieurs saintes Reliques pour les révérer en sa chapelle (et Dieu a tellement agréé sa dévotion, qu'il a inspiré grande quantité de personnes de lui en donner de très-assurées, et depuis peu une Épine de la Sainte-Couronne de Notre-Seigneur, laquelle, après l'avoir fait enchâsser, il nous l'envoya pour la voir et la révérer.... [2]

« Nos Sœurs de Paris la reçurent avec grande révérence, et, l'ayant mise au milieu du chœur, l'adorèrent l'une après l'autre. Comme ce vint aux Pensionnaires, leur maîtresse, qui les conduisoit, prit le Reliquaire, de peur qu'elles ne le fissent tomber ; et comme une petite de dix ans s'approcha, qui avoit un ulcère lacrymal si grand qu'il lui avoit pourri l'os du nez (je supprime de vilains détails)..., il vint à cette religieuse (la maîtresse [3]) une pensée de dire à cette enfant: « Ma fille, priez pour votre œil ; » et faisant toucher la Relique au même moment, elle fut guérie. *A quoi on ne pensa point pour tout à l'heure* [4], chacune n'étant attentive qu'à la dévotion de la Relique. Après (la cérémonie), cette enfant dit à une de ses petites Sœurs : « *Je pense que je suis guérie.* » Ce qui se trouva si vrai, qu'on ne pouvoit reconnoître auquel de ses yeux avoit été le mal.

« Dieu a circonstancié ce miracle de telle sorte que personne n'en a douté. Cette enfant appartient à un très-honnête homme, Auvergnat [5], qui l'a mise chez nous à cause

---

1. M. Le Roi de La Poterie.
2. La mère Angélique, dans la plénitude de ses récits, fait un peu comme Hérodote : elle ouvre des parenthèses, et elle oublie quelquefois de les fermer.
3. La sœur Flavie, *qui depuis...* On aura assez occasion d'en parler.
4. Voilà le point délicat et le point faible.
5. Remarquez dans ce récit simple et vraiment humble l'absence de tout nom propre. Cette petite Marguerite, ni son père, M. Périer, ne sont nommés : ce dernier n'est qu'un honnête homme *Auver-*

de sa belle-sœur qui est religieuse. Elle avoit ce mal dès qu'il l'y mit, il y a plus de deux ans, étant venu à Paris et la laissant, afin qu'elle y fût mieux traitée. On y a fait tout ce qu'on a pu, excepté d'y mettre le feu, son père ne pouvant se résoudre à lui faire souffrir cette douleur, quoiqu'on lui mandât souvent qu'il empiroit. Enfin, trois semaines avant sa guérison, on fit venir un chirurgien nommé Dalencé, qui est estimé le plus habile de Paris, qui l'avoit déjà vue, pour la revoir avec grande attention et faire son rapport pour l'envoyer au père. Il sonda le mal et trouva l'os carié.... Il dit que le mal étoit incurable, à son avis; que, s'il y avoit du remède, c'étoit le feu; mais qu'il doutoit encore qu'il le pût guérir. On envoya ce rapport en Auvergne, et aussitôt le père partit pour venir voir ce qu'il pourroit faire pour cette enfant que Dieu guérit cependant. Cet homme est fort de nos amis, qui souffroit autant de notre persécution que du mal de sa fille, de sorte qu'il avoit une grande tristesse pendant tout le chemin; jusqu'à ce qu'il fut proche du Faubourg, qu'il lui prit un si grand mouvement de joie qu'il en étoit tout surpris; et, trouvant sa fille guérie, il crut que Dieu lui avoit fait sentir par cette joie la grâce qu'il lui avoit faite.

« Quand on vit la guérison, notre Mère[1] et la Mère Agnès défendirent d'en parler à ceux qui viendroient à la maison; et on envoya prier M. Dalencé, chirurgien, de venir. Lorsqu'il fut entré et qu'on lui présenta l'enfant, il dit sans la regarder : « Mais que voulez-vous que je fasse? Ne vous ai-je pas dit que le mal étoit incurable? » On lui répliqua plusieurs fois : « Mais, Monsieur, je vous prie, regardez-la encore. » Ce qu'ayant fait et la voyant guérie, il fut dans un extrême étonnement; et quand on lui eut dit la manière, il dit : « Il n'y eut jamais de miracle, si ce n'en

---

gnat. Pas un mot de M. Pascal dont elle est nièce, et dont les coups remplissent alors de bruit le monde. Le nom de l'auteur des *Provinciales* était sans doute un secret; mais toute autre que la mère Angélique aurait-elle résisté au plaisir de le nommer incidemment ou de faire quelque allusion? Miracle à part, tout ce récit respire la foi la plus abandonnée en Dieu et une simplicité d'esprit évangélique.

1. L'abbesse, la mère Marie des Anges.

est un. » Puis, étant sorti, il rencontra notre médecin, qui lui demanda ce qu'il venoit de faire à la maison, et, lui ayant raconté, il ajouta : « Mais, je vous prie, Monsieur, ne faisons point de bruit, car vous savez l'état de cette Maison. » Quelques jours après, il lui prit une fièvre continue, au troisième jour de laquelle il lui vint une pensée qu'il avoit tort de ne pas attester et publier ce miracle ; et, étant guéri, il l'a publié avec tant de zèle qu'il l'a persuadé à tout le monde, principalement à la Cour. Plusieurs médecins et chirurgiens sont venus voir l'enfant, et sur le rapport de M. Dalencé et de M. Cressé (autre chirurgien), qui l'avoit aussi vue quantité de fois dans son mal, ils ont attesté le miracle ; de sorte que c'est un concours continuel de personnes qui viennent révérer la Sainte-Épine et voir l'enfant.... Tant y a, que nous ne savons pas si Dieu s'est voulu servir de ce miracle ; mais il semble qu'on s'adoucit pour nous. On a permis à mon frère d'Andilly de revenir, et on ne parle plus de nous ôter nos Confesseurs. Enfin c'est une trêve que Dieu nous donne pour nous disposer à mieux souffrir, quand il lui plaira que la tempête recommence. En attendant, nous continuerons à prier Dieu pour Votre Majesté[1]. »

Cet attouchement par la Relique avait eu lieu au monastère de Paris le vendredi 24 mars, le jour même où, après tous les autres solitaires, M. d'Andilly s'apprêtait à sortir le dernier du désert des Champs. La guérison avait mis quelque temps à s'ébruiter, et ce n'était guère que trois semaines après qu'avait commencé l'éclat.

On a une lettre de la sœur Jacqueline de Sainte-Euphémie Pascal à madame Périer[2], mère de la *mira-*

---

1. *Lettres de la Mère Angélique*, tome III, pages 228-232 ; mais, pour cet endroit capital, j'ai restitué le texte plus au naturel d'après le manuscrit de la Bibliothèque du Roi (Résidu S. G. paquet 25, n° 4) ; et en général dans les citations précédentes de ces Lettres, j'ai fait, quand je l'ai cru convenable, de ces légères restitutions qui rendent plus au vrai la physionomie première.

2. *Recueil de plusieurs pièces...* Utrecht (1740), pages 283 et suiv. On trouve dans ce Recueil toutes les pièces probatives.

culée, où toutes les circonstances de l'attouchement avec les suites sont également relatées, et encore plus précises. C'est à trois heures de l'après-midi, *heure finale de la Passion*, que la chose avait eu lieu par l'un des instruments de la Passion : « Tous les enfants y allèrent (à la Relique) l'une après l'autre. Ma Sœur Flavie, leur maîtresse, voyant approcher Margot, lui fit signe de faire toucher son œil, et elle-même prit la sainte Relique et l'y appliqua sans réflexion.... » L'enfant, comme on voit, s'appelait *Margot* sans façon avant le miracle ; elle s'appela *Marguerite* après, et devint d'emblée une personne. Auprès des saints du parti, désormais, elle ne comptera pas moins que Blaise.

Bon gré, mal gré, il nous faut pourtant discuter cette affaire ou du moins l'éclaircir un peu. C'est un contre-temps au plus fort et au plus beau des *Provinciales*, de rencontrer ainsi le miracle de la Sainte-Épine. Les Jansénistes y voyaient le triomphe de leur cause : j'y vois surtout l'humiliation de l'esprit humain.

XII

Suite du miracle de la Sainte-Épine ; aperçu d'explication physique. — Gui Patin sur la valeur des témoignages. — Faux air d'authenticité. — Les miracles à la suite. — Impression sur Pascal. — Son vrai cachet restitué. — Répit donné à Port-Royal. — Digression sur Retz. — Dernier mot sur ses relations avec Port-Royal. — M. de Saint-Gilles à Paris et à Rotterdam. — Conclusion sur la Sainte-Épine. — Marguerite Périer et Massillon.

En fait, et à réduire les phénomènes mentionnés (on me dispensera d'énumérer les plus répugnants), à ce qu'ils peuvent signifier en bonne médecine, en bonne pathologie, la petite Marguerite avait non pas précisément une fistule, mais une *tumeur* lacrymale causée par l'obstruction du canal des larmes : quelques termes techniques sont absolument nécessaires. De plus cette obstruction était évidemment *incomplète*, puisque, si l'on pressait la tumeur, une partie de ce qu'elle contenait sortait, comme cela se doit, par l'orifice inférieur du canal. Les rapports anatomiques des fosses nasales et de l'arrière-gorge avec le conduit lacrymal permettent de rendre compte des divers accidents, dont les chirurgiens du temps avaient l'air de s'étonner plus qu'il n'était besoin. Rien ne prouve le moins du monde qu'il y eût carie ; il y avait le conduit naturel que bouchait un obstacle incomplet, et cet obstacle cédait en partie si l'on pressait. De tels cas sont assez simples. Il faut rabattre de tous ces symptômes que grossit l'inexpérience, aussi bien que de ces termes effrayants de la chirurgie d'alors, appliquer le *feu*, comme qui dirait condamner au feu. Il suffit que, d'une manière ou d'une autre, le libre écoulement des larmes se rétablisse à l'intérieur, pour que tous les désordres cessent presque à l'instant même. Or, dans le cas présent, qu'arriva-t-il? La sœur Flavie, en reprenant le Reliquaire et en l'*appliquant* sur la tumeur, opéra-t-elle par la simple pression le dégorgement complet du sac ? Cette pression, un peu énergique peut-être et proportionnée à la ferveur, fut-elle suffisante pour forcer l'obstacle et désobstruer, une fois pour toutes, le canal? Il n'y aurait rien que d'assez naturel à le supposer. Quoi qu'il en soit, on ne s'en aperçut pas dans le moment même. La petite dit seulement à l'une de ses compagnes qu'elle se sentait mieux : et le soir, la sœur Flavie remarqua que la tumeur, en effet, était dégonflée. Quant au chirurgien Dalencé, il ne vit l'enfant que le 31 mars, c'est-à-dire *sept jours après*[1], et il trouva le tout remis en bon état. La cause du mal venant à cesser, les effets disparaissent très-vite, et chez les enfants particulièrement. Il n'y eut en réalité pas d'autre personne de l'art qui fut témoin plus

---

1. C'est ce que prouve la lettre de la sœur Euphémie, telle qu'on la lit dans l'excellent Recueil d'Utrecht, page 283. Cette lettre, commencée le 29 mars, fut continuée le 31 ; il importe de distinguer cette double date, pour ne pas rapporter au 29 ce qui n'eut lieu que deux jours plus tard. — Je trouve encore la preuve que c'est bien le 31 mars seulement que M. Dalencé revit l'enfant, page 5 de la *Réponse à un Écrit publié sur le sujet des miracles qu'il a plu à Dieu de faire à Port-Royal depuis quelque temps par une Sainte-Épine de la Couronne de Notre-Seigneur*; Paris, 1656, in-4°.

rapproché. Dalencé avait vu l'enfant *deux mois* environ *avant* le 24[1], et il la revit *sept jours après*. Les autres témoignages n'arrivèrent qu'en gros, à la suite, et en se réglant sur le premier.

Tout ceci soit dit très-respectueusement et sans vouloir blesser le genre humain, même le genre humain janséniste, *à l'endroit le plus tendre.*

Gui Patin, peu crédule de sa nature, mais ici très-chaudement disposé en faveur de Port-Royal contre les Jésuites, a exprimé au vif, et avec son mordant habituel, le degré de confiance qu'il accorde aux témoins et parrains de ce miracle ; en homme de parti et en bon ennemi des *Loyolistes*, il ne demandait pas mieux d'ailleurs que de s'y prêter :

« Ceux du Port-Royal ont ici fait publier un miracle, qui est arrivé en leur maison, d'une fille de onze ans, qui étoit là-dedans pensionnaire, laquelle a été guérie d'une fistule lacrymale. Quatre de nos médecins y ont signé, savoir le bonhomme Bouvard, Hamon leur médecin, et les deux Gazetiers[2] : ils attribuent le miracle à un Reliquaire dans lequel il y a une portion de l'Épine qui étoit à la Couronne de Notre-Seigneur, qui a été appliquée sur son œil. Je pense que vous savez bien que ces gens-là, qu'on appelle du Port-Royal, tant des Champs que de la ville, sont ceux que l'on appelle autrement des Jansénistes, les chers et précieux ennemis des Loyolistes, lesquels voyant que ce miracle leur faisoit om-

---

1. *Il y a environ deux mois,* c'est ce que dit la sœur Euphémie dans sa lettre du 31 ; la mère Angélique, dans sa lettre à la Reine de Pologne (précédemment citée, page 173), porte la dernière visite de Dalencé à *trois semaines avant la guérison*. L'une et l'autre date reviennent au même pour mon raisonnement. (Voir une discussion au sujet de ce miracle, dans la *Revue de Théologie et de Philosophie chrétienne*, avril 1854, article de M. Frédéric Chavannes.)

2. Les frères Renaudot (Isaac et Eusèbe), rédacteurs de la *Gazette de France.* Il y avait bien peu de journalistes alors ; Port-Royal les avait pour soi.

bre, ont écrit, pour s'y opposer, *un Rabat-joye du Miracle nouveau du Port-Royal*, où l'on dit qu'ils n'ont rien fait qui vaille, mais surtout je m'étonne comment ils n'ont rien dit contre ces approbateurs de miracles, *qui non carent suis nervis*[1]. Le bonhomme Bouvard est si vieux, que *parum abest a delirio senili*. Hamon est le médecin ordinaire et domestique du Port-Royal des Champs, *ideoque recusandus tanquam suspectus;* les deux autres (les Renaudot) ne valurent jamais rien, et même l'aîné des deux est le médecin ordinaire du Port-Royal de Paris qui est dans le faubourg Saint-Jacques. *Imo ne quid deesse videatur ad insaniam seculi*, il y a cinq chirurgiens-barbiers qui ont signé le miracle. Ne voilà-t-il pas des gens bien capables d'attester de ce qui peut arriver *supra vires naturæ?* des laquais revêtus et bottés, et qui n'ont jamais étudié[2]. Quelques-uns m'en ont demandé mon avis. J'ai répondu que c'étoit un miracle que Dieu avoit permis d'être fait au Port-Royal, pour consoler ces pauvres bonnes gens qu'on appelle des Jansénistes, qui ont été depuis trois ans persécutés par le Pape, les Jésuites, la Sorbonne, et de la plupart des Députés du Clergé[3].... »

Combien de contemporains durent imiter en ceci Gui Patin, et avoir l'air de donner les mains au miracle, pour faire pièce au parti d'Escobar! Les Jansénistes étaient de bonne foi; plus d'un incrédule servit de compère.

1. Dont il n'est pas difficile de découvrir les *ficelles*. On sait le vers d'Horace :

Duceris ut nervis alienis mobile lignum.

2. Il faut faire la part ici de la prévention de Gui Patin contre les chirurgiens; pourtant on ne peut s'empêcher de remarquer que le seul témoin dont la déposition a quelque poids, le chirurgien Dalencé, est compris dans l'anathème et qualifié d'ignorant. Un prélat du bord des Jansénistes, l'évêque de Tournai (Choiseul), parlant de ce miracle dans un livre contre les Athées, et le racontant de manière à renchérir sur toutes les exagérations de ses amis, appelle Dalencé *l'un des plus grands hommes du siècle* en sa profession. Voilà comment, au gré de l'esprit de parti, chaque chose ou chaque homme a deux noms.

3. *Nouvelles Lettres* de Gui Patin à Spon (1718), tome II, page 206.

Cependant la certitude du miracle allait s'affermissant. Du moment que les médecins les plus autorisés témoignaient, comme ils le firent dans leur certificat du 14 avril (jour du Vendredi-Saint), qu'une telle guérison, selon eux, *surpassait les forces ordinaires de la Nature*, il n'y avait pour les gens de bonne volonté qu'à se précipiter du côté du mystère. La voix publique s'était prononcée; les informations se firent dans les règles. M. Du Saussai, vicaire général et official de Paris, qui commençait la visite du monastère avec d'assez douteuses intentions, dut les modifier en présence de cette guérison qu'il enregistra[1]. Le 22 octobre 1656, M. de Hodencq, autre vicaire général, au nom du cardinal de Retz alors errant, approuva solennellement le miracle par une Sentence, et un *Te Deum* fut célébré. Le peuple du faubourg ne cessait d'affluer dans l'église, en même temps que les moribonds de qualité envoyaient demander le Reliquaire[2]. C'est ainsi que les miracles et guérisons par la Sainte-Épine se multiplièrent en peu de mois jusqu'au nombre de quatorze, et ensuite jusqu'au nombre de quatre-vingts. Quant au miracle primitif qui avait donné le signal, il apparaît au premier aspect, revêtu de tout ce qui peut le rendre authentique historiquement. Il fut censé avéré par tout ce qu'il y avait d'autorités médi-

---

1. Hermant (*Mémoires* manuscrits) parle de ce M. Du Saussai comme d'*un bon vieillard* quasi en enfance, et qui manque de *mourir de peur* à chaque difficulté qu'il rencontre dans l'exercice, alors très-contesté, de ses fonctions d'official. Dans les écrits publics de Port-Royal à cette époque, il faut voir au contraire avec quel respect il est parlé de *Monseigneur l'Évêque de Toul* (le même M. Du Saussai) en tant qu'approbateur du miracle.

2. a duchesse de Lesdiguières envoya quérir la Sainte-Épine et fit faire une neuvaine; elle mourut cependant. Pour la Princesse Palatine, qui était à l'extrémité, on se contenta d'appliquer un linge qui avait touché la Sainte-Épine, et elle en revint. La prétention des Jansénistes était que le saint objet n'opérait que quand il était dans leur église, et pas ailleurs.

cales et ecclésiastiques. Les Jésuites eux-mêmes pensèrent à l'interpréter plutôt qu'à le nier, et ils en furent quittes, en définitive, pour dire que c'était le Démon qui l'avait fait. En 1728, le pape Benoît XIII le laissa citer sous ses yeux, dans ses propres Œuvres (dans la continuation de ses homélies sur l'Exode), pour prouver que les miracles n'ont point cessé dans l'Église [1].

Si Port-Royal, au plus fort de la persécution, parut choisi de Dieu à dessein pour le lieu du miracle, la famille de Pascal au sein de Port-Royal, c'est-à-dire précisément celle du défenseur le plus intrépide de la vérité opprimée, parut l'objet d'une élection encore plus singulière et plus significative. La Sœur Sainte-Euphémie crut pouvoir, en cette occasion unique, se rappeler ses anciennes idées de poésie, et recourir à ce talent de rimer par lequel elle avait un moment émerveillé le monde, jouté, tout enfant, avec M. de Benserade ou coqueté, jeune fille, avec l'*illustre* M. Boursault [2] : elle

---

1. Le passage est formel ; il s'agit des miracles qui ont eu lieu dans la Catholicité au dix-septième siècle. « Il serait facile, est-il « dit, d'en produire une suite assez nombreuse, si un seul exemple « entre tous ne suffisait.... Se non che per tutti deve bastare l'oc- « corso in Parigi in persona di una fanciulla, risanata in un « instante col tatto di una Spina della Sagratissima Corona del « Nazareno da una fistola laggrimale, già incancherita nell' occhio « (*à mesure qu'on s'éloigne, comme chacun renchérit !*) : e fu così « celebre, che non solamente non dà luogo a dubitarne, ma « necessitò soavemente a convertirsi un' Eretico che lo vidde : « come può leggersi in Monsignor Gilbert de Choiseul, vescovo di « Tornaj. » Et l'on renvoie à l'ouvrage de M. de Choiseul. Tout cela se lit dans les *Opere* de Benoît XIII (Ravenne, 1728, tome I, page 257). — Lire, en revanche, l'*Essai philosophique sur les Probabilités*, par M. de La Place, à la page où ce même miracle est pris pour exemple et discuté.

2. Pour ceux, en effet, qui aiment les contrastes, il n'est que de mettre en regard les vers sur la Sainte-Épine et les Stances, Élégie, Madrigal et Lettre de mademoiselle Pascal à Boursault, avec la Réponse galante de celui-ci (*Lettres de respect, d'obligation et d'amour* de M. Boursault, 1669, pages 389-399, et 446). Cela est

témoigna sa reconnaissance à Dieu dans une pièce de vers qui s'est conservée. Mais l'apostrophe sublime de la XVIe Provinciale nous dispense, et même au besoin nous interdirait, de rien citer de ces vers parfaitement détestables.

Quant à Pascal, tout nous atteste l'impression profonde et vraiment souveraine que produisit sur lui l'événement à la fois solennel et domestique. On a dit spirituellement qu'il ne put s'empêcher de le considérer comme une *attention* de Dieu pour lui. Ce fut seulement alors qu'il changea son cachet, et y mit pour *armes* non pas un *Ciel* (on s'y est trompé), mais, ce qui est un peu moins beau, un *Œil* au milieu d'une Couronne d'Épines, avec ce mot de saint Paul : *Scio cui credidi*, je sais en qui j'ai foi[1]. Il écrivit sur l'heure à mademoiselle de Roannès des lettres toutes remplies de pensées sur les miracles ; il adressa à M. de Barcos une série de questions à ce sujet. Chose singulière et assez pénible à dire ! si le Pascal des *Provinciales* passa sans plus tarder au Pascal des *Pensées*, ce fut à l'occasion de cette affaire qui nous répugne si fort aujourd'hui. Nous tenons l'anneau qui joint directement l'un à l'autre.

propre à faire rêver l'observateur moraliste sur le hasard des vocations. A quoi tient-il souvent, dans la jeunesse, que l'on tourne d'une manière ou d'une autre ; qu'on tourne à la précieuse ou à la sainte ?...

1. Hermant (*Mémoires* manuscrits) dit positivement de M. Périer, père de Marguerite, qu'il adopta dorénavant pour armes cet emblème ; Fontaine (*Mémoires*, tome II, page 134), rapportant le même changement de cachet à Pascal, avait indiqué un *Œil* qui est devenu un *Ciel* par une faute d'impression facile à concevoir. Nous avons tous répété ce *Ciel* qui s'enfermait dans sa Couronne d'épines, et moi-même, s'il m'en souvient, j'ai tâché de l'admirer. Hélas ! en y regardant de plus près, il en est de ce *Ciel* du cachet de Pascal, comme de l'*abîme* qu'il voyait, dit-on, à ses côtés : ces deux beaux symboles se sont évanouis. Je regrette la faute d'impression.

Le livre des *Pensées*, dans son inspiration première, se greffa en plein sur le miracle de la Sainte-Épine.

Non, il n'est pas vrai de prétendre, avec l'auteur du *Discours sur les passions de l'Amour*, que *dans une grande âme tout est grand*. Cela est bon à dire en causant devant Corneille ou devant M. d'Andilly, mais non pas devant Dieu, non pas même devant Du Guet ou La Bruyère.

M. de Saci le savait bien, lui qui voyait surtout dans l'événement extraordinaire un grand sujet d'humilité et d'*abaissement*. Pascal converti le savait de même, et il avait raison de le dire en même temps qu'il le prouvait par son exemple ; mais c'était dans un sens autre que celui qu'il se figurait.

Le principal et très-scabreux raisonnement de nos amis les Jansénistes, en cette occasion, consistait à s'emparer du fait surnaturel qui les intéressait et qu'ils ne mettaient pas même en question, à y voir une sorte de miracle-modèle qui devait démontrer tous ceux du passé, et à partir de là pour réfuter avec un air d'évidence les Athées et incrédules. « M. de Saci (nous apprend Fontaine), lorsqu'il parloit sur cela avec ses amis, leur disoit que, si l'on pouvoit douter de la justification de Port-Royal par ce miracle et par les autres (qui en étaient la répétition), il n'y auroit point de vérité dans l'Église que l'on ne pût obscurcir. Il ne craignoit point de dire que, si ces miracles ne concluoient point, il n'y en auroit point dont on se pût servir contre l'esprit contentieux et opiniâtre, et que tous ceux que Dieu a faits ou par lui-même ou par ses serviteurs seroient aisément éludés par les mêmes raisons.... » Ainsi pleine et entière assimilation du présent miracle avec ceux qui constituent les plus redoutables mystères de la foi ; cet *ex æquo* est au fond de la pensée janséniste, soit que Pascal la revête et la rehausse de plus de mysticisme¹, soit que M. de Choiseul nous la rende tout uniment². A eux tous, sans moquerie et sans sourire, il est permis d'opposer, comme seule digne réponse, la belle et ferme parole de Montesquieu : « L'idée des faux miracles vient de notre orgueil, qui nous fait croire que nous sommes un objet assez important pour que l'Être suprême renverse pour nous toute la nature. C'est ce qui nous fait regarder notre nation, notre ville, notre armée (ajoutons *notre couvent, notre Port-Royal*) comme plus chères à la Divinité. Ainsi nous voulons que Dieu soit un être partial..., qu'il entre dans nos querelles aussi vivement que nous, et qu'il fasse à tout moment des choses dont la plus petite mettroit toute la terre en engourdissement³. »

(Mettre la terre *en engourdissement*, c'est une autre manière de dire comme Pascal, *étonner la nature*.)

On a donné comme de Pascal, ou du moins on a imprimé dans ses Œuvres une *Réponse* au *Rabat-joie des Jansénistes* (c'était le titre d'un élégant Écrit attribué au Père Annat et destiné à rabattre l'effet du miracle); mais il devient trop clair, si on la parcourt, que cette *Réponse*, qui parut en 1656, et pour laquelle Pascal

---

1. Pascal, *Pensées sur les Miracles*.
2. Et même un peu naïvement, lorsqu'il dit (*Mémoires touchant la Religion*, 1681, tome I, page 81) : « Ainsi l'innocence de l'enfant, la sincérité, la suffisance et le nombre des témoins, m'assurent tellement de la vérité de ce miracle, que non-seulement ce seroit en moi une opiniâtreté, mais une extravagance et une espèce de folie d'en douter ; et, si je ne puis douter de celui-là, pourquoi ne croirai-je pas que Dieu en a fait d'autres, et que Jésus-Christ, couronné d'épines et crucifié pour nous, que cette enfant et sa maîtresse adorent, est notre Dieu et notre Libérateur ? » On sent tout ce qu'il y avait de périlleux, pour de vrais Chrétiens, à faire dépendre à ce point toute la chaîne des miracles d'un seul et dernier qui n'était qu'à l'usage d'une maison, et à mettre en quelque sorte sous la garantie de Port-Royal le Calvaire lui-même.
3. Montesquieu, *Pensées sur la Religion*.

dut être consulté, n'est pas de lui. M. Hermant nous dit (*Mémoires* manuscrits) que l'ouvrage n'était pas indigne de la réputation de M. Le Maître. Il est à croire aussi que M. de Pontchâteau n'y resta pas étranger ; car il s'était chargé spécialement de rassembler toutes les pièces et tous les témoignages qui se rapportaient à ces guérisons prétendues miraculeuses, et même il prenait gaiement le titre de *greffier de la Sainte-Épine* que la mère Agnès lui avait donné. On n'a pas ce dossier de M. de Pontchâteau. Un voyage qu'il fit peu après à Rome (il était grand voyageur) dissipa ses bonnes dispositions [1], et il fut quelque temps avant de revenir à la vie pénitente.

Je me garderai d'insister plus longtemps sur les suites d'un Épisode si considérable tout d'abord, et dont l'influence, qu'on le sache bien, se retrouvera en avançant dans toute l'histoire du Jansénisme. Je fais grâce de ce qui n'était que dévotions domestiques, de la Messe en musique célébrée chaque année à Clermont le 24 mars, et de la Prose qu'on y chantait:

> O Spina mirabilis,
> Cunctis venerabilis,
> Malorum solatium, etc.

Il y eut même le Chapelet de la Sainte-Épine avec une prière particulière à chaque grain, — avec des versets particuliers pour chaque petit grain, et des antiennes pour les gros. — Ce qu'il importait de signaler à notre moment de 1656, c'était le double résultat imprévu de

1. Il décampa un beau matin, au mois d'avril 1658, sans prévenir ces Messieurs autrement que par un petit billet qu'il laissa à l'adresse de l'un d'eux, et où on lisait pour toute explication : « Je vous supplie qu'on ne se mette point en peine de moi, je suis parti pour Rome. » Il y allait avec de jeunes abbés de son âge et de sa qualité, qui le débauchèrent. — Tout cela sera dit et raconté en son lieu.

ce miracle de couvent, résultat oratoire immortel dans les *Provinciales*, résultat politique et positif en ce que la Reine, comme on l'a indiqué, s'en trouva subitement arrêtée et adoucie. Les Jansénistes comparaient le dessein de Dieu, en cette occurrence, à ce qui éclata du temps de la persécution de saint Athanase, quand le grand ermite saint Antoine vint exprès à Alexandrie confirmer par des guérisons merveilleuses la foi ébranlée, et à ce qui éclata encore à Milan en faveur de saint Ambroise persécuté, lorsqu'il lui fut révélé du Ciel en quel endroit se trouvaient les corps des martyrs saint Gervais et saint Protais, et que ces corps trouvés et transportés opérèrent d'abord la guérison d'un aveugle : la persécution de l'impératrice Justine n'en fut pas tout à fait éteinte, disent les historiens, mais elle fut un peu ralentie et donna quelque relâche. « Vraisemblablement, écrit Racine, la piété de la Reine fut touchée de la protection visible de Dieu sur ces Religieuses. Cette sage princesse commença à juger plus favorablement de leur innocence. On ne parla plus de leur ôter leurs novices ni leurs pensionnaires, et on leur laissa la liberté d'en recevoir tout autant qu'elles voudroient. » Le désert même des Champs se repeupla peu à peu. C'est vers ce temps (1657) que la grande Mademoiselle y fit cette visite royale dont il a été parlé ailleurs[1].

Il y a plus : le cardinal de Retz, qui avait quitté Rome et l'Italie, et qui, sous un air d'Athanase, commençait à mener par l'Allemagne et la Hollande cette série d'obscures caravanes trop bien circonstanciées par le fidèle Joly; cet archevêque, tout à la fois légitime et séditieux, pensa à ses amis de Port-Royal, et donna ordre à ses Grands-Vicaires d'instituer M. Singlin comme Supérieur officiel des deux maisons. Les Jansénistes ont tou-

---

1. Tome II, page 275.

jours gardé au cardinal de Retz une grande reconnaissance de ses bons offices à leur égard, et l'expression même de cette reconnaissance, qui va jusqu'au naïf, suffirait au besoin pour les justifier du soupçon d'être entrés en profonde complicité politique avec lui. Quand ils parlent de la radiation d'Arnauld en Sorbonne : Qu'attendre, ajoutent-ils, d'une Société qui ne rougit point de chasser de son sein le cardinal de Retz, son propre archevêque, l'un des plus habiles théologiens ?... Théologien, à la bonne heure! il l'était en effet, comme à d'autres moments Cartésien [1]; il jouait à tous les jeux de son temps; mais nos bons amis ne disent pas le reste. Dans les petites biographies en note qu'ils donnent de lui, ils essayent de nous le montrer comme pénitent dans ses dernières années et devenu fort *solitaire* : il ne tiendrait qu'à nous de prendre ce mot-là dans le sens rigoureux, si nous ne savions de qui il s'agit. Ils font de même (moins inexactement sans doute, mais non pas moins improprement) pour Boileau, qu'ils nous représentent, en vieillissant, devenu *solitaire* [2]; et en général ils traduisent volontiers toute vieillesse de leurs amis en solitude de désert et en pénitence janséniste.

C'est le moment peut-être de bien fixer les relations de Retz et de Port-Royal, qui ont déjà été touchées en passant. Cette petite diversion nous est bien permise en sortant des ennuis que nous a causés la Sainte-Épine. Petitot, s'emparant ici de plusieurs passages des *Mémoires* de Gui Joly, a noirci le plus qu'il a pu le tableau, et y a broyé de la politique. On ne saurait pourtant en dé-

1. Voir dans les *Fragments de Philosophie cartésienne* de M. Cousin le piquant chapitre sur le cardinal de Retz *Cartésien.*
2. Voir dans le petit *Nécrologe*, en sept volumes, au tome IV, pages 49 et 309. C'est à mesure qu'on avance dans le dix-huitième siècle que ces points de vue du passé s'arrangent de plus en plus. — Est-ce que, en histoire ecclésiastique, cela aurait lieu généralement ainsi?

couvrir de bien sérieuse à notre sens, et le peu que nous avons vu, nous l'avons dit. Les relations directes et mystérieuses des Jansénistes et de Messieurs de Port-Royal, comme *parti*, avec le cardinal de Retz, ne se nouèrent qu'à dater de son emprisonnement, et surtout de sa fuite : il faut bien distinguer ce second temps d'avec celui de la Fronde, et Joly reconnaît que le Cardinal son maître n'y eut pas du tout les mêmes amis. Une considération d'influence et d'étiquette (ceci est curieux à savoir) avait toujours contribué à retenir, à entraver la liaison de Retz avec les Jansénistes, tant que le Coadjuteur avait été libre et présent de sa personne. J'ai sous les yeux une pièce authentique et confidentielle, émanée de La Trappe, où je lis ce passage : « L'abbé de Rancé se ressouvint d'avoir ouï dire plusieurs fois à une des personnes du monde les plus qualifiées (le cardinal de Retz) que les Jansénistes avoient voulu l'engager dans leur parti, mais *qu'ils lui imposoient une condition* dont il n'avoit pu s'accommoder, *qui étoit que, quand il seroit question de prendre des résolutions, sa qualité ne seroit point considérée, et qu'il n'auroit parmi eux sa voix que comme un autre.* » Cette confidence ne peut se rapporter qu'au temps où Rancé voyait beaucoup Retz, et où celui-ci n'avait pas encore par-devers lui toute l'autorité d'un archevêque titulaire, en un mot au temps de la vraie Fronde. On reconnaît là le coin de républicanisme et de presbytérianisme primitif, particulier aux fils de Saint-Cyran. De plus politiques n'auraient point fait à l'avance une pareille condition de nature repoussante au puissant allié qui s'offrait, et ils se seraient contentés de le neutraliser dans l'occasion. Nos roides et raisonneurs amis n'en étaient pas à ce degré de pratique. Mais dès qu'il fallut écrire, faire feu de leur plume pour un captif, pour un absent et un persécuté, oh ! alors c'était leur vrai terrain, et ils ne demeurèrent pas en arrière. Dans cette suite d'efforts habilement concertés que tentèrent le peu d'anciens amis restés fidèles et les nouveaux alliés ecclésiastiques de Retz, pour lui faire emporter comme de vive force l'archevêché de Paris à la mort de son oncle, Port-Royal se retrouve et s'entrevoit à tout instant pour les écritures, les mandements, les monitions des Grands-Vicaires : presque toutes ces pièces *très-bien écrites*, dit Joly, venaient de Messieurs de Port-Royal. L'évêque de Châlons Vialart, très-lié avec notre monastère et l'un des défenseurs d'Arnauld en Sorbonne, faisait le rôle d'un intermédiaire actif entre le vagabond archevêque et ses ouailles opiniâtres. Le président de Bellièvre lui-même était un des pivots les plus assurés dans cette tentative, qui, après tout, servait le droit, et qui allait à sauver de l'anarchie et de la servilité au Mazarin et à la Cour l'Église métropole de Paris. Par malheur Retz n'en était pas digne. Il s'abandonna *lâchement*, osons répéter ce mot avec Joly, et il abandonna ses amis, n'ayant plus à cœur que de s'acoquiner à son aise pour le reste de *cette farce qu'on appelle la vie*. Pendant qu'échappé de Rome en ces années 1656-1658, il courait les auberges d'Allemagne, de Brabant et de Hollande, s'y enfonçant dans d'ignobles plaisirs, ceux qui avaient meilleure opinion de lui l'exhortaient à tenir ferme pour son droit : « L'évêque de Châlons lui écrivit et lui fit écrire de belles lettres par Messieurs de Port-Royal, dans lesquelles ils lui proposoient les exemples des saints Évêques qui s'étoient cachés dans les déserts et dans les cavernes au temps de la persécution : ce qui lui fit former le dessein frivole et chimérique de se cacher aussi, dans le dessein de se faire une grande réputation dans le monde en suivant l'exemple de ces grands hommes, quoique dans son cœur il ne se proposât de se tenir caché que d'une manière et dans un esprit tout à fait différents. »

Joly ajoute encore qu'au moment de ses plus basses crapules, Retz comparait sa retraite dans les hôtelleries à celle des anciens Anachorètes dans les déserts : il caressait *Annette* ou *Nanon*, et se posait en Athanase.

Pendant ce temps-là on recherchait ses amis à Paris. Je tirerai des *Mémoires* manuscrits de M. Hermant le récit détaillé de quelques scènes qui donnent bien idée des poursuites et du zèle des limiers de justice en défaut. On y voit figurer M. de Saint-Gilles qui, l'année suivante, se fera l'agent direct des Jansénistes auprès de Retz et l'ira visiter en Hollande. Était-il déjà mêlé dans les impressions d'écrits pour ce Cardinal, à cette date de 1657, c'est-à-dire *avant* le voyage ? ou bien, comme il arrive si souvent, les accusations et les poursuites dont il fut l'objet lui donnèrent-elles l'idée de les justifier en tout et de les mériter ? Quoi qu'on en pense, je laisse parler le scrupuleux chroniqueur M. Hermant, qui nous représente au vrai les coulisses du Jansénisme, tout en croyant ne nous en découvrir que le sanctuaire :

« M. Taignier, dit-il, docteur en théologie de la Faculté de Paris, et M. Baudry d'Asson de Saint-Gilles, qui étoient tous deux fort exacts à marquer les événements de l'Église, firent deux voyages en ce temps-ci (1657) : savoir, M. Taignier à Vendôme et à Bellesme dans la compagnie de M. de Bernières, et de M. de Saint-Gilles à Clairvaux avec M. Le Maître, l'un des plus illustres solitaires de notre siècle, qui avoit eu dévotion d'aller visiter le tombeau de saint Bernard et d'honorer ses reliques.... M. de Saint-Gilles ne remarqua rien de considérable dans le cours de son voyage que plusieurs miracles de la Sainte-Épine de Port-Royal, dont on lui raconta plusieurs particuliers à Provins, à Brie-Comte-Robert et ailleurs [1]. Étant de retour à Paris le 2ᵉ jour d'octobre, il apprit que le samedi, 29ᵉ septembre, le Lieutenant du Prévôt de l'Ile avec quatre exempts, quatre ou cinq libraires et trente ou quarante archers, étoient entrés de

---

1. Il y eut, comme on voit, les ricochets en province.

grand matin dans l'hôtel de Bonair[1], rue Sainte-Geneviève au faubourg Saint-Marcel, appartenant à M. Pelletier Des Touches, retiré depuis longtemps avec M. de Saint-Cyran[2], et qui est le lieu où cet abbé a accoutumé de loger lorsqu'il vient à Paris. La porte de derrière fut gardée par ordre de ce Lieutenant, et environnée de grand nombre d'archers dès quatre heures du matin; mais il ne trouva dans la maison que M. et mademoiselle Veyras, qui y demeuroient actuellement. Il visita fort exactement tous les appartements de la maison, parce qu'il y cherchoit une imprimerie qui ne s'y trouva pas.... Un procédé si extraordinaire et si violent surprit tout le monde; mais ceux qui tâchèrent d'en découvrir le motif surent que la cause essentielle étoit que M. e Chancelier avoit été persuadé par les Jésuites que les disciples de saint Augustin avoient une imprimerie, et que l'on y travailloit à une histoire des Assemblées de Sorbonne au sujet de la Censure contre M. Arnauld, laquelle seroit capable de perdre de réputation ce Chef de justice dans toute la postérité. Ce qui pouvoit servir de fondement à ce faux soupçon étoit que M. le Chancelier pouvoit avoir su que l'on avoit vendu une presse depuis quelque temps; car on assuroit que les amis du cardinal de Retz l'avoient achetée et s'en étoient servis pour y faire imprimer les dernières pièces qui avoient été publiées pour sa défense. On sut aussi, par le moyen de la femme de ce Lieutenant du Prévôt de l'Ile, que son mari devoit aller en plusieurs autres maisons pour ce même sujet.

« M. d'Andilly, ayant été sensiblement touché d'une si étrange équipée, s'en plaignit peu après par une grande lettre qu'il écrivit à M. de Priezac, conseiller d'État, pour la faire voir à M. le Chancelier, chez lequel il logeoit. Il représentoit fortement cette violence, protestant que ses amis et lui défendroient toujours la doctrine de l'Église

---

1. Ou *Bonnaire*, comme l'écrit Dom Gerberon, *Histoire générale du Jansénisme*, tome II, page 373. L'abbé de La Croix, dans sa *Vie de M. de Beaupuis*, appelle cette maison *Bel-Air*. Peu importe.

2. M. de Barcos. — Voir sur M. Le Pelletier Des Touches précédemment notre tome I, p. 430.

jusqu'à la dernière goutte de leur sang, et marquoit en un endroit que *la postérité sauroit toute chose*[1]. M. de Priezac, faisant réponse à cette lettre, lui témoigna que M. le Chancelier l'avoit ouï lire avec plaisir. Ce grand magistrat, qui tâchoit d'épouvanter les disciples de saint Augustin et de les accabler sous le poids de son autorité, avoit peur lui-même ; et ceux qu'il avoit entrepris de perdre ne laissoient pas de lui être formidables, quoiqu'ils n'eussent en leur pouvoir ni Lieutenant du Prévôt de l'Ile ni archers[2].

« Le jeudi suivant 4ᵉ octobre, un huissier du Châtelet, accompagné d'un commissaire, vint à Port-Royal de Paris demander un nommé M. de Saint-Gilles. Le portier ayant répondu qu'il n'y étoit pas et n'y demeuroit pas, ils parlèrent à M. du Plessis Akakia, et demandèrent qu'on leur ouvrit quelques chambres pour faire leur procès-verbal de perquisition. On les mena dans les chambres de M. de Beaumesnil, prêtre, et du même M. Akakia, qui faisoit alors les affaires de la maison. Ils y écrivirent ce qu'il leur plut, et, en s'en allant, ils laissèrent une assignation ou ajournement personnel pour M. de Saint-Gilles. A l'instant même M. Akakia manda cette nouvelle à Port-Royal des Champs où M. de Saint-Gilles se trouvoit alors, et il marqua particulièrement dans sa lettre que l'on devoit bientôt *trompeter* celui pour lequel on avoit laissé cet ajournement, par trois jours de marché consécutifs, et à la porte de Port-Royal.

« M. d'Andilly[3], ayant su ce qui se passoit, écrivit une lettre fort pressante à M. l'évêque de Coutances, afin qu'il vît là-dessus M. le Lieutenant civil pour savoir tout son dessein et arrêter cette poursuite, si cela se pouvoit. La chose réussit selon son désir ; car M. de Coutances étant aussitôt allé voir le Lieutenant civil, et ne lui ayant parlé d'abord que de choses indifférentes, il le mit ensuite sur l'imprimeur et le

---

1. Nous commençons à être faits à ces rodomontades.
2. Voilà un sentiment de force et d'orgueil qui ne pouvait naître et s'afficher à ce point dans le parti qu'après les *Provinciales*.
3. N'admirez-vous pas comme il suit à outrance le rôle qu'il s'est donné de défenseur extérieur de Port-Royal et de redresseur de torts par-devant les Puissances ?

libraire qui étoient prisonniers dans la Bastille. Ce magistrat lui témoigna être fort animé là-dessus ; et, après lui avoir dit qu'ils devoient bientôt juger le libraire, il ajouta qu'ils avoient enfin découvert le chef de tous les Jansénistes ; que c'étoit un nommé Saint-Gilles qui avoit fait tous les imprimés [1] ; qu'il y avoit quatre témoins contre lui (entendant par là Langlois [2], sa femme, son frère et son fils), sur la déposition desquels ils lui alloient faire son procès ; qu'il étoit en fuite, mais qu'ils le feroient *trompeter* par les rues *à trois briefs jours*, et puis pendre en effigie devant la porte de Port-Royal.

« M. de Coutances lui ayant demandé s'il connoissoit ce Saint-Gilles, il dit que non. « Je le vois bien, dit cet évêque ; mais je le connois, moi : c'est un gentilhomme de fort bonne maison, et qui est mon ami. Je vous prie, n'allez pas s vite. Que disent les témoins ? » M. le Lieutenant civil répliqua qu'ils déposoient qu'il avoit fait imprimer toutes les pièces des Jansénistes, les *Provinciales* [3], et la Lettre de l'Avocat contre laquelle M. le Nonce étoit si *animé* [4]. M. de Coutances lui ayant demandé *s'il n'y avoit rien des pièces du cardinal de Retz*, et l'autre lui ayant dit que non, l'évêque lui dit : « De quoi vous mettez-vous donc en peine ? Sachez que tout le reste n'est à M. le Cardinal (Mazarin) qu'une bagatelle, et qu'il ne s'en soucie pas. Vous ne lui en ferez

---

1. M. de Saint-Gilles était en effet reconnu pour le correcteur en chef des épreuves et le *prote* par excellence de Port-Royal ; bien des années après, dans une lettre adressée à Nicole, M. de Pontchâteau écrivait en plaisantant : « Comme j'ai un peu [succédé à M. de Saint-Gilles dans son *royaume des points et virgules*, j'exerce ma principauté. Je trouve trop de petites minuties dans l'errata, etc. »

2. Libraire.

3. Nous savons, de l'aveu même de Saint-Gilles, que c'est parfaitement exact.

4. Cette pièce, qui mettait le Nonce en émoi, se trouve dans quelques éditions des *Provinciales*, à la suite, et comme formant la *dix-neuvième* Lettre. Le titre primitif était : *Lettre d'un Avocat au Parlement à un de ses amis* touchant l'Inquisition qu'on veut établir en France, à l'occasion de la nouvelle Bulle du Pape Alexandre VII ; elle porte la date du 1ᵉʳ juin 1657. On l'a attribuée à divers auteurs : il paraît bien qu'elle est de M. Le Maître.

nullement bien votre cour. Je lui en parlerai, s'il en est besoin pour M. de Saint-Gilles, et à M. le Chancelier. Je vous en prie, ne passez pas outre. » Ce fut M. de Coutances lui-même qui conta à M. d'Andilly, étant à Dampierre, cette conversation, qui arrêta pour quelque temps les procédures et ralentit un peu l'ardeur de M. le Lieutenant civil. »

J'ai tenu à laisser subsister ce curieux chapitre dans toute l'étendue de sa physionomie. On y voit sensiblement, entre autres choses, l'importance qu'attachait la Cour à rechercher tout ce qui venait du cardinal de Retz, et aussi le soin particulier que prenaient les Jansénistes de se blanchir à cet endroit. Ce qui est bien certain, c'est qu'un an environ après cette aventure, M. de Saint-Gilles passait en Hollande pour lier directement partie avec le cardinal de Retz[1] :

« Le Cardinal étant allé à Rotterdam, dit Gui Joly, un nommé Saint-Gilles le fut trouver de la part des Jansénistes, qui, se voyant fort pressés du côté de la Cour de Rome et de celle de France, s'adressèrent au Cardinal pour lui proposer de s'unir à eux, avec offre de tout le crédit et de la bourse de leurs amis, qui étoient fort puissants, lui conseillant fortement d'éclater, et de se servir de toute son autorité, qui seroit appuyée vigoureusement de tous leurs partisans. » (Notons pourtant que cet *éclater* veut dire : *éclater* comme Archevêque légitime, et pas autre chose.) « Cette offre, continue Joly, auroit pu être acceptée et auroit peut-être produit son effet, si elle eût pu être faite à propos ; mais ces Messieurs *n'ayant rien dit dans le temps*, et ne se mettant alors en mouvement que pour leurs intérêts particuliers, le Cardinal, dont le courage étoit d'ailleurs extrêmement amolli et le crédit diminué, ne fit aucune attention à leurs

---

1. Cette même année (1658), un autre Janséniste des plus actifs, le docteur Saint-Amour, faisait le voyage de Francfort et d'Amsterdam ; et il est à croire que ce n'était pas uniquement pour s'entretenir et nouer commerce avec le célèbre libraire Daniel Elzevir, comme il fit en effet. Ces Messieurs commençaient à penser à la fois à beaucoup de choses.

propositions, comme s'il eût voulu rebuter tous ceux dont il pouvoit espérer quelque secours. »

Saint-Gilles s'en retourna en France sans obtenir du Cardinal autre chose qu'un chiffre (pour correspondre), *qui était la conclusion ordinaire des négociations qui se faisaient avec lui.* — On a, dans ces différents textes, la mesure bien précise de la liaison de Retz et des Jansénistes. Ces derniers, tout négligés qu'ils étaient, ne continuèrent pas moins de lui prêter leur plume, et de le faire parler jusqu'au bout dans le plus digne langage métropolitain : « Je ne sais si vous avez eu connoissance en votre solitude, écrivait le jeune Racine à l'abbé Le Vasseur (5 septembre 1660), de quelques Lettres qui font un étrange bruit. C'est de M. le cardinal de Retz. Je les ai vues, mais c'étoit en des mains dont je ne pouvois pas les tirer. Jamais on n'a rien vu de plus beau, à ce qu'on dit. » Tout cela se termina donc par des phrases. Celles-ci du moins avaient assez grand air, et sauvaient aux yeux du public la misère du fond. Grâce aux Jansénistes, le cardinal de Retz eut, comme archevêque, son *chant du cygne*[1].

Marguerite Périer, l'objet du miracle de la Sainte-Épine, vécut de longues années retirée à Clermont au sein de sa famille, dont elle resta la dernière ; elle ne se maria point, et c'est bien d'elle que Pascal aurait pu dire avec raison ce qui a paru exagéré par rapport à la sœur de Marguerite, que c'eût été une sorte de *déicide* en sa personne que le mariage[2]. Elle demeura ainsi

---

1. Voir à l'*Appendice* un vraiment dernier mot sur Retz.
2. Mais pour cette sœur de Marguerite elle-même, comment ceux qui se sont tant récriés sur le bout de lettre de Pascal, ne sont-ils pas mieux entrés dans l'esprit des choses et n'ont-ils pas senti la connexion? Quoi! la famille Périer est l'objet d'une faveur unique d'en haut, d'un *miracle* (car il faut partir de là) : et trois ans après, en 1659, on pense à marier à la première occasion,

dans le dix-huitième siècle comme un témoin des grandes choses du dix-septième, conservant religieusement les papiers de sa famille et enregistrant la mémoire des Saints. Elle ne mourut qu'en avril 1733, à l'âge de quatre-vingt-sept ans. Avec le souvenir vivant de la grande époque de Port-Royal, se transmit par elle l'exemple le plus contagieux; elle est comme un lien trop réel entre le moment de Pascal et celui du diacre Paris. « Elle a vécu jusqu'en 1733, ne manquent pas de remarquer les chroniqueurs jansénistes, par un effet de la Providence qui l'a conservée jusqu'à cette année, pour être elle-même témoin d'un grand nombre de nouveaux miracles que Dieu a opérés par l'opération d'un saint Diacre. » Cette idée en effet, que Port-Royal, et tout ce qui y avait rapport, méritait d'être le théâtre et l'objet manifeste de faveurs surnaturelles, s'entretint continuellement depuis le miracle de la Sainte-Épine, et, redoublant à chaque persécution, contribua fort à exciter enfin le scandale des Convulsions. Du sein de la gloire des *Provinciales*, c'est une perspective fâcheuse qui nous est ouverte. Le mal caduc est au bout.

Et pendant que Marguerite Périer mourait ainsi dans la plénitude de ses facultés et dans les conséquences extrêmes de sa foi, louant Dieu d'*avoir commencé par elle* des prodiges qu'elle acceptait en aveugle, sans en voir l'excès déshonorant; pendant qu'elle trouvait tout simple d'avoir près de son lit le portrait du diacre Paris (ô honte!) en regard peut-être de celui de Pascal, il y

et selon des vues toutes mondaines, avec *un homme du commun*, c'est-à-dire avec un homme riche et de sentiments ordinaires, la sœur même de la miraculée, la jeune Jacqueline Périer, à peine âgée de quinze ans, encore élève de Port-Royal, et avant que son cœur ait parlé! Était-ce là reconnaître chrétiennement la faveur du Ciel? De là cette consultation de Port-Royal transmise par Pascal; dans sa forme rigide, elle a de son côté la délicatesse. (Voir l'excellent Recueil d'Utrecht, page 398.)

avait à Clermont le plus éloquent et le plus accommodant évêque, l'orateur doué entre tous de la veine la plus riche et la plus abondante dont ait joui la parole française, l'aimable et brillant Massillon. Il coupa court aux tracasseries d'un curé fanatique qui s'était avisé d'inquiéter la pieuse demoiselle au lit de mort sur l'article de la Bulle, et il envoya près d'elle un vicaire pour lui porter sans conditions les sacrements ; il n'était pas de ceux dont la constance est si rigide. Sa foi même, dit-on, s'était tempérée à temps : elle n'avait pas creusé (tant s'en faut) jusqu'au fanatisme. On se rappelle qu'il avait eu la condescendance de donner un certificat *de vie et mœurs,* comme on disait, au cardinal Dubois. Les Jansénistes, qui ne lui ont pas su assez de gré de son bon procédé envers Marguerite Périer, ont recueilli sur son compte des anecdotes dont quelques-unes ne laissent pas d'être piquantes. M. d'Étemare, à qui on les doit d'original [1], était, après tout, un homme de beaucoup d'esprit et bien informé. En faisant la part des exagérations, il en résulte assez clairement que Massillon, jeune et dans l'Oratoire, avait eu une veine de ferveur qui plus tard s'était fort calmée ; son talent naturel, comme il arrive à tant de grands talents, était resté chez lui assez indépendant du fond de l'inspiration même. Si le Père Massillon, du temps qu'il était à Saint-Honoré, avait paru bien humble et occupé uniquement de l'Éternité, l'évêque vieillissant semblait avoir légèrement oublié son sermon sur le petit nombre des Élus. Aux années où il prêchait devant la Cour, il disait à quelqu'un qui lui parlait de ses sermons : « Quand on approche de cette avenue de Versailles, on sent un air amollissant. » Cet air avait fini par agir sur son éloquence même [2], et, pré-

---

1. Anecdotes recueillies près de M. d'Étemare à Rhynwick en Hollande, dans les manuscrits de la Bibliothèque de Troyes.
2. Voir dans l'ancien *Journal des Savants* (octobre 1759) une

lat, il en avait aussi emporté quelque chose. Il vivait riche, mondain, très-poli, ne fuyant nullement la compagnie des personnes du sexe, et ne s'interdisant pas les honnêtes divertissements de la société. On raconte qu'un jour de grande fête, au sortir du dîner, le prélat étant à jouer avec des dames, après que le jeu eut duré assez longtemps, quelqu'un fit remarquer que c'en était assez pour un jour de grande fête, et qu'il fallait donner quelque chose à l'édification. L'évêque alla sur-le-champ chercher un de ses sermons et le lut. Alors une de ces dames lui dit que, si elle avait fait un pareil écrit, elle serait une sainte ; mais l'auteur, en moraliste avisé, répondit qu'*il y a un pont bien large de l'esprit au cœur*. Sur quoi un Père de l'Oratoire, qui était dans un coin, ajouta : *Et il y a bien quatre arches de ce pont de rompues*. — L'anecdote est assez agréable ; elle ouvre un jour sur Massillon. Les Jansénistes la racontent en se signant d'horreur : moi, je me contente de l'opposer comme un sourire à ce qui chez eux, dans ce chapitre, a pu paraître d'une superstition vraiment rebutante et sombre.

Retz, Marguerite Périer et Massillon, que de points touchés ! et dans tous, comme dernier terme, la faiblesse humaine.

---

analyse très-heureuse et très-fine du talent et de la manière de Massillon, surtout le passage à propos du *Petit Carême :* « M. Massillon connoissoit les Grands, etc. » L'article est d'un abbé de La Palme, modeste et peu connu. — Voir aussi, dans les Notes qui suivent l'*Éloge* de Massillon par d'Alembert, des extraits de ses lettres, très-bien choisis, et dans lesquels il s'exprime en moraliste consommé sur le compte des Jansénistes de son temps. — Voir, enfin, ci-après à l'*Appendice*.

XIII

Divers jugements sur les *Provinciales*. — Conséquences qu'elles eurent dans l'ordre théologique et dans le monde. — Conséquences théologiques. — Requête des Curés contre les Casuistes — Pascal secrétaire des Curés. — *Montalte-Wendrock;* Arrêt du Conseil. — Le livre brûlé ; les conclusions triomphantes. — Assemblée du Clergé de 1700. — Les Jésuites chassés en 1764. — Essais de réfutation ; Bussi-Rabutin. — Le Père Daniel. — Le comte Joseph de Maistre.

Nous profiterons du répit qui nous est accordé jusqu'en 1660, pour insister et discourir à fond sur les conséquences des *Provinciales.* Il serait trop long et vraiment accablant de donner la suite des jugements à leur louange. La liste s'ouvrirait par dix passages du plus spirituel et du plus charmant de nos Jansénistes-amateurs, c'est nommer madame de Sévigné. On se contentera d'indiquer sa lettre du 15 janvier 1690, où, sous la forme d'un brusque et piquant dialogue qui aurait eu lieu à un dîner chez M. de Lamoignon, elle nous rend le jugement du plus grave, du plus ingénieux, et du plus mordant des Jansénistes-amateurs ; c'est nommer Boileau. Les souvenirs de ces passages reviendront en leur lieu, lorsque nous traiterons des relations entre Port-Royal et ces deux brillants esprits. « Despréaux, écrit madame de Sévigné, soutint les Anciens à la réserve d'*un seul moderne* qui surpassoit à son goût, et les vieux et les nouveaux. » Ainsi Boileau se trouvait tout à fait d'accord avec Perrault sur un point, un seul point, de la fameuse dispute : Pascal faisait ce miracle, avant qu'Arnauld les réconciliât. On a souvent cité cette anecdote racontée par Voltaire : « L'Évêque de Luçon, fils du célèbre Bussi[1], m'a dit qu'ayant demandé à M. de Meaux quel ouvrage il eût mieux aimé avoir fait, s'il n'avait pas fait les siens, Bossuet lui répondit : *Les Lettres Provinciales.* » Voilà ce qu'on peut appeler des couronnes.

Tous les grands écrivains survenants ont à leur tour ratifié ce renom des *Provinciales*, soit par des éloges directs, soit par des ressouvenirs évidents. La Bruyère, qui travaille à imiter Montaigne et qui y fait merveille, a échoué pour Pascal dans ses *Dialogues du Quiétisme*[2]; il a mieux réussi par *Onuphre*. Montesquieu, débutant aussi par des Lettres moqueuses, y parle du Jansénisme en des termes qui célèbrent à leur manière le triomphe et le prestige des premières petites Lettres :

« J'ai ouï raconter du Roi (Louis XIV) des choses qui tiennent du prodige, et je ne doute pas que tu ne balances à les croire[3]. On dit que pendant qu'il faisoit la guerre à ses voisins, qui s'étoient tous ligués contre lui, il avoit dans son royaume un nombre innombrable d'ennemis invisibles qui l'entouroient. On ajoute qu'il les a cherchés pendant plus de trente ans, et que, malgré les soins infatigables de

---

1. Cet évêque, le plus aimable des hommes de Cour, avait le travers d'être le plus moliniste des prélats : et il y aurait à soupçonner Bossuet de lui avoir voulu faire une malice dans sa réponse, si telle chose que la malice pouvait s'associer à l'idée de Bossuet.

2. En supposant que les *Dialogues* qu'on a imprimés soient de lui. M. Walckenaer se prononce pour la négative.

3. Lettre XXIVᵉ, de Rica à Ibben.

certains Dervis qui ont sa confiance, il n'en a pu trouver un seul. Ils vivent avec lui ; ils sont à sa Cour, dans sa capitale, dans ses troupes, dans ses tribunaux ; et cependant on dit qu'il aura le chagrin de mourir sans les avoir trouvés. On diroit qu'ils existent en général, et qu'ils ne sont plus rien en particulier : c'est un corps, mais point de membres. Sans doute que le Ciel veut punir ce Prince de n'avoir pas été assez modéré envers les ennemis qu'il a vaincus, puisqu'il lui en donne d'invisibles, et dont le génie et le destin sont au-dessus du sien. »

Ce fut, en effet, un des résultats des *Provinciales* de faire passer les Jansénistes pour *les plus habiles gens du monde*, pour des gens de ressources qui *ont parmi eux de toutes sortes d'esprits*[1], et qui font usage des uns ou des autres selon l'occasion. Le génie de Pascal, avec ce je ne sais quoi d'invincible et d'invisible qui s'y rattachait dans l'opinion, se reversa sur tout le parti confusément, et les Jansénistes furent dorénavant tenus pour beaucoup plus malins qu'ils n'étaient en réalité.

Après La Bruyère, après Montesquieu, Jean-Jacques n'a pas rendu un moindre hommage aux *Provinciales* par l'étude profonde et par la reproduction qu'il sut faire de cette dialectique nerveuse et passionnée, particulièrement dans sa Lettre à l'Archevêque de Paris. — De nos jours, les derniers excellents écrivains polémiques en prose, les plus nerveux et les plus fins à l'attaque et à la défense, les plus craints de leurs ennemis, et trop tôt ravis à leurs admirateurs encore plus qu'à leur cause, peuvent être qualifiés les disciples en droite ligne du Pascal des *Provinciales*, — Paul-Louis Courier et Carrel.

Si l'on sort des aperçus, les conséquences des *Provinciales*, quant au fond, sont si considérables, qu'il est

---

1. Ce sont les expressions mêmes de Matthieu Marais, de Gui Patin.

besoin de division pour les suivre et les étudier. Je les distinguerai en deux ordres : 1° conséquences théologiques, et 2° conséquences morales.

Par conséquences *théologiques*, j'entends tout l'effet qu'eurent les *Provinciales* au sein de l'Église, auprès des Chrétiens, auprès des Puissances ecclésiastiques, et j'y joindrai les réfutations qu'on essaya d'y opposer du point de vue théologique et religieux.

Par conséquences *morales*, j'entends leur effet dans le monde, sur les esprits libres, sur la morale des honnêtes gens. — Ce chapitre tout entier et le suivant seront consacrés aux premières, c'est-à-dire aux conséquences théologiques.

En même temps que les rieurs accueillaient si gaiement les premières Lettres contre la morale des Jésuites, les Curés de Rouen et de Paris ne songeaient pas à en rire; et ces hommes respectables s'étonnaient, s'indignaient, et prenaient la chose du côté le plus grave. Ceux de Rouen donnèrent le signal; l'un d'eux, le Curé de Saint-Maclou, tonna en chaire, et, la polémique s'étant engagée par suite de ce sermon, ses confrères vinrent à son aide; ils s'assemblèrent, nommèrent une Commission à l'effet de vérifier les citations des *Provinciales*, et, stupéfaits d'y trouver tant d'exactitude[1], ils adressèrent, dès le 28 août 1656, une Requête à leur archevêque, M. de Harlai, pour qu'il condamnât les mauvaises maximes, et nommément certaines Propositions qu'ils avaient extraites. L'archevêque renvoya l'affaire à l'Assemblée générale du Clergé qui se tenait à Paris. Sur ce, les Curés de Paris, priés par leurs confrères de

---

1. Car notez bien que, là où l'exactitude n'est pas rigoureuse, les passages des Casuistes ne gagnent pas pour cela à être examinés en place ; on y trouve à côté une foule d'autres choses que Pascal n'a pas dites, et qui étonnent, même des curés.

Rouen de les assister de leurs conseils, les imitèrent, vérifièrent à leur tour les Propositions de morale relâchée (c'est alors qu'on réimprima pour plus de commodité *Escobar* comme pièce du procès), et en demandèrent la condamnation au grand-vicaire de l'archevêque d'abord, puis à l'Assemblée du Clergé. Cette Assemblée, si contraire qu'elle fût pour le moment aux Jansénistes, ne put éluder tout à fait une Requête si imposante, appuyée de presque tout le second Ordre du Clergé tant de Paris que de Rouen, auquel s'étaient joints nombre de Curés d'autres villes considérables du Royaume[1]. Comme elle était sur le point de se séparer, elle ne fit que nommer une Commission pour examiner ou *enterrer* la Requête; et elle décida, par voie de satisfaction indirecte, de faire imprimer à ses frais les *Instructions de Charles Borromée sur la Pénitence*, comme étant la règle en pareille matière. Voilà donc la majorité des Curés qui se déclare pour Port-Royal dans cette affaire, comme alors la majorité des Évêques était plutôt contre. Ce sont les instincts et les alliances naturelles qui se dessinent.

De même qu'on eut, dans la Fronde politique de 1648-1652, un éclair du 89 politique, ici l'on a, dans la Fronde ecclésiastique de 1656, un éclair avant-coureur du 89 ecclésiastique, et de ce qu'opéreront, aux jours de la Constituante, les Camus et les Grégoire.

---

1. « .... Quand nous avons sollicité les Curés des autres diocèses e se joindre aussi avec nous, nous avons été très-éloignés de prétendre que ce fût en se détachant de l'Ordre de leurs Évêques. Nous savons, Messeigneurs, et les obligations et les bornes de notre devoir. » C'est ce que disaient les Curés de Paris par manière d'excuse, en s'adressant à l'Assemblée générale du Clergé; il n'en est pas moins vrai qu'ils avaient pris l'initiative; que, profitant de cette sorte d'interrègne épiscopal où se trouvait l'Église de Paris, et constitués en véritable Synode, ils avaient fait en leur propre nom un appel direct à leurs confrères les Curés du Royaume, qui y avaient répondu. Je relève les tendances.

Cependant un Jésuite mal avisé, le Père Pirot, ayant publié en 1657 l'*Apologie pour les Casuistes contre les calomnies des Jansénistes*, cette Apologie, qui se débitait à Paris en plein Collége de Clermont, excita un redoublement de scandale. On peut juger du ton général de cet écrit par la façon burlesque dont il y est parlé de Pascal, qu'on ne désignait encore que comme *le Secrétaire de Port-Royal :*

« Que si je ne considérois que sa personne et ceux qui l'emploient pour railler, dit l'auteur de l'*Apologie*, je le mépriserois avec ses bouffonneries, et conseillerois aux Casuistes et Canonistes de se comporter envers ces bouffons ainsi que les Conseillers et Présidents ont accoutumé de faire envers les Clercs de Palais, avec qui ils dissimulent une fois l'an, et souffrent qu'ils érigent des tribunaux et qu'ils créent des magistrats de la Basoche, qui, pendant le temps de Carême-prenant font plaider des causes.... C'est une chose étonnante que vous, qui faites si fort le poli, aimiez tant l'ordure (dans le choix des citations), et qu'un homme des ruelles n'y porte que des saletés. Les dévotes de Port-Royal, que vous tâchez de divertir aux dépens des Casuistes, peuvent-elles se plaire à ces sortes de railleries, et faut-il, pour les mettre en belle humeur, que vos Lettres leur disent des nouvelles de ce qui se passe dans des lieux infâmes?... Je porte compassion à ce jeune homme d'esprit, ajoute l'auteur en un autre endroit, de s'être porté à l'aveugle contre des gens d'une autre trempe qu'il n'avoit cru.... On m'a dit que ce jeune homme aime bien l'étude : je ne demande que cela pour l'instruire et pour l'aider à se débarrasser de cette cabale de Port-Royal...; et, s'il veut se donner la peine de parcourir superficiellement Gratian[1], il avouera franchement que s'il a fait paroître dans ses Lettres qu'il a de l'esprit, il a donné des preuves très-évidentes aux personnes désintéressées qu'il n'a guère de conduite. Je ne perds pas toutefois entièrement espérance.... » (Mais plus loin il y renonce en s'écriant :) « Et pour cet impie Secrétaire,

---

1. Savant canoniste du douzième siècle.

ldevroit craindre ce qu'autrefois on pratiquoit à Lyon envers ceux qui avoient composé de méchantes pièces : on les conduisoit sur le pont et on les précipitoit dans le Rhône¹. »

Qu'attendre d'un écrivain qui entre en lice avec de telles armes ? Les Jésuites auraient bien voulu désavouer le maladroit ami, ce nouveau Père Garasse. La Faculté de Théologie le censura (juillet 1658). Les Curés de Paris, pendant le temps que durèrent les délibérations de la Faculté, firent paraître plusieurs Écrits en réponse à ceux qu'opposaient incessamment les adversaires. Ces Écrits des Curés étaient concertés avec Messieurs de Port-Royal et même rédigés par eux, par Arnauld, par Nicole, par Hermant : Pascal prit part à tous. Le second de ces Factums est de lui seul ; il le fit en un jour². Le cinquième est tout de lui encore, et il s'en ressentait légitimement auteur et père, au point de regarder cet écrit *comme le meilleur qu'il eût fait*. Ce qu'on peut dire avec vérité, c'est que l'argumentation en est profondément habile et même perfide. Pascal y joue de sa plus savante escrime, en se couvrant tant qu'il peut du ton de prône des Curés. Et que lui importe le ton, pourvu qu'il continue son duel à mort avec « la plus puissante Compagnie et la plus nombreuse de l'Église, qui gouverne les consciences presque de tous les Grands, liguée et acharnée à soutenir les plus horribles maximes qui aient jamais fait gémir l'Église³ ? » Le plus fin de ce cinquième Factum, c'est un parallèle détaillé entre les Calvinistes et les Jésuites, lequel se termine en accordant à ceux-

---

1. Aut Lugdunensem rhetor dicturus ad aram.
Juvénal (Sat. I, 45).
2. Le titre exact de ce second Factum, daté du 1ᵉʳ avril 1658, est : *Réponse des Curés de Paris pour soutenir le Factum par eux présenté à MM. les Vicaires généraux, pour demander la censure*, etc. C'en est assez pour le signalement ; ces titres sont interminables à transcrire et peu élégants comme le sujet.
3. Expressions du second Factum.

ci, tout bien considéré, la préférence, parce que du moins ils ont gardé l'unité. Le Pascal se retrouve à ce coup-là [1].

1. Madame de Longueville, assez nouvellement convertie, commence à nous apparaître comme se mêlant à ce débat : elle était alors à Rouen, et elle écrivait de là à une personne qui la tenait au courant des affaires de Pa...

†
« De Rouen, ce 14 février 1658.

« Vous pouvez juger avec quelle joie j'apprends le bon succès que Dieu a donné au zèle de MM. les Curés de Paris. Comme ceux de Rouen soutiennent la même cause et par le même principe, ils ont reçu aussi la même bénédiction. Le *Soit montré* (le *Soit montré au Procureur général du Roi* était la formule de prise en considération) leur fut hier accordé par le Parlement, quoique la veille on fût fort éloigné d'attendre cet événement favorable. Quand on soutient la cause de Dieu et qu'on le fait plutôt par la chaleur de la charité que par celle que notre amour-propre nous inspire, on doit tout attendre de sa protection. J'espère qu'il la donnera à son Évangile en cette rencontre, et que les juges spirituels feront au moins aussi bien que les séculiers. MM. nos Curés ont envoyé leur requête à M. notre Archevêque, à quoi j'ai joint une de mes lettres. Priez Dieu que l'indignité qui est en moi pour soutenir une cause si sainte ne nuise pas à l'œuvre de Dieu. Je vous demande une relation fidèle de tout ce qui s'est passé depuis la première que vous m'envoyâtes jusques à cette heure, et depuis cette heure jusques à la consommation de l'affaire. Il faut, s'il vous plait, que cela soit séparé de vos lettres, parce que je veux en faire part à quelqu'un de mes amis qui sont (*sic*) dans une grande ferveur pour le soutien de la morale chrétienne. Prenez donc ce soin, je vous supplie, avec votre ponctualité ordinaire. Je commence à bien espérer contre ma coutume, et à croire que Dieu protégera la vérité et la sainteté de son Évangile contre le mensonge et la corruption des hommes. Mais en même temps je commence aussi à craindre dans l'occasion du petit triomphe qui se prépare pour la bonne cause. J'appréhende avec grande justice de m'en réjouir trop humainement, et que je sois moins touchée en cela de la gloire de Dieu que de la mienne : je dis de la mienne, parce qu'il y en a toujours à être du parti victorieux. Priez donc Notre-Seigneur que je reçoive cette joie comme une chrétienne et non pas comme une séculière ; c'est-à-dire que je m'humilie d'être si peu digne d'être du bon parti, lorsque tant d'autres qui ne l'ont pas tant offensé que moi sont du mauvais ; que je ne me répande point trop sur la victoire que Jésus-Christ va remporter, mais qu'au lieu de cela je recoure à lui pour le supplier d'achever son œuvre et de me préserver de me l'approprier à cause du peu de zèle qu'il m'a donné pour cette cause que je le supplie de me faire regarder comme la sienne et non pas comme la mienne.... »

On a déjà dans cette lettre toutes les longueurs, les subtilités, les scrupules à l'infini qui se retrouveront dans tout ce qu'écrira madame de Longueville, devenue pénitente.

Le sixième Écrit, signé des mêmes Curés (24 juillet 1658), l'est bien mieux de Pascal encore par une éloquente invective qui fait exactement l'effet d'un passage des *Provinciales* égaré dans ces Factums. Les Jésuites, pressés sur cette malencontreuse *Apologie* d'un des leurs, avaient publié, sous le titre de *Sentiments des Jésuites...,* une justification ambiguë, pour dire qu'ils n'approuvaient pas l'*Apologie*, et qu'ils ne prenaient intérêt ni à défendre ni à combattre aucune de ces *opinions arbitraires*. Sur quoi Pascal, comme si nous l'entendions en personne, s'écrie :

« Quoi! mes Pères, toute l'Église est en rumeur dans la dispute présente. L'Évangile est d'un côté, et l'Apologie des Casuistes de l'autre. Les Prélats, les Pasteurs, les Docteurs et les peuples sont ensemble d'une part ; et les Jésuites, pressés de choisir, déclarent (page 7) qu'*ils ne prennent point de parti dans cette guerre*. Criminelle neutralité ! Est-ce donc là tout le fruit de nos travaux, que d'avoir obtenu des Jésuites qu'ils demeureroient dans l'indifférence entre l'erreur et la vérité, entre l'Évangile et l'Apologie, sans condamner ni l'un ni l'autre ? Si tout le monde étoit en ces termes, l'Église n'auroit guère profité, et les Jésuites n'auroient rien perdu. Car ils n'ont jamais demandé la suppression de l'Évangile. Ils y perdroient. Ils en ont affaire pour les gens de bien. Ils s'en servent quelquefois aussi utilement que des Casuistes [1] ; mais ils perdroient aussi si on leur ôtoit l'Apologie, qui leur est si souvent nécessaire. Leur théologie va uniquement à n'exclure ni l'un ni l'autre, et à se conserver un libre usage de tout. Ainsi on ne peut dire ni de l'Évangile seul, ni de l'Apologie seule, qu'ils contiennent leurs sentiments. Le dérèglement qu'on leur reproche consiste dans cet assemblage, et leur justification ne peut consister qu'à en faire la séparation, et à prononcer nettement qu'ils reçoivent l'un et qu'ils renoncent à l'autre...

« Tout ce qu'ils ont donc gagné par leur Écrit, est qu'ils

---

1. Quelle plus cruelle ironie de dire par manière de concession que les Jésuites ne laissent pas de se servir *quelquefois* aussi de l'Évangile, de s'en servir *utilement !*

ont fait connoître eux-mêmes à ceux qui n'osoient se l'imaginer, que cet esprit d'indifférence et d'indécision entre les vérités les plus nécessaires pour le salut, et les faussetés les plus capitales, est l'esprit non-seulement de quelques-uns de ces Pères, mais de la Société entière ; et que c'est en cela proprement que consistent, par leur propre aveu, les *Sentiments des Jésuites.* »

Pascal, se mettant à la place des Curés, n'a nullement grossi l'affaire en disant que toute l'Église de France était d'un côté, et l'*Apologie des Casuistes* de l'autre. On ne saurait aujourd'hui se faire idée de l'émoi du monde ecclésiastique à ce propos ; les Mandements des évêques pleuvaient de toutes parts pour flétrir ces maximes relâchées qu'un imprudent et un brouillon venait d'essayer de défendre[1] ; et ce n'était pas seulement des évêques favorables aux Jansénistes que partaient les anathèmes, c'était de tous ceux qui avaient à cœur la régularité. On citait entre autres l'évêque de Cahors, Alain de Solminihac, un modèle évangélique, et qui passait pour un saint à canoniser comme M. Gault, comme Pavillon. Ce prélat exemplaire étant venu à mourir en 1659, au milieu de la querelle, il recommanda sur son lit de mort de dire à ses confrères les évêques qu'il considérait les Jésuites comme *le fléau et la ruine de l'Église*. Le mot

---

1. Le malheureux auteur de l'*Apologie* mourut de chagrin, dit-on, en voyant l'explosion dont il était cause. Le Pape lui-même, instruit par son Nonce du bruit que faisait ce méchant livre en France, ne put s'empêcher de le condamner (août 1659). — Dans tous les cas, le Père Pirot ne mourut pas seulement de chagrin et de peine morale ; je lis dans une lettre de M. de Pontchâteau à M. de Neercassel : « Le Père Pirot est mort *d'un cancer qui lui a mangé toute la langue* ; la punition des autres qui ont commis de pareils excès n'est pas si visible, elle n'en est pas moins terrible pour cela, puisqu'elle sera éternelle. » C'est dans une lettre du 26 mars 1665 que M. de Pontchâteau se livre à cette vue et à cette réflexion consolantes ; la mort du Père Pirot devait être d'une date assez antérieure.

courut, l'histoire ecclésiastique du temps l'a enregistré et M. de Solminihac, qui n'avait d'ailleurs rien de janséniste, eut place au *Nécrologe*[1].

Tout ce respectable monde avait pris sans s'en douter une dose des *Provinciales*, et elle opérait.

La traduction que fit Nicole des *Provinciales* en latin sous le nom quelque peu flamand de Wendrock (1658), et les Dissertations théologiques qu'il y ajouta, eurent dans le même public, alors si considérable, un succès peut-être supérieur, je suis fâché de le dire, à celui des simples Lettres volantes. On assure que Nicole avait relu plusieurs fois Térence avant de la commencer ; c'était du moins comprendre la difficulté en homme d'esprit. Cette traduction *popularisa* véritablement le victorieux pamphlet en Europe. Les Universités des Pays-Bas et les savants en *us* de toute langue purent dorénavant goûter à leur manière, et sous une forme un peu plus compacte, ce qui avait si fort charmé madame de Sablé. Aussi les attaques contre le Montalte doublé de Wendrock en vinrent-elles aux dernières extrémités. Déjà des condamnations officielles s'étaient essayées en plus d'un lieu. Le 18 octobre 1657, on avait vu à Paris, avec indignation, le placard de la Congrégation romaine de l'*Index* contre les *Provinciales*, où elles étaient toutes nommées en particulier. Dans les premiers jours de mars de la même année, la *Gazette* (n° 30) avait donné la nouvelle que le Parlement d'Aix venait de déclarer diffamatoires, calomnieuses et pernicieuses les dix-sept Lettres[2], et ordonné « qu'elles seroient brûlées par

---

1. Dans le petit *Nécrologe* en sept volumes, rédigé au dix-huitième siècle. Le caractère distinctif du Janséniste en avançant s'y réduit à un point : être ennemi du Jésuite.

2. A la date de l'Arrêt du Parlement d'Aix, il n'y avait que seize Lettres publiées ; mais on prit pour la dix-septième cette petite *Lettre au Père Annat sur son Écrit qui a pour titre :* LA BONNE

l'Exécuteur de haute-justice sur le pilori de la Place des Prêcheurs de cette ville. » Ce que la *Gazette* ne disait pas, c'est que les mêmes magistrats provençaux qui condamnaient publiquement au feu les petites Lettres en faisaient tellement cas en leur particulier, et avaient tellement peine à en sacrifier un seul exemplaire, qu'ils ne donnèrent à brûler, assure-t-on, qu'un *Almanach*; on ne sacrifia qu'une biche à la place d'Iphigénie[1]. Quand *Wendrock* eut paru, les Jésuites entreprirent (1659) d'arracher une semblable condamnation au Parlement de Bordeaux; mais la magistrature ayant jugé utile de consulter la Faculté de Théologie du lieu, celle-ci répondit (6 juin 1660) en déclarant le livre exempt d'hérésie[2]. On la punit en obtenant un ordre du Roi qui suspendit pendant quelque temps les professeurs. Cependant le grand coup se préparait au centre. Messieurs Le Tellier et de

---

FOI DES JANSÉNISTES, ordinairement mêlée aux *Provinciales*, mais qui n'est ni de Pascal ni d'aucun de Port-Royal. La dix-septième Lettre véritable, datée du 23 janvier 1657, ne parut que quelques jours après cette date du 23; et dans tous les cas elle n'arriva à Aix que trop tard pour être comprise dans l'Arrêt exécuté dès le 9 février. — Les variantes qu'on trouve sur la date précise de cet Arrêt tiennent sans doute à ce que les juges un peu honteux en remanièrent après coup le texte, et à ce qu'on tâtonna avant de le remettre au greffe.

1. Hermant, *Mémoires* manuscrits. Le premier Président du Parlement d'Aix, M. d'Oppède, mérite, rien que pour ce trait d'esprit, que son nom se conserve à côté de ceux du premier Président de Bellièvre et de M. de Pontac, premier Président du Parlement de Bordeaux; d'aussi soigneux bibliophiles ne sont jamais de mortels ennemis. — On saisit déjà les signes précurseurs de l'époque suivante, de ce dix-huitième siècle dont on a dit : « La liberté plaisait à la bonne compagnie, la première puissance « de cette époque. Les livres qui flattaient son esprit furent donc « accueillis avec empressement. Tel qui en requérait la lacération « eût rougi de ne pas les avoir dans sa bibliothèque; et plus d'un « lisait par goût les pages qu'il faisait brûler par convenance. » (*De la Liberté de la Presse*, brochure de M. de Rémusat, 1819.)

2. Bibliothèque de l'Institut, collection Godefroy, portefeuille 15.

La Vrillière (Phelyppeaux), passant à Bordeaux au retour de leur voyage à Saint-Jean-de-Luz, avaient dit au premier Président de ce Parlement que le Roi était décidé à faire examiner le livre par des évêques. Le 7 septembre, en effet, les prélats et théologiens nommés Commissaires rendirent leur jugement. Après avoir *diligemment examiné* le livre, disaient-ils, ils certifiaient :

« Que les hérésies de Jansénius condamnées par l'Église étoient soutenues et défendues, tant dans les *Lettres* de *Louis Montalte* et dans les *Notes* de *Guillaume Wendrock* que dans les *Disquisitions* adjointes de *Paul Irénée*[1]; que cela étoit si manifeste, que, si quelqu'un le nioit, il falloit nécessairement, ou qu'il n'eût pas lu ledit livre, ou qu'il ne l'eût pas entendu, ou, qui pis est, qu'il ne crût point hérétique ce qui avoit été comme tel condamné par les souverains Pontifes, par l'Église gallicane, et par la sacrée Faculté de Théologie de Paris ; que la détraction et pétulance (*maledicentiam et petulantiam*) étoient tellement familières à ces *trois auteurs*, qu'à la réserve des Jansénistes, ils ne pardonnoient à la condition de personne, non pas même au souverain Pontife, au Roi, aux Évêques, et aux principaux Ministres du Royaume, à la sacrée Faculté de Théologie de Paris ni aux Ordres religieux, et que ledit livre étoit digne de la peine ordonnée de droit pour les libelles diffamatoires et livres hérétiques. »

Le maître des Requêtes Balthasard, commissaire délégué à cet effet[2], fit son rapport au Conseil du Roi : après quoi Sa Majesté étant en son Conseil ordonna « que ledit livre intitulé : *Ludovici Montaltii*, etc., seroit remis par devers le sieur Daubray, Lieutenant civil au Châtelet de Paris, pour, à la diligence du Procureur du Roi, le faire lacérer et brûler à la Croix-du-Tiroir par les mains de l'Exécuteur de la Haute Justice, » — par les mains du *Bourreau*, répète agréablement M. de

---

1. C'était toujours Nicole.
2. Hermant, *Mémoires* manuscrits.

Maistre[1]. Cet Arrêt du 23 septembre 1660 est signé Phelyppeaux. Goujet (*Vie de Nicole*) a dit que M. *Phelyppeaux, Chancelier*, eut beaucoup de peine à signer cet Arrêt, et qu'il fallut un commandement exprès du Roi pour l'y décider. Il y a là quelque confusion. Le *Secrétaire d'État* Phelyppeaux signa couramment; mais l'Arrêt ayant été porté au Procureur du Roi au Châtelet sans être scellé, celui-ci exigea que la formalité d'usage fût remplie; c'est alors que le chancelier (Seguier), tout ami qu'il était des Jésuites, fit de grandes difficultés, dit-on[2], avant d'y apposer le sceau, craignant que cet acte violent n'allât contre le but. Pourtant, sur le commandement exprès du Roi et de la Reine, il scella l'Arrêt le 1er jour d'octobre; le Lieutenant civil rendit la Sentence le 8 du même mois, et le 14 l'Arrêt fut exécuté.

Ce qu'on ne saurait trop remarquer dans cette suite diverse de conséquences, c'est que d'une part, comme on voit, les *Provinciales* sont censurées, mises à l'*Index* à Rome, brûlées à Paris, et que d'autre part leurs conclusions triomphent irrésistiblement, et qu'elles triomphent, non-seulement dans le public, mais au sein des Pouvoirs de l'État; que les maximes des Casuistes jésuites dénoncés par elles sont incriminées par les Curés en corps, censurées par la Sorbonne elle-même, condamnées par plusieurs Papes, et avec une singulière énumération par Innocent XI en 1679; et que finalement l'Assemblée du Clergé de France de 1700, reprenant un dessein interrompu de l'Assemblée de 1682, qualifie et flétrit à l'unanimité, par l'organe de Bossuet, l'oracle gallican, les Propositions capitales de la morale

---

1. *De l'Église gallicane*, page 261.
2. Hermant, *Mémoires* manuscrits. — Ces difficultés, élevées de la part du Chancelier, peuvent d'ailleurs paraître un peu singulières; on en rabattra ce qu'on voudra.

relâchée. De ce côté, pour Pascal, le gain de cause est assez complet, ce semble, et il suffirait d'entendre les tempêtes de M. de Maistre à ce propos pour n'en pas douter[1].

Il est vrai que cette Assemblée de 1700, en atteignant aussi quelques Propositions du dogme janséniste, fit et voulut faire œuvre de juste milieu ; mais le plus fort coup, et qui eut tout son retentissement, fut celui qui frappait sur la morale relâchée. C'est alors que Bossuet, au moment où il provoquait la censure de l'Assemblée en ce sens, s'avança jusqu'à dire : « Si, contre toute vraisemblance, et par des considérations que je ne veux ni supposer ni admettre, l'Assemblée se refusoit à prononcer un jugement digne de l'Église gallicane, *seul* j'élèverois la voix dans un si pressant danger ; *seul* je révélerois à toute la terre une si honteuse prévarication ; *seul* je publierois la censure de tant d'erreurs monstrueuses. » — C'est-à-dire, seul je reprendrais et pousserais l'œuvre des *Provinciales*, en vigilant Évêque que je suis.

Ainsi le pur dogme janséniste échoue ; cette haute reprise de l'idée de Grâce au pied de saint Augustin et de saint Paul n'est pas agréée, et un vague nuage de Semi-Pélagianisme (comme diraient les nôtres), ou tout au moins une rédaction prudente, enveloppe et sauve les embarras de l'Église catholique gallicane, qui se sent comme pressée à cet endroit entre Calvin, d'une part, et le bon sens déjà philosophique, de l'autre. Mais la réforme de Port-Royal dans la Pénitence est généralement admise ; mais surtout la dénonciation morale contre les Casuistes ennemis obtient son plein effet ; les *ordures des Casuistes*, comme les appelle encore Bossuet, sont rejetées hors du temple ; les étables

---

1. *De l'Église gallicane*, livre II, chap. XI.

d'Augias sont vidées. A Pascal remonte la gloire de ce travail d'Hercule.

On peut dire que dans ce grand procès de la morale chrétienne gallicane, qui, gagné du premier jour, ne se jugea en dernier ressort qu'en 1700, si Bossuet tint finalement la balance, c'était Pascal qui avait apporté le glaive[1].

Je ne suivrai pas la série des attaques directes de Port-Royal contre les Jésuites, dans les nombreux volumes intitulés : *La Morale des Jésuites extraite fidèlement de leurs livres* (1667), *la Morale pratique des Jésuites* (1669-1694), etc., etc., qu'empilèrent successivement le docteur Perrault, Varet, Pontchâteau, Arnauld, Nicole. Après la victoire décisive des *Provinciales*, cela me fait l'effet du gros train et des fourgons qui, en traversant le champ de bataille, achèvent les blessés et broient sous leurs roues les morts. Je crois bien que ces volumes ont été grandement utiles au parti qui les publiait ; il est en toute matière des esprits lents et communs qui ne saisissent un résultat qu'à la seconde et à la troisième rédaction, et qui ont besoin qu'on s'appesantisse : il faut bien leur donner le temps d'arriver. D'ailleurs ce qui nous paraît aujourd'hui une suite d'avanies à des vaincus, n'était que représailles quand le Père de La Chaise régnait encore. Mais ces livres manquent par trop aussi d'esprit et d'équité, ou tout au moins de malice intelligente[2] ; ils

---

1. Un médecin dirait : « Le Christianisme en France était malade de langueur et de relâchement. Pascal et les Jansénistes lui ont remis, du moins, *un peu de fer* dans le sang, et lui ont redonné un temps de vigueur. On a crié contre leur théorie, on a profité de leur pratique. »

2. Dans la Préface qui se lit en tête de cet arsenal d'anecdotes infamantes ramassées de toutes les parties du globe (*La Morale pratique des Jésuites*), il est dit : « On désire de tout son cœur que ce travail puisse être utile aux Jésuites, car, quoi qu'ils en puis-

me dégoûtent et m'ennuient, à n'en pouvoir parler. Que vous dirai-je? il y eut la *queue* de Pascal, comme il y a eu la *queue* de Voltaire. Pascal, si vous voulez, c'est le Paul-Louis Courier du temps en original; ce tas de volumes communs et copiés, de compilation polémique, c'est exactement sous Louis XIV le mauvais *Constitutionnel* de la Restauration, accueillant tout, croyant tout. Ou encore, pour épuiser les comparaisons qui rendent ma pensée, ils ressemblent à ces grossiers pamphlets qu'au dix-huitième siècle les Encyclopédistes mettaient sous le nom de Fréret, de Du Marsais ou de Mirabaud. Chaque parti en campagne traîne de ces grosses machines après lui.

Bien que Louis XIV eût défendu de nommer personne dans la condamnation que fit l'Assemblée de 1700 des Propositions de la *morale relâchée*, on savait assez depuis longtemps de qui l'on entendait parler, dès qu'on prononçait ce mot. Aussi, l'idée étant condamnée, réprouvée, haïe du grand nombre, on en vint au Corps même en qui on la personnifiait, et les Jésuites en France durent périr.

Montesquieu a dit, dans une Pensée où vibre un perçant écho de celle de Pascal : « J'ai peur des Jésuites. Si j'offense quelque Grand, il m'oubliera, je l'oublierai; je passerai dans une autre province, dans un autre royaume; mais si j'offense les Jésuites à Rome, je les trouverai à Paris, partout ils m'environnent : la coutume qu'ils ont de s'écrire sans cesse entretient leurs inimitiés.... » Quand c'était là l'opinion des philosophes indifférents; quand l'opinion du Clergé mo-

---

sent dire, *on les aime* et l'on a pour eux toute la charité que l'on doit ; mais on n'ose l'espérer. » Qu'on tienne un pareil langage par raillerie et ironie, je le conçois ; mais qu'on parle ainsi sérieusement, et au moment où l'on fait tout pour faire lapider les gens, c'est trop fort.

déré était celle que nous avons entendue gronder par la voix de Bossuet; quand, de plus, une si grande partie de la magistrature était passionnée par le Jansénisme dans le même sens, il était difficile que la destruction des Jésuites en France ne s'ensuivît pas : elle fut consommée en 1764. Ce qui se passa vers le même temps en d'autres pays sort de notre horizon; il y eut écroulement à la fois de toutes parts [1].

L'Ordre des Jésuites n'a pas tant vécu qu'on le croit. Né et mis au monde en 1540, il est blessé à mort en 1656, à l'âge de cent seize ans (ce qui est peu pour un Ordre). Il cache sa blessure du mieux qu'il peut, et serre sa ceinture. Il a même l'air d'être revenu en pleine vie sur la fin de Louis XIV. Fausse guérison ! apparence menteuse! l'agonie est au dedans. Elle dure cent huit ans, presque autant que sa vie même; il succombe en 1764. Depuis, les Jésuites vont, viennent, reviennent, intriguent, nuisent, ou même cherchent à bien faire, ils ne vivent pas.... *Ed era morto* [2].

Si l'on veut m'alléguer leur prospérité persistante

---

1. Une plume habile, mais un peu légère, en a récemment retracé le tableau (*Histoire de la Chute des Jésuites au dix-huitième siècle*, par le comte Alexis de Saint-Priest). Rien de définitif n'est encore écrit là-dessus. — « Quand on chassa les Jésuites, a dit M. de Chateaubriand, leur existence n'était plus dangereuse à l'État; on punit le passé dans le présent; cela arrive souvent parmi les hommes : les *Lettres Provinciales* avaient ôté à la Compagnie de Jésus sa force morale. Et pourtant Pascal n'est qu'un calomniateur de génie : il nous a laissé un mensonge immortel. » — Un *mensonge immortel* est bien dit : il y a donc des *mensonges immortels!* O grand auteur catholique, y avez-vous bien pensé? cela pourrait tirer à conséquence. Mais vous-même, on le sait, vous cherchez l'effet beaucoup plus que la vérité.

2. Se rappeler Berni ou l'Arioste :

E' l poverino, che non se n' era accorto,
Andava combattendo, ed era morto.

(Berni, Orl. inn.)

en certains pays, les maisons qu'ils fondent, les colléges qu'ils bâtissent, je répondrai d'un mot par une similitude : on a vu des hommes d'un vrai génie, qui, après avoir eu une attaque d'apoplexie foudroyante, paraissent revenir à la vie, qui donnent des signes toujours d'une grande activité physique, et même d'une certaine finesse qui a survécu. Mais le génie, où est-il ? mais les vraies affaires, les leur confie-t-on ? Un homme de génie qui a eu une attaque d'apoplexie, et qui n'est plus qu'un homme d'esprit qui engraisse, voilà, si vous le voulez, l'*image* du dernier âge de la Société (*Imago novissimi Seculi*). Mettez-le en regard de l'*Image du premier Siècle*, tel qu'ils se le retraçaient avec jubilation en 1640[1], et dites si ce n'est pas une mort.

Que les Jésuites essayent jamais, en un lieu du monde qui compte, de ressaisir l'ombre du passé et d'oser plus qu'ils ne peuvent, à l'instant la plaie des *Provinciales* toute grande se rouvrira, et ils y rendront encore une fois leur âme.

L'écrivain qui entama le premier et causa le plus directement cette destruction d'un si grand, si habile et si redoutable Corps, fit certes preuve d'un rare courage, d'un cœur héroïque. N'essayèrent-ils donc pas, ne le pouvant écraser, de le réfuter de bonne heure et publiquement par quelque écrit de marque et qui balançât le succès ? Entre toutes leurs plumes, n'en trouvèrent-ils pas une seule qui s'aiguisât un peu vivement sous leur *canif*, comme disait Launoi ?

Le Père Daniel, le premier qui se soit avisé de répondre au long et en règle à Pascal après quarante ans d'intervalle[2], se pose la même question dans ses *En-*

---

1. *Imago primi Seculi Societatis Jesu*, fameux livre que les Jésuites de Flandre composèrent en l'honneur de la Société, pour solenniser son centième anniversaire.

2. On trouverait bien dans les Sermons de Bourdaloue, à dater

tretiens de Cléandre et d'Eudoxe, et son Cléandre y répond en ces termes : « Ces Pères firent des réponses à la vérité assez solides, mais si plates et si mal tournées (je parle de celles qui parurent d'abord[1]) ! Quelle comparaison entre une Lettre de Pascal et la *première Réponse aux Lettres des Jansénistes!* » Cette première *Réponse* tomba en effet si à plat, quelle n'eut pas de suite. Le Père Daniel, continuant d'énumérer les forces ou plutôt les pauvretés et misères de la Société à cette époque, dit du Père Annat, auteur de *la Bonne Foi des Jansénistes,* et l'un des battus des *Provinciales :* « Ce bonhomme (car je l'ai connu comme tel, et c'étoit la modestie même) avoit du talent pour écrire, *même en françois, s'il s'étoit un peu plus appliqué à l'étude de notre langue.* » Ce *même en françois* n'est guère rassurant. Daniel conclut que la plume qu'il aurait fallu opposer dès lors était celle de Bouhours, alors âgé de trente ans, et qui ne se fit connaître que quelques années après : « Il eût entendu raillerie, ajoute-t-il, et ne se fût pas fâché comme firent les Jésuites de ce temps-là. Il eût répondu sur le même ton, et on eût au moins fait comparaison des Lettres et des Réponses; au lieu qu'à peine regardoit-on alors ce qui venoit des Jésuites. » Daniel exagère ici son confrère Bouhours ; c'était pourtant le seul, en effet, qui eût pu entrer en lice sans ridicule. Il arriva aux Jésuites à l'époque des *Provinciales* ce qui leur était déjà arrivé, si l'on s'en

de 1670, tel Sermon *sur la Médisance,* tel autre *sur la Sévérité chrétienne,* où il y a des passages évidemment dirigés contre les *Provinciales* et à l'adresse de Pascal. Mais ces réponses indirectes, ces allusions vivement touchées, dont ne se faisait, certes, pas faute l'éloquent et habile prédicateur, n'étaient saisies que des personnes présentes et ne devaient s'imprimer que très-longtemps après.

1. Daniel semble avoir peur qu'on n'entende cela de la sienne et il prend ses précautions pour l'excepter.

souvient[1], à l'époque de *la Fréquente Communion*. Leur savant Père Petau, s'étant avisé d'écrire en français contre le livre d'Arnauld, le fit d'une manière si inexpérimentée et si barbare, que les jeunes gens de l'Ordre en rougirent. Pareil affront se renouvela par la plume du Père Annat. Personne réellement dans la Société n'était en mesure. Si le Père Annat était trop *rance*, comme dirait Amyot, le Père Le Moine était trop éventé, trop quintessencié de style; tous les deux d'avant Vaugelas. Quelques jeunes Religieux comprirent alors qu'il fallait décidément s'appliquer à l'étude de la langue maternelle, et Bouhours se mit en devoir de devenir du même train bel-esprit et grammairien.

En attendant ces beaux fruits, les Jésuites pensèrent, après le premier étourdissement de la défaite, à une plume du genre de celle de Bouhours, à celle même de Bussi-Rabutin. L'auteur de l'*Histoire amoureuse des Gaules* était à la Bastille par suite de ce méfait scandaleux (1665) ; il avait besoin, pour en sortir, de gens qui eussent de très-près l'oreille du Roi. Les Jésuites lui firent offrir leur crédit, s'il leur voulait prêter la délicatesse et le piquant de sa mise en œuvre. Le Père Nouet, confesseur du prisonnier, lui fit particulièrement entrevoir l'entremise du Révérend Père Confesseur du Roi (le Père Annat) en sa faveur. Il paraît que Bussi se prêta à l'ouverture, qu'on lui fournit des notes théologiques, des mémoires, et qu'il essaya d'aiguiser tout cela. Mais il eut le bon esprit d'y renoncer bientôt, et de juger l'entreprise impossible. Lui-même ensuite racontait sans façon l'anecdote à ses amis, de qui on l'a su[2]. Une Réfutation des *Provinciales* par

---

1. Tome II, page 183.
2. Le trait est consigné dans l'*Apologie des Lettres Provinciales*, par Dom Matthieu Petit-Didier, tome I, page 29. Ce qu'on lit dans les *Mémoires* de Bussi sur ses relations suivies avec le Père Nouet

Bussi ou Saint-Évremond eût ajouté vraiment au joli de l'affaire. Bussi, avocat des Jésuites, eût confirmé du coup tout ce qu'il aurait voulu détruire, et il eût fourni la plus excellente, la plus friande pièce de leur morale d'accommodement.

Il y avait donc près de quarante ans que les *Provinciales* avaient paru, quand le Père Daniel s'avisa d'en donner une réfutation suivie (1694)[1]. Cette réponse tardive me fait un peu l'effet de ces Stances de Malherbe qui vinrent à pas lents pour consoler un veuf, lequel avait déjà eu le temps de se remarier. Ici on avait affaire à des rieurs, et le Père Daniel ne s'aperçut pas qu'il y avait danger à réveiller l'écho endormi. Il prit occasion de l'Éloge de Pascal et des *Provinciales* inséré au tome second du *Parallèle des Anciens et des Modernes* de Perrault (1690), pour rentrer dans un procès dès longtemps jugé. Il y avait *prescription*, comme on le lui dit. Son livre fut peu lu; les habiles du parti craignirent apparemment qu'il ne le fût trop encore : le Père de La Chaise, assure-t-on, et M. de Harlai, archevêque de Paris, en gens d'esprit qu'ils étaient, firent tout pour le supprimer dès sa naissance. « La *Réponse aux Provinciales* par le « Père Daniel, écrivait Bayle à Minutoli (26 août 1694), « a disparu quasi avant de paroître. Elle ne coûtoit que « 50 sols, et l'on dit qu'on a offert un louis d'or de qua-

---

et le Père Annat, durant sa captivité, concorde parfaitement. — Voltaire, depuis, essaya comme Bussi, et y renonça (se rappeler ce qui a été dit précédemment, à la page 141).

1. La première impression des *Entretiens de Cléandre et d'Eudoxe* est de 1694 ; la preuve en est que M. Arnauld vivait encore quand le livre s'imprimait (voir le IVe Entretien, page 128), que l'archevêque, M. de Harlai, n'était pas encore mort quand il était près de paraître, puisqu'on dit que ce prélat s'y opposa; et enfin la lettre de Bayle, qu'on va voir avec sa date, est décisive. Mais la première édition fut supprimée; celle de 1696, qui en tient lieu, est la seconde.

« torze francs à tous ceux qui l'avoient achetée, s'ils
« vouloient la rendre. » Voilà une façon de débit qui
est originale dans son genre. Le livre courut pourtant ;
on le réimprima, et on le traduisit en diverses langues;
le Père Jouvancy le mit en latin. Rien n'y servit. Seulement on raconte que, comme on le donna à lire à cette
triste Cour du roi Jacques à Saint-Germain, il fit tant de
plaisir à quelques seigneurs *par les citations des endroits
de Pascal qui y sont rapportés assez au long*, que ces
messieurs envoyèrent à l'instant chercher les *Lettres Provinciales* elles-mêmes[1]. Ce fut le plus vif succès qu'obtint ce livre du Père Daniel. — J'en ai fait assez d'usage précédemment dans le courant de la discussion pour
n'avoir rien à ajouter ici; on a pu voir que, tout en me
permettant d'en plaisanter, je ne le trouve pas absolument méprisable [2].

Un Bénédictin alors Janséniste, et qui depuis renia,

1. Voici l'anecdote authentique, comme je la trouve racontée
dans les lettres (manuscrites) de M. Vuillart à M. de Préfontaine,
recueil précieux dont je ferai usage plus d'une fois : « (26 janvier
1697).... Quoiqu'il y ait une espèce de prescription après quarante
ans pour une Réponse aux *Lettres Provinciales*, le Père Daniel
Jésuite a publié de nouveau la sienne, qui avait reçu peu d'accueil
lorsqu'elle parut la première fois, il y a deux ou trois ans. Il a
tâché de la répandre à la petite Cour d'Angleterre qui est à Saint-
Germain. Le duc de Berwick l'a vue ; et, comme il a trouvé plus
de sel dans les morceaux des *Provinciales* qui sont cités que dans
ce que dit le Jésuite pour les réfuter, il a voulu avoir les Lettres
entières. Elle lui ont tellement piqué le goût qu'il en a paru très-
friand. Il en a communiqué sa bonne opinion aux autres seigneurs
et aux mylords qui en ont envoyé chercher diligemment à Paris. A
peine nos libraires leur en ont-ils pu fournir assez d'exemplaires
et assez tôt à leur gré. Cela est vrai à la lettre. »
2. J'en veux pourtant citer l'endroit le plus piquant, le seul piquant ; c'est au IVᵉ Entretien :

« A propos des Pères (de l'Église), interrompit Cléandre, je veux vous
régaler d'une petite aventure dont je fus témoin il y a quelques jours, et
qui me revient ici assez à propos. Je me trouvois chez M. l'évêque de...; il
y avoit assez bonne compagnie, et entre autres un Abbé janséniste qui fit

Dom Mathieu Petit-Didier, de la Congrégation de Saint-Vanne et de Saint-Hydulphe, voulut bien croire que

tourner le discours sur la *Morale* des bons Pères, dont il dit merveilles... Le Prélat, homme d'esprit et qui n'a point d'entêtement, s'ennuyant de ce discours qui duroit trop : « Il faut, monsieur l'Abbé, dit-il en riant, que je vous fasse part d'une décision donnée depuis peu aux Indes par les principes de la *Probabilité*, mais à condition que vous la ferez mettre dans le VIII° tome de la *Morale pratique*, avant que M. Arnauld l'ait achevé. » — « Je vous promets, répondit aussitôt l'Abbé, que si vous jugez qu'elle en vaille la peine, elle y aura une belle place. » — « Vous en jugerez vous-même, repartit le Prélat ; voici le fait :

« Un marchand françois qui avoit une fort belle femme, fait naufrage aux Indes, et se sauve à une ville appartenante aux Espagnols. Comme étranger, on le mène au Gouverneur, homme violent et brutal, qui devient, à la première vue, éperdument amoureux de cette femme. On en avertit le marchand : lui, fort inquiet et fort embarrassé, va au Collège de cette ville, demande à parler au Casuiste et au Théologien ; il leur propose son embarras : Je sais de bonne part, leur dit-il, que le Gouverneur est passionné pour ma femme jusqu'à vouloir l'épouser, en cas qu'elle ne soit pas mariée ; car il ne sait pas encore certainement ce qu'elle m'est. Des personnes bien instruites m'ont assuré qu'il est déterminé à me faire assassiner, supposé que je sois son mari ou que je m'oppose à son mariage. Au contraire, si je la lui laisse épouser, il me prépare ici un établissement qui me dédommagera des grandes pertes que j'ai faites par mon naufrage. Je puis cacher mon mariage que personne ne sait, et la faire passer pour ma parente, car elle l'est en effet, et il m'a fallu une dispense pour me marier avec elle. Je suis sûr qu'elle fera tout ce que je lui dirai de faire ; mais je ne veux point offenser Dieu...

» Là-dessus le Théologien, qui parle le premier, lui dit qu'il le plaint, et lui déclare qu'il n'a point d'autre parti à prendre que de donner à Dieu une preuve héroïque de sa fidélité en lui sacrifiant sa vie ; qu'étant interrogé si la personne qu'il a avec lui est sa femme, et répondant que c'est sa parente, c'est ou mentir, ou user d'une équivoque qui n'est pas permise, etc..., etc... » — « Ce n'est pas là la décision d'un Jésuite, » dit notre Abbé Janséniste. — « Ayez patience, continue le Prélat. Le Casuiste parle à son tour, et déclare au marchand que ce n'est point là son avis ; que pour le premier point, en disant que cette femme est sa parente, il ne mentira pas ; qu'il cachera la vérité, mais qu'il ne dira rien de faux ; en quoi il n'y a aucun mal : que pour ce qui est de l'adultère où sa femme se trouve exposée, ce n'est pas sa faute à lui ; qu'en priant Dieu et mettant sa confiance en sa bonté, etc., etc. (on voit de reste la fin de la consultation). » — « Ho ! celui-là est un Jésuite, reprit le Janséniste ; et si l'autre l'est aussi, voilà justement la division de M. Pascal, des directeurs Jésuites dont les uns sont sévères et les autres relâchés à l'excès... » — Le Prélat, le voyant engagé, lui dit en riant :

« Ho bien ! monsieur l'Abbé, ce que je viens de vous raconter n'est qu'une parabole ; il faut vous en dire le sens. Le cas du marchand est en effet celui d'Abraham, que vous savez, qui, pour éviter le danger de la mort, conseilla à Sara de dire aux gens de Pharaon et à ceux d'Abimélech qu'elle étoit sa

cette réfutation en méritait une, et il publia (1697) une *Apologie des Lettres Provinciales* en dix-huit Lettres que personne ne lit. Quelques-unes des précédentes anecdotes en sont tirées. Le Père Daniel riposta (1698) par une couple de *Lettres de M. l'Abbé... à Eudoxe*. Le Père Du Cerceau à son tour entra dans cette arrière-mêlée par des *Lettres d'Eudoxe* en réponse et faisant suite à celles de l'Abbé. Trop tard ! trop tard ! la fleur du sujet était dès longtemps cueillie, les lauriers étaient coupés. Ce qu'il y a de bizarre et ce que nous apprenons de l'aveu même du Père Daniel, c'est que la traduction latine de ses *Entretiens de Cléandre et d'Eudoxe* fut mise à l'*Index* à Rome, — tout comme Pascal l'avait été[1].

sœur, sans dire qu'elle fût sa femme. Le Théologien est saint Jean Chrysostome, lequel condamne tout net Abraham...; mais le Casuiste, c'est saint Augustin, qui dit en termes formels qu'Abraham, disant que Sara étoit sa sœur, ne fit point de mal, parce qu'il cacha seulement la vérité et ne dit point de fausseté : *Tacuit aliquid veri, et non dixit aliquid falsi....* »

« Notre Janséniste, continua Cléandre, fut un peu surpris, et son embarras divertit fort la compagnie. Il soutint hardiment qu'on ne lui montreroit jamais rien de semblable dans saint Augustin. Aussitôt M. l'Évêque de... prit sur sa tablette le VI° tome de ce Père, et lui montra le cas et la décision tout au long dans le XXII° livre contre Fauste. »

Certes, il est piquant de battre un Janséniste avec saint Augustin, et de prendre celui-ci en flagrant délit de relâchement et d'équivoque. L'anecdote, que j'ai tenu à présenter dans son jeu de scène, est digne du *Dictionnaire philosophique*. Si Pascal, en défendant ses amis, s'est replié vers les gens du monde, les Jésuites, pour se défendre contre Pascal, se replient où ils peuvent, même au risque d'atteindre Abraham et de léser saint Augustin. C'est Voltaire qui, en définitive, hérite le plus clairement de tout cela, c'est le monde.

1. *Recueil de divers Ouvrages....* du Père Daniel, tome II, page 365. Ce qui fait dire au savant Jésuite dans sa réponse au Père Serry, qui lui avait opposé cette espèce de condamnation : « Quoi qu'il en soit, mon Révérend Père, vous savez mieux que moi, vous qui êtes sur les lieux, que de ce qu'un livre est mis à l'*Indice*, il ne s'en suit pas toujours qu'il contienne une mauvaise doctrine. Il ne faut pour cela qu'avoir manqué à observer certaines rubriques que le Saint-Siége a autrefois sagement prescrites, et

Pour dernier ricochet, ce livre du Père Daniel suggéra à mademoiselle de Joncoux, docte et zélée Janséniste, la pensée de traduire en français Nicole-Wendrock, c'est-à-dire les Notes et Dissertations latines dont Nicole avait flanqué Pascal, et cette traduction, revue par M. Louail, parut en 1700 (ou fin de 1699); elle eut du succès[1].

qui ne sont point en usage en France. » Si jamais pareil honneur nous arrivait d'être mis à l'*Index,* nous n'aurions pas à nous défendre autrement.

1. *Elle eut du succès* est trop peu dire. Mademoiselle de Joncoux excita un véritable enthousiasme parmi les amis de Port-Royal pour ce sérieux travail entrepris et mené à bien par une femme. M. Vuillart écrivait à M. de Préfontaine, le 15 octobre 1699 : « Vous aurez bientôt, Monsieur, une excellente et très-naturelle version françoise des notes de Wendrock en 3 vol. in-12.... C'est une nouvelle bombe qui tombe sur la Société (de Jésus). Ce qui est plus humiliant pour elle, c'est qu'on assure que c'est une nouvelle Débora qui porte ce coup aux ennemis du peuple de Dieu, une personne du sexe étant, dit-on, auteur de cette version. Je tâcherai que cela parte mercredi prochain. J'en lus hier la Préface, composée de ce qu'il y a de meilleur dans les trois préfaces de l'édition latine. Ce précieux élixir est un chef-d'œuvre et pour les choses et pour le style. » Dans une lettre suivante, du 28 janvier 1700, M. Vuillart s'étend davantage et déborde en louanges sur le sujet de mademoiselle de Joncoux : « Si Dieu vous amène ici à ce printemps, Monsieur (écrit-il au même ami), il ne tiendra qu'à vous de ne vous en pas retourner dans votre solitude, sans avoir connu la *traductice* (*sic*) dont l'ouvrage vous fait tant de plaisir. Elle a l'esprit solide et net, pénétrant et vif, agréable et naturel. Elle est simple et modeste, craint autant d'être connue qu'une autre d'un bien moindre talent le pourrait désirer. Elle a l'esprit fort cultivé par l'étude des belles-lettres et de la belle philosophie. Elle a le goût fin et le discernement juste. Il n'y a que ses amis bien particuliers qui connoissent tout ce qu'elle vaut. Et ce qui me revient et m'édifie, c'est sa piété. Elle en a beaucoup et de celle surtout que l'on sent, même avant qu'on l'apprenne, selon le beau mot de saint Cyprien, *quæ sentitur, antequam discitur*, et qui est celle qu'on reçoit dans l'école du Saint-Esprit, *ubi docet unctio.* Elle est fort disciple de cette incomparable maîtresse. Au reste, rien n'est plus uni et plus aisé que son air et toutes ses manières. Elle est franche et a toujours le cœur sur les lèvres. Elle aime bien ses amis et leur est

Voilà pour la série matérielle des écrits ; mais le temps, qui se plaît à faire sortir à la longue toutes les combinaisons et à ramener des hommes pour tous les rôles, suscita, quand tout semblait jugé et clôturé pour jamais, je ne dirai pas un vengeur, pourtant un champion intrépide, spirituel, éloquent et arrogant, qui s'empara de la cause perdue comme d'une gageure, qui la prétendit gagner d'un revers de main, qui réussit certainement à la rajeunir, et qu'il nous faut entendre. Ce n'est rien moins que le comte Joseph de Maistre en personne.

Dans le volume intitulé *De l'Église gallicane*, écrit en 1817, publié en 1821, et qui se rattache à son livre du *Pape*, il y a toute une moitié expressément dirigée contre Port-Royal, contre Pascal et les petites Lettres. Nulle part la verve de ce génie paradoxal ne s'est déployée avec plus de feu ; nulle part, il ne tranche plus dans le vif. Connaissant Port-Royal comme nous faisons à cette heure, c'est une bonne fortune, qui n'est pas sans quelque danger, de rencontrer M. de Maistre

---

très-bonne amie, officieuse, généreuse au dernier point. Après tout cela, je ne puis vous cacher qu'elle est beaucoup des miennes ; et je la regarde comme une de mes plus précieuses acquisitions. *Elle-même unique en son espèce.* Deux théologiens dont l'un la voit et l'autre ne l'a jamais vue, mais l'estime fort sur ce qu'il sait d'elle par leur ami commun, ont revu et retouché avec grand soin tous les endroits qui requièrent une exactitude particulière pour ne donner nulle prise aux esprits scolastiques. Pour l'art de traduire et le choix de l'expression, rien presque n'est dû qu'à elle seule. Qu'en voilà sur un seul article ! Mais je ne puis dire encore tout dans une page et plus que voilà pour elle. *Dictum sit ad laudem gloriæ Gratiæ Dei et Christi*, selon les termes de l'Apôtre ; car un tel sujet ne sauroit être que l'ouvrage du Seigneur. Je lui dirai les bénédictions que vous lui souhaitez, Monsieur, sans la connoître autrement que par sa traduction. » On voit comme tout prenait de l'importance et une signification distincte dans ce monde un peu fermé de Port-Royal. Une simple traduction y avait tous les honneurs d'un original.

se portant avec toutes ses forces sur nos lignes, et de juger, par cet endroit, fût-ce même à nos dépens, de l'autorité qu'il mérite sur tant d'autres points où il nous serait plus malaisé de l'atteindre. Port-Royal en sera peu entamé, nous le croyons; Pascal surtout ne sera pas vaincu : pourtant, si Pascal a jamais eu affaire à quelqu'un, ç'a été sans nul doute à Joseph de Maistre.

XIV

Du livre de l'*Église gallicane*. — Procès criminel au Jansénisme. — Madame de Sévigné témoin à charge; citations tronquées. — Hobbes et Jansénius. — En quoi certaines philosophies accostent nécessairement le Christianisme. — Caractère de Joseph de Maistre; son rôle singulier. — Son assaut contre Port-Royal. — Verve, excès, *crescendo* d'injures. — Belle humeur et légèreté. —Voltaire plus *pieux* que de Maistre. — Port-Royal jugé par La Mennais.

Le livre de M. de Maistre est dirigé contre l'Église gallicane. Quoique le Jansénisme (nous l'avons assez établi[1]) se sépare du Gallicanisme, et qu'il y ait même entre eux une séparation profonde, bien qu'étroite d'apparence, M. de Maistre, dont c'est le jeu de pousser le Gallicanisme et de l'acculer aux extrémités, débute par faire le procès au Jansénisme : c'est cette seule portion de la querelle qui nous importe ici.

Si l'on se donne champ à travers les dix chapitres où il entreprend de haute main la revanche sur les *Provinciales*, on arrivera à celui de ces chapitres qui s'intitule : *Pascal considéré sous le triple rapport de la science, du mérite littéraire et de la religion*, et qui se

1. Tome II, page 157.

pourrait résumer plus brièvement en ceci : *Pascal décapité.* Cette potence au bout du chemin vaut la peine de nous y diriger.

Du Jansénisme ; portrait de cette secte[1]. — De Maistre entre en matière brusquement, décisivement; et, il faut en convenir, il entame tout d'abord la place par le côté faible, par le côté non soutenable, par cette thèse dérisoire de Quesnel contre Leydecker, d'Arnauld contre Pascal, de Pascal lui-même contre le Père Annat en ses dix-septième et dix-huitième Provinciales, et qui consiste à se prétendre Catholique romain *mordicus*, comme on dit, et malgré Rome :

« L'Église, dit de Maistre, depuis son origine n'a jamais vu d'hérésie aussi extraordinaire que le *Jansénisme*. Toutes en naissant se sont séparées de la Communion universelle, et se glorifioient même de ne plus appartenir à une Église dont elles rejetoient la doctrine comme erronée sur quelques points. Le Jansénisme s'y est pris autrement; il nie d'être séparé; il composera même, si l'on veut, des livres sur l'Unité, dont il démontrera l'indispensable nécessité... : il a l'incroyable prétention d'être de l'Église catholique, malgré l'Église catholique... : *il n'y a point de Jansénisme*, c'est une chimère, un fantôme créé par les Jésuites. Le Pape, qui a condamné la prétendue hérésie, rêvoit en écrivant sa Bulle. Il ressembloit à un chasseur qui feroit feu sur une ombre en croyant ajuster un tigre.... »

Et ici de Maistre, pour caractériser plus à son gré l'hérésie, s'empare de passages empruntés à madame de Sévigné, et les donne comme l'exposé fidèle de la théologie et du dogme janséniste ; c'est, selon lui, *le secret de la famille* qui échappe dans ces confidences d'une charmante mère à sa fille. Il y a bien des années déjà que nous menons le lecteur à travers Port-Royal

---

1. Livre I, chap. III (*De l'Église gallicane dans son rapport avec le Souverain Pontife*).

et son histoire, et il ne nous est pas arrivé encore de chercher l'exposé du dogme chez madame de Sévigné ; que si pourtant on va quérir ces passages cités par M. de Maistre à leur source même, pour en mieux apprécier le ton et le fond par l'entourage, qu'y voit-on ? Madame de Sévigné est aux Rochers dans l'été de 1680 ; elle raconte à sa fille le train de ses réflexions, de ses lectures. Entre elle et madame de Grignan, c'est depuis longtemps un jeu, une gageure de société qui ne cesse pas ; l'une est pour le Jansénisme, l'autre pour le Cartésianisme. C'est à qui des deux convertira l'autre, ou plutôt on aime bien mieux ne convertir personne, et que la partie dure à outrance. Madame de Sévigné, qui lit tout, lit Malebranche ; madame de Grignan, de son côté, lit saint Augustin : on sait ainsi le fort et le faible de chacun. Le *libre arbitre* est le grand point contesté, le champ de bataille ordinaire. Tout y ramène :

« Madame de La Sablière est dans ses Incurables [1], très-bien guérie d'un mal que l'on croit incurable pendant quelque temps, et dont la guérison réjouit plus que nulle autre [2]. Elle est dans ce bienheureux état ; elle est dévote et vraiment dévote ; elle fait un libre usage de son libre arbitre ; mais n'est-ce pas Dieu qui le lui fait faire ? N'est-ce pas Dieu qui la fait vouloir ? N'est-ce pas Dieu qui l'a délivrée de l'empire du Démon ? N'est-ce pas Dieu qui a tourné son cœur ? N'est-ce pas Dieu qui la fait marcher et qui la soutient ? N'est-ce pas Dieu [3] qui lui donne la vue et le désir d'être à lui ? C'est cela qui est couronné ; c'est Dieu qui couronne ses dons. Si c'est cela que vous appelez le libre arbitre, ah ! je le veux bien.... »

1. Lettre du 21 juin 1680.
2. Elle veut parler de la passion de la dame pour M. de La Fare.
3. Ne vous semble-t-il pas tout à fait sentir la plume de madame de Sévigné qui se met en train et qui prend plaisir à redoubler, voyant que cela vient ? Elle défile son chapelet d'arguments et en fait sonner les grains, comme pour s'assurer qu'elle en tient bien le fil. Elle s'amuse, enfin.

On citerait vingt autres passages, vingt autres parenthèses du même genre ; madame de Grignan plaide le libre arbitre, madame de Sévigné prêche la prédestination. Mais de quel ton la prêche-t-elle ? Voici un endroit encore qui est peut-être le principal et le plus suivi :

« Vous lisez donc saint Paul et saint Augustin[1] ; voilà les bons ouvriers pour rétablir la souveraine volonté de Dieu. Ils ne marchandent point à dire que Dieu dispose de ses créatures; comme le potier, il en choisit, il en rejette; ils ne sont point en peine de faire des compliments pour sauver sa justice, car il n'y a point d'autre justice que sa volonté : c'est la justice même, c'est la règle ; et, après tout, que doit-il aux hommes? Que leur appartient-il ? Rien du tout. Il leur fait donc justice, quand il les laisse à cause du Péché originel, qui est le fondement de tout, et il fait miséricorde au petit nombre de ceux qu'il sauve par son Fils. JÉSUS-CHRIST le dit lui-même : « Je connois mes brebis, je les mènerai paître moi-même, je n'en perdrai aucune ; je les connois, elles me connoissent. Je vous ai choisis, dit-il à ses Apôtres, ce n'est pas vous qui m'avez choisi. » Je trouve mille passages sur ce ton, je les entends tous ; et quand je vois le contraire[2], je dis : C'est qu'ils ont voulu parler communément; c'est comme quand on dit que *Dieu s'est repenti*, qu'*il est en furie;* c'est qu'ils parlent aux hommes; et je me tiens à cette première et grande vérité qui est toute divine, qui me représente Dieu comme Dieu, comme un maître, comme un souverain Créateur et auteur de l'Univers, et comme un Être enfin très-parfait, selon la réflexion de *votre père* (Descartes). Voilà mes petites pensées respectueuses, dont je ne tire point de conséquences ridicules, et qui ne m'ôtent point l'espérance d'être du nombre choisi, après tant de grâces qui sont des préjugés et des fondements de cette confiance. Je hais mortellement à vous parler de tout cela : pourquoi m'en parlez-vous? Ma plume

---

1. Lettre du 14 juillet 1680.
2. C'est-à-dire des passages qui semblent supposer l'existence et les droits du libre arbitre.

va comme une étourdie. Je vous envoie la Lettre du Pape (Innocent XI) ; seroit-il possible que vous ne l'eussiez point? Je le voudrois. Vous verrez un étrange Pape : comment? il parle en maître.... »

Que tout ceci soit plus sérieux que le ton, on l'admet sans peine ; madame de Sévigné est religieuse, et le badinage, chez elle, se passe dans son humeur encore plus que dans son esprit. Est-ce une raison pourtant de venir conclure là-dessus au plus grave, et de s'écrier avec de Maistre :

« Ne croyez ni aux livres imprimés avec permission, ni aux déclarations hypocrites, ni aux professions de foi mensongères ou ambiguës ; croyez madame de Sévigné, devant laquelle on pouvoit *être aimable* tout à son aise. *Il n'y a point d'autre justice en Dieu que sa volonté.* Cette miniature fidèle du système mérite d'être encadrée[1]. »

Madame de Sévigné avait dit à un autre endroit que ces Messieurs étaient *bien aimables dans la conversation*, et que les mêmes « qui faisoient de si belles restrictions et contradictions dans leurs livres parloient bien mieux et plus dignement, quand ils n'étoient pas contraints ni étranglés par la politique[2]. » On était fort déchu en effet, à cette époque (1680), de la hauteur du dogme janséniste primitif ; Nicole lui-même essayait de concilier par des biais les vérités redoutables avec les vraisemblances raisonnables. De Maistre se donne beau jeu à prendre ainsi le dogme janséniste dans sa déviation et sa défaillance. Quoi qu'il en soit, et sans sortir même du texte égayé de madame de Sévigné, qu'y voit-il de si exorbitant ? « Il n'y a point, dit-elle, d'autre justice en Dieu que sa volonté. » Mais si cette vo-

---

1. Pages 23 et 24 du livre de *l'Église gallicane*, édit. de 1829.
2. Lettre du 31 mai 1680.

lonté est celle d'un *Être parfait*, comme elle l'ajoute tout aussitôt, qu'est-ce donc qui empêche (au point de vue chrétien) de s'en remettre aveuglément et docilement à cette volonté, même quand les raisons en échappent? De Maistre, dans la citation qu'il fait du passage de madame de Sévigné, a grand soin de supprimer cette définition qu'elle donne de Dieu, et qui est précisément rassurante sur sa volonté suprême. Madame de Sévigné dit : « Je me tiens à cette première et grande vérité, qui est toute divine, qui me représente Dieu comme un maître..., comme un Être très-parfait.... (relire ci-dessus). » Or, de Maistre s'arrête dans sa citation[1] après ces mots *toute divine* ; de sorte qu'à le lire, cette qualification de *vérité toute divine* a l'air de se rapporter à ce qui précède et non à ce qui suit, à ce qu'il supprime, et à ce qu'il ne saurait pourtant, lui chrétien, ne pas admettre comme une vérité incontestable. Si j'étais bien fort Janséniste, j'appellerais cette mutilation de texte une falsification ; mais comme je sais que chacun, en pareille matière, tire à soi (même les plus honnêtes), j'appelle cela simplement une inexactitude.

Ce qui doit étonner davantage, c'est que, prétendant juger à fond du dogme janséniste, un esprit vigoureux comme de Maistre n'ait pas pris la peine de remonter aux vraies sources, et qu'il se soit rabattu vers le plus commode. Madame de Sévigné, je l'ai dit d'elle comme de Boileau, était un Janséniste-*amateur;* elle causait de toutes ces choses avec un enjouement ému et une imagination affectionnée : mais pour elle ainsi que pour Despréaux, c'était une manière comme une autre, meilleure qu'une autre, de passer son après-dîner, d'*éclaircir*, comme elle dit, ses *entre-chien-et-loup*. D'elle

---

1. *De l'Église gallicane*, page 25.

à sa fille sur ces sujets, c'était un jargon délicieux, c'était un ramage.

Tout en disant qu'il ne veut pas prendre ce badinage trop au pied de la lettre, de Maistre l'y prend néanmoins, et couronne son fulminant chapitre en cette superbe invective :

« La plume élégante de madame de Sévigné confirme parfaitement tout ce que vient de nous dire un vénérable magistrat (M. de Gaumont). Elle peint au naturel et, ce qui est impayable, en croyant faire un panégyrique, l'atrocité des dogmes jansénistes, l'hypocrisie de la secte et la subtilité de ses manœuvres. Cette secte, la plus dangereuse que *le Diable ait tissue*, comme disoit le bon sénateur et Fleury qui l'approuve [1], est encore *la plus vile à cause du caractère de fausseté qui la distingue*. Les autres sectaires sont au moins des ennemis avoués qui attaquent ouvertement une ville que nous défendons : ceux-ci au contraire sont une portion de la garnison, mais portion révoltée et traîtresse... »

Et il revient à son idée première ; mais on se demande comment les quelques passages de madame de Sévigné, dont on vient de lire les plus graves, lui donnent le droit de tirer de telles conclusions, et de les considérer désormais comme démontrées aux yeux de tous.

Le chapitre suivant est intitulé : *Analogie de Hobbes et de Jansénius*. Hobbes, comme on sait, prétend que (pour qui ne s'en tient pas aux apparences) tout est nécessaire dans l'homme, qu'il n'y a point de *liberté* proprement dite ou de liberté d'élection : « Nous appelons agents libres, dit-il, ceux qui agissent avec délibération ; mais la délibération n'exclut point la nécessité, car le choix étoit nécessaire, tout comme la délibération [2]. » Si l'on objecte que cette manière de

1. Lettre de l'abbé Fleury sur M. de Gaumont, conseiller au Parlement (*Nouveaux Opuscules* de Fleury).
2. Je cite d'après de Maistre. — Voir aussi dans le *Traité de la Nature humaine* le chapitre XII, *De la Délibération*.

voir supprime le bien et le mal moral, Hobbes répond qu'il suffit que la volonté ait produit l'acte, pour que ce caractère moral existe, même quand la volonté serait d'ailleurs forcément déterminée dans ses secrets ressorts. De Maistre dit que les Jansénistes ne soutiennent pas autre chose; qu'il suffit à leurs yeux qu'un acte soit volontaire pour être réputé libre, même quand il ne le serait pas dans le sens d'une vraie liberté; et que c'est ainsi que l'homme pour eux se trouve coupable s'il agit mal, même en n'ayant pu agir ni vouloir autrement.

« C'est un étrange phénomène, s'écrie-t-il [1], que celui des principes de Hobbes enseignés dans l'Église catholique; mais il n'y a pas, comme on voit, le moindre doute sur la rigoureuse identité des deux doctrines. Hobbes et Jansénius étoient contemporains; je ne sais s'ils se sont lus, et si l'un est l'ouvrage de l'autre : dans ce cas, il faudroit dire de ce dernier : *Pulchra prole parens;* et du premier : *Pulchro patre satus.* »

Je ne vais d'abord qu'à l'intention de ce passage, et cette intention est souverainement injuste, même quand l'idée aurait du vrai; elle tend à confondre dans une identité odieuse ce qui diffère essentiellement d'esprit et de caractère. Je n'éprouve pour mon compte aucune de ces saintes horreurs contre de certains noms philosophiques, et je ne me signe pas au nom de Hobbes, esprit ferme, s'il en fut. Mais de Maistre, qui avait cette horreur et qui voulait la propager, tend à établir une complicité qui flétrisse le Jansénisme à sa source : là est son tort, là commence presque la calomnie. Nous avons assez lu du livre de Jansénius pour savoir à quoi nous en tenir [2]. Je n'ai rien dissimulé, si l'on s'en souvient, et le nom de Hobbes m'est égale-

---

1. *De l'Église gallicane*, page 31.
2. Voir dans notre livre II les chapitres x et xi.

ment venu à la pensée[1]; mais il fallait tout dire, et de Maistre ne l'a pas fait. J'ai cité, j'ai traduit de Jansénius telle admirable page sur l'Adam primitif, sur la volonté et la liberté dans Éden avant le péché : j'ai pu la comparer sans trop de désavantage avec Milton. Est-ce là du Hobbes?

Tout ce qu'objecte de Maistre sur le *fatalisme* de Jansénius est affecté d'un singulier oubli : c'est que Jansénius, qui parle si magnifiquement de l'Adam primitif, ne se montre si triste et si rigoureux que pour l'homme déchu, — déchu en tout, et plus malade encore dans sa *volonté* que dans tout le reste. Or, l'homme est-il ou n'est-il pas déchu ? C'est ce qu'on peut demander de près à de Maistre. Et si cette chute est pour les croyants un article de foi, si de Maistre nous le crie tout le premier, d'où vient donc ce scandale que lui cause une doctrine au fond essentiellement chrétienne, augustinienne, et selon saint Paul, en la supposant même un peu outrée dans sa rédaction janséniste et précisant trop ce qu'il eût été mieux de laisser à demi obscur[2] ?

Toute doctrine à fond chrétienne court risque de rencontrer, dans son appréciation de la nature humaine, des philosophies qui ont eu l'air de s'attacher à déshonorer purement et simplement cette nature, et qui l'ont proclamée mauvaise et misérable, sans en tirer d'autre conclusion. Est-ce une raison à un chrétien pour accuser le théologien profond d'être complice de ces philosophes, pour crier à la dégradation et à l'infamie ? La doctrine de Jansénius ne peut être dite

---

1. Tome II, page 104.
2. « Le plus grand péché contre la Grâce, c'est de lui trop accorder, » a dit de Maistre en pensant aux Jansénistes. Au point de vue chrétien, le mot me paraît plus frappant que juste; il me semble (quoique je m'y connaisse bien peu) qu'il doit y avoir de plus grandes offenses à la Grâce que celle-là.

fataliste dans le sens de Hobbes, pas plus que celle de Pascal ne peut être dite *égoïste* dans le sens des *Maximes* de La Rochefoucauld, parce que cette doctrine chrétienne, bien qu'elle reconnaisse en plein et que peut-être elle surfasse (je ne l'examine point ici) le mal et l'asservissement de la nature, ne l'accepte pas comme définitif, et n'a de hâte que pour restaurer la substance malade et l'affranchir. En admettant que Jansénius ait eu tort, théologiquement parlant, de placer l'essence de la liberté déchue dans la volonté, même dans la volonté nécessairement déterminée, il est à très-peu près dans le cas de saint Thomas, lequel ne réserve pas d'ailleurs, autant que le fait Jansénius, la liberté souveraine et pleine de l'Adam primitif. Eh bien ! de Maistre viendra-t-il instituer le parallèle de saint Thomas et de Hobbes ?

J'irai plus avant, et m'expliquerai en toute franchise. Loin de moi de prétendre qu'il n'y ait qu'une manière d'être chrétien ! mais une des manières les plus directes de le devenir, c'est, à coup sûr, d'envisager la nature humaine déchue exactement comme le feraient Hobbes, La Rochefoucauld, Machiavel, ces grands observateurs positifs. Plus ce coup d'œil est triste à qui n'a pas l'âme très-ferme, ou même à qui, l'ayant ferme, l'a très-capable d'amour et très-avide de bonheur, plus il dispose et provoque au grand remède, au remède désespéré. On se demande si c'est là l'état vrai, définitif, si c'est tout, pendant, avant et par delà ; on cherche l'issue (comme Pascal) hors de cette foule misérable et de cette terre, jusque dans le désert du ciel, dans cette morne immensité d'espace et dans ce silence infini qui effraye. Or, cette issue étroite, difficile, presque introuvable, cette échelle inespérée de salut, c'est le Christianisme ; je parle du véritable.

Autrement, si l'on accorde à l'homme actuel tant

de beaux restes, on s'accoutume à ne pas le croire tant déchu ; on en revient petit à petit au Vicaire Savoyard, en d'autres termes à Pélage ; car ce n'est plus la peine qu'un Dieu soit mort en personne pour racheter l'homme de si peu. L'homme, après tout, se suffit à lui-même, et, dès qu'il se croit en force, c'en est fait de la vraie Croix : à quoi bon les sueurs de sang du Calvaire?

Je persiste à penser que pendant longtemps (je n'ose dire : aujourd'hui encore) la meilleure et la plus pressante façon d'aborder un philosophe, un incrédule comme les siècles précédents en produisaient, pour peu que cet incrédule fût capable de malaise et d'ennui, c'eût été de lui dire : « L'homme n'est rien; tout ce
« qu'il tente est faiblesse, tout ce qu'il veut est impuis-
« sance ; sa volonté va comme un jouet. Il n'est que
« misère et que mal, c'est-à-dire égoïsme, calcul médité
« ou convoitise instinctive ; démêlez-le dans chaque
« fibre, c'est là le résidu de tout sentiment. — Oui,
« Vauvenargues vous-même, noble nature qui ne pen-
« sez qu'à la gloire, donnez-vous le temps de vivre,
« laissez s'abattre cette élévation première qui tient à
« la jeunesse, voyez l'estime du monde et ceux qui la
« donnent, tels qu'ils sont; que dis-je? votre fière
« conscience à son tour, voyez-la comme la doit faire
« dans un temps prochain l'expérience acquise ; et cet
« amour de l'estime, même de la vôtre, ô Vauvenar-
« gues! vous fera rire d'une pitié amère ; vous verrez
« que vous vous inspiriez à faux, et que le principe de
« votre morale était aussi vain que celui de La Roche-
« foucauld vous semblait gâté. — Tous les *malins* en ce
« monde savent cette fin-là, Byron comme Retz,
« Goethe[1] comme Voltaire. Allez au fond sous ces tons
« divers. Les uns s'y cabrent et s'y révoltent, les autres

---

1. Le Goethe de *Faust*, sinon le Goethe des dernières années.

« s'y jouent ; quelques-uns plus rassis donnent à toute
« cette froide misère un faux air d'enchaînement et de
« majesté : la vraie consolation leur échappe. Non,
« l'homme, avec tous ses essors, n'est à soi seul et par
« son résultat propre qu'avortement et illusion ; et s'il
« veut le bien cependant, son vrai bien, son salut moral
« immortel (ce qu'il ne commence même à vouloir que
« par un mouvement immérité), il faut qu'il s'atterre
« d'abord, qu'il attende secours dans le mystère, la
« face contre le seuil, qu'il se reconnaisse avant tout
« incapable, s'il n'est aidé et soulevé, et racheté. »

On a le canevas ; et ce n'est pas seulement le thème janséniste, prenez-y garde, c'est le thème chrétien. Je persiste à croire que ce genre de raisonnement, poussé comme l'auraient su faire, en l'appropriant, un Saint-Cyran ou un Pascal, et (pour sortir des noms jansénistes) comme l'aurait fait un Rancé lui-même, a été longtemps, sinon le seul, du moins un des plus puissants en face de l'incrédulité intelligente. Que si un tel raisonnement était devenu tout à fait inadmissible aujourd'hui ; si, grâce à un certain progrès social tant vanté, la nature humaine paraissait décidément trop saine pour pouvoir être ainsi taxée de radicale misère, et s'il fallait recourir à un ordre d'arguments plus honorables pour elle, j'ai regret de le dire à Joseph de Maistre et aux siens, ce ne serait pas alors le seul Jansénisme qui aurait tort, ce serait l'argumentation chrétienne elle-même qui aurait faibli.

Esprit platonicien, d'un tour élevé et particulièrement altier, de Maistre aborde le Christianisme par des côtés moins réels et moins humbles. Sa doctrine saisit plus l'intelligence qu'elle ne tend à régénérer les cœurs. J'ai eu l'occasion d'apprécier ailleurs[1] cet homme per-

---

1. *Portraits littéraires*, tome II (1844).

sonnellement très-respectable, très-réellement pieux, et d'une bonne foi attestée de tous ceux qui l'ont connu, bien que des violences excessives d'expression rendent cette qualité en lui quelquefois difficile à comprendre. L'humeur a une grande part jusque dans sa doctrine. Je reviendrai ici sur les traits que je crois essentiels, et que sa polémique contre le Jansénisme remet à nu.

Bien qu'étranger à la France, bien que toujours absent de la France, c'est pour elle, c'est pour *la grande Lutèce* que de Maistre écrit. Il ne le croit peut-être pas, il se piquera peut-être même du contraire. Illusion pure ! Il pense à Athènes du haut de ses monts de Thessalie, ou du fond de sa Scythie : il ne veut pas la flatter, dira-t-il ; il veut l'insulter, l'offenser, la scandaliser. C'est toujours s'occuper d'Athènes.

Celle-ci, je crois l'avoir remarqué déjà, qui aime avant tout qu'on s'occupe d'elle, fût-ce pour l'insulter et pour la battre (pourvu qu'on l'amuse), celle-ci s'est montrée reconnaissante. Certes, M. de Maistre a beaucoup choqué en France de prime abord : il a choqué d'autant plus que, n'étant pas Français, et ayant à sa date les opinions les plus anti-françaises qui se puissent imaginer, il y joint le style le plus à la française, et qu'il s'est trouvé tout d'abord un grand écrivain d'ici avec des idées de l'autre pôle[1]. Il a introduit l'en-

---

1. A un ami qui l'engageait, pour ne pas tant choquer, à ménager davantage les *personnes*, tout en se donnant carrière sur les *opinions*, de Maistre répondait : « Soyez bien persuadé, Monsieur, « que ceci est une illusion française. Nous en avons tous, et vous « m'avez trouvé assez docile, en général, pour n'être pas scanda- « lisé si je vous dis qu'*on n'a rien fait contre les opinions tant* « *qu'on n'a pas attaqué les personnes*. Je ne dis pas cependant « que dans ce genre, comme dans un autre, il n'y ait beaucoup de « vérité dans le proverbe : *A tout seigneur tout honneur*, ajoutons « seulement *sans esclavage*. Or, il est très-certain que vous avez

nemi le plus déclaré dans le cœur de la place et sous les airs de la nation. C'est ainsi que, tout en choquant, il a été lu; et bientôt, pour le châtier ou pour le récompenser, qu'a-t-on fait ? On s'est mis tout simplement à l'admirer comme écrivain, à se récrier devant lui, devant son imagination, devant sa hauteur de vues et son talent d'expression, en amateur qu'on est des belles choses. Piquante reconnaissance, et qui, appliquée à un prêcheur de doctrine, est bien aussi une vengeance!

Le dix-huitième Siècle en masse avait gagné la victoire et était encore rangé sous les armes, Voltaire en tête au front de son État-major, quand un chevalier de la Rome papale s'est avancé. Il était seul, il est allé droit au chef, au généralissime, à Voltaire en personne, et l'a insulté de toutes les sortes, lui donnant tous les noms, avec une verve, un mordant, une insolence égale à son objet, et tout à fait heureuse. On s'est fâché rouge, mais il était seul; on a regardé, on l'a laissé faire et dire, et s'en retourner; on a même discuté tout haut sa démarche et son audace de bel air. Les indifférents, comme il en est dans tous les camps, ont trouvé qu'il avait véritablement du Voltaire en lui, de ce rire âcre, bien qu'à lèvres plus froncées, de cette

---

« fait en France une douzaine d'apothéoses au moyen desquelles il
« n'y a plus moyen de raisonner. En faisant descendre tous ces
« dieux de leurs piédestaux pour les déclarer simplement *grands*
« *hommes*, on ne leur fait, je crois, aucun tort, et l'on vous rend
« un grand service. » (Lettres inédites de M. de Maistre, publiées par M. F.-Z. Collombet, Lyon, 1843, page 44.) Il s'agissait très-probablement de Bossuet dans le passage précédent; de Maistre exprime d'ailleurs une idée fort juste; c'est dommage qu'il n'ait pas su tenir la mesure dans l'exécution. Quand il a eu raison, ç'a été un peu comme Schlegel contre Racine, en ne voyant qu'un côté de la question. Mais il avait de plus que Schlegel, pour pénétrer, la vivacité du trait et l'allure.

légèreté persiflante, bien que tant soit peu affectée et frappée de roideur dans son ensemble, — du Voltaire enfin porté tête haute par un gentilhomme-sénateur.

Tel il fut avec Voltaire, tel nous le trouvons avec Port-Royal. De Maistre est volontiers en humeur de représailles ; il faut qu'il ait à faire à quelque vainqueur. Pascal en tête de ces *Messieurs* va être traité, ou peu s'en faut, comme le généralissime des philosophes à la tête de son armée. L'humble élite, rangée derrière lui, sera surtout malmenée et pulvérisée. Rassurons-nous, personne n'y périra. Et à notre tour, au point où nous en sommes arrivés de l'histoire de Port-Royal, il nous sera difficile, en présence de tant d'invectives, de dire autre chose que : *C'est incroyable ! c'est amusant !*

« Je doute, s'écrie de Maistre [1], que l'histoire présente dans ce genre (en fait d'énergie active et de force d'attraction occulte) rien d'aussi extraordinaire que l'établissement et l'influence de Port-Royal. Quelques sectaires mélancoliques, aigris par les poursuites de l'autorité, imaginèrent de s'enfermer dans une solitude pour y bouder et y travailler à l'aise. Semblables aux lames d'un aimant artificiel dont la puissance résulte de l'assemblage, ces hommes unis et serrés par un fanatisme commun produisent une force totale capable de soulever les montagnes. L'orgueil, le ressentiment, la rancune religieuse, toutes les passions aigres et haineuses se déchaînent à la fois. L'esprit de parti concentré se transforme en rage incurable. Des ministres, des magistrats, des savants, des femmelettes du premier rang, des religieuses fanatiques, tous les ennemis du Saint-Siége, tous ceux de l'Unité, tous ceux d'un Ordre célèbre, leur antagoniste naturel, tous les parents, tous les amis, tous les clients des premiers personnages de l'association, s'allient au foyer commun de la révolte. Ils crient, ils s'insinuent, ils calomnient, ils intriguent ; ils ont des imprimeurs, des correspondances, des facteurs, une *caisse publique invisible*.

---

1. Chapitre v.

Bientôt Port-Royal pourra désoler l'Église gallicane, braver le Souverain Pontife, impatienter Louis XIV, influer dans ses Conseils, interdire les imprimeries à ses adversaires, en imposer enfin à la suprématie.

« Ce phénomène est grand sans doute; un autre néanmoins le surpasse infiniment. C'est la réputation mensongère de vertus et de talents *construite* par la secte, comme on *construit* une maison ou un navire, et libéralement accordée à Port-Royal avec un tel succès, que de nos jours même elle n'est point encore effacée, quoique l'Église ne reconnoisse aucune vertu séparée de la soumission, et que Port-Royal ait été constamment et irrémissiblement brouillé avec toutes les espèces de talents supérieurs. Un partisan zélé de Port-Royal[1] ne s'est pas trouvé médiocrement embarrassé de nos jours, lorsqu'il a voulu nous donner le dénombrement des grands hommes appartenant à cette maison, « dont les noms, dit-il, commandent le respect, et rappellent en partie les titres de la nation française à la gloire littéraire. » Ce catalogue est curieux; le voici : *Pascal, Arnauld, Nicole, Hamon, Saci, Pontis, Lancelot, Tillemont, Pontchâteau, Angran, Bérulle, Despréaux, Bourbon-Conti, La Bruyère, le cardinal Le Camus, Félibien, Jean Racine, Rastignac, Régis,* etc., etc.

« Pascal ouvre toujours ces listes, et c'est en effet le seul écrivain de génie qu'ait, je ne dis pas *produit*, mais *logé* pendant quelques moments la trop fameuse maison de Port-Royal. On voit paroître ensuite, *longo sed proximi intervallo,* Arnauld, Nicole et Tillemont, laborieux et sage annaliste. *Le reste ne vaut pas l'honneur d'être nommé....* »

Les réflexions se pressent sur ce passage. D'abord, de Maistre y confond les époques diverses ; il met, par exemple, la *caisse publique invisible* dite *boîte à Perrette,* célèbre au dix-huitième siècle, sur la même ligne que ce qui a pu se passer du temps de Saint-Cyran. Il prend pour guide unique l'abbé Grégoire, érudit, mais sans critique, sans goût, esprit aussi illogique et aussi peu ordonné que Messieurs de Port-Royal étaient au con-

---

1. L'abbé Grégoire.

traire lumineux ; il accorde à sa brochure des *Ruines de Port-Royal,* intéressante en somme, mais pleine de faits entassés pêle-mêle comme des cailloux, une autorité qu'elle n'a pas pour quiconque a un peu étudié aux sources. C'est ce qui lui procure un triomphe facile lorsqu'il cite, d'après Grégoire, un catalogue burlesque, où des noms hétérogènes et quelquefois hétéroclites sont bizarrement entre-choqués. Plus loin il va citer le Discours préliminaire de l'abbé Bossut comme une autorité irrécusable encore : Voltaire à sa manière n'est pas plus léger. Mais là où son faible secret se décèle, c'est quand il s'écrie :

« *Je te vomirai,* dit l'Écriture, en parlant à la tiédeur ; j'en dirois autant en parlant à la médiocrité. Je ne sais comment le mauvais choque moins que le médiocre continu. Ouvrez un livre de Port-Royal, vous direz sur-le-champ, en lisant la première page : *Il n'est ni assez bon ni assez mauvais pour venir d'ailleurs.* Il est aussi impossible d'y trouver une absurdité ou un solécisme, qu'un aperçu profond ou un mouvement d'éloquence ; c'est le poli, la dureté et le froid de la glace. »

Voilà, selon moi, le point faible, le défaut de la cuirasse chez de Maistre, voilà le mot du cœur qui se trahit : il a la haine et la nausée du *médiocre,* du *vulgaire.* Son point de mire à lui, son étoile polaire, c'est une opinion qui ne soit surtout pas celle de la canaille des esprits ; le gentilhomme-sénateur se retrouve ici dans le penseur. Tout ce qui a triomphé et qui est devenu plus ou moins commun à quelques égards, de Maistre le méprise, le conspue et le voudrait anéantir. Le contre-pied du commun sur toutes choses, sur le Pape, sur l'Inquisition, sur Bacon, sur Pascal, c'est là sa grande route qui ne ressemble à nulle autre ; au lieu du pont-aux-ânes, le *Pont-du-Diable*[1] ; voilà ce

---

1. Se rappeler la route du Saint-Gothard.

qu'il aime et où il se joue. Il convient certes d'aimer le distingué et l'élevé dans l'ordre de l'esprit ; mais ici il y a fureur de vocation. Il s'ensuit une aveugle injustice. Ce qu'il y a de sain, de judicieux, d'honnête, ce qu'il y eut de tout à fait neuf à son moment dans les bons ouvrages de Port-Royal, est complétement méconnu.

En parlant de ces mêmes livres de Port-Royal, de Maistre vient de dire que c'est *le poli, la dureté et le froid de la glace.* Mais n'est-ce pas bien plutôt de lui et de sa manière qu'on pourrait dire ainsi? Ne peut-on pas la comparer souvent, cette manière, et l'effet qu'elle produit en maint endroit aux simples regards de l'esprit, à l'éclat du soleil sur des pics neigeux, glacés, inaccessibles? La lumière qui s'en réfléchit, au lieu d'être la joie des yeux, comme dit Bossuet, n'en est bien souvent que l'offense.

La recette plaisante que de Maistre indique pour fabriquer un livre de Port-Royal rappelle la méthode que donne Pascal (VI⁰ Provinciale) pour confectionner une nouvelle opinion probable. Tout ce chapitre (vérité à part) est d'un montant des plus vifs ; si j'osais le louer dans les vrais termes, je dirais que c'est *le sublime du taquin.* Quand on n'examine pas, on dirait que c'est foudroyant. Arnauld et ses masses d'in-quarto y sont renversés d'un souffle ; la *Logique* si accréditée ne tient pas un moment : « Quel homme pouvant lire Gassendi, « Wolff, 'sGravesande, ira perdre son temps sur la *Logique de Port-Royal?* » Il en parle à son aise : toujours la hauteur. Sur ce qu'on a fort vanté le tour d'esprit solide et animé qui faisait le caractère des écrits et des entretiens de ces Messieurs : « *Je déclare sur mon* « *honneur,* répond cavalièrement de Maistre, n'avoir « jamais parlé à ces Messieurs ; ainsi je ne puis juger « de ce qu'ils étoient dans leurs entretiens : mais j'ai

« beaucoup feuilleté leurs livres, à commencer par le
« pauvre *Royaumont* qui fatigua si fort mon enfance,
« et dont l'Épître dédicatoire est un des monuments
« de platitude les plus exquis qui existent dans aucune
« langue... » Pauvre Fontaine, lui aussi qui ne s'y
attendait guère, le voilà passé au fil de l'épée[1] !
Excité par son propre entrain, le grand exterminateur
ne s'arrête que quand il ne voit plus un seul ennemi
debout :

« Non-seulement les talents furent médiocres à Port-
Royal, mais le cercle de ces talents fut extrêmement res-
treint, non-seulement dans les sciences proprement dites,
mais encore dans ce genre de connoissances qui se rappor-
toient le plus particulièrement à leur état[2]. On ne trouve
parmi eux que des grammairiens, des biographes, des traducteurs, des polémiques éternels, etc.; du reste, pas un

---

1. Et remarquez comme ici tout est injuste. D'abord de Maistre,
qui prétend retrouver un déguisement de l'orgueil sous la modestie
des anonymes et pseudonymes en usage parmi les écrivains de
Port-Royal, serait bien embarrassé en ce qui regarde Fontaine.
Cet homme, si véritablement humble, n'a été connu comme l'auteur des *Figures de la Bible*, publiées sous le nom de *Royaumont*,
que parce que le *Registre mortuaire* de sa paroisse l'a désigné
comme tel; on avait jusque-là attribué généralement cet ouvage à
M. de Saci. Quant à l'Épître dédicatoire à Monseigneur le Dauphin
(1669), qui paraît si plate à de Maistre, elle n'a rien qui la distingue
des autres pièces de ce genre ; j'y note même cette phrase sur l'usage
qui est à faire des livres divins: « Ce qu'on en peut dire en général
« est renfermé dans des bornes trop étroites pour répondre à la
« sagesse de Dieu, qui est infinie; et *ce qui est plus proportionné
« à votre intelligence et à votre instruction*, Monseigneur, se doit
« réserver à la haute prudence et lumière de celui qui tra-
« vaille, etc. (M. de Montausier). » Et ailleurs : « Si les Princes
« sont comme les dieux de la terre, ils ne sont néanmoins que terre
« et poudre devant Dieu. » Pour moi, j'avoue que le *pauvre*
Royaumont n'a pas plus ennuyé mon enfance que ne l'a fait le bon
Rollin ; tous les deux l'ont charmée.

2. L'expression et l'idée sont inexactes. Messieurs de Port-Royal
n'avaient point d'*état* ni de profession autre que d'être chrétiens et
pénitents.

hébraïsant, pas un helléniste [1], pas un latiniste [2], pas un antiquaire, pas un lexicographe, pas un critique, pas un éditeur célèbre, et, à plus forte raison, pas un mathématicien, pas un astronome, pas un physicien, pas un poëte [3], pas un orateur [4] ; ils n'ont pu léguer (Pascal toujours excepté) un seul ouvrage à la postérité. Étrangers à tout ce qu'il y a de noble, de tendre, de sublime dans les productions du génie, ce qui leur arrive de plus heureux et dans leurs meilleurs moments, c'est d'avoir raison. »

Avoir raison, c'est déjà quelque chose, et de Maistre en ce moment l'oublie trop. Reposons-nous un peu après tout ce carnage, et reprenons nos esprits. Dans une lettre familière écrite au sujet de cet ouvrage ou

1. Et l'humble Lancelot, et M. Le Maître, et presque tous ces Messieurs, qui savaient et traduisaient le grec ? Il est vrai qu'ils le savaient sans être des *hellénistes* de métier et sans en avoir enseigne. M. Akakia du Lac, de même, qui savait l'hébreu, l'apprenait à Du Fossé et à d'autres, et ne s'en vantait pas. Port-Royal, encore un coup, n'avait pour but de faire ni des hébraïsants, ni des hellénistes, ni des savants spéciaux en aucune branche, mais des hommes, des Chrétiens. — On raconte que le bon Père Castel, Jésuite, était si préoccupé de son *clavecin des couleurs*, qu'il lui arriva plus d'une fois, en disant sa messe, de laisser échapper, au moment où le prêtre se retourne vers l'assistance, un *Quod erat demonstrandum*, au lieu du *Dominus vobiscum*. Port-Royal était à l'abri de ces distractions-là.

2. Ceci encore est par trop fort. Quoi! Nicole, si élégant en latin sous le nom de Wendrock, et M. Hamon dans ses ingénieuses Épitaphes latines, de Maistre ne les juge point des *latinistes*?

3. Je ne me récrie qu'aux plus forts endroits. Je ne sais où de Maistre entend loger la *critique* scrupuleuse et sage de Tillemont. Comme *mathématicien*, il supprime Pascal; comme *poëte*, il retranche Racine. Le Racine d'*Athalie*, pourtant, est bien celui de Port-Royal, comme nous le verrons. Et ce Racine fils, dont lui-même, de Maistre, a si bien parlé et sans dédain en un endroit des *Soirées*, n'était-il pas un enfant de cette école, ou plutôt de cet esprit, auquel appartient également Rollin ?

4. Et Des Mares, l'orateur chrétien, à qui la chaire fut trop tôt interdite, et M. Le Tourneux, également interdit deux fois pour l'éclat de sa parole ?

de celui du *Pape*, qui y tenait dans l'origine, l'auteur en gaieté a dit : « Je laisse subsister tout exprès quel-
« ques phrases impertinentes sur les *myopes*. Il en faut
« (j'entends de l'*impertinence*) dans certains ouvrages,
« comme du poivre dans les ragoûts. » Ici il a certes abusé du procédé, et il a excédé la dose. On n'a qu'à se bien tenir, au sortir de ces passages, pour ne pas imiter le provoquant écrivain. On serait tenté, si l'on n'y prenait garde, de devenir injuste à son tour, de voir là dedans, raillerie à part, quelque chose d'essentielle-ment mauvais, d'aussi mauvais que ce rire de sarcasme tant reproché à Voltaire. On serait tenté d'y flétrir une sorte de mauvaise foi, non pas cette mauvaise foi méditée et du cœur, mais celle qui se glisse dans le torrent des paroles, et qui serpente dans les inter-valles des lignes qu'on écrit. Si l'on concluait de ce seul exemple de partialité, de légèreté, (tranchons le mot) d'ignorance sur Port-Royal, aux autres thèses qu'a soutenues non moins intrépidement de Maistre sur le *Pape*, sur *Bacon*, on ne serait que rigoureusement logique et dans les droits de l'analogie. « Il n'existe pas de grand caractère qui ne tende à quelque exagération, » a dit de Maistre en ce même écrit[1]. On voudrait pou-voir ainsi expliquer son exagération, à lui, et n'y voir que les pentes abruptes et précipitées d'un grand ca-ractère. Certainement jamais homme n'eut moins que lui l'*entre-deux* dont a parlé Pascal. Il est toujours tout d'un côté de sa pensée, au bout le plus extrême. Hôte de Saint-Pétersbourg, il écrit n'étant qu'à un pôle. Le tranchant, l'arrogant, l'insultant, percent à chaque ren-contre dans cette pensée éminente, et en compromettent les incontestables élévations, les vraies sublimités. Chrétien, il aurait bien fait de lire au livre de Jansé-

---

1. *De l'Église gallicane*, livre II, chap. xi.

nius ce qui y est dit de la Concupiscence de l'esprit, de celle qui est nommée par l'Apôtre *Superbia vitæ*; il ne lui eût pas été inutile d'entendre M. de Saint-Cyran sur cela[1]. Mais ne pressons pas trop un avantage que nous ne devons qu'à la seule témérité d'un grand esprit. L'explication de ces excès ne doit se chercher ni si haut peut-être, ni si avant; je l'ai donnée ailleurs, je la redirai ici. L'humeur, le tempérament, le régime du talent, y sont pour beaucoup. Il y a des jours où l'esprit (je parle des esprits de feu) s'éveille au matin l'épée nue dans une sorte de fureur, comme Saül, et voudrait tout saccager. J'imagine que de Maistre à Pétersbourg s'éveillait presque chaque matin dans cet état-là. Son talent était à jeun, son glaive était altéré. Il fallait qu'il abordât sur l'heure, qu'il prît à partie et passât *au fil de l'esprit* un nom, une idée quelconque en crédit; qu'il souffletât net quelque opinion, reine du monde. Il appelait cela tirer *à brûle-pourpoint*

---

1. Par exemple, voici ce qu'on lit dans le petit Discours de Jansénius *sur la Réformation de l'Homme intérieur*, au chapitre *De l'Orgueil :* « Notre esprit étant purifié en surmontant ces deux « passions (celles de la Sensualité et de la Curiosité), sa propre « victoire en fera naître une troisième que l'Apôtre nomme *l'Or-* « *gueil de la vie*, et qui est plus trompeuse et plus redoutable « qu'aucune des autres, parce qu'au moment où l'homme se réjouit « d'avoir surmonté ces deux premiers ennemis de la vertu ou, qui « plus est, cette dernière passion elle-même, elle s'élève de la joie « qu'il a de cette victoire, et lui dit : *Pourquoi triomphes-tu ? Je* « *vis encore ; et je vis encore parce que tu triomphes.* Ce qui vient « de ce que l'homme se plaît à triompher d'elle avant le temps, « comme s'il l'avoit déjà tout à fait vaincue, tandis qu'il n'y a » que la seule lumière du midi de l'Éternité qui puisse dissiper « ses dernières ombres. » Ainsi parle l'ami de Saint-Cyran et ce *complice de Hobbes*; c'est en ce noble langage que l'a traduit M. d'Andilly; je n'y ai changé que deux ou trois mots à peine. Allons! M. de Maistre, s'il avait daigné une seule fois faire visite à Port-Royal, y aurait trouvé encore à qui parler, sans trop déroger.

sur l'ennemi. Cet *à brûle-pourpoint,* qui était son mot favori, exprime bien le geste habituel et le *tic* de sa pensée. Il croyait en homme sincère n'avoir affaire qu'au faux, et, cela posé, il se passait toutes ses licences. L'homme du monde, l'homme de Cour[1] et de qualité prenait le dessus; la belle humeur s'en mêlait; on peut s'étonner que jamais la réflexion chrétienne, jamais l'humilité, du plus loin rappelée, ne soit venue tempérer l'exécution. C'est ainsi que, sans une goutte de fiel dans le cœur, il semble avoir poussé à son comble la faculté du mépris, de l'outrage. Il est l'homme qui, à tout bout de champ, a dit le plus volontiers à son frère : *Raca*; c'est-à-dire, *Tu es un sot.* C'est comme une sorte de gageure. Cet homme assurément veut faire enrager le monde. Nous avons déjà surpris chez Montaigne cette verve d'écrivain qui s'anime et se joue,

---

1. Pourtant, pas si homme de Cour ni si homme du monde qu'on le croirait. Ç'avait été longtemps un gentilhomme campagnard qui avait plus vécu avec les livres et avec ses idées qu'avec les hommes. Un véritable homme du monde (le comte de Saint-Priest, père de l'académicien), qui l'a souvent rencontré dans la société de Saint-Pétersbourg, m'en parle avec beaucoup de naturel et de vérité :

« M. de Maistre n'était pas, à proprement parler, un homme du monde. Il avait passé la plus grande partie de sa vie à Chambéry, n'avait vu de grande ville que Turin, et en passant ; il était accoutumé à vivre dans son cabinet ou à parler tout à son aise et à cœur joie dans la grande familiarité. Arrivé en Russie à l'âge de cinquante ans, il causait moins qu'il ne pérorait ; il n'écoutait jamais ; il parlait seul, et quand on voulait lui répliquer, il avait la faculté de s'endormir incontinent ; mais il ne fallait pas trop s'y fier, car dès qu'on avait cessé, il se réveillait à l'instant et reprenait, comme si de rien n'était, le fil de son discours. De plus, il préparait le matin (ce qui était un faible chez un homme d'un fonds si riche et d'un esprit si prompt) le sujet à traiter le soir, et il y amenait, bon gré mal gré, ses auditeurs. Il avait ses répertoires qu'il relisait à l'avance. On le sut un jour par une naïveté de son fils Rodolphe, qui dit dans un salon où son père allait venir : « Je sais de quoi il va être question ce soir. » On sent, en effet, de l'apprêt dans l'esprit du comte Joseph. Xavier était bien plus homme du monde. »

et se lâche bride à tout propos. Mais de tels jeux tirent bien autrement à conséquence chez les dogmatiques que chez les sceptiques; et l'on pourrait même soutenir que, chez les dogmatiques tels que de Maistre, ils sont plus directement ruineux à la foi même, en la compromettant dans la personne de ses champions les plus avancés et au moment de sa prétention la plus hautaine.

Malgré sa forte science, malgré sa doctrine puisée en général aux sources; quoiqu'il pratique de première main Aristote en Grec aussi bien que Pindare, et qu'en vrai gentilhomme de l'intelligence qu'il est, il aille droit sans marchander à ses pairs; quoique par vocation, et en haine de ce qu'il appelle *les potions françaises*, il s'attaque au corps des choses, aux pièces de haut-bord; malgré tout ce poids imposant, de Maistre est parfois léger. Plume en main, il pirouette, il a des talons rouges sur la cime de ses hautes idées, dans les intervalles de ses in-folio. Si sérieuse que soit la matière en jeu, un souffle plus politique que moral, un ton de monde, de société, de circonstance, traverse et se fait sentir; ce sénateur de Chambéry a un bout de cocarde de Coblentz. Il y a du Rivarol chez de Maistre.

Voltaire est bien léger; de Maistre l'a convaincu en mainte occasion de ce péché-là : mais sur l'article qui nous occupe, quelle différence ! Qu'on relise le 37ᵉ chapitre du *Siècle de Louis XIV* sur *le Jansénisme*, chapitre charmant, moqueur, inexact (mais pas tant qu'on le croirait), enfin une de ces esquisses comme Voltaire les sait faire. De Maistre ne s'est emparé dans ce chapitre que des jugements qui pouvaient lui convenir; il n'a pas dit le reste, par quoi Voltaire se montre vraiment impartial. Et même, après bien des badinages et des lazzis sur ces disputes, quand il en vient à parler de la fin d'Arnauld, l'historien s'élève, il est respectueux, éloquent. Voici le passage :

« Enfin Arnauld, craignant des ennemis armés de l'autorité souveraine, privé de l'appui de madame de Longueville que la mort enleva, prit le parti de quitter pour jamais la France et d'aller vivre dans les Pays-Bas, inconnu, sans fortune, même sans domestiques ; lui, dont le neveu avait été ministre d'État; lui, qui aurait pu être cardinal. *Le plaisir d'écrire en liberté lui tint lieu de tout*[1]. Il vécut jusqu'en 1694, dans une retraite ignorée du monde et connue à ses seuls amis, toujours écrivant, toujours philosophe supérieur à la mauvaise fortune, et donnant jusqu'au dernier moment l'exemple d'une âme pure, forte et inébranlable. »

Or, sur cette même mort faite pour désarmer, que va dire de Maistre au contraire?

« L'inébranlable obstination dans l'erreur, l'invincible et systématique mépris de l'autorité, sont le caractère éternel de la secte. On vient de le lire sur le front de Pascal; Arnauld ne le manifesta pas moins visiblement. Mourant à Bruxelles plus qu'octogénaire, il veut mourir dans les bras de Quesnel, il l'appelle à lui ; il meurt après avoir protesté, dans son testament, qu'il persiste dans ses sentiments. »

C'est en ces termes durs et secs que de Maistre conclut son chapitre IX°. Des deux écrivains, ici Voltaire est assurément le plus charitable, le plus humain, et partant le plus religieux.

Je continue d'extraire quelques phrases et quelques passages en me hâtant; au point où nous en sommes de la connaissance de notre sujet, c'est suffisamment réfuter de tels paradoxes que de les produire, et ce serait manquer à l'embellissement que de s'en priver :

---

1. Trait charmant et vrai, où perce à la fois une légère malice et une sympathie généreuse! Ceux à qui *ce plaisir d'écrire en liberté tient lieu de tout* forment une race à part, et Voltaire en est comme Arnauld.

« L'enseignement de Port-Royal est la véritable époque de la décadence des *bonnes Lettres*. »

« Le même esprit de démocratie religieuse les conduisit à nous *empester* de leurs traductions de l'Écriture sainte et des Offices divins. »

« Au reste, toutes les *Méthodes* de Port-Royal sont faites contre la méthode. »

« Tels sont les écrivains de Port-Royal, *des voleurs de profession excessivement habiles à effacer la marque du propriétaire sur les effets volés.* »

La fonction littéraire de Port-Royal a été, en effet, de *vulgariser* certaines habitudes saines de raisonner et d'écrire, de les faire tomber peu à peu dans le domaine commun ; ces Messieurs, par leurs *Méthodes*, ont contribué à élever la *moyenne* du *bon sens* en France. Voilà ce que de Maistre a quelque peine à entendre et encore plus à pardonner. Le *Pline* du Père Hardouin et les *Dogmes théologiques* du Père Petau, devant lesquels il se récrie d'admiration, sont assurément de belles choses et des monuments ; pourtant ils n'ont pas empêché ces deux savants auteurs d'être parfois bien étranges et peu s'en faut ridicules ; ce qui est toujours fâcheux, même pour des savants.

Lorsqu'il en vient à Pascal, de Maistre l'excepte de l'anathème qu'il lance contre la *médiocrité* de ses amis ; mais il a soin d'ajouter que « jamais Pindare, donnant même la main à Épaminondas, n'a pu effacer dans l'Antiquité l'expression proverbiale : *l'air épais de Béotie.* » Ce mot de *Béotie*, dans le cas présent, pourrait être mieux trouvé. M. de Saci, entre autres, qui est l'esprit même de Port-Royal, et qui d'abord tint tête à Pascal dans cet Entretien profond et fin auquel nous avons assisté, M. de Saci un *Béotien !* que vous en semble ?

Il en serait de même de presque toutes les assertions

du livre, plus gai que grave. Lorsqu'il arrive pourtant aux *Provinciales*, de Maistre, eu égard à son ton habituel, n'est pas trop sévère; il ne disconvient pas que ce soit un *fort joli libelle*. Le Père Daniel avait dit déjà : « Pascal est un bel esprit, un bon écrivain, un habile médisant; un adroit, un agréable, un hardi et un heureux menteur. » Linguet avait parlé des *presque défuntes Lettres provinciales*. C'est ainsi que toutes les opinions sont possibles, et sortent un jour ou l'autre, comme d'une loterie, dans cette grande contradiction humaine. Quand on épuise ainsi un sujet célèbre, on arrive à ce que j'ose appeler la nausée de la gloire.

De Maistre prétend justifier en tout Louis XIV de ses rigueurs contre le parti janséniste ; il rappelle à ce propos l'historiette tant redite et qu'il accommode à sa façon. Un seigneur de la Cour demandait au Roi une ambassade pour son frère[1] : « Mais votre frère est Janséniste, » répondit le Roi. — « Quelle calomnie, Sire ! lui Janséniste ! il est plutôt athée. » — « Ah ! c'est autre chose, » repartit Louis XIV. — « On rit, ajoute de Maistre; mais Louis XIV avoit raison. C'étoit *autre* chose en effet. L'athée devoit être *damné*, et le Janséniste *disgracié*. » J'arrête ici de Maistre tout court, et je prends acte de ses paroles. L'athée *damné*, et le Janséniste *disgracié !* ce dernier ne devait donc pas être damné; c'est bon à savoir. Profitons de la distraction, et espérons qu'elle nous livre ici la pensée du cœur. — De Maistre, tout à côté, continue de s'oublier, mais dans un sens moins clément, lorsque, pour atténuer l'atroce persécution exercée contre les Jansénistes dans les dernières années

---

1. Dans la vraie anecdote il ne s'agissait pas d'ambassade, et ce n'était pas un seigneur qui sollicitait pour son frère : c'était le duc d'Orléans qui, partant pour l'Espagne, désignait un officier pour un de ses aides-de-camp (Voir au livre V, chap. VIII).

de Louis XIV, il ose avancer « qu'elle se réduisoit au fond à quelques emprisonnements passagers, à quelques lettres de cachet, *très-probablement agréables* à des hommes qui, n'étant rien dans l'État et n'ayant rien à perdre, tiroient toute leur existence de l'attention que le Gouvernement, etc., etc. » Je me dispense d'achever la phrase odieuse. De Maistre en cet endroit serait véritablement trop cruel, s'il ne passait pour légèrement distrait : il n'avait certes pas lu ce qu'eurent à subir en ces années de dignes vieillards[1]. On souffre à voir au sein d'un si haut talent le sophisme marcher ainsi dans toute sa splendeur, le sophisme vêtu de pourpre et précédé du glaive.

Napoléon est invoqué par de Maistre, qui cherche partout des autorités pour foudroyer le Jansénisme. On sait que, dans la bouche du grand Empereur, cette bizarre accumulation de termes, « C'est un *idéologue*, un *Constituant*, un *Janséniste*, » signifiait la suprême injure. Et pourquoi donc s'en étonner? Napoléon ne devait pas plus aimer les Jansénistes (ou ceux qu'il se figurait tels), que Richelieu et Louis XIV en leur temps

---

[1]. Veut-on des noms? ils se pressent sous ma plume : le Père Du Breuil de l'Oratoire, le patriarche de ces vieillards persécutés, mis d'abord à la Bastille, traîné de citadelle en citadelle, meurt en 1696 à l'âge de quatre-vingt-quatre ans, après quatorze ans de prison ou d'exil. — M. Vuillart, laïque, ancien secrétaire de l'abbé de Haute-Fontaine, enfermé douze ans à la Bastille, meurt l'année même de sa sortie (1715). — Le bénédictin Dom Gerberon, arrêté à Bruxelles, réclamé par Louis XIV, successivement enfermé dans la citadelle d'Amiens et à Vincennes, reste sept années en prison, n'en sort qu'en 1710, à l'âge de quatre-vingt-deux ans, affaibli de tête, pour mourir l'année suivante. — M. de Valricher, prêtre, enfermé durant sept ans à la Bastille, puis transféré au château de Loches, ensuite à celui de Saumur, et en dernier lieu à Tours, meurt en octobre 1700 à l'Hôpital général de cette ville, après vingt années de captivité ou d'exil. — Leur unique crime à tous était la participation réelle ou supposée dans quelque publication ou correspondance janséniste, et le refus de signer le Formulaire.

ne les avaient aimés. Ce n'est pas là un si mauvais signe, à mon sens. Quoi de plus justement suspect aux maîtres de la terre que la pensée unie avec la foi, même quand cette pensée et cette foi s'abstiennent de toute révolte dans l'ordre politique ? Mais elles existent, elles échappent ; le maître le sent, et c'est trop.

Si d'ailleurs ces idées d'*homme à théorie*, d'*idéologue* et de *Janséniste*, se tenaient dans la tête de Napoléon en vertu d'un instinct qui ne le trompait guère, ce n'était pas toutefois sans quelque confusion assez plaisante. Pour lui le Père Quesnel et le docteur Quesnay ne firent jamais qu'un : « Eh bien ! vous êtes toujours pour le docteur Quesnel, » disait-il un jour à l'abbé Louis. Liberté de commerce, liberté de protester et d'écrire en matière de religion, il brouillait volontiers toutes ces choses qu'il n'aimait pas[1].

Et puisque nous en sommes au facétieux, un dernier mot de de Maistre, et qui doit nous rendre bien humble, clora cette longue discussion : « *Tout Français ami des Jansénistes*, il le déclare en finissant, *est un sot ou un Janséniste.* » Et comme *Janséniste* dans sa bouche veut dire diabolique, il n'y aurait pas de milieu, on le voit, entre passer pour un méchant ou pour un sot ; c'est dur.

Il y a bien des années déjà, un écrivain éloquent qui n'a pas moins combattu l'Église gallicane que ne l'a fait de Maistre, et qui, dans une ou deux rencontres, n'a pas épargné non plus le Jansénisme, mais dont le style s'est ressenti toujours de la saine nourriture première puisée aux lectures de Port-Royal, et dont le cœur aussi s'en est ressouvenu, M. de La Mennais, dans un

---

1. Un descendant de Louis XIV, bien peu semblable à Napoléon, et qui jugeait de ces choses non pas en politique, mais en dévot, le Dauphin, fils de Louis XV, lisant un jour l'histoire de Néron, s'écria : « Ma foi ! c'est le plus grand scélérat du monde ; il ne lui manquait que d'être janséniste. »

temps où il me faisait l'honneur de m'aimer (et il m'a depuis rendu cette bienveillance), m'adressait ces encourageantes paroles :

« Vous vengerez des hommes de grande vertu et de grand talent des injustices de M. de Maistre, qui les a sacrifiés aux Jésuites, si au-dessous d'eux à tous égards. Ceux-ci n'ont, que je sache, qu'un seul écrivain, et encore du second ordre, à citer, Bourdaloue. Le caractère de leurs auteurs, je dis des plus loués, c'est le vide et le bel esprit de collége. Sans parler de Pascal, qu'est-ce que ces gens-là près d'Arnauld, de Nicole, et de tant d'autres moins connus et que vous ferez connoître? Dans les traités de morale de Nicole, je vous recommande particulièrement celui *De la Connoissance de soi-même*, et celui *Des Moyens de conserver la paix entre les hommes*. Ce sont, à mon sens, deux petits chefs-d'œuvre. Et leurs Grammaires donc : qui a mieux fait depuis? »

Ce jugement, selon nous, reste le vrai, après de Maistre comme avant[1].

De tout ceci la conclusion, c'est qu'il nous semble au moins douteux que Pascal soit mort; en attendant qu'on nous le certifie, nous continuerons d'aller, et de relever les traces des *Provinciales*. La suite des conséquences théologiques proprement dites étant terminée, c'est le moment d'en venir à ce que j'ai appelé les conséquences morales.

1. Voir à l'*Appendice* le jugement du cardinal de Bausset qui concorde assez bien avec celui de M. de La Mennais.

XV

Conséquences morales des *Provinciales*. — De la morale dite des *honnêtes gens*; — divers temps de sa formation ; — Molière après Pascal. — Le *Tartufe* dans un salon janséniste. — Caractère de Molière; — en quoi supérieur à Montaigne. — Molière plus triste que Pascal. — Idée d'un entretien entre tous les deux.

Il va sans dire que je ne prétends pas que les *Provinciales* aient produit toutes ces conséquences dans lesquelles je vais entrer. Je fais remarquer seulement qu'elles y sont pour une grande part, pour une part certaine, bien qu'indéterminée.

Les *Provinciales* ont tué la scolastique en morale, comme Descartes y a coupé court en métaphysique ; elles ont beaucoup fait pour séculariser l'esprit et la notion de l'honnête, comme Descartes pour introduire et instituer décidément l'esprit philosophique. Le Casuisme, à le bien prendre, n'était souvent qu'une forme de sophisme et de mauvais goût appliquée à la théologie morale, et propre surtout au génie espagnol de ce siècle ; on en avait infecté la France, et il l'en fallait purger. Pascal fit œuvre de goût en matière de mœurs. Sans les *Provinciales*, ce résultat, dû à tout un ensemble de progrès, serait également sorti à coup sûr ; mais elles y ont de bonne heure et le plus directement aidé.

Pascal, en les écrivant, pensait avant tout à la morale chrétienne outragée; il la voulait venger et rétablir aux dépens et à la confusion des corrupteurs. Mais, en s'adressant au monde et sur le ton du monde, il a obtenu un résultat auquel il visait moins ; il a hâté l'établissement de ce que j'appelle la *Morale des honnêtes gens*, qui n'est pas la stricte morale chrétienne, bien que celle-ci à l'origine y soit pour beaucoup.

J'ai souvent pu paraître sévère en parlant de cette morale du monde, et en la jugeant soit du point de vue de l'austère Christianisme où nos amis de Port-Royal me plaçaient naturellement, soit du point de vue presque aussi rigide des La Rochefoucauld et des La Bruyère ; pourtant il faut être juste, et c'est le moment de faire à l'ordre d'idées assez généralement régnant la part légitime qui lui est due.

Aussi inférieure à la vraie morale chrétienne (si l'on peut établir de telles proportions) que supérieure à la fausse et odieuse méthode jésuitique, cette morale des honnêtes gens n'est pas la vertu, mais un composé de bonnes habitudes, de bonnes manières, d'honnêtes procédés reposant d'ordinaire sur un fonds plus ou moins généreux, sur une nature plus ou moins *bien née*. Être *bien né*, comme on dit, avoir eu autour de soi d'honorables exemples, avoir reçu une éducation qui ait entretenu nos sentiments, ne pas manquer de conscience, se soucier surtout d'une juste considération, voilà, avec mille variantes qu'on suppose aisément, avec plus de feu et de générosité quand on est jeune, avec plus de prudence et de calcul bien entendu après trente ans, voilà ce qui compose à peu près cette morale des relations ordinaires, telle que nous l'offre tout d'abord la surface de la société aujourd'hui, et qui même y pénètre assez avant. Depuis la chute de l'ancienne société et des anciennes classes, depuis l'avènement de la classe moyenne, cette morale est surtout celle qui apparaît aux premières couches dans notre société moderne (je parle de la France). Il y entre des résultats philosophiques, il y reste des habitudes et des maximes chrétiennes ; c'est un compromis, mais qui par là même suffit aux besoins du jour. Dans ce qu'elle a de mieux, je dirai que c'est du Christianisme rationalisé ou plutôt *utilisé*, passé à l'état de pratique sociale utile. On a détruit en partie le Temple, mais les morceaux en sont bons, et on les emploie, on les exploite sans trop s'en rendre compte.

Cette forme nouvelle de l'esprit et des habitudes publiques doit-elle être considérée comme un progrès ? socialement, à coup sûr ; — intérieurement et profondément parlant, c'est plus douteux. Pascal a dit : « Les inventions des hommes vont en avançant de siècle en siècle : la bonté et la malice du monde en général reste la même[1]. » C'est là un correctif essentiel que je voudrais voir inscrit comme épigraphe en tête de toutes les grandes théories du progrès. Or, cette morale des honnêtes gens rentre plutôt dans les inventions des hommes, et si elle est un progrès en ce sens, elle va peu au delà ; elle n'affecte guère le fonds général de bonté

---

1. Je cite d'après les éditions anciennes, au risque de n'être pas d'accord avec l'édition nouvelle (tome I, page 203). M. Faugère, à qui je soumets le cas, n'hésite pas à croire que c'est Condorcet qui a modifié le texte de Pascal. Condorcet alors aurait prêté des armes contre lui-même et contre son propre système de perfectibilité morale qui s'en trouve combattu. Qu'elle soit d'ailleurs de Condorcet, de Pascal, ou de qui l'on voudra, cette belle pensée mérite d'être maintenue. Elle donne la main à cette autre d'un grand poëte : « Si l'homme voyait à nu le cœur de l'homme, il en mourrait à l'instant d'horreur ou de pitié. » Toutes les inventions du monde n'empêcheront pas cette pensée-là de rester vraie dans l'avenir, si elle l'a été dans le passé.

ou de malice humaine. Quand survient quelque grande crise, quand quelque grand fourbe, quelque grand criminel heureux s'empare de la société pour la pétrir à son gré, cette morale des honnêtes gens devient insuffisante; elle se plie et s'accommode, en trouvant mille raisons de colorer ses cupidités et ses bassesses. On en a eu des exemples. Quand quelque violent orage soulève les profondeurs et les boues d'alentour, cette morale du rez-de-chaussée s'en trouve un peu éclaboussée, c'est le moins. Pourtant, laissée à elle-même, en temps ordinaire et moyen, elle juge assez sainement, et se tient volontiers, quand elle peut, dans les directions de la règle éternelle [1].

Cette morale ainsi définie, qui est celle du juste milieu actuel de la société, se retrouverait assez vague et commençante à diverses époques de l'histoire. Elle se prononçait déjà sous forme bourgeoise pour Charles V, pour Louis XII; surtout elle prit consistance sous Henri IV. En ces années du règne de Louis XIV où notre sujet nous a portés, elle ne demandait pas mieux que de se reformer après les misérables désordres et les scandales de la Fronde.

Son triomphe ne se marque jamais mieux que lorsqu'elle a affaire à de faux dévots, à une fausse morale qui, sous air d'austérité, est corrompue, calculée, cupide. Oh! alors elle se révolte, elle se sent meilleure, elle se proclame violée. Car, bien qu'elle soit assez

---

1. Un des procédés, une des ressources commodes de cette morale, est d'ignorer volontiers tout le mal qu'elle ne voit pas directement et qui ne saute pas aux yeux. La société, dont la façade et les principaux étages ont en général, aux moments bien ordonnés, une apparence honnête et convenable, cache dans ses caves et ses souterrains bien des vilenies; et quelquefois c'est une bien mince cloison, celle du cœur seul, qui en sépare. Quand tout cela ne déborde pas visiblement, la morale des honnêtes gens n'en tient nul compte, et ne suppose même pas que cela soit. Fi donc!

pleine elle-même d'accommodements, et que Philinte ne dise guère jamais *non* tout court à ce qui est mal, Philinte reste honorable; il ne prétend pas d'ailleurs à la haute vertu sainte; mais ceux qui, en y prétendant, font le contraire, sont odieux. Toutes les fois donc qu'elle a été aux prises avec cette sorte d'ennemis, la morale dont je parle a été dans son beau. Telle nous l'avons vue à certains moments dans les luttes de la Restauration.

Vers la fin de Louis XIV, la même opposition s'était produite déjà; et pour être sans lutte apparente, pour être couverte et dominée de l'autorité absolue du monarque, elle ne s'annonçait pas moins profonde. Il y eut également, et sous d'autres formes, dégoût, répugnance, et finalement explosion. Deux hommes, deux écrivains, sous ce régime, eurent le courage et l'honneur de protester au nom de la morale des honnêtes gens contre celle des faux dévots jésuitiques; Molière et La Bruyère osèrent cela, et tous deux le firent en reprenant, en retrempant à leur usage, et avec leur génie propre, les armes que Pascal le premier avait inventées et illustrées. L'auteur du *Tartufe*, le peintre d'*Onuphre*, sont à cet égard des successeurs directs et des héritiers du Pascal des *Provinciales*.

Molière devina et dénonça le mal de plus longue main. Il semble, en vérité, qu'il ait vu venir à pas lents l'hypocrite, qui, à l'heure la plus florissante du règne, et du plus loin avant la vieillesse du monarque, convoitait cet âge déjà comme sa proie, et se promettait mystérieusement la puissance. Dès 1664, sept ans après les *Provinciales*, il avait essayé le *Tartufe* à Versailles; il le risqua devant le public de Paris en 1667. La Bruyère, qui, à vingt longues années de là, peignait sur place *Onuphre*, et le courtisan en *habit serré* et en *bas uni*, *dévot sous un roi dévot*, et qui serait *athée sous un roi athée ;* La Bruyère, avec beaucoup moins de divination sans doute, eut peut-être besoin de plus de courage. Quinze ou vingt ans plus tard encore, et le Jésuite Tellier régnant, ce que La Bruyère avait osé avec son courage adroit, nul autre peintre et moraliste ne l'aurait certainement pu, même avec tout l'art du premier. Il aurait fallu attendre à la Régence.

Au dehors, et envisagée monarchiquement, la carrière de Louis XIV a ses grandes divisions marquées par les traités de paix, Aix-la-Chapelle, Nimègue, etc. A l'intérieur, et du point de vue de la Cour, on la diviserait très-bien d'après les maîtresses; il y a une autre manière aussi de la distinguer, laquelle n'est pas très-différente : c'est de la partager suivant les confesseurs.

Le bonhomme Annat ne compta jamais pour beaucoup; il compta moins que jamais depuis son duel avec Pascal. Lorsque la reine Christine passa par Paris en 1656, on put s'apercevoir, à la manière dont elle le brusqua quand il vint la complimenter, qu'elle était en train de lire les *petites Lettres*[1]. Le jeune Roi, à peine émancipé, ne s'embarrassait guère, on le pense bien,

1. Elle lui dit, entre autres choses piquantes, qu'en cas de *confession* ou de *tragédie* elle ne s'adresserait jamais à eux. Elle faisait allusion à la morale relâchée, et aussi à une tragédie qu'elle était allée entendre l'avant-veille chez les Jésuites, et dont elle s'était moquée hardiment (*Mémoires* de madame de Motteville). Cette réplique fit bruit à la Cour. Le Père Annat alla se plaindre auprès d'Anne d'Autriche, qui vint dire à la Reine de Suède qu'il ne fallait pas écouter les Jansénistes; celle-ci répondit qu'*elle n'avait vu aucun Janséniste*. Mais Arnauld, qui rapporte cette parole (lettre du 30 septembre 1656), semble oublier qu'il a écrit quelques jours auparavant (17 septembre) : « On a donné les douze Lettres (les *Provinciales*) à la Reine de Suède ; elle les reçut avec joie ; mais nous ne savons pas encore le jugement qu'elle en a fait ; car ce ne fut qu'avant-hier au soir qu'on les lui présenta, et elle partit hier pour la Cour. » Ce qu'elle en pensa, on vient de le voir par la réponse qu'elle fit au Père Annat le 20 septembre ; la *potion* prise le 15 au soir opérait.

d'un tel confesseur ; et ainsi qu'on lui fait dire dans les Chansons manuscrites du temps :

> Le Père Annat est rude,
> Et me dit fort souvent
> Qu'un péché d'habitude
> Est un crime fort grand :
> De peur de lui déplaire,
> Je change La Vallière
> Et prends la Montespan.

Vers la fin, le Père Annat avait fait venir de Toulouse, pour lui servir de second, un de ses confrères, le Père Ferrier, qui s'était donné à connaître par son esprit d'habileté dans les négociations engagées avec l'évêque de Comminges sur les querelles de l'Église. Ce coadjuteur du Père Annat finit par le remplacer, à titre de confesseur du Roi, en 1670 ; on dit que le bonhomme, après avoir abdiqué, en mourut de regret quatre mois après. Quoi qu'il en soit, ce Père Ferrier nous représente très-bien le personnage délicat du confesseur, en ces bouillantes années où le monarque passait de La Vallière à Montespan, et où Molière menait les gaietés de la Cour : « C'étoit, a dit Amelot de La Houssaye[1], « un petit homme quant à la taille, mais un grand « homme quant à l'esprit. Il aimoit fort sa Compagnie, « mais sans en être esclave : il la soutenoit et la dé- « fendoit hautement quand elle avoit bon droit, mais « il gardoit une parfaite neutralité lorsqu'elle avoit tort ; « et, par cette prudente conduite, il se faisoit respecter « également de leurs amis et de leurs ennemis. » Et Amelot cite quelques anecdotes à l'appui. Arnauld en raconte une autre dans l'une de ses Lettres[2], et, en ne voulant que prouver la morale accommodante de ce

---

1. *Mémoires historiques, politiques*, etc.
2. A madame de Fontpertuis, 9 janvier 1694.

Père, il nous laisse voir combien c'était un homme d'esprit en effet. Le cardinal Le Camus, n'étant encore qu'abbé et point pénitent (ou qui du moins ne faisait que préluder dans cette voie), visitait un jour, avec le Père Ferrier, Versailles qui était dans toute la fraîcheur de ses magnificences. Arrivés à un appartement fermé, ils eurent quelque peine à se le faire ouvrir ; mais l'abbé Le Camus, y pénétrant le premier, y vit un tableau représentant le Roi à la tête de son armée, et qui se retournait vers un lointain où le rappelait une Armide nue, couchée sur des fleurs : c'était quelqu'une de ses maîtresses qu'il avait fait peindre ainsi. « Ah ! cela vous regarde, mon Révérend Père, » dit en riant l'abbé Le Camus. — « Chut ! je n'ai rien vu, » répliqua le Père Ferrier en sortant au plus vite. — Le Père Ferrier était aussi ami de Boileau, et les Jésuites assurent même que le poëte avait eu l'intention de lui faire hommage de son Épître III (*la Mauvaise Honte*), qui n'aurait été ensuite adressée et dédiée à Arnauld que parce que le premier destinataire était mort avant l'impression. Le Père Ferrier mourut vers la fin de 1674. Homme du monde succédant à un homme de collége, il fait une transition parfaite au Père de La Chaise qui le remplaça, et qui eut l'oreille du Roi durant trente-cinq ans ; le Père Tellier, qui succéda en 1709, n'était qu'un homme de sacristie. Mais, on le conçoit, c'est bien en effet sous ce régime tout à fait spirituel du Père Ferrier, ou aux abords de cette direction, et quand il était déjà le second du Père Annat, que se place le plus commodément l'éclat du *Tartufe* et la suprême faveur de Molière.

Pour y revenir donc, le *Tartufe* donne la main aux *Provinciales*. Est-il besoin d'ajouter qu'à part ce lien si réel, il n'y eut pas de relation directe entre Molière et Port-Royal, entre le comédien excommunié et les rigoureux proscripteurs du théâtre? Goujet, dans sa *Vie de*

Nicole, traite comme il doit un sot conte qui faisait de Nicole et de ces Messieurs les *correcteurs* des Comédies de Molière. Ce dernier eut des amis parmi les Jésuites. Si le Père Bourdaloue l'anathématisa, le Père Bouhours fit son épitaphe; mais je ne vois pas qu'il ait connu de près aucun ami de Port-Royal,—hors le prince de Conti qui ne fut Janséniste que depuis, et Racine qui alors ne l'était guère. C'est notre droit pourtant de rattacher ici Molière par une de ses plus belles œuvres, comme nous avons fait de Corneille par *Polyeucte*.

Racine, dans la *seconde Lettre* anti-janséniste qu'il fut tenté de donner en 1667, en réplique aux deux ripostes de M. Du Bois et de Barbier d'Aucourt, mais que Boileau l'empêcha si honorablement de publier; Racine, poussant ses anciens maîtres sur leurs attaques contre la Comédie, raconte agréablement l'anecdote suivante :

« ... C'étoit chez une personne qui, en ce temps-là, étoit fort de vos amies; elle avoit eu beaucoup d'envie d'entendre lire le *Tartufe*, et l'on ne s'opposa point à sa curiosité. On vous avoit dit que les Jésuites étoient joués dans cette comédie; les Jésuites au contraire se flattoient qu'on en vouloit aux Jansénistes. Mais il n'importe : la compagnie étoit assemblée; Molière alloit commencer, lorsqu'on vit arriver un homme fort échauffé, qui dit tout bas à cette personne : « Quoi! Madame, vous entendrez une comédie le jour que le mystère de l'iniquité s'accomplit, ce jour qu'on nous ôte nos Mères[1]! » Cette raison parut convaincante, la compagnie

---

1. L'enlèvement des Mères et religieuses de Port-Royal de Paris eut lieu le 26 août 1664, ce qui fixe la date de cette petite scène. Jean-Baptiste Rousseau, écrivant à Brossette (24 décembre 1781), croyait avoir ouï dire à un vieux Port-Royaliste, M. de Jonquière, que l'aventure s'était passée chez la duchesse de Longueville; mais il n'osait l'affirmer positivement. — Il serait bien plus vraisemblable de la placer chez madame de Sablé. « Une personne qui, *en ce temps-là, étoit fort de vos amies;* » cette désignation s'appliquait bien à elle, au moment où Racine écrivait sa *Lettre* (1667) : à cette date, en effet, la marquise avait quitté, nous dit-on, le voisinage de Port-Royal pour aller loger chez son frère le com-

fut congédiée. Molière s'en retourna, bien étonné de l'empressement qu'on avoit eu pour le faire venir, et de celui qu'on avoit pour le renvoyer... »

Racine, continuant de plaisanter les rigides censeurs du théâtre, leur demande si, après tout, les *Provinciales* sont elles-mêmes autre chose que des comédies :

« Dites-moi, Messieurs, qu'est-ce qui se passe dans les Comédies ? On y joue un valet fourbe, un bourgeois avare, un marquis extravagant, et tout ce qu'il y a dans le monde de plus digne de risée. J'avoue que le Provincial a mieux choisi ses personnages : il les a cherchés dans les couvents et dans la Sorbonne; il a introduit sur la scène tantôt des Jacobins, tantôt des docteurs, et toujours des Jésuites. Combien de rôles leur fait-il jouer! tantôt il amène un Jésuite bonhomme, tantôt un Jésuite méchant, et toujours un Jésuite ridicule... Reconnoissez donc que, puisque nos Comédies ressemblent si fort aux vôtres, il faut bien qu'elles ne soient pas si criminelles. Pour les Pères, c'est à vous de nous les citer; c'est à vous... de nous convaincre par une foule de passages que l'Église nous interdit absolument la Comédie, en l'état qu'elle est : alors nous cesserons d'y aller, et *nous attendrons patiemment que le temps vienne de mettre les Jésuites sur le théâtre.* »

Le temps était déjà venu; en 1667, en 1669, *Tartufe* parut devant le public assemblé, et, dans la signification qu'il prit et qu'il a gardée, ce n'est pas autre chose que ce qu'on attendait là : Escobar traduit sur le théâtre. Aussi je conçois très-bien que, chez la duchesse de Longueville, chez madame de Guemené ou madame de Sablé, la lecture du *Tartufe* ait été un moment tolérée par nos Jansénistes d'*après les Provinciales*. Molière le lisait vers le même temps chez Ninon. Je me demande involontairement ce qu'aurait pensé Pascal (s'il n'était mort deux années auparavant) en lisant la pièce de Molière; car

mandeur de Souvré, rue des Petits-Champs, et le temps de son étroite union avec les mères pouvait sembler passé.

il l'aurait lue infailliblement, lui aussi, tout solitaire qu'il était. Le manuscrit serait allé le chercher, j'imagine, plutôt que de se passer d'un tel juge, d'un témoin si proche. Je me demande quelle comparaison, quel retour il aurait fait de là à ses propres petites *Lettres*. Aurait-il senti aussitôt combien la portée de ses traits dépassait le Casuisme et atteignait par delà? Se serait-il résigné à satisfaire si pleinement et à mettre en si beau train cette élite des libres esprits, ce monde de Ninon, de la reine Christine et de Molière? Mais à coup sûr, si celui-ci avait quelque part rencontré Pascal, ç'aurait été avec le remercîment des *Provinciales* à la bouche qu'il l'eût abordé.

Molière était à très-peu près du même âge que Pascal, il avait dix-huit mois de plus; il ne survécut à Pascal que d'une dizaine d'années : l'un est mort dans sa quarantième année ; l'autre, à cinquante et un ans.

Molière courait déjà la province avec sa troupe de comédiens, quand Pascal faisait ses expériences sur le Vide; il la courait encore quand paraissaient les *Provinciales*, et il avait déjà fait *l'Étourdi*, un si gai et si franc imbroglio, et *le Dépit amoureux*, une première comédie charmante, quand cette excellente semi-comédie des *Provinciales* marqua dans sa lumineuse précision la voie des chefs-d'œuvre.

Molière ne vint à Paris avec sa troupe qu'en 1658; et dès l'année suivante, par *les Précieuses ridicules*, il ouvrit sa carrière de gloire. L'année même où les *Provinciales* avaient paru, il s'était publié d'autres ouvrages, les *Plaidoyers* de M. Le Maître (nous l'avons vu) qui étaient tombés tout à plat, *la Pucelle*, tant prônée, de Chapelain, qui avait fait bâiller en naissant, et aussi la *Clélie*, dont les volumes se continuaient et qui ne cessait d'avoir un succès fou. Les *Provinciales* et la *Clélie* étaient les grands succès littéraires de ces années. Ainsi, en matière de goût comme en matière plus sérieuse, il y a deux humanités, deux mondes qui se côtoient, qui se traversent et se raillent éternellement; il y a deux publics[1].

C'est alors que, sans le prévoir, Molière vint droit en aide à Pascal, qui lui-même ne sut point sans doute en quel sens ni en quel lieu un auxiliaire lui arrivait. Par *les Précieuses ridicules*, en 1659, il frappa à mort ce goût de *Clélie*, en attendant qu'on le vît renaître plus tard sous quelque autre forme ; mais il n'en fut plus question sous celle-là[2]. On peut dire qu'en ce sens il dégagea la gloire et le goût des *Provinciales* du faux d'alentour qui y était resté mêlé. Le tonnerre d'applaudissements qui saluait *les Précieuses* chassait à l'instant tout brouillard ; l'horizon littéraire était éclairci, et les *Provinciales*, si voisines, apparurent plus vives dans leur parfaite netteté.

Boileau ne fit que poursuivre et assurer en détail,

---

[1]. Quant à ce poëme de *la Pucelle* dont la chute est restée célèbre, cela même ne fut pas si évident tout d'abord que l'auteur ne pût continuer à se faire illusion. Plus de dix ans après, Chapelain, qui préparait ses douze derniers chants, écrivait gaillardement à l'évêque de Vence, Godeau : « La Pucelle est bien heureuse d'avoir un galant aussi saint et aussi peu scandaleux que vous, et peu s'en faut qu'elle n'en fasse la vaine. Je l'en retiens en lui représentant que les Saints mêmes ne parlent pas toujours tout de bon, et que ce qui est courtoisie n'est pas toujours vérité. Elle vous rend toutefois grâces très-humbles de cette courtoisie qui lui tourne à si grande gloire, et meurt d'envie d'être achevée de peindre, pour vous aller faire une visite.... J'en suis au dernier coup de pinceau, et peut-être qu'à un an d'ici je n'aurai plus qu'à la retoucher, et à l'abandonner après sur sa foi dans le monde. » (Lettre manuscrite du 24 avril 1667.) On ne serait pas plus en belle humeur et en veine après un premier succès. Il y a des grâces d'état.

[2]. « La comédie des *Précieuses ridicules*, jouée en 1659, décrédita les romans et ruina le pauvre Joly, qui venoit de traiter avec Courbé pour son fonds romanesque dont l'impression de *Pharamond* (de La Calprenède), déjà fort avancée et qui parut l'année suivante, faisoit une partie considérable. » (*Longueruana*.)

sur tous les points, ce qu'ainsi d'emblée avait emporté Molière.

« Courage, courage, Molière ! voilà la bonne comédie ! » s'écriait un vieillard du parterre à une représentation des *Précieuses*. C'est comme si, à l'une des premières *Provinciales*, quelqu'un s'était écrié (et plus d'un, en effet, a dû le dire) : « Courage, inconnu, courage ! voilà le vrai goût trouvé, voilà la bonne prose ! »

L'École des Maris, en 1661, puis *l'École des Femmes* (décembre 1662, quatre mois après la mort de Pascal), qui valait à Molière les avances de Boileau débutant et de quinze ans plus jeune, poussaient gaiement l'œuvre. Je ne parle pas des *Sganarelle* ou des *Don Garcie*. Dès 1664, le *Tartufe*, tel que nous l'avons, était à peu près terminé ; on en donnait trois actes devant le Roi aux fêtes de Versailles, et à Villers-Cotterets chez Monsieur ; le prince de Condé se faisait jouer au Raincy la pièce tout entière. Paris se dédommageait avec avidité par des lectures. C'est précisément de 1664 qu'est cette jolie ballade de La Fontaine sur Escobar. La graine des *Provinciales* fructifie.

Racine, âgé de vingt-cinq ans, en était, à cette date de 1664, aux *Frères ennemis*, déjà brouillé avec ses maîtres de Port-Royal, contre qui il devait écrire deux ans plus tard. Nous tenons le nœud des grands noms poétiques du siècle.

Mais avant de saisir quelque chose du *Tartufe* à notre point de vue, il y a lieu de toucher l'homme et le génie dans Molière.

J'ai dit en parlant de Montaigne, que Montaigne, c'était la nature ; j'ai montré et j'ai suivi la nature en lui. Que n'ai-je pas maintenant à dire en ce même sens de Molière ! Combien n'est-il pas vrai de répéter de Molière comme de Montaigne : *Molière, c'est la nature !*

J'ajouterai aussi, au point de vue plus particulier où nous sommes : *Molière, c'est la morale des honnêtes gens.* Expliquons un peu l'un et l'autre.

Molière, c'est la nature comme Montaigne, et sans le moindre mélange appréciable de ce qui appartient à *l'ordre de Grâce;* il n'a pas été entamé plus que Montaigne, à aucun âge, par le Christianisme. Né à deux pas des Halles, enfant de Paris, allant de bonne heure à la comédie de l'Hôtel de Bourgogne plus souvent qu'aux sermons, il étudie, il est vrai, au *Collége de Clermont*, chez les Jésuites; mais il trouve, à côté de ses cours du collége, une éducation particulière plus libre près de Gassendi, le maître particulier de Chapelle. Chapelle, Bernier, Cirano de Bergerac, Hesnault, ce sont là les condisciples du jeune Poquelin, tous plus tard esprits forts ou *libertins*, comme on disait. Il s'exerce d'abord sur Lucrèce, comme Montaigne s'est joué aux *Métamorphoses* d'Ovide. De Gassendi il prend surtout l'esprit, non le système, non les atomes; et il croit, suivant son propre aveu, et malgré Chapelle qui prend tout (en glouton indigeste qu'il est), que d'Épicure et de Gassendi il n'y a guère de bon que la morale.

Avec cela la domesticité du Louvre, un voyage à la suite de la Cour, en suppléance de son père comme valet-de-chambre du Roi, le spectacle des désordres de la Fronde, puis la vie de comédien de campagne et ses mille et une aventures, voilà ce qui achève l'éducation du jeune Molière. On ne découvre point jour par où le Christianisme lui soit entré.

Mais si Molière est *tout nature* comme Montaigne, j'oserai dire qu'il l'est encore plus richement, plus généreusement surtout.

La nature chez lui n'est pas, comme chez Montaigne, à l'état fréquent de nonchaloir sceptique, de malice et de ruse un peu taquine; de vigueur sans doute, mais d'une vigueur qui s'amuse à mainte bagatelle et s'éparpille ; de génie et d'invention, mais dans le détail seulement des pensées et de l'expression ; elle n'est pas à l'état de repliement presque maniaque sur elle-même ou de curiosité sans fin, à la dérive, vers tout sujet : Montaigne donne à la fois dans ces deux extrêmes. Molière nous rend la nature, mais plus généreuse, plus large et plus franche, dans un train d'action, de pensée forte et non repliée, d'ardente contemplation sans jamais de curiosité menue et puérile ; s'il se prend à imiter autrui et les choses, c'est d'une imitation non point entraînée et *singeresse* comme dit Montaigne, mais reproductive et neuve, et qui fait dire, en allant du peintre au modèle : « Lequel des deux a imité l'autre? » On sent à chaque pas une force féconde et créatrice qui se sait elle-même et ses moindres ressorts, mais sans s'y arrêter, sans tout régler par calcul[1] ; qui sait les fautes, les contradictions et les faiblesses, et qui est capable malgré cela d'y tomber, ce qui me semble plus beau, plus riche du moins (*naturellement* parlant) que le prenez-y-garde intéressé, qui réussit à ne jamais faire de faux pas. Il y a déjà du Fontenelle chez Montaigne.

1. Molière se sait autant que Montaigne, mais comme lui il ne s'observe pas toujours, et surtout il ne se dépeint jamais. Je l'ai remarqué ailleurs (*Portraits littéraires*), il ne conçoit pas qu'on se répète soi-même dans ses peintures. Parlant à Mignard du dessin des visages, il a dit :

>   Et c'est là qu'un grand peintre, avec pleine largesse,
>   D'une féconde idée étale la richesse,
>   Faisant briller partout de la diversité,
>   Et ne tombant jamais dans un air répété :
>   Mais un peintre commun trouve une peine extrême
>   A sortir dans ses airs de l'amour de soi-même ;
>   De redites sans nombre il fatigue les yeux,
>   Et plein de son image, il se peint en tous lieux.

Ce ne sont pas seulement les peintres communs qui font de la sorte ; il y en a de très-distingués, mais qui ont un coin de manie. Lamartine profile des Jocelyns partout.

Molière me paraît donc représenter la nature dans une acception aussi entière et plus souveraine que je ne l'ai trouvée chez Montaigne, en qui elle est trop analysée[1]. Il me paraît remplir cette idée presque autant que Shakspeare, le plus grand (dans l'ordre poétique) des hommes purement naturels. Shakspeare, comme génie dramatique, a plus que Molière les cordes tragiques et pathétiques, que celui-ci chercha toujours sans les pouvoir puissamment saisir ; mais si l'on complète le talent de Molière par son âme, on le trouve pourvu de ce pathétique intérieur, de ce sombre, de ce triste amer, presque autant que Shakspeare lui-même a pu l'être.

Au fond, quoiqu'il n'ait fait que des comédies, Molière est bien autrement sérieux, bien moins badin que Montaigne. Il a au cœur la tristesse ; il a aussi la chaleur. Raillant l'humanité comme il fait, il a l'amour de l'humanité, ce qui est peut-être une inconséquence, mais une inconséquence noblement naturelle. Il a des portions de prodigalité, de dévouement. C'est par tous ces traits qu'il me semble exprimer en lui au complet ce que j'ai appelé *la morale des honnêtes gens*, cette morale ici dans toute sa séve, qui lui fit faire le *Tartufe* d'indignation, et qui fait qu'à chaque reprise de l'hypocrisie *Tartufe* triomphera. Chez lui, à travers les irrégularités, elle s'appuyait à un fonds d'une admirable franchise. La même morale encore, on la retrouverait plus froide et plus ferme chez Montesquieu, toute calculée chez Fontenelle ; chez La Bruyère elle est si avant mêlée à un Christianisme incontestable, qu'on ne sait où elle finit et où le vrai Christianisme commence. Voltaire ne l'a pas toujours eue, cette morale des honnêtes gens ; Retz

---

1. Le visage traduit assez bien cette différence : Molière a la narine plus large, plus ouverte, et qu'enflera le souffle de la passion ; Montaigne a le nez plus fin, un peu mince.

ne l'avait pas autant que madame de Sévigné le veut bien croire ; La Rochefoucauld l'a, mais dans la seconde moitié de sa vie seulement. Je tâche de la bien définir une fois de plus par des noms[1]. Bourdaloue la nie dans son sermon sur *la Religion et la Probité*. Sans oser prétendre qu'elle subsiste devant le Dieu de Nicole, de Bourdaloue et des vrais Chrétiens, il est incontestable de dire qu'elle existe pour les hommes, et qu'elle suffit en général aux usages de la société.

Suffisait-elle à Molière dans la pratique de la vie? Sans doute, à l'égard des autres ; mais, à coup sûr, en face de lui-même et de sa pensée, elle ne l'apaisait pas, elle ne le consolait pas. Il était triste ; il l'était plus que Pascal, qu'on se figure si mélancolique. Oui, Molière l'était plus réellement au fond et sans compensation suprême ; il n'avait pas, dans sa mélancolie, ces joies de la pénitence qui saisissaient, nous l'avons vu, Pascal au seuil de Port-Royal et déjà sous le cilice, qui lui inspiraient en certaines pages de commenter le *Soyez joyeux* de l'Apôtre, de manière à faire pâlir elle-même cette délicieuse sagesse de Montaigne[2]. Molière, autant que Montaigne et que Pascal, avait toisé et jugé en tous sens cette scène de la vie, les honneurs, la naissance, la qualité, la propriété, le mariage, toutes les coutumes ; il savait autant qu'eux, à point nommé, le revers de

---

1. La Fontaine, parfois, sous son air débonnaire, ne fût-ce que dans sa conduite avec son fils, y manqua bien gravement.

2. Relire entre autres cette *pensée* qui faisait partie d'une lettre adressée à mademoiselle de Roannès : « ... Il faut ces deux choses pour sanctifier : peines et plaisirs.... Et, comme dit Tertullien, *il ne faut pas croire que la vie des Chrétiens soit une vie de tristesse.* On ne quitte les plaisirs que pour d'autres plus grands. *Priez toujours*, dit saint Paul, *rendez grâces toujours, réjouissez-vous toujours.* C'est la joie d'avoir trouvé Dieu, qui est le principe de la tristesse de l'avoir offensé et de tout le changement de vie.... » (Édition de M. Faugère, tome I, page 46.)

cette tapisserie, le dessous et le creux de ces planches sur lesquelles il marchait ; mais il ne prenait pas la chose si en glissant que Montaigne, et, comme lui, il ne la *coulait* pas ; — et il ne la serrait pas non plus comme Pascal, jusqu'à lui faire rendre gorge, jusqu'à la forcer d'exprimer l'énigme. Jeune, il avait irrésistiblement cédé à un double penchant qu'il unissait dans un même transport, l'amour du théâtre et l'amour, — cette même alliance que Pascal a si tendrement exprimée dans une pensée qui veut être sévère[1]. Molière, loin de le craindre, espéra et poursuivit longtemps cet accord des deux penchants ; il ne désirait rien tant que de s'enchaîner par le cœur à quelque objet aimé, sur ce même théâtre où il régnait par le génie. Mais l'amour le leurra, l'insulta, le fit souffrir ; son talent seul lui restait fidèle, avec la gloire : qu'importe ? ce qu'il avait cru le bonheur s'en était allé. Il se livra de plus en plus par goût, par nécessité, par manière de consolation, à ce talent, à ce génie, qui, à chaque élan, redoublait de ressources et de verve. Mais quand tout, Cour, peuple et ville, à l'entour, bruissait des applaudissements et des rires qu'il provoquait, — lui, contemplatif, à travers ce mal égayé d'où il tirait pour eux le ridicule et le plaisir, — lui, comme solitaire et morose, voyait le mal profond dans son entière étendue. C'était là derrière, et dans ces tristes ombres de lui-même, que d'ordinaire il habitait. Aussi quelquefois (écoutez!), au milieu de cette gaieté franche et ronde, et à gorge déployée de tout un parterre, un rire perçant s'élevait, une note plus haute que le ton, âcre, criante, convulsive : c'était le rire

---

1. « Tous les grands divertissements sont dangereux pour la vie chrétienne, etc. » Voir, précédemment citée, page 113, cette pensée sur la Comédie, qui put être écrite en sortant de voir quelque pièce de Corneille, à un lendemain de Pauline ou de Chimène.

de l'acteur, de Molière lui-même qui s'était trahi. Oh!
qui sut mieux que lui, Molière, la grandeur et le néant
de l'homme, la faiblesse et les récidives risibles où nous
mettent les passions les mieux connues de nous, et toujours triomphantes?

> Mais avec tout cela, quoi que je puisse faire,
> Je confesse mon foible, elle a l'art de me plaire :
> J'ai beau voir ses défauts, et j'ai beau l'en blâmer,
> En dépit qu'on en ait, elle se fait aimer.

Qui sut mieux que lui ce que c'est que le genre humain,
l'humanité réduite à elle seule? Dans le moment même
où il la secourait *pour l'amour de l'humanité*, ne la
voyait-il pas la même que celle qu'il fustige d'habitude
et qu'il raille? Quand il y découvrait à l'improviste
quelque vertu, pouvait-il se retenir de dire : *Où la vertu
va-t-elle se nicher?* s'étonnant bien moins au fond de
ce que cette vertu se nichait sous les haillons du pauvre, que de ce qu'elle n'avait point délogé de dessous la
guenille humaine.

> L'homme est, je vous l'avoue, un méchant animal ;

quoiqu'il fasse dire cela à Orgon, il dut bien souvent
l'avoir grommelé tout bas lui-même.

Tel je vois Molière, tel je le conclus de l'examen
même de ses œuvres et de certaines conversations mélancoliques qu'on nous rapporte, et dans lesquelles, causant à Auteuil avec Chapelle, son secret lui est échappé.

Près de lui, en l'un de ces jours de *plénitude* où le
cœur cherche à qui parler, au lieu de l'épicurien Chapelle, espèce de Désaugiers du temps, et qui ne se prête
à l'entretien qu'à demi, j'ai peine à ne pas me figurer
Pascal. Et pourquoi non? Dans le jardin de l'hôtel Longueville ou ailleurs, par un de ces hasards singuliers
comme il en est dans la vie, Molière et Pascal se ren-

contrent : Molière est plein de son amour trompé, mais il n'en dit mot par respect pour celui avec qui il parle. Sous cette impression profonde pourtant, et comme excité par sa peine personnelle, il se met à entamer, en général, le monde, la vie, la destinée, et ce grand doute, et ce malheur immense au sein duquel l'homme est englouti, — malheur d'autant plus grand que la pensée plus grande dans l'homme se fait plus égale à le comprendre. Celui qui traduisit Lucrèce semble tout d'un coup devenu pareil à lui de plainte et d'accent, en présence du grave solitaire. Chose remarquable ! à chaque pas d'abord que fait l'entretien, ces deux hommes sont d'accord : Molière parle et s'ouvre amèrement ; Pascal écoute et approuve ; et toute la misère et la contradiction de la nature, avec ses générosités manquées et ses sottes rechutes, ce faux sens commun qui n'en est pas un, et qui n'est que le trompe-l'œil du grand nombre[1] ; cette soi-disant liberté et volonté souveraine qui, chez les Alexandre comme chez les Sganarelle, s'en va trébucher à son plus beau moment, et *se casse le nez* dans sa victoire[2] ; toute cette déception infinie se déroule et défile en mille saillies grimaçantes ; toujours ils semblent d'accord, jusqu'à ce point où Molière ayant tout dit et terminant dans le silence ou par quelque éclat de dérision, Pascal à son tour reprend et continue. Il reprend et repasse chaque misère, mais dans un certain sens suivi ;

---

1. Un grand esprit qui avait commencé par compter beaucoup sur la nature humaine et qui en était vite revenu, Sieyès allait jusqu'à dire que ce qu'on appelle le sens commun, loin d'être commun en effet, est une anomalie, une *difformité* dans la nature humaine, qu'elle est faite, en un mot, pour ne pas avoir le sens commun. C'est là une rédaction extrême et morose (tout à fait à la Swift) d'une pensée ironique, que tant d'autres esprits supérieurs ont prise en apparence sur un ton plus gai, mais non pas moins amer au fond.

2. Se rappeler *le Festin de Pierre*, acte III, scène I.

et de tout ce marais immense, de cette immersion universelle où nage, comme elle peut, la pauvre nature humaine naufragée, il arrive au bas de l'unique Colline; il y prend pied, et la gravit en insistant ; il monte dans son discours, il monte avec une sorte d'effroi qui perce dans ses paroles, il monte sous le poids de toutes ces misères cette rude pente du Golgotha ; et, à mesure qu'il s'y élève, il fait voir de là comment tout s'y range, et l'ordonnance que cela prend ; tant qu'enfin, saisissant et serrant d'un violent amour le pied de la Croix qui règne au sommet, il crie le mot de *salut*, et force son interlocuteur étonné à reconnaître du moins de là, aux choses de notre univers, le seul aspect qui ne soit pas risible ou désolé.

« Cet homme est étrange pour un si grand esprit, » se dit Molière rêveur en s'en retournant.

J'ai presque à demander pardon de cette si grave préface que je donne pour le *Tartufe*, mais qui ne me paraît pas moins convenir en vérité au *Tartufe* qu'au *Misanthrope*.

XVI

Suite du *Tartufe*. — Cabale et interdiction. — Grand moment de 1669. — Le Casuiste dans *Tartufe*. — Dévotion aisée, et direction d'intention. — De la religion de Cléante. — L'*Onuphre* de La Bruyère ; — ce qu'il est au *Tartufe*. — La peinture à l'huile et la fresque. — La poétique de Molière. — Sa muse comique ou *Dorine*. — Son style. — Anathèmes de la Chaire. — État vrai de la croyance sous Louis XIV. — Bossuet et Molière. — Des discordes entre grands hommes ; rêve d'un Élysée.

Dès 1664, disions-nous, Molière avait achevé sa comédie du *Tartufe* à peu près telle que nous l'avons. Trois actes en avaient été représentés aux fêtes de Versailles de cette année, et ensuite à Villers-Cotterets chez Monsieur : le prince de Condé, protecteur de toute hardiesse d'esprit, s'était fait jouer au Raincy la pièce tout entière. Mais les mêmes hommes qui avaient obtenu qu'on brûlât les *Provinciales* quatre ans auparavant empêchèrent la représentation devant le public, et la suspension avec divers incidents se prolongea. Louis XIV, en ce premier feu de ses maîtresses, était loin d'être dévot; mais il avait dès lors cette disposition à vouloir qu'on le fût, qui devint le trait marquant dans sa vieillesse. Tout en songeant à revoir et à corriger sa pièce

pour la rendre représentable, Molière, dont le théâtre ni le génie ne pouvaient chômer, produisait d'autres œuvres, et, dans *le Festin de Pierre*, qui se joua en 1665, il se vengea de la cabale qui arrêtait le *Tartufe*, par la tirade de Don Juan au cinquième acte ; l'athée aux abois y confesse à Sganarelle son dessein de contrefaire le dévot : « Il n'y a plus de honte maintenant à cela : l'hy-
« pocrisie est un vice à la mode, et tous les vices à la
« mode passent pour vertus. Le personnage d'homme
« de bien est le meilleur de tous les personnages qu'on
« puisse jouer. Aujourd'hui la profession d'hypocrite a
« de merveilleux avantages.... » Mais d'autres traits audacieux du *Festin*, joints à cette attaque, soulevèrent de nouveau et semblèrent justifier la fureur de la cabale menacée ; il y eut des pamphlets violents publiés contre Molière. Il avait affaire à ses Pères Meynier et Brisacier, qui ne manquent jamais.

Pourtant le crédit du divertissant poëte montait chaque jour ; sa gloire sérieuse s'étendait : il avait fait *le Misanthrope*. La mort de la Reine-Mère (1666) avait ôté à la faction dévote un grand point d'appui en Cour. Comptant sur la faveur de Louis XIV, se faisant fort d'une espèce d'autorisation verbale qu'il avait obtenue, et pendant que le Roi était au camp devant Lille, en août 1667, au milieu de cet été *désert* de Paris, Molière risqua sa pièce devant le public ; il en avait changé le titre : elle s'appelait *l'Imposteur*, et M. Tartufe était devenu *M. Panulphe* ; il y avait des passages supprimés. *L'Imposteur*, sous cette forme, ne put avoir, malgré tout, qu'une représentation ; le premier Président Lamoignon crut devoir empêcher la seconde jusqu'à nouvel ordre du Roi. Molière députa deux de ses camarades au camp de Lille, avec un Placet qu'on a ; mais le Roi maintint la suspension.

Ces divers Placets de Molière au Roi, à propos du

Tartufe, sont fort gais, en excellente prose, et qui ne rappelle pas mal, pour nous à qui elles sont toutes fraîches, le ton des premières *Provinciales* : « Votre Majesté a « beau dire, et M. le Légat et messieurs les Prélats ont « beau donner leur jugement, ma Comédie, sans l'avoir « vue[1], est diabolique, et diabolique mon cerveau ; je « suis un démon vêtu de chair, et habillé en homme…. » Pascal était bien embarrassé aussi de prouver qu'il n'était pas une *porte d'Enfer*.

Je relèverai pourtant, à la fin du premier Placet, un trait qui aurait dû, ce semble, choquer les scrupuleux plus qu'aucun dans le *Tartufe* : « Les Rois éclairés « comme vous n'ont pas besoin qu'on leur marque ce qu'on « souhaite ; ils voient, *comme Dieu*, ce qu'il nous faut, et « savent mieux que nous ce qu'ils nous doivent accorder. » Voilà ce qu'un Pascal, même pour faire passer les *Provinciales*, n'aurait jamais dit.

Jouant tout son jeu, Molière gagnait chaque jour dans l'esprit du Monarque, qui semblait se diviniser en effet au cœur de l'ambition et des plaisirs. Après *Amphitryon*, après *l'Avare*, après *Georges Dandin*, après de tels rires, il n'y avait plus rien à refuser à l'ouvrier des fêtes royales : *Tartufe*, ressuscité, fut donné à Paris le 5 février 1669, et quarante-quatre représentations consécutives manifestèrent le triomphe [2].

Grand moment dans le règne de Louis XIV ! La Paix d'Aix-la-Chapelle était signée depuis mai 1668 ; la Paix de l'Église (nous le verrons) était accordée depuis octobre. Louis, déjà glorieux et encore prudent, avait ses trente ans accomplis ; son orgueil démesuré s'était gardé jusque-là de toute faute en politique. Il y a eu des jours d'une

---

1. « Ma Comédie, *sans l'avoir vue*…, » voilà de ces incorrections que les *académistes* du temps relevaient chez Molière ; mais qu'est-ce que cela nous fait aujourd'hui ?

2. *Histoire de Molière*, par M. Taschereau.

splendeur sans doute plus épanouie et plus étalée dans ce long règne, mais aucun d'une gloire mieux assise et plus affermie. C'est le moment le plus juste et le plus brillant à la fois, le seul impartial. Arnauld, en même temps que Molière, y redevenait libre. Le régime du Père Ferrier approchait et n'y nuisait pas [1].

Toutes les précautions, au reste, étaient prises, sinon pour ne plus choquer la cabale, du moins pour intéresser le Roi dans la pièce, pour le mettre de son côté et le tenir. Dès la seconde scène du premier acte, Orgon est loué de n'avoir pas été frondeur :

> Nos troubles l'avoient mis sur le pied d'homme sage,
> Et, pour servir son Prince, il montra du courage.

Cela, dit en passant, allait au cœur de Louis XIV. Le soupçon d'avoir épousé les intérêts du Coadjuteur fut toujours le grand crime, le péché originel de nos Jansénistes dans son esprit. — L'acte cinquième tout entier roule sur la justice du Roi ; c'est le Roi qui, aux dernières scènes, devient le personnage dominant, quoique absent, le véritable *Deus ex machina*. Le Jupiter éclate ici comme dans l'*Amphitryon*, mais avec sérieux. Ce cinquième acte est toute une célébration de Louis XIV :

> D'un fin discernement sa grande âme pourvue
> Sur les choses toujours jette une droite vue ;
> Chez elle jamais rien ne surprend trop d'accès,
> Et sa ferme raison ne tombe en nul excès.

Cette louange sur le droit sens naturel et la modéra-

---

[1]. Bonaparte disait du *Tartufe* que, si on l'avait fait de son temps, il n'aurait point permis qu'on le jouât. Je le crois bien ; il y avait incomparablement moins de liberté sous le Consulat et sous l'Empire que sous Louis XIV à cette date de 1669 ; il n'y aurait eu place ni pour Molière, ni pour La Bruyère ; aussi se sont-ils bien gardés d'y venir. — Le Molière d'alors fut M. Étienne, et le La Bruyère, M. de Jouy.

tion de jugement du maître était méritée encore à cette date de 1669 ; l'apparition du *Tartufe* venait elle-même comme pièce à l'appui. Mais la balance, qui se maintint assez bien entre tout excès jusque durant les dix années suivantes, se rompit après.

La Préface de Molière, imprimée en tête du *Tartufe*, rappelle tout à fait l'ordre d'arguments de la onzième Provinciale, transporté seulement et étendu de la satire à la comédie [1]. Molière s'appuie des pièces saintes de M. Corneille, pour faire valoir le droit d'intervention du théâtre en matière sérieuse ; *Polyeucte*, avec raison, lui paraît un précédent pour *Tartufe*.

Ce n'est pas un feuilleton que je viens faire sur le *Tartufe* ; je ne le parcourrai que rapidement, et moyennant certaines réflexions qui nous touchent.

Tartufe, tout d'abord, tel que madame Pernelle en parle à toute la maison, et tel que toute la maison en parle à madame Pernelle, nous apparaît assez peu accommodant. Ce n'est plus là, ce semble, le disciple du Casuisme coulant, de la dévotion aisée, cet enfant d'Escobar. Dorine nous dit :

> S'il le faut écouter et croire à ses maximes,
> On ne peut faire rien qu'on ne fasse des crimes :
> Car il contrôle tout, ce critique zélé.

Il a fait retrancher de la maison les bals, même les visites. Enfin, ce M. Tartufe, au premier aspect, a plutôt l'air d'un rigoriste. Pure affaire de costume ; allons au delà.

D'abord Molière a voulu dépayser ; il n'a pas fait de portrait trop ressemblant *trait par trait*, mais plus en gros et plus en plein, selon sa coutume. Les nuances

---

1. « ... Il y a donc des matières qu'il faut mépriser, et qui *méritent d'être jouées et moquées.* » (Pascal.)

doucereuses trop étendues et observées de tout point allaient mieux à la satire et au pamphlet qu'au théâtre. Et puis l'art du Casuisme, de la morale hypocrite, ne visait qu'à dominer en définitive, et à vous mettre à la porte de chez vous : le violent après les doucereux, le Père Tellier après le Père de La Chaise. L'un prépare la voie à l'autre. Pascal ne flétrit si à plaisir les Casuistes accommodants, que parce que Port-Royal avait affaire à des ennemis fort peu commodes et fort persécuteurs. Tartufe, d'ailleurs, sait être accommodant là où il faut ; il l'est pour Orgon, qu'il a tellement ensorcelé :

> Chaque jour à l'église il venoit, d'un air doux,
> Tout vis-à-vis de moi se mettre à deux genoux.

Dans la scène délicate du troisième acte avec Elmire, la déclaration amoureuse qu'il lui fait en langage dévot :

> L'amour qui nous attache aux beautés éternelles
> N'étouffe pas en nous l'amour des temporelles, etc.;

cette déclaration confite, toute pétrie de *benin* et de *suave*, est assez du même ton au début que celle du Père Le Moine à Delphine ; rappelons-nous l'auteur de *la Dévotion aisée* et des *Peintures morales*, de qui Pascal se moque tant.

Tartufe, chez Molière, est un peu pressé : il va un peu vite auprès d'Elmire, ainsi qu'il est nécessaire au théâtre, où les heures et les instants sont comptés. S'il avait un peu plus le temps de s'étendre, de filer sa passion, comme cela se ferait dans un livre et comme La Bruyère certainement l'aurait su ménager, on le verrait pratiquer plus à la lettre les principes de *la Dévotion aisée*. Avant d'en venir à manier le fichu, il aurait commencé de longue main par excuser la parure chez les femmes encore jeunes ; il aurait dit, par exemple : « De « tout temps la jeunesse a cru avoir droit de se parer,

« et ce droit semble lui avoir été conféré par la Nature,
« qui a paré la jeunesse de toute chose. Elle a paré la
« matinée, qui est la jeunesse du jour ; elle a paré le
« printemps, qui est la jeunesse de l'année ; elle a paré
« les ruisseaux, qui sont la jeunesse des rivières... Il
« peut donc être permis de se parer en un âge qui est la
« fleur et la verdure des ans, qui est la matinée et le
« printemps de la vie[1]. » Il aurait dit cela pour la fille,
il l'aurait redit avec bien plus de flatterie à la jeune
belle-mère. Il n'aurait pas manqué, avant de se risquer
aux actes, de discourir à bien des reprises sur le bon
et le mauvais amour ; avec les auteurs raillés par Pascal, il aurait dit : « Le bon amour fait les bonnes ami-
« tiés, le mauvais fait les mauvaises. Le bon amour
« néanmoins n'est pas immobile et gelé, comme quel-
« ques-uns le croient ; il est plus actif et a plus de feu
« que l'autre, mais il agit de concert et de mesure....
« Son feu, qui est toujours élevé et toujours pur, ne
« tombe jamais et jamais ne fait de fumée.... Je pense,
« aurait-il pu ajouter (ou en termes approchants), qu'a-
« près une longue épreuve on se peut engager sur cette
« marque, et qu'il ne peut y avoir de péril dans les ami-
« tiés où il n'entre rien de pesant ni d'obscur,... dans
« les amitiés qui sont aussi pures et aussi spirituelles
« que celle des Palmes, qui s'aiment sans se toucher ; que
« celle des Astres, qui n'ont communication que de l'as-
« pect et de la lumière ; que celle des Chérubins de
« l'Arche, qui étoient conjoints par le Propitiatoire, et ne
« s'approchoient que du bout des ailes[2]. » C'est par ce
bout des ailes, par un pied légèrement heurté à la dérobée, par une main touchée, puis retenue comme par
oubli, que l'hypocrite aurait cherché petit à petit à insi-

1. *La Dévotion aisée*, livre II, chap. x.
2. *La Dévotion aisée*, livre II, chap. xiii.

nuer son feu. Mais ici, encore un coup, le temps presse ; il a fallu aller au fait, et tout ramasser dès la première scène. Il est facile pourtant d'y suivre la trace du procédé. Tartufe, au fort de sa tendre tirade, s'écrie :

> Mais enfin je connus, ô Beauté tout aimable,
> Que cette passion peut n'être point coupable,
> Que je puis l'ajuster avecque la pudeur...

D'où a-t-il connu cela, je vous prie, sinon par le Casuiste de Pascal [1] ?

Dans la fameuse scène du quatrième acte, Tartufe, pour lever les derniers scrupules d'Elmire, résume, en ces mots que chacun sait, toute la moelle et tout l'élixir du Casuisme accommodant :

> Je puis vous dissiper ces craintes ridicules,
> Madame, et je sais l'art de lever les scrupules.
> Le Ciel défend, de vrai, certains contentements ;
> Mais on trouve avec lui des accommodements.
> Selon divers besoins, il est une science
> D'étendre les liens de notre conscience,
> Et de rectifier le mal de l'action
> Avec la pureté de notre intention.

On sent, à chaque vers, combien Pascal a passé par là.

L'instant d'auparavant, lorsqu'il recevait du père les biens dont le fils se voit déshérité, Tartufe avait pratiqué cette grande méthode de *direction d'intention*, qui

---

1. On aura remarqué (et ce n'est pas de la pure grammaire) comme Tartufe, dans sa galanterie, est suranné d'expressions et d'images :

> . . . . *avecque* la pudeur...
> Et d'*une ardente amour* sentir mon cœur atteint...
> J'aurai toujours pour vous, *ô suave merveille*...

C'est le propre de la galanterie des dévots de retarder sur le siècle, et d'en être au jargon des années passées. En empruntant à la mysticité ses fruits confits et ses fleurs artificielles, ils sont en arrière de plusieurs saisons sur le dernier printemps.

consiste à se proposer pour fin de ses actions équivoques un objet permis :

> Et si je me résous à recevoir du père
> Cette donation qu'il a voulu me faire,
> Ce n'est, à dire vrai, que parce que je crains
> Que tout ce bien ne tombe en de méchantes mains, etc.

Tartufe évidemment a lu et digéré la septième Provinciale ; il sait sa théorie.

Certes, avant Pascal, Regnier dans Macette, Rabelais, Henri Estienne et tout le seizième siècle, le Moyen-Age et les auteurs de fabliaux, les trouvères du *Roman de Renart*, avaient peint et bafoué l'hypocrite; mais la forme particulière de l'hypocrisie au dix-septième siècle, le Casuisme accommodant, le Jésuitisme proprement dit, découvert et dénoncé par Pascal, a été, sur le même signalement, ressaisi et poussé à bout par Molière.

Qu'il soit en habit ecclésiastique ou sous le costume d'homme du monde, avec *un petit chapeau, de grands cheveux, un grand collet, une épée* et *des dentelles sur tout l'habit* (second Placet de Molière); ou bien qu'il ait laissé ses cheveux pour la *perruque*, qu'il ait l'*habit serré* et le *bas uni*, comme chez La Bruyère; qu'il ait le teint blême ou l'oreille rouge, c'est le même, nous le reconnaissons; les différences d'entrée et de mise en scène n'y font rien [1].

Le rôle de Cléante était une indispensable contre-partie de celui de Tartufe, un contre-poids. Cléante nous figure l'honnête homme de la pièce, le représentant de la morale des honnêtes gens dans la perfection, de la morale du juste milieu. Pascal, dans ses premières Lettres, s'était mis, par supposition, en dehors des Molinistes et des Jansénistes, simple homme du

---

1. Tartufe, Onuphre, Panulphe, ou encore Montufar chez Scarron, tous ces noms nous présentent la même idée dans une onomatopée confuse, quelque chose en-dessous et de fourré.

monde et curieux, qui se veut instruire. Cléante de même, mais plus à distance, se tient en dehors des dévots ; il se contente d'approuver les vrais, il les honore ; il flétrit les faux. La supposition de l'honnête indifférent d'après Pascal s'est élargie et a marché.

Cléante nous rend bien l'homme du monde comme Louis XIV le voulait dès ce temps-là. Il a un fonds de religion, ce qu'il en faut. *Pas trop n'en faut*, comme dit la chanson [1].

Dès le commencement, dans une tirade célèbre, il définit la vraie et la fausse dévotion; il sépare l'une de l'autre :

> Je ne suis point, mon frère, un docteur révéré, etc.
>
> (*Acte I, scène* VI.)

On peut trouver pourtant que le vrai dévot, si bien tenu à part et en réserve, n'est plus guère là que pour la forme, pour l'honneur. Le faux dévot, au contraire, est tout à fait dégagé, mis en saillie et *accusé* en des traits à la fois généraux et précis, désormais ineffaçables : voilà son type populaire à jamais frappé.

Chez Pascal, le faux dévot, le moraliste chrétien corrompu, qui supprime l'amour de Dieu dans la pénitence, qui n'admet pas la gravité du péché devant Dieu quand le péché offre certaines circonstances d'ignorance et d'oubli, ce Casuiste à moitié dupe est quelque chose de trop particulier pour devenir, dans ces termes-là, un type populaire et universel. Toutes ces distinctions si clairement déduites, et qui mènent Pascal à tant d'éloquents mouvements, sont trop fines pour qui n'est pas un peu janséniste, ou du moins assez sérieusement chrétien. Elles supposent presque toujours un avis de doctrine,

---

1. Une petite question indiscrète : ce Cléante fait-il encore ses Pâques? Je le crois. Certainement, cinquante ans plus tard, il ne les fera plus.

une foi singulière et formée sur ces questions. Cléante y va plus en gros, et dessine le faux dévot pour tout le monde. Quant au vrai dévot, tel que l'honnête mondain l'admettra dorénavant volontiers, ce n'est plus, toute opinion théologique à part, que le croyant sincère, désintéressé, mais tolérant :

Et leur dévotion est humaine, est traitable.

Depuis le dix-huitième siècle, on est convenu d'appeler cela *la religion de Fénelon*, au moins selon l'idée coulante qu'on s'en fait. Rien d'ailleurs ne saurait être moins gênant ; on l'honore, on la salue, et l'on s'en passe.

Les progrès de l'idée paraissent dans le cas présent bien sensibles, et je les marque sans réticence. Pascal (il n'y a pas à se le dissimuler) fit plus qu'il n'avait voulu ; en démasquant si bien le dedans, il contribua à discréditer la pratique ; en perçant si victorieusement le Casuisme, il atteignit, sans y songer, la Confession même, c'est-à-dire le tribunal qui rend nécessaire ce code de procédure morale et, jusqu'à un certain point, cet art de chicane. — On débite chez ces apothicaires bien des poisons ; quand cela fut bien prouvé, on eut l'idée toute naturelle de conclure à laisser là le remède. — Ce qu'un de ses descendants les plus directs, Paul-Louis Courier, a dit du Confessionnal, l'auteur des *Provinciales* l'a préparé [1].

L'esprit humain, une fois éveillé, tire jusqu'au bout

---

1. Dans les *Mémoires* de Gibbon, de ce froid et habile ennemi du Christianisme, ne le voit-on pas mettre en première ligne, parmi les ouvrages qui ont contribué à former en lui l'historien de l'Empire romain, « les *Lettres Provinciales* de Pascal, que j'ai relues presque tous les ans, dit-il, avec un nouveau plaisir, et qui m'apprirent à manier l'arme de l'ironie grave et modérée, et à l'appliquer même à la solennité des sujets ecclésiastiques ? »

les conséquences. La raillerie est comme ces coursiers des Dieux d'Homère : en trois pas au bout du monde. Les *Provinciales*, le *Tartufe* et le *Mariage de Figaro* !

Sans aller si avant, et en ne s'attachant qu'à la forme de l'hypocrisie à son heure, La Bruyère a repris sous main ce portrait du faux dévot ; mais je dirai de son Onuphre comme du Casuiste sans nom des *Provinciales* : il est trop particulier pour avoir pu devenir populaire. Ce sont des portraits frappants à être vus de près, et éternellement chers aux connaisseurs ; ce ne sont pas des êtres une fois créés pour tous, et destinés à courir le monde à front découvert.

Dans ce brillant et courageux chapitre *de la Mode*, qui rassemblait tant de traits piquants et directs, à une époque où Louis XIV réformé passait des maîtresses aux confesseurs, se rangeait près de madame de Maintenon, et où il ne s'agissait plus de badinage ; dans cette ferme et fine mosaïque où, entre tant de belles paroles enchâssées, il est dit : « C'est une chose délicate à un Prince religieux de réformer la Cour et de la rendre pieuse...[1], » tout à côté on trouve ce portrait d'Onuphre,

---

1. On lit dans les *Mémoires* de Dangeau, dès l'année 1684, ce commentaire des paroles de La Bruyère :

« 3 avril. — Le Roi, à son lever, parla fort sur les courtisans qui ne faisoient point leurs Pâques, et dit qu'il estimoit fort ceux qui les faisoient bien, et qu'il les exhortoit tous à y songer bien sérieusement, et ajoutant même qu'*il leur en sauroit bon gré.* »

« 21 mai. — Le Roi fit, le matin, dans l'église, une réprimande au marquis de Gesvres, sur ce qu'il entendoit la messe irréligieusement. »

« 26 décembre. — Le major déclara que le Roi lui avoit ordonné de l'avertir de tous les gens qui causeroient à la messe, etc., etc. »

C'est quatre ans après, et quand ce rigorisme n'avait fait qu'augmenter, que parut la première édition de La Bruyère (1688). Le chapitre *de la Mode*, d'abord fort court, alla se grossissant insensiblement ; Onuphre ne s'y glissa qu'en 1691, à la sixième édition, et il ne fut au complet que dans la septième (1692). M. Walckenaer a très-bien indiqué comment La Bruyère, emplissant petit à petit ses chapitres, faisait en quelque sorte entrer

qu'on a pu prendre, au premier abord, pour une critique du *Tartufe :*

« Onuphre n'a pour tout lit qu'une housse de serge grise, mais il couche sur le coton et sur le duvet; de même il est habillé simplement, mais commodément, je veux dire d'une étoffe fort légère en été, et d'une autre fort moelleuse pendant l'hiver; il porte des chemises très-déliées, qu'il a un très-grand soin de bien cacher. Il ne dit point *ma haire* et *ma discipline;* au contraire, il passeroit pour ce qu'il est, pour un hypocrite, et il veut passer pour ce qu'il n'est pas, pour un homme dévot. Il est vrai qu'il fait en sorte que l'on croit, sans qu'il le dise, qu'il porte une haire et qu'il se donne la discipline.... »

Je renvoie à La Bruyère; il faut revoir cet Onuphre tout entier. Chaque trait de Molière est de la sorte effacé et remplacé par un autre contraire, ou, du moins, il se trouve redressé et comme remis dans la ligne exacte du réel. Mais c'est bien moins là une critique, à mon sens, qu'une ingénieuse reprise et une réduction du même personnage à un autre point de vue, au point de vue du *portrait* et non plus à celui de la *scène*. Ainsi, pour être plus vrai, plus réel, l'hypocrite de La Bruyère, par moments, *sourit* ou *soupire*, et *ne répond rien;* c'est parfait, c'est fin; mais cela n'irait pas longtemps avec un tel jeu au théâtre.

Chez Molière, plus que chez aucun auteur dramatique en France, le théâtre, si profondément vrai, n'est pas du tout, quant aux détails, une copie analysée, ni une imitation littéralement *vraisemblable* d'alentour; c'est une reproduction originale, une création, un monde. Molière n'est rien moins qu'un peintre de portraits, c'est un peintre de tableaux[1]; ou mieux, c'est un

---

par stratagème ses soldats dans la place, un à un, sans cocarde ni trompette. Il était de ces sages qui, pour restaurer la raison et la vérité, aiment encore mieux le succès que la victoire.

1. Pascal, d'accord en cela avec La Bruyère, semble vouloir des

producteur d'êtres vivants, qui sont assez eux-mêmes et assez sûrs de leur propre vie pour ne pas aller calquer leurs démarches sur la stricte réalité. Essentiellement humains dans le fond, ils n'ont d'autre loi pour le détail et pour l'agencement que le comique dans toute sa verve; ils ne sont pas façonniers; pourvu qu'ils aillent leur train, on ne les voit nullement esclaves d'un menu *savoir-vivre*. Ce qu'ils empruntent même au réel de plus précis, et de mieux pris sur le fait, ne vient pas s'*enchâsser* en eux, mais s'accommode encore librement à leur gré et se transforme.

Dans son poëme du *Val-de-Grâce*, où il y a des touches pareilles (si l'on s'en souvient[1]) à celles de Rotrou parlant peinture de décoration dans *Saint-Genest*, Molière établit, en termes magnifiques, la distinction de la peinture à l'huile et de la fresque : cette différence n'est autre que celle qui sépare La Bruyère, peintre de chevalet et à l'huile, de lui Molière, peintre à fresque, si hardi, si ardent. Le passage éclaire trop bien notre pensée et le point délicat qui nous occupe, pour ne pas être offert en entier. Molière, s'adressant à Rome, à cette maîtresse des chefs-d'œuvre, la remercie d'avoir rendu à la France le grand Mignard devenu tout Romain, et qui va, dit-il, produire dans tout son lustre

> Cette belle peinture inconnue en ces lieux,
> La fresque, dont la grâce, à l'autre préférée,
> Se conserve un éclat d'éternelle durée,

---

portraits plutôt que des tableaux : « Il faut se renfermer le plus qu'il est possible dans le simple naturel; ne pas faire grand ce qui est petit, ni petit ce qui est grand. Ce n'est pas assez qu'une chose soit belle : il faut qu'elle soit propre au sujet, qu'il n'y ait rien de trop, ni rien de manque.... » Voir précédemment page 102.
— Tout cela est rigoureusement vrai dans un livre; mais à la scène, il y a toujours le masque, qui veut un certain grossissement.

1. Tome I, page 154.

> Mais dont la promptitude et les brusques fiertés
> Veulent un grand génie à toucher ses beautés.
> De l'autre qu'on connoît la traitable méthode
> Aux foiblesses d'un peintre aisément s'accommode :
> La paresse de l'huile, allant avec lenteur,
> Du plus tardif génie attend la pesanteur ;
> Elle sait secourir, par le temps qu'elle donne,
> Les faux pas que peut faire un pinceau qui tâtonne ;
> Et sur cette peinture on peut, pour faire mieux,
> Revenir, quand on veut, avec de nouveaux yeux.
> Cette commodité de retoucher l'ouvrage
> Aux peintres chancelants est un grand avantage ;
> Et ce qu'on ne fait pas en vingt fois qu'on reprend,
> On le peut faire en trente, on le peut faire en cent.
>
> Mais la fresque est pressante, et veut sans complaisance
> Qu'un peintre s'accommode à son impatience,
> La traite à sa manière, et, d'un travail soudain,
> Saisisse le moment qu'elle donne à sa main.
> La sévère rigueur de ce moment qui passe
> Aux erreurs d'un pinceau ne fait aucune grâce ;
> Avec elle il n'est point de retour à tenter,
> Et tout, au premier coup, se doit exécuter.
> Elle veut un esprit où se rencontre unie
> La pleine connoissance avec le grand génie,
> Secourue d'une main propre à le seconder,
> Et maîtresse de l'art jusqu'à le gourmander ;
> Une main prompte à suivre un beau feu qui la guide,
> Et dont, comme un éclair, la justesse rapide
> Répande dans ses fonds, à grands traits non tâtés,
> De ses expressions les touchantes beautés.

Quelle opulence ! quelle ampleur ! Comme on sent, à travers cette définition grandiose, la réminiscence secrète et la propre conscience de l'artiste, qui lui-même bien des fois, pour répondre au caprice du maître ou au cri du public, a dû pousser son œuvre en quelques nuits, l'enlever haut la main du premier jet, et l'exposer toute vive, sans retour, à *la sévère rigueur* de cet instant unique qui décide du sort d'une comédie ! Voilà Molière et sa théorie, déclarée par lui comme à son insu ; il nous a livré là sa poétique, comme l'a remarqué excellemment Boileau.

Que si, à la lumière de cet aveu, nous revenons vers la lutte ingénieuse de La Bruyère et au procédé d'Onuphre raffinant sur Tartufe, il n'y a plus rien, ce me semble, qui nous embarrasse ; et chacun des deux peintres est dans son rôle. — On attend Tartufe, il n'a pas encore paru ; les deux premiers actes sont achevés : il a tout rempli jusque-là, il n'a été question que de lui ; mais on ne l'a pas encore vu en personne. Le troisième acte commence ; on l'annonce, il vient, on l'entend :

> Laurent, serrez ma haire avec ma discipline,
> Et priez que toujours le Ciel vous illumine.
> Si l'on vient pour me voir, je vais aux prisonniers
> Des aumônes que j'ai partager les deniers.

Que La Bruyère dise tout ce qu'il voudra, ce *Laurent, serrez ma haire...*, est le plus admirable début dramatique et comique qui se puisse inventer. De tels traits emportent le reste et déterminent un caractère. Il y a là toute une vocation : celui qui trouve une telle entrée est d'emblée un génie dramatique ; celui qui peut y chercher quelque chose, non pas à critiquer, mais à réétudier à froid, à perfectionner hors de là pour son plaisir, aura tous les mérites qu'on voudra comme moraliste et comme peintre ; mais ce ne sera jamais qu'un peintre *à l'huile*, auteur de portraits à être admirés dans le cabinet.

Molière manie en ce sens puissant tous ses personnages ; il ne fait pas la taille-douce, il ne pointille pas. Franc, et souvent avec crudité, il ne craint pas de faire le trait gros, grimaçant, plus mouvant et plus parlant pour la scène. Sa main hardie se sent maîtresse de l'art jusqu'à l'oser *gourmander*. J'ai rappelé le premier mot de Tartufe en entrant; le second n'est pas moindre. C'est surtout le geste ici qui est frappant. Le saint homme aperçoit Dorine, la gaillarde suivante à la gorge un peu nue, et il lui jette son mouchoir pour qu'elle s'en couvre plus décemment. Cela n'est pas vraisemblable, dira-t-on; mais cela parle, cela tranche: et la vérité du fond et de l'ensemble crée ici celle du détail. Voyez-vous pas quel rire universel en rejaillit et comme toute une scène en est égayée? Avec Molière, on serait tenté à tout instant et à la fois de s'écrier : *Quelle vérité! et quelle invraisemblance!* ou plutôt on n'a que le premier cri irrésistible ; car le correctif n'existerait que dans une réflexion et une comparaison qu'on ne fait pas, qu'on n'a pas le temps de faire. Il a fallu La Bruyère avec sa toile en regard pour nous avertir; de nous-même nous n'y aurions jamais songé.

Pour donner aux objets tout leur jeu et leur relief, Molière ne craint donc pas de grossoyer ; il a le pinceau, avant tout, dramatique. Cette Dorine, qui fait un rôle si animé, si essentiel, dans le *Tartufe*, et qui en est le boute-en-train, me personnifie à merveille la verve même du poëte, ce qu'on oserait appeler *le gros de sa muse*, un peu comme chez Rubens ces Sirènes poissonneuses et charnues, les favorites du peintre. Ainsi cette Dorine, si provoquante, si drue, servirait très-bien à figurer la muse comique de Molière en ce qu'elle a de tout à fait à part et d'invincible, et de détaché d'une observation plus réfléchie, — l'humeur comique dans sa pure veine courante, qui l'assaillait, qui le distrayait, comme la servante du logis, même en ses plus sombres heures et faisait remue-ménage à travers sa mélancolie habituelle, dont la profondeur ne s'en ébranlait pas.

Dans cette charmante scène avec Marianne, où la railleuse s'obstine et revient à la charge sous toutes les formes, sur tous les tons :

> Non, non, je ne veux rien. Je vois que vous voulez
> Être à monsieur Tartufe. . . . .
> Non, il faut qu'une fille obéisse à son père. . .
> Point. Tartufe est votre homme, et vous en tâterez.
> . . . . Non, vous serez, ma foi, tartufiée.. ;

n'est-ce pas le lutin comique en personne qui s'acharne et ne saurait lâcher prise ? Même au moment final, l'impitoyable lutin, quasi hors de propos et quand tout est au tragique dans la maison, abuse de la circonstance et pique toujours :

> Juste retour, Monsieur, des choses d'ici-bas :
> Vous ne vouliez point croire, et l'on ne vous croit pas[1].

Ainsi Molière avec son démon : il était en proie à la muse comique. Dans ces chœurs bouffons de *M. de Pourceaugnac* ou du *Malade imaginaire*, il se mourait déjà, qu'il riait encore. La tristesse du fond n'y perdait rien, et même elle devait pour lui s'éclairer davantage de toutes ces torches folâtres convulsivement agitées.

La *bonne pièce* Dorine, si on se laissait aller à l'accoster et à l'attaquer (comme elle ne demande pas mieux), nous serait une belle occasion d'entrer dans le style de Molière. Dès la scène première du premier acte, ripostant à madame Pernelle, elle lâche les deux tirades qu'on sait par cœur:

> Daphné, notre voisine, et son petit époux, etc.;

---

[1]. Madame de Sévigné aussi, qu'on veuille y songer, n'a-t-elle pas en elle sa *Dorine*, son lutin qui, bon gré mal gré, badine à tout propos, et même quand le reste dit qu'il ne le faut pas (par exemple, lors des exécutions sanglantes en Bretagne)? Tout talent de forte complexion est sujet à ces sortes d'assaut :

> C'est alors que la verve insolemment m'outrage,

a dit Regnier.

et le portrait de la prude Orante :

L'exemple est admirable, et cette dame est bonne ! etc.

Est-il une plus magnifique largeur de discours en vers? une plus franche et naturelle beauté ? A lire Molière, on a de ces saveurs à tout moment plein la bouche. Et pourtant cela n'a pas triomphé aussi absolument qu'on le croirait. Le style de Molière en vers n'a pas (comme on disait alors) *levé la paille* autant, à beaucoup près, que celui de Pascal en prose. Sur ce point roule en grande partie l'inégalité, l'infériorité de notre poésie. Pascal est déjà d'un bout à l'autre dans le fin et le net de la langue; tout Molière n'y a pas également passé. Il n'est pas classique en ce sens et sur cet article du style. Il y avait encore du Rotrou chez Molière; il n'y avait plus de Mézeray chez Pascal. Celui-ci refaisait huit et dix fois ; Molière passait outre. Il se jetait à ses premières pensées comme plus naturelles; mais ce naturel lui est contesté, du moins dans l'expression. L'accord contre lui semble vraiment étrange là-dessus[1].

La Bruyère dit : « Il n'a manqué à Molière que d'éviter le jargon et le barbarisme et d'écrire purement; » et, dans son regret, il souhaite à Molière le style de Térence, de même qu'il voudrait à Térence le feu de Molière.

Fénelon (*Lettre sur l'Éloquence*), après un sincère éloge du fond et en confessant volontiers que Molière est *grand,* ajoute : « En pensant bien, il parle souvent

---

[1]. Des ouvrages considérables ont été faits dans ces derniers temps sur le style et la langue de Molière. Je ne crois pourtant pas devoir supprimer ces réflexions qui me sont propres, qui ont trouvé place dans mon Cours de Lausanne (1837-1838), et qui entrent dans l'économie première de mon livre. Je ne fais d'ailleurs qu'y reprendre et y développer des idées émises par moi-même dans un ancien travail sur Molière (*Portraits littéraires*).

mal ; il se sert des phrases les plus forcées et les moins naturelles. Térence dit en quatre mots, avec la plus élégante simplicité, ce que celui-ci ne dit qu'avec une multitude de métaphores qui approchent du galimatias. J'aime bien mieux sa prose que ses vers. Par exemple, *l'Avare* est moins mal écrit que les pièces qui sont en vers..., etc. »

Vauvenargues mêle à ses éloges les mêmes restrictions : « Sans parler de la supériorité du genre sublime donné à Racine, on trouve dans Molière tant de négligences et d'expressions bizarres et impropres, qu'il y a peu de poëtes, si j'ose le dire, moins corrects e moins purs que lui[1]. »

Voltaire, en son *Siècle de Louis XIV*, se déclare avec une grande vivacité de goût en faveur de la poésie de Molière ; mais il paraît imputer au seul Fénelon un jugement qui était, on le voit, celui de beaucoup d'autres. La vérité est qu'il y a parfois d'assez mauvais vers chez Molière. Sans sortir de *Tartufe*, dans la fameuse scène du quatrième acte entre Elmire et lui (Orgon étant sous la table), Elmire fait semblant d'expliquer l'opposition qu'elle a mise à ce qu'il épousât sa belle-fille, et elle lui dit :

> Qu'est-ce que cette instance a dû vous faire entendre,
> Que l'intérêt qu'en vous on s'avise de prendre,
> Et l'ennui qu'on auroit que ce nœud qu'on résout
> Vînt partager du moins un cœur que l'on veut tout[2] ?

---

1. Il n'est pas jusqu'à Bayle qui, dans l'article *Poquelin* de son *Dictionnaire*, ne se fasse l'écho de l'opinion courante : « Il avoit une facilité incroyable à faire des vers ; mais il se donnoit trop de liberté d'inventer de nouveaux termes et de nouvelles expressions; il lui échappoit même fort souvent des barbarismes. »

2. Dira-t-on que l'obscurité de ces vers, les *que* qui y abondent, leur embarras, en un mot, est là pour traduire celui d'Elmire ? Dans ce cas, tout mauvais qu'ils semblent, ils seraient dramati-

Toutefois, j'en suis convaincu, les critiques du style de Molière, dans l'esprit des illustres qui les ont faites, ne portaient pas seulement sur les quelques endroits trop négligés et impossibles à défendre ; elles s'étendaient jusqu'aux portions de sa touche les plus franches et les plus larges. Il n'y a guère à s'y méprendre, c'est bien le *cossu* du style de Molière qui déplaisait à ces élégants esprits. Boileau, j'ose le conjecturer d'après sa deuxième Satire, d'après tout un ensemble de mots qui nous sont conservés, et nonobstant le passage restrictif de *l'Art poétique*, — Boileau, sur le *style en vers* de Molière, était bien autrement et plus pleinement admirateur que ne durent l'être Racine, La Bruyère et Fénelon. Non pas, s'il vous plaît, que *le Misanthrope, les Femmes savantes* et le *Tartufe* soient écrits comme les Satires de Boileau ; Voltaire, qui dit cela, s'abuse sur un procédé déjà si éloigné du sien ; mais, pour apprécier le style en vers de Molière, Boileau sut se mettre au-dessus de sa propre pratique, et c'est en cela qu'il fit preuve d'un goût critique excellent.

S'il y a quelque chose en notre poésie qui, pour l'ampleur du jet, pour l'ondoiement des contours et la flamme, pour *les mâles appas*, réponde aux belles pages de Bossuet, il ne faut le chercher que dans Molière. Que ne s'est-il rencontré un génie de même race pour remplir et peupler d'égale sorte l'autre sphère, celle du

---

quement fort bons. Molière, le plus souvent, ne versifiait pas ses vers, s'il les jouait. Dans la bouche de mademoiselle Mars, tous ces *que* devaient jouer le trouble à merveille. Pourtant, il est à remarquer que le reste du rôle d'Elmire, en cette scène, est fort net, nullement embarrassé, même un peu cru. Elle vient de dire :

Mais puisque la parole enfin en est lâchée...

Les quatre vers courent donc risque d'être tout simplement quatre mauvais vers.

pathétique et de l'idéal! la grande poésie française était créée.

Le *Tartufe*, en particulier, a porté chez nous la comédie aussi haut qu'elle peut atteindre. La puissance du fond n'a permis gain de cause ici à aucune chicane de puriste; la voix publique a fait loi. Combattue trois fois dans le siècle, cette odieuse chose, l'hypocrisie, qui avait déjà essayé de plus d'un nom, garda pour jamais celui que lui avait attaché Molière. Escobar avait commencé, Tartufe acheva. Onuphre, à vrai dire, n'était déjà plus qu'une curiosité et un hors-d'œuvre.

Mais si elle triompha, comme les *Provinciales*, par l'esprit, la pièce immortelle eut de même, au plus beau de sa gloire, ses avanies à subir. Elle ne fut pas brûlée par le bourreau; mais elle eut à lutter contre d'autres essais de flétrissure. On n'avait pas répondu à Pascal, ou bien on lui avait à peine et platement répondu : Molière eut affaire à de plus rudes attaquants, à des réprobations partant de voix et de plumes révérées. Bourdaloue, du haut de la chaire, cria à la piété outragée; et un jour, au seul nom de comédie et de Molière, Bossuet que nous venons d'appareiller avec lui (profanes amateurs que nous sommes), Bossuet se leva et eut des paroles terribles.

N'ayant ici aucune cause à plaider, et ne cherchant qu'à éclairer chaque aspect de mon sujet, je soumettrai avant tout une réflexion que l'étude de Molière lui-même m'inspire. Qu'en son temps le grand comique ait excité le scandale et l'alarme parmi les âmes sincèrement chrétiennes, qui donc pourrait s'en étonner? L'estimable Adrien Baillet, bibliothécaire de M. de Lamoignon et ami de nos Jansénistes, élève particulier de M. Walon de Beaupuis et de M. Hermant[1], commence

---

1. Il était comme eux du diocèse de Beauvais.

ainsi dans ses *Jugements des Savants*, l'article sur *J.-B. Pocquelin, Parisien, mort en comédien :* « M. Molière est un des plus dangereux ennemis que le Siècle ou le Monde ait suscité à l'Église de Jésus-Christ.... » La préoccupation du bonhomme nous fait sourire, et pourtant l'honnête Baillet a raison. Qui a fait *Tartufe* fera *Don Juan*. La première lecture du *Tartufe* eut, dit-on, lieu chez Ninon; c'est bien là qu'il devait naître [1].

Rendons-nous compte, sans illusion aucune, de l'état vrai de la *croyance* en ce dix-septième siècle qu'on se plaît à voir toujours à travers sa gloire ; n'y mêlons, cette fois, aucun rayon. Madame du Deffand dit quelque part qu'elle ne sait guère que M. de La Rochefoucauld qui ait été esprit-fort en ce temps-là. Ce mot prouve combien chaque époque connaît mal celle qui l'a immédiatement précédée. On se flatte que les prédécesseurs ignoraient une quantité de choses qu'ils ont réellement sues, et l'on se donne ainsi le plaisir de les réinventer de nouveau : « Il faut donc que vous sachiez, « écrivait Nicole en l'une de ses Lettres [2], que la grande « hérésie du monde n'est plus le Calvinisme ou le Lu- « théranisme, que c'est l'Athéisme, et qu'il y a de « toutes sortes d'athées, de bonne foi, de mauvaise « foi, de déterminés, de vacillants et de tentés. » — « La grande hérésie des derniers temps, disait-il en- « core, c'est l'incrédulité. » — Leibniz, qui avait vu la France et l'Angleterre, et qui avait embrassé toute l'é-

---

1. En 1777, une troupe de comédiens français étant allée jouer à Naples, l'abbé Galiani, le philosophe, fut nommé censeur. On voulait représenter le *Tartufe* ; il s'y opposa. On le voit dans ses Lettres plaisanter de cette interdiction avec ses amis de Paris. Le spirituel abbé savait bien ce qu'il faisait ; il se rattachait tout net à l'école de Machiavel : athée et libre penseur à Paris, les portes closes, il se ressouvenait à Naples qu'il était un conseiller ecclésiastique.

2. La XLVe des *Lettres* de Nicole, et la VIe des *Nouvelles Lettres*.

tendue de son siècle, écrivait en 1696 : « Plût à Dieu
« que tout le monde fût au moins Déiste, c'est-à-dire
« bien persuadé que tout est gouverné par une souve-
« raine Sagesse ! » — Le dix-septième siècle, considéré
selon une certaine perspective, laisse voir l'incrédulité
dans une *tradition directe et ininterrompue;* le règne de
Louis XIV en est comme miné. La Fronde lui lègue un
essaim de libres esprits émancipés, épicuriens ardents
et habiles, les Lionne, les Retz[1]; de vrais originaux du
Don Juan; la Palatine, Condé, et le médecin-abbé
Bourdelot complotant, en petit comité, pour brûler un
morceau de la *Vraie Croix*[2]; Ninon, Saint-Évremond,
Saint-Réal; les poëtes Hesnault, Lainez et Saint-Pavin;
Méré[3], Mitton[4] et Des Barreaux; madame Des Houlières,
que Bayle a pu rattacher par un bout à Spinosa[5]. A un

1. De ces hommes, par exemple, comme le secrétaire du Cabinet
Rose, de qui il est dit, après maint trait caractéristique (voir les
articles de Dangeau publiés par Lemontey), qu'il était *plaisant,
gai, salé, et croyant peu de chose*. Ce *bonhomme* Rose, qui avait
été au cardinal Mazarin, ne mourut qu'en 1701, à plus de quatre-
vingts ans, donnant ainsi la main aux deux siècles. Il y en eut plus
d'un de la même trempe.

2. On ajoute que, malgré tous leurs efforts, ils n'en purent
venir à bout, et que cela même contribua à la conversion de la
princesse Palatine. Le fait est qu'il y a loin encore de cette jeune
incrédulité, qui tente le sacrilège, à l'indifférence finale qui n'essaye même pas. Après tout, ces esprits-forts qui mettaient tant de
prix à un brûlement de Vraie Croix, étaient bien du même temps
que ces autres grands esprits qui croyaient à la guérison par la
Sainte-Épine.

3. Sur le chevalier de Méré, voir à l'*Appendice*.

4. Sur ce Mitton, ami de Méré et qu'on a mis du temps à bien
connaître, ne pas oublier de voir les passages qui le concernent
dans les lettres de Matthieu Marais au président Bouhier (*Mémoires* de Matthieu Marais, tome III, p. 470-473, 476, 480). « Il
croyoit en Dieu par bénéfice d'inventaire, et avoit fait un petit
Traité de l'Immortalité de l'Ame qu'il montroit à ses amis et leur
disoit à l'oreille qu'il étoit *de la Mortalité*. »

5. Un petit fait positif en dira plus que tous les raisonnements
et les aperçus. La fille de madame Des Houlières, personne dis-

moment du règne, le Monarque devient rigoureux, et le siècle, de plus en plus auguste, renferme ses secrets; c'est l'heure du très-hardi et très-prudent La Bruyère. Mais consultez pour lors les Dangeau, glissez-vous dans les coulisses! Le libertinage d'esprit prend déjà les formes de la Régence; il oserait tout, s'il n'était vigoureusement réprimé. La jeune Cour a des infamies païennes qu'il faut celer; les poëtes Ferrand et Jean-Baptiste Rousseau arrivent à temps pour y fournir les refrains. Cependant, de côté, j'ai vu Bayle et Fontenelle cheminer à pas discrets, les Vendôme avec Chaulieu sous les roses du Temple, Le Sage après Regnard, la race des railleurs; en un mot, tout ce qui se prépare et qui va sortir. Il m'est échappé, une fois, de dire du grand règne qu'il m'apparaissait comme un pont magnifique orné d'admirables statues. Cette image est surtout vraie, si on l'applique aux idées : elles ont traversé ce pont et passé dessous, pour reparaître aussitôt après, et plutôt grossies. On conçoit donc le cri d'alarme des Chrétiens vigilants; et ce qui m'étonne même dans un autre sens, c'est l'espèce de tranquillité avec laquelle Bossuet, installé dans sa chaire d'évêque à l'époque la

---

tinguée et poëte, comme sa mère, ne fut *baptisée* que le 23 juin 1685, c'est-à-dire à l'âge de *vingt-neuf ans*. Dans l'acte de ce baptême tardif (Registre de Saint-Roch), il est fait mention, pour la forme, d'un premier baptême qu'elle aurait reçu en naissant, à Rocroy : mais, si ce premier baptême avait pu se prouver, le second était évidemment inutile. Une conséquence à tirer de ce retard singulier, est que madame Des Houlières n'avait pas fait faire à sa fille sa *première communion*; car on eût exigé des preuves de baptême, et, dans tous les cas, procédé à l'acte qui n'eut lieu qu'en 1685. Il ne faut pas oublier que cette année 1685 était celle de la conversion des Protestants en masse par ordre du Roi; voyant cela, les Catholiques non baptisés jugèrent prudent de se mettre en règle, et cette ancienne amie du prince de Condé, madame Des Houlières, s'avisa pour la première fois qu'elle n'avait pas fait des chrétiens de ses enfants.

plus solennelle du grand règne, et comme au milieu du pont, paraît considérer l'ensemble des choses et l'accepter pour stable, sans entendre dessous (lui prophète!) ou sans dénoncer du moins la voix des grandes eaux.

Dans ces sublimes Oraisons funèbres de Condé et de la Palatine, il fit comme avaient fait les héros vieillissants qu'il célébrait : il recouvrit d'un voile sacré l'incrédulité première et profonde ; il entonna le *Te Deum* de triomphe sur des tombeaux[1]. L'incrédulité

---

1. On m'oppose (et j'aime à constater l'objection) quelques passages très-significatifs de Bossuet, l'un tiré de l'*Oraison* même de la Palatine, et où il apostrophe le siècle comme trop raisonneur et philosophique : « Siècle vainement subtil, où l'on veut pécher avec raison, où la foiblesse veut s'autoriser par des maximes, où tant d'âmes insensées cherchent leur repos dans le naufrage de la foi, etc.; » et les autres tirés de ses *Sermons*, et qui semblent attester particulièrement une longue prévoyance. Ainsi, dans le sermon pour le second dimanche de l'Avent, *sur la Divinité de la Religion*, lequel fut prêché *à la Cour*, Bossuet s'élève contre ces esprits libertins et railleurs qui croient trancher d'aussi sérieuses questions par des demi-mots et des branlements de tête, puis il ajoute : « Mais c'est assez combattre ces esprits profanes et témérairement curieux. Ce n'est pas le vice le plus commun, et je vois un autre malheur bien plus universel dans la Cour. Ce n'est point cette ardeur inconsidérée de vouloir aller trop avant; c'est une extrême négligence de tous les Mystères. Qu'ils soient ou qu'ils ne soient pas, les hommes trop dédaigneux ne s'en soucient plus, et n'y veulent pas seulement penser; ils ne savent s'ils croient ou s'ils ne croient pas, tout prêts à vous avouer ce qu'il vous plaira, pourvu que vous les laissiez agir à leur mode et passer la vie à leur gré.... Ainsi je prévois que les libertins et les esprits-forts pourront être décrédités, non par aucune horreur de leurs sentiments, mais parce qu'on tiendra tout dans l'indifférence, excepté les plaisirs et les affaires. » Ce remarquable passage, qui semble prophétiser l'indifférence finale, tenait toutefois très-peu compte, on le voit, de la crise menaçante et de l'assaut violent qui s'apprêtait; on dirait que le coup d'œil de Bossuet saute par-dessus Voltaire. Dira-t-on que, s'il ne prévoyait pas cela en particulier, il était d'avance préparé à tout, lui qui, dans son sermon *sur l'Église*, la faisait parler avec un si admirable et si sublime lan-

suivait son chemin pourtant; elle allait passer des princes et des grands au peuple. Sous Louis XIV, la liberté d'esprit n'était que dans les hautes classes et un peu dans la haute bourgeoisie ; la populace des faubourgs restait paroissienne jusqu'au fanatisme : on n'était pas assez loin encore de la Ligue ! Patience ! le travail se faisait, et ceux qui le menaient le plus activement, c'était toujours quelque enfant de Paris émancipé, comme Villon, comme Molière, comme Beaumarchais à son jour, comme demain Voltaire.

Il n'y a donc point tant à s'étonner d'entendre quelque rumeur chez les oracles chrétiens d'alors. Le Jésuite Bourdaloue, qui, à cette date de 1669, commençait à s'illustrer dans la chaire, et qui y portait, sous le couvert de sa robe, quelque chose de cette saine et ferme doctrine, trop aisément suspecte dans la bouche des Des Mares et des Singlin, Bourdaloue, en son sermon *sur l'Hypocrisie*, a désigné le *Tartufe* et l'a voulu flétrir. Il y prend à partie le libertin, qui a intérêt, dit-il, à se prévaloir de l'hypocrisie d'autrui pour montrer que les prétendus gens de bien ne sont pas meilleurs que

---

gage? « Mes Enfants, je ne m'étonne pas de tant de traverses, j'y suis accoutumée dès mon enfance. Ces mêmes ennemis qui m'attaquent m'ont déjà persécutée dès ma jeunesse.... Regarde mon antiquité, considère mes cheveux gris! Ces cruelles persécutions dont on a tourmenté mon enfance, m'ont-elles empêchée de parvenir à cette vénérable vieillesse? Si c'étoit la première fois, j'en serois peut-être troublée : maintenant, la longue habitude fait que mon cœur ne s'en émeut pas. » En ce sens, Bossuet aurait dit en quelque sorte au dix-huitième Siècle : « Je te connois d'avance, je t'ai déjà vu dans le passé. » Pourtant ce Siècle, dans sa guerre contre le Christianisme, devait avoir des caractères imprévus et tout nouveaux : or, ce sont justement ces signes qui me paraissent avoir échappé au grand Évêque de la monarchie. — Enfin, à la veille de sa mort, il ne pensait qu'à donner ses Écrits sur la Grâce et à réfuter le cardinal Sfondrate. Eh! il s'agissait bien alors de Sfondrate!

lui-même : sûr moyen de rendre toute piété méprisable en la rendant douteuse !

« Et voilà, Chrétiens, ce qui est arrivé lorsque des esprits profanes, et bien éloignés de vouloir entrer dans les intérêts de Dieu, ont entrepris de censurer l'hypocrisie.... Voilà ce qu'ils ont prétendu, exposant sur le théâtre et à la risée publique un hypocrite imaginaire, ou même, si vous voulez, un hypocrite réel, et tournant dans sa personne les choses les plus saintes en ridicule, la crainte des jugements de Dieu, l'horreur du péché, les pratiques les plus louables en elles-mêmes et les plus chrétiennes. Voilà ce qu'ils ont affecté, mettant dans la bouche de cet hypocrite des maximes de religion foiblement soutenues, en même temps qu'ils les supposoient fortement attaquées ; lui faisant blâmer les scandales du siècle d'une manière extravagante ; le représentant consciencieux jusqu'à la délicatesse et au scrupule sur des points moins importants, où toutefois il le faut être, pendant qu'il se portoit d'ailleurs aux crimes les plus énormes ; le montrant sous un visage de pénitent, qui ne servoit qu'à couvrir ses infamies ; lui donnant, selon leur caprice, un caractère de piété la plus austère, ce semble, et la plus exemplaire, mais, dans le fond, la plus mercenaire et la plus lâche.

« Damnables inventions pour humilier les gens de bien, pour les rendre tous suspects, pour leur ôter la liberté de se déclarer en faveur de la vertu !... »

Bossuet (non pas en chaire, il est vrai), est allé plus loin ; il a passé de l'œuvre à l'homme. Dans sa Lettre au Père Caffaro (1694) contre les Spectacles, que cet imprudent théatin avait approuvés sous prétexte que la comédie *du jour* était moins déshonnête, l'impatient contradicteur s'écrie :

« Il faudra donc que nous passions pour honnêtes les impiétés et les infamies dont sont pleines les Comédies de Molière, ou que vous ne rangiez pas parmi les pièces d'aujourd'hui celles d'un auteur qui vient à peine d'expirer, et qui remplit encore à présent tous les théâtres des équivoques les plus grossières dont on ait jamais infecté les oreilles des Chrétiens. — Ne m'obligez pas à les répéter ; songez seulement si vous oserez soutenir à la face du Ciel des pièces où la vertu et la *piété* sont toujours ridicules, la corruption toujours défendue et toujours plaisante, et la pudeur toujours offensée ou toujours en crainte d'être violée par les derniers attentats.... »

L'idée du *Tartufe* s'entrevoit ici à travers le pêle-mêle de l'anathème. Bossuet revient encore ailleurs sur Molière dans le courant de sa Lettre ; mais il passe toutes les bornes, lorsque dans ses *Réflexions sur la Comédie*, publiées cette même année, il va jusqu'à dire :

« ... Il a fait voir à notre siècle le fruit qu'on peut espérer de la morale du théâtre, qui n'attaque que le ridicule du monde, en lui laissant cependant toute sa corruption. La postérité saura peut-être la fin de ce poëte comédien, qui, en jouant son *Malade imaginaire* ou son *Médecin par force*, reçut la dernière atteinte de la maladie dont il mourut peu d'heures après, et passa des plaisanteries du théâtre, parmi lesquelles il rendit presque le dernier soupir, au tribunal de Celui qui dit : *Malheur à vous qui riez, car vous pleurerez!*... »

Si l'on a pu concevoir Bossuet combattant Molière, ce n'était certes point sur ce ton. Il semble qu'il y aurait toujours moyen pour un grand homme de faire son devoir sans paraître faire son métier. La postérité, mais non pas celle que présageait le puissant évêque, a aujourd'hui toutes pièces en main, et elle juge. Ce qui aggrave cette parole de violence et la rend plus impitoyable encore, c'est que, comme chacun sait et comme Bossuet le savait aussi, Molière une fois expiré et devenu par conséquent inutile à l'amusement de Louis XIV, sa veuve n'avait obtenu que *par prière un peu de terre* pour ses restes non refroidis ; que l'archevêque de Paris, M. de Harlai, si décrié pour ses mœurs[1], le même qui

---

1. Les noëls satiriques du temps ne sont point articles de foi ;

persécutera Port-Royal, avait fait le rigide pour l'enterrement du comédien, et que les os de Molière, pour tout dire, avaient été en peine, comme ceux d'Arnauld le seront tout à l'heure, de trouver une fosse où reposer.

Ainsi Molière n'a pas seulement contre lui les Subligny et les Montfleury ; Pascal ne soulève pas seulement les Brisacier et les Annat. — Ainsi une grande rumeur, un applaudissement grossi d'injures, de Maistre insultant finalement à Pascal, Bossuet (chose plus grave!) insultant à Molière, voilà les plus glorieux succès humains dans l'ordre de l'esprit, voilà dans son plus beau, et en l'écoutant de près, de quoi se compose une gloire. L'outrage a pris pied et lève le front jusqu'entre l'élite des mortels.

On en souffre, on voudrait unis par l'estime, par des égards respectueux, tous ceux qu'on admire. A titre d'honnêtes gens du moins, on les rassemble involontairement dans une sorte d'Élysée idéal, où Molière peut vénérer, comme il doit, le front sans courroux de Bossuet ; où Montaigne et Pascal contestent sans aigreur et sans mépris. On y mêle beaucoup de ces noms, à la fois glorieux et doux, ou modérément graves, et qui semblent un lien entre les autres : Racine, Despréaux, Fénelon ;

pourtant, en ce qui concerne M. de Harlai, ils ne surfont guère. Voici un de ces couplets les plus anodins entre ceux qu'on fredonnait alors :

> Notre Archevêque de Paris,
> Quoique tout jeune, a des foiblesses,
> Et, crainte d'en être surpris,
> S'est retranché sur ses maîtresses :
> De quatre qu'il eut autrefois,
> Le Prélat n'en a plus que trois.

Parlez-moi d'un archevêque qui pouvait dire, comme le poëte petit maître Dorat, un siècle après, disait en se vantant :

> Il est passé le temps des cinq maîtresses !

et ces seconds aimables, Nicole, Tillemont, Fleury, Rollin, Rapin, Bouhours même, qui, en réalité, bien que de partis ou de compagnies diverses, se touchaient par l'estime réciproque et par cette politesse éclairée, résultat du Christianisme comme de la civilisation. Entre chrétiens sincères principalement, il semble qu'il y aurait lieu, nonobstant les formes qui séparent, de concevoir en idée cette communication par l'esprit, ce rendez-vous de famille, dont on a une noble ébauche commencée par Bossuet et par Leibniz. Mais qu'est-ce? Ici les dissidences, à y bien regarder, sont plus tranchées encore, les répulsions plus criantes. Ne verrons-nous pas Arnauld, proscrit et fugitif pour cause de Jansénisme, applaudir contre le Calvinisme aux mesures violentes des Édits? — Non, il faut bien se l'avouer, toutes ces unions finales ne sont qu'un beau songe, un vain mirage qui se joue un moment à l'horizon, au gré des imaginations bienveillantes. Pour nous-même, dans la vie, et dès que nous agissons, les répugnances se retrouvent.

> Réunis désormais, vous avez entendu,
> Sur les rives du fleuve où la haine s'oublie,
> La voix du genre humain qui vous réconcilie....

Un poëte a dit cela, en parlant des grands hommes divisés de leur vivant[1]. Mais ce fleuve *où s'oublie la haine* diffère-t-il beaucoup, ô Poëte, du fleuve dormant *où tout s'oublie?* Ces réconciliations chères à la pensée ne savent donc même pas où atteindre ceux qui en sont l'objet; elles n'ont de fondement que la vapeur de nos rêves. Oh! qu'il y aurait profit et douceur, cependant, à croire qu'elles sont possibles en réalité quelque part, qu'elles ne sont ici-bas qu'ajournées, et qu'elles s'ac-

---

1. Marie-Joseph Chénier (*Épître à Voltaire*); il s'agit de Voltaire et de Jean-Jacques Rousseau.

compliront à la fin au sein du seul nœud qui soit un vrai nœud, au sein de Celui qu'on aura aimé et qui est éternel !

Tout le reste ne mérite que d'être agité, heurté comme il l'est, et entre-choqué comme poussière.

Les *Provinciales* épuisées, nous rentrons dans notre récit et dans la suite de la Vie de Pascal.

XVII

Dernières années de Pascal depuis 1657. — Son grand ouvrage sur la Religion. — La Roulette. — Ascétisme et sainteté. — Des pratiques excessives. — Véritable esprit de la discipline à Port-Royal. — Sentiment de Pascal sur la maladie. — Lettre de Pline. — Encore Montaigne. — Les deux solitudes avec leurs fruits. — Pascal et les pauvres.

Pascal, au moment où il s'engagea dans les petites Lettres, avait-il conçu déjà son dessein d'un grand ouvrage contre les Athées et les incrédules? Il avait dû probablement y songer, et chercher dans l'histoire de son propre cœur de victorieuses réponses aux doctrines de plus d'un ancien compagnon; mais le dessein arrêté et formel ne lui vint que pendant les *Provinciales* mêmes, quand le miracle de la Sainte-Épine lui fit comme toucher du doigt le dernier anneau dans la chaîne des preuves éternelles. La chaîne entière vibra du coup, et s'illumina. Il vit là un rapport direct de Dieu avec lui, avec les siens, un rayon envoyé tout exprès pour éclairer à ses yeux, pour démontrer l'ordre de mystère. Et vraiment, comme on l'a dit, ce miracle-là, si on le suppose fait pour Pascal seul, on serait tout près d'y croire. De plus, à ce moment, Pascal se sentait maître de sa force, en possession de tout son génie d'écrivain. L'entretien qu'il eut avec quelques amis sur le plan de son ouvrage, et qui est rapporté en substance dans les Préfaces des *Pensées*[1], avait eu lieu dix ou douze ans avant la date de la publication, c'est-à-dire entre les années 1657-1659. L'année durant laquelle il s'en occupa avec le plus de suite et d'application fut la trente-cinquième de son âge, depuis le printemps de 1657, où il termina les *Provinciales*, jusqu'au printemps de 1658, où il fut repris des maux nerveux qui ne le quittèrent plus. A peine libre de sa polémique contre les Révérends Pères et contre leur confrère Annat, excité et enflammé comme tout grand esprit le lendemain d'une victoire, au plus fort de son énergie déployée et de l'impulsion acquise, Pascal, à ses moments perdus, put bien donner un coup de main aux honnêtes Curés de Paris pour leurs Factums; mais un tel soin n'avait pas de quoi l'absorber, et c'est en cette année qu'il mûrit le plan et qu'il écrivit les morceaux les plus développés, les plus considérables, de son livre. A partir de cette époque, on nous dit que sa santé s'altéra si profondément et que ses maux redoublèrent au point qu'*il ne put en tout travailler un instant* à ce grand ouvrage : il faut entendre *travailler* d'une manière suivie ; car la plupart des petites notes presque illisibles qu'on a recueillies, et qui sont la pensée prise sur le fait ou du moins marquée au passage, furent griffonnées dans ces quatre dernières années; et il ne les jeta sur le papier, de peur d'oubli, que parce que, dans son état de langueur, il ne se sentait plus capable de s'y appliquer assez fortement pour se les *imprimer*

---

1. Dans les deux Préfaces, dont l'une, officielle, est d'Étienne Périer, neveu de Pascal; l'autre, qui fut d'abord mise de côté, mais qu'on a imprimée depuis, est de M. Filleau de La Chaise. On y reviendra plus loin.

à jamais dans l'esprit, comme il lui suffisait de faire autrefois.

Ce redoublement de ses maux commença, nous dit sa sœur, par un mal de dents qui lui ôta absolument le sommeil. C'est dans les angoisses opiniâtres de cette *névralgie*, comme on dirait aujourd'hui, qu'il s'avisa d'un singulier remède ou palliatif, lequel n'était pas à la portée de beaucoup de monde : il se mit à repenser à certains problèmes de géométrie qui l'avaient occupé autrefois, et il le fit avec tant de fermeté et d'enchaînement, que le mal en fut engourdi et comme distrait. Il y a un aphorisme célèbre d'Hippocrate, qui se traduit ainsi : « *Duobus laboribus simul obortis, non in eodem « loco, vehementior obscurat alterum ;* quand un double « travail se fait à la fois dans l'organisation, et non pas « sur le même point, le plus énergique des deux obs- « curcit l'autre. » Dans le cas présent, c'était un *travail* véritable que Pascal employait pour repousser, pour éteindre une *douleur*. Voilà peut-être la première fois que, contre un mal violent aussi positif et aussi interne, on était à même d'opérer une telle diversion plus au dedans encore, et sous la pure forme intellectuelle. On sait qu'Archimède était si fort acharné à la poursuite d'un problème au moment du sac de Syracuse, qu'il n'entendit pas le bruit. Ici, chez Pascal, la douleur criait au dedans, la tête était envahie ; et c'est dans la portion la plus élevée, et comme dans la citadelle (*arx mentis*), que le grand géomètre se réfugiait pour ne rien entendre, et pour dire à la douleur : « Je ne te sens pas. » Une telle faculté de distraction à volonté donne, plus que tout, la mesure de la force d'un esprit.

Madame Périer dit même quelque chose de mieux : selon elle, durant ces nuits d'insomnie où se consumait son frère, ce fut *sans dessein* d'abord qu'il lui revint dans l'esprit quelques pensées sur ces problèmes de la

Roulette; une première idée en amena une autre, et insensiblement toutes venant à se pousser et à s'enchaîner entre elles lui découvrirent, *comme malgré lui*, les démonstrations qu'il ne put éviter. En un mot, la Géométrie, en lui, se réveilla toute seule; cette muse austère, qu'il avait rejetée et voulu immoler comme une fée profane, reparut alors dans sa sérénité muette, et lui fit signe avec beauté du haut de ses cercles éternels. A cet instant de surprise, comment aurait-il pu lui résister? Allons au fond : même converti, Pascal est encore sensible à la géométrie (tout en se flattant de la mépriser), comme M. Le Maître reste sensible à ses plaidoyers, et comme Racine à ses vers. Combien de fois dans les insomnies de M. Le Maître, une plaidoirie ardente ne s'empara-t-elle pas de son âme un moment distraite, et, s'y formant en éloquent orage, réveillant un dernier écl o du barreau sonore, ne fit-elle pas retentir par quelque clameur confuse les pauvres murailles de sa chambre glacée? Combien de fois, durant les nuits repentantes de Racine, à certaines heures de défaillance et d'oubli, une tragédie passionnée, une figure de Monime en pleurs, ne revint-elle pas tout d'un coup tenter en lui le poëte, et, avant qu'il ait pu réduire la coupable au silence, ne retrouva-t-elle pas de ces accents mélodieux (des scènes entières peut-être!), qui ne furent entendus que de lui?

Ainsi de Pascal et de sa muse. Mais quand il en parla à ses amis, quand il leur annonça qu'il avait de la sorte résolu de beaux et ardus problèmes, qui jusqu'alors, et dans l'état de la science, avaient résisté aux efforts des habiles, les amis se montrèrent plus glorieux qu'il ne l'aurait été certainement lui-même. Le bon duc de Roannès surtout, qui n'avait d'amour-propre et d'orgueil qu'en son cher Pascal, lui suggéra l'idée de proposer publiquement, et par manière de défi, ces mêmes problèmes qu'il venait de résoudre, avec dépôt d'un prix solennel pour qui les résoudrait, en tout ou en partie, dans un laps de temps déterminé. On comptait bien d'avance que nul n'y atteindrait, et l'intention de ce défi était de prouver au monde, quand on viendrait à en savoir l'auteur, qu'on pouvait être un géomètre du premier ordre et un très-humble chrétien. C'était comme une pièce à l'appui du grand ouvrage que Pascal méditait pour le triomphe de la Religion. Le jouteur se masqua ici sous le nom de *Dettonville*, comme il s'était déjà caché sous celui de *Montalte*[1] et publia le cartel en juin 1658. Le premier prix était de quarante pistoles, le second de vingt; M. de Carcavi, l'un des juges, était dépositaire de la somme. Sans entrer dans les détails de ce concours, dont on peut voir l'histoire écrite par Pascal et discutée par Bossut[2], je dirai que les conditions ne parurent pas remplies aux juges; que deux géomètres pourtant, le Père Lallouère, Jésuite (toujours des Jésuites dans le chemin de Pascal), et surtout l'Anglais Wallis, prétendirent n'avoir pas fait défaut; que le Révérend Père n'obtint et ne mérita, pour prix de ses conclusions un peu fanfaronnes, que quelques plaisanteries qui égayèrent le grave sujet. Mais en ce qui était de Wallis, géomètre d'un ordre élevé, on en eut raison moins aisément; il insista dans des écrits subséquents, et soutint ses droits avec plus d'animosité et de contradiction que ne semblent en comporter les questions de ce genre. Wallis, en effet, fut-il donc quelque peu frustré? put-il du moins se plaindre qu'on lui eût appliqué avec trop de rigueur, à lui étranger et retardé par les distances, les termes et les conditions absolues du programme? Encore aujourd'hui il est des juges fort compétents qui m'ont paru croire que Pascal ou ses amis

1. *Amos Dettonville*, anagramme de *Louis de Montalte*.
2. Dans le Discours préliminaire de son Édition de Pascal.

n'étaient pas sans quelque reproche dans cette affaire. C'est à eux d'éclaircir le point mathématique. Quant au côté moral, rien ne me fera douter de l'entière bonne foi avec laquelle Pascal dut agir. Le seul reproche que je lui ferai, c'est d'avoir cédé à l'idée un peu ambitieuse du bon duc de Roannès, de s'être laissé persuader qu'il pouvait importer si fort à la gloire de Dieu qu'il y eût, au su de tous, un grand géomètre bon chrétien, et d'être rentré un peu fastueusement dans cette carrière de concours humain, où, quand on recueille une gloire contestée et insultée, on n'a que ce qu'on cherche et ce qu'on mérite. Mais le miracle de la Sainte-Épine venant à sanctionner et à sanctifier le succès des *Provinciales*, avait un peu exagéré le rôle des personnes [1].

Cette affaire de la Roulette ne fut d'ailleurs qu'un accident passager, une singularité sans conséquence dans cette vie désormais vouée à un seul objet tout différent. On en peut bien juger par une lettre de Pascal à Fermat, qui est d'environ dix-huit mois après. L'illustre géo-

---

1. Il est une question que je poserai, et sur laquelle j'aimerais à entendre un mathématicien homme de goût, un de ceux dont l'esprit, comme dit Pascal, est *au-dessus de ces matières* : Quel est le caractère du génie mathématique de Pascal, si l'on compare ce génie à celui de Fermat, par exemple, ou de Leibniz, ou de d'Alembert? Quel rapport exact y a-t-il entre son talent mathématique et son talent littéraire? Ainsi, m'assure-t-on, d'Alembert géomètre ne ressemble pas du tout à d'Alembert littérateur; il a d'autres qualités (et de très-hautes comme géomètre), mais il n'a pas les mêmes dans les deux cas. En est-il de même de Pascal? ou bien ces deux génies en lui se tiennent-ils plus étroitement, comme on serait tenté de le soupçonner; et le Pascal géomètre garde-t-il, en quelque manière, du cachet de l'écrivain? De ce côté aussi, sans parler de l'invention qui demeure son titre principal, est-ce une perfection de méthode et de forme, une façon de procédé ingénieuse et forte, la netteté suprême? A-t-il de l'étendue? En même temps qu'il approfondit et enserre toute une question, n'est-il pas enclin à la circonscrire, etc., etc.? Heureux ceux qui lisent assez couramment les deux langues de Pascal, pour saisir à première vue ces rapports intimes qui donnent tout l'homme!

mètre toulousain, ayant appris que Pascal était venu à Clermont, lui écrivit une lettre vivement amicale pour lui demander un rendez-vous à mi-chemin, entre Clermont et Toulouse; car Fermat lui-même avait à se plaindre de sa santé. Pascal lui répondit de Bienassis, maison de campagne de sa famille, le 10 août 1660. L'humilité, la gravité, la révérence habituelle, le fond même des sentiments inhérents à ce grand esprit régénéré, se retracent dans ces lignes d'une manière touchante, et l'on y voit aussi à quel misérable état de santé il en était venu.

« Monsieur,

« Vous êtes le plus galant homme du monde, et je suis assurément un de ceux qui sais le mieux reconnoître ces qualités-là et les admirer infiniment, surtout quand elles sont jointes aux talents qui se trouvent singulièrement en vous : tout cela m'oblige à vous témoigner de ma main ma reconnoissance pour l'offre que vous me faites, quelque peine que j'aie encore d'écrire et de lire moi-même; mais l'honneur que vous me faites m'est si cher, que je ne puis trop me hâter d'y répondre. Je vous dirai donc, Monsieur, que si j'étois en santé, je serois volé à Toulouse, et que je n'aurois pas souffert qu'un homme comme vous eût fait un pas pour un homme comme moi. Je vous dirai aussi que, quoique vous soyez celui de toute l'Europe que je tiens pour le plus grand géomètre, ce ne seroit pas cette qualité-là qui m'auroit attiré; mais que je me figure tant d'esprit et d'honnêteté en votre conversation, que c'est pour cela que je vous rechercherois. Car, pour vous parler franchement de la géométrie, je la trouve le plus haut exercice de l'esprit; mais, en même temps, je la connois pour si inutile, que je fais peu de différence entre un homme qui n'est que géomètre et un habile artisan. Aussi je l'appelle le plus beau métier du monde; mais enfin ce n'est qu'un métier; et j'ai dit souvent qu'elle est bonne pour faire l'essai, mais non pas l'emploi de notre force : de sorte que je ne ferois pas deux pas pour la géométrie, et je m'assure que vous êtes fort de mon humeur[1]. Mais il y a maintenant ceci de plus en moi, que je suis dans des études si éloignées de cet esprit-là, qu'à peine me souviens-je qu'il y en ait. *Je m'y étois mis il y a un an ou deux, par une raison tout à fait singulière, à laquelle ayant satisfait, je suis au hasard de ne jamais plus y penser,* outre que ma santé n'est pas encore assez forte[2]; car je suis si foible, que je ne puis marcher sans bâton, ni me tenir à cheval. Je ne puis même faire que trois ou quatre lieues au plus en carrosse; c'est ainsi que je suis venu de Paris ici en vingt-deux jours. Les médecins m'ordonnent les eaux de Bourbon pour le mois de septembre.... Voilà, Monsieur, tout l'état de ma vie présente, dont je suis obligé de vous rendre compte, pour vous assurer de l'impossibilité où je suis de recevoir l'honneur que vous daignez m'offrir, et que je souhaite de tout mon cœur de pouvoir un jour reconnoître, ou en vous, ou en messieurs vos enfants, auxquels je suis tout dévoué, ayant une vénération particulière pour ceux qui portent le nom du premier homme du monde. »

Celui qui écrivait en ces termes à Fermat, comme au *premier homme du monde*, pouvait-il, l'année précédente, avoir voulu frustrer Wallis de la moindre part méritée dans les honneurs de la Roulette?

1. Malherbe disait qu'un poëte n'était guère plus utile à l'État qu'un joueur de quilles : Pascal semble de même ne considérer ici la géométrie que comme un jeu transcendant, la plus difficile des parties d'échecs. La géométrie n'avait pas encore pris le sceptre du monde physique, qu'elle tient depuis Newton. — Pascal d'ailleurs pensait magnifiquement d'elle; n'oublions pas qu'il plaçait Archimède au plus haut degré de l'échelle des esprits, et qu'il l'offre comme type de son Ordre, presque comme un pendant de ce qu'il y a de plus haut dans l'Ordre de sainteté : « Archimède, sans éclat, seroit en même vénération. Il n'a pas donné des batailles pour les yeux, mais il a fourni à tous les esprits ses inventions. *Oh! qu'il a éclaté aux esprits!* » (*Pensées*, édition de M. Faugère, chapitre de *Jésus-Christ.*) Tout cela se rejoint, se corrige et ne se contredit pas.

2. « ... *n'est pas encore assez forte;* » il y a dans ce passage comme un espoir de guérison. Quoi qu'on fasse et quoi qu'on souffre, on a toujours en soi la nature, qui se flatte de vivre.

En même temps que sa santé allait de crise en crise se détruisant, la charité du pénitent et déjà presque du saint, son amour de la pauvreté, sa rigueur pour lui-même, et son soin de mater toute pensée trop fière ou trop tendre, s'excitaient et croissaient sans mesure. Les témoignages que nous en a transmis madame Périer sont en partie sublimes, en partie formidables. C'est dans son simple et naïf récit qu'il faut apprendre à connaître l'homme; et je ne saurais que répéter l'impression d'un bon juge qui me disait : « On ne peut lire cette Vie de Pascal par sa sœur sans en devenir malade; c'est chez lui une passion si grande, une foi si belle, qu'on est désolé et enchanté. » Mais, jusque dans l'attendrissement qu'on éprouve, le sentiment pénible a une grande part, et il s'élève comme un violent murmure en nous du bon sens et de la nature. Je ne veux rien dissimuler; j'oserai suivre, même dans les excès révoltants, cette vertu de Spartiate chrétien qui ne se pouvait payer à trop haut prix :

« Les conversations auxquelles il se trouvoit souvent engagé, nous dit sa sœur, quoiqu'elles fussent toutes de charité, ne laissoient pas de lui donner quelque crainte qu'il ne s'y trouvât du péril; mais comme il ne pouvoit pas aussi en conscience refuser le secours que les personnes lui demandoient, il avoit trouvé un remède à cela. Il prenoit dans ces occasions une ceinture de fer pleine de pointes; il la mettoit à nu sur sa chair, et lorsqu'il lui venoit quelque pensée de vanité, ou qu'il prenoit quelque plaisir au lieu où il étoit, ou quelque chose semblable, il se donnoit des coups de coude pour redoubler la violence des piqûres, et se faisoit ainsi souvenir lui-même de son devoir. Cette pratique lui parut si utile, qu'il la conserva jusqu'à la mort, et même dans les derniers temps de sa vie, où il étoit dans des douleurs continuelles. Parce qu'il ne pouvoit écrire ni lire, il étoit contraint de demeurer sans rien faire et de s'aller promener : il étoit dans une continuelle crainte que ce manque d'occupation ne le détournât de ses vues. Nous n'avons su toutes ces choses qu'après sa mort, et par une personne de très-grande vertu qui avoit beaucoup de confiance en lui, à qui il avoit été obligé de le dire pour des raisons qui la regardoient elle-même. »

Si Pascal avait eu avec Fermat cette conversation qui lui fut demandée, il s'y serait piqué et ensanglanté sans doute, de peur de reprise à cette géométrie trop aimée.

C'est là ce qui révolte. D'autres particularités s'y ajoutent, qu'on aimerait autant voir négliger. Ainsi on s'est fort prévalu, pour faire tort à la justesse de vue de Pascal, on a presque triomphé d'un fragment de lettre dans lequel la Sœur Jacqueline de Sainte-Euphémie congratule son frère, avec raillerie et gaieté, de la grande ferveur « qui l'élève si fort, dit-elle, au-dessus de toutes les manières communes, qu'*elle lui a fait mettre les balais au rang des meubles superflus.* » Il paraît (ce qui se conçoit très-aisément sans qu'on le dise) qu'il y avait des toiles d'araignée dans la chambre du solitaire[1]. J'avoue qu'il aurait mieux valu, à mon sens, qu'on ne nous donnât pas tous ces détails de cilice, de toilette et de ménage, que Pascal avait mis grand soin à dérober. Mais, les choses une fois divulguées, force nous est d'en tenir compte. Les Relations de Port-Royal sont trop aisément sujettes à ces sortes d'indiscrétions, comme toutes les Relations ascétiques. C'est ainsi encore (pour résumer une bonne fois ce que quelques personnes m'ont reproché à tort de vouloir recouvrir[2], quand je me suis

---

1. Cette lettre de la Sœur de Sainte-Euphémie est du 1ᵉʳ décembre 1655, et se rapporte, par conséquent, à la première année de la conversion de Pascal. Il y avait, chez celui-ci, du zèle de néophyte à passer ainsi d'un excès de recherche mondaine à un excès de négligence plus que monacale; et sa sœur le lui fait agréablement sentir.

2. Se rappeler ce qu'on lit à la fin du chapitre IV, livre I (tome I, pages 93, 95).

borné à ne point l'étaler), — c'est ainsi qu'on apprend à regret de nos respectables biographes qu'un jour (un seul jour, il est vrai[1]), des vêtements de drap, trop longtemps portés, produisirent un vilain effet pour la mère Angélique; que telle autre Sœur (Anne-Eugénie Arnauld), qui avait été fort *brave* dans le monde, *écura* un moment les poêles et chaudrons du monastère; que mademoiselle d'Elbeuf, novice, ravalait sa qualité de princesse et de petite-fille de Henri IV[2], jusqu'à raccommoder les souliers des religieuses; que M. Hamon allait volontiers en guenilles, et qu'il mangeait en cachette du pain des chiens, donnant le sien aux pauvres; qu'il y eut un jour à dater duquel M. de Pontchâteau ne changea plus de chemise.... En ai-je dit assez? êtes-vous contents[3]? Remarquez bien toutefois qu'il y aurait encore plus d'inexactitude véritable et d'infidélité à venir afficher ces pratiques secrètes, qu'à ne les indiquer qu'avec réserve et en les voilant; car ces pieux personnages pouvaient faire tout cela; mais ils ne le disaient pas, et il ne fallait pas qu'on nous le dit. Il y a dans ce seul récit manque de goût, et de goût en matière morale; c'est violer leur humilité. Ces détails tout corporels,

---

1. Et dans les tout premiers commencements.
2. De Henri IV et de Gabrielle d'Estrées, dont sa mère était fille.
3. Et puisque je suis en train de défiler ces misères, voici un trait encore, moins désagréable. La mère Angélique écrivait en décembre 1652 à la Reine de Pologne, Marie de Gonzague : « Je « ne suis pas moins joyeuse que surprise de ce qu'il plaît à Votre « Majesté de nous dire qu'elle n'est qu'un quart d'heure et demi à « s'habiller. » Un quart d'heure et demi, c'est-à-dire vingt ou vingt trois minutes, c'était bien peu en effet pour une reine, et surtout qui avait été tellement dans les élégances et les coquetteries dès sa jeunesse. La mère Angélique paraît elle-même s'étonner que ce temps suffise à une semblable toilette. Je soupçonne que M. d'Andilly devait bien mettre au moins un quart d'heure à la sienne.

relatifs à la santé morale, ne se devraient pas plus divulguer par le menu, que ce qu'on fait à huis clos pour entretenir la santé physique. La pudeur en souffre. Rien que pour conserver les dehors de la personne et la réparer, que de petits soins, de petits appareils, honteux à décrire, prendront chaque matin ces mêmes délicats qui vont se récrier au cilice ! En fait, tous moyens sont bons qui guérissent, qui moralisent et sanctifient.

On se tromperait fort d'ailleurs en supposant que ces pratiques singulières, variables selon les individus, et qui étaient comme le luxe ou même l'indiscipline de quelques pénitents, formassent un caractère essentiel du régime de Port-Royal. Port-Royal les partage avec l'ascétisme chrétien, avec l'ascétisme de tous les temps[1]; mais ce n'est nullement de ce côté qu'il insiste et qu'il marque les âmes. On ne lit rien de tel ni dans la vie de M. de Saint-Cyran, ni dans celle de M. de Saci (pour ne parler que des principaux) : ces rigides mais sages directeurs étaient plutôt occupés à modérer ces excès, à les réprimer chez les plus fervents. Et surtout ce point odieux de la *non-propreté*, le plus véritablement choquant, le seul qui le soit peut-être à bon droit, n'entrait, qu'on le sache bien, à aucun degré dans les prescriptions de Port-Royal. On se bornait à y recommander la *non-propriété*, ce qui est tout différent, c'est-à-dire, la pauvreté, ou mieux encore, l'esprit de pauvreté. Être pauvre, être surtout détaché, n'user que des meubles les plus indispensables et les plus simples, fussent-ils déplaisants à la vue ; avoir le costume le plus invariable et le plus uni ; vivre de peu ; se mortifier sans se détruire ; se servir soi-même le

---

1. Sur les règlements de toilette et de costume concernant les religieux dans l'Orient, on peut voir, si l'on est curieux, l'*Introduction à l'Histoire du Bouddhisme indien*, par M. Burnouf, pages 305 et suivantes; et aussi à la page 312.

plus possible ; vaquer, ne fût-ce que quelque quart d'heure matin et soir, à un travail des mains, qui rappelle utilement l'homme à ses origines, à sa peine et à sa misère, à celle de ses frères souffrants, et qui prévient ou rabat à propos chez les plus saints l'orgueil si inflammable de l'esprit : on a là en abrégé le pur régime de Port-Royal, plus étroit chez les religieuses, plus varié chez les solitaires, obligatoire chez tous, mais selon le même but et la même pensée. On y enseignait moins encore la pauvreté extérieure que l'amour de la pauvreté, celle du cœur et de l'esprit, cette vraie sœur jumelle de la charité, et qui n'est que le même amour sous un autre nom. On pouvait être, en un mot, du dehors du monastère et même du dedans, on pouvait vivre en religieuse ou en ermite dans notre désert, sans paraître pour cela justifier d'avance les philosophes comme Volney, qui ont mis la propreté dans le Catéchisme des vertus, et sans que Franklin dût avoir l'air de faire notre critique lorsqu'il dira : « En me levant, *me laver* et invoquer la Bonté suprême [1]. »

[1]. Pour me bien assurer et pénétrer du véritable esprit de la direction sur ce point, je viens de relire les chapitres qui traitent de la pauvreté dans les *Constitutions de Port-Royal*, dans les *Discours, Entretiens* et *Conférences*, tant de la grande Angélique que de la mère Angélique de Saint-Jean. Je me borne à indiquer l'*Entretien* XL de la première, et les Conférences de la seconde sur le XIX° chapitre des *Constitutions*. Enfin, dans l'*Examen de Conscience à l'usage des Religieuses de Port-Royal*, je trouve que c'était une faute à celles-ci de « se servir du prétexte de la décence ou de la propreté, pour s'éloigner de la pauvreté *dans les choses où ces qualités se peuvent bien accorder ensemble.* » C'est ainsi que partout il est dit ou sous-entendu que la *décence* et la *propreté* doivent accompagner la *pauvreté*. L'autorité de saint Bernard est expressément invoquée à ce propos. Or si cela était vrai dans la règle austère du Couvent, il va sans dire qu'il en était de même à plus forte raison pour les Messieurs du dehors. Dans la lettre que nous citons tout à l'heure, de la mère Angélique à la Reine de Pologne,

J'ai cru nécessaire de m'étendre sur ces parties délicates au lieu de les effleurer, parce qu'on m'a quelquefois reproché de laisser dans l'ombre des singularités, des petitesses, qui, en effet, n'en auraient pas dû sortir; elles couraient risque, l'esprit des choses se retirant peu à peu, de n'être pas appréciées ni réduites à leur simple proportion et valeur. Mais enfin, comme elles se trouvent dans les Relations originales, on a droit de les demander à la nôtre; et, pour rentrer dans Pascal qui nous y a conduits, je citerai ce qu'un de mes lecteurs les plus sérieux m'écrivait un jour :

« ... Vous le dirai-je ? en lisant Fontaine et les autres, on trouve que votre Histoire manque un peu de critique : vous montrez le côté austère, noble; mais le côté erroné, vulgaire, bête ou *abéti* (puisque le mot est devenu de mode), vous ne le montrez pas. Cependant, si vous racontiez les austérités des Indiens, les tourments des Orientaux, vous jetteriez un cri de pitié, de douleur, de regret. On vous attend à Pascal. Si vous ne plaignez pas ce grand homme, victime des retardantes erreurs de Port-Royal, si vous ne versez pas des larmes sur cette faiblesse des plus beaux esprits, où est votre humanité, votre sympathie? où sont vos entrailles? Pour Nicole, il me paraît assez beau dans sa justesse. Mais que je préfère Cicéron avec sa fille, son ami, ses livres, ses maisons de campagne, ses pensées publiques et sa douce philosophie ! »

Je ne prétends rien dissimuler, on le voit ; et même dans cette sorte de récit contesté et mi-parti de discussion où je m'engage, il se trouvera peut-être que Pascal, en fin de compte, n'aura pas perdu.

sur le chapitre de la toilette, la sage directrice remarque que « cette action de s'habiller est une de celles où l'on manque le plus souvent, les uns *par une trop grande négligence qui est blâmable*, surtout aux personnes qui, étant au-dessus des autres, doivent servir en tout *de modèle et d'exemple*, etc. » — Nicole, je me l'imagine, ne devait pas être très-éloigné de l'avis d'Addison qui définissait la propreté une *demi-vertu*.

Les Anciens aimaient la richesse; ils l'aimaient comme ils aimaient toute chose, en la rehaussant par une idée de grandeur morale et de beauté. On n'a qu'à lire là-dessus l'admirable Olympique [1] de Pindare sur *la richesse ornée de talents* ; et sur ce qu'elle suggère à l'âme de soins relevés et de voies lumineuses à la vertu, à une immortalité heureuse. La richesse ainsi comprise, c'est *l'astre éclatant* qui luit aux mortels et qui les guide à la vérité. Mais il en ressort trop clairement que, chez les Anciens, le pauvre n'avait pas la faculté de s'instruire de ces hautes doctrines qui perçaient l'avenir, et qui, seules, conduisaient après la mort une âme juste aux *Iles Fortunées*. Le pauvre rampait assujetti dans cette vie, et à la fois il restait exclu de toute initiation à l'autre. De nos jours, Goethe, le grand païen, et qui se souciait de toute beauté, de toute belle vérité, si ce n'est peut-être de l'antique vertu, pensait à peu près comme Pindare sur la richesse, et il plaçait l'idéal de la sagesse accomplie au faîte d'une noble opulence [2]. Le Christianisme, au contraire, tourna tout d'abord sa vue intime et son horizon du côté de la pauvreté: C'est de là, du creux de cette fosse, du fond de cette citerne sans eau, qu'il discerne mieux le Ciel et l'Étoile d'espérance. Il a dû naître, en effet, dans un temps de calamités, dans les rangs des pauvres et des esclaves, tellement qu'on a pu dire qu'en s'avisant du Christianisme, l'humanité a fait *de nécessité vertu*, si elle n'avait fait mieux encore, et si elle n'avait su tirer de cette nécessité une flamme, une ardeur, un amour. Pascal ressentit cette flamme-là au-

---

1. La seconde, à Théron d'Agrigente.
2. Se rappeler le passage de *Wilhelm Meister:* « Trois fois heureux ceux que leur naissance place aussitôt sur les hauteurs de l'humanité, qui n'ont jamais habité, jamais traversé comme simples voyageurs l'humble vallée où tant d'honnêtes gens agitent misérablement leur existence!...etc. »

tant qu'âme humaine. Il aima passionnément la pauvreté, la douleur. A l'une et à l'autre il ne disait pas seulement, comme les Stoïciens : *Tu n'es pas un mal*; il criait avec tendresse : *Tu es un bien !*

Au plus fort de ses souffrances, il avait coutume de dire à ceux qui s'en affligeaient devant lui :

« Ne me plaignez point ; *la maladie est l'état naturel des Chrétiens*, parce qu'on est par là comme on devroit toujours être, dans la souffrance des maux, dans la privation de tous les biens et de tous les plaisirs des sens, exempt de toutes les passions qui travaillent pendant tout le cours de la vie, sans ambition, sans avarice, dans l'attente continuelle de la mort [1]. N'est-ce pas ainsi que les Chrétiens devroient passer la vie ? et n'est-ce pas un grand bonheur, quand on se trouve par nécessité dans l'état où l'on est obligé d'être, et qu'on n'a autre chose à faire qu'à se soumettre humblement et paisiblement ? »

Cela révolte encore ; nous voilà derechef bien loin de la nature, bien loin des sages qui l'ont suivie, de cet aimable Horace et de son vœu habituel, *mens sana in corpore sano*, de Voltaire qui, dans une lettre à Helvétius, a l'air d'envier Buffon en disant : « ... Il se porte à merveille. Le corps d'un athlète et l'âme d'un sage, voilà ce qu'il faut pour être heureux. » Haller, qui était un athlète aussi, et qui pouvait passer pour un sage selon le monde, ne pensait pourtant pas que cette double condition suffît au bonheur. Des esprits délicats, qui avaient à se plaindre de leur corps, n'ont pas non plus tant accordé à la santé. En se tenant au seul point de vue intellectuel, ils ont trouvé à dire de fort jolies choses sur les avantages d'une complexion frêle, qui laisse

---

1. Saint-Cyran avait dit, avec sa grande parole, qui ne pâlit point auprès de celle de Pascal : « Les malades doivent regarder leur lit comme un autel où ils offrent continuellement à Dieu le sacrifice de leur vie, pour la lui rendre quand il lui plaira. »

à l'esprit tout son jeu et donne aux organes une certaine transparence. La pensée y acquiert et y conserve plus de délié ; elle s'y aiguise. Chez Érasme, Bayle et Voltaire, ne semble-t-il pas, en effet, que la finesse de la lame se fasse mieux sentir dans le mince fourreau ? Un penseur doué d'une organisation exquise, M. Joubert, est allé plus loin : « Les valétudinaires, a-t-il dit, n'ont
« pas, comme les autres hommes, une vieillesse qui ac-
« cable leur esprit par la ruine subite de toutes leurs
« forces. Ils gardent jusqu'à la fin les mêmes langueurs ;
« mais ils gardent aussi le même feu et la même vivacité.
« Accoutumés à se passer de corps, ils conservent pour
« la plupart *un esprit sain dans un corps malade*. Le
« temps les change peu ; il ne nuit qu'à leur durée. » Et comme pénétré par le charme de sa langueur, il ajoute : « Il y a un degré de mauvaise santé qui rend
« heureux. » Ne voyez-vous pas d'ici tout un charmant traité *De Valetudine*, qui pourrait se passer en dialogue auprès du chevet de Vauvenargues souffrant ?

Ceci nous rapproche de la pensée de Pascal ; continuons pourtant. Un des plus aimables et des plus modernes Anciens, Pline le Jeune, a écrit une lettre pour faire remarquer *que nous valons mieux quand nous sommes malades*. Cette lettre est piquante, elle est vraie, elle achemine au Christianisme. On m'excusera de la donner :

« Ces jours derniers, écrit Pline à Maximus, l'état de langueur d'un de mes amis me fit faire cette réflexion, que nous sommes meilleurs tandis que nous sommes malades. Car quel est le malade que l'avarice ou la volupté vient tenter [1] ? On n'est plus esclave des amours, on n'aspire plus aux honneurs ; on néglige les richesses, et, si peu qu'on ait, se croyant à la veille de le quitter, on s'en contente. C'est alors qu'on croit qu'il y a des Dieux, c'est alors qu'on se souvient

---

1. Nous retrouvons ici la même pensée, et presque les mêmes paroles, que nous venons d'entendre dans la bouche de Pascal.

qu'on est homme; on n'envie personne, on n'admire ni on ne méprise personne; les médisances elles-mêmes glissent sur nous, on ne s'en aigrit plus, on ne s'en nourrit plus; on ne rêve que bains salutaires et fontaines. C'est là l'unique souci, le vœu suprême; et après, si l'on a le bonheur de s'en tirer, on n'a de pensée que pour une vie douce et reposée, c'est-à-dire innocente et heureuse. Je puis donc ici, en deux mots, résumer pour ton usage et pour le mien ce que les philosophes se donnent bien de la peine à enseigner en beaucoup de paroles, et même en beaucoup de volumes : c'est que nous persévérions à être tels en santé que nous nous promettons de devenir quand nous sommes malades. »

Cette lettre de Pline nous conduit, pour ainsi dire, aux limites de la sagesse païenne : *Être tels en santé que nous nous l'étions proposé durant la maladie.* Faites un pas de plus, et vous êtes en plein Christianisme, et vous en atteignez le grand précepte : *Vivre à chaque instant en vue de la mort.*

Mais ce pas de plus est tout; s'il se fait, il renverse la vie, et l'on n'en a guère l'idée sans je ne sais quelle secousse qui vous transporte, qui vous enlève à vous-même et à la nature. Car autrement qu'arrive-t-il? et cet agréable précepte de Pline, qu'en fait-on en réalité, dès qu'on se sent guéri? Ce projet de vie tranquille et à l'aise (*mollem et pinguem*), innocente, mais inutile, qu'est-ce autre chose que de vouloir perpétuer la convalescence et prolonger la langueur? Mais la convalescence est finie, le sang circule plus chaud et plus vif; on se remet à aimer ce qu'on aimait, à le désirer avec plus ou moins de passion. La nature en nous redemande la vie pleine et généreuse. Qu'a-t-on à lui opposer, à lui appliquer de fixe, à moins d'un grand but, d'un but sans cesse rappelé, qui frappe et domine?

Les plus sages, les plus avisés font alors comme Montaigne. Même dans ses maladies il n'était pas homme à se trop mortifier; il se ménageait de petites sorties : « Le mal nous pince d'un costé ; la règle, de l'aultre ; » et, à tout hasard de mécompte, il se hasardait plutôt, comme il dit, *à la suite de son plaisir.* C'était aussi sa diète dans la santé. En regard des pages de madame Périer sur les mortifications de son frère et sur cet ardent esprit de pauvreté, je viens de relire le chapitre de Montaigne, *De la Solitude;* je conseille à tous cette lecture parallèle : c'est le contre-pied le plus complet. — Pascal prend à tâche d'éviter tout ce qui lui serait agréable ; il est en garde contre les conversations où l'esprit se lance et s'oublie, il s'en avertit comme d'un piége. Même dans le manger qui lui est ordonné par régime, il s'arrange pour ne pas goûter au passage ce qui pourrait flatter le palais. A chaque distraction, à chaque facilité qui lui est offerte, il se fait scrupule, et s'en détourne pour contempler l'unique terme, c'est-à-dire Jésus-Christ sur sa Croix, et l'humanité qui est figurée en lui avec la multitude des malades, des agonisants et des pauvres. Là subsiste à ses yeux le patient modèle, qu'il a pris à cœur de reproduire plaie par plaie et d'imiter : « Jésus meurt tout nu. — Cela m'apprend à me dépouiller de toutes choses. » C'est la sœur de Pascal, la Sœur Sainte-Euphémie qui disait cela ; et Pascal le redisait comme elle. Il insistait, il s'appesantissait sur cette pensée non moins que la grande Angélique, qui, de son côté, la commentait tout crument ainsi :

« La pauvreté consiste dans une disposition de cœur à souffrir le manquement des choses nécessaires, jusqu'à mourir nu comme Jésus-Christ. Ce sont ceux-là dont on peut dire véritablement : *Beati mortui qui in Domino moriuntur.* Car mourir de pauvreté, c'est mourir avec Jésus-Christ et en Jésus-Christ.... *Il faudroit rendre grâces à Dieu, si on n'étoit réduit à n'avoir que du pain et de l'eau.* »

Et, non moins énergiquement qu'elle, il pensait encore :

« La pauvreté, quand elle est bien pratiquée, n'est pas une petite austérité, non-seulement pour le corps, mais aussi pour l'esprit, parce qu'il n'y a rien qui humilie davantage. Par exemple, quand on est malade et qu'on se considère comme pauvre, on voit que rien ne nous est dû, que c'est par pure charité qu'on nous assiste et qu'on nous sert : cela nous oblige de tout recevoir avec actions de grâces, quoique les choses ne soient pas comme nous les voudrions, et d'en avoir de la reconnoissance (à la personne qui nous sert), quoiqu'elle nous serve mal.... Y a-t-il rien qui soit plus austère et qui porte plus à l'humilité ? *Cela fait enrager la nature.* »

La mère Angélique parlait ainsi en termes dignes de Pascal[1], et Pascal pensait exactement comme la grande abbesse. Lui pourtant, qui était servi mieux qu'il n'aurait voulu, et qui sentait la tendresse des siens dans leur assistance, ne se trouvait jamais assez pauvre, même étant malade, et il se plaignait, malgré ses maux, que la nature en lui ne pâtît point assez encore ; il ne savait en un mot qu'inventer pour mortifier cette nature, pour la *faire enrager* encore davantage. — Mais cet homme avec tout son esprit est hors de sens, va-t-on penser malgré soi ; mais c'est lui que Montaigne avait justement en vue, quand il a dit : « D'anticiper « aussi les accidents de fortune ; se priver des com- « moditez qui nous sont en main, comme plusieurs « ont faict par dévotion, et quelques philosophes par « discours ; se servir soy-mesme, coucher sur la dure,... « rechercher la douleur,... c'est l'action d'une vertu « excessive[2]. » Revenons donc un moment à la soli-

---

1. Voir les *Entretiens ou Conférences de la Mère Angélique* (un vol., 1757), pages 392, 407. On trouve à la suite les *Pensées édifiantes* de la Sœur Sainte-Euphémie, dont M. Faugère a donné récemment un texte plus correct.

2. Et dans cet autre chapitre où il a l'air de parler des Turcs quand il pense aux Chrétiens : « Nous ne sommes ingénieux qu'à

tude de celui-ci, écoutons-le encore une fois nous la décrire : solitude véritable, tournée tout à son *prouffit*, toute fondée en aisance et en loisir, affranchie des obligations et des liens, tant de ceux du dehors que des passions du dedans, et déprise même de ces plus prochaines tendresses qu'on semble traîner partout après soi :

« Il fault avoir femme, enfants, biens, et sur tout de la santé, qui peult ; mais non pas s'y attacher en manière que nostre heur en despende : il se fault reserver une arrière-boutique toute nostre, toute franche, en laquelle nous establissions nostre vraye liberté et principale retraicte et solitude. En cette-cy fault-il prendre nostre ordinaire entretien de nous à nous-mesmes, et si privé, que nulle accointance ou communication estrangiere y treuve place ; discourir et y rire, comme sans femme, sans enfants et sans biens, sans train et sans valets ; à fin que, quand l'occasion adviendra de leur perte, il ne nous soit pas nouveau de nous en passer. »

Notez que ce *peu d'attache* que Pascal s'efforçait d'acquérir à l'égard des siens, et qui allait par moments à s'interdire avec eux les témoignages trop expansifs, à y substituer même des froideurs, Montaigne ne les prescrit pas moins, et il le pratique, ce semble, avec moins d'efforts, bien qu'avec des airs plus caressants. Le plus rude des deux en apparence n'était pas le moins tendre. *Sed pectus mitius ore*[1].

« nous malmener, c'est le vray gibbier de la force de nostre esprit....
« Hé ! pauvre homme, tu as assez d'incommoditez nécessaires, sans
« les augmenter par ton invention : et es assez misérable de con-
« dition, sans l'estre par art.... » (Liv. III, chap. v.)

1. Montaigne craignait de s'attacher aux autres, de peur d'avoir à en souffrir ; Pascal craignait surtout qu'on ne s'attachât à lui, et de détourner ainsi les âmes de leur objet unique et de leur impérissable fin. Il y avait bien du zèle pour autrui sous cet appareil de froideur. On peut dire que le détachement de Pascal était porté sur un fond d'ardente charité et de compassion immense : celui de

Ainsi *être à soi*, n'épouser *rien que soi*, — jamais égoïsme ne fut avoué ni professé avec plus de grâce, mais c'est toujours de l'égoïsme. Il le porte à tout, et il est si résolu de prendre son bien en chaque chose, qu'il le tire de la vue même du mendiant qui s'offre à lui. Se disant que la fortune est coutumière de changer, et que telle condition misérable lui peut advenir, il s'y applique, il s'y exerce d'avance en idée, et cherche à se persuader que tout n'en est pas intolérable :

« Je veois jusques à quels limites va la nécessité naturelle ; et considérant le pauvre mendiant à ma porte, souvent plus enjoué et plus sain que moy, je me plante en sa place, j'essaye de chausser mon ame à son biais ; et courant ainsi par les aultres exemples, quoyque je pense la mort, la pauvreté, le mespris et la maladie à mes talons, je me resouls ayseement de n'entrer en effroy de ce qu'un moindre que moy prend avecques telle patience.... »

Montaigne est bon, il a été élevé débonnairement ; ses parrain et marraine ont été gens de peu, car son père a voulu l'accoutumer à ne pas se croire séparé du petit peuple. Aussi, quand le pauvre mendiant est à sa porte, il ne le rudoie pas, ce *moindre* que lui, et ne le fait point chasser par ses valets ; mais bien plutôt il cause avec lui en bonhomme, lui fait dire ses joies à travers ses peines, et lui réchauffe sans doute le cœur de quelque coup de vin. C'est bien. Puis il rentre à part soi, et se félicite mieux de son bonheur, jusqu'à en prêter de reste à ce pauvre diable dont il ne se soucie pas autrement. — Que fait Pascal à son tour, précisément parce qu'il ne se choisit point cette solitude

---

Montaigne ne reposait que sur un calcul de prudence et de bien-être. Mais on se tromperait sans doute en prenant trop à la lettre ces détachements absolus ; on aime à croire, du philosophe comme du chrétien, que ni l'un ni l'autre n'y parvinrent en réalité, et pas plus l'ami de La Boétie que le frère de Jacqueline.

riante et commode de Montaigne, parce qu'il ne veut rien qu'une chambre mal tapissée, des ustensiles grossiers, les offices dès cinq heures du matin, et les jeûnes fréquents, et tout ce qui nous paraît *l'action d'une vertu excessive?* en conséquence justement de ce train de vie, que fait Pascal à l'égard des pauvres ? D'autres excès encore assurément. Voyons toutefois : ces excès-là valent la peine qu'on les redise en détail. Il s'agit, dans le premier exemple, de pureté en même temps que de charité, deux vertus qui se lient de près, et qui s'appliquent doublement en face de Montaigne :

« Il lui arriva, nous dit madame Périer, qui insiste sur la délicatesse vigilante et les chastes sollicitudes de son frère, il lui arriva une rencontre, environ trois mois avant sa mort, qui en fut une preuve bien sensible, et qui fait voir en même temps la grandeur de sa charité : comme il revenoit un jour de la messe de Saint-Sulpice, il vint à lui une jeune fille d'environ quinze ans, fort belle, qui lui demandoit l'aumône ; il fut touché de voir cette personne exposée à un danger si évident ; il lui demanda qui elle étoit, et ce qui l'obligeoit à demander ainsi l'aumône : et ayant su qu'elle étoit de la campagne, et que son père étoit mort, et que, sa mère étant tombée malade, on l'avoit portée à l'Hôtel-Dieu ce jour-là même, il crut que Dieu la lui avoit envoyée aussitôt qu'elle avoit été dans le besoin ; de sorte que, dès l'heure même, il la mena au Séminaire, où il la mit entre les mains d'un bon prêtre, à qui il donna de l'argent, et le pria d'en prendre soin, et de la mettre en quelque condition où elle pût recevoir de la conduite à cause de sa jeunesse, et où elle fût en sûreté de sa personne. Et pour le soulager dans ce soin, il lui dit qu'il lui envoyeroit le lendemain une femme pour lui acheter des habits, et tout ce qui lui seroit nécessaire pour la mettre en état de pouvoir servir une maîtresse. Le lendemain il lui envoya une femme qui travailla si bien avec ce bon prêtre, qu'après l'avoir fait habiller ils la mirent dans une bonne condition. Et cet Ecclésiastique ayant demandé à cette femme le nom de celui qui faisoit cette charité, elle lui dit qu'elle n'avoit point charge de lui dire, mais qu'elle le viendroit voir de tems en tems pour pourvoir avec lui aux besoins de cette fille ; et il la pria d'obtenir de lui la permission de lui dire son nom : « Je vous promets « que je n'en parlerai jamais pendant sa vie ; mais si Dieu « permettoit qu'il mourût avant moi, j'aurois de la consola- « tion de publier cette action ; car je la trouve si belle, que « je ne puis souffrir qu'elle demeure dans l'oubli. » Ainsi, par cette seule rencontre, ce bon Ecclésiastique, sans le connoître, jugeoit combien il avoit de charité et d'amour pour la pureté. »

Un tel acte rappelle involontairement ce trait charmant de Bayard blessé à Bresse, et cette conduite touchante du bon chevalier envers la dame son hôtesse, et les deux belles jeunes filles dont il soigne l'honneur, et qu'il dote en partant. Mais ici, chez Pascal, la charité n'a rien de chevaleresque, elle est tout uniment chrétienne et cachée. Elle n'a point pour objet deux nobles *damoyselles*, mais une fille de la rue. On a là le fond et les racines toutes vives de la charité sans les fleurs, sans le sourire et les *bracelets* offerts, sans aucune de ces grâces qui sont déjà l'attrait humain et la récompense. La simplicité compatissante n'y souffre rien qui vienne l'embellir et la distraire.

Mais ce n'est pas tout : Pascal est au lit de mort ; une circonstance a fait qu'il a dû sortir de sa maison, et qu'il est logé depuis quelques semaines chez sa sœur, madame Périer, qui l'entoure de soins. Ces soins, dont il est l'objet, lui donnent des scrupules. Assistons à ce dernier tourment tout gratuit, à ce délire, si l'on veut, du héros chrétien :

« Il souhaitoit beaucoup de communier, raconte sa sœur ; mais ses médecins s'y opposoient, disant qu'il ne le pouvoit faire à jeun.... Il dit : « Puisqu'on ne me veut pas « accorder cette grâce, j'y voudrois bien suppléer par quel- « que bonne œuvre, et, ne pouvant pas communier dans le « Chef, je voudrois bien communier dans les membres ; et

« pour cela j'ai pensé d'avoir céans un pauvre malade, à qui
« on rende les mêmes services comme à moi, qu'on prenne
« une garde exprès, et enfin qu'il n'y ait aucune différence
« de lui à moi, afin que j'aie cette consolation de savoir qu'il
« y a un pauvre aussi bien traité que moi, dans la confusion
« que je souffre de me voir dans la grande abondance de
« toutes choses où je me vois. Car, quand je pense qu'au
« même temps que je suis si bien, il y a une infinité de pau-
« vres qui sont plus malades que moi, et qui manquent des
« choses les plus nécessaires, cela me fait une peine que je
« ne puis supporter ; et ainsi je vous prie de demander un
« malade à monsieur le Curé pour le dessein que j'ai. »

« J'envoyai à monsieur le Curé à l'heure même, qui manda qu'il n'y en avoit point qui fût en état d'être transporté ; mais qu'il lui donneroit, aussitôt qu'il seroit guéri, un moyen d'exercer la charité, en se chargeant d'un vieux homme dont il prendroit soin le reste de sa vie; car monsieur le Curé ne doutoit pas alors qu'il ne dût guérir.

« Comme il vit qu'il ne pouvoit pas avoir un pauvre en sa maison avec lui, il me pria donc de lui faire cette grâce de le faire porter aux Incurables, parce qu'il avoit grand désir de mourir en la compagnie des pauvres. Je lui dis que les médecins ne trouvoient pas cela à propos, de le transporter en l'état où il étoit, ce qui le fâcha beaucoup : il me fit promettre que, s'il avoit un peu de relâche, je lui donnerois cette satisfaction. »

Voilà, une fois encore, assez ouvertement les deux philosophies, ou plutôt la religion et la philosophie, en présence avec leurs fruits à la main. Que vous en semble? A quoi servent ces veilles, ces jeûnes, ces retranchements, toutes ces choses qui font dire à Montaigne : « Est-ce pas un misérable animal que l'homme? A peine est-il en son pouvoir, par sa condition naturelle, de gouster un seul plaisir entier et pur, encore se met-il en peine de le retrancher?... » Tout cela sert (quand c'est l'esprit qui y tient la main) à ce que le *misérable animal* dont parle Montaigne, et dont il veut faire simplement un *heureux animal*, sorte de son habitude et presque de sa nature, s'élève au-dessus d'un apitoiement passager, et arrive à des énergies de compassion, à des surcroîts de vertu et d'*humanité*, qui seraient autrement sans motif, tout à fait inexplicables et inouïs[1].

1. Comprend-on maintenant comment un écrivain qui avait approfondi, dans le même sens que Port-Royal, la grandeur et la folie de la Croix, a pu définir ainsi le Chrétien ? « Un Chrétien toujours en éveil, toujours occupé à réprimer en lui tour à tour l'esprit ou les sens, et jusqu'à la satisfaction du bien, est comme un homme, l'hiver et la nuit, au bord d'un fleuve, près d'une arche de pont, — un homme à qui l'on aurait dit : « Brise la glace, empêche-la « de se former, de peur que tout le fleuve ne prenne, et qu'ensuite « le pont ne soit emporté. » Il brise donc tantôt d'un côté, tantôt de l'autre ; là où il se croit le plus maître, bientôt la glace se reforme derrière lui, car l'air du dehors est très-froid. Il travaille ainsi sans relâche, et c'est à recommencer toujours. Voilà l'image (en cette vie où l'air du dehors est bien froid en effet), l'image du Chrétien vigilant, occupé sans cesse à briser la glace au-dedans de lui, et à maintenir le libre courant de la Grâce. » — Austérité et tendresse! ce courant de la Grâce, rudement maintenu à ce prix, n'est pas distinct du torrent même de la charité. — (Voir à l'*Appendice*.)

XVIII

D'un chapitre à écrire sur Pascal. — Des formes diverses de Sainteté. — La Sœur de Sainte-Euphémie ; — scrupules et angoisses sur la Signature ; — admirable lettre ; — mort. — Pascal fidèle à l'esprit de sa sœur. — Sublime évanouissement. — Les deux grandeurs morales. — Sœurs plus grandes que les frères. — Anecdote de *l'abîme*. — Voltaire et Leibniz. — Bayle et Saint-Cyran. — Derniers moments et mort de Pascal.

On a beaucoup disserté à propos de Pascal sur le *scepticisme*, sur le *mysticisme*; le vrai titre du chapitre à son sujet devrait être, *De la Sainteté*. Heureux qui serait digne de l'entreprendre !

La Sainteté est un état habituel de l'être en élévation vers l'Ordre infini, en harmonie avec l'ordre du monde. Cet état, si on le considère en lui-même et en le dégageant des enveloppes diverses dont il est revêtu, apparait comme indépendant, jusqu'à un certain point, des croyances qui sont le plus faites pour le nourrir. Confucius ne connaissait pas le Paradis, l'Enfer, la récompense; mais l'homme sur terre lui semblait avoir des émotions saintes, des joies, des occupations saintes, et il priait beaucoup. Il ne croyait pas à l'immortalité de l'âme; il croyait en Dieu, en la Sainteté; il avait des ravissements comme Pascal ; il chantait sa foi et sa mélancolie ; douceur tendre, et triste en effet! car il est triste de ne croire qu'à une Sainteté aussi courte que la vie de l'homme. Mais du moins c'est toujours le lien du Ciel avec l'homme.

L'idée de Sainteté, dans l'antique Bouddhisme, apparaîtrait comme bien réelle encore, et de plus en plus dégagée pourtant des croyances qui sembleraient devoir en être le support naturel et l'appui. Conçoit-on qu'il se trouve encore des Saints, là même où il n'y a peut-être plus de Dieu ? Mais laissons cette Sainteté hors de prise, s'évanouissant dans l'Océan sans bornes où elle se perd.

Il y eut une fois dans le monde une race heureuse, héroïque, à qui il a été donné de prendre la vie par son plus noble côté, de suivre au soleil la vertu, la gloire, et, durant des siècles, d'y rester fidèle, depuis l'Achille d'Homère jusqu'à Philopœmen, jusqu'à Cléomène[1]. Sur cette terre de force et de franchise, on aimait hautement ses amis, on haïssait ses ennemis sans détour, on louait avec générosité ses adversaires ; il entrait de la grandeur naturelle en toutes choses. Certains vices même n'allaient pas jusqu'à flétrir ; ils se relevaient et s'associaient aisément à l'héroïque. La santé de l'esprit et celle du corps s'accordaient, et ne se démentaient pas. Et puis on mourait comme on avait vécu ; le javelot était reçu aussi hardiment qu'il était lancé ; la beauté de la mort, chez les Épaminondas, égalait et couronnait la splendeur de la vie. Sans doute nous ne savons pas tout ; à cette distance bien des dessous échappent, et la lumière de l'ensemble voile les inévitables ombres. Mais ce qu'on peut dire en toute certitude, c'est que pareille race, en de pareilles conjonctures, ne s'est jamais retrouvée depuis. La force humaine, déployée alors seulement

---

[1]. Polybe, livre V, 38.

dans toute son énergie et toute sa grâce, a toujours paru ailleurs plus ou moins refoulée sur elle-même, et l'âme humaine s'est repliée.

L'idée du *Saint*, au plus beau moment de cette race heureuse, refleurit comme une tige d'or par les mains du divin Platon ; elle fut offerte de loin, comme un phare lumineux, sur le plus serein des promontoires.

Cependant une race forte et rude, et qui se peut dire grossière auprès de l'autre, fit son avénement ; les pâtres des Apennins, les Sabins laboureurs, descendirent en armes, et jetèrent sur le monde leurs mains encore lourdes de la charrue : les Mummius pillèrent Corinthe ; mais l'antique frugalité n'en revint pas. Il se fit bientôt une corruption inouïe, résultat de la nature puissante et gloutonne des vainqueurs, et de la dextérité sans pareille des vaincus[1]. Des excès sans nom souillèrent la lumière dans le court intervalle des calamités sombres ; l'humanité ne s'en releva jamais

Au cœur de ces excès, et pour les combattre, que pouvait la fleur divine, exquise, de Platon ? Le Christianisme vint ; il apporta une idée du Saint plus profonde, plus contrite, sans plus rien de la fleur d'or, avec les seules racines salutaires, avec le breuvage amer et les épines sanglantes. Pour se préserver, pour expier et se guérir, une portion de l'humanité s'arma, durant des siècles, du froc et du cilice, sans oser un seul instant s'en dépouiller. On s'enfuit dans les cavernes, on se courba dans le confessionnal. La maladie, la souffrance, devinrent l'état naturel du Chrétien et le prix de l'humaine rançon. C'est à l'extrémité de cette longue série de siècles, où s'accumulèrent toutes les rouilles et toutes les barbaries, c'est comme chargé encore de leur poids et de leur chaîne, que Pascal nous arrive, le

---

1. Juvénal, Satire III.

dernier vraiment des grands Saints, et déjà grand philosophe.

Est-ce donc là, en effet, la dernière forme de Sainteté pour le monde ? Cet enchantement des émotions religieuses, ce mystère d'élévation que l'homme porte en lui, et qu'il n'a jamais plus hautement atteint qu'au sein et à l'aide du Christianisme ; cet état supérieur et intime de la nature humaine ne saurait-il retrouver désormais sa première fleur, et reparaître dans sa perfection acquise, délivré des appareils compliqués que le droit sens désavoue ? Ne saurait-on retenir seulement le côté durable, éternel, celui qui tient aux instincts les plus tendres et les plus généreux du cœur, sans se forger des douleurs gratuites, et sans exagérer l'épreuve par elle-même si rude ? En tout, ne saurait-on avoir le Socrate sans les *démoneries*, comme dit Montaigne ? Ce qui est trop évident, c'est que jusqu'ici les modernes philosophes (à commencer par Montaigne), qui ont essayé de relever l'homme et de le faire marcher par ses seules forces, ont bien imparfaitement réussi. Voyez Rousseau tout le premier avec ses fiertés gauches, ses retours fastueux à l'héroïsme et ses sordides souillures ! Un moraliste amer, voulant exprimer cet empêchement, ce rabaissement selon lui, de la vertu moderne, s'est échappé à dire : « L'humanité antique n'avait pas encore été « pliée dans la pénitence et dans le deuil ; depuis elle « s'est relevée ; mais, en se relevant, elle a gardé le pli « et la roideur dans le pli. » Le mot est dur, et je l'ai adouci encore ; mais il donne à penser[1]. La franche pu-

---

1. Il y a dans l'original : *elle a gardé le pli, et du noir dans le pli (sordes in ruga),* car c'est l'hypocrisie surtout qui s'est logée avant dans l'homme durant ces siècles couverts. Un grand prédicateur jésuite du dix-huitième siècle, le Père de Neuville, voulant dénoncer cette misère d'hypocrisie que recèle le cœur de chacun, même des meilleurs, a dit : « Il n'est pas d'homme qui n'aimât

reté première, la simple beauté de l'être moral se peut-elle jamais reconquérir ? A cet âge avancé du monde, l'élite des cœurs voués au culte de l'Infini n'aura-t-elle pas toujours sa dure maladie incurable et son tourment ? En attendant la forme inconnue (s'il en est une) de cette Sainteté nouvelle, qui perpétuerait le fonds de l'ancienne en le débarrassant de tout l'alliage, qui consacrerait les pures délices de l'âme sans les inconvénients et les erreurs, et qui saurait satisfaire aux tendresses des Pascals futurs, en imposant respect au bon sens malin des Voltaires eux-mêmes ; en attendant cette forme idéale et non encore aperçue, tenons-nous à ce que nous savons ; étudions sans impatience, admirons, même au prix de quelques sacrifices de notre goût, ces derniers grands exemples des hommes qui ont été les *derniers Saints ;* admirons-les, quand même nous sentirions avec douleur que leur religion, leur foi ne saurait plus être la nôtre : ils nous offrent de sublimes sujets à méditation. La grandeur morale de Port-Royal réside en eux. Quelle que soit la valeur littéraire des écrits sortis de ce coin du monde, ce n'est point par là (sauf une ou deux exceptions au plus), ce n'est point à ce titre purement estimable

---

mieux être parfaitement ignoré qu'être parfaitement connu. » Depuis, en effet, que le cœur humain a été convaincu, selon le Prophète et selon l'Apôtre, d'être *désespérément malin*, il semble qu'il le soit de plus en plus devenu. Cette parole si chrétienne du Père de Neuville est la plus contraire qui se puisse imaginer au sentiment antique, quand les généreux luttaient à cœur ouvert pour la gloire (ce qu'un poëte de vertu appelle, *aperto vivere volo*), et quand l'huile brillante de la palestre était le seul vêtement de la nudité. — C'est en songeant à ces derniers effets du Christianisme, à ces effets *rentrés* qui se sont comme fixés dans l'organisation et ont affecté tout l'homme, qu'un autre moraliste d'une très-moderne école, et cousin du précédent, a pu dire : « Le Christianisme, comme son aîné le Bouddhisme, a été un grand bien relatif, un remède à une décadence, né de cette décadence même ; mais il en faisait partie. Le mal principal passé, qui nous guérira désormais du remède, — des suites du remède ? »

qu'il mériterait un immortel souvenir. Port-Royal, après tout, ne serait qu'une tombe, si l'esprit de piété vive, si ce côté d'ardente Sainteté saisi d'une façon si sublime par Pascal, par Saci, par Lancelot, par tant d'autres des plus humbles, ne lui laissait un des aspects dominants de l'éternelle Vérité.

La sœur de Pascal, celle qui était religieuse à Port-Royal, mourut dix mois avant lui. Quand on parle des gens de Port-Royal, c'est toujours à l'article de la mort qu'il faut le plus s'arrêter. La mort est le grand moment de la vie du Chrétien; on peut même dire que c'est la chose importante et *unique*, à laquelle pour eux tout vient se ranger. Et tandis que le commun des hommes l'élude, la supprime en idée, et, à l'heure fatale, y glisse ou s'y jette en fermant les yeux, comme font les enfants quand ils ont peur, eux les Chrétiens véritables quand ils se sentent en venir là, même les plus humbles et les plus tremblants, ils s'y relèvent pour la regarder en face ; ils ont leur lutte héroïque et leur champ de bataille, où toute leur âme se déploie[1].

La Sœur de Sainte-Euphémie était sous-prieure et maîtresse des novices au monastère des Champs, lorsque commença la persécution pour le Formulaire. Nous avons laissé nos religieuses dans une sorte de trêve ; les solitaires eux-mêmes revenaient petit à petit au désert[2].

---

1. On a remarqué (Buffon, Pascal, Bacon) que souvent la mort elle-même semble moins pénible à supporter que la pensée de la mort. La plupart des gens meurent assez aisément, à condition de ne pas trop s'en apercevoir et de n'y pas songer. « Le soleil ni la mort ne se peuvent regarder fixement, » a dit La Rochefoucauld. Comme devant l'extrême clarté, il y a de l'éblouissement devant les extrêmes ténèbres. Les philosophes épicuriens rappelaient toujours la mort, mais c'était surtout pour aiguiser le sentiment de la vie. La mort ! on s'accommode encore de la regarder de profil : le difficile est de l'envisager en face.

2. Précédemment, chapitre xi, page 172, et chapitre xii, page 188.

Pourtant, depuis la Bulle d'Alexandre VII fulminée pour la ruine du Jansénisme et reçue en France en mars 1657, l'orage suspendu grondait toujours. Il éclata en avril 1661. La Cour décidément voulut en finir avec la faction de Retz et avec le principal foyer de résistance. Le Lieutenant-civil Daubray, accompagné du Procureur du Roi au Châtelet, dans une première visite à Port-Royal de Paris (23 avril), signifia l'intention de Sa Majesté qu'on renvoyât sous trois jours toutes les pensionnaires; dans une autre visite (4 mai 1661), il apporta l'ordre de renvoyer également les novices et postulantes. M. Singlin, qui avait titre de Supérieur, dut se retirer. La mère Angélique, à la première nouvelle de l'attaque, était arrivée du monastère des Champs pour soutenir le choc avec la mère Agnès, sa sœur, qui alors était abbesse. Son courage, ses paroles de fermeté et presque de gaieté en cette conjoncture critique, et quand elle-même était déjà mourante, sa sainte mort consommée au mois d'août de cette année, nous rappellerons toutes ces choses ailleurs; il s'agit ici seulement de la sœur de Pascal. Cette dernière était donc restée aux Champs, lorsqu'on y reçut le premier Mandement, donné à la date du 8 juin par les Vicaires généraux du diocèse de Paris, pour la signature du Formulaire. Il faut savoir que les Vicaires n'avaient donné ce Mandement qu'à leur corps défendant; ils l'avaient, à ce qu'il paraît, concerté avec Messieurs de Port-Royal, et l'on dit même que c'était Pascal qui l'avait dressé[1]. La rédaction, en effet, demandait une plume délicate : il s'agissait de permettre aux amis de Jansénius de signer en conscience une Déclaration par laquelle ils se soumettaient à la sentence du Pape; tout l'art consistait à interpréter au même moment cette sentence,

---

1. Voir le *Recueil* dit *d'Utrecht*, page 311.

à la réduire à la seule doctrine, et à insinuer des réserves sur le point de fait, sans pourtant les laisser trop paraître[1]. Les religieuses de Port-Royal, lorsqu'on leur proposa cet expédient de conscience, en jugèrent plus simplement; elles trouvèrent le Mandement bien obscur et le Formulaire trop clair. A Paris, elles eurent toutes les peines du monde à se résigner à la Signature exigée, et ne le firent que moyennant quelques lignes de précaution qu'elles mirent en tête. Mais au monastère des Champs, avec lequel on communiquait moins aisément en ces circonstances, et où les explications arrivaient plus incomplètes, l'embarras fut bien plus grand encore, et les perplexités allèrent jusqu'à l'angoisse. La Sœur de Sainte-Euphémie, entre autres, les ressentit avec une vivacité qu'on ne s'expliquerait jamais, si l'on ne concevait bien l'excessive tendresse dont est susceptible l'entière sincérité chrétienne :

« Les gens du monde qui sont tout charnels, écrit à ce sujet un de nos auteurs[2], et qui ne sont touchés que des choses grossières et sensibles, ont de la *peine* à s'imaginer ces sortes de *peines*[3], parce qu'ils ne les ressentent jamais, et que, pourvu qu'on ne touche point à leurs biens, à leurs corps ou à leur honneur, leur âme est toujours en un grand repos sur tout le reste. Mais ceux qui ont quelque expérience

---

1. « Il faut pourtant reconnoître, dit l'*Apologiste* des Religieuses (probablement Nicole) en parlant de ce Mandement, que ceux qui l'avoient dressé (les Vicaires généraux), désirant ménager les Évêques et se ménager eux-mêmes, *en avoient concerté les termes avec tant d'adresse*, que les clauses essentielles, qui déterminoient nettement la Signature à ne signifier la créance qu'à l'égard de la Foi, y étoient *un peu cachées*, et qu'il falloit quelque attention pour les reconnoître. » (*Apologie pour les Religieuses de Port-Royal*, seconde partie, chapitre II, page 11.)
2. Ou Nicole, ou M. Arnauld, ou M. de Sainte-Marthe ; car tous les trois prirent part à cette *Apologie pour les Religieuses*, M. de Sainte-Marthe pourtant moins que les deux autres.
3. Je passe sur les incorrections en faveur du sens, qui est beau.

de l'état d'une âme qui n'a point d'amour pour toutes les choses de la terre, et qui est vivement touchée de celui de Dieu, savent assez que tous les maux du monde ne sont rien en comparaison de ce qu'elle endure quand on la veut obliger à faire quelque chose qu'elle juge contraire à la pureté de son amour, et que cela cause aux personnes les plus modérées des convulsions si violentes qu'elles pourroient passer pour de grands excès, si l'ardeur du zèle dont elles partent ne consumoit ce qu'il pourroit y avoir de défectueux. »

Un jour donc, le 22 juin, après avoir communié *dans une grande amertume de cœur,* tandis qu'elle adressait à Dieu son action de grâces, la Sœur de Sainte-Euphémie se sentit une forte pensée de se décharger par écrit de ses doutes, et elle se mit, pour plus de facilité, à laisser courir sa plume dans une longue lettre à la Sœur Angélique de Saint-Jean, alors sous-prieure au monastère de Paris ; la lettre était faite pour être lue de M. Arnauld, et elle lui fut d'abord envoyée. La Sœur Euphémie n'ignorait point la part que son frère avait dans ce premier projet d'une Signature ainsi motivée et interprétée ; elle savait qu'il ne s'y était entremis que par pur zèle, et, tout en le louant, cela l'enhardissait elle-même à produire plus librement ses pensées.

Voici les principaux traits de cette lettre, qui se rapprochent naturellement de quelques vigoureuses pensées sur le même sujet trouvées dans les papiers de Pascal[1] ; seulement ici, comme cela s'était déjà vu, la sœur devançait le frère et lui montrait le chemin :

« La plupart, écrivait-elle, (la plupart des religieuses des Champs) désireroient de tout leur cœur que le Mandement fût pire,... parce qu'au moins on le rejetteroit avec une entière liberté ; au lieu que plusieurs seront comme contraints de le recevoir, et qu'une fausse prudence et une véritable

---

1. Voir précédemment dans ce volume, chapitre VIII, page 88.

lâcheté le fera embrasser à plusieurs autres, comme un moyen favorable de mettre aussi bien leur personne que leur conscience en sûreté. Mais, pour moi, je suis persuadée que ni l'une ni l'autre n'y sera par ce moyen *Il n'y a que la Vérié qui délivre véritablement*, et il est sans doute qu'elle ne délivre que ceux qui la mettent elle-même en liberté en la confessant....

« Je ne puis plus dissimuler la douleur qui me perce jusqu'au fond du cœur de voir que les seules personnes à qui Dieu a confié sa Vérité lui soient si infidèles, si je l'ose dire, que de n'avoir pas le courage de s'exposer à souffrir, quand ce devroit être la mort même, pour la confesser hautement.

« Je sais le respect qui est dû aux Puissances de l'Église; je mourrois d'aussi bon cœur pour le conserver inviolable, comme je suis prête à mourir avec l'aide de Dieu pour la confession de ma Foi dans les affaires présentes; mais je ne vois rien de plus aisé que d'allier l'un à l'autre. Qui nous empêche et qui empêche tous les Ecclésiastiques qui connoissent la vérité, lorsqu'on leur présente le Formulaire à signer, de répondre : *Je sais le respect que je dois à MM. les Évêques, mais ma conscience ne me permet pas de signer qu'une chose est dans un livre où je ne l'ai pas vue;* et après cela attendre ce qui en arrivera? Que craignons-nous? le bannissement et la dispersion pour les Religieuses, la saisie du temporel, la prison et la mort, si vous le voulez : mais n'est-ce pas notre gloire, et ne doit-ce pas être notre joie? Renonçons à l'Évangile ou suivons les maximes de l'Évangile, et estimons-nous heureux de souffrir quelque chose pour la justice.

« Mais peut-être on nous retranchera de l'Église? Mais *qui ne sait que personne n'en peut être retranché malgré soi,* et que, l'esprit de Jésus-Christ étant le lien qui unit ses membres à lui et entre eux, nous pouvons bien être privés des marques, mais non jamais de l'effet de cette union, tant que nous conserverons la charité[1]...? »

---

[1]. Après cette définition très-chrétienne, et même très-catholique en un sens, mais assez peu romaine, de l'Église, faut-il s'étonner que le docteur en Sorbonne Chamillard, préposé par l'archevêque Péréfixe à la pacification du monastère, dans sa *Réponse aux raisons des Religieuses de Port-Royal* (1665), ait écrit : « M. l'abbé

Elle arrive ensuite aux termes du Mandement; elle en parle d'autant plus à son aise qu'elle sait bien au fond de quelle plume il est sorti. Cette circonstance explique l'espèce d'insistance et même d'ironie qu'elle y met : « J'admire la subtilité de l'esprit, et je vous avoue qu'il n'y a rien de mieux fait que le Mandement. Je crois qu'il est bien difficile de trouver une pièce aussi adroite et faite avec tant d'art. » Si c'était un hérétique qui eût rédigé de la sorte son Symbole pour échapper à la condamnation sans désavouer son erreur, elle le louerait volontiers, dit-elle, elle le louerait, mais de la louange

« de Saint-Cyran, définissant l'Église, s'est contenté de dire qu'elle
« étoit *la Compagnie de ceux qui servent Dieu dans la lumière et
« la profession de la vraie Foi et dans l'union de la vraie Charité*,
« sans parler du Pape ni des Évêques qui la gouvernent. Cette dé-
« finition que j'ai trouvée dans leurs Écrits m'est devenue suspecte,
« lorsque j'ai su que plusieurs personnes qui leur ont souvent re-
« présenté cette omission n'ont jamais pu les résoudre de la chan-
« ger. Elle m'a paru faite à dessein, lorsque je l'ai trouvée dans
« tous les Catéchismes dont on se servoit dans la maison pour ins-
« truire les enfants. J'en ai deux manuscrits : dans l'un, l'Église
« est définie *la Compagnie des fidèles Serviteurs de Dieu*; dans
« l'autre, *l'Assemblée des vrais Serviteurs de Dieu qui vivent sur la
« terre*, sans qu'il soit parlé, ni dans l'un ni dans l'autre, du Pape
« ni des Évêques.... » Cette définition de l'Église dans le sens primitif nous cause un peu moins de scandale qu'à M. Chamillard ; seulement il ne faut pas trop accuser celui-ci, comme on l'a fait, d'avoir calomnié. — Ce fou de Des Maretz de Saint-Sorlin, dans sa *Réponse à l'insolente Apologie...* (1666), s'est emparé, pas trop follement cette fois, des paroles de la Sœur Euphémie sur l'Église invisible, comme d'une pièce de conviction : « C'est, dit il, un fameux
« principe du Jansénisme, par lequel, en conservant leur erreur
« ils veulent demeurer dans l'Église, malgré l'Église.... Mais il ne
« suffit pas que les Chrétiens soient unis ensemble par le lien de la
« Charité, il faut qu'ils soient unis aussi par le lien de la Foi. »
(Pages 69, 70.) — En mettant ainsi ces textes en présence, je n'ai, qu'on veuille bien le comprendre, qu'un seul but : ce n'est pas d'infirmer la beauté du sens et du langage émanés du vrai Port-Royal, mais simplement d'en faire apprécier la portée, que les Nicole au contraire et les autres défenseurs officiels ont diminuée depuis lors et recouverte tant qu'ils ont pu.

que le Père de famille donnait à l'intendant infidèle pour sa prudence aux choses de la terre : « Les enfants de ce siècle sont plus prudents en leur genre que les enfants de lumière[1]. » Car que fait-on autre chose en ce Mandement que *consentir au mensonge sans nier la vérité ?*

« Mais des fidèles, des gens qui connoissent et qui soutiennent la Vérité, l'Église catholique, user de déguisement et biaiser ! je ne crois pas que cela se soit jamais vu dans les siècles passés, et je prie Dieu de nous faire mourir tous aujourd'hui plutôt que de souffrir qu'une telle abomination s'introduise dans l'Église. En vérité, ma chère Sœur, j'ai bien de la peine à croire que cette sagesse vienne du Père des lumières, mais plutôt je crois que c'est une révélation de la chair et du sang. Pardonnez-moi, je vous en supplie, ma chère Sœur, je parle dans l'excès d'une douleur à quoi je sens bien qu'il faudra que je succombe, si je n'ai la consolation de voir au moins quelques personnes se rendre volontairement victimes de la Vérité.... »

Et ce ne sont pas de vaines paroles; elle va en mourir en effet. Insistant toujours sur cette ambiguïté de la Signature, elle se la peint par une image : « Je vous le demande, ma très-chère Sœur, au nom de Dieu, dites-moi quelle différence vous trouvez entre ces déguisements et *donner de l'encens à une idole sous prétexte d'une croix qu'on a dans sa manche.* »

Un très-exact éditeur moderne[2] a fait remarquer avec raison qu'en cet endroit la Sœur de Sainte-Euphémie retourne contre les Jansénistes un reproche que Pascal, dans la cinquième *Provinciale*, avait adressé aux Jésuites des Indes et de la Chine; mais ce qui est plus piquant, c'est qu'elle le retourne surtout contre Pascal lui-même;

---

1. Évangile de saint Luc, chapitre XVI.
2. M. P. Faugère (*Lettres, Opuscules et Mémoires de Jacqueline Pascal*).

elle songe particulièrement à lui en ce moment, et veu lui faire honte de son essai d'équivoque[1] ; puis elle continue :

« Vous me direz peut-être que cela ne nous regarde point, à cause de notre petit Formulaire particulier ; mais... saint Bernard nous apprend, dans ses manières admirables de parler, que la moindre personne de l'Église non-seulement peut, mais doit crier de toutes ses forces, lorsqu'elle voit les Évêques et les Pasteurs de l'Église dans l'état où nous les voyons, quand il dit : Qui peut trouver mauvais que je crie, moi qui suis une petite brebis, pour tâcher d'éveiller mon Pasteur que je vois endormi et prêt à être dévoré par une bête cruelle ? Quand je serois assez ingrate pour ne le pas faire par l'amour que je lui porte et la reconnoissance que je lui dois, ne dois-je pas le faire par la crainte de mon propre péril ? car qui me défendra quand mon Pasteur sera dévoré ?...

« Je sais bien que ce n'est pas à des filles à défendre la Vérité, quoique l'on peut dire, par une triste rencontre, que, *puisque les Évêques ont des courages de filles, les filles doivent avoir des courages d'Évêques*; mais si ce n'est pas à nous à défendre la Vérité, c'est à nous à mourir pour la Vérité....

« ... Chacun sait, et M. de Saint-Cyran le dit en mille lieux, que la moindre vérité de la Foi doit être défendue avec autant de fidélité que Jésus-Christ...

« ... C'est ici plus que jamais le temps de se souvenir que les timides sont mis au même rang que les parjures et les exécrables.... »

Tout le reste est de ce ton ; le nom et les maximes de Saint-Cyran reviennent et revivent manifestement dans cette lettre ; nous nous retrouvons en plein Port-Royal primitif, — avec une seule petite différence cependant.

---

1. Dans la lettre d'envoi, écrite le lendemain, et qui servait d'explication à la précédente, elle recommande, il est vrai, à M. Arnauld de ne montrer ces deux lettres à son frère que *s'il se porte bien* ; mais, dans le premier feu de son transport, elle écrivait comme s'il la lisait déjà.

Tout en s'y montrant la digne fille de Saint-Cyran selon l'esprit, la Sœur Euphémie y apparaît aussi comme tenant tout à fait à cette seconde génération des religieuses de Port-Royal, dont étaient les Sœurs Angélique de Saint-Jean, Christine Briquet, Eustoquie de Bregy, tandis que la première génération des Mères nées de la première Angélique, les Mères Marie des Anges, de Ligny, Du Fargis, raisonnaient moins en détail de ces questions du dehors. Ainsi la mère Du Fargis, alors prieure de Port-Royal des Champs, eut les mêmes scrupules, les mêmes angoisses que la sous-prieure, et elle en écrivit à M. Arnauld une lettre dans le même sens; mais elle s'en référa aux raisons déduites par son experte compagne, et, pour son compte, elle ne les aurait point exprimées de ce ton d'examen. La Sœur Euphémie, en un mot, appartenait à cette génération qui avait lu les *Provinciales* et qui s'y était formée. L'avocat de Port-Royal, qui publia le premier la lettre éloquente dans son *Apologie pour les Religieuses* en 1665, se trouva un peu embarrassé d'excuser certains termes qui annonçaient une trop grande connaissance des matières controversées; c'est ce qui l'induisit à en adoucir, à en supprimer quelques-uns. Le digne Apologiste compte beaucoup trop d'ailleurs sur notre simplicité, lorsqu'il ajoute qu'on ne doit pas s'étonner de trouver une fille si fort instruite de toutes ces contestations : c'est qu'elle avait lu, dit-il, une partie des livres écrits en notre langue sur ces sujets, du temps qu'elle était encore *dans le monde* Mais, à l'époque où mademoiselle Jacqueline Pascal était dans le monde, il n'était pas question de Formulaire, ni de ces discussions soulevées ou développées depuis. C'est bien en effet sous les grilles **que son esprit**, à cet égard, avait achevé de se former.

Je ne voudrais pas que, d'après les sévérités de la

Sœur Euphémie, on prit pourtant une trop noire idée du Mandement dans lequel la plume de Pascal avait trempé. J'ai lu cette pièce, qui maintient la position janséniste aussi nettement qu'il se pouvait, et qui est par conséquent en contradiction presque ouverte avec le Formulaire. Cela saute aux yeux. La Cour ne s'y trompa point. Un Arrêt du Conseil d'État, du 9 juillet 1661, révoqua le Mandement qui ouvrait une voie si large, et qui prévenait le choc[1]. Les grands Vicaires durent rendre une autre Ordonnance pure et simple pour la Signature (novembre), et la question se posa par *oui* ou par *non*.

La Sœur de Sainte-Euphémie n'eut point à prendre part à ce second combat qui se préparait, et dont la franchise était du moins selon son cœur. Elle mourut des suites de son premier ébranlement, le 4 octobre 1661, *première victime de la Signature*; elle était âgée de trente-six ans.

En apprenant la mort de sa sœur, Pascal ne dit rien, sinon : « Dieu nous fasse la grâce d'aussi bien mourir ! » et, abjurant désormais toute humaine complaisance, il redoubla de zèle et de droiture dans ce qu'il croyait la vérité. Il dut redire en son cœur ce qu'il avait autrefois pensé à la mort de son père : « La prière et les sacrifices sont un souverain remède à ses peines; mais j'ai

---

1. La Sœur Euphémie, dans une lettre adressée à M. Arnauld, et qui accompagnait la grande lettre de tout à l'heure, le reconnaît elle-même, et, plus rassise, elle compare très-ingénieusement la conduite des arrangeurs du Mandement à celle d'*un père sage qui émousse le tranchant d'un couteau qu'il donne à son enfant*. (Voir l'édition de M. Faugère, page 416.) Le Formulaire est ce couteau, émoussé par le Mandement. Si on l'avait laissé dans cet état, personne ne s'y serait guère coupé, — personne, excepté elle, la vaillante et la généreuse. « A la bonne heure que les choses soient de cette sorte, s'écriait-elle encore, pourvu que l'on permette à ceux qui en auront le courage d'aller plus avant ! »

appris d'un saint homme dans notre affliction qu'*une des plus solides et des plus utiles charités envers les Morts est de faire les choses qu'ils nous ordonneroient s'ils étoient encore au monde*, et de pratiquer les saints avis qu'ils nous ont donnés, et de nous mettre pour eux en l'état auquel ils nous souhaitent à présent. » Il fit en sorte d'être de plus en plus tel que sa sœur l'avait souhaité.

C'est en ce beau sens qu'il n'avait *nulle attache pour ceux qu'il aimait*, nous dit madame Périer ; elle distingue l'attache et l'affection ; il avait l'une extrême, et pas l'autre. Il me semble que cela se comprend, se touche au doigt maintenant, et que cette apparente dureté de Pascal s'évanouit. O vous qui vous flattez d'aimer et de pleurer les êtres ravis, dites, avez-vous à nous proposer une plus intime, une plus délicate tendresse ?

L'affaire du second Mandement s'engagea, et Pascal s'y montra tout à fait selon l'esprit de sa sœur. C'est à ce moment que se marque sa dissidence intestine avec Messieurs de Port-Royal, dissidence très-réelle, que les amis firent tout pour dissimuler, et les adversaires pour grossir. Les Vicaires généraux de Paris, après l'échec de leur premier Mandement, ayant publié, comme nous l'avons dit, une Ordonnance pure et simple pour la signature du Formulaire, les docteurs et confesseurs de Port-Royal tinrent conseil, et furent d'avis que les religieuses pourraient signer, moyennant quelques lignes de *considérant* dont ils réglèrent les termes, en les diminuant le plus possible[1]. C'est sur les termes de cette

---

1. Voici cette addition proposée, telle qu'on la réduisit : « Nous, Abbesse..., considérant que, dans l'ignorance où nous sommes de toutes les choses qui sont au-dessus de notre profession et de notre sexe, tout ce que nous pouvons est de rendre témoignage de la pureté de notre Foi, nous déclarons volontiers par cette signature

restriction que Pascal se sépara d'eux, et qu'il jugea qu'on faiblissait, ou plutôt qu'on reniait. Il avait, dans sa participation au premier Mandement, épuisé toute sa condescendance; il avait atteint ses dernières limites, et il rentra dès lors, pour n'en plus sortir, dans la pleine et pure vérité. J'ai précédemment (chapitre VIII) indiqué l'esprit et la portée de ce désaccord ; le menu en serait insignifiant et fastidieux[1]. Il suffit de savoir qu'un jour,

qu'étant soumises avec un profond respect à notre Saint-Père le Pape, et n'ayant rien d'aussi précieux que la Foi, nous embrassons sincèrement et de cœur tout ce que Sa Sainteté et le Pape Innocent X en ont décidé, et rejetons toutes les erreurs qu'ils ont jugé y être contraires. »

1. Une seule circonstance ne paraîtrait peut-être pas sans intérêt. Il y avait au monastère de Paris une Sœur Flavie, maîtresse des enfants. C'est elle, si l'on s'en souvient, qui avait appliqué le reliquaire à la tumeur lacrymale de la petite Marguerite, dans ce qu'on appelle le miracle de la Sainte-Épine. Fille d'esprit, elle était très-liée avec la Sœur Angélique de Saint-Jean et avec la Sœur de Sainte-Euphémie. Après la mort de celle-ci, elle conserva des relations amicales avec les deux demoiselles Périer, qui étaient ses élèves. Or, il arriva que, par suite de ces intimités et des confidences qu'elles amenèrent, la Sœur Flavie fut très-informée du désaccord où était Pascal avec ces Messieurs ; elle se procura même par mesdemoiselles Périer des copies des petits Écrits de leur oncle sur le Formulaire. Mais bientôt, ayant jugé plus prudent de se ranger dans l'obéissance, et se flattant, dit-on, de devenir abbesse, elle parla, et livra plus d'un utile secret aux Supérieurs imposés du dehors, à M. Chamillard particulièrement. Elle lui communiqua ces copies qu'elle avait conservées, et qui passèrent aux mains de l'Archevêque ; elle rapporta des paroles trop sincères et compromettantes de la Sœur Angélique de Saint-Jean. Ainsi la dissidence intérieure s'ébruita, et M. Chamillard en triompha dans ses Réponses et réfutations de 1665: « Je me contente, disait-il, de ce que j'ai appris de plus particulier dans la conduite de cette affaire, et rapporte seulement le témoignage de ceux de leur parti qui ont été plus sincères que les autres, pour découvrir ce qu'ils tiennent caché depuis plusieurs années sous cette *restriction* qui abuse les simples.... L'une des religieuses qui ont signé, qui avoit autrefois beaucoup de part au secret du parti, et qui présentement est soumise à l'Église, a eu deux Manuscrits : j'en ai vu un où l'auteur, qui ne pouvoit souffrir cet artifice, leur reproche que la *restric-*

après plusieurs petits écrits pour ou contre, les principaux de ces Messieurs, Arnauld, Nicole, Sainte-Marthe et d'autres encore, se réunirent chez Pascal pour vider le différend. M. de Roannès, M. Domat, M. Périer fils, c'est-à-dire le petit monde de Pascal et ses fidèles, assistaient au débat. Chacun expliqua son sentiment ; Pascal soutint fortement et avec feu qu'on ne pouvait en conscience signer ces paroles : « *N'ayant rien de si précieux que la Foi, nous embrassons sincèrement et de cœur tout ce que les Papes en ont décidé.* » Car c'était, disait-il, condamner tacitement la Grâce efficace au vrai sens de Jansénius, ainsi que les Papes ne l'avaient que trop réellement décidé. Après une longue discussion, presque tous les assistants, tous ceux du bord de Port-Royal, soit conviction, soit déférence, se rangèrent au sentiment de MM. Arnauld et Nicole, qui étaient les deux auteurs de la restriction proposée. C'est alors, dit la Relation de mademoiselle Marguerite Périer, qu'il arriva à M. Pascal une chose fort extraordinaire. Lui qui aimait la Vérité par-dessus tout, qui d'ailleurs était accablé d'un mal de tête continuel, et qui avait fait effort sur sa faiblesse pour imprimer en l'esprit des autres la conviction dont le sien était rempli, il se sentit tout d'un coup si pénétré de douleur qu'il se trouva mal, sans parole et sans connaissance. Après les premiers soins qui

tion dont ils se servent, quand ils promettent la foi divine pour le droit, le respect et le silence pour le fait, est une invention de leur esprit, ou, pour mieux dire, une foiblesse de leur courage, qui leur fait abandonner honteusement la vérité. Ces Écrits, qui sont de M. Pascal, etc., etc. » Tout ceci se trouve exact. On l'entrevoit, ces témoignages de M. Chamillard sont moins à mépriser que les adversaires ne le donnèrent à entendre. On drapa le pauvre homme ; on fit *les Chamillardes* ; on le prit en faute et en inadvertance sur quelques points. Ceux qui lui répondaient se méprirent eux-mêmes sur quelques autres. Je fais grâce de ces détails, dont nous tenons à présent la clef.

le firent revenir, et lorsque tous ces Messieurs du dehors se furent retirés, comme il ne restait plus que les amis du cœur et la famille, les Périer, M. Domat et M. de Roannès, madame Périer demanda à Pascal ce qui lui avait causé cet accident : « Quand j'ai vu, répondit-il, toutes ces personnes-là que je regardois comme étant ceux à qui Dieu avoit fait connoître la Vérité, et qui devroient en être les défenseurs[1], quand je les ai vus s'ébranler et donner les mains à la chute, je vous avoue que j'ai été saisi d'une telle douleur que je n'ai pas pu la soutenir, et il a fallu y succomber. »

Étrange effet de la même cause sur le frère comme sur la sœur! Laissons la question de détail, et si décriée, du Formulaire; allons au fond, jugeons de l'esprit même, c'est-à-dire de cet amour sans bornes pour la vérité. Quelle grandeur morale ! et qu'ils sont heureux ceux qui peuvent souffrir à ce point pour l'intégrité de la conscience, jusqu'à défaillir, jusqu'à mourir! Agonie sainte! Conçoit-on rien de plus admirable que cette si vive, si délicate et si vulnérable tendresse pour la vérité, au cœur de si fermes et si invincibles intelligences? La sœur en meurt, le frère en tombe à terre sans connaissance. Fontenelle, Goethe et M. de Talleyrand n'ont pas de ces syncopes-là.

Un homme de qui (aujourd'hui qu'il n'est plus!) on a droit de dire qu'il fut de la postérité et de la race de Pascal, M. Vinet, parlant de ces douleurs étouffées et contenues des hommes de Port-Royal, a remarqué que ce qu'il y a en eux de tendre et d'humain se décèle comme à regret, mais n'agit que plus fortement : « Des liens déchirés les font mourir; *ils ne pleurent qu'au de-*

---

1. Sans doute M. Singlin, M. de Saci surtout, étaient présents à cette conférence. Ce n'est qu'ainsi qu'on s'explique bien la douleur de Pascal, de voir de telles colonnes s'ébranler.

dans, mais leur vie s'écoule avec ces larmes profondes! »
Et n'est-ce pas ainsi que lui-même est mort comme eux [1] ?

Disons-nous bien que nous sommes ici devant le beau moral et intime de notre sujet, dans sa plus sublime expression : l'évanouissement de Pascal, la mort de sa sœur! Il y a le beau moral sous la forme antique, je l'ai déjà indiqué, la mort d'Épaminondas au sein de la victoire, et son âme triomphante qui jaillit de sa blessure avec son sang. Donnez à apprendre aux enfants l'Hymne d'Aristote à la Vertu, l'Hymne de Cléanthe, les vers de Simonide sur les Thermopyles : cela ne fera pas des Chrétiens, mais cela fera des hommes. Caton sortira de là, et, s'il le faut, arrachera avec ses mains ses entrailles. Voilà le beau moral sous sa forme héroïque, stoïque. Quant au beau moral chrétien, intérieur, tout rentré et tout voilé, nous le surprenons ici dans son essence la plus pure. Port-Royal désormais ne nous en offrira point d'exemple plus accompli.

Cette dissidence de Pascal avec ses amis est plus grave qu'on ne l'a dit, et que ceux qui y assistaient ne l'ont senti eux-mêmes. Avec lui monte et s'échappe le dernier grand éclair de l'esprit de Saint-Cyran. Cet esprit ne luira plus dorénavant qu'à travers des ombres. Arnauld le combinera, le mêlera sans cesse avec des choses toutes contraires, avec l'esprit de Descartes, par exemple, ou encore avec l'esprit des Stoïciens. Il y a telle lettre de lui[2] où il se prend à citer avec admiration le *præter atrocem animum Catonis :* lui-même il avait quelque chose de cette âme. C'est bien; c'est une noble et généreuse inconséquence dans un Chrétien, mais enfin une

---

1. Voir sur la mort de M. Vinet mon volume des *Derniers Portraits littéraires*, 1852, pages 489-491.
2. Lettre du 28 mai 1682.

réelle inconséquence. Nicole, avec sa raison juste et son caractère timide, adoucit tout et affaiblit tout. Et ce sont eux deux désormais qui mènent. Certes, il y aura encore de touchants passages, la prison si chrétienne de Saci, sa mort, que nous avons anticipée, les douces vies de Hamon, de Tillemont. On aura encore de suaves et divines nuances; on en a fini avec le côté sublime.

Cet esprit de Saint-Cyran que Pascal n'avait pleinement ressaisi que sur le tard, sa sœur, elle, depuis le premier jour de sa conversion, ne s'en était jamais écartée. Je n'ai point assez dit[1] combien cette sœur, comparée au frère, l'explique, le complète, et peut-être, à quelques égards, le surpasse. Les hommes ont beau faire, même les plus saints, ils vont, ils sortent, la foule les coudoie, la poussière du chemin les couvre en passant, ils se ternissent et se dissipent. Heureuses les belles âmes dont la sensibilité préservée ne s'est nulle part dépensée ailleurs, mais s'est toute employée au sein de la vertu et du devoir! Quel plus pur idéal qu'une telle âme ainsi restée vierge et prêtresse, desservant l'autel dont l'autre âme emporte et trop souvent, en la promenant, disperse la flamme! Même dans le monde, même en dehors du Christianisme, n'est-ce pas ainsi qu'on aime à se figurer ce rôle charmant d'une sœur de grand homme? Les Électre, les Antigone de l'Antiquité, qu'étaient-elles autre chose? des sœurs, de saintes et sublimes sœurs, restées fidèles à un seul culte, et guidant, ramenant, ensevelissant le frère égaré. Règle générale : les sœurs, quand elles sont égales, sont plutôt supérieures à leur frère illustre. Elles se retrouvent meilleures. Ce sont comme des exemplaires de famille, des *doubles* du même cœur, qui se sont conservés sans aucune tache au sein du foyer, ou dans l'intérieur du

---

1. Voir pourtant au tome II, livre III, chap. v, page 488.

sanctuaire. Chez les modernes on pourrait citer bien des noms, même parmi les profanes[1]. Mais combien de fois surtout je me suis plu à rêver la sœur du poëte, d'un de ces grands poëtes que nous admirons et que nous chérissons à travers les fautes et les faiblesses ! La sœur de René est trop connue ; mais la sœur de Jocelyn, par exemple ! Elle aura la mélancolie pure et légère, la tendresse et l'harmonie, et le chant d'oiseau, sans mélange des jeux de l'art et sans la ruse acquise. Elles n'ont pas fait de leur âme œuvre ni gloire. C'est une gravure de Raphaël avant la lettre, qu'une belle âme avant la gloire. Se figure-t-on rien de plus angélique qu'une sœur de Fénelon ? Ici, dans le cloître de Port-Royal, nous possédons quelque chose de semblable, plus d'un de ces parfaits modèles. La sœur voilée de Pascal est son égale pour le moins ; elle le précède presque en tout, elle le guide, même dans les âpres grandeurs de la mort. La première Angélique est très-supérieure, selon nous, au *grand* Arnauld. Et la seconde Angélique (de Saint-Jean), croit-on qu'elle vaille moins que cet incomparable frère dont faisaient leurs délices les cercles des La Fayette et des Sévigné ? Un jour, ce frère-là, M. de Pomponne, et qui, tout frère qu'il était, connaissait apparemment assez peu sa sœur du cloître, demandait à Nicole : « Tout de bon, croyez-vous que ma sœur a autant d'esprit que madame Du Plessis-Guénegaud ? » Nicole haussa les épaules ; il était trop poli pour répondre : « Mais savez-vous qu'elle n'est nullement inférieure, même en esprit, à M. de Pomponne lui-même ? » Et Nicole aussi n'avait-il pas sa sœur

---

1. La reine Marguerite pour François Ier, la margrave de Bareith pour le grand Frédéric. — Et même auprès des bons, quand l'orage éclate, quand le nuage se déchire, comme elles apparaissent rayonnant d'une bonté plus divine ! auprès de Louis XVI madame Élisabeth !

Charlotte, une élève de Port-Royal, douée d'un génie facile, dont il emprunta plus d'une fois la plume, se plaisant à en dire qu'*elle avait beaucoup plus d'esprit que lui?* Les sœurs trouvent plus aisément grâce que les frères. M. Cousin, après avoir été dur pour Pascal, s'est vivement épris pour sa sœur, et la lui a préférée. Ici il a été éloquent comme toujours, et il a eu raison avec charme [1].

Mais, pendant que nous admirons la sœur et le frère, pendant que la scène de l'*évanouissement* nous inspire pensée sur pensée, ne serions-nous point dupe de notre préoccupation? N'aurions-nous point affaire tout simplement à un malade, à un visionnaire, je n'invente point les termes, à un *halluciné?* Pascal, en un mot, comme on l'a dit de Lucrèce, n'a-t-il pas eu sur la fin un véritable égarement de raison?

Au lieu de faire intervenir en ceci des modernes et des vivants (ce qui gêne toujours quand il faut discuter), je citerai Voltaire, qui, lorsqu'il se mêle de dire les choses, les dit plus nettement que personne et à moins de frais :

« Pascal, écrivait-il à 'sGravesande (1er juin 1738), Pascal croyait toujours, pendant les dernières années de sa vie, voir un abime à côté de sa chaise : faudrait-il pour cela que nous en imaginassions autant? Pour moi je vois aussi un abime, mais c'est dans les choses qu'il a cru expliquer. Vous trouverez dans les Mélanges de Leibniz que la mélancolie égara

---

1. Le brillant volume de M. Cousin, intitulé *Jacqueline Pascal*, le Recueil des *Lettres et Opuscules*, par M. Faugère, ont mis tout d'un coup en circulation et presque à la mode cette figure de *Sainte-Euphémie*, qui avait tant recherché l'ombre. M. S. de Sacy a écrit sur elle d'excellentes pages (*Débats*, 31 octobre 1844) ; M. Vinet en a écrit de pénétrantes (*Semeur*, 20 janvier 1847). — Et quant aux sœurs vouées à leurs frères, à l'appui de mon dire, de nouveaux exemples sortent et se présentent de toutes parts : la sœur de Maurice de Guérin, la sœur de M. Renan...

sur la fin la raison de Pascal ; il le dit même un peu durement. Il n'est pas étonnant, après tout, qu'un homme d'un tempérament délicat, d'une imagination triste, comme Pascal, soit, à force de mauvais régime, parvenu à déranger les organes de son cerveau. Cette maladie n'est ni plus surprenante ni plus humiliante que la fièvre et la migraine. Si le grand Pascal en a été attaqué, c'est Samson qui perd sa force[1].... »

En recherchant le passage de Leibniz auquel Voltaire fait allusion, on trouve simplement ce mot dans les *Leibniliana* : « En voulant approfondir les choses de la religion, il est devenu scrupuleux *jusqu'à la folie*. » C'est un de ces mots, on le voit, qui se disent en l'air, et qui ne reposent sur aucun fait. Et comment s'expriment à leur tour les gens de Port-Royal, quand ils parlent de Leibniz ? Ils le jugent, avant tout, un fort bel esprit et un curieux. « M. Leibniz *n'est point un homme sans religion*, » écrivait M. Arnauld dans un jour d'éloge. Leibniz, dans les jours de contradiction, parlait d'Arnauld comme d'un entêté *bonhomme*[2]. Malgré la gran-

---

1. Ainsi parle Voltaire dans une lettre où il y a de belles et charmantes choses ; et en général je l'aime mieux parlant de Pascal dans ses lettres, que lorsqu'il le critique en détail. Les bons Jansénistes du dix-huitième siècle ne se doutèrent jamais à qui ils avaient affaire dans la personne de Voltaire : « Nommer Voltaire et M. Pascal, dire que ce *poëte vagabond* a critiqué ce philosophe chrétien, cela paroît suffisant pour toute réponse. » C'est Dom Clémencet qui écrit cela dans son *Histoire littéraire de Port-Royal*, et il cite encore le mot d'un bel-esprit protestant (Boullier), qui, ayant vu les *Remarques critiques* de Voltaire sur Pascal, comparait son audace à celle d'*un papillon qui s'attaquerait à l'oiseau de Jupiter*. Aujourd'hui Voltaire passe communément pour l'organe le plus rapide et le plus vif du bon sens humain, si tant est qu'un tel bon sens existe, et lui-même il en doutait fort. Quant à Pascal, il est de toutes parts forcé dans ses retranchements, et on le démolit chaque jour dans son Gibraltar. Sa figure personnelle grandit plutôt dans cette attitude désespérée ; mais on se demande où en est le triomphe de sa cause.

2. Nouvelles lettres imprimées à Hanovre, 1846.

deur des noms, ces illustres personnages ne sont guère des autorités quand ils prétendent se juger; ils se touchèrent un moment, mais ne se pénétrèrent pas. Leibniz, quand il vint en France, vit le plus souvent qu'il put Arnauld, Nicole, et s'attacha surtout à nouer commerce avec le premier; il causa de Pascal avec le duc de Roannès; il s'inquiéta fort des inventions du géomètre et de la Machine arithmétique; il eut communication, par la famille Périer, des manuscrits concernant les Sections coniques : mais du moral de Pascal il n'en sut pas plus que nous n'en savons; il le juge même assez à la grosse, comme un esprit entêté des *préjugés de Rome;* il se préfère sensiblement à lui dans une lettre plus naïve et plus remplie de sa propre justice qu'on ne l'attendrait de sa part[1]. Bref, si Voltaire n'a pas d'autre témoin à charge à produire sur la folie de Pascal, il faut en rabattre. Mais *l'abîme* pourtant, *l'abîme!* voilà un fait précis.

L'abbé Grégoire, dans ses *Ruines de Port-Royal*, a remarqué que la première fois qu'il a été question de cet abîme imaginaire, ç'a été dans une lettre de l'abbé Boileau, publiée longtemps après la mort de Pascal. Cet abbé Boileau, Janséniste du beau monde, vers la fin du dix-septième siècle, le conseiller intime et le bras droit du cardinal de Noailles[2], et le directeur de bien des per-

---

[1]. Au tome VI des *Opera omnia*, partie I, page 248. Cette lettre à Thomas Burnet est d'ailleurs fort belle et d'une haute candeur. Génie étendu, ouvert, conciliant, doué de la curiosité la plus diverse et la plus universelle, en mouvement sur tous les points, organisateur de la science et, si on le laissait faire, du monde, essentiellement optimiste, Leibniz était certes par nature le moins cantonné et, pour tout dire, *le moins Janséniste* de tous les esprits; mais, dans la morale chrétienne entendue selon saint Paul, il n'entrait pas aussi avant que Pascal, et il était déjà trop *déiste* peut-être pour savoir l'y suivre jusqu'au bout.

[2]. C'est cet abbé qui avait dit au prélat, en lui conseillant no-

sonnes de qualité, écrivait à une demoiselle qui avait des terreurs d'imagination, et qui ne se laissait point rassurer par ses confesseurs :

« Où ils n'aperçoivent qu'un chemin uni, vous voyez d'affreux précipices. Cela me fait souvenir de M. Pascal, dont la comparaison ne vous déplaira pas ; car vous savez qu'il avoit de l'esprit, qu'il a passé dans le monde pour être un peu critique, et qu'il ne s'élevoit guère moins haut, quand il lui plaisoit, que le Père M. (Malebranche?). Cependant ce grand esprit croyoit toujours voir un abime à son côté gauche, et y faisoit mettre une chaise pour se rassurer ; je sais l'histoire d'original. Ses amis, son confesseur, son directeur, avoient beau lui dire qu'il n'y avoit rien à craindre, que ce n'étoient que des alarmes d'une imagination épuisée par une étude abstraite et métaphysique, il convenoit de tout cela avec eux, car il n'étoit nullement visionnaire ; et, un quart d'heure après, il se creusoit de nouveau le précipice qui l'effrayoit. Que sert-il de parler à des imaginations alarmées[1]?... »

Qu'on veuille bien se rendre compte ; l'abbé Boileau a pour but de rassurer une demoiselle qui a des terreurs ou des vapeurs, et il lui cite une historiette qu'*il tient d'original*, dit-il, mais qu'il adapte un peu à la circonstance, comme il arrive toujours en pareil cas. La mémoire devient complaisante ; on redit à peu près ce qu'on

---

blement de refuser le chapeau : « Vous serez plus grand, Monseigneur, en le mettant sous vos pieds que sur votre tête. » — Le cardinal de Noailles, jusqu'à son accommodement, avait eu auprès de lui M. Boileau ; il le fit alors chanoine de Saint-Honoré, pour l'éloigner avec considération.

1. Page 207 des *Lettres* de l'abbé Boileau, imprimées en 1737 ; Voltaire écrivait sa lettre à 'sGravesande un an après. Il venait de lire l'anecdote qui sans lui serait restée enfouie dans un livre obscur ; vite il en faisait monnaie selon son usage, et la voilà qui depuis ce temps court le monde. — Le *Journal des Savants*, dans un extrait qu'il donnait des *Lettres* de l'abbé Boileau (octobre 1737), citait le trait singulier, en ajoutant : *Nous n'en avions jamais entendu parler.*

a entendu autrefois; seulement l'*à peu près*, sur quoi porte-t-il? en quoi s'écarte-t-il de l'exacte vérité? Pascal *voyait toujours un abîme!* Mais quand il sortait dans la rue, quand, trois mois avant sa mort, il faisait cette charité, qu'on n'a pas oubliée, à cette belle jeune fille, en s'en revenant de l'église Saint-Sulpice, ce jour-là il marchait droit et n'avait pas d'abîme. Ainsi il faut modifier le *toujours*. Cela dura peut-être quelques semaines seulement. Et à quelle époque? Les conteurs d'anecdotes s'embarrassent bien de ces détails[1] ! Allons, point de rigorisme pourtant; je ne veux pas tout à fait supprimer ni combler l'abîme; il a servi et peut encore servir à de belles métaphores. Que feraient les poëtes, dit Pascal lui-même, si la foudre tombait sur les lieux bas? Le *feriuntque summos fulmina montes* reste une belle image. Mais si tout autre qu'un poëte, si un de ces savants qui se piquent de rigueur, si un physiologiste venait, sur la foi de cette anecdote, réclamer Pascal comme un de ses malades et faisait mine de le traiter en conséquence, oh! alors, au nom du bon sens comme du bon goût, nous lui dirions : *Holà!*

Sans prétendre nier les singuliers accidents nerveux de Pascal, et leur contre-coup sur son humeur ou sur sa pensée, nous maintenons qu'à cette distance, et dans l'état des renseignements transmis, il n'y a lieu à venir asseoir là-dessus aucun *diagnostic*, comme on dit[2]. Ce qui nous paraît au contraire positif, c'est que, si malade des nerfs qu'on le voie en effet, Pascal demeura jusqu'à

---

1. Ferai-je remarquer encore que, dans la lettre de l'abbé Boileau, tout ce passage sur l'*abîme* est *souligné*, comme si l'abbé directeur faisait allusion aux termes d'un récit que la demoiselle vient de lui faire, et avec lequel il veut à son tour faire cadrer le sien ? « Vous me parlez d'un *abîme*, eh bien ! j'en ai précisément un à vous citer; » c'est l'impression exacte qui résulte de la lecture.

2. Rejoindre ceci à ce qu'on a lu au tome II, livre III, chap. v, page 503.

a fin dans l'intégrité de sa conscience morale et de son entendement. Le reste nous échappe. Ceux qui se montrent si prompts à crier à la folie de l'homme n'ont pas assez réfléchi, au préalable, à ce que c'est que la folie de la Croix.

Bayle le savait mieux qu'eux. Parlant précisément de ces pensées extrêmes de Pascal sur *la maladie qui est l'état naturel du Chrétien*, le malicieux auteur s'est bien gardé de n'y pas reconnaître l'esprit du Christianisme lui-même, repris de très-haut et remontant à sa source :

« On fait bien, écrivait-il, de publier l'exemple d'une si grande vertu ; on en a besoin pour empêcher la prescription de l'esprit du monde contre l'esprit de l'Évangile. On voit assez de gens qui disent qu'il faut se mortifier, mais on en voit bien peu qui le fassent ; et personne n'appréhende de guérir quand il est malade, comme M. Pascal l'appréhendoit. *Il y a même des pays dans la Chrétienté où il n'y a pas peut-être un homme qui ait seulement ouï parler des maximes de ce philosophe chrétien* [1]. »

On a souvent cité en tout ou en partie ce passage de Bayle ; Besoigne s'en autorise presque avec édification. Il faut prendre garde pourtant et toujours se méfier quand on cite Bayle ; il est fin ; il est peu fier, et, pourvu qu'il glisse sa pensée, peu lui importe sous quel pavillon. Il est le contraire de Pascal, à qui l'on a reproché le ton tranchant ; et il ne tient pas beaucoup à garder son rang d'honneur et de préséance à la vérité. Ici, en ayant l'air de louer, le sceptique a surtout un but, c'est de faire entendre combien, malgré son règne nominal, le vrai Christianisme est rare, combien il est quasi impossible.

---

1. *Nouvelles de la République des Lettres*, décembre 1684. Y joindre l'article *Pascal* du *Dictionnaire*.

Chose étrange! Port-Royal, dans sa rigidité et sa sincérité primitive, ne dit pas le contraire; et rien n'est plus significatif, rien ne va plus au centre de notre présente étude, que de citer ici, en regard de Bayle, ce passage de Saint-Cyran :

« Quand je considère que les Chrétiens ne sont, pour parler ainsi, qu'*une poignée de gens, en comparaison des autres hommes* répandus dans toutes les nations du monde, et dont il se perd *un nombre infini hors de l'Église;* et que *dans ce peu d'hommes* qui sont entrés, par une vocation de Dieu, dans sa maison pour y faire leur salut, *il y en a peu qui se sauvent,* selon la parole de Jésus-Christ dans l'Évangile ; et qu'*outre cette prédiction réitérée qui regarde le commun des Chrétiens, il y en a encore une autre effroyable qui doit faire trembler les riches,* je me sens obligé, plus que je ne le puis dire, à supplier très-humblement, etc... [1]. »

Il est impossible de restreindre d'une manière plus effrayante le petit nombre et des Appelés et des Élus : d'épuration en épuration, c'est à faire dresser les cheveux. Or, ce que Saint-Cyran dit là dans un sérieux sombre, Bayle à son tour le redit, non sans malice; en faisant voir combien il y a peu de Chrétiens pareils à Pascal, et que c'est là être Chrétien véritablement, il donne à entendre que c'est se placer hors de l'humanité que d'être Chrétien ; qu'on ne l'est pas pour en avoir seulement le nom, et que, sitôt qu'on se met à l'être en réalité, on devient alors, selon une autre de ses expressions, un *individu paradoxe de l'Espèce humaine* [2].

---

[1]. Lettre à M. Singlin, datée de la prison de Vincennes, 17 février 1642.
[2]. En ce sens, les Jansénistes qui s'attachent trop à prouver combien peu le Christianisme est humain et naturel, se trouvent d'accord avec les *libertins,* qui, à leur manière, ne veulent pas prouver autre chose. Là est un des grands écueils du Jansénisme, une des causes qui l'ont rendu odieux aux philosophes et compromet-

Pascal est un de ces *individus paradoxes;* et, comme il se trouve le plus en vue des hommes de son groupe, on lui a adressé plus fréquemment qu'à d'autres le reproche de folie. Il ne le mérite qu'à ce titre d'avoir été l'un des plus Chrétiens dans ce foyer de renaissance. On a dit qu'il avait exagéré Port-Royal. Ceux qui parlent ainsi sont entrés dans Port-Royal du côté du déclin et de la décadence; ils ne l'ont point abordé à la tête et par le sommet. Pascal n'a point exagéré Port-Royal, il l'a réalisé. Excédant ce cadre par son génie, il s'y est enfermé par le cœur, et il a rassemblé une dernière fois ce que cet esprit a de plus vif dans une suprême flamme.

Deux mois environ avant sa mort, la maladie de Pascal redoubla et ne désempara plus. Le 29 juin 1662, il quitta sa maison pour aller dans celle de madame Périer sa sœur [1], et cela par une cause touchante : il avait recueilli chez lui un pauvre ménage, homme, femme, enfants, et l'un des fils prit la petite-vérole; il craignit alors que madame Périer, qui venait chaque jour, ne portât le mal à ses propres enfants, et, au lieu de

---

tant aux yeux de Rome. Je ne dissimule rien. — C'est en s'emparant de ce point de vue janséniste rigoureux et en regardant l'histoire au travers, qu'on a pu dire encore : « Le Christianisme, de tout temps, a beaucoup moins triomphé et régné qu'il ne semble. Les vrais Chrétiens le savent bien et se le disent pour s'effrayer, les incrédules pour s'autoriser à ne pas croire. » Le fait est qu'à force de prétendre diminuer le nombre des Chrétiens dignes de ce nom, on finit par porter atteinte à l'idée d'Église. Il y a un moment où, si l'on donne raison à Saint-Cyran, on est amené à conclure « qu'il n'y a bientôt plus de Catholiques dans l'Église : il faudra traiter tout le monde de Pélagiens, de païens ou d'hérétiques. » Nicole, le prudent, l'homme des palliatifs et qui répugnait aux conséquences extrêmes, n'était pas sans s'être fait l'objection, et il a cherché à y répondre (*Nouvelles Lettres*, pages 141, 142).

1. Il demeurait hors et près la porte Saint-Michel, du côté de la rue d'Enfer. Madame Périer demeurait rue Neuve-Saint-Étienne, à la maison du n° 8.

déplacer le pauvre malade, il trouva plus simple, malade aussi, de déloger lui-même.

L'union de Messieurs de Port-Royal avec Pascal, qui n'avait souffert que sur un point, se resserra dans sa dernière maladie. M. Arnauld, qui était alors obligé de se cacher, vint plusieurs fois le voir incognito; M. Nicole de même; et le malade se confessa plusieurs fois à M. de Sainte-Marthe, et même la veille de sa mort. Le curé de Saint-Étienne-du-Mont l'assista également. Des circonstances de médecine et de régime firent qu'on remit longtemps avant de lui administrer le Saint Viatique, qu'il réclamait avec ardeur. Enfin, lorsqu'on jugea qu'il n'y avait plus à tarder, le curé, entrant après minuit dans sa chambre avec le Saint Sacrement, lui cria : *Voici Celui que vous avez tant désiré!* L'agonisant, réveillé à cette parole, retrouva des forces, et se souleva seul à demi pour recevoir avec plus de respect le divin Consolateur.

Ainsi mourut, dans un ravissement de joie, celui qu'on se figure plein de tristesse. Il y a dans cette fin de Pascal, comme dans les derniers chapitres de ses *Pensées*[1], une langueur brûlante, une complaisance à la douleur, qui est le caractère de la passion même; il est tendre et enivré. On s'étonne de rencontrer, sous une forme si austère, des délices que les hommes cherchent ailleurs et qui passent. Lui, il trouva les siennes dans Jésus-Christ. Sans faire injure aux pages qu'on a publiées de lui sur l'*Amour*, il est trop clair qu'il n'a jamais mis son âme dans une créature; il n'a aimé de passion que son Sauveur. Aussi, lorsque, mourant, il jouit de son mal; lorsqu'à la nouvelle de l'Ami qui s'approche, il se soulève de son lit d'agonie et voudrait recevoir le bien-venu

---

1. Voir surtout le chapitre intitulé *le Mystère de Jésus* (Édition de M. Faugère, tome II, page 338).

à genoux; pour quiconque a non pas la foi, mais un cœur, il fait quelque chose de vrai, quelque chose dont la source est dans les entrailles de l'homme ; il expire dans un sentiment d'amour et de plénitude, comme tout être humain, qui aspire à l'immortalité de la vie, doit désirer de mourir.

Pascal rendit l'âme le 19 août 1662, âgé de trente-neuf ans et deux mois. Il fut enterré dans l'église Saint-Étienne-du-Mont, où l'inscription tumulaire se lit encore[1].

Deux ans et demi après, au fort de la persécution contre Port-Royal, l'archevêque Péréfixe interrogeant le curé de Saint-Étienne, M. Beurier, sur l'homme célèbre qui était mort son paroissien, obtint du bon curé une espèce de Déclaration portant que Pascal avait finalement blâmé M. Arnauld et ces autres Messieurs, et avait rétracté ses sentiments jansénistes. Les Jésuites prirent acte de ce témoignage, et commencèrent à en user dans leurs écrits. Mais il fut bientôt prouvé que M. Beurier, de très-bonne foi d'ailleurs, avait pris la

1. Que dis-je? la curiosité qui, dans ces derniers temps, s'est prise à Pascal avec une sorte d'acharnement, ne lui a pas même laissé ce dernier asile. Un historien, que nous avons connu plus grave, se donne le plaisir de nous conter que, vers 1789, le duc d'Orléans, qui s'occupait d'alchimie, eut besoin un jour d'un squelette pour ses opérations occultes, et qu'on ne trouva rien de mieux à lui procurer que le *pauvre Pascal*, dont les restes auraient été dérobés à cet effet de dessous la pierre (Michelet, *Histoire de la Révolution française*, tome I, page 77). Madame de Genlis (madame de Genlis !) aurait raconté cela à je ne sais qui. Pauvre Pascal, en effet ! pauvres grands hommes en proie à la gloire ! quand une fois une certaine rage de parler, qui prend comme par accès, se met sur leur compte, ils ne s'en tirent pas à si peu de frais. Voyez celui-ci : les uns lui ont contesté sa foi, les autres son bon sens; on lui a ôté les trois quarts des phrases qui passaient pour être de lui; on ne lui a rendu la lettre que pour lui mieux retirer l'esprit. Et maintenant voilà qu'on ne laisse pas même ses os à sa tombe !

pensée de Pascal au rebours, et que s'il y avait eu, entre Messieurs de Port-Royal et celui-ci, quelque dissidence, ç'avait été parce qu'il était plus avant et plus de Port-Royal selon l'esprit, qu'eux-mêmes. Le curé, convaincu par les pièces que lui produisit la famille, confessa lui-même sa méprise.

XIX

Du livre des *Pensées*. — Travail et difficulté de l'édition ; — rôle de chacun ; — esprit véritable qui préside. — Que devient notre pensée après nous? — Singulier propos de Nicole sur Pascal. — D'autres éditeurs auraient-ils fait mieux? — Succès du livre. — A-t-il manqué de certains suffrages?

Nous n'avons plus qu'à parler du grand ouvrage posthume de Pascal, les *Pensées*. Lorsque la persécution qui sévissait contre Port-Royal se fut apaisée, et dès que les amis prisonniers ou fugitifs se purent rassembler de nouveau, vers octobre 1668, on songea aussitôt à mettre en ordre ces précieux fragments, et à en tirer quelque chose qu'on pût offrir au public. C'était inaugurer dignement l'ère de la Paix de l'Église, que de l'ouvrir sous les auspices d'un nom resté si glorieux dans l'ère militante. Le duc de Roannès, le fidèle ami, fut celui qui s'entremit le plus dans cette publication par les soins et par le zèle. La révision et l'ordonnance des matières furent remises à un petit Comité composé de MM. Arnauld, Nicole, de Tréville, Du Bois, de La Chaise. De son côté, la famille y portait un soin religieux, scrupuleux et même jaloux. Son représentant à Paris auprès de ces Messieurs était le jeune Étienne

Périer[1], très-bien informé, très-ferme, et qui, malgré ses vingt-six ans, tenait tête aux plus considérables. En cas de conflit (ce qui arrivait fréquemment), les négociateurs habituels entre la famille et les amis étaient surtout le duc de Roannès, et aussi Brienne, le bizarre et séduisant confrère de l'Oratoire, qui avait fait, l'année précédente (1667), un séjour à Clermont chez les Périer, en s'en revenant d'Aleth avec Lancelot. Les lettres de Brienne nous donnent l'idée la plus parfaite, la plus naïve, des difficultés et des petits différends d'où sortit avec effort cette première édition si châtiée, si taillée, si remaniée, mais alors la seule possible. En citant Brienne, j'ai à solliciter de l'indulgence; la tête de cet homme d'esprit avait été un peu dérangée, et son discours, sa phrase pétulante s'en ressentait par des digressions et des parenthèses continuelles. Il écrivait à madame Périer, à la date du 16 novembre 1668 :

« On ne peut pas, Madame, avoir céans monsieur votre fils (qui nous fait l'honneur de coucher ce soir chez le mien, après y avoir dîné ce matin et avoir travaillé tout le jour céans pour mettre enfin la dernière main aux fragments de monsieur votre illustre et *Bienheureux* frère, après qu'ils ont subi tous les examens de M. de Roannez, ce qui n'est pas peu de chose[2]), — et ne vous pas dire un mot d'une si agréable occupation que nous avons présentement. M. de Roannez est très-content, et assurément on peut dire que lui et ses amis ont extrêmement travaillé ; je crois que vous

---

1. M. Périer, le père, venait de faire une grande maladie dont il était à peine convalescent en novembre 1668 ; c'est ce qui l'empêcha probablement de venir en personne à Paris suivre cette affaire.
2. J'ai été tenté de couper court, en les transcrivant, à cette suite d'incidences; mais non, il me semble qu'ainsi on voit mieux toute la filière par où l'édition a dû passer.

l'en devez remercier. Nous allons encore faire une revue, monsieur votre très-cher fils et moi, après laquelle il n'y aura plus rien à refaire ; et je crois que notre dessein ne vous déplaira pas, ni à M. Périer (que je salue ici avec votre permission), puisque nous ne faisons autre chose que de voir si l'on ne peut rien restituer des fragments que M. de Roannez a ôtés ; demain nous achèverons ce travail, s'il plaît à Dieu…. Envoyez-nous au plus tôt les cahiers de M. Pascal qui vous restent et qui nous manquent ; et mandez-nous votre dernière volonté ; nous l'exécuterons très-ponctuellement…. » (Et il indique les *Pensées* qui leur manquent, et qui furent en effet envoyées.)

Mais c'est dans une seconde lettre, écrite trois semaines après la première, qu'on saisit bien l'état des choses, et qu'on assiste, pour ainsi dire, à la fabrique intérieure de l'édition. La lettre est longue, pleine de redites ; mais quelques phrases qu'on en détacherait ne donneraient pas une idée exacte de la mesure de correction où l'on prétendait se tenir [1] :

« Ce 7 décembre 1668.

« Monsieur votre fils m'apporta hier votre lettre du 27ᵉ du mois passé, nous la lûmes ensemble et pesâmes plus toutes vos raisons que vous n'auriez pu faire vous-même, quand vous y auriez été présente pour répondre à nos objections. Il est certain que vous avez quelque raison, Madame, de ne vouloir pas qu'on change rien aux Pensées de monsieur votre frère. Sa mémoire m'est dans une si grande vénération, que, quand il n'y auroit que moi tout seul, je serois entièrement de votre avis, si M. de Roannez et ceux qui ont pris la peine de revoir ces fragments avoient prétendu substituer leurs pensées à la place de celles de *notre saint*, ou les changer de manière qu'on ne pût pas dire sans

1. M. Faugère a publié cette lettre ainsi que la précédente (Édition des *Pensées*, tome I, page 390) d'après le manuscrit de Clermont ; je les connaissais, un peu moins correctes, d'après le manuscrit de la Bibliothèque du Roi cité dans mon tome II, page 380 (Suppl. franç., n° 1485).

mensonge ou sans équivoque qu'on les donne au public telles qu'on les a trouvées, sur de méchants petits morceaux de papier, après sa mort ; mais comme ce qu'on y a fait ne change en aucune façon le sens ni les expressions de l'auteur, mais ne fait que les *éclaircir* et les *embellir*[1], et qu'il est certain que, s'il vivoit encore, il souscriroit sans difficulté à tous ces petits embellissements et éclaircissements qu'on a donnés à ses Pensées, et qu'il les auroit mises lui-même en cet état s'il avoit vécu davantage et s'il avoit eu le loisir de les repasser (puisque l'on n'y a rien mis que de nécessaire, et qui vient naturellement dans l'esprit à la première lecture qu'on fait de ces fragments), je ne vois pas que vous puissiez raisonnablement, et par un scrupule que vous me permettrez de dire qui seroit très-mal fondé, vous opposer à la gloire de celui que vous aimez. Les autres ouvrages que nous avons de lui nous disent assez qu'il n'auroit pas laissé ses premières pensées en l'état qu'il les avoit écrites d'abord ; et quand nous n'aurions que l'exemple de la XVIII° Lettre qu'il a refaite jusqu'à treize fois, nous serions trop forts, et nous aurions droit de vous dire que l'auteur seroit parfaitement d'accord avec ceux qui ont osé faire dans ses écrits ces petites corrections.... C'est, Madame, ce qui a fait que je me suis rendu au sentiment de M. de Roannez, de M. Arnauld, de M. Nicole, de M. Du Bois et de M. de La Chaise, qui tous conviennent d'une voix que les Pensées de M. Pascal sont mieux qu'elles étoient, sans toutefois qu'on puisse dire qu'elles soient autres qu'elles étoient lorsqu'elles sont sorties de ses mains, c'est-à-dire sans qu'on ait changé quoi que ce soit à son sens ou à ses expressions; car d'y avoir ajouté de petits mots, d'y avoir fait de petites transpositions, mais en gardant toujours les mêmes termes, ce n'est pas à dire qu'on ait rien changé à ce bel ouvrage. La réputation de M. Pascal est trop établie pour que le public s'imagine, lorsqu'il trouvera ces fragments admirables et plus suivis et plus liés, si vous voulez, qu'il n'appartient à des fragments, que ce soient d'autres personnes que M. Pascal qui les ayent mis en cet état[2] ; cette pensée ne vien-

---

1. *Embellir* Pascal! cela fait peine à entendre. Passe pour l'éclaircir ; par endroits, ce pouvait être nécessaire.

2. Nous touchons ici à la vraie pensée de madame Périer et de

dra jamais à personne, et on ne blessera point la sincérité chrétienne, même la plus exacte, en disant qu'*on donne ces fragments tels qu'on les a trouvés et qu'ils sont sortis des mains de l'auteur*, et tout le reste que vous dites si bien, et d'une manière si agréable que vous m'entraîneriez à votre sentiment, pour peu que je visse que le monde fût capable d'entrer dans les soupçons que vous appréhendez. L'ouvrage, en l'état où il est, est toujours en fragments, et cela suffit pour que tout ce que l'on dit et que vous voulez qu'on dise soit véritable.

« Mais afin que vous puissiez mieux juger de la vérité de ce que j'avance (et que je ne voudrois pas vous dire pour quoi que ce soit au monde, si je ne le croyois très-vrai en toutes ses circonstances), je vous envoie une feuille d'exemple des corrections qu'on a faites, que je dictai hier à monsieur votre fils. Je suis assuré, Madame, que, quand vous aurez vu ce que c'est, vous êtes trop raisonnable pour ne vous pas rendre, et pour n'être pas bien aise que la chose soit au point qu'elle est, c'est-à-dire aussi parfaite que des fragments le peuvent être. Quand vous verrez après cela la Préface qu'on a faite et que je tâcherai de vous envoyer mardi prochain, ou au moins d'aujourd'hui en huit jours tout au plus tard, vous ne vous contenterez pas de donner simplement les mains à ce qu'on a fait, mais vous en aurez de la joie et vos *entrailles tressailleront d'allégresse*, selon l'expression de l'Écriture [1]....

« Je vous dirai encore (poursuit Brienne qui se répète à satiété, mais qui, en se répétant, nous introduit de plus en

---

la famille : car ce serait leur faire un honneur bien gratuit que de supposer chez eux un goût littéraire supérieur à celui d'Arnauld, de Nicole et des autres. Madame Périer craignait en effet qu'on n'*embellît* un peu trop son frère ; que le public alors, s'apercevant que ce ne pouvaient être là les simples fragments qu'on annonçait, n'attribuât aux éditeurs toutes les belles choses ; et que, dans cette espèce de confusion qui se ferait du travail des correcteurs et de celui de l'auteur, la mémoire de ce dernier ne demeurât frustrée.

1. Il n'en fut pas ainsi : madame Périer trouva à redire à ce *Discours sur les Pensées de Pascal* qu'avait composé, non point M. Du Bois, comme on l'avait cru assez généralement jusqu'ici, mais M. de La Chaise, ainsi qu'on le verra tout à l'heure ; on substitua à son Discours une autre Préface émanée de la famille.

plus dans le détail et dans la familiarité des choses), je vous dirai, Madame, que j'ai examiné les corrections avec un front aussi rechigné que vous auriez pu faire; que j'étois aussi prévenu et aussi chagrin que vous contre ceux qui avoient osé se rendre de leur autorité privée et sans votre aveu les correcteurs de M. Pascal ; mais que j'ai trouvé leurs changements et leurs *petits embellissements* (il y tient) si raisonnables, que mon chagrin a bientôt été dissipé, et que j'ai été forcé, malgré que j'en eusse, à changer ma malignité en reconnoissance et en estime pour ces mêmes personnes, que j'ai reconnu n'avoir eu que la gloire de monsieur votre frère en vue, en tout ce qu'ils ont fait. J'espère que M. Périer et vous en jugerez tout comme moi, et ne voudrez plus, après que vous aurez vu ce que je vous envoye, qu'on retarde davantage l'impression du plus bel ouvrage qui fut jamais. Je me charge des Approbations et de tout le reste : que ne ferois-je point pour de tels amis que vous!

« Si j'avois cru M. de Roannez et tous vos amis, c'est-à-dire M. Arnauld et M. Nicole, qui n'ont qu'un même sentiment dans cette affaire (quoique ces deux derniers craignent plus que M. de Roannez de rien faire qui vous puisse déplaire, parce que peut-être ils ne sont pas aussi assurés que M. de Roannez dit qu'il l'est, que vous trouverez bon tout ce qu'il fera); si, dis-je, je les avois crus, les fragments de M. Pascal seroient bien avancés d'imprimer. Il est assurément de conséquence de ne pas retarder davantage l'impression, et je vous supplie, en nous envoyant la copie des deux cahiers qui nous manquent..., de nous envoyer aussi une permission de mettre cet ouvrage sous la presse....

« On n'a pas fait une seule addition. Vous avez regardé le travail de M. de Roannez comme un grand commentaire; et rien n'est moins semblable à ce qu'il a fait que cette idée que vous vous en étiez formée.

« Je ne parle point des pensées qu'on a retranchées, puisque vous n'en parlez pas et que vous y consentez ; mais je vous dirai pourtant que j'en ai fait un petit cahier que je garderai toute ma vie comme un trésor, pour me nourrir en tout temps; car je ne voudrois pas laisser perdre la moindre chose de M. Pascal [1].... »

1. Je possède un petit cahier tout pareil à celui dont parle

Enfin, dans un post-scriptum daté du 11, qu'il ajoute à cette longue lettre, Brienne parle d'une lettre de madame Périer à M. de Roannès, que celui-ci vient à l'instant de recevoir et de lui faire lire, et qui semble avancer la conclusion :

« Je vous dois dire, Madame, que monsieur votre fils est bien aise de se voir tantôt au bout de ses sollicitations auprès de moi et de vos autres amis, et de n'être plus obligé à nous tenir tête avec l'opiniâtreté qu'il faisoit, et dont nous ne pénétrions pas bien les raisons ; car la force de la vérité l'obligeoit à se rendre, et cependant il ne se rendoit point et revenoit toujours à la charge ; et la chose alloit quelquefois si loin que nous ne le regardions plus comme un Normand[1] (qui sont naturellement gens complaisants), mais comme le plus opiniâtre Auvergnat qui fut jamais, c'est tout dire. Mais maintenant nous ferons bientôt la paix, et j'espère que votre satisfaction, et la gloire et l'applaudissement qui sont inséparables de la publication de cet ouvrage, achèveront de mettre fin aux petits différends que nous avons eus, M. de Roannez et moi, avec monsieur votre fils. »

On a, ce me semble, d'après cette lettre confidentielle, le rôle de chacun très-bien tracé dans ce concert difficile à obtenir ; et je me représente le tout ainsi : la famille absente s'effraye (mais non pas au point de vue littéraire) de voir toucher à des reliques chéries d'un Saint glorieux, et de loin elle s'exagère même les changements qu'on prétend y apporter ; le duc de Roannès, au cœur du travail, s'empresse, se multiplie : qui mieux que lui avait pu aider à déchiffrer les papiers originaux, et à en tirer une copie satisfaisante ? maintenant que le tout, pêle-mêle, est copié, il débrouille ; il essaye avec

---

Brienne, un petit manuscrit abrégé des pensées qu'on avait retranchées à l'impression ; ce pourrait bien être le même, ou une copie faite d'après celui-là. M. Faugère en a parlé au tome I, page LVIII, de son édition des *Pensées*.

1. Étienne Périer était né à Rouen.

Étienne Périer de classer ces notes confuses; il en indique le vrai sens et l'intention, lui qui passait sa vie avec Pascal et qui était son intime confident; s'il n'ajoute rien, il retranche beaucoup : en un mot, il dresse une sorte de premier canevas d'édition, et met ces autres Messieurs à même de se former un avis. Arnauld et Nicole relisent alors et revoient tout cela au point de vue de la clarté et de la correction. Lorsqu'ils crurent devoir s'attaquer au sens, ce fut, en général (et sauf deux ou trois méprises), par des raisons essentielles qui nous touchent très-peu aujourd'hui, mais qui ne pouvaient point ne pas prévaloir sur des esprits avant tout chrétiens, et tournés vers l'édification des lecteurs. On en a un exemple dans une lettre d'Arnauld, que je donnerai ici presque au long ; ces citations sont devenues essentielles pour mettre en lumière l'esprit de scrupule qui présida à cette première édition, pour montrer qu'elle fut faite jusqu'en ses altérations selon un esprit de sincérité chrétienne, sinon de sincérité littéraire. On voulait (ne l'oublions pas), et il fallait absolument, pour remplir l'objet, que le livre parût avec des Approbations d'évêques et de docteurs. Un des approbateurs, l'abbé Le Camus, docteur en théologie de la Faculté de Paris, depuis évêque de Grenoble et cardinal, avait fait quelques observations. Or, on lit dans une lettre d'Arnauld à M. Périer, en novembre 1669[1], après le récit de quelque événement qui a retardé sa réponse :

« ... Voilà, Monsieur, ce qui m'a empêché non-seulement de vous écrire plus tôt, mais aussi de conférer avec ces Messieurs sur les difficultés de M. Le Camus ; j'espère que tout s'ajustera, et que, hors quelques endroits qu'il sera

---

1. Et non 1668, comme on lit dans les imprimés; le travail de l'édition, à la date de cette lettre, était très-avancé et tirait sur sa fin.

absolument bon de changer, on les fera convenir de laisser les autres comme ils sont. Mais souffrez, Monsieur, que je vous dise qu'il ne faut pas être si difficile ni si religieux à laisser un ouvrage comme il est sorti des mains de l'auteur, quand on le veut exposer à la censure publique ; on ne sauroit être *trop exact*[1] quand on a affaire à des ennemis d'aussi méchante humeur que les nôtres. Il est bien plus à propos de prévenir les chicaneries par quelque petit changement qui ne fait qu'adoucir une expression, que de se réduire à la nécessité de faire des apologies. C'est la conduite que nous avons tenue touchant les *Considérations sur les Dimanches et les Fêtes* de feu M. de Saint-Cyran, que feu Savreux a imprimées ; quelques-uns de nos amis les avoient revues avant l'impression ; et M. Nicole, *qui est fort exact*, les ayant encore examinées depuis l'impression, y avoit fait faire beaucoup de cartons[2]. Cependant les Docteurs, à qui je les avois données pour les approuver, y ont encore fait beaucoup de remarques, dont plusieurs nous ont paru raisonnables, et qui ont obligé encore à faire de nouveaux cartons. Les amis sont moins propres à faire ces sortes d'examens que des personnes indifférentes, parce que l'affection qu'ils ont pour un ouvrage les rend plus indulgents sans qu'ils le pensent et moins clairvoyants. Ainsi, Monsieur, il ne faut pas vous étonner si, ayant laissé passer de certaines choses sans en être choqués, nous trouvons maintenant qu'on les doit changer, en y faisant plus d'attention après que d'autres les ont remarquées.... »

1. Les idées sur l'*exactitude* étaient si différentes, qu'Arnauld appelle être *exact* ce qui nous semble précisément de l'infidélité. De tout temps l'exactitude chrétienne a mené au sacrifice littéraire.

2. Nicole, le grand *réviseur* et *repasseur*, ne cessa dans aucun temps de faire cet office, qu'on sollicita de lui jusqu'à la fin de sa vie : « Il seroit bon que cet ouvrage fût revu (lui écrivait-on au sujet des *Prières* de M. Hamon). M. de Pontchâteau avoit toujours cru que personne n'en étoit plus capable que vous, et qu'*il n'étoit pas bon de laisser les Écrits de M. Hamon sans cette révision*, parce que ses pensées sont quelquefois *outrées et trop fortes.* » (Lettre de la Sœur Élisabeth de Sainte-Agnès Le Féron à M. Nicole, du 12 janvier 1693.)

Et il cite un exemple que nous allons dire. Mais, chemin faisant, n'êtes-vous pas effrayé de cette multitude de défilés et de coins périlleux par où est obligée de passer une pauvre pensée humaine, laissée orpheline du génie qui l'a produite, et *n'ayant plus là son père pour la défendre*[1]? Pour les vrais Anciens, transmis durant des siècles à travers tant de mains diversement intéressées, cela fait trembler. Chez ces hommes qui sont des modernes d'hier, que d'altérations déjà et d'atteintes, que du moins encore nous pouvons saisir! Saint-Cyran nous a paru, dans ses discours et dans sa parole, tout autrement éloquent que dans ses écrits; je le crois bien; M. Nicole, qui était *très-exact*, a passé son niveau sur ces derniers. Le traité *sur le Sacerdoce*, qui y a échappé, est seul resté beau et marqué au coin du maître. Saint-Cyran, le grand directeur, corrigé par Nicole! c'est pis que ne le serait, dans un autre genre, Joseph de Maistre corrigé par l'abbé Émery. Ici c'est Pascal qui a, pour son compte, à passer entre les amis craintifs et les Approbateurs inquiets, entre une double haie de docteurs. Comme l'homme aux deux maîtresses, c'est à qui lui arrachera un cheveu. Oh! que l'écrivain de génie paye cher l'avantage d'appartenir à un parti! Il est vrai que, s'il vit et meurt seul (*singulariter sum ego donec transeam*), il court d'autres risques, et sa dépouille peut aller aux mains du premier passant. Concluons humblement que le moi humain le plus original et le plus énergique a fort à faire pour qu'après lui sa marque particulière tienne bon et ne s'efface pas; et revenons vite au cas allégué dans la lettre d'Arnauld :

« Par exemple, écrivait celui-ci à M. Périer, l'endroit de la page 293 me paroît maintenant souffrir de grandes difficultés, et ce que vous dites pour le justifier; « que, selon

---

1. Expression de M. de Maistre.

saint Augustin, il n'y a point en nous de justice qui soit essentiellement juste, et qu'il en est de même de toutes les autres vertus, » ne me satisfait point ; car vous reconnoîtrez, si vous y prenez bien garde, que M. Pascal n'y parle pas de la justice *vertu*, qui fait dire qu'un homme est juste, mais de la justice *quæ jus est*, qui fait dire qu'une chose est juste, comme : Il est juste d'honorer son père et sa mère, de ne point tuer, de ne commettre point d'adultère, de ne point calomnier, etc., etc. Or, en prenant le mot de justice en ce sens, il est faux et très-dangereux de dire qu'il n'y ait rien parmi les hommes d'essentiellement juste ; et ce qu'en dit M. Pascal peut être venu d'une impression qui lui est restée d'une maxime de Montaigne, que les loix ne sont pas justes en elles-mêmes, mais seulement parce qu'elles sont loix. »

J'abrége ; mais on comprend de quel ordre est l'objection. On le comprendra mieux encore en lisant les passages complets de Pascal sur ce qu'on appelle la justice humaine, même la justice naturelle[1]. Dans l'état

---

[1]. Voir dans l'Édition de M. Faugère les pages 126-129 du tome II. — Une circonstance singulière est venue, depuis, ajouter un dernier et parfait éclaircissement à l'objection d'Arnauld. Cette objection portait, on vient de le voir, sur un endroit de la page 293. Il est vrai que, si l'on regarde à la page 293 de la première édition des *Pensées* (1670), on n'y voit rien précisément sur ce sujet de la justice. C'est que le passage a été retranché. Eh bien ! par le plus grand des hasards, il a été retrouvé un exemplaire-épreuve des *Pensées* à la date de 1669. Cet exemplaire, qui appartenait primitivement au docteur Salacroux, a été acquis en 1851 par la Bibliothèque Nationale, et la collation de ce volume avec l'édition publique des *Pensées* est propre à initier de plus en plus au travail de révision auquel les éditeurs se sont livrés jusqu'au dernier moment. C'est ainsi que, regardant à la page 293, on y trouve le passage suivant sur la justice, lequel en effet a été supprimé par le conseil d'Arnauld : « J'ai passé long temps de ma vie en croyant qu'il y avoit une justice, etc.... » (Voir à la page 129, tome II de l'Édition de M. Faugère.) L'exemplaire de M. Salacroux n'était point connu lorsque M. Faugère donnait son Édition ; mais cet éditeur original et qui ne laisse rien passer l'a

actuel de la raison corrompue, Pascal ne reconnaît pas de telle justice, ou, s'il la reconnaît théoriquement, il la déclare tout aussitôt méconnaissable en fait. Dans les pages des *Pensées* auxquelles je renvoie, on s'assure que Pascal, en tant qu'il n'aurait pas été chrétien, serait bien près d'entendre le droit comme Hobbes[1] et la politique

examiné depuis; il a fait son travail de collation pour lui-même, et il veut bien me le communiquer. M. Faugère est d'avis que primitivement, il n'y a pas eu un seul et unique exemplaire-épreuve, qu'il doit y avoir eu plusieurs exemplaires de ce premier tirage, qui furent d'abord distribués aux amis et aux approbateurs, en toute confidence. On fit jusqu'au dernier moment des cartons et des remaniements. Ces changements introduits sont tous dans le sens d'un adoucissement de pensée ou d'expression. Ils furent manifestement inspirés par des scrupules d'orthodoxie et par la crainte de donner prise aux attaques des adversaires de Port-Royal. C'est ce qui retarda jusqu'en 1670 la publication qui devait avoir lieu d'abord en 1669.

1. Voici, par exemple, sur la Justice et le Droit, une pensée des plus vertes et des plus crues de l'un de mes amis qui est de la pure école de Hobbes : « Depuis qu'il y a des sociétés, que l'homme vit et naît en civilisation et qu'on lui enseigne la Justice, il s'est créé en lui, dans son cerveau, des *traces* et comme un organe acquis de la Justice; il y en a qui naissent avec ce sentiment-là très-énergique, comme il y en a qui naissent avec l'instinct de la littérature. Dans les races d'animaux domestiques, on crée ainsi à la longue des organes par l'éducation. Mais laissez ces animaux retourner dans les bois, laissez l'homme rentrer dans sa vie sauvage primitive, et ces organes acquis et surajoutés vont vite disparaître et s'abolir pour faire place à la pure nature, — jusqu'à ce que quelques hommes puissants et rares, quelques génies qui comprennent la nature des choses, rassemblent de nouveau ces peuplades errantes et réinventent la société, en en cachant la base et en la recouvrant d'un autel. » — Et encore : « La plus belle invention des hommes est la Justice. Ceux qui croient qu'elle n'est pas une invention, mais une qualité inhérente à la nature, sont portés à en diminuer tellement les conditions essentielles dans la société, et les garanties, que l'invention se trouve alors fort compromise, et que les hommes, à chaque commotion imprévue, faute de liens suffisants qui les retiennent, sont en danger de rétrograder vers la violence et la brutalité naturelle. » — Je me demande ce que Pascal aurait dit de ces pensées-là; il en aurait certainement compris la force aux yeux de quiconque n'est pas chrétien.

comme Machiavel, et que dans la pratique civile il dirait volontiers avec La Rochefoucauld : « Nous devons quelque chose aux coutumes des lieux où nous vivons, pour ne pas choquer la révérence publique, quoique ces coutumes soient mauvaises; mais nous ne leur devons que l'apparence. » En morale comme en tout, son grand esprit positif et rigoureux, si peu fait à se payer d'abstractions, le poussait à de telles vues, qui, prudemment saisies, restent peut-être plus vraies qu'on n'ose dire. Ce qu'il importe en ce moment de remarquer, c'est qu'Arnauld et Nicole ne pensaient pas ainsi, et que cette dose d'ironie première et de foncière amertume était trop forte pour eux, et pour être offerte de leur gré au public sous cette forme nue. Il y avait dans le Christianisme de Pascal quelque chose qui les dépassait. Je ne dirai pas que Pascal était plus hautement Chrétien qu'eux : on n'est pas Chrétien par l'intelligence, mais par le cœur, par la foi; et s'il y a des degrés, c'est le plus humble, le plus tendre et le plus fervent qui l'est le plus. Mais je dirai que Pascal (si des comparaisons de ce genre sont possibles) avait encore plus besoin qu'eux d'être Chrétien. Quand on admet à quelque degré la justice naturelle, une certaine raison antérieure qui éclaire et fixe sur les devoirs et sur les rapports des hommes, et qui du moins ébauche l'économie morale du monde, on n'est pas dispensé du Christianisme, mais on a de quoi se reposer en attendant. Le Christianisme, quand il arrive alors, n'est que le couronnement et la consécration, la Croix plantée sur l'édifice. Pour Pascal, le Christianisme était à la fois le fondement et le sommet; il n'y avait auparavant pour lui qu'un vaste champ sillonné par le hasard, ravagé par la force ou dompté par la coutume, rien de plus. C'est-à-dire que, pour un cœur ardent comme le sien, il n'y avait que l'abîme ou le Calvaire.

De là ces accents de passion, ces cris d'aigle blessé qui lui échappent si souvent, et que Nicole, pour être sincère, devait être tenté d'adoucir; car il les trouvait certainement étranges et presque sauvages [1]. L'édition,

[1]. « En 1687, écrit l'abbé de Saint-Pierre, je voyois souvent M. Nicole chez lui à la Crèche (place du Puits-l'Hermite, proche de la Pitié). Je courois après les hommes célèbres par leurs ouvrages. Il avoit fort connu M. Pascal, et connoissoit fort M. de Tréville, avec qui il avoit beaucoup conversé chez madame de Longueville. Je fus surpris un jour de lui voir préférer l'esprit de M. de Tréville à celui de M. Pascal.

« Il est vrai que M. de Tréville contoit agréablement, et parloit très-facilement et en termes très-propres : mais comme je le connoissois aussi un peu moi-même, je ne voyois pas qu'il dût le préférer, pour l'étendue et la force de l'esprit, à M. Pascal.

« Ce que je compris par cette comparaison, c'est que je pouvois bien m'être fait, d'un côté, une trop grande idée de l'esprit de M. Pascal que je n'avois point vu, et, de l'autre, que je pouvois bien n'avoir pas pris une assez haute idée de l'esprit de M. de Tréville que je ne voyois qu'avec des femmes.

« M. Nicole me dit un jour en parlant de M. Pascal que c'étoit *un ramasseur de coquilles*. Je compris par ces termes qu'il falloit ou diminuer de l'estime que je faisois de M. Pascal, ou de l'estime que je faisois du discernement de M. Nicole. » (Ouvrages de Morale et de Politique de l'abbé de Saint-Pierre, tome XII, page 86.)

Ce texte est significatif. Il confirme singulièrement certaine lettre au marquis de Sévigné (*Essais de Morale*, tome VIII), où Nicole risquait son jugement véritable sur les *Pensées*. Pascal *un ramasseur de coquilles!* voilà comme on s'exprime en causant, nonobstant toutes les révérences obligées qu'on fait devant le monde à la mémoire du grand homme qu'on a connu. Ces seconds et disciples sont des traîtres; tout en vous adorant en public, ils vous jugent par le dessous, et vous défont dans le privé tant qu'ils peuvent. Que voulez-vous? Nicole avait vu faire les *Provinciales* avec des notes ramassées de toutes mains et fournies par lui-même; il avait assisté, coopéré à la confection du livre des *Pensées*, et les avait vues en déshabillé, sur de méchants chiffons; il avait reconnu plus d'une *coquille* prise au capuchon de Montaigne, le bon pèlerin. S'il ne partageait pas l'admiration des lecteurs qui s'en tenaient à ce qui leur était offert, c'est qu'il avait trop été dans les *coulisses* de l'édition pour tout admirer. Et puis, en parlant de la sorte, il se jugeait lui-même sans s'en douter, et donnait sa propre mesure. — Dans les discussions qui se sont mues récem-

du moment qu'elle se faisait sous les auspices de Port-Royal, ne pouvait manquer d'être contrôlée en ce sens d'une prudence un peu timide. C'est aussi pour ôter toute pierre d'achoppement qu'on n'imprima point en tête la *Vie* que madame Périer avait écrite de son frère en 1667 : ne pouvant, dans cette Vie, donner place aux portions les plus désirées du public, on aima mieux la laisser de côté, et attendre que l'heure fût venue de tout dire, ou, du moins, de choisir entre ce qu'on dirait. On se souvient que Pascal, dans les derniers temps, était en désaccord avec ses amis sur de certains points essentiels; il meurt, et c'est à ceux-ci que retombe le soin de célébrer en quelque sorte ses funérailles, et d'exposer les reliques de son génie : il y a, dans cette situation bien comprise, de quoi expliquer chez les éditeurs l'esprit de discrétion, et même de réticence, qui s'étendit un peu au delà du nécessaire. Ils étaient restés, quoi qu'on puisse dire, sur l'impression de leurs différends; ils n'étaient pas sans quelques secrets à garder. La famille, de son côté, avait les siens, même à l'égard de ces Messieurs. La confiance mutuelle était grande, elle n'était pas entière. Voici une lettre de madame Périer que j'ai eu le plaisir de trouver autrefois dans les papiers de madame de Sablé[1], à l'adresse de M. Vallant, médecin de cette dame. On achèvera d'y voir tout ce qui compliqua jusqu'au bout la précieuse publication :

Ce 1er avril 1670.

« ... Je vois que madame la marquise témoigne de désirer de savoir qui a fait la Préface de notre livre[2]. Vous savez,

---

ment, M. Cousin a très-bien vu ce point sur Nicole, et M. l'abbé Flottes s'y est trompé.

1. Manuscrits de la Bibliothèque du Roi. Rés. S. Germ., paq. 3, n° 7.

2. Madame de Sablé ne serait pas elle-même, si le démon de la curiosité ne la possédait pas.

Monsieur, que je ne dois rien avoir de secret pour elle ; c'est pourquoi je vous supplie de lui dire que c'est mon fils[1] qui l'a faite. Mais je la supplie très-humblement de n'en rien témoigner à personne. Je n'excepte rien, et je vous demande la même grâce ; et, afin que vous en sachiez la raison, je vous dirai toute l'histoire. Vous savez que M. de La Chaise en avoit fait une, qui étoit assurément fort belle[2] ;

1. Étienne Périer, dont il a été question plus haut ; il n'avait alors que vingt-sept ans, et il mourut à trente-huit. Élevé dès son bas âge par son grand-père Pascal, puis aux petites Écoles de Port-Royal, il avait ensuite reçu la dernière main de Pascal son oncle : cela peut s'appeler une éducation.

2. Nous touchons ici à la solution d'une petite difficulté bibliographique, qui ne laissait pas que d'intriguer ceux qui examinent de très-près les choses. Le *Discours sur les Pensées de Pascal*, qui devait servir de Préface à la première édition, et qu'on écarta pour les raisons auxquelles madame Périer nous initie, est généralement attribué à M. Du Bois, l'un des membres du Comité. En effet, ce *Discours* qui parut pour la première fois en 1672, augmenté d'un autre *Discours sur les Preuves des Livres de Moïse*, est muni d'une *Approbation de Docteurs*, qui le donne positivement comme ayant été *composé* (ce sont les termes) *par M. Du Bois de La Cour*. Comment ne pas croire à des paroles aussi formelles? Ce n'est que le second Discours, traitant des *Preuves des Livres de Moïse*, qu'on accordait communément à M. de La Chaise. Or, il devient difficile, ou plutôt impossible, de concilier cette opinion avec l'assertion précise et irréfragable de madame Périer. De même qu'il est bien certain maintenant que la Préface de la famille est de M. Étienne Périer, de même on ne saurait douter que l'autre Préface ne soit de M. de La Chaise. *Du Bois de La Cour* n'est qu'un prête-nom ou même un faux nom, car le Du Bois du Comité, et qui fut de l'Académie, s'appelait Goibaud Du Bois. L'abbé Goujet était donc bien informé quand il contredisait l'opinion générale (voir *Mémoires* de Niceron, tome XX, page 97), et qu'il assurait, d'après un témoignage confidentiel, que les deux Discours appartenaient en effet à M. de La Chaise. Barbier s'était rangé à l'avis de Goujet. Mais il fallait une autorité comme celle de madame Périer pour lever toute incertitude. — M. Filleau de La Chaise était de Poitiers, et de l'intimité de M. de Roannès ; il avait pour frère M. Des Billettes, si finement loué par Fontenelle. Il est auteur d'une *Histoire de saint Louis*, qu'il composa sur des mémoires de M. de Tillemont, et qui eut elle-même, avant de paraître, à subir bien des accrocs et des mésaventures. Le pauvre homme, comme auteur, était plus estimable qu'heureux.

mais, comme il ne nous en avoit rien communiqué, nous fûmes bien surpris, lorsque nous la vîmes, de ce qu'elle ne contenoit rien de toutes les choses que nous voulions dire, et qu'elle en contenoit plusieurs que nous ne voulions pas dire. Cela obligea M. Périer de lui écrire pour le prier de trouver bon qu'on y changeât, ou qu'on en fît une autre ; et M. Périer se résolut en effet d'en faire une ; mais, comme il n'a jamais un moment de loisir, après avoir bien attendu, comme il vit que le temps pressoit, il manda ses intentions à mon fils, et lui ordonna de la faire. Cependant, comme mon fils voyoit que ce procédé faisoit de la peine à M. de R. (Roannez), à M. de La Chaise et aux autres, il ne se vanta point de cela, et fit comme si cette Préface étoit venue d'ici (de Clermont) toute faite. Ainsi, Monsieur, vous voyez bien qu'*outre toutes les autres raisons qu'ils prétendent avoir de se plaindre*, cette finesse dont mon fils a usé les choqueroit assurément. »

Malgré ces légers tiraillements intérieurs, dont rien ne parut au dehors, on arriva au résultat souhaité. On insiste beaucoup, dans la Préface de la famille, sur ce qu'on a mieux aimé donner les pensées en moindre nombre *sans y rien ajouter ni changer*, plutôt que de se permettre de les étendre et de les éclaircir. Quoi qu'en dise la Préface, on a souvent changé en vue d'éclaircir ; et l'assertion était vraie au sens moral bien plus qu'au sens littéraire. On avait certainement tâché de rester fidèle ; même dans les petits changements, à l'esprit et au but de Pascal, à ce qu'on supposait qu'il aurait fait s'il avait vécu ; pourtant le conseil d'Arnauld avait été plus suivi que la scrupuleuse famille ne le voulait avouer. Les preuves en sont devenues trop manifestes depuis l'éclatante dénonciation de M. Cousin, pour que j'aie besoin d'en fournir aucune ici. Mon seul soin est d'absoudre les premiers éditeurs d'un reproche que de tout autres qu'eux auraient plus ou moins encouru en leur place. Le livre étant destiné surtout à la conversion ou à la confirmation des lecteurs, on évita tout ce qui, d'une manière ou d'une autre, pouvait *l'accrocher*. Aujourd'hui que nous nous soucions assez peu d'édification et de conversion, nous regrettons ces *accrocs* qu'on a ôtés, et dont quelques-uns avaient plus de mordant et une vigueur singulière. « Si Orelli publiait le *Gorgias* comme on a publié les *Pensées*, il mériterait d'être fustigé, » disait un jour, en riant, le plus spirituel vengeur du texte primitif de Pascal. — Oui, mais les *Pensées* avaient un autre but que le *Gorgias*; ce n'était pas œuvre de bel esprit pour de beaux esprits. Notre foi religieuse s'en étant doucement allée, nous y avons substitué aujourd'hui la foi ou dévotion littéraire, et nous venons avec zèle restituer, par-ci par-là, les moindres mots, les moindres traits ébauchés, à un livre qui avait été surtout conçu pour la pensée et pour le cœur.

Nous faisons bien, et eux, les premiers éditeurs, n'ont point fait tout à fait mal; c'est le seul point que je veuille maintenir ici[1]. Qu'on essaye en idée, à cette date de 1668, de mettre d'autres hommes à la place de nos dignes amis, de former un autre Comité pour l'édi-

1. J'ai déjà eu l'occasion ailleurs, à propos de l'édition de M. Faugère, de développer ces idées (voir au tome III, page 310, des *Portraits contemporains et divers*, 1846). Le vrai tort a été aux éditeurs du dix-huitième siècle, qui, plus à l'aise et dégagés des considérations premières, n'ont pas travaillé à restituer peu à peu et à réparer. Au reste, ces hommes du dix-huitième siècle avaient eux-mêmes leurs préoccupations d'un autre genre. Il y eut un moment où l'édition de Condorcet parut la meilleure : et elle n'est pas si mauvaise en effet, dès l'instant qu'on se place à un point de vue franchement philosophique. J'ai entendu, il y a quelques années, les hommes religieux qui avaient le plus étudié Pascal vanter beaucoup l'édition de M. Frantin. Chaque époque ainsi va refaisant une édition à son usage. Ce sont les aspects et comme les perspectives du même homme qui changent en s'éloignant. Il ne me paraît pas du tout certain que l'édition actuelle, que nous proclamons la meilleure, soit la définitive. On a un bon texte, c'est l'essentiel ; mais il y aurait bien à tailler et à rejeter pour que la lecture redevînt un peu suivie et, je dirai même, supportable.

tion, et qu'on voie si elle aurait eu chance de sortir de ces autres mains meilleure et plus conforme à notre vœu d'aujourd'hui. Voulez-vous installer à la tête de ce Comité Bossuet, l'écrivain le plus fait assurément pour entendre à première vue la grande façon de Pascal, ainsi surprise? Bossuet, à tout moment, faisant taire son sens littéraire et le dominant par l'intérêt de sa cause, dira *non* à des pensées inachevées, abruptes et scabreuses, et qu'il jugera pouvoir être compromettantes auprès des faibles. Cherchez d'autres hommes : Molière, La Rochefoucauld et La Fontaine (car il vous en faudra venir à ces extrémités) seront peut-être les seuls d'entre les illustres d'alors qui auraient eu l'esprit assez libre et le goût assez franc, si leur attention s'y était fixée, pour oser accepter ces hardiesses de premier jet chez l'athlète chrétien. Mais le singulier Comité que nous rêvons là! et comme La Fontaine, malgré tout, se serait endormi avant la fin !

Prenons donc les choses telles qu'elles furent. Le petit volume in-12 des *Pensées*, achevé d'imprimer le 2 janvier 1670, parut dans le mois. Il n'avait en tête que cette Préface de la famille Périer; Port-Royal n'était nulle part nommé, et, en touchant l'endroit de la conversion de Pascal, on disait seulement qu'il s'était retiré quelque temps *à la campagne*. L'archevêque de Paris, M. de Péréfixe, était fort en peine de cette publication annoncée à l'avance, et il aurait bien voulu qu'on la lui soumît; on a le détail de toutes les petites négociations entre lui et le libraire Desprez, lequel ne lui porta le livre qu'après la mise en vente, alléguant qu'il n'avait pu avoir d'exemplaire relié plus tôt. L'archevêque insinua que ce serait d'un bon effet, et *fort utile pour la vente*, d'ajouter à l'édition une Attestation de M. Beurier, curé de Saint-Étienne-du-Mont, relative à la prétendue rétractation que Pascal mourant aurait faite de ses sentiments jansénistes. Pour couper court à toute chicane et à toute demande de changement, Desprez se hâta, sur le conseil d'Arnauld, de mettre *seconde édition* à celle qui se débitait, et qui n'était encore que la première[1]. Au reste, l'heure était favorable, et l'orage d'aucun côté ne grondait plus. Cette publication des *Pensées* inaugurait bien pour Port-Royal une période dernière de plénitude et de gloire; elle apportait une belle part à cette merveilleuse époque, encore jeune et déjà mûre, de la grandeur de Louis XIV. A cette date de 1670, le public possédait de Molière le *Misanthrope* et le *Tartufe;* le poëte n'avait plus, pour s'égaler lui-même encore une fois avant de mourir, qu'à donner *les Femmes savantes.* Bossuet nommé évêque, et tout éclatant de l'Oraison funèbre de la Reine d'Angleterre, reparaissait plus touchant dans celle de Madame. Bourdaloue, tout nouveau, remplissait la ville de ses Sermons. Racine se délassait par *Bérénice* entre *Britannicus* et *Bajazet.* Boileau, qui avait fait presque toutes ses Satires, abordait l'Épître, où il est supérieur, et préparait l'*Art poétique*, le code d'autant plus sage de ce siècle qu'il n'en avait pas devancé les chefs-d'œuvre. On avait les premières *Fables* de La Fontaine; on avait les *Maximes* de La Rochefoucauld.

L'admiration qu'excitèrent les *Pensées* fut prompte et unanime. On en peut lire les témoignages dans une quantité de lettres adressées à la famille Périer. Ceux même qui étaient le plus prévenus en faveur du génie de Pascal y trouvaient leur attente surpassée. M. de Tillemont écrivait à M. Périer fils :

« Vous savez qu'il y a bien des années que je fais profession d'honorer ou plutôt d'admirer les dons tout extraordinaires de la nature et de la Grâce qui paroissoient en feu

---

1. Lettre d'Arnauld à M. Périer, du 23 mars 1670.

M. Pascal. Il faut néanmoins que je vous avoue, Monsieur, que je n'en avois pas encore l'idée que je devois. Ce dernier Écrit a surpassé ce que j'attendois d'un esprit que je croyois le plus grand qui eût paru en notre siècle ; et si je n'ose pas dire que saint Augustin auroit eu peine à égaler ce que je vois, par ces fragments, que M. Pascal pouvoit faire, je ne saurois dire qu'il eût pu le surpasser : au moins je ne vois que ces deux que l'on puisse comparer l'un à l'autre. »

Pascal égalé à saint Augustin dans la bouche de Tillemont et d'un Port-Royaliste, c'est tout !

Malgré le nombre et la vivacité des Approbations premières[1], on a cru remarquer après coup, au désavantage des *Pensées*, qu'elles n'avaient pas expressément pour elles quelques-uns de ces suffrages imposants qui sont devenus comme des religions en France, et qu'elles étaient rarement invoquées dans les controverses régulières du grand siècle. Il y a ici plus d'une observation à opposer. Pascal n'était pas un théologien de profession, un homme du métier ; et, de plus, son livre n'offrait qu'une suite inégale de fragments. On conçoit donc que des prélats, à moins d'être très-directement unis à Port-Royal, aient évité de recourir à lui comme à une

---

1. Parmi les Approbations imprimées en tête du livre, on distingue celle d'un homme peu connu, mais qui rend bien vivement l'impression reçue de cette lecture : « J'ai lu avec admiration ce livre posthume de monsieur Pascal. Il semble que cet homme incomparable non-seulement voit, comme les Anges, les conséquences dans leurs principes, mais qu'il nous parle comme ces purs Esprits, par la seule direction de ses pensées. Souvent un seul mot est un discours tout entier.... » (M. de Ribeyran, archidiacre de Cominges.) La fin de l'Approbation de M. de Ribeyran a paru empreinte de quelque exagération, quand il prétend que la brièveté de ces fragments est plus lumineuse que n'aurait été le discours entier et étendu, et Tillemont l'a relevé sur ce point. Ce M. de Ribeyran n'avait pas tout à fait tort en un sens, et ces *éclairs pressés*, comme il les appelle, s'ils ne découvrent pas mieux les vérités que Pascal avait à cœur de produire, nous font mieux voir et plus à fond Pascal lui-même.

autorité ordinaire. Mais on n'en peut rien conclure contre la portée ni contre le succès du livre. Pascal, après tout, n'avait besoin du brevet ni de Bossuet, ni de Fénelon, ni d'aucun autre. Si ces grands hommes s'abstiennent de le citer à titre d'apologiste chrétien, il faudrait voir si le Jansénisme aussi, dont son nom était marqué, n'entrait pas pour quelque chose dans cette réticence. Avec un peu plus d'indépendance encore qu'ils n'en avaient à l'égard des Puissances temporelles, ces grands esprits auraient peut-être rendu plus ouvertement et plus librement justice à leur généreux auxiliaire et devancier. Dans tous les cas, ce qu'on peut demander de mieux à ces hommes de haute race, c'est de ne point s'entre-choquer entre eux[1].

Madame de La Fayette disait (sans doute en souriant) que *c'étoit méchant signe pour ceux qui ne goûteroient pas ce livre*[2]. Et moi je dirai très-sérieusement : Si le mode d'argumentation de Pascal n'a pas été plus intelligemment repris et poussé par les apologistes chrétiens du dix-huitième siècle, c'a été un méchant signe pour eux, le signe d'une controverse énervée. Il faut une Église qui soit bien en esprit selon saint Paul, pour apprécier Pascal comme défenseur.

Le petit volume des *Pensées* ne fit pas moins glorieusement son chemin ; il alla se grossissant peu à peu de ce qu'on découvrait de nouveau sur Pascal et qu'on ajoutait. L'édition de 1700 n'était guère pourtant que du même volume encore que la première, et à peine augmentée dans le texte. Dès août 1670, Nicole publiait, dans son livre *De l'Éducation d'un Prince*[3], des discours

---

1. Bossuet contre Fénelon, Bossuet contre Malebranche, etc.
2. Voir la lettre de Nicole au marquis de Sévigné (*Essais de Morale*, t. VIII, page 236), et, pour correctif, le jugement du même Nicole (*Essais de Morale*, t. II, page 325).
3. Au tome II des *Essais de Morale*.

de Pascal *sur la Condition des Grands*, qu'il avait autrefois recueillis de sa bouche. En 1728, le Père Des Molets, dans ses *Mémoires de Littérature et d'Histoire*[1], rapporta, d'après Fontaine, la Conversation entre Pascal et Saci sur Épictète et Montaigne, et y ajouta d'autres pensées, même de petits chapitres inédits. M. Colbert, évêque de Montpellier, produisit quelques pensées, également inédites, *sur les Miracles*, à la fin de sa troisième Lettre à l'évêque de Soissons (1727)[2]. Chaque publication nouvelle de quelque morceau inédit de Pascal émouvait sa famille, et mademoiselle Périer, sa nièce, comme une gardienne jalouse d'un nom sacré, se mettait en peine; mais on lui prouvait que c'était bien de son oncle. Et en effet, de quelques mains que sortissent ces pensées et ces pages qui grossirent successivement le premier fonds, qu'elles provinssent de Nicole, de Des Molets, de Fontaine, de M. de Montpellier, on reconnaît à l'instant, et même là où il est légèrement effacé, le cachet du maître : *Scio cui credidi*.

Les détails presque techniques, dans lesquels on vient d'entrer relativement à l'édition première, étaient devenus indispensables à cause des débats récents; nous continuerons de suivre, mais avec plus de liberté, la fortune du livre.

1. Au tome V, partie II.
2. *Œuvres de messire Charles-Joachim Colbert*, tome II, p. 265.

XX

Suite des Éditions. — Attaques et réaction contre les *Pensées*. — Le Père Hardouin ; Voltaire. — M. Boullier, défenseur de Pascal. — Caractère de cette apologie. — Édition de Condorcet. — Réaction nouvelle de 1802. — Résultat net de la critique moderne. — État présent de la question.

Depuis que la réimpression des *Pensées* eut entièrement échappé au contrôle de la famille et des amis, et qu'elle fut tombée dans le grand domaine public, on compta quelques éditions principales : la plus caractérisée, celle de Condorcet (1776), bientôt reproduite et annotée par Voltaire (1778); celle de Bossut dans sa publication complète de Pascal (1779); enfin deux ou trois autres postérieures à 1800. Dans une édition faite à Dijon (1835), M. Frantin avait essayé de rétablir les *Pensées* selon le plan primitif. Mais, quelque mérite particulier que pût avoir chacune de ces reproductions, diversement distribuées ou légèrement augmentées, les éditeurs s'étaient contentés trop aisément : ils avaient comme oublié qu'il existait un texte original manuscrit, sur lequel il aurait fallu se régler pour rectifier sans superstition tout ce qui en valait la peine, tout ce qui eût rendu au sens sa pleine énergie et sa beauté. Il arriva donc ici comme en d'autres choses plus graves : le défaut d'une sage réforme graduelle amena finalement une révolution.

Si l'on excepte pourtant ce qui est de curiosité littéraire, on avait d'ailleurs de quoi se former un jugement très-entier sur le fond. Les *Pensées* de Pascal étaient restées unanimement acceptées et inattaquées jusqu'en 1734[1], quand Voltaire, dans des *Remarques* jointes à ses *Lettres philosophiques*, ouvrit la brèche où le suivit Condorcet. Ce fut le premier signal de la réaction ; car on ne peut honorer d'aucun nom sérieux quelques chicanes de l'archevêque d'Embrun, M. de Tencin (1733), et la folle accusation du Père Hardouin, qui, dans son livre des *Athées dévoilés* (*Athei detecti*), y rangeait Pascal en excellente compagnie. De ce livre pourtant du Père Hardouin[2] il y aurait bien quelques mots à dire. Le savant Jésuite de Quimper-Corentin n'est pas réputé une autorité en matière de raisonnement ; il a ses visions, il est un peu piqué de la même mouche bizarre que feu son confrère Garasse et le Révérend Mersenne : mais avec ses paradoxes il fait penser. Autant qu'on peut saisir sa conception de Dieu d'après les accusations qu'il

---

1. Il y avait eu, dès 1671, une critique du livre des *Pensées* et de la méthode hardie de l'auteur, une critique assez fine et assez justement touchée, faite au point de vue chrétien tempéré et au sens des Jésuites : elle était de l'abbé de Villars, et se trouve au traité *De la Délicatesse*, dans le cinquième des Dialogues qu'il écrivit sous ce titre, pour défendre le Père Bouhours contre Barbier d'Aucour. Mais cette flèche légère, venant d'un homme léger, fut peu remarquée et ne porta point.

2. Dans ses *Opera varia*, publiés après sa mort, 1733. — Son opinion n'avait pas attendu jusque-là pour transpirer. On peut voir dans les *Mémoires littéraires* de Saint-Hyacinthe un Écrit publié en 1715, où la suite du raisonnement du Père Hardouin est fort bien démêlée, et où on la donne comme une conséquence rigoureuse de son péripatétisme scolastique. J'adopte l'explication, tout en me tenant pour mon compte dans des termes plus généraux.

intente contre l'idée des autres, il se figurait un Dieu tout judaïque, partial et même capricieux, qu'il donnait comme le seul Dieu orthodoxe, comme le seul Dieu *vivant*, par opposition au Dieu *abstrait* et *mort* des nouveaux philosophes. Ces nouveaux philosophes étaient les Cartésiens, dans lesquels il avait le tort de comprendre assez indistinctement tous les Jansénistes, et notamment Pascal. Quelque immense différence qui subsiste entre la théologie des *Pensées* et la théologie toute littérale, et en quelque sorte charnelle, du Père Hardouin, le Dieu de Pascal se pouvait encore moins confondre avec celui, tout idéal, des nouveaux philosophes ; car enfin c'est Pascal qui a écrit cette parole redoutable : « On ne comprend rien aux ouvrages de Dieu, si on ne prend pour principe qu'il aveugle les uns et éclaire les autres.... » Et toute sa morale respire un Dieu personnel et vivant.

Aux diverses époques du monde, indépendamment de la pensée supérieure où s'entendent les hautes intelligences, il est, si l'on peut ainsi parler, une certaine idée commune et collective de Dieu, qui devient le rendez-vous du peuple des esprits. C'est ainsi qu'il y a eu l'idée de Dieu plus charnelle dans l'ancienne Loi, plus spiritualisée dans la nouvelle[1] ; et, même au sein de la

---

1. Sans sortir du cercle des disciples de Port-Royal, on peut voir dans l'*Abrégé de l'Histoire de l'Ancien Testament*, par le sage Mésenguy (1753, tome I, page 104), les explications et les correctifs qu'il prend soin de donner à l'expression du Dieu judaïque, de ce Dieu qui se *repent*, qui se met en *colère*, etc. Le tout se résume dans cette parole réparatrice de saint Augustin : « Vous aimez, ô « mon Dieu! mais sans passion : vous êtes jaloux, mais sans « trouble : vous vous repentez, mais sans vous rien reprocher : « vous entrez en colère, mais vous n'en êtes pas plus ému : vous « changez vos opérations, mais jamais vos desseins. » Conciliation mystérieuse, et compréhensible seulement au cœur. (*Confessions*, livre I, chap. IV. — Tout le reste du chapitre étant sur ce ton d'antithèse, la phrase gagne à être ainsi traduite et isolée.)

Loi nouvelle, on aurait à distinguer plus d'une phase : le Dieu du Moyen-Age, par exemple, celui du neuvième ou dixième siècle, tout en étant le même, se peignait-il dans les imaginations sous les mêmes traits que le Dieu des contemporains et des auditeurs de Bossuet, de Bourdaloue et de Fénelon? L'idée que laisse voir le Père Hardouin nous paraît surtout si déraisonnable en ce qu'elle est parfaitement arriérée. Tandis qu'autour de lui un certain esprit, une certaine philosophie insensible allait modifiant la conception révérée, et la transformant par degrés jusque dans les intelligences les plus chrétiennes, ce bonhomme gardait de Dieu la vieille idée scolastique qui s'était logée en lui ; et cela faisait paradoxe et scandale, même dans sa Compagnie, quand il s'exprimait intrépidement, taxant tous les autres d'athéisme, c'est-à-dire les accusant de se faire un Dieu qui serait à très-peu près comme s'il n'était pas, et qui ne dérangerait plus la nature. *Athée, Athée!* criait le Père Hardouin à tous les déistes et théistes de son temps. — « Mais vous, mon Père, auraient pu répondre ceux-ci, n'êtes-vous pas un peu idolâtre[1]? » — Il aurait été plus fondé peut-être en raison, s'il avait dit : « Oui, Philosophes nouveaux, oui, à la première génération, votre Dieu, tout subtilisé qu'il est, se ressent encore du Christianisme, et il a quelque efficace. Patience! à la seconde génération, il sera purement nominal et stérile, et ce Dieu-là ne vous gênera pas. » Mais alors, s'il avait parlé ainsi, il serait entré dans l'esprit de Pascal; il n'aurait pas été le Père Hardouin.

1. Pour toute réponse à ses *Athées dévoilés*, il y aurait eu un petit chapitre de réfutation assez piquant à écrire, et qui aurait pour titre *les Idolâtres dévoilés*. C'eût été la contre-partie, et tout aussi vraie que l'autre. — Un libre penseur, abrégeant singulièrement le point de vue, a dit : « Les conceptions de Dieu vont changeant incessamment parmi les hommes. Ce qui sera le *déisme* des hommes de demain était *athéisme* à ceux d'hier. »

Voltaire, comme on peut croire, prit la chose tout autrement : il n'était pas homme à ranger Pascal parmi les fauteurs de la philosophie et des opinions nouvelles; il était trop en avant lui-même pour commettre de ces bévues-là, il connaissait trop bien ses alliés naturels et ses adversaires. Le Père Hardouin avait essayé d'engager contre Pascal je ne sais quelle échauffourée d'arrière-garde, à laquelle personne ne fit d'attention que pour en rire : Voltaire comprit que c'était le grand rival qui gênait la philosophie, et il l'attaqua de front. Pourquoi alla-t-il s'attaquer à Pascal plutôt qu'à Bossuet ou à tout autre ? Voilà, selon moi, l'honneur singulier de Pascal, et la preuve qu'il est au cœur du Christianisme même, d'un Christianisme vif, intime, qu'aucune politique ne tempère et que rien ne masque. Voltaire encore jeune, qui n'a passé jusqu'alors que pour un poëte très-spirituel et très-brillant, Voltaire sous ces airs légers poursuit un hardi dessein philosophique ; il veut renverser, *écraser* quelque chose qu'il hait et qu'il haïra de plus en plus, qu'il ira jusqu'à appeler *infâme*, et ce quelque chose est le Christianisme : il va droit à Pascal comme à celui qui le représente le mieux, — comme, dans l'attaque d'une place, on se porterait d'abord sur la tour la plus avancée et la plus en vue. Ici la tour dominante n'avait que des pierres superposées sans couronnement, sans ciment. N'importe : elle paraissait au loin défendre et commander le pays :

« Me conseilleriez-vous, écrivait Voltaire à Formont[1], d'y ajouter (aux *Lettres philosophiques*) quelques petites réflexions détachées sur les *Pensées* de Pascal? Il y a longtemps que j'ai envie de combattre ce géant. Il n'y a guerrier si bien armé qu'on ne puisse percer au défaut de la cuirasse ; et je vous avoue que si, malgré ma faiblesse, je pouvais porter

---

1. Lettre de juin 1733.

quelques coups à ce vainqueur de tant d'esprits, et secouer le joug dont il les a affublés, j'oserais presque dire avec Lucrèce :

> Quare *superstitio*[1] pedibus subjecta vicissim
> Obteritur, nos exæquat victoria cœlo.

« Au reste, je m'y prendrai avec précaution, et je ne critiquerai que les endroits qui ne seront point tellement liés avec notre sainte religion qu'on ne puisse déchirer la peau de Pascal sans faire saigner le Christianisme. »

On saisit à la fois le but et le manége. Il y a souvent bien du bon sens dans ces Remarques que Voltaire a l'air de jeter négligemment, et qui prennent Pascal au vif sous le cilice ; c'est la nature qui secoue la religion, et qui ressaisit en se jouant toute sa liberté, tout son libertinage. Voltaire s'efforce de simplifier et de diminuer autant que possible la question. Qu'est-ce que l'homme ? un animal comme un autre, un peu supérieur, un peu mieux pourvu d'organes, un peu plus heureux ; mais il n'y a pas en lui plus de mystère. L'auteur du *Mondain* est optimiste quand il répond à Pascal ; l'auteur de *Candide* le sera moins quand il voudra houspiller Leibniz[2]. Un jour que Voltaire était très en colère contre Rousseau, contre le *premier* Rousseau, il écrivait à d'Olivet, à propos de ce *misérable* :

« Mon cher abbé, Rousseau n'empêchera pas que *la Henriade* ne soit un bon ouvrage, et que *Zaïre* et *Alzire* n'aient

---

1. Voltaire sait bien qu'en mettant *Superstitio* à la place de *Relligio*, qui est dans Lucrèce, il donne une entorse à la vérité encore plus qu'à la quantité : c'est tout simplement *Relligio* qu'il veut dire.

2. « Frappé, dit Jean-Jacques en ses *Confessions*, de voir ce « *pauvre homme* accablé, pour ainsi dire, de prospérité et de « gloire, déclamer toutefois amèrement contre les misères de cette « vie et trouver toujours que tout est mal, je formai l'insensé « projet de le faire rentrer en lui-même et de lui prouver que tout « était bien.... » (*Confessions*, partie II, livre IX.)

fait verser des larmes, il n'empêchera pas non plus que je ne sois le plus heureux homme du monde par ma fortune, par ma situation et par mes amis ; je voudrais ajouter par ma santé et par le plaisir de vivre avec vous[1]. »

Voilà donc Voltaire heureux jusque dans ses accès de colère : de même ici, il est bien décidé à trouver l'homme heureux en général, l'espèce très-heureuse, n'en déplaise à Pascal et à sa misanthropie, qui calomnie la nature humaine :

« Pour moi, dit-il, quand je regarde Paris ou Londres, je ne vois aucune raison pour entrer dans ce désespoir dont parle M. Pascal ; je vois une ville qui ne ressemble en rien à une île déserte, mais peuplée, opulente, policée, et où les hommes sont heureux autant que la nature humaine le comporte. Quel est l'homme sage qui sera plein de désespoir parce qu'il ne sait pas la nature de sa pensée, parce qu'il ne connaît que quelques attributs de la matière[2] ?... »

Le fort de la polémique de Voltaire est là, dans cet argument qui a pourtant l'air relâché. Pascal lui-même ne l'a-t-il pas reconnu et exprimé à sa manière, quand il a dit : « La coutume fait nos preuves les plus fortes et les plus crues : elle incline l'*automate*, qui incline l'esprit sans qu'il y pense ? » Il est bien vrai, en effet, que le jour où, soit machinalement, soit à la réflexion, l'aspect du monde n'offrirait plus tant de mystère, n'inspirerait plus surtout aucun effroi ; où ce que Pascal appelle la perversité humaine ne semblerait plus que l'état naturel et nécessaire d'un fonds mobile et sensible ; où, par un renouvellement graduel et par un élargissement de l'idée de moralité, l'activité des passions et leur satisfaction dans de certaines limites sembleraient assez légitimes ; le jour où le cœur humain se

---

1. Lettre du 12 février 1740.
2. *Remarques* sur les *Pensées* de Pascal.

flatterait d'avoir comblé son abîme; où cette terre d'exil, déjà riante et commode, le serait devenue au point de laisser oublier toute patrie d'au delà et de paraître la demeure définitive, — ce jour-là l'argumentation de Pascal aura fléchi.

Elle aura fléchi, toute forte qu'elle est, et plus aisément que sous la lutte et sous la tourmente, comme une neige rigide se trouve fondue un matin aux rayons du soleil, comme le manteau glisse doucement de l'épaule du voyageur attiédi.

Mais la manière de juger dépend beaucoup ici de la manière de sentir, et c'est à chacun de voir si un tel jour est ou n'est pas en train d'arriver [1].

En fait, le perfectionnement de la vie, la douceur de la civilisation au dix-huitième siècle, plaidaient contre Pascal et contre sa manière d'envisager la nature et

---

[1]. J'ai besoin de préciser de plus en plus : « Le jour, dis-je, où, par suite du progrès et du triomphe des sciences physiques et de l'industrie, il ne paraîtrait plus de *recoin* effrayant sur le globe, ni dans l'Univers, ni (chose plus rare) dans le cœur de l'homme ; où ce mot du Prophète cesserait d'être aussi vrai : *Le cœur de tous est mauvais et insondable : qui donc le connaîtra* (Jérémie, XVII, 9) ? — le jour où l'ombre aura reculé dans les profondeurs du ciel ; où un Pascal méditant, du sein de ces sphères dont il suivra les courbes lumineuses, ne sera plus d'abord tenté de s'écrier : *Je vois ces effroyables espaces de l'univers qui m'enferment...*; et où il n'y aura plus lieu à l'image *que nous sommes ici-bas comme quelqu'un qu'on aurait porté endormi dans une île déserte, et qui s'y réveillerait en sursaut....* » Je ne fais que donner à l'idée courante de Voltaire tout son développement et toute sa portée, et la compléter, la confirmer par la science sereine d'un Buffon. — Ce passage a préoccupé l'un des plus distingués disciples de M. Vinet, M. Astié, qui, retranché dans le sentiment chrétien le plus absolu, prétend ne rien concéder aux naturalistes, et qui, à l'appui de sa croyance, a donné une nouvelle édition des *Pensées* de Pascal rangées par lui, à ce qu'il lui semble, dans un meilleur ordre de bataille (Lausanne, 1857). Cette édition systématique est devenue l'occasion de toute une polémique intéressante entre les théologiens et les écrivains protestants. (Voir l'*Appendice* à la fin du présent volume.)

l'homme. Sans nous arrêter aux chicanes de détail, Voltaire me paraît avoir posé le point de la difficulté avec assez de franchise dans ce passage d'une lettre à La Condamine :

« A l'égard de Pascal, le grand point de la question roule visiblement sur ceci, savoir, si la raison humaine suffit pour prouver deux natures dans l'homme. Je sais que Platon a eu cette idée, et qu'elle est très-ingénieuse ; mais il s'en faut bien qu'elle soit philosophique [1].... »

Et encore dans une lettre au Père Tournemine (1735) :

« Ma grande dispute avec Pascal roule précisément sur le fondement de son livre.

« Il prétend que, pour qu'une religion soit vraie, il faut qu'elle connaisse à fond la nature humaine, et qu'elle rende raison de tout ce qui se passe dans notre cœur.

« Je prétends que ce n'est point ainsi qu'on doit examiner une religion, et que c'est la traiter comme un système de philosophie ; je prétends qu'il faut uniquement voir si cette religion est révélée ou non.... »

Ainsi Voltaire conteste deux choses à Pascal : 1° il soutient qu'il ne suffirait pas du tout que le Christianisme parût rendre compte de la nature humaine, pour qu'il fût, par cela même, démontré dans sa partie surnaturelle ; 2° il conteste que la nature humaine contienne réellement en elle une contradiction, une *duplicité* particulière, qui force de recourir au Christianisme. Si on dégage les raisonnements de Voltaire de tant d'espiègleries et de petites indécences dont il s'est plu à les égayer, on arrive à ces deux objections, qui sont dignes d'un esprit très-sérieux.

Un honnête et recommandable écrivain répondit à

---

1. Voir le reste de la lettre, 22 juin 1734.

Voltaire[1]. Ce fut un protestant. Dans l'abaissement où était tombée en France la discussion religieuse, personne dans le Clergé ne se présenta pour relever le gant, et peut-être personne à ce moment n'en était capable. Non pas que le Clergé français ne comptât pour lors bien des gens d'esprit, mais ceux-là étaient plutôt de l'avis de Voltaire. Les disputes sur la bulle *Unigenitus* partageaient les autres, et les combattants acharnés ne s'apercevaient pas que la philosophie, comme un troisième larron, accourait, le bras levé, pour trancher le différend et les mettre tous d'accord[2]. M. Boullier (c'est le nom de l'unique champion qui entra ici en lice), né à Utrecht de parents français réfugiés, homme de mérite, écrivain ingénieux et même élégant, avait conservé hors de France la tradition du grand siècle. Métaphysicien et chrétien, il défendit judicieusement Descartes contre les louanges un peu restrictives de d'Alembert et des Encyclopédistes. Il a écrit sur l'*esprit philosophique* du nouveau siècle des pages qui sont belles, et qui mériteraient d'être plus connues[3]. Il répondit à Voltaire avec gravité, avec vigueur, et en se plaçant dès l'abord au centre de l'attaque :

« Que diriez-vous d'un homme qui, ayant vu dans les Épitres de saint Paul l'affreux tableau qu'il y fait de la cor-

---

1. *Sentiments de M*.... *sur la Critique des* Pensées de Pascal *par M. de Voltaire*. Il y en a des éditions de 1753, de 1741, et il est probable qu'à une date antérieure ce travail avait paru dans quelque Recueil périodique de Hollande.

2. D'Alembert a aussi comparé la philosophie, dans son rôle d'alors, au chat de La Fontaine, devant qui le lapin et la belette vont porter leur procès, au sujet d'un méchant trou qu'ils se disputent, et qui, pour décision,

> Jetant des deux côtés la griffe en même temps
> Met les plaideurs d'accord en croquant l'un et l'autre.

3. Voir *Pièces philosophiques et littéraires*, par M. B. (1759), pages 23-29; et le *Journal des Savants* d'avril 1760.

ruption humaine, s'exprimeroit de la manière suivante ? « Il me paroît en général que l'esprit dans lequel saint Paul « écrit, étoit de montrer l'homme dans un jour odieux. Il « s'acharne à nous peindre tous méchants et malheureux. Il « impute à l'essence de notre nature ce qui n'appartient « qu'à certains hommes ; il dit éloquemment des injures au « genre humain. J'ose prendre le parti de l'humanité contre « ce misanthrope sublime ; j'ose assurer que nous ne som- « mes ni si méchants ni si malheureux qu'il le dit. » Vous vous récrieriez contre l'impiété de ce langage. Voilà pourtant mot pour mot ce que M. de Voltaire dit de Pascal, qui parle de la nature humaine, considérée dans l'état de péché, tout comme en parle saint Paul, et qui n'a fait tout au plus que développer les idées de cet Apôtre. »

Au tableau tout optimiste que Voltaire a tracé du bonheur de l'homme en civilisation, M. Boullier répond :

« Pascal nous dépeint la déplorable condition de l'homme qui ne sait en ce monde ni d'où il vient, ni où il va : ignorance qui, pour peu que l'homme réfléchit sérieusement sur lui-même, lui feroit bien sentir sa misère. A cela M. de Voltaire oppose[1] le bonheur dont jouit dans une grande ville, comme Londres et Paris, la multitude qui vit sans réflexion. Ce n'est point réfuter Pascal, ni convaincre son tableau de mensonge. Les hommes sont infiniment plus malheureux qu'ils ne croient : car, pour ne pas sentir sa misère, on ne laisse pas d'être misérable. Il est vrai que leur condition est supportable, qu'elle est même douce à bien des égards. Ils jouissent des biens de la nature, des dons de la Providence, des douceurs de la société dont cette même Providence forme et entretient les nœuds ; tout cela ensemble fournit une ample matière à leur gratitude. Mais leur condition naturelle n'en est pas moins misérable, à les considérer comme privés des secours de la Religion, et mettant à quartier[2] les

---

1. Boullier rappelle en note *le Mondain* :

    O le bon temps que ce siècle de fer !

2. Mettre *à quartier*, c'est-à-dire *de côté* : vieux style.

espérances qu'elle nous donne : car voilà le point de vue de Pascal. Représentons-nous les habitants d'un superbe Palais, où la magnificence éclate de toutes parts, où l'abondance la plus diversifiée remplit tous les besoins et fournit à tous les plaisirs. On n'y fait que manger, boire, dormir, rire et chanter, du matin au soir. Les jours s'y passent en fêtes et en divertissements continuels. Rien ne manque, dites-vous, au bonheur de ces gens-là. Quelqu'un vous répond : *Vous êtes dans l'erreur. Ces gens, dont le sort vous paroît digne d'envie, sont en effet très-malheureux. Je suis instruit de bonne part que le Palais qu'ils habitent est contreminé, qu'il doit sauter au premier jour, et les ensevelir tous sous ses ruines.* Si cet homme vous dit vrai, vous devez convenir, ce me semble, que l'ignorance où sont les habitants de ce Palais du péril qui les menace, n'en détruit pas la réalité, ni n'empêche qu'ils ne soient véritablement dignes de compassion. Pour cesser de l'être, il faudroit qu'instruits du péril, ils eussent pris des justes mesures pour l'éviter. Telle est la condition naturelle de l'homme, telle est sa misère. La Religion, qui la lui découvre, lui en fournit en même temps le remède. En nous montrant le danger qui pend sur nos têtes, elle nous apprend les moyens de s'en garantir. Pauvres humains ! vous habitez un agréable séjour; la nature y déploie toutes ses richesses ; l'art s'épuise pour en multiplier les commodités et les agréments. Mais hélas ! vous ne savez qui vous y a mis, combien vous y resterez, et ce que vous deviendrez quand on vous en tirera. N'y eût-il que cela seul, vous ne sauriez vous croire heureux, sans être des stupides ou des insensés. Mais si vous êtes sages, vous n'épargnerez aucun effort pour sortir de cette cruelle incertitude, vous chercherez avec ardeur une lumière qui la dissipe. »

J'ai cité cette page comme une excellente page de Port-Royal, du Port-Royal ordinaire ; elle pourrait être de Nicole ou de Mésenguy. Pourtant, tout juste qu'est le raisonnement en partant de certains principes, l'observation de Voltaire garde de sa force, de sa plausibilité. Il y a dans tout fait général et prolongé une puissance de démonstration insensible. Si l'on voyait une fois la majorité des hommes s'appliquer et réussir à vivre comme on vit volontiers dans Paris et dans d'autres grandes villes, il deviendrait bien difficile d'admettre que la Providence permette, d'une part, tout ce développement social et cet oubli, et que, de l'autre, elle prépare sous main quelque catastrophe épouvantable, une vaste *Conspiration des poudres*, pour faire sauter maisons et habitants. Il est une jouissance habituelle et régulière de la civilisation qui exclut, même en théologie, de certaines images. — Boullier a plus de force quand il répond à son badin adversaire sur l'article de la *duplicité* de nature que le Christianisme, avec Pascal, dénonce dans l'homme ; il faudrait citer tout ce paragraphe IV, dont voici seulement la fin :

« *L'homme* (dit M. de Voltaire) *est inconcevable, mais tout le reste de la nature l'est aussi.* — Non pas au même égard, ni au même sens. Dans un premier sens, l'homme est inconcevable, comme tout le reste de la nature : il a ses mystères, comme les autres êtres qui composent l'Univers, par rapport à leur essence, à leur opération, à leur production, à leur entretien, à leur usage, ont aussi leurs mystères. Mais ce n'est pas de quoi il s'agit. L'homme a, pour ainsi dire, son genre d'incompréhensibilité à part, qui lui vient du déréglement qui l'éloigne de sa vraie destination, tandis que les autres créatures paroissent si fidèles à la leur.

« *Il n'y a pas plus de contradictions apparentes dans l'homme que dans tout le reste.* Il paroît que M. de Voltaire s'est peu étudié lui-même... »

Et il le renvoie non-seulement à la Satire de Despréaux, mais à ces philosophes de son étroite connaissance, à M. de Fontenelle et surtout à Bayle [1].

---

1. Bayle, *Nouvelles Lettres critiques sur l'Histoire du Calvinisme*, Lettre XXI, article XIX, *sur l'impertinence de l'homme*. — « Nec miserius quidquam homine, aut superbius, » a dit Pline le naturaliste.

C'est dans cet ordre de réfutation morale qu'excelle M. Boullier, et qu'il est le plus en force pour défendre son auteur. L'explication que Pascal trouve à ce besoin de divertissement qui est dans l'homme, ce fond de misère inconsolable et d'ennui d'où l'on veut à tout prix se détourner, et où l'on retombe dès qu'*on ne voit que soi*, avait fort égayé Voltaire. Celui-ci s'était attaché à ce mot, *ne voir que soi* (qui par parenthèse n'était point de Pascal, mais des premiers éditeurs) : « Ce mot, s'écriait-il, ne forme aucun sens. Qu'est-ce qu'un homme qui n'agirait point, et qui est supposé se contempler?.... »

« En vérité, lui répond Boullier, je crains que M. de V. ne soit en effet de ces hommes qui ne demeurent jamais avec eux-mêmes, et que le ressentiment [1] de leur propre misère porte sans cesse à chercher de l'occupation en dehors. Il est du goût de Saint-Évremond : *Je ne veux*, disoit ce Pétrone moderne, *avoir sur rien de commerce trop long et trop sérieux avec moi-même.* »

Et sur la *pensée*, essence et marque de l'homme, et qui seule le fait *plus noble que l'Univers*, comme Boullier répond patiemment et dignement aux facéties où s'oublie, cette fois encore, le contradicteur de Pascal! Et sur la *charité!* « La distance infinie des Corps aux Esprits figure la distance infiniment plus infinie des Esprits à la Charité, car elle est surnaturelle. » Cette pensée de Pascal est traitée sans façon de *galimatias* par Voltaire; et Boullier ne s'en étonne pas, car il se rappelle ce beau mot de l'Apôtre : « *Animalis autem homo non percipit ea quæ sunt Spiritus Dei....* L'homme charnel ne perçoit point les choses qui sont de l'Esprit

---

[1] *Ressentiment* pour *sentiment*; le style de Boullier, on l'aura déjà remarqué, retarde un peu sur son siècle. Le fils du réfugié parle la langue que parlait son père au moment de la sortie.

de Dieu; elles lui sont folie, et il ne peut comprendre, vu qu'elles se discernent spirituellement[1]. »

« Tâchons pourtant, dit-il, au risque d'essuyer les superbes dédains de nos Aristarques modernes, tâchons de leur rendre cette pensée intelligible. Il est certain que les esprits sont infiniment plus nobles que les corps; et quoique M. de Voltaire ait calculé que la proportion entre son *chien* et *lui* est environ celle *d'un à cinquante,* je lui soutiens qu'il y a erreur dans ce calcul, et qu'assurément il a eu tort de se mettre si fort au rabais. Cependant, eussiez-vous joint aux talents de M. de Voltaire le puissant génie de *Corneille,* le goût exquis de *Despréaux* et la profondeur de *Newton;* si la vraie vertu vous manque, vous vous trouverez, dans l'ordre réel des choses, fort au-dessous d'un homme qui croit la Religion et qui la pratique. Le malheur est qu'*il y en a,* comme dit Pascal, *qui ne peuvent admirer que les grandeurs charnelles, comme s'il n'y en avoit pas de spirituelles : et d'autres qui n'admirent que les spirituelles, comme s'il n'y en avoit pas d'infiniment plus hautes dans la Sagesse.* »

Ce sont là de nobles réponses. Ainsi, selon Pascal et d'après l'Apôtre, il y a trois degrés ou plutôt trois Ordres dans l'homme : l'Ordre animal ou charnel; l'Ordre spirituel ou intellectuel, qui en est profondément distinct; et enfin (ne l'oublions pas) un troisième Ordre non moins distinct, et qui réclame une *création* non moins à part, l'Ordre de *charité,* qui est engendré au sein de l'esprit par la *Grâce.* Or, tandis que Pascal met des séparations absolues et comme des abîmes entre chacun de ces états, Voltaire les confond et les brouille tant qu'il peut, méconnaissant tout à fait le dernier, et réduisant l'Ordre spirituel à n'être qu'un accident plus ou moins développé de la base première.

De sorte que, là où Pascal admet une triple intervention divine, une triple création, Voltaire en admet une

---

1. Saint Paul, *Première Épître aux Corinthiens,* chap. II, 14.

à peine. Qu'on me permette une comparaison physique. Pascal considère la nature humaine comme une source tombée d'en haut, et il s'agit de la faire remonter du fond de l'abîme à sa hauteur originelle. Pour cela il conçoit tout un appareil de machines et de ressorts surhumains (l'Ordre spirituel, l'Ordre de charité). Voltaire, qui considère la source comme sortie de terre un peu au hasard, la laisse courir de même, et ne prend pas trop garde si elle s'égare; car, les jours où il accorde le plus à l'influence céleste, il dira :

> Le Ciel, en nous formant, mélangea notre vie
> De désirs, de dégoûts, de raison, de folie,
> De moments de plaisirs et de jours de tourments :
> De notre être imparfait voilà les éléments;
> Ils composent tout l'homme, ils forment son essence,
> Et Dieu nous pesa tous dans la même balance [1].

C'est là son explication et sa Genèse dans les jours de grand sérieux. *Tout part du même et revient au même.* Seulement on peut trouver que pour ce résultat le *Ciel* est de trop, et que la nature suffit.

Que la vérité du fond soit où l'on voudra ! Qui suis-je pour trancher ici de la vérité absolue ? Mais, à ne voir que le résultat moral, je sens, et chacun avec moi sentira, d'un côté, une opinion qui, sous prétexte d'être naturelle, rabaisse l'homme comme à plaisir et s'amuse à son néant; de l'autre, une doctrine qui, humble à la fois et généreuse, exige beaucoup de la nature humaine, et qui met tout son effort, tout son tourment à l'élever.

Le livre de M. Boullier fut accueilli avec égards et avec reconnaissance par les Jansénistes, qui n'auraient

---

1. A la fin du premier des *Discours sur l'Homme*.

su trouver alors parmi eux une plume de cette valeur philosophique, ni un aussi *bel esprit,* comme ils l'appelaient[1]. Lorsqu'un siècle plus tard, et après bien des vicissitudes, Pascal eut de nouveau besoin d'être défendu contre des attaques tout autrement ménagées et prudentes, il est à remarquer que ce fut encore un Français du dehors, un de ces fidèles selon saint Paul, qui prit le plus directement en main la cause du grand moraliste chrétien. J'aime ici à joindre ces deux noms au bas du nom de Pascal : M. Boullier et M. Vinet.

M. Boullier d'ailleurs fut peu lu en son temps. On avait dès lors l'habitude à Paris de ne lire que ce qui en vient ou ce qui en a le cachet. Les *Remarques* de Voltaire firent fortune. Jusque-là tout le monde avait admiré Pascal sans trop examiner; à la suite de Voltaire, bien des gens tournèrent en un clin d'œil, et prétendirent ne s'être jamais fait illusion sur les défauts des *Pensées.* Ce ne fut pas du moins le généreux Vauvenargues qui suivit le torrent : à côté de Voltaire, il continua de défendre et de proclamer en Pascal *l'homme de la terre qui savait mettre la vérité dans un plus beau jour;* mais cette protestation du jeune sage n'eut point d'écho. L'opinion régnante fut renouvelée; c'était l'ère de l'*Encyclopédie* qui s'ouvrait. Pour que cette immense tour pût manœuvrer plus à l'aise d'un certain côté et battre de près les murailles du Temple, il fallait démolir et raser, s'il se pouvait, ce bastion

---

1. Les *Nouvelles ecclésiastiques,* dans le numéro du 23 octobre 1754, parlent de lui comme d'un « savant Protestant qui ne paroît avoir pour objet que la défense de la Religion contre les incrédules, qui ne laisse échapper aucun trait de Protestantisme, et qui écrit avec beaucoup de netteté et de politesse. » Clémencet, dans son *Histoire littéraire* manuscrite *de Port-Royal*, le compare tout net au savant Bullus, qui vengea les Pères des trois premiers siècles, et prit leur défense contre le Père Petau. Voltaire aurait bien ri de ce *Bullus,* et de se voir accolé au Père Petau.

importun des *Pensées*. D'Alembert écrivait, d'un air d'impartialité : « Les *Pensées* de Pascal, bien infé-
« rieures aux *Provinciales*, vivront peut-être plus long-
« temps, parce qu'il y a tout lieu de croire, quoi qu'en
« dise l'humble Société (les Jésuites), que le Christia-
« nisme durera plus longtemps qu'elle. » Condorcet, qui, sans être précisément un homme de génie, fut certainement *le composé supérieur le plus complet* qu'ait produit la doctrine du dix-huitième siècle, reprit avec régularité et système la pointe hardie de Voltaire contre Pascal. Nouvel honneur pour celui-ci d'être ainsi le point de mire auquel l'ennemi ne se trompait pas !

L'édition des *Pensées* par Condorcet ressemblait moins encore à un siége en règle qu'à une prise de possession ; le drapeau du vainqueur flottait désormais sur la place conquise. L'*Éloge* de Pascal, mis en tête, est un ouvrage très-remarquable et d'une forme respectueuse ; les notes, ajoutées au bas, sont moins bienveillantes. Condorcet prend acte surtout de ce que Pascal ne croyait pas qu'on pût arriver par la raison seule à une démonstration de l'existence de Dieu. Qu'aurait-il dit s'il avait lu cette note exactement restituée : « Athéisme, *marque* d'esprit, mais jusqu'à un certain point seulement[1] ? » Chez Pascal (il ne faut jamais perdre cette clef) le raisonnement ne se sépare

---

1. Le Père Des Molets, dans son appendice aux *Pensées*, avait écrit : « Athéisme, *manque* d'esprit, etc. » Il n'avait osé comprendre l'idée de Pascal dans toute sa portée (voir M. Cousin sur ce point ; c'est un des endroits les plus intéressants de son *Rapport*, 2ᵉ édition, page 174). D'Alembert, au reste, pas plus que Condorcet, n'avait eu besoin de ces petites additions pour être averti de l'argumentation de Pascal, et pour en tirer parti en la tronquant. On peut lire, dans les notes ajoutées à l'*Éloge de l'abbé Houteville*, une suite de phrases de Pascal, disposées et construites par d'Alembert dans un ordre qui sent l'athéisme. C'est ingénieux et cauteleux.

point du sentiment. Pascal, à l'aide du raisonnement seul, ne trouve point qu'il arrive à la démonstration désirée : mais au même instant son cœur se révolte, il se dit que ce néant ne peut pas être ; et ce mouvement désespéré le précipite dans le Christianisme. Condorcet scinde Pascal, et ne daigne plus entrer dans l'esprit qui faisait sa vie. Il se plaît à remarquer que, si l'opinion de Pascal sur les preuves de l'existence de Dieu semble favoriser les athées, elle est en revanche très-défavorable aux déistes, et que ce dernier côté est celui qui importe surtout à la Religion : car la Religion, dit-il, n'a rien à craindre des athées, qui seront toujours peu nombreux et peu compris, tandis que les déistes, avec leurs raisons spécieuses, semblent des héritiers présomptifs du Christianisme, et qui pourraient devenir menaçants[1]. On saisit nettement dans cette page le degré précis où Condorcet renchérit sur Voltaire. A un moment de l'*Éloge*, il caractérise assez bien la situation d'esprit et le but de Pascal dans la conception de son grand ouvrage ; il a l'air d'entrer dans son dessein, et il l'expose d'abord avec une sorte d'impartialité ; mais bientôt le détail devient incomplet et dénigrant. Pascal y est présenté comme victime d'une superstition sordide ; sa piété vive et tendre disparaît sous l'étalage des bizarreries ; l'*amulette*, tant répétée, date de là. Nulle part la supériorité morale de Pascal n'a été sentie ni par Voltaire ni par Condorcet. C'est là le point où, de tout temps, sont venus échouer les adversaires.

---

1. C'était, je crois bien, la pensée aussi de M. de Bonald, lorsque, s'efforçant de confondre en un seul les deux groupes d'ennemis, il disait spirituellement : « Un déiste est un homme qui, dans sa courte existence, n'a pas eu le temps de devenir athée. » Mais c'est plus piquant que vrai, et il entre de la tactique dans l'assertion de M. de Bonald comme dans celle de Condorcet. L'un a pour but de proscrire le déiste comme odieux, et l'autre d'introduire l'athée comme inoffensif.

Condorcet, en un endroit, *plaint* Pascal *d'avoir peu senti l'amitié*, et Voltaire ajoute en note : « On sent, « en lisant ces lignes, qu'on aimerait mieux avoir pour « ami l'auteur de l'*Éloge* de Pascal que Pascal lui-« même. » Ce sont là de ces politesses comme on s'en fait entre contemporains. Le temps, ce *grand révélateur*, même ici-bas, a fait voir, quand est venu l'orage, s'il était aussi bon et, jusqu'au bout, aussi sûr d'être l'ami de Condorcet que celui de Pascal.

Et en général, dans ce conflit des morales diverses qui sont venues se heurter contre celle de l'auteur des *Pensées*, à ne juger de l'arbre que par les fruits, il faut convenir que c'est la sienne qui serait la vraie.

Il n'y a pas à pousser plus loin cette discussion, et ce n'est pas même une discussion que j'ai essayée ici : j'ai tâché seulement d'exposer. Toute la fin du dix-huitième siècle ne vit plus Pascal, pour ainsi dire, qu'à travers Voltaire et Condorcet; c'était un voile un peu opaque, et rien d'étonnant que le grand Chrétien y ait paru défiguré. Au commencement de ce siècle, une réaction, une espèce de restauration se fit avec éclat; et l'on n'a pas oublié cette phrase célèbre, lancée comme une flétrissure aux deux Éditeurs philosophes des *Pensées* : « On croit voir les ruines de « Palmyre, restes superbes du génie et du temps, au « pied desquelles l'Arabe du désert a bâti sa misé-« rable hutte[1]. » Qu'on n'aille pas trop se payer pourtant d'un dédain magnifique. Si le caractère personnel de Pascal triomphe à la longue, les véritables objections contre le fond de ses idées sont entières et subsistent dans toute leur force chez Condorcet et chez Voltaire. Dans tout ce qu'on a recommencé à objecter

---

1. Chateaubriand, *Génie du Christianisme*, troisième partie, livre II, chap. VI.

depuis, la timidité perce, et l'on est resté bien en deçà[1].

Le tour des esprits a changé, et l'on a mis sa hardiesse sur d'autres points. Le grand travail moderne sur Pascal a été plutôt philologique et littéraire ; mais on est arrivé par ce côté à des résultats assez imprévus. En voulant restituer le livre de Pascal et le rendre à son état primitif, on l'a véritablement ruiné en un certain sens. Ces colonnes ou ces pyramides du désert, comme les appelait Chateaubriand, ne sont plus debout aujourd'hui ; on les a religieusement démolies, et l'on s'est attaché à en remettre les pierres comme elles étaient, gisantes à terre, à moitié ensevelies dans la carrière, à moitié taillées dans le bloc. C'est là le

---

[1]. J'ai nommé d'Alembert, Condorcet, Voltaire ; il y a quelqu'un, au dix-huitième siècle, qui est un réfutateur bien autrement puissant de Pascal, et qui ne le nomme jamais ; ce réfutateur, c'est Buffon, c'est la science de la nature elle-même. (A l'appui de ma pensée, j'indiquerai seulement les belles pages physiologiques et morales *sur la Mort;* mais comme c'est le contraire du point de vue chrétien!) — Voici, enfin, de la part d'un philosophe naturaliste moins sujet à l'effroi que Pascal, la pensée la plus hardiment et la plus nettement exprimée que j'aie rencontrée, et sur laquelle Pascal, ayant affaire à quelqu'un qui ne se laisserait ni terrifier ni aduler, aurait peine à mordre :

« Engendrée, un matin, à bord d'un vaisseau qu'elle n'a pas vu partir et qu'elle ne verra pas arriver, passagère agitée sur cette terre qu'elle ne dirige pas, l'Humanité n'a pas de loi qui la lie nécessairement au grand système extérieur. Qu'elle se remue à fond de cale ou sur le pont, qu'elle se précipite à la poupe ou à la proue, cela ne change rien à la marche immuable : elle est, en un mot, comme une quantité négligeable par rapport à l'ordre souverain du reste de l'Univers.

« Raison de plus pour Elle de mettre elle-même quelque ordre dans son petit monde, et de tâcher que la suite des générations qui la composent y passent les jours les moins troublés, les moins ouvertement à la merci de la fatalité et du hasard. »

— Qu'en dites-vous? Que dirait Pascal en présence d'un si radical adversaire? Par où aurait-il prise sur lui? — J'aime en tout sujet à établir ces pôles extrêmes, ces oppositions de vues qui donnent à la pensée tout son jeu et toute son ouverture.

résultat le plus net de ce grand travail critique sur les *Pensées*.

Le livre évidemment, dans son état de décomposition, et percé à jour comme il est, ne saurait plus avoir aucun effet d'édification sur le public. Comme œuvre apologétique, on peut dire qu'il a fait son temps. Il n'est plus qu'une preuve extraordinaire de l'âme et du génie de l'homme, un témoignage individuel de sa foi. Pascal y gagne, mais son but y perd. Est-ce comme cela qu'il l'aurait entendu?

La question est si bien devenue personnelle, de générale qu'elle était, qu'un vif débat (on ne saurait l'avoir oublié) s'engagea d'abord, non plus pour savoir si la cause de Pascal était fondée ou non, mais pour examiner si Pascal lui-même avait eu bien réellement la foi, et à quel degré il l'avait eue. On crut saisir, dans certaines paroles entrecoupées, ce qu'on appelait des indices de son *scepticisme*. Une telle idée pourtant, selon le sens ordinaire qu'on y attache, ne put tenir dans la discussion. Que le livre de Pascal n'aide plus les lecteurs à croire, c'est peut-être trop vrai; mais qu'il ne prouve pas combien l'auteur a cru profondément, ce serait trop fort. Aussi la méprise, née d'une équivoque première, s'est vite éclaircie [1].

Maintenant est-il besoin, dans un tel état de choses, de venir faire ce qu'on aurait fait en bonne critique, si le livre avait subsisté dans son ancienne forme? Quand tout l'effort récent d'alentour a été de décomposer et

---

1. Cette équivoque (car c'en est une), la voici nettement : *Dans la supposition où Pascal aurait été philosophe*, il aurait été, disait-on, un philosophe sceptique; sa manière de raisonner implique en effet le scepticisme philosophique. — Oui, mais Pascal étant chrétien et non pas philosophe, cette supposition, qui, dans le premier moment, avait été moins exprimée que sous-entendue, tombait d'elle-même.

de briser ce qui était déjà en fragments, convient-il et a-t-on le droit de ressaisir ces morceaux de plus en plus épars, d'y jeter le ciment qui les pourrait unir, et de les considérer dans leur lien probable et dans leur ensemble?

Et pourquoi non? Pourquoi ne pas faire hardiment comme si les choses étaient restées sur le même pied, comme si les pierres étaient encore debout, et que la trompette de Jéricho n'eût pas sonné? J'avais essayé autrefois ce couronnement de mon étude, et, tout bien considéré, je ne le supprimerai pas. Venu de bonne heure sur un sujet tant disputé depuis, si je parais un peu arriéré, est-ce ma faute? Nicole, en un passage très-moral concernant les concurrences et les rivalités des auteurs dans les ouvrages d'esprit[1], remarque que,

---

1. Un très-joli passage vraiment, mais aussi trop arriéré, je le crains, et qui s'applique aux mœurs policées de la littérature d'un autre âge, avant le rude et harcelant régime de la liberté : « Comme les biens du monde étant naturellement communs, dit « Nicole, deviennent propres à ceux qui s'en sont saisis, *occu-* « *pantis fiunt*, et qu'il y auroit de l'injustice à les en déposséder, « il y a de même une certaine convention d'honnêteté entre les « gens de Lettres, que lorsque quelque ouvrage est échu en par- « tage à quelque auteur, et qu'il s'en est médiocrement bien ac- « quitté et d'une manière qui a satisfait le monde, un autre au- « teur ne doit point le troubler dans ce partage, et doit chercher « d'autre matière pour exercer son esprit et ses talents. De sorte « que le monde veut qu'on garde à peu près sur ce point la règle « que saint Paul observoit dans la prédication de l'Évangile, « etc., etc.... » (*Nouvelles Lettres* de M. Nicole, XLe.) — Mais, quoi qu'ait pu dire Nicole, le monde n'a plus aujourd'hui sur ces choses les mêmes sentiments et les mêmes scrupules qu'il avait autrefois; il y regarde peu; il a bien le temps de s'occuper de ces misères ! « Mon cher ami, me disait un jour un homme de Lettres éminent à qui je me plaignais d'un pareil procédé qu'il avait eu à mon égard (M. Cousin), je crois être aussi délicat qu'un autre au fond, mais, je l'avoue, je suis grossier dans la forme. » Le mot est lâché. Telles sont et seront de plus en plus les mœurs littéraires d'aujourd'hui et de l'avenir : les délicats, et qui le sont pour la forme comme pour le fond (ce qui est inséparable), en doivent prendre leur parti.

de son temps, le monde aimait assez à voir appliquer sur ce point la règle que saint Paul observait dans la prédication de l'Évangile, de *ne point bâtir sur le fondement d'autrui*. Je continue donc à bâtir sur mes anciens fondements, sur le fondement de la tradition même. Après un si long propos que je viens de faire sur Pascal et sur ses *Pensées*, il n'y a plus qu'à embrasser encore une fois toute son âme, et à nous donner l'entière idée dans sa grandeur.

XXI

Conversation de Pascal. — Son plan ressaisi. — Préambule et méthode; — opposée à celle de Descartes. — Entrée en matière : — 1° l'homme devant la nature. — L'homme en lui-même. — Le moi. — L'homme dans la société. — Où est le droit naturel? — Des opinions populaires. — Incertitude universelle; — angoisse. — 2° L'homme en quête du salut. — Les philosophies. — Les religions. — La Religion. — Le Peuple juif et l'Écriture. — Les Miracles et les Prophéties. — Jésus-Christ. — La Charité. — Jugement final sur la composition et sur le style.

Ainsi, je suppose un instant que les dernières innovations sont à peu près comme non avenues, que nous en sommes restés avec Pascal au degré de connaissance où étaient ses contemporains, ses meilleurs amis et ses éditeurs successifs durant cent soixante-douze ans. Sur un point seulement je ferai ce que ces derniers auraient dû faire, et, dans les citations que je donnerai, je réintroduirai à petit bruit certains mots du texte original, là pourtant où ces mots en valent la peine, et sont un trait plus marqué de la pensée.

On a une esquisse assez exacte du plan que se proposait Pascal par la conversation de deux ou trois heures, dont les principaux chefs sont rapportés dans la Préface d'Étienne Périer et dans celle de M. de La Chaise.

C'est cette conversation qu'il s'agit de retrouver et de faire revivre ; et on le peut en quelque sorte, si l'on use bien des pensées nombreuses qui sont encore la parole vibrante de Pascal, si on les classe avec suite et qu'on les ramène dans l'aperçu qu'on a du plan général : on aura alors tout un abrégé lumineux. Et ce n'est pas là une reconstruction conjecturale, c'est une restauration approximative[1].

Il s'agit d'amener un homme, une âme à la religion chrétienne. — Pascal est donc un jour sollicité par ses amis de s'ouvrir sur ce grand dessein qu'il médite, dont il a déjà parlé à plusieurs en particulier, mais sans assez d'ensemble. Ce devait être vers l'année 1658 ; son dessein était déjà mûr, et à la fois dans cette nouveauté encore qui fait qu'on prend plaisir à se développer, et que la parole pleine de fraîcheur se ressent de la vivacité de la découverte. Quels furent ces amis devant lesquels il s'expliqua ? quel fut le lieu de l'entretien ? Les trop discrètes Préfaces se sont bien gardées de nous le dire ; mais certainement l'élite de Port-Royal se trouvait là, et le lieu du rendez-vous n'était peut-être autre que Port-Royal même de Paris. Les personnes *très-considérables* dont il est question comme présentes, ces juges qui sont *d'un esprit à admirer peu de choses*, ne défendent point de supposer que ce pourrait bien être quelqu'un des amis du dehors du monastère (comme madame de Sablé) qui aurait eu la curiosité d'entendre l'éloquent apologiste, et qui aurait ménagé l'occasion où on l'obligea d'exposer toute sa pensée[2].

---

1. M. Frantin l'a tentée dans son édition, et je profite de son travail, sans m'y asservir.
2. En nommant madame de Sablé à l'occasion des *Pensées* et en proposant ma conjecture, je suis loin pourtant de donner dans une idée que M. Cousin a eue depuis et qui va bien au delà de la mienne. Ce vif et brillant esprit, mais qui tire à lui les choses et

Pascal commence : il dit d'abord ce qu'il pense des preuves auxquelles on recourt ordinairement, des preuves métaphysiques, géométriques, ou de celles qu'on tire de la vue des ouvrages de la nature. Sans les exclure, il ne les croit pas essentielles et efficaces, véritablement adaptées au cœur de l'homme :

« Je n'entreprendrai pas ici de prouver par des raisons n'urelles ou l'existence de Dieu, ou la Trinité, ou l'immortalité de l'âme, ni aucune des choses de cette nature ; non-seulement parce que je ne me sentirois pas assez fort pour trouver dans la nature de quoi convaincre des athées endurcis, mais encore parce que cette connoissance sans Jésus-Christ est inutile et stérile. Quand un homme seroit persuadé que les proportions des nombres sont des vérités immatérielles, éternelles et dépendantes d'une première Vérité en qui elles subsistent et qu'on appelle *Dieu*, je ne le trouverois pas beaucoup avancé pour son salut. »

Il dit de ces preuves métaphysiques que tout le monde n'en est pas frappé, et qu'à ceux même qui le sont (ce qui est le très-petit-nombre), elles ne servent que pendant l'instant de la démonstration ; car, une

---

qui exagère volontiers ce qu'il traite, a prétendu que, sans le salon de madame de Sablé et sans la mode des *Maximes* qui y régnait, on n'aurait pas eu le livre des *Pensées* de Pascal (voir *Madame de Sablé*, 1854, page 93). C'est bien le même homme qui a prétendu qu'on n'aurait point les *Caractères* de La Bruyère sans le Recueil de quelques Portraits de société qu'on a de la grande Mademoiselle et de son monde, comme si ces Portraits sans importance dans le public, et nés eux-mêmes d'une mode générale, avaient eu l'influence de créer un genre. Pascal a-t-il jamais joué, un jour ou l'autre, à ce jeu de *Maximes* qui occupa dans un temps le salon de madame de Sablé? c'est une question oiseuse et à laquelle on n'a pas de réponse. Ce qui est certain, c'est que ses *Pensées* sur la Religion et sur les Miracles proviennent d'une source et d'une inspiration qui n'a aucun rapport avec les curiosités de ce monde-là. Mais rien n'empêche qu'il n'ait pu, un jour, céder aux instances qui lui furent faites et exposer son plan d'ouvrage dans ce salon, devant quelques auditeurs d'élite.

heure après, ils ne savent qu'en croire, et ils craignent de s'être trompés, tellement que c'est à recommencer toujours.

Il montre que les preuves qui entrent le mieux dans l'esprit et dans le cœur des hommes, et qui déterminent leurs actions, sont surtout morales et historiques, et tiennent à de certains sentiments naturels ou à l'expérience journalière; que c'est par cette voie que sont acquises les notions qui sont reconnues de tous pour les plus indubitables : par exemple, qu'il y a une ville qu'on appelle Rome, que Mahomet a existé, qu'il y a eu un incendie de Londres, etc.; que ce serait être fou que d'en douter, et de ne pas exposer sa vie là-dessus, pour peu qu'il y eût à gagner; que, dans le train ordinaire des choses, on ne va jamais plus sûrement que quand on se confie à ces voies communes de certitude. C'est donc à de simples preuves de ce genre, toutes morales et historiques, non moins convaincantes que les autres, et plus accessibles, plus pénétrantes, plus aisément présentes et actuelles, qu'il prétend fonder tout son raisonnement.

Tel est le sens des *prolégomènes* de Pascal. Il ne s'y montre pas moins éloigné de cette voie de démonstration logique et géométrique à outrance dont Arnauld était si épris, que de ce rationalisme absolu que venait d'instituer Descartes. Ce dernier point est surtout à relever.

Descartes se place dans le doute méthodique ; il se dépouille par abstraction de toutes ses connaissances, habitudes et croyances; il réduit sa pensée à elle seule, et il veut tirer d'elle, et rien que d'elle, tout ce qu'elle peut lui donner.

Toute la méthode et l'entreprise de Pascal est comme une protestation contre ce rationalisme essentiellement indépendant et spéculatif. En général, il parle très-peu de Descartes; mais il y pensait beaucoup[1]. Il disait de lui, comme on sait : « Je ne puis pardonner à Descartes : il auroit bien voulu, dans toute sa philosophie, se passer de Dieu, mais il n'a pu s'empêcher de lui faire donner une chiquenaude pour mettre le monde en mouvement; après cela, il n'a plus que faire de Dieu. » Ce qu'il disait là de la physique de Descartes, il le devait dire également, avec quelque modification dans les termes, pour sa métaphysique; il ne devait pas pouvoir lui *pardonner* cette raison, ainsi souverainement posée dans un isolement, dans un dépouillement d'ailleurs impossible[2]; il semblait prévoir ce qui allait sortir de

1. « .... Descartes *que vous estimez tant,* » écrivait le chevalier de Méré à Pascal, dans une lettre antérieure à la conversion de celui-ci.

2. Dans ce grand et ingénieux *Discours de la Méthode,* qui commence si bien, mais qui, en fait de pure métaphysique, aboutira si peu et si diversement, au moment où il se constitue sur tous les points en état de doute, et où il réserve seulement (en attendant la reconstruction) quelques règles de morale provisoire, Descartes ajoute : « Après m'être ainsi assuré de ces maximes (provisoires et empiriques), et les avoir mises à part avec les vérités de la Foi qui ont toujours été les premières en ma créance, je jugeai que, pour tout le reste de mes opinions, je pouvois librement entreprendre de m'en défaire. » Il y a dans l'ensemble du Discours de Descartes un tel accent de véracité et de candeur, qu'il coûterait de voir ici une simple précaution oratoire; mais qu'est-ce pourtant que la Foi, ainsi posée à part de tout, et reléguée comme les Dieux d'Épicure dans je ne sais quels *intermondes* de la pensée, tandis qu'on remet *tout le reste* en question? Si la candeur est entière, comme j'aime à le croire, il y a là une inconséquence d'autant moins philosophique. Chez Bayle ou chez Montaigne, on sait du moins ce que cela veut dire.

Autre remarque plus générale : Descartes a tué la philosophie de l'*école*, mais il a établi la philosophie du *cabinet*, non celle de la *vie*, quoique Descartes eût beaucoup couru le monde et connu la vie. L'homme qu'il décrit est l'homme du cabinet, celui qu'on trouve et qu'on se forme (*fingere*) en réfléchissant durant tout un hiver *enfermé dans un poêle*, et qu'aussi les modernes Néocartésiens ont cru retrouver plus ou moins du fond de leur fauteuil psychologique. Dans l'étude de l'anatomie, quand on en est aux

là, et, dès la première génération, ces deux jumeaux de couleur si différente, et qui se tiennent pourtant, Malebranche et Spinosa. Pour lui, il ne se crée pas un homme-esprit, un homme métaphysique et abstrait; il veut s'en tenir à l'homme réel, à ce que lui-même était et à ce que nous sommes : c'est avec cet homme vivant, et selon les règles d'un sens commun élevé, surtout d'après les impressions d'un sens moral très-vif, qu'il va s'appliquer à raisonner.

Pascal ne scinde pas l'homme; il ne met pas la raison à part, la sensibilité d'un autre côté, la volonté encore d'un autre; il ne travaille pas à faire opérer uniquement telle ou telle de ces facultés. Il s'adresse à la raison, mais sans préjudice du reste : « Le cœur, sait-il bien, a ses raisons, que la raison ne connoît point : on le sent en mille choses;... c'est le cœur qui sent Dieu, et non la raison. Voilà ce que c'est que la foi : Dieu sensible au cœur. » Et encore : « Le cœur a son ordre, l'esprit a le sien, qui est par principes et démonstrations. Le cœur en a un autre.... Jésus-Christ, saint Paul ont l'ordre de la charité, non de l'es-

---

fibres déliées du cerveau, il faut bien prendre garde de créer avec l'instrument de dissection l'apparence de l'organe, qu'on donne ensuite comme réelle et comme trouvée. Ainsi, dans l'anatomie psychologique, on crée souvent avec la pointe de l'esprit la division qu'on s'imagine au même moment observer. « L'esprit humain, a-t-on dit, a la merveilleuse faculté de tourner sa lunette partout où il lui plaît, et de s'y créer des mondes. » Mais que cela est plus facile quand la lunette se tourne uniquement en dedans! Qu'arrive-t-il tout d'abord au grand Descartes, qui s'est tant armé de précautions? Dès le second ou le troisième pas intérieur qu'il prétend faire, il met en avant, comme évidentes pour lui, des choses que les trois quarts des gens de bon sens se sentent le droit de contester. Tout ceci n'est point pour insinuer que Pascal a plus raison que Descartes, mais pour maintenir et balancer (seul rôle qui me convienne) les faces diverses et changeantes de l'incompréhensible Vérité.

prit ; car ils vouloient échauffer, non instruire. Saint Augustin de même. Cet ordre consiste principalement à la digression sur chaque point qui a rapport à la fin, pour la montrer toujours. » Ainsi tout le propos de Pascal est dirigé à la *fin*, à la conclusion pratique et vivante. Il parle à la raison, sachant bien que c'est à un autre que l'homme de toucher le cœur; mais il tâche d'ouvrir et de tourner cette raison de l'homme, de telle sorte que le rayon d'en haut qui doit venir au cœur n'ait plus qu'à passer par cette ouverture bien ménagée : ouverture dont le divin rayon, sans doute, n'a pas besoin s'il veut être invincible, dont pourtant il se sert volontiers s'il la trouve, et que souvent il attend. — « Ceux à qui Dieu a donné la religion par sentiment du cœur sont bien heureux et bien légitimement persuadés; mais ceux qui ne l'ont pas, nous ne pouvons la leur donner que par raisonnement, en attendant que Dieu la leur donne par sentiment de cœur, sans quoi la foi n'est qu'humaine et inutile pour le salut. — Qu'il y a loin de la connoissance de Dieu à l'aimer ! »

C'est dans ces termes donc et dans ces principes, non point par la voie ardue et hasardée de la certitude métaphysique, mais dans les termes de la créance morale commune, que Pascal entame son œuvre ; j'en reprends et j'en suis l'idée, d'après la conversation qu'on a recueillie.

Il aborde l'homme et le saisit tel qu'il est, *e medio*, sans lui rien retrancher; et il en donne une description, une peinture, où il n'oublie rien de ce qui le peut faire connaître en tous les sens, depuis l'extrême horizon, qui est son cadre aux jours glorieux, jusque dans les moindres replis de son cœur sordide. Quelle entrée en matière ! Quelle Genèse véritablement et grandement philosophique !

« La première chose qui s'offre à l'homme, quand il se regarde, c'est son corps, c'est-à-dire une certaine portion de matière qui lui est propre. Mais, pour comprendre ce qu'elle est, il faut qu'il la compare avec tout ce qui est au-dessus de lui et tout ce qui est au-dessous, afin de reconnoître ses justes bornes [1].

« Que l'homme contemple donc la Nature entière dans sa haute et pleine majesté; qu'il éloigne sa vue des objets bas qui l'environnent; qu'il regarde cette éclatante lumière mise comme une lampe éternelle pour éclairer l'Univers; que la terre lui paroisse comme un point, au prix du vaste tour que cet astre décrit; et qu'il s'étonne de ce que ce vaste tour lui-même n'est qu'un point très-délicat à l'égard de celui que les astres qui roulent dans le firmament embrassent. Mais si notre vue s'arrête là, que l'imagination passe outre : elle se lassera plutôt de concevoir, que la Nature de fournir. Tout ce monde visible n'est qu'un trait imperceptible dans l'ample sein de la Nature. Nulle idée n'en approche. Nous avons beau enfler nos conceptions au delà des espaces imaginables : nous n'enfantons que des atomes au prix de la réalité des choses.... »

(Et tout ce qui suit :) « Que l'homme, étant revenu à soi, considère ce qu'il est au prix de ce qui est..., etc. »

Ainsi, pour premier crayon, la nature dans sa magnificence, dans son illumination, dans son amplitude, dans son infini! l'homme embrassant tout cela, lui chétif et comme *égaré dans ce canton détourné de la nature;* grand pourtant et suspendu entre deux infinis,

---

1. L'exact et consciencieux éditeur de 1844 se montre bien rigoureux pour cette phrase qu'il n'a pas retrouvée dans le manuscrit actuel, ce qui ne prouve pas absolument qu'il n'y en ait pas eu trace sur quelque petit papier disparu. Pour moi, elle ne me paraît ni lourde ni obscure, et il me semble en saisir très-bien la liaison avec le reste. Avant de faire éclater l'espèce d'hymne qui suit, et que l'édition de 1844 nous rend si fidèlement, Pascal a dû commencer, ne fût-ce qu'en idée, par quelque phrase analogue à celle qu'on lit dans l'édition de Port-Royal. Ainsi, quand plus loin il dit : « Notre intelligence tient dans l'ordre des choses intelligibles le même rang que notre *corps* dans l'étendue de la nature, » il indique lui-même quel pouvait être le sens de cette première phrase.

l'infini de grandeur et l'infini de petitesse ; un néant à l'égard de l'un, un univers, un tout à l'égard de l'autre : tel d'abord il nous apparaît, posé, ballotté sur son frêle échelon, de la main de Pascal. La grandeur toutefois domine cette première peinture ; ce *roseau le plus foible de la nature,* qui est un *roseau pensant,* relève tout. Pascal, même en prenant l'homme déchu, n'a pu, du premier coup d'œil, ne pas regarder et remarquer ses restes de dignité. L'Adam de Milton, à l'ouverture, n'est pas investi d'un cadre plus glorieux. Il y a, dans l'homme de Pascal, de beaux restes de Moïse ; il y a de ces accents qui allaient de l'Éternel à Job dans le tourbillon. Mais Pascal continue de parler, et toute cette première grandeur de royale contenance va se ruiner et se ravaler.

Comme signe du fond, notons bien pourtant ce sentiment de grandeur, cet instinct qui élève, même quand Pascal vise à rabattre et à humilier. Montaigne n'a jamais de telles lignes, ni cette majesté de contours ; même quand il est le plus en train de ferme éloquence, tout d'un coup il salit.

Toute la première partie de l'ouvrage, ou plutôt (nous l'aimons mieux) de la conversation de Pascal, qui s'explique devant nous de vive voix, porte donc sur l'homme considéré dans sa grandeur et sa bassesse, dans son orgueil et sa vanité, dans sa corruption par l'amour-propre, dans ses illusions par l'imagination, par la coutume ; dans ses ressauts et ses essors soudains qui, si bas tombé qu'il soit, le relèvent ; dans son entière et continuelle contradiction enfin, jusqu'à ce qu'*il comprenne qu'il est un monstre incompréhensible :* dernier mot et dernier cri que le démonstrateur arrache à son patient, sous sa poignante analyse. Nous possédons cette première partie du discours, abondamment représenté par les *Pensées.* C'est un premier acte. Suivons-y un peu en détail Pascal dans l'ordre naturel de son développement et dans la marche de l'*action*.

Après cette première grande esquisse de l'homme placé et perdu comme un point au sein de l'immense et splendide nature, et supérieur pourtant à elle puisqu'il a la pensée ; après avoir reconnu cette pensée qui monte, et qu'à chaque instant l'obstacle refoule ou déjoue, ce brûlant désir de trouver quelque part une assiette ferme, et d'y édifier une tour qui s'élève à l'infini (*mais tout notre fondement craque, et la terre s'ouvre jusqu'aux abîmes*); après avoir ainsi agité comme au hasard ce *roseau pensant*, et l'avoir vu flotter au sein des choses, Pascal prend l'homme en lui-même, et lui démontre au cœur, dans son *moi*, la racine naturelle de toute action, et une racine corrompue.

Tout à l'heure en débutant, et dans cette première vue de l'homme même déchu, il avait, on en a été frappé, des restes d'éclairs de Moïse, des ressouvenirs de l'Éternel parlant à Job, des reflets d'ancienne splendeur qui semblaient appartenir à Salomon : ici, en suivant dans ses replis, dans ses transformations et sous ses masques divers, le *moi*, c'est exactement La Rochefoucauld qu'il rappelle [1], qu'il égale par la précision et le tranchant de son analyse, qu'il surpasse par la profonde générosité du but et du mouvement. Chez Pascal, toutes ces pensées, qui décèlent et qui, pour ainsi dire, injectent les moindres veines cachées de l'amour-propre, ne sont pas, comme chez La Rochefoucauld, à l'état de

---

1. La Rochefoucauld, dont les *Maximes* parurent d'abord en 1665, n'avait pas lu les *Pensées*, qui ne furent publiées que quatre ans plus tard; et Pascal, mort depuis 1662, ne connaissait pas les *Maximes*. Ces deux grands auteurs restent tout à fait originaux dans leurs ressemblances. — Le lien, l'espèce de communication qu'on essayerait d'établir entre eux par madame de Sablé, serait une supposition pure.

description curieuse, indifférente ; elles n'essayent pas de circuler à titre de simples *proverbes de gens d'esprit :* le détail d'observation, chez Pascal, est porté par un grand courant.

Pascal savait tout ce que savait M. de La Rochefoucauld ; il n'avait pas eu besoin pour cela d'être tant mêlé aux choses de la Fronde. La mère Angélique écrivait un jour à madame de Sablé, à propos d'une visite que devait faire à cette dame la Princesse Palatine : « Vous êtes doctissime dans les passions, les dégoûts, les instances et les fourberies du monde ; de sorte qu'en en faisant bon usage, vous pouvez aider cette Princesse à s'en dégoûter. » Pascal était *doctissime* en telle matière autant que pas un ; il lui suffisait de tenir la *maîtresse branche*, et de la retourner en tout sens pour se convaincre qu'étant gâtée radicalement, toutes les branches l'étaient aussi :

« La vie humaine n'est qu'une illusion perpétuelle ; on ne fait que s'entre-tromper et s'entre-flatter. Personne ne parle de nous en notre présence comme il en parle en notre absence. L'union qui est entre les hommes n'est fondée que sur cette mutuelle tromperie ; et peu d'amitiés subsisteroient, si chacun savoit ce que son ami dit de lui lorsqu'il n'y est pas, quoiqu'il en parle alors sincèrement et sans passion. »

« Tous les hommes se haïssent naturellement les uns les autres. On s'est servi comme on a pu de la concupiscence pour la faire servir au bien public ; mais ce n'est que feinte, et une fausse image de la charité ; car au fond ce n'est que haine... Ce vilain fond de l'homme, ce *figmentum malum* n'est que couvert ; il n'est pas ôté. »

A part le mot *concupiscence* qui implique le Christianisme, qui donc a pensé cela, de Pascal ou de La Rochefoucauld ?

Mais là où Pascal se sépare, c'est quand il remarque

que, l'amour-propre étant le fondement de tout notre être actuel, et la nature de l'amour-propre étant de n'aimer que soi, bien qu'on ne puisse s'empêcher de se voir soi et son être plein de défauts, de vices, et très-peu aimable, il s'engendre de là *la plus injuste et la plus criminelle passion*, qui est la haine mortelle de cette Vérité qui nous condamne. Ici Pascal coupe court à l'infinie variété, à la piquante et imprévue déduction où La Rochefoucauld se complaît. La Rochefoucauld, qui habite volontiers dans l'amour-propre, qui fait comme état de croiser sur ces parages, déclare qu'*il y reste encore bien des terres inconnues :* il est dans l'étude sans terme [1]. Pascal se hâte et nous presse ; il a vu le dedans et le fond ; il a fait le tour ; peu lui importent, dans cet archipel tortueux, quelques Cyclades de plus ou de moins, si tout cela est une mer de naufrage et de malheur, une mer d'amertume qui, par une infranchissable barrière, peut, à tout instant, fermer le retour à la vraie patrie. Pascal a le tourment : c'est le ressort de son drame, c'est par où il tient à l'homme. Là où les autres moralistes qu'il rencontre s'attardent, se complaisent comme dans le pays du *Lotos*, oubliant la vraie patrie, lui s'inquiète et passe outre. Il ne laisse pas son homme s'endormir ; il lui tient l'aiguillon au cœur, comme il le sent lui-même. Ce tourment est si grand, que plus tard, et lors même qu'il aura trouvé, il s'inquiétera encore ; mais alors il entendra en son cœur une voix secrète qui l'apaisera, et il redira aux autres cette tendre parole du Consolateur : « Tu ne me chercherois pas si tu ne me possédois : ne t'inquiète donc pas ! » Combien la première inquiétude était différente !

---

1. Voir précédemment au tome II, page 140, ce qui a été dit de lui par comparaison à Jansénius. Combien c'est plus vrai encore en regard de Pascal !

Ici donc, l'amour-propre une fois exploré, d'une part il sent à quel point « toutes ces dispositions si éloignées de la justice et de la raison ont une racine naturelle dans le cœur; » d'autre part, il reconnaît que « quiconque ne hait point en soi cet amour-propre, et cet instinct qui le porte à se mettre au-dessus de tout, est bien aveugle, puisque rien n'est si opposé à la justice et à la vérité. » Il faudrait donc haïr ce qui est la racine naturelle, haïr ce qui s'aime; car « s'il y a un Dieu, s'écrie-t-il, il ne faut aimer que lui, et non les créatures. » Nouvelle contradiction : comment en sortir? Dans cette première partie de son discours, Pascal se plaît à lever de toutes parts les contradictions, à en assiéger l'homme, à le presser dans les alternatives jusqu'à susciter l'angoisse. C'est ainsi qu'il le mate, qu'il le dompte, et qu'il compte bien l'amener à merci aux pieds de la Vérité.

Pascal à ce jeu prélude à peine; il va s'y étendre. Dans tout ce qui touche *la faiblesse de l'homme, l'incertitude de ses connaissances naturelles par rapport à la justice et à la vérité, les illusions de ses sens et de sa raison*, sur tous ces points Pascal rencontre et accompagne pour un assez long chemin Montaigne et Hobbes, comme il vient d'accoster La Rochefoucauld.

Pour Montaigne, nous l'avons assez vu [1]; il semble très-souvent, en ces passages, que la pensée de Pascal ne soit qu'une note prise de souvenir d'après une lecture de Montaigne, une note toujours relevée et fortifiée de quelque trait. Pascal ne prend pas ses notes comme tout le monde.

Un léger changement dans la marche se fait sentir. Pascal, à cet endroit du développement, n'intervient pas à tout instant avec son inquiétude et avec sa passion

---

[1]. Voir notre tome II, page 437, et dans Pascal le chapitre des *Puissances trompeuses*.

du vrai, comme quand il a eu directement affaire à l'amour-propre. Dans cette considération de l'homme aux prises avec la coutume, il semble se complaire à le laisser aller seul, à le voir trébucher devant lui, comme un enfant noble de Lacédémone verrait l'ilote ivre faire ses ivresses en public, sans le retenir. Il y a une haute ironie dans cette tranquillité de Pascal durant tout ce chapitre.

Et qui aurait entendu Pascal à ce moment de son discours aurait certes été frappé de l'accent singulier et de je ne sais quel rire silencieux et imprévu sur ces lèvres du pénitent : « Mon ami, vous êtes né de ce côté de la montagne : il est donc juste que votre aîné ait tout. » — « Pourquoi me tuez-vous ? — Eh quoi ! ne demeurez-vous pas de l'autre côté de l'eau ?... » L'auteur des *Provinciales* aurait peu à faire pour reparaître ici, mais armé de pointes encore plus sanglantes. Rencontrant partout l'homme sous un personnage d'emprunt et sous la bizarrerie de la coutume, il devait être tenté de le secouer avec le rire le plus âcre de Molière. « L'homme est ainsi fait, qu'à force de lui dire qu'il est un sot, il le croit ; et à force de se le dire à soi-même, on se le fait croire. »

A entendre Pascal parler de la *force*, de l'empire du *fait*, on est effrayé de la netteté de sa décision :

« Les seules règles universelles sont les lois du pays aux choses ordinaires, et la pluralité aux autres. D'où vient cela ? de la force qui y est.

« La concupiscence et la force sont la source de toutes nos actions : la concupiscence fait les volontaires ; la force, les involontaires. »

Par *concupiscence* entendez le *désir égoïste*, et vous avez la doctrine de Hobbes et celle de plus grands que lui, des plus puissants d'entre ceux qui ont tenu dans leur main les hommes[1]. De Maistre, qui a intitulé un de ses chapitres : *Analogie de Hobbes et de Jansénius,* aurait pu l'intituler aussi bien : *Analogie de Hobbes et de Pascal,* et sans plus de justice ; car, pour accoster Hobbes et ses adhérents, le Chrétien ne se confond pas avec eux. En admettant à la rigueur le même fait accablant, il ne l'admet que pour l'homme déchu, et il n'en tire qu'une plus vive raison de pousser toujours à la délivrance. — Pourtant, en écoutant Pascal se donner carrière et appuyer avec tant d'insistance sur le manque de droit naturel, je me figure qu'Arnauld, un peu étonné, était près d'interrompre dans sa candeur, si le geste, l'accent souverain et l'éclair éblouissant de cette grande parole ne l'avaient contenu.

La supériorité et la fermeté de coup d'œil de Pascal ne se montrent jamais mieux peut-être que quand il aborde l'ordre social ; sa raison n'y mêle aucun genre d'abstraction. Il avait vu la Fronde, et l'avait considérée de près ; car il était dans son train d'homme du monde à cette époque. Il avait médité sur Cromwell. Ce que peut amener l'esprit d'examen une fois introduit aux choses de l'État et aux origines de la société, il l'avait compris par cette ouverture, et dans une portée qui allait fort au delà des horizons d'alors. *Accoutumé à contempler les prodiges de l'imagination* et de l'illusion humaine, il savait ce qu'un siècle seulement de durée peut ajouter *de pompe et de révérence* aux coutumes reçues ; il savait aussi ce que peut renverser d'antique, au sein de cette

---

[1]. Le grand Frédéric dit un jour au métaphysicien Sulzer, qui lui parlait de la bonté de la nature humaine : « N'y croyez pas ; vous autres, messieurs les savants, vous ne pouvez la connaître : mais croyez-en un homme qui fait depuis une trentaine d'années le métier de roi, c'est une méchante race, à bien peu d'exceptions près ; il faut les contenir. » Napoléon écrivait, en 1806, à son frère Joseph : « Les hommes sont bas, rampants, soumis à la force seule. »

humanité mobile, un instant de libre et perçant examen :

« L'art de fronder et bouleverser les États est d'ébranler les coutumes établies, en sondant jusque dans leur source pour marquer leur défaut de justice. Il faut, dit-on, recourir aux lois fondamentales et primitives de l'État, qu'une coutume injuste a abolies : c'est un jeu sûr pour tout perdre ; *rien ne sera juste à cette balance*. Cependant le peuple prête aisément l'oreille à ces discours. Il secoue le joug dès qu'il le reconnoît ; et les Grands en profitent à sa ruine et à celle de ces curieux examinateurs des coutumes reçues.... »

Dans ces paroles et dans celles qu'on peut lire tout à côté, on tient la politique de Pascal ; elle se rapporte à celle de Machiavel, prise au meilleur sens : c'est la politique la plus dépouillée du lieu commun. Que Pascal en son temps, comme Montaigne dans le sien, ait été royaliste, et qu'il l'ait été par souci même de l'intérêt du peuple et par mépris de l'ambition dépravée des Grands, il n'y a pas de quoi étonner. Mais il va plus loin que Montaigne[1] ; il découvre et marque sans hésiter, et avec une hardiesse qui de tout temps a été donnée à bien peu de philosophes, le fondement même de l'édifice social, tel que ce fondement a été constitué durant des siècles depuis l'origine, et tel qu'on se flatte de l'avoir totalement renversé et retourné de nos jours. Aujourd'hui la prétention est de tout refaire par raison. Pascal montre avant tout le fait, qui se recouvre ensuite de droit comme il peut, et qui, une fois recouvert, devient justement respectable. Là même où la pluralité lui paraît la meilleure voie, c'est, dit-il, « parce qu'elle est visible et qu'elle a la force pour se faire obéir : cependant *c'est l'avis des moins habiles*. »

---

1. Se rappeler la pensée qui commence ainsi : « Montaigne a tort : la coutume, etc. »

Au reste, tout aussitôt, et comme s'il craignait d'être allé trop loin en dédain de l'homme, d'avoir trop insulté au genre humain en masse en le mettant à la merci de la coutume, il lui fait une sorte de réparation en donnant la raison de quelques opinions populaires, et en opposant la sagesse du peuple à celle des prétendus habiles ; car Pascal, même dans son ironie, est, avant tout, humain ; l'épigramme des deux borgnes lui paraissait ne valoir rien, *parce qu'elle ne les consolait pas*[1] : « Il faut plaire à ceux qui ont les sentiments humains et tendres, et non aux âmes barbares et inhumaines. » C'est là le fond de ce *misanthrope sublime*, comme l'appelle Voltaire.

Reprenant donc en sous-œuvre les assertions de tout à l'heure, et achevant de déconcerter celui qui croyait tenir quelque chose d'absolu, Pascal montre qu'en général les opinions du peuple sont saines, que ce peuple n'est pas si vain qu'on le dit ; « et ainsi l'opinion qui détruisait l'opinion du peuple sera elle-même détruite. »

Les opinions du peuple sont saines, bien que par d'autres raisons que celles que le peuple imagine ; de sorte qu'on peut dire que le monde est dans l'illusion, encore que le gros des opinions soit juste. Exemple : « Le peuple honore les personnes de grande naissance. Les demi-habiles les méprisent, disant que la naissance n'est pas un avantage de la personne, mais du hasard. Les habiles les honorent, non par la pensée du peuple, mais par la pensée de derrière. » Pascal relève ainsi les vestiges du sens commun, et les justifie par la philosophie ; les *demi-habiles*, qui sont dans l'entre-deux et qui font les entendus, payent les frais du rapproche-

---

1. Édition de M. Faugère, tome I, page 254. On met communément cette épigramme sur le compte de Martial. Je trouve dans Martial plusieurs épigrammes où figurent des borgnes, mais aucune pourtant qui paraisse justifier la citation de Pascal. — (Voir sur ce point la note de M. Havet et sa conjecture plausible, dans son édition des *Pensées* ; 2ᵐᵉ édit., t. I, p. 86.)

ment. Qu'aurait dit Pascal s'il avait entrevu dans l'avenir du monde le règne universel des *demi-habiles*, et le peuple tout entier passé à ce demi-état?

C'est ici que se place naturellement et que s'explique dans tout son jour cette pensée tant discutée : « Il faut avoir une pensée de derrière, et juger de tout par là, en parlant cependant comme le peuple. » Cela veut dire simplement qu'il faut avoir la raison profonde et distincte de ce dont le peuple a le bon sens confus, et, en parlant comme le peuple, savoir mieux que lui pourquoi on le dit.

On suit pourtant la marche générale; Pascal, par moments, rompt l'ordre et paraît décousu à dessein; il fait ici dans son discours comme il dit que fait la nature dans ses progrès, comme la mer dans le flux et le reflux : « Elle passe et revient, puis va plus loin, puis deux fois moins, puis plus loin que jamais. » Ce sont ainsi des allées et venues, des accès, répits et reprises, des gradations enfin, qui ont pour effet, sur tous les points, de *démonter* un jugement humain de son *assiette naturelle*, et qui poussent la crise à l'excès. On a la clef de sa marche dans cette première partie.

Sans plus nous y arrêter, qu'il suffise de bien sentir qu'après avoir quelque temps bercé l'homme sans trop de froissement, Pascal, comme impatient, le ressaisit d'une main plus rude; il le remet sur la roue et s'y met avec lui. Car, dans Pascal, l'homme auquel il s'attaque si amèrement, c'est lui-même, tout ainsi que l'homme dont il s'inquiète si éperdument, c'est le genre humain; le *je*, chez Pascal, représente, on l'a très-bien dit, le genre humain, par une sorte de procuration; la personnalité la plus dirigée à son propre salut s'accorde et se confond avec la charité la plus universelle. Pascal recommence donc à résumer, à entre-choquer, comme s'il ne l'avait pas fait encore, la misère de l'homme, son ennui perpétuel, son effroi du repos, sa distraction insensée, cette vaine et tumultuaire fuite de lui-même : tout ceci devient une plainte monotone, inépuisable, angoissante (*ejulatus*), une suite de strophes ou de versets qui vont tout d'un flot de Job à Byron. Et depuis, en effet, qu'il est dit que « l'homme né de la femme est de courte vie et rassasié d'agitations ; » depuis que l'un d'entre eux s'est écrié pour tous : « Périsse le jour auquel je naquis, et la nuit en laquelle il fut dit : Un enfant mâle est né ! » depuis que « sa calamité mise dans la balance a été trouvée plus pesante que le sable de la mer, » et que « les frayeurs de Dieu se sont dressées en bataille devant lui ; » depuis ces jours-là, que s'est-il écrit de plus lugubre et de plus lamentable que ceci (et tant d'autres endroits pareils) ?

« Qu'on s'imagine un nombre d'hommes dans les chaînes, et tous condamnés à la mort, dont les uns étant chaque jour égorgés à la vue des autres, ceux qui restent voient leur propre condition dans celle de leurs semblables, et, se regardant les uns les autres avec douleur et sans espérance, attendent leur tour : c'est l'image de la condition des hommes. »

Arrivé à ce point, qui est le plus bas de la détresse, Pascal se relève pourtant, et se remet à résumer en sens contraire, à ramasser dans l'homme les vestiges épars de sa grandeur. Le prisonnier agite ses fers. Une lueur a pénétré. L'amour de la vérité, qui est dans son cœur, ne lui paraît pas anéanti par la haine même de la vérité, qui y est aussi : « Que l'homme donc s'estime son prix, s'écrie-t-il, qu'il s'aime ; car il a en lui une nature capable de bien. » Mais ce bien, mais cet amour éclairé, comment y atteindre seul par soi-même ? A peine l'a-t-il entrevue, cette lueur égarée à travers ses barreaux, qu'il retombe :

Quæsivit cœlo lucem, ingemuitque reperta.

On assiste à toutes les péripéties de ce drame du Prométhée chrétien, et le premier acte se termine par ce cri, qui dès le commencement est dans notre oreille :

« Quelle chimère est-ce donc que l'homme? quelle nouveauté, quel monstre, quel chaos, quel sujet de contradiction, quel prodige! Juge de toutes choses, imbécile ver de terre, dépositaire du vrai, cloaque d'incertitude et d'erreur, gloire et rebut de l'univers! Qui démêlera cet embrouillement?... S'il se vante, je l'abaisse; s'il s'abaisse, je le vante, et le contredis toujours jusqu'à ce qu'il comprenne qu'il est un monstre incompréhensible. »

Toute cette partie du discours ou de l'ouvrage de Pascal, où il prend l'homme à partie et le convainc de néant, de contradiction, d'oscillation éternelle, nous l'avons suffisamment; il y a peu à regretter. Que les versets de Job aient été proférés dans un ordre ou dans un autre, peu importe. — Je ne sais qui a dit que les fragments d'Archiloque sont comme des *javelots brisés qui sifflent encore*. Cela est vrai des fragments de Pascal.

L'homme ainsi convaincu et mis en éveil, il reste à l'amener au Christianisme; mais on n'y est pas encore. Nous cheminons pied à pied. Le nœud par lequel Pascal tient l'homme et ne le lâche plus, c'est l'inquiétude infinie, *l'impossibilité de l'indifférence* (le contraire de l'oreiller de Montaigne) : c'est par là qu'il le tire. Ici de nouveaux prolégomènes, et comme le prologue d'un acte nouveau.

Pascal en voulait surtout à cet étrange repos où quelques-uns s'oublient, et qui lui paraissait la suprême marque de la *stupidité;* aussi il le pousse en cent façons, ce sommeil de l'esprit; il l'insulte et le veut rendre impossible :

« L'immortalité de l'âme est une chose qui nous importe si fort, qui nous touche si profondément, qu'il faut avoir perdu tout sentiment pour être dans l'indifférence de savoir ce qui en est.... Je ne puis avoir que de la compassion pour ceux qui gémissent sincèrement dans ce doute...; mais pour ceux qui passent leur vie sans penser à cette dernière fin de la vie..., cette négligence en une affaire où il s'agit d'eux-mêmes, de leur éternité, de leur tout, m'irrite plus qu'elle ne m'attendrit; elle m'étonne et m'épouvante : c'est un monstre pour moi. — C'est une chose monstrueuse de voir dans un même cœur et en même temps cette sensibilité pour les moindres choses, et cette étrange insensibilité pour les plus grandes. — C'est un enchantement incompréhensible et un assoupissement surnaturel. — Cependant il est bien certain que l'homme est si dénaturé, qu'il y a dans son cœur une semence de joie en cela.... »

Et il reprend l'image de son prisonnier dans le cachot, n'ayant plus qu'une heure pour apprendre si son arrêt est rendu, et cette heure suffisant, s'il l'emploie bien, pour faire révoquer l'arrêt : « Il est contre la nature qu'il emploie cette heure-là, non à s'informer, mais à jouer au piquet. »

Pascal dans le monde avait rencontré de ces honnêtes gens qui *jouaient au piquet*, de ces épicuriens aimables qui soutenaient tout net que « la nature veut qu'on jouisse de la vie le plus possible, et qu'on meure sans y songer. » Il en avait connu, sans nul doute, qui, à l'exemple de Saint-Évremond, trouvaient, toute comparaison faite, la mort de Pétrone *la plus belle de l'Antiquité* : car si Socrate est mort véritablement en homme sage et *avec assez d'indifférence*, il cherchait pourtant à s'assurer de sa condition en l'autre vie, il en raisonnait sans cesse avec ses disciples, et, pour tout dire, *la mort lui fut un objet considérable* : au lieu que *Pétrone seul a fait venir la mollesse et la nonchalance dans la sienne*[1]. C'est cette nonchalance de bel air qui irritait Pascal, et

---

1. Saint-Évremond, *Jugement sur Pétrone*.

lui faisait dire : « Rien n'est plus lâche que de faire le brave contre Dieu. » A ceux qui se piquaient d'une géométrie rapide et de s'entendre aux chances du jeu[1], il parlait leur langage, il opposait la règle des *partis* (et non des *paris*), genre de preuve qui aujourd'hui nous choque un peu en telle matière, et que les géomètres du dix-huitième siècle ont discutée au long, qu'ils ont peut-être réfutée; mais, sans être un grand géomètre, il est bien clair que n'y eût-il qu'une chance terrible contre une infinité d'autres, si l'on y pensait longtemps, elle grossirait assez à nos yeux pour déterminer à tout hasard nos actions : ce qui sauve de la crainte, c'est l'irréflexion; ce qui rassure, c'est le divertissement universel. Pascal revenait vite[2] à ces raisons morales plus hautes, plus pénétrantes, et y abondait. Le feu sacré débordait de ses lèvres. En tout ce moment il nous apparaît étincelant et beau de colère; il est beau de la flamboyante beauté de l'Ange qui presse le lâche Adam, l'épée dans les reins, et le forcer d'aller.

[1]. Comme M. de Méré.
[2]. Il revenait *vite* à un autre ordre de raisons, ou du moins nous l'y faisons revenir *vite*, faute de le pouvoir bien suivre dans tout cet ensemble de considérations qui appartient au Calcul des probabilités. J'ai vu des géomètres, M. Bienaymé de l'Académie des Sciences et d'autres, faire une bien plus grande part, chez Pascal, à cette application du calcul aux questions qui intéressent la destinée humaine. M. Léon Lescœur a écrit là-dessus une Dissertation remarquable (*De l'Ouvrage de Pascal contre les Athées*, Dijon, 1850), dans laquelle il s'attache à établir que ce n'est point incidemment, et par un aperçu hardi qui lui serait venu chemin faisant, que Pascal a introduit la règle des *partis* dans sa considération de la vie future, mais que ce *règlement du parti*, au point de départ, est chez lui une vue fondamentale et a toute la valeur d'une méthode suivie et rigoureuse. Je regrette que M. Lescœur n'ait pas donné la suite de sa Dissertation, et qu'un géomètre d'un esprit ouvert aux idées morales, et qui ne serait pas décidé d'avance à tirer à soi du côté de la géométrie, n'ait pas traité définitivement cet endroit, pour nous un peu obscur, de la pensée de Pascal.

Pascal a donc piqué l'homme et l'a mis en quête du salut, en quête hors de lui, puisqu'au dedans de lui il n'y a que néant, abîme, contradiction, énigme indéchiffrable. Où ira cet homme qui cherche? à qui s'adressera-t-il? Aux philosophes d'abord, là où il y a en grosses lettres enseigne de vérité. Suit toute une énumération des philosophies diverses. Ce que Montaigne a fait dans l'*Apologie* de Sebond, prenant les philosophies une à une, deux à deux, et les entre-choquant, les culbutant l'une par l'autre et l'une sur l'autre, — Pascal le va faire à son tour. Nous savons par cœur sa méthode; et pour le fond encore nous avons peu à regretter. La Conversation sur Montaigne et sur Épictète nous a rempli d'avance le *desideratum*. Ce qu'on trouve écrit dans ses *Pensées* sur les Pyrrhoniens et les Dogmatistes concorde à merveille avec l'Entretien et le complète :

« Voilà la guerre ouverte entre les hommes, où il faut que chacun prenne parti, et se range nécessairement ou au Dogmatisme ou au Pyrrhonisme; car qui pensera demeurer neutre sera pyrrhonien par excellence. Cette neutralité est l'essence de la cabale.... Que deviendrez-vous donc, ô homme, qui cherchez quelle est votre véritable condition par votre raison naturelle? Vous ne pouvez fuir une de ces sectes, ni subsister dans aucune. »

L'homme n'ayant ainsi trouvé autour de lui, hors de lui, dans ces philosophies pleines de promesses, que la même contradiction finale qu'il a déjà reconnue en lui, que deviendra-t-il en effet? car le voilà, par ce perpétuel mouvement d'élévation et d'abaissement, rendu à lui-même, plus étourdi, plus ébloui et aveuglé, et, pour tout dire, *un monstre qui se comprend plus incompréhensible* que jamais.

C'est dans cette situation où il l'a voulu mettre, lassé, harassé, réduit à merci, que Pascal commence à lui montrer du doigt ce qui pourrait bien être l'unique salut, la Religion : celle-ci se lève enfin, et, sans se nommer encore, elle se déclare en esprit par ces paroles[1] :

« C'est en vain, ô hommes, que vous cherchez dans vous-mêmes le remède à vos misères. Toutes vos lumières ne peuvent arriver qu'à connoître que ce n'est point dans vous-mêmes que vous trouverez ni la vérité ni le bien. Les philosophes vous l'ont promis, et ils n'ont pu le faire. Ils ne savent ni quel est votre véritable bien, ni quel est votre véritable état. Comment auroient-ils donné des remèdes à vos maux, puisqu'ils ne les ont pas seulement connus? Vos maladies principales sont l'orgueil qui vous soustrait de Dieu, la concupiscence qui vous attache à la terre; et ils n'ont fait autre chose qu'entretenir au moins l'une de ces maladies. S'ils vous ont donné Dieu pour objet, ce n'a été que pour exercer votre superbe; ils vous ont fait penser que vous lui étiez semblables et conformes par votre nature. Et ceux qui ont vu la vanité de cette prétention vous ont jetés dans l'autre précipice, en vous faisant entendre que votre nature étoit pareille à celle des bêtes, et vous ont portés à chercher votre bien dans les concupiscences, qui sont le partage des animaux. — Ce n'est pas là le moyen de vous guérir de vos injustices, que ces sages n'ont point connues. Je puis seule vous faire entendre ce que vous êtes.... »

C'est la Religion qui parle en effet; mais quelle religion? L'homme, à cette voix dont l'accent le ranime, se remet donc à parcourir l'Univers, cherchant quelle religion est la vraie, comme il avait déjà fait pour les

---

1. Dans l'édition nouvelle des *Pensées*, on lit au titre de ce morceau : *A Port-Royal. Pour demain. Prosopopée.* M. Faugère conjecture, non sans quelque vraisemblance, que ce morceau, et un ou deux autres encore qui portent la même indication en tête (*à Port-Royal*), pourraient bien avoir été écrits en vue de l'Entretien même que Pascal devait avoir sur son plan d'ouvrage, et où il se montra si éloquent. Comme Démosthène et comme les vrais maîtres de la parole, Pascal n'improvisait jamais mieux que quand il avait à l'avance quelques points écrits.

philosophies. Ce Dieu dont tout le monde parle n'aurait-il, en effet, laissé, pas plus dans les sanctuaires que dans les écoles, aucune marque sensible de lui? — Ici serait venue une énumération des principales religions connues, celle de Mahomet, celle des anciens Grecs et Romains, celle des Égyptiens, celle de la Chine. — Aucune de ces religions ne satisfait l'homme de Pascal, pas plus que tout à l'heure ne l'ont satisfait les philosophies. Leur morale, qu'il examine principalement, le choque ou le révolte; car enfin il sait déjà ce qu'une religion, pour être bonne, doit unir et concilier : « Il faudroit que la vraie religion enseignât la grandeur, la misère; portât à l'estime et au mépris de soi, à l'amour et à la haine. » Au lieu de cela, dans ces *foisons* de religions qu'il parcourt, toutes lui paraissent développer, exagérer, plus encore que n'osaient faire les philosophies, certaines portions isolées de l'homme, et en méconnaître, en supprimer d'autres parties ; et il en résulte, le plus souvent, des monstruosités tout horribles, des pratiques toutes criminelles. L'horreur le saisit. Où donc est l'asile? et n'a-t-il donc qu'à se donner la mort?

Alors seulement, et quand il se voyait encore une fois à bout, ayant aperçu dans un petit coin du monde un peuple particulier séparé des autres peuples, et possesseur des plus anciennes histoires qu'on ait, la rencontre de ce peuple l'étonne et l'attache par quantité de choses merveilleuses et singulières qui y paraissent : il ne le quitte plus.

Ce peuple est gouverné par un livre unique, qui comprend tout ensemble son histoire, sa loi, sa religion. Sitôt que l'homme en peine a ouvert ce livre, il y apprend que le monde est l'ouvrage d'un Dieu; que ce Dieu a créé l'homme à son image, et a imprimé en lui une ressemblance de sa souveraine grandeur. Cette idée première plaît à l'homme en peine, et lui paraît expliquer fidèlement certaines marques et certaines élévations qu'il ressent en lui, mais non pas la bassesse qui est contraire et tout à côté. Pourtant, en continuant la lecture, il trouve que l'homme, créé dans cet état d'innocence et de beauté, a failli par son libre choix, et a été précipité dans la mieux méritée des misères. Ce nouvel état lui paraît justement répondre à cette contradiction intérieure dont il est si convaincu, et qui lui a été jusque-là si inexplicable.

Image d'un homme qui s'est lassé de chercher Dieu par le seul raisonnement, et qui commence à lire l'Écriture, — c'est la seconde et magnifique ouverture du plan de Pascal, la seconde Genèse, et celle qui mène directement à la vie.

Pascal fait encore parcourir à son homme en peine, et qui commence à saisir quelque lueur d'espoir, divers endroits du même livre :

« Il lui fait prendre garde qu'il n'y est plus parlé de l'homme que par rapport à cet état de foiblesse et de désordre ; qu'il y est dit souvent que toute chair est corrompue, que les hommes sont abandonnés à leur sens, et qu'ils ont une pente au mal dès leur naissance. Il lui fait voir encore que cette première chute est la source non-seulement de tout ce qu'il y a de plus incompréhensible dans la nature de l'homme, mais aussi d'une infinité d'effets qui sont hors de lui et dont la cause lui est inconnue. Enfin, il lui représente l'homme si bien dépeint dans tout ce livre, qu'*il ne lui paroît plus différent de la première image qu'il lui en a tracée*[1]. »

Ceci est capital ; voilà le cercle qui se rejoint ; voilà l'anneau moral du livre saint, qui rejoint l'anneau moral de cet autre livre, le cœur de l'homme. Nous n'avons malheureusement pas tout ce développement de Pascal,

---

1. Préface d'Étienne Périer.

cette exégèse morale de l'Ancien Testament; mais bien qu'il n'ait pu être indifférent d'entendre passer par sa bouche la morale de Moïse, de David, de Salomon, avec je ne sais quoi de la voix plus douce d'un Joseph, on y supplée aisément pour le fond. Son neveu Étienne Périer nous a donné avec précision l'enchaînement[1].

Dès l'ouverture du saint livre et dès le premier regard qu'on y jette, Pascal ne manque pas de faire remarquer qu'à côté de la pleine connaissance de l'homme misérable, il s'y trouve aussi le remède et *de quoi se consoler*. Il admire, de plus, que ce livre soit le seul qui ait dignement parlé de l'Être souverain, et qui ait fait consister l'essence du culte (chose unique) dans l'*amour* du Dieu qu'on adore. Tels sont les premiers caractères qui frappent à livre ouvert et qui sautent aux yeux.

Jusque-là Pascal n'a pas encore abordé le chapitre des preuves directes et positives; mais il a fait plus, si l'on peut dire : il a mis celui qu'il dirige dans la disposition de les recevoir avec plaisir et de les désirer. Ç'a été de sa part une préparation, une pression morale, un *foulement* dans tous les sens; ç'a été (tranchons le mot) une manœuvre saintement habile pour rabattre du côté de

---

[1]. Relire dans la Préface d'Étienne Périer la suite du passage précédent: « Ce n'est pas assez d'avoir fait connoître, etc.... » — Bossuet semble s'être chargé de remplir cette lacune laissée chez Pascal, en ébauchant, dans sa IIIe et IVe *Élévation* de la Septième Semaine, les misères morales de l'homme déchu; il y prend pour texte le chapitre XLe de l'*Ecclésiastique*. Je renvoie le lecteur à ces grandes pages : « Le déluge des eaux n'est venu qu'une seule fois: celui des afflictions est perpétuel, et inonde toute la vie dès la naissance.... Il est enfant d'Adam, voilà son crime. C'est ce qui le fait naître dans l'ignorance et dans la foiblesse, ce qui lui a mis dans le cœur la source de toutes sortes de mauvais désirs: il ne lui manque que de la force pour les déclarer.... » C'est en des termes approchants que Pascal aurait amené l'homme à se reconnaître au moral dans l'Écriture comme en un plein miroir, et, confondu de la ressemblance, à s'écrier: Ce livre est le vrai!

la foi, qu'on entrevoit désormais comme vénérable et comme aimable.

Comme aimable surtout. — La Religion n'est pas encore prouvée, qu'elle est déjà insinuée et presque *autorisée* par une si divine morale, si concordante avec le cœur.

Et même, dans cet état d'ébauche et d'imperfection où est resté le plan, on peut sentir toute l'habileté et la conduite supérieure de Pascal. Il a si bien disposé les choses, qu'à partir de ce moment et pour le reste de la démonstration, l'homme qu'il mène comme par la main est induit à désirer secrètement de croire, et à être, s'il n'y prend garde, de connivence avec son guide.

Pascal pourtant aborde les preuves : c'est le chapitre des *Juifs considérés comme dépositaires de la vraie Religion*, et les chapitres suivants. S'arrêtant particulièrement au livre de Moïse, il établit par toutes sortes de raisons, telles que la critique de son temps les pouvait fournir, qu'il est également impossible que Moïse ait laissé par écrit des choses fausses, ou que le peuple à qui il les a laissées se soit prêté à être trompé. Il parle des grands miracles rapportés dans ce livre, et soutient qu'ils ne peuvent être faux, tant à cause de l'autorité déjà établie du livre que par toutes les circonstances qui les accompagnent. A ce sujet des miracles, un souffle singulier l'anime ; il parle comme pour en avoir vu ; il a de ces mots souverains qui enlèvent : « *Ubi est Deus tuus?* Les miracles le montrent, et sont un éclair. » — Ensuite il passe aux raisons qui font que la loi de Moïse est toute figurative, et à chaque pas il lève le voile dans le sens du Christianisme qui doit venir. Il arrive à la plus grande des preuves de Jésus-Christ, c'est-à-dire aux Prophéties ; et, par une foule de vues particulières qu'il a sur ce sujet, il s'applique à faire voir jusqu'à l'évidence que cette preuve est celle de toutes à laquelle Dieu a le plus abondamment pourvu. — C'est à cet article des Prophéties que Pascal, dans l'Entretien dont il est parlé, acheva de se surpasser lui-même, et que ceux qui l'écoutaient si attentivement furent *comme transportés.*

Et en effet, tout charnels que nous sommes devenus, en lisant ces fragments mystiques de Pascal on se rend compte de l'effet que durent produire, sur un auditoire d'avance convaincu, cette fécondité d'explications neuves, subtiles, ingénieuses ou grandes, toutes ces hardies paroles tant répétées depuis, mais éclatant pour la première fois :

« Quand la parole de Dieu, qui est véritable, est fausse littéralement, elle est vraie spirituellement....

« Tout tourne en bien pour les Élus, jusqu'aux obscurités de l'Écriture...; et tout tourne en mal pour les autres, jusqu'aux clartés....

« Il est juste qu'un Dieu si pur ne se découvre qu'à ceux dont le cœur est purifié.

« Un mot de David ou de Moïse comme celui-ci : *Vous circoncirez les cœurs*, fait juger de leur esprit, etc.... »

Pour nous encore, il y a, dans l'ordre des preuves et arguments de Pascal, quelques-uns de ces traits *déterminants* comme ceux qu'il voyait dans David et dans Moïse, de ces éclairs qui sortent du centre de la nue, et qui suppriment les intervalles obscurs. Ajoutons que ce ne sont, en effet, que des instants. L'éclair se brise, et l'obscurité recommence.

Dans ces vues de Pascal sur les Figures de l'ancienne Loi, je trouve nombre de pensées qui, pour la forme non moins que pour le fond, en rappellent d'analogues chez M. de Saint-Cyran, lequel, on s'en souvient, avait à un haut degré ce tour d'intelligence interprétative et ce mode d'expression concise. Pascal n'avait pas besoin de guide; il n'y a guère à douter pourtant que certaines de ces pensées de Saint-Cyran n'aient souvent été une première clef, et n'aient fait sortir plusieurs des siennes.

Quand Pascal interprète les Prophéties et lève les sceaux du Vieux-Testament, quand il explique le rôle des Apôtres parmi les Gentils, et l'économie merveilleuse des desseins de Dieu, il devance visiblement Bossuet, le Bossuet de l'*Histoire universelle;* il ouvre bien des perspectives que l'autre parcourra et remplira. — On raconte que Bossuet étant allé voir un jour M. Du Guet, dans la compagnie de l'abbé de Fleuri (de celui qui fut depuis évêque de Fréjus et cardinal-ministre), l'entretien roula longuement et tristement sur les maux sans nombre et les scandales de tout genre dont l'Église était inondée. « Tous deux (Bossuet et le sage Du Guet) suivirent cette longue chaîne d'iniquités qui se forme depuis tant de siècles; ils jetèrent les yeux sur l'état de la Religion dans les différentes parties du monde, et repassèrent les divers jugements que Dieu avait exercés sur son peuple : — Quel remède donc, demandoit Bossuet, quelle issue, quelle ressource? — Alors M. Du Guet dit : Monseigneur, *il nous faut un nouveau peuple.* » Et il se mit à développer le plan des Écritures, conformément au chapitre XIe de l'Épître de saint Paul aux Romains. Bossuet, usant des ouvertures de Du Guet, et y entrant à son tour avec génie, avec discrétion, les mit en œuvre au cœur même de son *Discours sur l'Histoire universelle*[1]. Bossuet, d'après l'Apôtre, nous y montre, à la venue du Messie, les Gentils substitués aux Juifs, *l'olivier sauvage enté sur le franc olivier, afin de participer à sa bonne sève,* les Juifs destinés pourtant à être réintégrés un jour, et la Grâce, comme un sceptre mystique, *qui passe de peuple en peuple, pour tenir tous les peuples*

---

1. Au titre VIII, seconde partie, de l'édition de 1681; ce qui est devenu le chapitre XX des éditions ordinaires.

dans la crainte de la perdre. Ce récit de l'Entretien entre Bossuet et Du Guet ne paraît pas sans fondement et n'est certes pas sans beauté. Mais, avant d'avoir vu Du Guet, Bossuet avait lu les *Pensées;* il y avait rencontré celle-ci : « Qu'il est beau de voir, par les yeux de la Foi, Darius et Cyrus, Alexandre, les Romains, Pompée et Hérode, agir, sans le savoir, pour la gloire de l'Évangile ! » C'était tout un programme que son génie impétueux dut à l'instant embrasser, comme l'œil d'aigle du grand Condé parcourait l'étendue des batailles.

Seulement là où Pascal se serait à peu près arrêté, Jésus-Christ étant obtenu, Bossuet ne s'arrête pas, et il suit jusqu'au bout la loi de Dieu dans les Empires, lui le grand politique chrétien[1].

1. J'ai emprunté le récit de l'Entretien précédent entre Du Guet et Bossuet à l'abbé Racine (*Abrégé de l'Histoire ecclésiastique*, tome XII, page 612); ce compilateur sans talent n'a fait évidemment en cet endroit que transcrire un document qu'il avait sous les yeux, et dont le ton tranche avec le reste de ses pages. La conversation de Bossuet et de Du Guet était d'ailleurs célèbre parmi les Jansénistes; je la retrouve mentionnée dans les souvenirs de l'abbé d'Étemare. Ce n'est pas ici le lieu d'exposer les idées particulières de Du Guet sur la future conversion des Juifs; elles sembleraient trop étranges. C'est tout au plus si nous les pouvons supporter à travers Bossuet. En général, les Prophéties devinrent l'écueil de Port-Royal, et le faible du Jansénisme dans les persécutions. Ce faible, j'ose l'indiquer, remonte jusqu'à Pascal. L'enthousiasme qu'il ressentait et qu'il excita en s'ouvrant sur les Prophéties était un symptôme. Le jour approche où l'éblouissement saisira les plus sages ; on se croira *le don de l'intelligence des Écritures.* Plus on sera ingénieux, plus on se fera d'illusions. La Bulle *Unigenitus*, prédite à l'avance avec tous ses accidents, se dessinera dans les saints livres comme dans un miroir : *les six cents hommes attachés au service de David représenteront les Appelants.* On aura là, en fait de rêverie, le pendant des Convulsions, chez ceux même qui n'admettront pas le miraculeux des Convulsions. Nous reviendrons sur tout cela à l'occasion de Du Guet; il nous a suffi d'attacher l'anneau au plus bel endroit de Pascal. — Dans le cri le plus éloquent des *Provinciales,* nous notions le miracle de la Sainte-Épine, germe des prétendus miracles jansénistes qui ont

Pascal, dans ce chapitre des *Prophéties* comme dans celui des *Miracles*, est manifestement sur son Thabor. Soyons pourtant sincère, dussions-nous par là nous juger. Le souffle nous manque pour l'y suivre jusqu'au haut; et là où il voit plus clair que le soleil, notre œil ne distingue, hormis quelques grands traits éclatants, qu'un fond très-mélangé de lueurs et d'ombres. Si, parmi les auditeurs du fameux Discours dont ses amis nous ont parlé, il s'en était trouvé un seul qui fût capable de doute, ce seul article des Prophéties était fait peut-être pour le troubler. Car que de hardiesses! que de témérités! que d'aveux qui lui échappent et dont il s'arme aussitôt comme d'une preuve! Pour se prouver à lui-même qu'il y a *figure*, il lui suffit que le sens littéral ne le contente point; et il se sert néanmoins de cette figure, ainsi conclue et arrachée, comme d'une prophétie pour ce qui viendra. Il applique perpétuellement aux figures ce qu'il a dit ailleurs : « Il faut juger de la doctrine par les miracles : il faut juger des miracles par la doctrine. » Il juge ainsi des figures par ce qui lui paraît vrai à côté, sauf à juger ensuite de la vérité par les figures. « Ce sont les clartés, dit-il, qui méritent, quand elles sont divines, qu'on révère les obscurités. » Je n'insiste pas; il serait trop aisé, sur cet article, de citer de lui, à côté des grands traits, des mots excessifs, imprudents, et qui certes n'étaient faits ni pour être prononcés, ni pour être imprimés, tels qu'on les lit dans ses notes surprises[1].

---

suivi: au sommet des *Pensées*, à ce chapitre des *Prophéties*, nous notons le germe des visions.

1. Par exemple :

« Il y a des figures claires et démonstratives; mais il y en a d'autres *qui semblent un peu tirées par les cheveux*, et qui ne prouvent qu'à ceux qui sont persuadés d'ailleurs. »

« ... Tous ces sacrifices et cérémonies étoient donc figures ou *sottises* : or, il y a des choses claires trop hautes pour les estimer

Ces mots décèlent pourtant son hardi procédé, cette détermination à tirer parti de tout, et de l'objection même. Pascal, évidemment, est ébloui ; il marche ici (pour continuer l'image) sur la crête de son Thabor, et s'il ne tombe pas, il met en péril ceux qui le suivent. Malgré notre désir, cette fois, d'écouter en silence et de n'intervenir en rien, il nous était impossible de ne pas reconnaître que ce moment du Discours, qui *transporta* le plus nos amis de Port-Royal, est précisément celui qui arrêterait le plus aujourd'hui.

Tant que Pascal a été dans l'analyse morale et dans le tableau de la corruption humaine, nous étions plus en état de le suivre. Dans ces régions transfigurées, nous faiblissons, et l'ardent reflet nous arrive à peine.

Après l'Ancien Testament, Pascal aborde le Nouveau. Il commence par Jésus-Christ ; et, quoiqu'il l'ait déjà invinciblement prouvé par les Prophéties et par toutes les figures de la Loi, dont il trouve en lui l'accomplissement parfait, il redouble de preuves dans la considération de sa personne même, de sa personne divine et humaine, des circonstances de ses miracles, des caractères de sa doctrine, et jusque du style de ses discours.

Quand on a à parler de Jésus-Christ, fût-ce par la bouche de Pascal, on entre dans une sorte de resserrement involontaire. On craint, dès qu'on ne le prononce pas à genoux et en l'adorant, de profaner, rien qu'à le répéter, ce nom ineffable, et pour qui le plus profond

---

des *sottises*. » Il se sert perpétuellement de ce glaive à deux tranchants. A un de ces endroits où il y avait dans l'original *sottises* ou *sots contes*, les éditeurs de Port-Royal ont corrigé et adouci, et il faut les en louer. — Je ne croirai jamais qu'en lisant ou en écoutant ces choses extrêmes, le sage Nicole n'ait pas fait ses réserves tout bas.

même des respects pourrait encore être un blasphème. Faisons du moins un écho fidèle, en redisant sans réserve et avec abondance de cœur ces paroles que rien ne désavouera : « Quand il n'y auroit point de prophéties pour Jésus-Christ, et qu'il seroit sans miracles, *il y a quelque chose de si divin dans sa doctrine et dans sa vie, qu'il en faut au moins être charmé*, et que, comme il n'y a ni véritable vertu ni droiture de cœur sans l'amour de Jésus-Christ, il n'y a non plus ni hauteur d'intelligence ni *délicatesse de sentiment* sans l'*admiration de Jésus-Christ*[1]. » — Chez Pascal, dans cette partie de son livre ou de son Discours, c'est l'amour qui domine, qui rayonne. Le mystère de Jésus le saisit et le ravit. Quel amour débordant! quelle tendresse! quelle fusion de tout en l'unique Médiateur! Ce livre des *Pensées*, dans son ensemble, si revêtu d'éclat, si armé de rigueur et comme d'épouvante au dehors, et si tendre, si onctueux au fond, se figure à mes yeux comme une arche de cèdre à sept replis, revêtue de lames d'or et d'acier impénétrable, et qui, tout au centre, renferme à nu, amoureux, douloureux, joyeux, le cœur le plus saignant et le plus immolé de l'Agneau. Saint Jean, l'Apôtre de l'amour, eut-il jamais plus de tendresse et de suavité sensible que cet Archimède en pleurs au pied de la Croix?

« Jésus-Christ est un Dieu dont on s'approche sans orgueil, et sous lequel on s'abaisse sans désespoir.

---

1. C'est M. de La Chaise dans sa Préface, et à titre de rapporteur, qui dit cela; on croit y sentir l'accent d'un plus éloquent que lui. Et en effet, depuis la venue du Christ, la moralité humaine a fait un pas, dont les incrédules eux-mêmes sont forcés de tenir compte; le nouvel idéal d'*une âme parfaitement héroïque* a été trouvé et proposé devant les hommes. Ceux qui le nient absolument en portent la peine. Prenez les plus grands des modernes anti-chrétiens, Frédéric, La Place, Goethe: quiconque a méconnu *complétement* Jésus-Christ, regardez-y bien, dans l'esprit ou dans le cœur il lui a manqué quelque chose.

« Le Dieu d'Abraham et de Jacob, le Dieu des Chrétiens est un Dieu d'amour et de consolation ; c'est un Dieu qui remplit l'âme et le cœur qu'il possède...; qui fait sentir à l'âme qu'il est son unique bien ; que tout son repos est en lui ; qu'elle n'aura de joie qu'à l'aimer....

« Je tends les bras à mon Libérateur, qui, ayant été prédit durant quatre mille ans, est venu souffrir et mourir pour moi sur la terre, dans le temps et dans toutes les circonstances qui en ont été prédites ; et, par sa grâce, j'attends la mort en paix, dans l'espérance de lui être éternellement uni ; et je vis cependant avec joie, soit dans les biens qu'il lui plaît de me donner, soit dans les maux qu'il m'envoie pour mon bien, et qu'il m'a appris à souffrir par son exemple.... »

Et tant d'autres endroits où respire ce sentiment de parfaite union avec son Dieu. Joignons-y ces angéliques paroles qui complètent :

« Avec combien peu d'orgueil un Chrétien se croit-il uni à Dieu ! Avec combien peu d'abjection s'égale-t-il aux vers de la terre !

« La belle manière de recevoir la vie et la mort, les biens et les maux ! »

La Charité, la Charité surtout, c'est le cri, le soupir de Pascal dès qu'il en est venu à Jésus-Christ. A la fin de cet admirable passage où, dans l'échelle des grandeurs charnelles, spirituelles et saintes, et à propos des divers Ordres de vénération et de royauté, Archimède (dernier souvenir!) est si magnifiquement posé comme le Prince des Esprits de la terre, voyez venir Jésus-Christ, le Prince de son Ordre aussi, mais de l'Ordre de Sainteté, avec tout l'éclat de cet Ordre, dans son avènement de douceur, humblement, patiemment, et par là même en grande pompe et en prodigieuse magnificence aux yeux du cœur, aux yeux qui voient la Sagesse :

« Tous les corps, le firmament, les étoiles, la terre et ses royaumes, ne valent pas le moindre des Esprits; car il connoît tout cela, et soi ; et les corps, rien.

« Tous les corps ensemble, et tous les Esprits ensemble, et toutes leurs productions, ne valent pas le moindre mouvement de Charité.... »

« Toute l'honnêteté humaine, à le bien prendre, n'est qu'une fausse imitation de la Charité; mais que la copie est misérable[1] ! »

Cet appel à l'unique Charité, comme chez l'Apôtre, revient à tout moment dans le discours et l'embrase : « L'unique objet de l'Écriture est la Charité.... — La vérité hors de la Charité n'est pas Dieu, elle est une idole.... » Ce sentiment se retrouve partout, sur tous les tons. C'est l'élancement, le débordement perpétuel, le flux et reflux infatigablement gémissant et palpitant de la pensée de Pascal, du moment qu'il a obtenu Jésus-Christ, et depuis que cet Ami divin lui crie du Calvaire : « Je pensois à toi dans mon agonie, j'ai versé telles gouttes de sang pour toi[2] ! »

Nous sommes arrivés. Pascal sans doute, s'il eût pu accomplir son œuvre, ne se fût pas arrêté là. Pour lui il y avait à suivre encore, 1° l'établissement de l'Église, sa constitution à partir de l'époque apostolique, la tradition en un mot; 2° la doctrine morale et la pratique; la vie intérieure du chrétien plus particulièrement exposée et dépeinte. Sur cette dernière partie, sa propre vie sup-

---

1. Ceci encore est tiré de la Préface de M. de La Chaise, et à deux endroits différents. En resserrant ce qu'il délaye, on retrouve du vrai Pascal.

2. « Pascal, quoique élevé chez les disciples de saint Paul, est surtout disciple de saint Jean. Son livre devait surtout s'adresser à ceux qui *cherchent en gémissant*, et pour lesquels le bonheur suprême consiste à reposer avec confiance leur tête sur le sein du Maître. Dissiper les ténèbres qui empêchent de voir Dieu, tel est son grand but. » (M. Goy, *Revue de Théologie* dirigée par M. Colani, décembre 1850.)

plée et donne le tableau ; on est suffisamment édifié. Mais en ce qui est de l'Église, on n'a pas toute la pensée de Pascal ; et peut-être lui-même, quand il mourut, il la cherchait encore. Nous avons noté de lui des mots hardis sur le Pape ; on en trouverait d'autres qui semblent un peu contradictoires. Ne pressons point ce côté, resté obscur. Ce qui ne l'est pas, c'est que sur la doctrine et le dogme moral, au milieu de cette tendresse et de cette effusion qui embrasse tous les hommes en Jésus-Christ, Pascal maintient toujours la part formidable et sévère, la part subsistante du mystère insondable, et qu'il ne cesse pas un seul instant d'être de la doctrine de la Grâce et de l'Élection, de la doctrine de saint Paul et de saint Augustin, j'ajouterai de celle de Jansénius et de Port-Royal : « On n'entend rien aux ouvrages de Dieu, si on ne prend *pour principe* qu'il aveugle les uns et éclaire les autres. » Il ne veut pas sans doute qu'on aille jeter à la tête cette parole d'achoppement et qui favorise le désespoir, que *Jésus-Christ n'est pas mort pour tous;* il ne pense pas moins que « Jésus-Christ est venu aveugler ceux qui voyoient clair, et donner la vue aux aveugles. » Cette haute et ardue doctrine de l'Élection et de ses suites, Pascal ne la laisse pas de côté, aux confins, et comme un écueil où l'on peut se briser ; il en fait le principe et le point d'appui de sa direction même, et l'on est en droit de répéter, avec le judicieux et prudent Tillemont : « Ceux qui ont un amour particulier pour la doctrine de la Grâce doivent regretter encore plus que les autres que cet ouvrage n'ait pas été achevé : car il est aisé de juger que *les fondements en auroient été établis sur la ruine du Pélagianisme et de toutes ses branches.* »

Ceci soit dit pour ceux qui, en usant largement du livre des *Pensées*, et en prétendant y cueillir le fruit, nient le tronc ou l'insultent, et sont des ingrats.

Port-Royal, en ce qui le caractérise le plus pour la doctrine, et en tant qu'il relève directement de saint Paul et de saint Augustin, Port-Royal a sa racine profonde au cœur du livre de Pascal[1].

1. Arrivés à ce point, nous tenons tout naturellement aussi le vrai lien supérieur qui unit les *Provinciales* aux *Pensées*. Avec le Christianisme, un plus parfait idéal de sainteté fut introduit dans le monde; mais tout s'achète et se contre-pèse ici-bas. A cette forme plus haute de sainteté a correspondu une forme d'hypocrisie plus perfide et plus subtile qu'il n'en existait dans le monde auparavant (*Corruptio optimi pessima*). Il convenait à celui qui sentait si vivement la sainteté chrétienne, et qui devait l'exprimer dans sa haute pureté, de haïr et de dénoncer l'hypocrisie la plus fine qui s'y voulait couvrir, et sous la forme maligne qu'elle affectait de son temps. Pascal a fait l'un et l'autre. — Que si l'on veut, d'un même coup d'œil et en même temps qu'on embrasse toute la hauteur et l'étendue de la doctrine de Pascal, se donner le spectacle de la manière de voir, chrétiennement la plus opposée à la sienne, on n'a qu'à lire la Préface, mise en tête des *Œuvres complètes* du Bienheureux A.-M. de Liguori, traduites et publiées par les soins des modernes Bénédictins de Solesmes (1834). L'amollissement, le relâchement de la discipline et de la morale chrétienne selon saint Paul et saint Augustin y est érigé en dogme : il paraît, à entendre ces savants et nouveaux interprètes, que le Christ, à mesure qu'on avance vers la fin des temps, confie à son Église en effet des secrets tout nouveaux ; qu'il se fait de nouvelles effusions de grâce et de tendresse qui permettent d'adoucir progressivement la sévérité première des préceptes de l'Évangile et d'admettre de plus en plus l'indulgence dans la pénitence. « Le culte de l'Épouse, y est-il dit, est devenu plus tendre à mesure que de nouvelles amabilités de l'Époux lui ont été révélées. » Les inquiétudes et les craintes du chrétien ont beaucoup moins de raison d'être, depuis que « l'Église a reçu l'ordre de mettre toute sa confiance et de *jeter toute son inquiétude* dans le sein de Marie. » Loin et bien loin l'*affreux* Jansénisme avec sa dure morale et ses dogmes repoussants! Dieu a créé *quelque chose de nouveau* sur la terre en nous révélant toutes les prérogatives et notamment la Conception immaculée de cette incomparable Vierge qui est désormais « la médiatrice toute-puissante du genre humain. » La morale facile des Jésuites, dénoncée par Pascal, est devenue toute saine et toute salutaire ; elle est plus qu'amnistiée, elle est préconisée ; le Bienheureux Alphonse de Liguori, dans sa *Théologie morale*, n'a fait autre chose que la remettre en honneur, la repla-

Tel est, autant que nous l'avons pu saisir, le plan ramassé du grand ouvrage, ou plutôt tel est le discours comme nous venons presque de le recueillir en abrégé de la bouche même du Chrétien éloquent. S'ensuit-il que nous n'ayons rien à regretter, et qu'il faille, avec l'un des approbateurs (M. de Ribeyran), nous féliciter plutôt de ce que l'ouvrage n'est pas achevé, et de ce que nous pouvons ainsi discerner les pensées plus à fond et plus en elles-mêmes? Je crois que ce serait beaucoup trop dire; et maintenant que nous avons fait notre effort, il nous faut confesser notre faiblesse. Nous savons le but, la marche et la méthode de Pascal; nous possédons l'esprit et l'accent de sa parole; mais, *littérairement* (si ce mot est permis, et si je puis l'employer sans défaveur aucune), nous n'avons point idée de ce qu'aurait été ce livre des *Pensées* pour l'artifice de la composition. Le style général nous est connu; et, à ne prendre l'œuvre que par cet endroit, il vaut mieux peut-être en effet qu'un second travail n'y ait point passé. Nous admirons dans ces notes rapides, dans cette conversation à la fois abondante et pressée, des hardiesses de ton que probablement l'écrivain ensuite aurait voilées. Nous lui savons gré de plus d'un trait qu'à la réflexion il eût peut-être effacé ou adouci[1]. Pascal, en ce sens, gagne plutôt

cer dans les voies praticables et la faire circuler authentiquement parmi les Chrétiens; ç'a été proprement sa vocation : lui-même, pour un si grand bienfait, il mérite d'être salué « un médiateur entre le Ciel et la terre. » Toutes ces étrangetés, ces conceptions d'hier ou renouvelées du Moyen-Age sont aujourd'hui choses comme acceptées et légitimées parmi les Catholiques romains (et notez qu'il n'y a plus en France, à l'heure qu'il est, de Gallicans). Voilà ce qui triomphe, ce que les observateurs, curieux des contrastes, doivent aller chercher et lire en regard de Pascal, en se demandant comment il se peut faire que le même nom de Chrétiens s'applique également aux uns et aux autres. A vrai dire, il ne s'y applique point. Il n'y a pas d'élasticité qui aille jusque-là.

1. Croyez-vous, par exemple, qu'en imprimant il aurait écrit

à avoir été intercepté et surpris à l'état de grand écrivain involontaire. Mais, en revanche, que de tours heureux d'imagination, que d'inventions ingénieuses et grandes nous avons perdues! Qu'aurait-ce été quand celui qui connut si bien l'*art de persuader* aurait épuisé et diversifié toutes ses ressources, tantôt par des *dialogues* imprévus, tantôt par des *lettres* où il aurait introduit et fait contraster des personnages? On aurait eu l'ironie, l'insinuation, l'émotion affectueuse, tout ce qui aurait pu animer l'intérêt et varier le chemin; car il savait, et il le dit sans cesse, qu'il faut rendre la vérité aimable autant que la montrer vénérable. Le ton *despotique*, dont Voltaire s'est plaint après Nicole, aurait disparu, ou ne serait venu qu'à son heure, avec autorité et ménagement, après avoir été préparé. Ayez confiance pour cela en Pascal; il savait les voies[1]. Il sait qu'il faut être *humain*, se mettre à la place de ceux qui doivent nous entendre, et *faire essai* d'avance *sur son propre cœur du tour qu'on donne à son discours*. Que veut dire Nicole quand il nous glisse à l'oreille qu'il n'aime pas à être *régenté si fièrement*? N'était-il donc pas présent à cette conversation mémorable[2], où Pascal dut toucher à la fois tous les tons, et faire passer dans ses auditeurs le sentiment distinct de ce qu'il voulait faire? Est-il juste à des amis de le juger sur des notes toutes brusques, écrites pour lui dans le secret? On est entré dans sa chambre quand il était seul, quand il parlait haut; on a vu son geste, et l'on

---

d'Archimède: *O qu'il a éclaté aux esprits?* Il n'est pourtant pas mal que l'expression lui soit échappée ainsi.

1. « Commencer par plaindre les incrédules, se dit-il à lui-même; ils sont assez malheureux par leur condition. Il ne les faudroit injurier qu'au cas que cela servit; mais *cela leur nuit.* »

2. Il serait bien possible, en effet, que Nicole n'y eût pas assisté: on dit qu'il était à Cologne en ces années 1658-1659, vers la date probable de l'Entretien. — Pourtant ce voyage de Nicole a été révoqué en doute.

s'étonne que ce geste paraisse quelquefois impérieux! Fénelon dit de Démosthène qu'il se sert de la parole comme un homme modeste de son manteau pour se couvrir; mais on a surpris le mouvement et la pensée de Pascal avant qu'il ait eu le temps de prendre son manteau. Admirons d'autant plus quand il y a grandeur et beauté; jouissons de l'accident au milieu de tous nos regrets, et surtout ne nous scandalisons pas.

Au reste, la réputation de ce style est faite; et quand une fois le monde se met à admirer, les plus timides ne sont pas ceux qui restent en arrière. Je ne viendrai donc pas renchérir pour louer ce qui est simple et grand. Le trait fondamental, cette simplicité ferme et nue a été sentie et unanimement caractérisée par tous les bons juges, depuis M. de Ribeyran ou tel autre approbateur[1], jusqu'à Fontanes. Ce dernier a très-bien remarqué qu'on ne peut imiter le style de Pascal. Avec de l'esprit, on peut faire quelque temps le pastiche de Montaigne, de Balzac (c'est facile), même un peu de Jean-Jacques ou de Montesquieu, non pas de Pascal ni de la prose de Voltaire. Pascal est plus marqué que Voltaire; mais ni l'une ni l'autre prose n'offre de cette main-d'œuvre proprement dite, qui prête à l'imitation et à la contre-façon. Il n'y aurait qu'une manière de les contrefaire : ayez leurs pensées[2].

---

1. Il y a encore un beau mot de l'un des approbateurs, l'évêque d'Aulone (*in partibus*), qui a dit, comparant les *Pensées* à des essences : « Une seule peut suffire à un homme pour en nourrir son âme tout un jour, s'il les lit à cette intention, tant elles sont remplies de lumière et de chaleur. »

2. Vers la fin de sa vie, harcelé et piqué par les Jésuites, « Despréaux, nous dit Brossette, avoit envie de ramasser tout ce que l'on pouvoit dire contre les Jésuites et d'imiter le style de Pascal, pour faire une Lettre à la manière des *Lettres provinciales*. Pour cet effet il disoit, que, quoique les deux Lettres à M. de Vivonne qu'il a composées dans le style de Balzac et de Voiture aient été

Ce n'est pas que Pascal, en écrivant, n'ait sa théorie et ses règles bien plus que Voltaire n'en aura dans sa prose. Pascal, du moment où il se mit à écrire et dès les premières *Provinciales*, réfléchit beaucoup sur cet art alors renaissant, et en retrouva vite le petit nombre de principes éternels. Il en a été déjà parlé dans l'étude des *Provinciales*[1]. Je ne puis que renvoyer à ces pensées sur le *Style* et sur l'*Éloquence*, qui sont dans toutes les mémoires : « Il faut se renfermer le plus qu'il est possible dans le simple naturel ; ne pas faire grand ce qui est petit, ni petit ce qui est grand. » Pascal avait beaucoup réfléchi à ce qui fait l'*agrément*, et son grand soin était de l'accorder avec la vérité : « Il faut qu'il y ait dans l'Éloquence de l'agréable et du réel, mais il faut que cet agréable soit réel. » — « Quand on voit le style naturel, on est tout étonné et ravi ; car on s'attendoit de voir un auteur, et on trouve un homme.... Ceux-là honorent bien la nature, qui lui apprennent qu'elle peut parler de tout, et même de théologie. » Et dans l'*Art de persuader :* « Les meilleurs livres sont ceux que chaque lecteur croit qu'il auroit pu faire. La nature, qui seule est bonne, est toute familière et commune.... Je hais les mots d'enflure. » Il pense, exactement comme Molière, que « quand, dans un discours, on trouve des mots répétés, et qu'essayant de les corriger on les trouve si propres qu'on gâteroit le discours, il les faut laisser ;

---

fort applaudies, il ne méritoit pas beaucoup de gloire pour cela, parce qu'il est facile d'imiter les styles *maniérés*, comme le sont ceux de ces deux auteurs ; mais qu'il n'en étoit pas de même du style de Pascal, et qu'il en vouloit essayer. Il en avoit en effet commencé quelque chose, mais on n'a rien retrouvé après sa mort. Ce fut en y travaillant que la pensée lui vint de faire une Satire sur l'*Équivoque*. — Ne pouvant réussir à son gré dans cet essai de Lettre en prose, il en revint à la Satire. » — Il fit une mauvaise Satire, n'ayant pu faire une bonne Lettre.

1. Précédemment, chap. IX, page 102.

c'en est la marque[1]. » Mais ce soin du naturel dans le discours ne va pas jusqu'au négligé et à l'indifférent. Le naturel franc et vif lui donne l'expression propre, unique, nécessaire, sans laquelle le sens perd son crédit : « Un même sens, dit-il, change selon les paroles qui l'expriment. Les sens reçoivent des paroles leur dignité, au lieu de la leur donner. »

On a dans ce petit nombre d'articles l'esprit de la *rhétorique* de Pascal : elle est d'avance conforme à celle de Despréaux et de La Bruyère ; elle représente celle de Montaigne, sauf plus d'ordonnance et de sobriété, celle aussi que Molière pratiquait quant au *naturel;* mais elle en diffère par le châtié, le concis, et par une certaine fuite du *poétique*, que Pascal jugeait en guerre avec la nature. Elle est presque en tout l'opposé du procédé de Balzac et de ses pareils, de ceux qui font des *antithèses en forçant les mots*, comme on fait de *fausses fenêtres pour la symétrie*[2].

---

[1]. César de même : « Ce grand homme, a-t-on dit, étoit persuadé que la beauté du langage dépend beaucoup plus d'user des meilleurs mots que de les diversifier ; et s'il étoit content d'une expression, il ne s'en lassoit point, et ne craignoit pas non plus d'en lasser les autres. Cicéron prenoit le contre-pied ; car, pour sauver les répétitions, il cherchoit tous les détours de son latin. » (Méré, *OEuvres posthumes*, page 45.)

[2]. Le Balzac se glisse quelquefois là où l'on s'y attendrait le moins. L'estimable François de Neufchâteau, dans un bon travail sur les *Provinciales*, voulant citer en l'honneur de Pascal un passage latin de Nicole qui finit par ces mots : « ... Adeo ex fecundissimæ mentis sinu subinde cogitationes novæ aliæ aliis ornatiores efflorescebant! » le traduit de la sorte : « ... Tant il sortait à l'envi, du sein de cette âme si féconde, des pensées nouvelles qui se présentaient en foule, et *qui étaient toutes plus fleuries et plus ornées les unes que les autres!* » Quoiqu'il s'agisse là des *Provinciales* et non des *Pensées*, Nicole m'a bien l'air d'avoir accordé un peu à la phrase par son *ornatiores*; rien n'est moins orné que Pascal. Quant à l'*efflorescebant*, c'est une *élégance* pour dire tout simplement *erant*; et le naïf François de Neufchâteau en a fait un vrai contre-sens avec cette *foule de pensées fleuries*.

Pascal d'ailleurs semble avoir tenu aux règles, telles qu'il les entendait, et ne les avoir pas crues inutiles à diriger le goût : « Ceux qui jugent d'un ouvrage par règle sont, à l'égard des autres, comme ceux qui ont une montre à l'égard de ceux qui n'en ont point. » Mais il pensait cela des règles toutes vives, de celles qu'on avait trouvées soi-même, et qui étaient une réflexion toujours présente de l'esprit. Sa *montre*, en un mot, était une montre qu'il fallait toujours être en état, je ne dis pas seulement de monter, mais de refaire et de réparer.

C'est la première fois que nous trouvons à Port-Royal, et chez l'un de nos écrivains, l'art ainsi posé, défini, pratiqué. Jusque-là rien de tel. M. Le Maître au plus, qui était originairement de l'école académique, essayait, pour les traductions, de poser certaines règles d'élégance : M. de Saci, plus rigide, lui conseillait d'être moins délicat, et nous avons vu tous les préceptes, si chrétiens à la fois et si peu littéraires, qu'adressait M. de Saint-Cyran à ceux qui se croyaient appelés à écrire pour la vérité[1]. Il y aurait moyen pourtant de démontrer qu'il n'y a pas contradiction ici entre Saint-Cyran et Pascal, et que ce dernier a concilié le sérieux du Chrétien avec les scrupules de l'écrivain :

« Chrétiennement, en effet, il est bien certain, dirait-on, que la parole a dû se ressentir de la Chute, comme toute chose dans l'homme, et plus que toute chose, étant si inséparable de l'essence même de la pensée. Aussi nous ne parlons pas le plus souvent, nous balbutions. Combien de fois notre pensée, qui semble vouloir naître, s'embarrasse dans nos paroles et n'en sort pas ! Ou si l'on parle bien, si l'on a l'air de bien parler, c'est souvent que les mots vont tout seuls, qu'ils

---

1. Précédemment, au tome II, pages 43, 84, etc.

courent en se penchant en avant, comme un cocher agile; mais il n'y a qu'un malheur, le char même s'est détaché en chemin, et ne suit pas. L'accord exact en nous des mots et de la vérité est donc le résultat d'un grand travail, même quand on a reçu à cet égard un grand don. Ce qu'on appelle parler *naturellement*, quand il ne s'agit pas d'un mouvement immédiat et d'un cri de passion, mais d'une expression aussi fidèle que vive dans une longue suite d'idées et de vérités, doit s'entendre d'une nature déjà très-travaillée et rectifiée. Il y a nécessité pour l'homme de travailler en ce sens comme en toute chose, s'il veut ressaisir le plus possible de sa nature d'autrefois; il lui faut *reconquérir* la parole : j'entends toujours cette parole fondée à la pensée, à la vérité. »

On aurait à dire ces raisons et beaucoup d'autres encore, si l'on avait à plaider pour le procédé littéraire de Pascal en présence des maximes de Saint-Cyran. On montrerait que Pascal n'était pas moins que l'austère Directeur en opposition ouverte avec les *Académistes*, avec ceux qui *pèsent les mots comme un avare l'or au trébuchet*; que, s'il a pu recommencer jusqu'à treize fois une *Provinciale*, c'était dans un ouvrage polémique, destiné avant tout à agréer au monde; que, pour son grand ouvrage non railleur, il aurait eu bien plus à cœur la source et le fond, et qu'il a pratiqué, pour les fragments qu'on a, le conseil même de Saint-Cyran, de *se mettre à genoux* et *d'arroser souvent son papier de larmes*. On arriverait ainsi sans trop de peine à montrer dans le style de Pascal la perfection du style chrétien selon Port-Royal, c'est-à-dire du style de vérité.

Je craindrais pourtant que ce ne fût là un peu abuser aussi, et faire comme quand on plaide une cause et qu'on tire à soi. Pascal, qui avait tant médité sur le style de l'Écriture, nous fait remarquer ceci : « Jésus-Christ a dit les choses grandes si simplement, qu'il semble qu'il ne les a pas pensées; et si nettement néanmoins, qu'on voit bien ce qu'il en pensoit. Cette clarté jointe à cette naïveté est admirable. » C'est cette naïveté-là, ce je ne sais quoi d'humble, de simple et de doucement négligé jusque dans la suprême vérité, qui ferait le cachet propre du style chrétien, s'il fallait lui en chercher un [1]; et je ne le saurais reconnaître, ce cachet à part, ni chez Pascal, ni chez Bossuet, tous deux si puissants, malgré qu'ils en aient, l'un avec un surcroît de gloire dans sa parole, l'autre avec un surcroît de fermeté. Et quant à ce qui est de Port-Royal même, le style de Pascal dans les *Pensées* n'en est pas plus que le style de Racine dans *Athalie*, bien que quelque chose de l'esprit sans doute y ait passé. Ce sont là des talents et des dons essentiellement individuels. Concluons que Pascal était par nature un grand écrivain, et qu'il n'a pu s'empêcher de l'être. Il a eu de plus un accident singulier, qui est devenu un bonheur : son style des *Pensées*, qui serait toujours resté si vrai, le paraît plus manifestement encore, ayant été saisi si près de la source et dans le jet de l'esprit.

Tout grand homme qui pense, si on saisissait sa pensée comme elle s'élance en naissant, on le trouverait grand écrivain ; mais souvent la source, à quelque distance du jet, s'embarrasse dans les marécages, et il faut

---

1. Voyez l'*Imitation*. — Un homme d'esprit a dit du style chrétien, si humble jusqu'en ses magnificences, et qui aime à user des mots communs et des tours pauvres jusqu'en ses grandeurs: « Ce Verbe-là, même s'il entre dans Jérusalem, aime à n'être monté que sur une ânesse. » (Sans contester le joli du mot, remarquons toutefois que l'âne et l'ânesse, en Orient, ne laissent pas que d'être une monture fort honorable.) — Voir aussi dans le *Panégyrique* de saint Paul, qui a pour texte: *Placeo mihi in infirmitatibus meis : cum enim infirmor, tunc potens sum*, ce que Bossuet a dit des paroles rudes et sans agrément, du discours inégal, irrégulier et sans suite (en apparence), du grand Apôtre.

du temps et de l'effort pour qu'elle redevienne limpide. Le cardinal de Richelieu, si on l'avait saisi dans le cabinet, devisant à de certaines heures avec le Père Joseph, serait sans doute grand écrivain; il n'aurait pas eu le temps de s'*académiser*. Napoléon au bivouac dicte des lettres où éclate le génie de la pensée. Pascal, admirable écrivain quand il achève, est peut-être encore supérieur là où il fut interrompu.

FIN DU TROISIÈME LIVRE.

LIVRE QUATRIÈME

ÉCOLES DE PORT-ROYAL

I

Entière destruction des Écoles. — Résumé de leur histoire. — Origine; installation; vicissitudes. — Esprit de cette éducation. — Idée chrétienne de l'*enfance*. — Milieu entre les Colléges et l'éducation domestique. — Du plus ou moins d'émulation. — Saint-Cyran et le monde moderne.

A la date de 1660 où nous sommes arrivés, la persécution contre Port-Royal, un moment ralentie, reprend pour sévir sans plus de trève jusqu'à la Paix de l'Église. Le premier signal du redoublement fut l'entière destruction des Petites Écoles, dont quelques restes subsistaient encore, soit dans le château des Trous, où étaient les enfants de feu M. de Bagnols[1]; soit surtout dans la maison du Chesnai, appartenant à M. de Bernières. Le lieutenant-civil Daubray, dont nous avons vu une première visite en mars 1656, revint cette fois avec des instructions décisives. Accompagné du Procureur du Roi au Châtelet, de trois commissaires et d'un exempt, il se transporta aux lieux indiqués, et ordonna que tous étrangers eussent à en sortir dans les vingt-quatre heures. M. de Bernières, à qui l'on fit défense d'employer désormais sa maison à

---

1. Il était mort le 15 mai 1657, n'étant âgé que de 40 ans.

pareil usage, fut lui-même exilé, l'année suivante, à Issoudun, et il y mourut le 31 juillet 1662. Ainsi se brisaient ces hommes généreux, atteints à l'endroit du cœur.

Si impatient que je sois de poursuivre le récit et de courir sur l'autre pente, une seconde pause devient ici nécessaire, et comme une seconde station sur ces hauteurs de notre sujet. C'est le moment naturel d'envisager dans leur ensemble ces Petites Écoles, qui ne renaquirent jamais depuis; d'apprécier la méthode durable de cet enseignement, et le caractère des ouvrages célèbres qui survivent encore; de parler aussi des principaux maîtres et des élèves distingués, qui furent la couronne et le fruit de l'institution.

L'épigraphe à écrire en tête de ce chapitre pourrait être ce beau mot que Fontaine emprunte à l'Écriture : « *On voyoit de jeunes enfants assis à la table du Seigneur, dans un aussi bel ordre que de jeunes plants d'olivier*[1]. »

La première idée des Écoles de Port-Royal est de M. de Saint-Cyran : il avait une *dévotion* particulière pour l'éducation des enfants; témoin sa belle conversation avec M. Le Maître, rapportée par Fontaine, et que nous connaissons[2]. Il y a aussi une lettre de lui datée de Vincennes, où il s'épanche à ce sujet :

« Je voudrois, écrivait-il à M. de Rebours, que vous pussiez lire dans mon cœur quelle est l'affection que je leur porte (aux enfants).... J'avois fait le dessein de bâtir une maison qui eût été comme un Séminaire pour l'Église, pour

---

1. Fontaine applique à la table du Seigneur ce qui est dit de celle du Juste :

« Filii tui sicut novellæ olivarum, in circuitu mensæ tuæ. »
(*Psaumes* de David, CXXVII, 3.)

2. Précédemment, au tome II, page 39.

y conserver l'innocence des enfants, sans laquelle je reconnois tous les jours qu'il est difficile qu'ils deviennent bons Clercs ; je ne désignois de le faire que pour *six* enfants que j'eusse choisis dans toute la ville de Paris, selon qu'il eût plu à Dieu de me les faire rencontrer[1].... »

Ce dessein, qu'il avait cru ruiné par sa prison, fut depuis transporté et en partie exécuté à Port-Royal, pour des laïques, sinon pour des clercs. Dès avant sa prison, M. de Saint-Cyran faisait élever avec ses neveux les deux fils de M. Bignon. Il leur avait adjoint un jeune fils de M. d'Andilly, appelé M. de Villeneuve, et le fils de son amie madame de Saint-Ange. M. Le Maître avait, quelque temps, surveillé ces deux derniers au monastère des Champs, durant la prison du saint abbé, et on voit celui-ci l'en remercier dans la conversation qu'ils eurent à sa sortie. Les trois jeunes Du Fossé (ou Thomas) vinrent bientôt, dans l'été de 1643, profiter de cette éducation des Champs : le maître préposé pour les études s'appelait alors M. de Selles ; et pour la religion et la piété, c'était M. de Bascle. Lancelot, qui avait déjà été employé à l'éducation des jeunes Bignon, se trouvait, pour le moment, comme sacristain à Port-Royal de Paris. Aux accusations calomnieuses qu'on essaya de porter dès l'origine contre les doctrines professées et enseignées par ces Messieurs, Du Fossé, le meilleur guide sur ce chapitre des Écoles, oppose ces paroles formelles :

« C'est le témoignage très-sincère, dit-il, qu'en ont rendu tous ceux qui en ont été témoins comme moi, tels qu'étoient MM. Bignon le Conseiller d'État, et le premier Président du Grand Conseil, qui, ayant été élevés un peu avant moi dans

---

1. Voir plus au long cette lettre de Saint-Cyran dans le *Supplément* (in-4°) *au Nécrologe*, page 46, et dans l'édition de ses *Lettres* (1744). On peut juger, si l'on compare les deux textes, dans quel état d'incorrection, de remaniement et d'*à peu près* ces lettres nous sont parvenues.

cette abbaye, n'ont jamais manqué de rendre en toute rencontre des témoignages très-avantageux de tout ce qu'ils avoient vu aussi bien que moi.... A l'égard des instructions qu'on nous donnoit touchant la foi et la piété, elles étoient assurément bien différentes de ce que quelques personnes mal intentionnées et mal informées en ont publié dans le monde. Nous avions pour Catéchisme celui qui a pour titre *Théologie familière*, imprimé avec privilége du Roi et approbation des Docteurs. On nous expliquoit les principaux points de la foi et les vérités de l'Évangile d'une manière simple, et proportionnée à la portée de notre esprit. On nous inspiroit surtout la crainte de Dieu, l'éloignement du péché, et une *très-grande horreur du mensonge*. Aussi je puis dire que je n'ai jamais connu de personnes plus sincères, et avec qui il fallût vivre plus à cœur ouvert....

« Quant à ce qu'on a publié qu'on nous enseignoit dans les *Petites Écoles* de Port-Royal[1] que Jésus-Christ n'étoit pas mort pour tous les hommes, que Dieu ne vouloit pas que tous les hommes fussent sauvés, que les Commandements étoient impossibles, et autres choses de cette nature, je serois coupable si je n'attestois qu'il n'y a rien de plus faux. Je ne crois pas même avoir jamais entendu parler de ces sortes de propositions dans tout le temps que j'ai employé à mes études, mais seulement lorsqu'un Almanach insensé et outrageux parut dans Paris, dans lequel on en parloit[2]...

---

1. Sur ce nom même de *Petites Écoles*, qui fut de bonne heure adopté et consacré pour les établissements de Port-Royal, on peut remarquer que c'était une manière modeste de signifier qu'on ne prétendait point faire concurrence aux Colléges de l'Université, mais en quelque sorte y préparer. Il fallait alors une préparation avant de faire entrer les enfants au Collége, dont les classes commençaient par la sixième; cette préparation avait lieu d'ordinaire ou chez les parents, ou dans de Petites Écoles proprement dites. Port-Royal, en donnant à son essai d'institution ce dernier titre, s'en couvrait de la manière la plus modeste et la moins faite pour donner ombrage. Il est vrai que les élèves, une fois entrés dans ce régime d'études, se passaient très-bien ensuite des Colléges; mais on ne l'affichait pas.

2. L'*Almanach* des Jésuites, publié en décembre 1653. Du Fossé avait alors 19 ans.

Ceux-là, sans doute, connoissent bien peu quel étoit l'esprit de ces Messieurs, qui s'imaginent qu'ils avoient dessein d'établir une nouvelle doctrine, et qu'ils tenoient dans cette vue des Écoles pour y nourrir de leurs sentiments ceux qui y étoient instruits. *Jamais enfants n'ont été élevés dans une plus grande simplicité que nous et tous ceux qui nous ont suivis;* jamais on ne parla moins de ces sortes de matières théologiques que dans nos Écoles ; et je crois pouvoir assurer, sans crainte d'être démenti par quelques-uns de mes compagnons d'études qui sont encore vivants et engagés dans le monde[1], que nous en savions beaucoup moins sur ces matières que plusieurs de ceux qui sortoient des Colléges publics de Paris. »

Dans le temps que ces jeunes enfants étaient ainsi nourris *dans la piété, l'innocence et la simplicité*, une première tempête s'éleva, dont ils sentirent le contre-coup : c'était au sujet du livre de *la Fréquente Communion*. Les trois jeunes Du Fossé et M. de Villeneuve furent envoyés du monastère des Champs à la terre du Chesnai, qui appartenait pour lors à M. Des Touches (1644). Du Chesnai ils retournèrent à Port-Royal des Champs, dès que l'orage fut un peu apaisé. C'est après ce retour qu'on fit venir exprès de Paris, pour diriger leurs études, M. Lancelot, le maître essentiel. Mais comme le nombre des enfants augmentait, et que d'ailleurs la mère Angélique songeait à ramener les religieuses en la maison des Champs, on résolut d'établir des Écoles plus régulières à Paris, dans le cul-de-sac de la rue Saint-Dominique d'Enfer. Ce fut vers la fin de l'année 1646, ou au commencement de 1647, que se fit cet établissement. Les enfants y trouvèrent quatre maîtres, MM. Lancelot, Nicole, Guyot et Coustel ; chacun de ces maîtres était chargé de faire étudier environ *six*

---

1. Du Fossé écrivait ceci en 1697.

écoliers [1], distribués en quatre chambres. Le directeur ou principal, qui avait la haute-main, était M. Walon de Beaupuis, que M. Singlin avait donné à l'évêque de Bazas pour l'accompagner dans son diocèse, et qui en était revenu après la mort de ce prélat. Les Écoles restèrent là florissantes, de 1646 à 1650. M. Nicole enseignait la philosophie et les humanités; M. Lancelot, le grec et les mathématiques. Le dimanche, on allait à vêpres à Port-Royal de Paris, où l'on entendait le sermon de M. Singlin. A peine établies à Paris, ces Petites Écoles y étaient inquiétées : elles donnaient de l'ombrage à ceux qui visaient à usurper l'éducation publique, et à la dominer après s'y être glissés. On lit dans une lettre de la mère Angélique à la Reine de Pologne, du 28 février 1648 :

« On a fait croire à la Reine (la Reine-mère) que dans une maison de M. Des Touches, qu'il a achetée au faubourg Saint-Marceau..., il y avoit quarante hommes qu'on nourrissoit dans l'hérésie. De plus, on a dit d'une autre maison [2] où l'on a retiré les petits enfants qui étoient à Port-Royal des Champs, au nombre de onze [3], avec cinq fort bons jeunes hommes qui les instruisent..., que *c'étoit une Communauté*, qu'*ils ne sortoient point*, qu'*ils étoient habillés tous d'une couleur*, qu'*ils avoient une chapelle*, et qu'on *les appeloit les petits Frères de la Grâce*. Pour remédier à ces prétendus désordres, on a envoyé M. le Lieutenant-civil visiter les deux maisons.

---

1. *Six*, le nombre indiqué par M. de Saint-Cyran dans sa lettre de Vincennes.

2. Cette maison du cul-de-sac Saint-Dominique était celle de M. Lambert, beau-frère de M. Hamelin ; et M. Hamelin, contrôleur général des Ponts et Chaussées de France, était l'hôte et le *receleur* de M. Arnauld durant les années de retraite qui suivirent la publication de *la Fréquente Communion*.

3. Ce nombre augmenta très-rapidement, et l'on voit par une lettre de M. de Beaupuis à son père, à la date du 24 mai 1648, c'est-à-dire moins de trois mois après, que « *la maison se remplissoit si fort qu'il n'y auroit bientôt plus aucune place.* »

Il a été très-surpris de trouver faux tout ce que l'on avoit rapporté, et il a dit à ces Messieurs qu'ils avoient des ennemis qui en faisoient bien accroire. »

C'est de cette visite, ou d'une autre du même genre, qu'on lit dans un Mémoire du neveu[1] de M. de Beaupuis un petit récit comme nos amis aiment à en faire. Sur un ordre de la Cour qu'avaient provoqué les Jésuites, le Lieutenant-civil ou le Commissaire arrive au cul-de-sac Saint-Dominique, et demande le Supérieur ; il suit de si près le portier, qu'il entre en même temps que lui dans la chambre de celui qu'on allait avertir. Il trouve M. de Beaupuis assis près de sa table, et lisant ; il lui demande ce qu'il fait : « Vous le voyez, Monsieur, » lui dit le Supérieur. En même temps, le visiteur empressé porte la main sur le livre, qui était un Recueil de Sentences tirées de l'Écriture sainte, des Pères et autres pieux auteurs, et appropriées aux Saints de chaque jour. En l'ouvrant, il tombe sur la Sentence inscrite au jour de saint François d'Assise, 4 octobre, et qui était précisément tirée de M. de Saint-Cyran : les premières éditions portaient en marge ou à côté le nom de *Saint-Cyran*, qu'on effaça dans les éditions suivantes. Au-dessous de la Sentence, on lisait de plus ces mots : *Priez pour son Ordre*. Tout préoccupé de cette idée, alors répandue dans le public, que les Jansénistes voulaient établir un nouvel Ordre, le Commissaire crut avoir mis la main sur le fait, et il demanda ce que c'était que cet Ordre, et s'il y avait donc un *Ordre de Saint-Cyran :* « Nullement, Monsieur, répondit le Supérieur : la sentence est tirée de M. de Saint-Cyran ; mais la prière est pour l'*Ordre de Saint François*. »

On n'a pas la suite de ces tracasseries. Ce qui est cer-

---

1. Le *Supplément* (in-4°) *au Nécrologe* donne ce Mémoire comme étant du *frère* de M. de Beaupuis, mais il est d'un neveu.

tain, c'est qu'après quatre ans au plus de séjour, vers 1650, il y eut du changement. Du Fossé nous dit qu'il alla avec M. de Villeneuve et encore quelques autres, sous la conduite de M. Le Fèvre, chez M. Retard, curé de Magny; puis ayant perdu M. Le Fèvre, ils revinrent à Port-Royal des Champs, non plus dans l'abbaye comme autrefois, parce qu'elle était habitée par les religieuses, mais aux Granges. Tout l'établissement de la rue Saint-Dominique fut-il dispersé dès 1650 ? Il ne paraît pas. Il résulte même des *Mémoires sur la Vie de M. de Beaupuis* (lesquels sont d'ailleurs assez inexacts pour les dates [1]) que ce maître y resta avec plusieurs enfants jusqu'aux vacances de 1653. Dans tous les cas, la seconde Guerre de Paris ne permit point sans doute aux Études de continuer avec régularité, soit au cul-de-sac Saint-Dominique, soit aux Champs, et la plupart des enfants durent retourner dans leurs familles. Aussitôt le calme rétabli, les Écoles refleurirent, non plus certainement à Paris, mais aux Champs, en trois bandes principales, dont l'une était aux Granges, et les deux autres à ce château des Trous vers Chevreuse, chez M. de Bagnols, et au Chesnai, près Versailles, chez M. de Bernières. Ces deux messieurs, en même temps qu'ils faisaient élever leurs enfants chez eux, se prêtaient à en recevoir d'autres sous la conduite des maîtres de Port-Royal. M. Walon de Beaupuis était au Chesnai, à la tête de ce qu'on pouvait appeler un *petit Collége;* on y tenait une vingtaine d'enfants [2]. L'aile gauche de la maison était tout em-

---

1. Ces inexactitudes ou incertitudes de dates, en ce qui concerne les Écoles, se retrouvent aussi dans la *Vie de Nicole*, par Goujet. Nous ne nous attachons qu'au petit nombre de points essentiels.

2. Le biographe de M. de Beaupuis, l'abbé de La Croix, paraît disposé à porter plus haut ce nombre, malgré l'indication de M. de Beaupuis, qui devait pourtant le savoir, et qui ne compte

ployée à cet établissement. Les élèves riches payaient pension (500 livres)[1]. Le jeune Tillemont y étudiait, intimement uni au fils aîné de M. de Bernières. MM. Lancelot et Nicole étaient pendant ce temps-là aux Granges et dirigeaient l'école où le jeune Racine étudiait vers 1655.

Au reste, il n'y avait rien d'absolument fixe dans ces distributions et ces classements de personnes, et les professeurs comme les élèves durent passer quelquefois d'une maison dans une autre.

Ce n'était pas le compte des ennemis et des jaloux que les Écoles transplantées prospérassent aux Champs. Les Jésuites ne pouvaient manquer de les y relancer et de poursuivre la ruine de ces belles espérances, — les Jésuites *qui veulent toujours être les seuls dans tout ce qui se fait de bien*, comme le dit assez naïvement un de nos auteurs. Le 30 mars 1656, un grand coup fut porté. Le lieutenant-civil Daubray, nous l'avons vu, vint s'assurer que l'École des Granges était dispersée selon l'ordre du roi; il visita également le château des Trous et le Chesnai, mais il paraît qu'on y laissa subsister un reste d'écoles. Celle du Chesnai était toujours assez nombreuse sous la conduite de M. de Beaupuis. A chaque répit qu'on lui laissait, l'innocente tribu du désert s'obstinait à refleurir.

Sur ces entrefaites, un incident mortifiant pour les Jésuites vint ralentir un peu l'action de leur mauvais vouloir. Un neveu du cardinal Mazarin, le jeune Alphonse Mancini, qui était à leur Collége de Clermont à Paris, fut blessé au jeu de *berne* (le jeu de Sancho

que *dix-huit* ou *dix-neuf* enfants. Il faut se garder des exagérations, même des amis.

1. Le prix de la pension à Paris n'était d'abord que de 400 livres; mais pendant la première Guerre de Paris, en 1648, la cherté des vivres obligea de prendre 500 livres.

Pança), qu'on permettait aux écoliers : c'était le jour de Noël 1657[1] ; il tomba de la couverture et mourut des suites quelques jours après, le 6 janvier 1658. Le jeune roi lui avait envoyé son premier chirurgien, et l'était venu voir lui-même. Parmi les *Poésies* latines du Père Rapin, qui avait été son professeur, on trouve une Églogue, deux Élégies, et une *Consolation* au Cardinal en vers héroïques, sur cette mort prématurée. La douleur d'un maître serait touchante ; mais ici la flatterie déborde, et le désir de conjurer le mauvais effet en Cour est évident. Le poëte, au milieu des louanges prodiguées au jeune Alphonse, se garde bien de dire un mot de l'imprudence qui a causé sa mort. Les Jésuites présumaient sans doute beaucoup de la sensibilité du Cardinal, en le croyant tellement affligé[2] : il n'était qu'ir-

1. Une erreur de date (impardonnable, il est vrai, mais à laquelle m'avait induit le *Moreri* trop légèrement accepté), se trouvait ici dans la première édition, ce qui m'a fait accuser par l'annotateur des *Mémoires* du Père Rapin d'*adopter trop souvent une chronologie de fantaisie pour étayer mes théories fragiles*. On est presque heureux de rencontrer des adversaires si prompts à découvrir leur peu de loyauté et de bonne foi. J'ai pu avoir et j'ai encore sans nul doute bien des inadvertances qui m'échappent au milieu de ce détail innombrable, mais je me consume à tâcher d'être exact, et l'annotateur, qui a profité en vingt endroits de mon travail et qui l'a contrôlé à chaque page, le sait mieux que personne.
2. On se rappelle involontairement ce passage des *Mémoires* de la duchesse de Mazarin, la sœur d'Alphonse : « A la première nouvelle que nous eûmes de la mort de monsieur le Cardinal, mon frère (Philippe, duc de Nevers) et ma sœur, pour tout regret, se dirent l'un à l'autre : *Dieu merci ! il est crevé.* A dire vrai, je n'en fus guère plus affligée ; et c'est une chose remarquable qu'un homme de ce mérite, après avoir travaillé toute sa vie pour élever et enrichir sa famille, n'en ait reçu que des marques d'aversion, même après sa mort. *Si vous saviez avec quelle rigueur il nous traitoit en toutes choses, vous en seriez moins surpris.* Jamais personne n'eut les manières si douces en public, et si rudes dans le domestique ; et toutes nos humeurs et nos inclinations étoient contraires aux siennes.... »

rité. Il avait fondé sur ce jeune homme des espérances d'ambition ; il voulait le faire héritier de ses honneurs et de ses biens, le former peut-être aux affaires et aux choses du gouvernement[1]. Quoi qu'il en soit, les Jésuites durent attendre que ce fâcheux éclat fût un peu amorti pour revenir à la charge contre leurs rivaux de Port-Royal et les accabler. Ils eurent quelque temps l'oreille basse, comme on dit vulgairement[2].

Deux ans après, les circonstances étaient redevenues propices : la dispersion des dernières Écoles n'était plus qu'un détail dans l'ensemble des mesures adoptées contre Port-Royal. Le 10 mars 1660, le lieutenant-civil revint au Chesnai et dispersa tout. Ce fut la fin. — De

---

1. Voir les *Mémoires* de la grande Mademoiselle.
2. Il faut convenir que les ennemis des Jésuites firent, à ce sujet, de fort mauvaises plaisanteries et fort indécentes. Le jeu de *berne* y prêtait. On vit un matin sur la porte de leur Collége cette inscription : *Les Pères du canton de Berne*. Nos historiens jansénistes ont aussi le tort de trop voir dans cet accident le doigt de Dieu, selon l'habitude des croyants qui tirent à eux Dieu et le Ciel dans le sens de leurs passions et de leurs intérêts. M. Hermant, qui est très-sujet à ce défaut dans son *Histoire du Jansénisme*, remarque cependant avec raison la singularité de l'Églogue du Père Rapin sur la mort du jeune Alphonse qu'il fait célébrer par des bergers et qui se termine par une glorieuse apothéose comme pour Daphnis. Le jeune Alphonse transfiguré leur est apparu un soir du milieu des astres :

> Credita res lætis pastoribus : illa per agros
> Fama volat, totis pastorum carmina silvis
> Certatim Alphonsum celebrant ad sidera raptum.

Il n'y avait point là, ce semble, de quoi tant se réjouir. Selon M. Hermant, ces jeunes pastoureaux du Père Rapin sont par trop virgiliens et « fort différents de ceux que la musique des Anges avoit conduits à la crèche de Jésus-Christ la nuit même de sa naissance » et le jour de l'accident. On discerne pourtant, dans les deux Élégies du professeur versificateur sur son cher élève, à travers toutes les réminiscences et les centons habituels, des accents et des mouvements de sensibilité.

1670 à 1678, durant la Paix de l'Église, Port-Royal, comme monastère, put reprendre des jeunes filles pensionnaires au dedans; mais il n'y eut plus jamais d'écoliers dirigés au dehors par ces Messieurs. Les Jésuites ne l'auraient pas souffert.

C'est dans le cours de ces quinze années d'une existence interrompue, toujours secouée et menacée, que les Petites Écoles produisirent pourtant de si grands fruits, formèrent des hommes dont la race se reconnaît entre les générations du siècle, et développèrent de si excellents et si durables modèles d'enseignement.

Il serait impossible de fixer le chiffre des élèves qui sortirent directement des mains de ces Messieurs; mais, en évaluant au plus haut, je ne crois pas qu'à aucun moment de ces quinze années, si l'on avait additionné tous les élèves des divers groupes, ce nombre eût jamais dépassé cinquante à la fois; et il y eut des années où le chiffre dut rester beaucoup au-dessous [1].

---

1. Voici comment je raisonne : quand les Écoles furent au cul-de-sac Saint-Dominique, il n'y eut que cette seule maison : on indique *six* écoliers en *quatre* chambres, ce qui donnerait vingt-quatre; et tant qu'on demeura dans cette maison particulière, assez à l'étroit, et avec les guerres de la Fronde, on dut rester fort en deçà de cinquante. Après la translation aux Champs dans les vacances de 1653, il y eut agrandissement, multiplication. On forma trois centres d'études, les Granges, le Chesnai et les Trous. En comptant une vingtaine d'écoliers pour le Chesnai, autant pour les Granges (ce qui est bien fort), et dix pour les Trous qui paraissent avoir toujours été en seconde ligne, on n'atteint que le chiffre de cinquante; et encore, si on l'atteignit, ce ne dut être que dans le moment le plus florissant et le plus complet, de 1654 à 1655. A ce moment, si on avait laissé faire, l'accroissement était rapide. A dater de mars 1656, il y eut dissémination et diminution considérable. Ce serait une fausse base de calcul de supposer que tous les différents lieux assignés aux Écoles dans les Mémoires aient été également peuplés, et en même temps. Je réponds ici d'avance à une note d'un manuscrit de la Bibliothèque du Roi (Supplém. franç., n° 1565), si on était tenté de me l'opposer.

En cherchant bien, on trouverait peut-être d'autres endroits de refuge où, de 1656 à 1660, ces Messieurs essayèrent d'abriter leurs élèves. Ainsi il y eut une maison à Sevrans près Livry, au nom de l'abbé de Flexelles, homme de qualité, licencié de la Faculté de Théologie de Paris; il s'était fait comme l'économe de la maison, où se trouvaient en pension une douzaine d'enfants. C'est la succursale des Écoles la plus éloignée que j'aie trouvée [1]. La plus rapprochée devait être au château même de Vaumurier, sous le couvert du duc de Luines. En 1659, Chapelain adressait ses lettres à M. Lancelot, *précepteur du marquis de Luines à Port-Royal*, c'est-à-dire à Vaumurier. On essayait ainsi de se retrancher sous l'éducation domestique, et de se ranger à des noms respectés pour y être plus inviolable. Mais rien ne servit.

Je laisserai aux curieux en pédagogie, qui voudraient lire le *Règlement des Études*, le soin de le chercher dans la *Vie* de M. de Beaupuis et dans le *Supplément* au Nécrologe. Ces sortes de Règlements, qui se ressemblent tous plus ou moins sur le papier, ne comptent qu'en raison de l'esprit qui les vivifie. C'est à définir cet esprit, en ce qu'il avait de particulier à Port-Royal, que je dois m'attacher avec rigueur.

L'idée des Écoles, conçue par M. de Saint-Cyran, reposait, comme tout ce qui entrait dans cette tête méditative, sur la racine même de la doctrine chrétienne,

---

1. Cette École de Sevrans est vaguement indiquée dans les *Mémoires* de Lancelot (tome II, page 437), dans la *Vie de Nicole* par Goujet (page 29), dans les *Mémoires sur la vie de M. de Beaupuis* (page 88). Ceux à qui il prendra envie de vérifier pourront juger, d'après ce petit exemple, du degré d'exactitude auquel on est réduit pour ces sortes de détails. Les noms propres de lieux ou de personnes sont à tout moment estropiés. — Cet abbé de Flexelles devait être parent de la Sœur Eustoquie Flexelles de Bregy, religieuse à Port-Royal.

telle qu'il l'entendait, sur le dogme approfondi de la *Chute*.

Quand on a de la Chute l'idée que s'en formait, selon saint Augustin, M. de Saint-Cyran, on a aussi une idée très-arrêtée sur l'enfance. L'enfance, sans le baptême, est l'image par excellence, si l'on peut dire, et le produit direct de l'homme déchu : la liberté nulle, la *parole* nulle (*infans*) et qu'il faut rapprendre, tout l'être soumis aux sens, au premier désir, à la *concupiscence;* l'imitation continuelle et irrésistible de ce qu'on voit, l'ignorance de tout, une désobéissance de tous les instants. Il s'agit de restaurer cela et de refaire l'homme, l'homme d'avant la Chute, autant qu'il se peut.

Le baptême rend la Grâce; il couvre et revêt d'une innocence préalable devant Dieu tous ces mouvements de la machine et de l'animal non raisonnable, jusqu'à ce que l'enfant ait atteint l'âge de raison. Mais dès que cet âge de raison commence, pour que l'effet salutaire du baptême ne soit pas comme non avenu, il faut l'expliquer à mesure, le *traduire en raison* chez l'enfant ; tellement que cet état de Grâce, qui lui a été acquis par un bienfait ineffable sans qu'il l'ait compris ni voulu, lui devienne un état réfléchi, senti et pratiqué. Il faut effectuer et faire vivre en lui cette seconde naissance.

Le baptême (je parle toujours au point de vue de nos Messieurs) n'a nullement anéanti la nature, et ne l'a même probablement modifiée en rien quant à ce qui en sortira plus tard : il ne l'a que provisoirement rachetée et couverte devant Dieu, jusqu'à ce que le Chrétien raisonnable ait le temps de naître, et de continuer le Chrétien enfant, le Chrétien aveugle.

Il s'agit donc, sans laisser s'interrompre l'innocence baptismale, de continuer dans l'enfant, dès l'âge commençant de raison, dans l'enfant encore infirme et déjà responsable (effrayant mystère), cet état de pureté qui devient une lutte contre la nature, une vertu déjà ; il s'agit de donner au Chrétien de baptême les raisons graduelles et la conscience de plus en plus affermie de sa Grâce, de lui en apprendre la possession et la direction sous le bon vouloir de Dieu, d'édifier en lui tout l'être raisonnable jusqu'à sa pleine force adulte : voilà l'éducation.

Elle a, pour parler comme Saint-Cyran, quelque chose de *terrible*, à la considérer, soit par rapport à l'enfant si enchaîné de toutes parts, si assujetti, si à la merci de tout ce qui l'environne, et pourtant déjà propre à perdre tout l'effet du baptême par des fautes criminelles ; soit par rapport aux maîtres sur qui se rassemble ce mystère de la responsabilité de l'enfant, pour éclater sur leurs têtes avec justice s'ils ne font tout ce qui est en eux. Et l'on conçoit que Saint-Cyran ait dit de cette charge, de cette vocation de maître, qu'elle était une *tempête de l'esprit*.

Qu'on veuille y réfléchir, c'est là l'idée véritable de l'*enfance*, telle qu'elle résulte du dogme approfondi de la Chute [1]. Mais, tout en croyant à la Chute en *théorie*,

---

1. « La composition du cœur de l'homme est mauvaise, dès son enfance, » dit la Genèse ; et Bossuet, s'armant de l'Écriture et de saint Augustin, montre, dans une *Élévation* que nous avons déjà citée, *le déluge des misères qui inondent sur toute chair* : « Regardez cette enfance laborieuse : de quels maux n'est-elle pas opprimée ? Parmi quelles vanités, quels tourments, quelles erreurs et quelles terreurs prend-elle son accroissement ? O Seigneur !... pourquoi donc répandez-vous votre colère sur cet enfant qui vient de naître ? A qui a-t-il fait tort ?... Quel est son crime ? Et pourquoi commencer à l'accabler d'un joug si pesant ? Répétons encore, *un joug pesant sur les enfants d'Adam*. Il est enfant d'Adam, voilà son crime !... » (IV° *Élévation* de la Septième Semaine.) Qu'après cela Jean-Jacques vienne ouvrir son *Émile* par cette phrase célè--bre : « Tout est bien sortant des mains de l'*Auteur des choses*, tout dégénère entre les mains de l'homme ; » il est lui-même forcé d'écrire, deux pages plus loin : « Nous naissons faibles, nous avons besoin de force ; nous naissons dépourvus de tout, nous avons be-

on a d'ordinaire agi dans l'éducation comme si l'on n'y croyait pas, et comme s'il n'y avait qu'à aider la nature. Les trois quarts des Chrétiens sont *pélagiens* en fait d'éducation, presque autant que le Vicaire de l'*Émile*.

Les Jésuites n'attestent pas moins par leur méthode d'éducation qu'ils sont semi-pélagiens tendant au Pélagianisme pur, que par leur doctrine directe. Leur système d'éducation a été une transaction, une tentative continuelle d'accommodement avec le siècle. — Saint-Cyran et Port-Royal, au contraire, restèrent exactement conséquents à leurs doctrines, dans leurs Écoles.

Ces motifs mêmes, que je viens de définir et de résumer, se trouvent exposés, d'après M. de Saint-Cyran, dans un petit Écrit qu'on a de M. de Sainte-Marthe, et dans quelques pages de M. Walon de Beaupuis. Le vif sentiment de charité envers l'enfance y respire trop visiblement pour que je ne cite pas les propres paroles de ces bons et dignes maîtres :

« Voici les raisons (écrit M. de Sainte-Marthe) qu'on avoit d'établir de Petites Écoles, pour y élever les jeunes gens dans la crainte de Dieu.

« Il n'y a que trop de sujet de gémir, de voir que les enfants des Chrétiens ne fassent paroître presque aucune marque de la Grâce qu'ils ont reçue dans le baptême. Aussitôt

soin d'assistance; nous naissons stupides, nous avons besoin de jugement. Tout ce que nous n'avons pas à notre naissance, et dont nous avons besoin étant grands, nous est donné par l'éducation. » Rappelons enfin les belles et tristes paroles de Lucrèce et de Pline sur l'homme *jeté nu sur la terre nue*, sur l'enfance *rampante à terre et vagissante* :

> Tum porro puer, ut sævis projectus ab undis
> Navita, nudus humi jacet infans............

Le point de vue de Saint-Cyran et de Port-Royal ne fait que s'emparer de cette sombre observation morale sur l'enfance, et n'est que le point de vue chrétien dans sa plus haute concentration.

qu'ils commencent à avoir la raison, on ne remarque en eux que de l'aveuglement et de la foiblesse; ils ont l'esprit fermé aux choses spirituelles, et ne les peuvent comprendre; mais, au contraire, ils ont les yeux ouverts pour le mal; leurs sens sont susceptibles de toutes sortes de corruption, et *ils ont un poids naturel qui les y porte avec violence.* Dans cet état, il est presque impossible qu'ils conservent longtemps leur innocence dans le monde, où ils ne respirent qu'un air corrompu; où ils ne voient que ce qui peut servir à les perdre ; où on ne leur parle presque jamais des vérités de l'Évangile, qui seules les pourroient délivrer de leur ignorance et de leurs mauvaises inclinations....

« Lorsqu'ils entrent dans le Collége, ils y portent tous ces vices, ou ils les y apprennent; et l'exemple d'un grand nombre d'autres enfants, qui ont déjà beaucoup de malice, sert à leur donner de la hardiesse à commettre des choses honteuses, qui ne leur paroissent plus telles, parce qu'elles sont ordinaires. Je n'accuse point les maîtres d'avoir part à ces déréglements ; mais, s'ils veulent eux-mêmes rendre témoignage à la vérité, ils avoueront que, quoi qu'ils fassent, ils ne les peuvent empêcher. Ceux mêmes qui ont la meilleure intention, sont la plupart chargés de trop d'écoliers pour pouvoir veiller sur tous et sur toutes leurs actions ; et cependant plusieurs enfants ne peuvent être longtemps ensemble, quand personne ne veille sur eux, sans tomber en beaucoup de désordres, qui croissent avec l'âge.

« C'est une maxime de l'Évangile qu'ayant un ennemi qui ne dort jamais, nous sommes obligés, pour lui résister, de veiller toujours; et qu'aussitôt que nous ne le faisons pas, il entre dans notre cœur comme dans un lieu abandonné, et y fait ce qu'il lui plaît : mais comme les enfants ne sauroient veiller sur eux-mêmes, ni sur leurs sens qui sont comme les portes de leurs cœurs, ils ont besoin que l'on veille pour eux, et ils ne peuvent pas être longtemps sans tomber entre les mains de leur ennemi, s'ils n'ont une garde fidèle qui les accompagne continuellement, et qui ait soin d'ôter de devant leurs yeux et leurs pieds tout ce qui peut leur être une occasion de chute. Aussitôt que les brebis sont abandonnées de leur pasteur, elles deviennent la proie des loups; mais les enfants deviennent même des loups les uns des autres, quand ils sont sans maître et sans conduite ; et, lorsqu'on en met plusieurs ensemble, il s'en trouve toujours quelques-uns dont le Démon se sert pour jeter dans les cœurs des autres par quelque action ou par quelques paroles (*principia morituræ castitatis*) de malheureuses semences de toutes sortes d'iniquités.

« Je puis dire après saint Jean Chrysostome que tout le monde voit cet embrasement qui consume presque toute la jeunesse, mais que presque personne ne travaille à l'éteindre ; personne n'en gémit sérieusement, personne ne s'en intéresse ; car *il n'y a rien dont on soit si peu intéressé dans le monde que la perte des hommes.*

« La charité de M. de Saint-Cyran, étant catholique et universelle comme sa foi, se répandit sur ces petites âmes qui sont si abandonnées ; et, comme Jésus-Christ a versé son sang pour leur salut, il se fût estimé très-heureux de donner sa vie pour les secourir. C'est cette charité qui lui donna le dessein de procurer ces Petites Écoles, dont voici les maximes. »

Ces maximes, nous les avons dites. On s'attachait à ne choisir pour maîtres que des personnes dont on connaissait la piété, la capacité, la discrétion et le désintéressement. Le seul motif pour accepter cette charge devait être la *charité* ; le seul but, de conserver dans les enfants la Grâce du baptême. Pour les garantir des vives images d'alentour, et de ce qui se montre à découvert et de ce qui se glisse insensiblement, on tâchait, dans les Petites Écoles, d'éloigner de la présence des enfants tout ce qui leur pouvait nuire ; on avait soin qu'ils n'entendissent et ne vissent jamais rien qui pût blesser la modestie et la pureté délicate de leur âme. Mais, tout en prolongeant chez eux cette chaste ignorance et cette heureuse simplicité, on s'efforçait de les avancer dans la vraie connaissance, et de leur insinuer l'amour des biens éternels ; on employait *tout ce qu'on avait d'industrie* (mot aimable) pour éclairer tellement leur esprit, qu'ils ne discernassent en quelque sorte le mal qu'à travers les maximes générales de l'Évangile senties dans toute leur force, et que, sans s'arrêter à regarder rien de particulier dans les choses mauvaises et sans en recevoir d'impression funeste, ils les reconnussent à première vue, et les repoussassent avec horreur à la clarté du saint flambeau :

« Voilà (et je continue avec les paroles de M. de Beaupuis), voilà ce que tâchoient de faire les maîtres qui étoient auprès de ces enfants ; et c'étoit pour pouvoir s'acquitter de leurs obligations, qu'ils veilloient continuellement sur ce petit troupeau, sans le perdre jamais de vue, et en le considérant comme un dépôt précieux dont Dieu devoit un jour leur redemander un compte terrible ; de sorte qu'ils pouvoient dire comme Jacob : *Noctu diuque æstu urebar et gelu, fugiebatque somnus ex oculis meis* [1].

« Ils les portoient dans leurs cœurs, et les offroient à Dieu sans cesse, pour attirer sur eux ses bénédictions et ses grâces. Ils tâchoient de ménager toutes les occasions qui se présentoient, pour leur donner toujours quelques salutaires instructions. Ils s'accommodoient à leur foiblesse. Ils les souffroient dans leurs infirmités avec patience, et ils ne se lassoient jamais de les servir : *Tanquam si nutrix foveat filios suos.*

« Comme on les occupoit continuellement autant qu'ils en étoient capables, on leur ôtoit le loisir de s'occuper même des choses inutiles, et on les fortifioit cependant contre les mauvaises maximes qui pouvoient leur nuire. On leur faisoit voir que tout est plein de piéges et de dangers dans le monde ; que les Chrétiens *doivent en user comme n'en usant point*, et que, pour le vaincre, il ne faut aimer ni ses grandeurs, ni ses richesses, ni ses plaisirs.

« Ils prenoient le plus souvent occasion de ce qu'ils trouvoient dans Cicéron et dans Horace, pour leur faire adroitement ces sortes de réflexions, contre lesquelles ils n'étoient point en garde. Comme il est presque impossible que de

---

1. Voir le *Supplément* (in-4°) *au Nécrologe*, pages 48-53 ; je combine dans ces citations ce que je trouve de plus caractéristique dans les paroles de MM. de Sainte-Marthe et de Beaupuis.

jeunes enfants, encore assujettis aux impressions des sens, ne fassent ce qu'ils voient faire aux autres, on tâchoit de les instruire encore plus par les actions que par les paroles.

« Pour ce sujet l'on avoit un soin particulier de n'avoir que des domestiques fort sages et fort réglés, afin que, ne voyant jamais faire devant eux que du bien, ils fussent dans une heureuse nécessité de ne faire aussi que ce qu'ils voyoient faire.

« Comme ces maîtres n'avoient en vue que le salut de ces enfants et la conservation de leur innocence, ils les traitoient toujours avec beaucoup de charité et de douceur, et ils avoient trouvé le secret de se faire en même temps et aimer d'eux et craindre; de sorte que la menace de les renvoyer chez eux, de les rendre à Messieurs leurs parents pour leur faire achever leurs études où il leur plairoit, étoit, à leur sens, la plus grande et la plus sensible punition qu'on pouvoit leur faire [1]. »

---

1. Ce témoignage, entre tant d'autres, montre quel était sur l'article des châtiments le procédé de cette respectable École, et de M. de Saint-Cyran, à qui tout remonte. Je ne fais cette remarque que parce qu'un écrivain moderne s'est donné le plaisir de ramasser et de presser deux ou trois passages de Lancelot pour en tirer je ne sais quoi qui tendrait à rendre M. de Saint-Cyran ridicule. Il ne l'était pas, et j'en atteste tous ceux qui lisent ces pages sérieuses et touchantes, où son âme respire, traduite par des amis fidèles. — Et sur cet article des châtiments encore, quel contraste si l'on comparait avec le régime d'alentour ! En 1671, M. de Montausier, gouverneur du Dauphin, accablait son élève de férules, et le *rouait* littéralement *de coups* à la moindre faute. Bossuet assistait et laissait faire. (Voir les *Mémoires* du valet de chambre Dubois.) Un jour (10 septembre 1671), M. d'Andilly vint voir Monseigneur à l'étude, à Versailles. Mais ces jours où il venait quelqu'un de considération, on ne faisait paraître que les belles choses. — Comme supplément de témoignage enfin, sur ce même article des châtiments, je citerai un chapitre du livre *De l'Éducation chrétienne des Enfants...*, par M. Varet (1666), pages 140-144 :

« Il seroit à souhaiter, dit cet ami de Port-Royal, que des enfants n'eussent jamais ouï parler ni de coups ni de verges; que le seul désir de vous plaire, ou la seule crainte de vous fâcher, réglassent tous leurs mouvements; et que, suivant le conseil d'un grand évêque, vous les por-

Je conclus, tant avec les paroles de M. de Beaupuis qu'avec celles de M. de Sainte-Marthe, car elles se ressemblent dans un exact et même sentiment :

« Ceux d'entre les mains desquels on a arraché les enfants, doivent s'en humilier devant Dieu ; peut-être qu'ils n'étoient pas dignes de contribuer à une si bonne œuvre ; peut-être aussi que ce siècle n'étoit pas digne de voir l'établissement d'un si grand bien. *Les conseils de Dieu sont toujours incompréhensibles ; mais ils ne sont jamais plus formidables que quand il permet qu'on détruise, dès leur commencement, des ouvrages très-saints, qui auroient pu contribuer au salut de plusieurs âmes.* »

Humble et résignée conclusion ! Voilà donc l'esprit bien marqué de l'institution des Petites Écoles : Vigi-

---

tassiez à vous respecter plutôt par votre douceur et par votre bonté, que par une conduite rude et sévère.

« Pour moi, j'estime que la rigueur que l'Écriture sainte, en tant de passages que je vous ai cités, ordonne de tenir à l'égard des enfants, s'exerce bien plus parfaitement et même selon l'esprit de Dieu par le refus d'un baiser ou des caresses ordinaires, que par les verges ou les autres mauvais traitements du corps ; et que l'adresse la plus grande des pères et des mères consiste à rendre leurs enfants si jaloux des marques de bonté qu'ils leur donnent, qu'ils soient très-affligés au moindre refroidissement qui paroit sur leur visage ; qu'ils ne craignent rien davantage que d'être privés de leur présence ; et que rien ne leur soit plus sensible que de voir leur père ou leur mère préférer le service même d'un valet, dans des rencontres où ils se disposoient eux-mêmes à leur obéir. »

— M. Varet adressait cet Écrit à sa sœur qui était mère de famille, et en vue d'une éducation domestique ; mais il le composait dans le pur esprit de Port-Royal auquel il participait : cet estimable ecclésiastique que nous retrouverons comme historien de la Paix de l'Église (liv. V, chapitre VI), mourut à Port-Royal des Champs dans une visite qu'il y faisait (août 1676), et il y fut inhumé. — Il avait eu cela de particulier dans sa jeunesse qu'étant allé à Rome en compagnie d'une personne de grande condition et comme simple curieux, à l'âge de vingt ans et portant l'épée, il y fut converti au désir de la retraite par le spectacle même de tant de magnificences idolâtres, et aussi par l'infamie des mœurs dont il fut témoin et dont il faillit un jour être victime.

lance ! vigilance ! *Noctu diuque, æstu et gelu*, respect pour l'enfance, tendresse de nourrice, mais redoublée d'une crainte terrible.

Dans un très-bel entretien transmis par Fontaine, M. de Saci, en exprimant bien vivement cette tendresse, tempère un peu la crainte : nulle part *l'aménité austère*, l'onction mitigée du saint Directeur ne se produit en plus délicates paroles :

« On m'avoit donné, dit Fontaine, le soin de quelques enfants ; et comme M. de Saci avoit toujours senti quelque pente pour les servir, aussi bien que M. de Saint-Cyran, il me voyoit fort volontiers. On peut juger que c'étoit moins de l'Écriture sainte qu'il m'entretenoit, que de Cicéron et de Virgile, et autres livres de mon métier d'alors ; car il se proportionnoit admirablement à toutes les personnes à qui il parloit. Ce n'est pas néanmoins qu'il ne sût faire adroitement glisser dans ses entretiens les avis que sa pénétration lui faisoit juger m'être nécessaires.... Il me disoit quelquefois que, s'il lui étoit libre de disposer de son temps, il voudroit de tout son cœur en mettre en cela une partie, et être le principal directeur de ces petites âmes, dans lesquelles il faut quelquefois plus combattre l'ennemi que dans les plus grandes....

« Il sentoit toujours, en parlant sur ce sujet, une certaine chaleur qui en donnoit aux plus froids. Il *sembloit porter envie* à ceux que Dieu engageoit dans cette occupation, *si la charité eût pu le souffrir*[1] ; mais unissant les cœurs, elle unissoit aussi les actions qui en procédoient, ce qui l'obligeoit de regarder nos emplois auprès des enfants comme étant les siens propres, et de croire qu'il les servoit lorsque nous les servions....

« Quand je lui parlois en particulier de chacun de ces enfants, et que j'entrois dans le détail pour parler ou avantageusement des uns, ou désavantageusement des autres, il me disoit, avec sa douceur ordinaire, qu'il ne falloit dés-

---

[1] M. de Saci devenu presque jaloux par excès de zèle et de charité : comment mieux nous peindre son ardeur ?

espérer de pas un d'eux, à cause de leur âge ; qu'on voyoit tous les jours dégénérer ceux qui paroissoient bons dans leur enfance, et ceux qui ne témoignoient rien de bon étant enfants se régler à mesure qu'ils croissoient ; que *c'étoit du bled en herbe qui trompoit tous les jours en bien et en mal*....

« Il me recommandoit souvent de n'être pas trop exact et de ne m'inquiéter pas trop ; que s'il y avoit aucune conduite où il fallût dissimuler, c'étoit celle des enfants; qu'il falloit se contenter de les éloigner des fautes principales, fermant les yeux aux autres, quoiqu'elles ne parussent pas petites : qu'il les falloit *peu à peu* et *par parties* guérir, et avoir pour eux une charité humble et infatigable ; qu'autrement on se tuoit, et on ne leur servoit à rien.

« Il ne pouvoit se lasser de me recommander d'être fort tardif dans les avertissements et les répréhensions ; qu'en omettant une partie des fautes, on remédioit bien mieux aux autres, et que c'étoit plus *par la prière* que par les paroles que l'on pouvoit mettre ordre aux petits déréglements que l'on vouloit arrêter; que Dieu alors faisoit bien mieux connoître quand il est temps de leur parler; qu'on ne pouvoit connoître ces petites âmes qu'en s'accommodant à elles et en se proportionnant à leurs dispositions; qu'autrement elles ne recevroient pas nos paroles.... »

Ces recommandations de M. de Saci nous rappellent directement un beau mot de Montaigne, qui dit, en parlant des enfants, que « c'est l'effet d'une âme bien forte et bien eslevée de se pouvoir accommoder à ces allures puériles. » Montaigne ne voit que la générosité naturelle et la force de cette âme qui se proportionne et, au besoin, se diminue ; M. de Saci ne croit l'effort possible et le succès qu'en y faisant entrer la prière:

« Enfin, il me répétoit sans cesse, dans les entretiens que j'avois avec lui sur ce sujet (comme croyant cet avis capital pour tous ceux qui ont des enfants à conduire, en quelque état que ce puisse être), qu'il n'y avoit point de vertu qu'on dût plus pratiquer avec eux que la patience et le silence, retranchant par la patience les répréhensions précipitées, et pre-

nant garde par le silence de ne point dire plus de choses qu'ils ne pourroient en porter. Ainsi il me donnoit pour devise ces deux paroles, *Patience* et *Silence*, et les paroles de David : *Adhæreat lingua mea faucibus meis;* désirant que les paroles me tarissent plutôt dans la bouche, que d'en avoir quelqu'une qui pût blesser ces enfants; qu'ainsi je devois toujours parler avec une grande circonspection et avec une grande charité, pour ne leur donner aucun mécontentement; que surtout je devois prendre garde que mes préventions, mes impatiences et mes passions ne tinssent lieu de l'onction du Saint-Esprit que je devois tâcher d'attirer sur eux. Quand il y avoit quelque bien dans quelqu'un de ces enfants, il me conseilloit toujours de n'en point parler, et d'étouffer cela dans le secret : « Si Dieu y a mis quelque
« bien, disoit-il, il l'en faut louer, et garder le silence, se
« contentant de lui en rendre dans le fond du cœur sa recon-
« noissance [1]. »

Nous voyons déjà tout l'esprit. Ces Écoles étaient la meilleure réponse à ceux qui reprochaient à Port-Royal de mener à une sorte de *fatalisme* par la doctrine de la Grâce. Plus l'homme est faible, plus il y a raison de l'armer, même quand cette armure devrait être nulle sans la consécration de Dieu. C'est à l'homme de tout faire; c'est à Dieu ensuite de voir.

Cette vue des enfants, si divers entre eux, même quand ils sortent d'un même sang et qu'ils suivent une éducation pareille, était bien propre d'ailleurs à confirmer nos Augustiniens dans leur doctrine. Fontaine, parlant de madame Le Maître, dont tous les enfants n'étaient pas également saints, et qui voyait MM. de Saint-Elme et de Vallemont si loin en arrière de leurs saints frères Le Maître et Saci, s'écrie encore :

« Combien de fois a-t-elle tremblé en voyant de ses yeux

1. Si l'on trouve ce texte un peu différent de celui des éditions, c'est que je me conforme au manuscrit.

les effets terribles des jugements de Dieu, qui permettoit qu'il y eût tant d'inégalités entre ses enfants, et que, les uns volant comme des aigles vers le Ciel et le voulant ravir par leur sainte violence, les autres (quoique très-honnêtes gens selon le monde) se trainassent un peu plus sur la terre ! Car on ne peut avoir vu des frères, sortis d'un même sein, avoir des inclinations plus différentes ; et ces humbles défenseurs de la Grâce n'auroient-ils pas sujet de dire mille fois : *Quis te discernit?* qui est-ce qui fait le discernement entre nous, mon Dieu, sinon vous-même ? »

C'est ce que devaient se répéter à chaque heure, dans leurs Écoles, ces maîtres, toujours attentifs au doigt de Dieu. L'Enfance, c'est le livre de la Grâce, ouvert à l'article de la *Prédestination*, au passage le plus obscur. — Mais ils ne s'endormaient pas pour cela, et ils agissaient chacun dans leur sillon, sous le mystère [1].

Un des maîtres de Port-Royal, Coustel, a laissé un livre intitulé : *les Règles de l'Éducation des Enfants* [2]. Quoique cet ouvrage n'ait paru que longtemps après la ruine des Petites Écoles, et qu'il ait été composé dans une vue plus générale, il exprime fidèlement l'esprit de l'institution primitive, dont ce digne maître resta jus-

---

1. Il ne manque pas d'esprits qui sont scandalisés toutes les fois qu'ils trouvent ainsi exposée sans déguisement la doctrine de la Grâce. Ces mêmes esprits ont-ils jamais réfléchi à cette étrange fatalité qui nous marque d'un signe distinct et profond dès la naissance et dès l'enfance ? Ces esprits sont religieux, ou ils ne le sont pas : s'ils ne le sont pas, je conçois très-bien alors qu'ils se retranchent dans l'explication physiologique des races, des tempéraments. S'ils se croient religieux pourtant, à quelle doctrine recourront-ils, qui ne rentre dans celle de la Grâce ? Mais que dis-je ? la plupart des esprits ne sont ni religieux ni le contraire ; ils flottent dans l'entre-deux, ils reculent devant les conséquences : ils demeurent à mi-chemin de tout. On appelle cela le sens commun, c'est-à-dire l'illusion moyenne.

2. En 2 vol. in-12, 1687, Paris, chez Étienne Michallet. — Il n'y a que cette édition, bien que les titres aient été plusieurs fois renouvelés comme pour des éditions différentes.

qu'à la fin un organe aussi sincère que pouvaient l'être M. de Beaupuis ou Lancelot. Coustel examine donc s'il vaut mieux élever les enfants dans les maisons religieuses, comme c'était autrefois la coutume en Italie et en Allemagne, ou chez les parents, comme plusieurs se le persuadent, ou enfin dans les Colléges, comme c'est à présent, dit-il, la pratique la plus universelle. Dans le premier cas, la *piété* est plus garantie ; dans le second, la *civilité* est mieux observée ; dans le troisième, l'*étude* d'ordinaire a le dessus. 1° Piété ou vertu ; 2° belles-lettres ou science ; 3° civilité, c'est-à-dire ce qui doit être le dehors, la forme convenable des deux autres mérites, et comme le cachet de l'*honnête homme;* ce sont là les trois parties d'une complète éducation. Il est difficile de les combiner. Les maisons religieuses, la famille, ou les Colléges, ont en soi leurs inconvénients ; dans chacun de ces systèmes d'éducation, on ne pourvoit à l'une des parties essentielles qu'en sacrifiant plus ou moins les autres :

« Il y a longtemps, ajoute Coustel, qu'Érasme[1] a témoigné que, pour éviter la plupart de ces inconvénients (particulièrement ceux des Colléges ou de la maison paternelle), il falloit mettre *cinq* ou *six* enfants avec un honnête homme ou deux, dans une maison particulière : *Plerisque placet media quædam ratio, ut apud unum præceptorem quinque sexve pueri instituantur; ita nec sodalitas deerit ætati, cui convenit alacritas; neque non sufficiet singulis cura præceptoris; et facile vitabitur corruptio quam affert multitudo.* — (La plupart, dit Érasme, ont adopté une sorte de voie moyenne, qui consiste à placer cinq ou six enfants sous un précepteur : ainsi on procure la vie en commun à cet âge auquel convient la gaieté et l'enjouement ; et en même temps l'attention du précepteur peut se porter sur chaque enfant en particulier ; et enfin

---

1. Dans le traité sur *le Mariage chrétien.*

l'on évite facilement la corruption qui naît du trop grand nombre[1]). »

Cette *voie moyenne* d'Érasme fut adoptée, selon des raisons plus hautes, par M. de Saint-Cyran, la vertu chrétienne étant la base. Avant même que Port-Royal eût formé ses maîtres, et quand on hésitait encore entre ceux à qui Dieu pouvait avoir départi ce don si accablant, M. de Saint-Cyran écrivait à M. de Rebours : « Il me semble que je puis un peu supporter les humeurs des enfants; et je croirois beaucoup faire pour eux, quand même je ne les avancerois pas beaucoup dans le latin jusqu'à douze ans, pourvu que je leur fisse passer le premier âge dans l'enceinte d'une maison ou d'un monastère à la campagne, en leur permettant tous les passe-temps de leur âge, et ne leur faisant voir que l'exemple d'une bonne vie dans ceux qui seroient avec moi. » Mais, dès que Lancelot et les vrais maîtres furent trouvés, l'étude ne tarda pas à suivre, et les trois conditions se présentèrent réunies : 1° Le voisinage d'une maison religieuse. L'école y est adossée; incessamment elle ressent l'esprit qui en émane, l'exemple silencieux, l'ombre austère. 2° Une image non effacée, et plutôt épurée, de la maison paternelle; les mœurs plus sûres encore et

---

1. Qu'il me soit permis de rappeler que j'ai vu, il y a environ dix-huit ans, un essai d'éducation tout à fait dans le genre de celui qui est ici recommandé par Érasme et par Coustel : *Cinq ou six enfants ou jeunes gens étudiant dans une maison à la campagne, sous un ou deux hommes habiles;* et ces hommes étaient M. de La Mennais (M. *Féli,* comme on l'appelait en ce temps-là d'un doux nom), et l'abbé Gerbet qui l'assistait alors. De ce simple petit groupe de cinq ou six écoliers au plus, il est sorti des gens de mérite qui marquent aujourd'hui dans la science et dans l'érudition, notamment M. Eugène Boré, si connu dans l'Orient, et d'autres encore. (Maurice de Guérin s'est révélé depuis.) L'analogie avec la méthode d'éducation que nous étudions ici était frappante en plus d'un point essentiel, surtout pour l'esprit de forte et solide application, et pour la régularité libre et sans routine.

non moins polies ; la surveillance continuelle, la douceur et la gravité des maîtres, douceur sans caresse, gravité sans châtiment ; un certain respect des condisciples entre eux ; une certaine chaleur pieuse de foyer domestique subsistante au sein de l'École, et un sentiment de patrie. 3° Les belles-lettres enfin, autant et mieux que dans les Colléges, et en moins de temps ; une culture appropriée à chaque esprit ; la raison toujours présente dans l'enseignement, plutôt que la coutume. Ici pourtant quelques distinctions deviennent nécessaires.

Pascal a dit : « Les enfants de Port-Royal, auxquels on ne donne point cet aiguillon d'envie et de gloire, tombent dans la nonchalance. » Ce reproche de manquer d'émulation est grave, et tout d'abord je ne le dissimule pas.

Je ferai remarquer pourtant que l'observation de Pascal est double, et porte en deux sens, selon son habitude. Il a commencé par dire : « L'admiration gâte tout dès l'enfance. Oh! que cela est bien dit! qu'il a bien fait! qu'il est sage[1]!... » Il semble noter dans cette première vue les inconvénients d'un genre d'éducation ; et par la pensée sur Port-Royal, qui ne vient qu'après, il note tout aussitôt les inconvénients contraires. Pascal paraît vouloir dire qu'il y a également inconvénient à louer l'enfance, et à ne la pas louer ; et, en effet, si la vanité est à craindre, la paresse ne l'est pas moins, comme disposition très-naturelle aux esprits.

Port-Royal voulait l'étincelle, mais il la voulait dans les cœurs plutôt encore que dans les esprits. Il voulait des esprits réglés, et des cœurs brûlants de zèle : la science ne venait qu'en second ordre et moyennant de certaines précautions. Lancelot a cité de M. de Saint-Cyran un trait qui est mémorable. Étant à l'abbaye même de Saint-Cy-

---

1. Voir l'édition de M. Faugère (tome I, page 204).

ran, vers 1639, pendant la captivité du saint Abbé à Vincennes, Lancelot eut entre les mains un enfant qui était un prodige pour son âge; car il apprenait tout seul les langues dès l'âge de huit ans, et il témoignait une curiosité sur tous sujets, qu'ils fussent ou non à sa portée, au point d'en composer ensuite de petits discours ou traités à son usage : on lui en surprit un, une fois, qu'il avait composé sur l'*Ante-Christ*. Mais cet enfant, qui n'offrait rien de vicieux d'ailleurs, annonçait l'orgueil de l'esprit, une avidité insatiable de savoir, et le désir ambitieux de se pousser dans l'Église. M. de Saint-Cyran, consulté sur cet enfant, et informé par Lancelot des symptômes extraordinaires, pensa à l'instant qu'il était plus sûr de ne pas le faire étudier. Il se méfiait de ces esprits-prodiges qu'on est tenté de saluer du nom de *démon*[1].

Nous avons connu de ces démons, de ces génies immodérés; ce sont eux qui remuent le monde. Voltaire était un démon. Saint-Cyran, s'il avait eu à le juger enfant, aurait peut-être porté sur lui ce même pronostic qu'il porta sur l'enfant si préoccupé de l'Ante-Christ; il aurait dit qu'il ne fallait pas le faire étudier. C'eût été grand dommage. Et pourtant, quand on croit que la vérité est une fois trouvée, et qu'elle a été donnée aux hommes, rien n'est plus sensé ni plus conséquent que de se méfier de ces prodiges d'activité, qui s'annoncent de bonne

---

[1]. Δαιμόνιε, Homère emploie ce mot en un sens mêlé d'ironie, et tant en bonne qu'en mauvaise part. Les gens du peuple, chez nous, disent d'un enfant qu'il a bien de la *malice*, voulant dire qu'il a de l'*esprit;* pour signifier qu'il est *sot*, ils disent : « *Il n'a pas du vice.* » Commynes, l'historien de Louis XI, a coutume de joindre ensemble, dans ses jugements des hommes, le sens et la malice : *Sage homme et malicieux*, dit-il en bonne part de je ne sais quel échevin de Gand. Chez le plus spirituel des peuples, εὐήθεια, *bonhomie*, était synonyme de *bêtise*. Partout on saisirait l'association et la confusion facile entre l'idée du mal et celle de l'esprit. Cela vous fait sourire, mais le vrai Chrétien n'en sourit pas.

heure comme affranchis de la règle et du frein. Aux yeux de Saint-Cyran, l'enfant est déjà en abrégé tout l'homme, et il pensait, comme Bossuet, que c'est la force seule qui lui manque pour se déclarer. Mais quand l'enfant, plus entreprenant, décèle tous ses hardis instincts du sein de sa faiblesse, et que le sens moral, ou du moins cette pudeur ingénue qui ne doit faire défaut à aucun des actes de l'enfance, ne vient nulle part tempérer sa précoce audace, que sera-ce donc un jour? Cet enfant qui, jouant avec son jeune frère, et voyant une pomme inégalement coupée en deux morceaux, saisit le plus gros en disant : *Je le prends;* cet enfant est déjà l'ambitieux futur; et du même accent, du même geste, dès qu'il verra le gros lot du pouvoir passer devant lui, il y mettra la main en disant : *Je le prends;* et il le gardera jusqu'à s'y acharner. Ceci n'est pas une fable. — Sachons nous reporter au point de vue d'une prudence qui appartient à des temps et à des ordres d'idées bien différents de ce que nous voyons.

S'étonnera-t-on que M. de Saint-Cyran ne se réglât point uniquement sur les dispositions naturelles, pour les suivre? Mais il eût été inconséquent à la doctrine de la Grâce, s'il les eût aveuglément suivies.

M. de Saint-Cyran craignait l'*émulation* sans *moralité*, comme nous dirions. Il ne pouvait souffrir, comme dit Lancelot, que dans l'éducation des enfants on fît le capital des sciences et de l'étude, en négligeant l'esprit de piété. Il regardait cette façon d'agir qui dès lors avait cours dans l'enseignement public, comme une grande faute et envers l'Église et envers l'État. Une telle conduite, selon lui, surchargeait l'*Épouse de Jésus-Christ* de ministres qu'elle n'avait point appelés, et surchargeait aussi la *République* d'une infinité d'*oisifs* qui *se croient au-dessus de tous depuis qu'ils savent un peu de latin*, et qui penseraient être déshonorés s'ils ne désertaient la profession paternelle : ce sont ses propres termes. Port-Royal, fidèle à son esprit, ne prenait pas les enfants indistinctement et de toutes mains. La jeune tribu du désert était déjà une élite. Les enfants *de qualité*, que les parents dans leur sollicitude confiaient à ces Messieurs pour les élever et les garantir de l'air contagieux, ne faisaient pas seuls le fonds des Écoles : ce qu'on y recherchait avant tout, c'étaient des enfants *d'honnêtes gens*, parole qui avait un grand sens à cette époque, où les classes restaient séparées et les origines très-distinctes. Ainsi, des enfants de bonne maison, mais surtout de bonne race et de bonne souche, qu'ils appartinssent à la noblesse ou plutôt encore à la haute bourgeoisie, à des familles parlementaires ou à d'honnêtes marchands, voilà de quoi se composaient les Écoles[1]. On ne les y recevait que jeunes (de neuf à dix ans au plus tard), afin qu'ils n'eussent point pris ailleurs des impressions qu'il eût fallu détruire. Et, pour en revenir à ce point de l'émulation en particulier, on voit maintenant que ce mobile ne pouvait y être le même que dans l'enseignement habituel des Colléges.

Fontaine nous a dit tout à l'heure, avec son expression naïve, comment M. de Saci et ces Messieurs comptaient sur un autre mobile plus puissant et plus efficace : « Si l'on remarque quelque bien dans les enfants, ce n'est pas eux qu'il faut louer ; *il faut louer Dieu*, et, gardant le silence, lui en rendre des actions de grâces dans le fond du cœur. » L'émulation pour ces Messieurs était là : *l'action de grâces*, c'est-à-dire *la louange secrète au sein de Dieu*.

---

1. J'ai marqué plus haut que le prix de la pension au Chesnai était de 500 livres ; mais il va sans dire que ce n'étaient que les riches qui payaient ce prix, et, dans la liste qu'on a des enfants, on en trouverait plusieurs qui devaient être élevés à des conditions toutes gratuites (par exemple, les jeunes Desseaux, Walon, Vitart, probablement Racine).

M. de Saint-Cyran n'avait pas d'autre maxime; « il réduisoit ordinairement ce qu'il falloit faire auprès des enfants à trois choses : parler peu, beaucoup tolérer, et *prier encore davantage*. » La *prière* était donc pour eux cet auxiliaire puissant, tout intérieur, toujours agissant, sur lequel ils comptaient pour vivifier l'œuvre, comme d'autres comptent près des enfants sur l'aiguillon extérieur de la louange. — On peut aujourd'hui juger ces Messieurs bien simples d'avoir cru ainsi trouver dans la prière un équivalent, et mieux qu'un équivalent du ressort humain. Je demanderai seulement à ceux qui seraient portés à juger de la sorte, ce que c'est que croire en Dieu, si l'on ne croit pas très-vivement à la prière [1] ?

Après cela, il est très-probable que si les Écoles avaient subsisté et avaient continué de s'accroître, on n'aurait pas su constamment les garantir de toute influence d'émulation littéraire et de tout sentiment d'amour-propre. Du Fossé parlant de ce premier temps où l'on était à Paris dans le cul-de-sac Saint-Dominique : « Comme notre classe, dit-il, étoit composée de ceux qui étoient les plus avancés dans les Études, nous faisions des défis d'émulation les uns contre les autres. C'étoit M. Des Champs, gentilhomme du pays de Caux, qui excelloit particulièrement en ce genre de combat, ayant l'esprit vif et piquant, et une poésie très-fine [2]. » Si les Écoles étaient restées à Paris, dans une seule

---

1. Et pour ceux même qui ne croiraient qu'aux hommes, qu'on s'imagine ce que devait être la puissance d'accent et la vertu persuasive d'un maître qui s'adressait à un enfant, en se relevant de prier pour lui devant Dieu !

2. Ce M. Des Champs, frère de M. Des Champs des Landes, l'un de nos solitaires, devint un officier de mérite qui servit sous Turenne avec distinction, et qui a laissé une Relation estimée des dernières campagnes de ce grand capitaine. Nous y reviendrons plus loin.

maison, en vue des Colléges de l'Université et de celui des Jésuites, l'esprit d'émulation aurait probablement gagné; il aurait pénétré à travers les murailles. La dispersion et la vie de campagne ralentirent le mouvement.

Aujourd'hui nous sommes bien loin de là. L'émulation règne partout; elle est devenue la maxime publique, avouée : « Ayez de l'ambition, Messieurs, il en faut, et nous en avons tous; » ainsi s'expriment hautement devant nos Écoles les chefs les plus illustres[1], donnant à la fois le précepte et l'exemple. « *Trahimur omnes laudis studio*, disait Cicéron, *et optimus quisque maxime gloria ducitur.* » Les paroles se ressemblent : est-ce à dire que nous soyons revenus en effet à ce même noble culte des Anciens ? — Quoi qu'il en soit, la société moderne, en conviant tous indistinctement à l'éducation la plus recherchée, et en provoquant dans le cœur de chacun ce cri irrésistible : *Pourquoi pas moi?* a complétement retourné la question, au rebours de ce qu'avait voulu un Christianisme austère; et le monde moral, sorti de l'antique orbite, roule sans contre-poids vers un avenir inconnu.

Puisse-t-il, dans cette marche nouvelle, retrouver quelque chose de ce qu'il était une fois au matin de sa plus jeune antiquité, quelque chose (et je ne l'espère pas) de cet âge héroïque où l'ambition du moins était celle des grands cœurs, et où l'idée de la gloire n'était point séparable de celle de la vertu!

De cette émulation-là, je l'avoue, soit de la grande, soit de la petite, nous ne retrouvons rien, absolument rien dans les Écoles de Port-Royal; malgré leur célébrité, elles n'ont pas eu de brillant, et elles n'ont fleuri qu'à leur manière et selon leur esprit, c'est-à-dire à

---

1. Je reproduis des paroles qui ont été réellement prononcées ; elles sont de M. Guizot.

l'ombre. Racine lui-même n'a si fort brillé qu'en y étant infidèle. Leur étincelle était ailleurs, et c'était une étincelle sans la flamme qui frappe les yeux. Nous aurons pourtant à admirer cette inspiration d'un genre si à part, si sobre et si profonde, lorsque nous l'étudierons de près dans l'âme du parfait élève de Port-Royal, — de M. de Tillemont.

II

Suite des Écoles. — Physionomie morale. — Des livres classiques de Port-Royal; liste des principaux. — Caractère littéraire de l'enseignement. — Idée d'un Cours d'études. — Le latin et le grec. — Rôle exact de ces Messieurs. — Quelques critiques après l'éloge. — Le Père Labbe. — Le Père Vavassor. — Côté faible et défauts.

J'ai cherché à bien définir ce qu'avaient été les Petites Écoles, plutôt encore qu'à montrer ce qu'elles seraient devenues. Il existe d'Arnauld un *Règlement des Études dans les Lettres humaines*[1] qui peut indiquer en quel sens plus littéraire il y aurait eu développement naturel, si le temps ne leur avait pas été refusé. Mais je ne pense point, comme les Éditeurs des Œuvres d'Arnauld, que ce Mémoire ait été composé pour les Petites Écoles; il dut l'être plus tard, et à la demande de quelque professeur de l'Université, qui aura eu recours aux lumières du savant docteur. A Port-Royal les choses restèrent toujours plus restreintes; on eut des précepteurs plus encore que des professeurs. Les classes se réduisirent à cinq ou six enfants à la campagne, sous un maître

---

1. Au tome XLIe des *Œuvres* d'Arnauld, 1780.

honnête homme. Si l'inconvénient était dans le trop peu d'émulation, on échappait du moins à toute routine, à tout pédantisme. La crasse et la morgue des régents n'en approchaient pas. Un grand respect pour l'enfance donnait le ton, non pas seulement le respect comme l'entend Juvénal (*maxima debetur puero reverentia*) et comme l'entendent les sages, mais un respect singulier et pénétré, qui va jusqu'à *honorer dans l'enfant l'innocence et le Saint-Esprit qui y habite*. La familiarité elle-même des enfants entre eux était honnête et décente ; on les avait tellement accoutumés à *se prévenir d'honneur les uns les autres*, qu'ils ne se *tutoyaient* jamais [1]. C'étaient déjà de petits *Messieurs*, non pas dans le sens mondain et impertinent, mais dans celui que nous savons, et qui n'était autre que le respect des âmes.

Quant à ce qui tient plus particulièrement à la culture des esprits, l'enseignement de Port-Royal a obtenu une célébrité consacrée par le temps, et qui est restée comme proverbiale : il nous en faut parler en toute précision.

« On ne les négligeoit pas cependant (dit le modeste M. de Beaupuis) pour ce qui regarde les belles-lettres, et l'on en prenoit certainement tout le soin possible. Ce fut pour faciliter aux petits l'intelligence des auteurs latins les plus purs, et pour leur apprendre à bien traduire en notre langue (ce qui n'étoit pas alors en usage), qu'on donna au public le *Phèdre*, les *trois Comédies de Térence*, celle de *Plaute* (*les Captifs*), le *quatrième* et le *sixième* livre de l'*Énéide de Virgile*, et qu'on traduisit même une bonne partie des *petites Lettres de Cicéron*, et les *Églogues*. Il ne faut pas aussi oublier qu'on fit les deux *Méthodes* (en françois) *grecque* et *la-*

---

[1]. Je sais une maison dirigée par des mystiques, où le premier acte du Supérieur et des maîtres est de tutoyer les enfants qui entrent, même déjà grands. C'est une offense à la dignité de l'homme et du Chrétien dans l'enfant. Ces mystiques qui veulent avoir prise sur les âmes savent ce qu'ils font.

tine, qui furent si bien reçues et tant estimées, comme aussi l'*Epigrammatum Delectus*.

« La nouvelle Méthode, bien plus aisée et plus capable d'instruire les enfants, et la manière de les introduire jusque dans le fond de la Grèce par des routes qui n'étoient alors nullement connues, donna de la jalousie, et commença à alarmer des gens qui avoient usurpé la domination entière des belles-lettres. *Venient Allobroges*, disoient-ils, *et tollent regnum nostrum et gentem*. Il jugèrent donc à propos de se remuer.... »

Fontaine, dans la suite de cette conversation avec M. de Saci, dont nous avons donné des extraits, raconte comment ce fut ce maître vénéré qui, gémissant de voir chez les auteurs latins les plus purs de diction tant d'impuretés morales, se mit avec une *charité ingénieuse* à séparer le bien du mal, et à purger la fleur de tout mélange de poison. Dans ce triage industrieux, qu'on cesse trop d'apprécier sitôt qu'on est en âge de goûter pleinement les choses, mais dont on ne saurait se dispenser à l'égard de toute enfance innocente, Port-Royal eut l'initiative, et M. de Saci précéda Jouvancy[1]. Au reste, on jugera bien mieux encore de l'ensemble des Éditions et des Méthodes, si j'offre simplement une liste exacte des principaux ouvrages qui se rapportent à

1. Les Anciens eux-mêmes avaient, pour mettre aux mains de la jeunesse, des éditions choisies où l'on faisait des retranchements : « Nam et Græci licenter multa, et Horatium in quibusdam nolim interpretari, » disait Quintilien (liv. I, chap. 8). — En ce qui est des Modernes, je n'ignore pas (et le Père Vavassor nous en fait ressouvenir) qu'il y avait eu, bien avant Messieurs de Port-Royal, des éditions d'auteurs anciens plus ou moins *expurgés*. Michel Vascosan fit paraître en 1554 un *Martialis castus, ab omni obscenitate perpurgatus*, et d'autres éditeurs s'y étaient appliqués depuis. Mais le contenu du livre ne répondait pas toujours au titre, et d'ailleurs ces sortes de travaux appropriés au progrès des mœurs sont à refaire plus d'une fois. A cette date du milieu du dix-septième siècle, Port-Royal revint à l'œuvre et s'y mit avec suite, avec religion.

cet enseignement. Je dois dire que j'en trouve les éléments tout rassemblés dans un manuscrit de l'estimable bibliographe Adry, lequel, de concert avec Barbier, avait préparé une Histoire littéraire des Petites Écoles. Pour cette portion toute positive de mon sujet, j'aurai lieu de profiter continuellement du secours que m'ont ménagé ces savants modestes; grâce à eux, ma tâche est devenue presque facile. Les principaux ouvrages qui se rattachent aux Écoles sont donc, à les prendre à peu près dans l'ordre de leur importance :

1. *La Logique ou l'Art de penser*, contenant, outre les Règles communes, plusieurs observations nouvelles propres à former le jugement, 1662[1]. — (Auteurs, Arnauld pour l'idée et le corps de l'ouvrage, Nicole pour les préface, discours [au moins le second discours ajouté en 1664], et certaines parties de la rédaction.)

2. *Grammaire générale et raisonnée*, contenant les fondements de l'Art de parler, expliqués d'une manière claire et naturelle, les raisons de ce qui est commun à toutes les langues et des principales différences qui s'y rencontrent, et plusieurs remarques nouvelles sur la Langue françoise, 1660. — (Auteurs, Arnauld pour le fond, et Lancelot pour la rédaction.)

3. *Nouvelle Méthode pour apprendre facilement la Langue grecque*, contenant les Règles des déclinaisons, des conjugaisons, etc., etc., 1655. — Il en parut dans cette même année un *Abrégé*. — (Auteur, Lancelot.)

4. *Nouvelle Méthode pour apprendre facilement et en peu de temps la Langue latine*, contenant les Rudiments et les Règles des genres, des déclinaisons, des prétérits, de la syntaxe et de la quantité, mises en françois avec un ordre très-clair et très-abrégé; dédiée au Roi, 1644. — Il parut un *Abrégé* de cette Méthode latine en 1655. — (Auteur, Lancelot.)

---

1. J'indique la date des premières éditions seulement, bien que plus d'un de ces ouvrages n'ait atteint son entière perfection que dans les éditions suivantes.

5. *Nouvelle Méthode pour apprendre facilement et en peu de temps la Langue italienne*, 1660. — (Auteur, Lancelot.)

6. *Nouvelle Méthode pour apprendre facilement et en peu de temps la Langue espagnole*, 1660. — (Auteur, Lancelot.)

7. *Quatre Traités de Poésies latine, françoise, italienne et espagnole*, 1663. — (Auteur, Lancelot.)

8. *Le Jardin des Racines grecques* mises en vers françois, avec un Traité des prépositions et autres particules indéclinables, etc., etc., 1657. — (Auteur, Lancelot; et M. de Saci pour collaborateur-versificateur.)

9. *Nouveaux Éléments de Géométrie*, contenant, outre un ordre tout nouveau et de nouvelles démonstrations des propositions les plus communes, de nouveaux moyens de faire voir quelles lignes sont incommensurables, de nouvelles mesures des angles, etc., etc., 1657. — Ces *Éléments*, composés par M. Arnauld, se lisaient en manuscrit longtemps auparavant, et ils étaient rédigés dès 1660.

J'aurai à revenir avec détail sur quelques-uns de ces ouvrages ; mais, pour ne pas interrompre, je donnerai incontinent la suite des petites éditions et traductions qui vinrent si bien en aide aux Méthodes, et qui en effectuèrent la pratique. On embrassera ainsi d'un premier coup d'œil toutes les pièces si bien concordantes de ce raisonnable enseignement, et on en déduira déjà le sens général et l'intention :

1. *Les Fables de Phèdre*, affranchi d'Auguste, traduites en françois avec le latin à côté, pour servir à bien entendre la langue latine et à bien traduire en françois, 1647.

2. *Comédies de Térence*, traduites en françois (savoir *l'Andrienne*, *les Adelphes* et *le Phormion*) avec le latin à côté, et rendues très-honnêtes en y changeant fort peu de chose, 1647. — Cette traduction de Térence, ainsi que la précédente de Phèdre, est due à M. de Saci, et ce fut dans le même esprit qu'on donna les suivantes que voici :

3. *Nouvelle Traduction des Captifs de Plaute*, avec des notes, 1666. — Cette traduction, ainsi que celles, au nombre

de sept, dont les titres suivent, est de Guyot, l'un des maîtres de Port-Royal [1].

4. *Lettres morales et politiques de Cicéron à son ami Attique*, sur le parti qu'il devoit prendre entre César et Pompée, 1666. — Un *Avis au Lecteur* contient des vues, qui étaient neuves pour le temps, sur les traductions françaises et sur l'utilité qu'on en pouvait tirer.

5. *Nouvelle traduction d'un nouveau Recueil des plus belles Lettres que Cicéron écrit à ses amis*, 1666. — Un *Avis au Lecteur*, qui forme une préface considérable, traite des Études par rapport aux mœurs.

6. *Billets que Cicéron a écrit* (sic) *tant à ses amis communs qu'à Attique son ami particulier*, avec une Méthode en forme de préface pour conduire un écolier dans les Lettres humaines, 1668. — Cette préface de Guyot est pour nous d'un intérêt direct; il y traite en détail du cours des Études et des innovations qu'il convient d'y apporter. Nous en userons tout à l'heure.

7. *Lettre politique de Cicéron à son frère Quintus* touchant le gouvernement de l'Asie, et *le Songe de Scipion*, du même auteur, avec divers avis touchant la Conduite des enfants, en forme de préface, 1670. — Cette préface traite surtout des rapports des précepteurs avec les parents dans l'éducation domestique, et elle nous intéresse moins que la précédente.

8. *Nouvelle Traduction des Bucoliques de Virgile*, avec des notes, 1666.

9. *Nouvelle Traduction des Géorgiques de Virgile*, avec des notes, 1678.

10. *Les Fleurs morales et épigrammatiques tant des anciens que des nouveaux Auteurs*. Dédié à Monseigneur le Dauphin, 1669. — C'est un recueil de sentences morales traduites, avec les textes en regard.

Ce dernier petit volume n'était en partie qu'un extrait et une traduction d'un autre Recueil de ces Messieurs, intitulé :

Epigrammatum Delectus, ex omnibus tum veteribus tum

---

[1]. Barbier, le premier, a bien éclairci ce point (*Notice* sur Thomas Guyot, dans le *Magasin encyclopédique* d'août 1813).

recentioribus Poetis accurate decerptus, cum *Dissertatione de vera Pulchritudine et adumbrata*, 1659 ;

lequel renfermait un Choix des plus belles et des plus sages Épigrammes latines de Martial, Catulle, Ausone, etc.; suivi de Sentences morales tirées de Plaute, Térence, Horace, etc.; le tout précédé d'un Traité de la vraie et de la fausse Beauté dans les Ouvrages de l'esprit, et particulièrement dans l'Épigramme. Ce Traité d'un latin élégant, en tête du volume, était de Nicole; et le Choix des Épigrammes et Sentences avait été fait soit par lui, soit par Lancelot, non sans les conseils, on peut le croire, de M. de Saci.

Enfin si l'on ajoute à cette liste nombreuse la *Traduction des quatrième et sixième Livres de l'Énéide de Virgile* (1666), qu'on a généralement attribuée à M. d'Andilly; une autre Traduction des quatre premiers livres de l'*Énéide* (1666), qu'on a attribuée à M. de Brienne ; la *Traduction des Paradoxes de Cicéron* (1666), qu'on croit être de M. de Saci, avec une préface et des notes de Coustel; la Traduction des *Lettres de Bongars* (1668), qu'on a prêtée à M. de Saci encore, mais qu'on donne plus vraisemblablement à l'abbé de Brianville, on aura énuméré la presque totalité des livres classiques qui sont dits *de Port-Royal*. Cette longue énumération était nécessaire pour asseoir sur des faits bien précis, et désormais présents au lecteur, les idées et les considérations auxquelles nous avons hâte d'arriver.

On aura pu remarquer que la plupart de ces utiles productions ne parurent imprimées qu'après la dispersion et la ruine des Petites Écoles, auxquelles pourtant elles avaient été destinées. Les *Méthodes grecque* et *latine*, le *Phèdre*, le *Térence*, font à peu près seuls exception. Presque tous les autres livres ne furent mis au jour qu'après la première persécution de 1656, ou après l'entière destruction de 1660. Les estimables maîtres usèrent du loisir forcé et de la retraite à laquelle on les condamnait, pour recueillir leur expérience et pour en communiquer au public les fruits. Port-Royal, au moment le plus voilé de son éclipse, continuait par là d'éclairer et d'enseigner. Un avantage de cette marche graduelle, c'est que ces procédés d'enseignement ne se ressentent en rien d'une théorie précipitée; ils avaient été auparavant essayés et pratiqués de longue main, et ils n'arrivaient au public que perfectionnés par l'usage. Nicole enseignait la philosophie au jeune Tillemont selon la méthode et les principes de cette *Logique* qui ne fut imprimée que depuis. A Port-Royal l'innovation dans les études eut un caractère tout à fait expérimental, et le système se réduisit au bon sens.

Pour mesurer au plus juste le degré de cette innovation, il faudrait tracer en détail un tableau parallèle de ce qu'était l'enseignement, à cette date de 1643-1660, au sein de l'Université et chez les Jésuites; mais les éléments d'un tel travail manquent peut-être, ou du moins ils n'ont point été jusqu'ici rassemblés. Je tâcherai d'y suppléer, chemin faisant, par quelques inductions tirées des innovations mêmes. Ce qui paraît certain, c'est que les Études, à ce début du règne de Louis XIV, étaient fort déchues et réclamaient une réforme générale. Après l'interruption causée par les troubles civils de la Ligue, l'Université avait été restaurée sous Henri IV, et trois membres du Parlement, de Thou, Molé et Coquerel, avaient été chargés de lui apporter de nouveaux Statuts qui réglaient la forme des Études. Ces Statuts de 1600 se trouvaient nécessairement très-arriérés après plus de quarante ans, et ils n'étaient nullement en rapport avec l'état de la société. Les professeurs, quand ils étaient gens d'esprit (chose moins ordinaire et moins facile qu'on ne croirait), suppléaient sans doute individuellement au manque de direction : chacun pouvait avoir sa rhétorique, ses *dictées* de philosophie ; mais les hautes parties de l'enseignement, ainsi livrées à l'arbitraire et destituées d'une méthode commune, n'en avaient pas pour cela plus de liberté, et l'on était arrivé, en fait d'instruction publique, au pire des résultats : la diversité dans la routine. Comme d'ailleurs la société se polissait peu à peu, et que la langue française tendait à se fixer depuis Malherbe et Balzac, il en résultait un divorce croissant entre ceux qui visaient à être du monde, et l'Université, qui vivait toujours sur ses règlements, à peine modifiés, du seizième siècle. « Il n'y a presque plus que les docteurs qui sachent bien le grec et le latin, » écrivait un des meilleurs témoins de ce temps-là[1]. Des docteurs qui ne savaient pas le français, des gens de qualité qui ne savaient guère le latin, c'était là un malentendu qu'il importait de faire cesser au plus vite, à la veille du règne de Louis XIV. Port-Royal s'y appliqua dès les premières années de la Régence ; ces dignes maîtres qui étaient si retirés, si voisins du cloître, et qui pourtant devinaient si bien en cela l'esprit de leur temps, semblèrent s'être proposé un double but : d'une part, faire pénétrer l'étude chez les gens de qualité ; d'autre part, décrasser et humaniser les gens d'étude ; faire des uns et des autres de vrais honnêtes gens. On raconte que la *Méthode latine*, dédiée au jeune Roi en 1644, servit en effet à l'éducation de ce prince, et que le bon précepteur anti-janséniste, Hardouin de Péréfixe, en usa pour enseigner le latin à son auguste élève[2]. Je n'oserais affir-

---

1. Le chevalier de Méré, *OEuvres posthumes*, p. 123.
2. Voir la préface et le privilége de l'édition de la *Méthode latine* donnée en 1655. Dans ce privilége du Roi, on lit au sujet de la Méthode : « L'auteur l'ayant augmentée de plus des deux tiers depuis que *nous nous en servions* pour apprendre les premiers rudiments de cette langue.... »

mer que Louis XIV en ait beaucoup profité, ni qu'il soit devenu un bien grand latiniste ; mais toute la génération qui était du même âge que lui, cette génération des Racine et des Despréaux, qui devait tant honorer le règne, se ressentit plus ou moins directement des Méthodes nouvelles ; et l'on peut dire sans exagération que rien ne contribua plus que l'enseignement de Port-Royal à concilier au sein de cette grande époque le solide avec le poli.

Aucun de ces Messieurs de Port-Royal n'était de l'Académie ; c'est bien à eux pourtant que revient l'honneur d'avoir mis l'enseignement en accord avec le progrès littéraire qu'accomplissait vers le même temps l'Académie, et d'avoir introduit les premiers la régularité et l'élégance du français dans le courant des Études savantes. Dérouiller le pédantisme sans ruiner la solidité, telle pourrait être leur devise.

L'Université n'en profita point aussi vite ni aussi complétement que la raison l'eût voulu. Rien n'est tenace comme l'esprit de routine dans les vieux Corps : on croit l'avoir vaincu ; il renaît à chaque pas, et recommence. Faut-il l'avouer ? en lisant le détail des recommandations et des conseils donnés par nos amis, en me pénétrant surtout de l'esprit qui y respire, j'ai été tout surpris de voir que, même de nos jours, l'Université renouvelée n'avait pas encore accepté quelques-unes de ces réformes le plus expressément indiquées dès lors, sur les thèmes par exemple, sur les vers latins, sur le mode d'explication des auteurs anciens. Aujourd'hui, comme en 1643, il n'est que trop vrai qu'on est censé trop souvent avoir terminé ses classes sans avoir lu, véritablement lu, les principaux auteurs anciens, et sans avoir appris à les aimer, à les désirer connaître. Quoi qu'il en soit, vers le dernier tiers du dix-septième siècle, une part notable des réformes demandées par Port-Royal commença à se faire jour au sein de l'Université de Paris. Il n'y a qu'à lire le *Mémoire sur le Règlement des Études dans les Letres humaines*, par Arnauld [1]; c'est la véritable préface du *Traité des Études*. Port-Royal a pénétré dans l'Université par Rollin.

Avant d'examiner quelques-uns des principaux livres énumérés tout à l'heure, je voudrais retracer en abrégé une idée de la façon dont nos amis entendaient une éducation littéraire classique, par opposition aux us et coutumes d'alentour. A cet effet, je me réglerai sur les préfaces développées qui sont en tête des petites traductions de Cicéron, préfaces qu'on attribue à Guyot, mais qui sont certainement *de bon lieu*, comme dirait madame de Sévigné. — Et d'abord, pour partir de l'*a b c*, à Port-Royal, on trouvait que c'était une faute très-grande de commencer, *comme on faisait d'ordinaire*, à montrer à lire aux enfants, *par le latin, et non par le français*. Ce premier pas indique trop bien où en était alors la méthode d'instruction élémentaire. Comme si d'apprendre à lire n'était pas en soi une chose assez ingrate pour des enfants, on s'obstinait (le croirait-on bien ?) à les faire épeler sur du latin, sur une langue qu'ils ne connaissaient aucunement. On y passait *trois* et *quatre* années. L'esprit pédantesque est ingénieux à se créer des difficultés, comme s'il n'y en avait pas assez, soit de la part des choses, soit de la part des inclinations ou aversions naturelles. Bien loin de chercher à s'accabler de ces mille difficultés inutiles, on pensait à Port-Royal « qu'il faut tellement aider les écoliers en tout ce qu'on peut, *qu'on leur rende l'étude même*, s'il est possible, *plus agréable*

---

[1]. On peut comparer ce Règlement avec celui que donne le président Rolland (dans son *Plan d'Éducation*, p. 103), comme étant adopté par l'Université à la date de 1763 : on aura ainsi la mesure du progrès accompli ; mais tout le programme d'Arnauld n'était pas réalisé.

que le jeu et les divertissements[1]. » Nous rentrons, ici du moins, dans la nature, dans la voie large et simple ; un souffle de Montaigne a passé par là.

Ainsi, grande innovation ! apprendre à lire aux enfants en français, et dans le français choisir des mots dont ils connussent déjà les choses, et dont ils sussent le sens : c'était le point de départ à Port-Royal. Mais j'oublie qu'avant de lire les mots il faut savoir les lettres, avoir appris auparavant les figures et les caractères de ces mots dans un Alphabet. Ici, à Port-Royal, on avait, pour montrer l'Alphabet, une méthode qu'on tenait de Pascal, et qui, m'assure-t-on, est à peu près celle par laquelle on apprend à lire aujourd'hui ; il a fallu deux siècles pour qu'elle prévalût. Cette méthode consiste « à ne faire prononcer aux enfants que les voyelles et les diphthongues seulement, et non les consonnes, lesquelles il ne leur faut faire prononcer que dans les diverses combinaisons qu'elles ont avec les mêmes voyelles ou diphthongues, dans les syllabes et les mots. »

En effet, « les consonnes ne sont appelées consonnes que parce qu'elles n'ont point de son toutes seules, mais qu'elles doivent être jointes avec des voyelles et sonner avec elles. C'est donc se contredire soi-même que de montrer à prononcer seuls des caractères qu'on ne peut prononcer que quand ils sont joints avec d'autres ; car, en prononçant séparément les consonnes et les faisant *appeler*[2] aux enfants, on y joint toujours une voyelle, savoir *e*, qui n'est ni de la syllabe ni du mot ; ce qui fait que le son des lettres appelées est tout différent des lettres assemblées.... Par exemple : on fait appeler à un enfant ce mot *bon*, lequel est composé de trois

---

1. Préface en tête des *Billets que Cicéron a écrits*, etc. (1668) ; j'en tirerai presque toutes les citations suivantes. — Fénelon (*Éducation des Filles*, chap. v) donne les mêmes conseils, et il a été devancé en ceci par Port-Royal.

2. Nous disons maintenant *épeler*.

lettres *b, o, n,* qu'on leur fait prononcer l'une après l'autre. Or *b* prononcé seul fait *bé*; *o* prononcé seul fait encore *o*, car c'est une voyelle; mais *n* prononcée seule fait *enne*. Comment donc cet enfant comprendra-t-il que tous ces sons qu'on lui a fait prononcer séparément, en appelant ces trois lettres l'une après l'autre, ne fassent que cet unique son, *bon?* On lui a fait prononcer quatre sons[1] dont il a les oreilles pleines, et on lui dit ensuite : Assemblez ces quatre sons, et faites-en un, savoir, *bon*. Voilà ce qu'il ne peut jamais comprendre ; et il n'apprend à les assembler que parce que son maître fait lui-même cet assemblage, et lui crie cent fois aux oreilles cet unique son, *bon*[2]. »

J'ai voulu insister sur ce premier point, parce qu'il caractérise le sens et l'esprit que Port-Royal portera dans tout l'enseignement. Ces humbles maîtres, qui partout ailleurs soumettaient la volonté à la Grâce et la raison à la foi, accordèrent à la raison son entier contrôle sur ces branches humaines ; et en grammaire, en logique, en belles-lettres, nous les trouvons faisant la chaîne de Ramus à Du Marsais, de Gassendi à Daunou[3].

1. Quatre sons en effet : *bé, o, en-ne*.
2. Préface des *Billets que Cicéron*, etc., etc. — Voir aussi le chapitre vi, première partie de la *Grammaire générale*.
3. J'ai cité ailleurs ce qu'a dit Daunou sur cette méthode même pour apprendre à lire aux enfants (*Portraits contemporains*, tome III, page 27). Il est curieux de comparer. — Rien n'est trop minutieux quand il s'agit d'enseigner l'enfance ; et je glisserai encore ici cet autre petit perfectionnement pratique qui concerne *l'écriture*. On doit à Port-Royal l'usage des plumes de métal qui ont fait gagner bien du temps aux élèves et leur ont épargné bien des petites misères. Fontaine écrivait à la sœur Élisabeth-Agnès Le Féron, le 8 septembre 1691 : « Si je ne craignois d'être importun, je « vous demanderois si on taille encore des plumes de cuivre chez « vous, et en ce cas je prierois notre Révérende Mère de m'en « donner quelques-unes ; ce seroit une grande charité pour un petit « peuple de la campagne où nous sommes, dont on veut bien prendre « quelque soin. » Et dans la lettre suivante il fait remercier la Mère de les lui avoir envoyées. Cet usage des plumes de cuivre devait remonter au temps des Petites Écoles.

Se rendre compte de toutes choses et n'admettre que des idées parfaitement *claires et distinctes*, ce fut leur règle en éducation. D'autres qu'eux ont tiré toutes les conséquences.

Voilà donc l'enfant qui sait lire dans les livres français ; il faut lui en donner aussitôt qui soient proportionnés à son intelligence : par exemple, de bonnes traductions en français élégant et pur ; et c'est le cas de faire lire les Fables de Phèdre traduites, le Térence et le Plaute traduits, les petits Billets de Cicéron en français. Par ce moyen on apprend aux enfants à parler purement dans leur langue, et à la fois on les familiarise avec les matières qu'ils auront à étudier plus tard dans les livres latins.

Le moment est venu d'apprendre ce latin, alors si terrible et si hérissé. On apprend les langues vivantes principalement par l'usage, par le commerce avec ceux qui les parlent bien ; il faut faire de même, autant qu'on le peut, pour les langues mortes, et les apprendre par la lecture de ceux qui ont bien parlé autrefois. Mais comme la lecture de ces morts est souvent elle-même froide et morte, et que *le ton de leur voix est si bas et si difficile à entendre qu'il ne diffère guère du silence*, ce serait un avantage incomparable de ressusciter en quelque sorte les auteurs, et de leur rendre le mouvement, l'action, l'accent, tout ce qui faisait la vie, *afin qu'ils pussent nous enseigner d'une manière toute vivante et naturelle*. Or, c'est ce qu'on obtient en traduisant les ouvrages *de vive voix* devant les enfants. La traduction, et la traduction vivante, animée et nuancée à chaque instant par le maître, la traduction *parlée* plutôt qu'écrite, telle est la méthode que Port-Royal substituait tout d'abord aux thèmes : « Car n'est-ce pas un ordre tout renversé et tout contraire à la nature, que de vouloir qu'on commence par écrire en une langue, laquelle non-seulement on ne sait pas parler, mais même qu'on n'entend pas ? »

Le digne maître qui me sert de guide en ce moment (Guyot) ajoute des vues très-ingénieuses sur les avantages de la traduction qui se fait de vive voix, opposée à celle qui se fait par écrit ; il appelle la première *toute naturelle*, et il estime que c'est le moyen le plus direct de faire pénétrer non-seulement dans la justesse du sens, mais dans les mouvements du cœur qui s'y joignaient; le seul moyen, en vérité, de faire cesser, autant qu'il se peut, cet inconvénient d'être aux prises avec une langue *morte*.

Dans l'enseignement public d'alors, le latin avait toujours le pas : l'*a b c d*, le thème, la Syntaxe, tout se passait en latin[1]. Les malheureux enfants avaient toujours affaire à l'inintelligible pour se diriger vers l'inconnu. Ici, à Port-Royal, on commence en tout par le français, qui sert d'introducteur et de trucheman. Un autre avantage de cette marche si raisonnable, c'était d'affermir les enfants dans le style *commun et familier* du français, de telle sorte que le latin qu'ils apprendraient ensuite ne fût pas capable d'*altérer* et de *corrompre la pureté* de leur premier langage. Ceci était plus important qu'on ne l'imaginerait aujourd'hui. Il s'agissait à ce moment de fixer la langue française dans son entière originalité, d'achever de l'affranchir des formes et des tournures latines dont le seizième siècle l'avait comme enveloppée. Aujourd'hui que les origines s'éloignent et s'effacent,

---

1. Plus d'un savant homme du temps s'élevait, mais en vain, contre ces abus. On peut voir la lettre de Roland Des Marets au professeur du Collège de France Pierre Hallé, en tête de la *Méthode latine* de Lancelot. On cite aussi Le Fèvre de Saumur, le père de madame Dacier, comme un grand ennemi de la méthode des Colléges ; il a exposé la sienne, qu'on peut lire au tome II, 2ᵉ partie, page 62, des *Mémoires de Sallengre*. C'étaient là des protestations considérables, mais individuelles.

une saveur de latinité, introduite avec discrétion, peut rajeunir et jusqu'à un certain point réparer la langue : alors l'excès de latinisme l'altérait et l'accablait. « Il est bien certain, disait-on à Port-Royal, que quand on n'est pas assez affermi dans sa langue propre, les langues étrangères nous entraînent insensiblement à leurs expressions, surtout quand on ne connoît les choses que par elles, comme il arrive aux enfants, et *nous font parler latin avec des termes françois.* » L'originalité du siècle de Louis XIV est d'avoir absolument cessé de parler latin en français ; et dans cette belle langue, si nette, si vive, qui eut cours depuis 1664, on ne sent plus trace de complication ni de mélange. Port-Royal y a, de toutes ses forces, contribué[1].

A ce même souci du bien dire se rapporte la prescription si saine de *nourrir longtemps les enfants d'un même style*, d'éviter de leur faire lire d'abord des livres de *style différent* : en langage comme en morale, rien n'est important comme la simplicité du premier fonds.

De très-bonne heure il convient, selon Port-Royal, d'exercer les enfants et de leur tenir l'esprit en éveil, toujours présent à ce qu'ils font ; ce qui devient facile, du moment qu'on ne les applique qu'à ce qu'ils entendent et à ce qui est à leur portée. Ainsi, après qu'ils auront lu et appris par cœur les pages des traductions, on les fera traduire eux-mêmes de vive voix, à l'improviste ;

---

1. Quand, de nos jours, je vois tant de jeunes mères, dans leur ambition scientifique pour leurs enfants, leur donner des nourrices ou femmes de chambre anglaises, allemandes, je souffre pour notre cher français, que ces enfants-là n'auront jamais bégayé tout d'abord dans sa pureté naïve ; et je me dis que le temps de la grande confusion des langues est arrivé. — Pauvres petits cosmopolites, de qui l'on ne dira jamais : « L'accent du pays où l'on est né demeure dans l'esprit et dans le cœur comme dans le langage. » (La Rochefoucauld.) — « Ante omnia ne sit vitiosus sermo nutricibus, » recommandait Quintilien (liv. I, chap. 1).

on leur fera raconter *sur-le-champ* ce qu'ils auront retenu de leur lecture. On pourra même commencer à les faire écrire en français avant d'écrire en latin, en leur donnant à composer de petits dialogues, de petites narrations ou histoires, de petites lettres, et *en leur laissant choisir les sujets* dans les souvenirs de leurs lectures[1]. Quant à ce qui est du latin même, on ne saurait exempter les enfants de la peine d'apprendre à décliner, à conjuguer; mais il suffirait d'abord d'un Abrégé de Rudiment en français, où l'on ne mettrait que l'indispensable pour les exemples ou listes de noms, de pronoms, de verbes, adverbes, etc., et où l'on ne donnerait que peu ou point de règles. Sur ce chapitre des règles, l'usage de la traduction de vive voix suppléera mieux que tout; et, en profitant de chaque rencontre, tantôt pour un exemple, tantôt pour un autre, on conduira insensiblement les enfants dans l'arrangement et la construction du latin, sans les rebuter ni les mettre à la gêne. Guidés ainsi de proche en proche, bien aises de reconnaître dans le latin qu'ils lisent le français qu'ils ont lu déjà et qu'ils entendent, se surprenant peu à peu à parler dans l'air et le tour des bons auteurs anciens, ils arriveront à l'âge de dix ou douze ans ayant déjà beaucoup d'acquis, surtout avec le goût et la joie de l'étude; ils arriveront par des routes ouvertes et lumineuses, — au lieu qu'autrement « tout leur déplaît dans
« *le pays de Despautère*, dont toutes les Règles leur
« sont comme une noire et épineuse forêt, où, durant
« cinq ou six années, ils ne vont qu'à tâtons, ne sa-
« chant quand et où toutes ces routes égarées finiront;

---

1. Charron ne recommande pas un autre procédé (*De la Sagesse*, liv. III, ch. xiv), et Montaigne, qui est l'original de Charron, a dit (*Essais*, liv. I, ch. xxv) : « Je ne veux pas qu'il (le gouverneur) invente et parle seul : je veux qu'il écoute son disciple parler à son tour. »

« *heurtant, se piquant* et *chopant* contre tout ce qu'ils
« rencontrent, sans espérer de jouir jamais de la lu-
« mière du jour[1]. »

Je n'irai pas plus loin dans cette espèce de tableau
que j'emprunte à une simple préface. Notre auteur est
entré dans beaucoup de détails concernant les auteurs
qu'on peut expliquer dans les différentes classes; mais
c'est l'esprit avant tout et la marche dès le début que je
tenais à constater. Le reste se déduit sans peine. On voit
maintenant que si, dans les Écoles de Port-Royal, on ne
développait pas ce genre d'émulation qui naît du désir
de surpasser les autres, on n'y négligeait nullement cet
attrait naturel qui naît du fond même des choses et de
l'intérêt vrai qui s'y rattache.

« Je n'ai point parlé des vers latins, dit en un endroit
l'excellent anonyme, parce qu'il me semble qu'il suffit
d'avoir montré en troisième à les mesurer, à les tourner
et à les rassembler; *il faut suivre en ce point le génie des
écoliers.* » Ce sage avis se rapporte tout à fait à celui que
donne Arnauld dans son *Règlement d'Études*: « C'est ordinairement un temps perdu, dit le sensé docteur, que
de leur donner des vers à composer au logis. De soixante
et dix ou quatre-vingts écoliers, il y en peut avoir deux
ou trois de qui on arrache quelque chose : le reste se
morfond, ou se tourmente pour ne rien faire qui vaille. »
Mais Arnauld conseille de proposer à tous de composer
sur-le-champ une petite pièce de vers dont on leur donne

---

[1] Il ne faudrait pourtant pas être injuste pour le Despautère
original et primitif : l'abbé de Longuerue, critique sévère, en faisait le plus grand cas, et disait qu'on ne le pouvait trop relire pour
acquérir le fond de la Latinité : « Non pas, ajoutait-il, le Despautère châtré et mutilé, tel qu'un je ne sais qui l'a accommodé pour
les Colléges, mais l'in-folio imprimé en 1538 par Robert Estienne,
qui n'étoit pas en réputation de prendre la peine d'imprimer de
sots livres. » Ces livres voués à l'usage ont leurs vicissitudes comme
les Empires.

le sujet : « Liberté à chacun de dire comment il tourneroit la matière de chaque vers. Il part une épithète d'un coin ; il en vient une plus juste d'un autre. Avec la permission de parler, qu'on demande et qu'on obtient par un signe seulement, pour éviter la confusion, on juge, on critique, on rend raison de son choix. Ceux qui ont le moins de feu s'évertuent, et tous essayent au moins de se distinguer. » Ceci rentre dans ces petits défis dont a parlé Du Fossé, et qui tendaient, quoi qu'on en dise, à entretenir une certaine émulation. Je ne réponds pas que ce *Règlement d'Études* d'Arnauld, composé plus tard selon toute vraisemblance, ait été positivement en vigueur à Port-Royal ; mais l'esprit est bien le même ; c'est le même but poursuivi par les mêmes moyens. Le but consiste à régler tellement les Études, qu'il soit moralement impossible d'en sortir sans entendre le latin facilement, et sans avoir lu la plus grande partie des auteurs dits classiques. Les moyens, c'est de rendre la route agréable, animée ; c'est, *par l'exclusion des vers latins dans les hautes classes*[1], *des thèmes dans les petites, et des leçons qui ne produisent rien qui vaille*, de se ménager un temps où l'on explique sans cesse les auteurs de vive voix, où l'on se rende compte, où l'on interroge, et où l'esprit de l'écolier, toujours présent, soit forcé de s'intéresser en payant, pour ainsi dire, à chaque instant de sa personne : préparation, en effet, bien propre à former des hommes capables dans les professions diverses, dans les Parlements et dans les Conseils de l'État.

Pour le grec, il en est très-peu question dans le *Règle-*

1. En reproduisant l'opinion d'Arnauld et celle de Port-Royal, je ne voudrais pourtant pas avoir l'air de dire des *vers latins* plus de mal que je n'en pense. Pour moi, je les ai beaucoup aimés ; j'en ai fait avec un goût décidé, je l'avoue, et j'ai cru par là pénétrer plus avant dans le secret de la muse antique. Mais ce qui est vrai, c'est qu'il ne faudrait pas imposer à tous, au même degré, ce qui est la vocation et la curiosité seulement de quelques-uns.

ment d'Arnauld[1] et dans les préfaces de Guyot. Ce dernier faisait remarquer qu'*on négligeait un peu trop cette étude dans les Colléges*, et qu'on en apprenait fort peu aux enfants. Il n'a pas tenu à Messieurs de Port-Royal qu'elle ne fût complétement restaurée. Ce noble effort trouva trop peu d'appuis à l'entour. L'étude de la langue grecque, si déchue dès les premières années du dix-septième siècle, retomba encore vers la fin du même siècle; et Rollin, qui savait le grec mieux qu'on ne l'a prétendu, ne le savait pourtant déjà plus à fond ni à pleine source. Il y eut, du moins, un beau moment de renaissance vers 1655; et Racine, pour sa gloire, pour l'honneur de notre génie dramatique, en profita.

Selon Lancelot, dans l'excellente préface de sa Méthode, il convient d'aborder le grec directement, et non pas, comme on fait presque toujours, à travers le latin; car *la langue latine a un tour bien plus éloigné de la nôtre que la grecque*, et rien n'arrête plus dans l'intelligence de celle-ci que de vouloir toujours *faire prendre un tour à notre pensée par une explication latine*[2]. Ce n'est pas, selon lui, qu'il faille mettre les enfants au grec avant qu'ils sachent un peu de latin; mais, dès qu'ils ont quelque teinture de ce dernier, il est bon de les appliquer aussitôt à l'autre langue, qui *doit être le principal objet de leurs occupations pendant trois ou quatre années*; seul et unique moyen d'en devenir maître.

---

1. « M. Arnauld avouoit à M. de Tréville qu'il n'étoit pas fort savant dans la langue grecque; qu'il avoit autrefois su de l'hébreu, mais que les affaires où il s'étoit trouvé engagé le lui avoient fait oublier. » (*Longueruana.*)

2. « Quant au grec, feu mon père, nous dit Henri Estienne, m'y fit instituer quasi dès mon enfance, et même avant que d'apprendre rien de latin, comme je conseillerai toujours à mes amis de faire instituer leurs enfants, pour plusieurs bonnes et importantes raisons, combien que la coutume soit aujourd'hui autrement. » (Préface du Traité *de la Conformité du Langage françois avec le grec.*)

Les raisons que Lancelot donne à l'appui de ces préceptes sont des plus judicieuses et des mieux fondées, autant qu'il me semble. En effet, la difficulté de la langue grecque *consiste particulièrement dans les mots ; car elle est plus aisée que la latine pour la phrase*, et, comme l'a dès longtemps remarqué Henri Estienne, elle a de singulières conformités, par son génie, avec celui de notre langue. L'important donc, pour les enfants, est d'en bien apprendre les mots, le génie et le tour se devant expliquer ensuite de lui-même. Et à quel âge faire provision de cette immense richesse et variété de formes et de vocabulaire, sinon dès l'enfance même et durant cet intervalle où l'esprit déjà éveillé n'est pourtant pas mûr encore pour les compositions et les exercices de l'éloquence ? Durant ces années de mémoire avide et facile, il suffira d'*entretenir* les jeunes enfants *au latin*, qu'ils apprendront plus tard à écrire et à parler ; mais c'est le moment ou jamais de les rompre au grec, qu'ils n'ont besoin que de bien entendre ; et on n'y parvient que par une lecture constante, et par la pratique assidue des divers auteurs graduellement introduite. Telle est la marche courageuse que conseille Lancelot ; c'est la seule qui mène au but, la seule capable d'affranchir l'esprit de ces gloses interlinéaires, de ces traductions latines où il se traîne, tous expédients qui ne sont bons qu'à *l'entretenir dans une certaine bassesse*, et à l'empêcher de s'élever au véritable sens de *ces Originaux incomparables*. Que si vous voulez des traductions, dit Lancelot, faites-en de françaises, qui puissent être une plus juste copie des modèles, et laissez là les traductions latines ; car, selon la remarque du docte Gesner, « les Anciens étoient si curieux d'étudier cette langue, et *si amateurs de sa beauté dans sa source*, qu'ils en méprisoient tout à fait la traduction[1],

---

1. J'éprouve quelque doute à cet endroit. De quels Anciens veut

laquelle ne devint plus que *le partage des petits esprits* et des âmes peu éclairées, et *peu capables d'une si haute entreprise.* »

Il ne m'appartient pas ici, comme bien l'on pense, d'entrer plus avant dans les détails de cette Méthode, ni d'en discuter telle ou telle application spéciale[1], non plus que pour la Méthode latine. Le caractère général de cet enseignement (seul aspect qui nous importe), et tout le projet de ces Messieurs, achève de s'y établir, de s'y dessiner à nos yeux dans sa juste étendue. Jamais novateurs n'ont été plus modestes, mieux informés des travaux antérieurs, les faisant plus ressortir en même temps qu'ils les mettent en usage. Clénard, Budé, Ramus, Henri Estienne et bien d'autres pour le grec ; l'Espagnol Sanctius, Scioppius et Vossius pour la voie latine, sont leurs maîtres et leurs autorités, qu'ils n'ont d'autre prétention que de combiner, de concilier et de répandre :

« Si j'avois plus de part que je n'ai dans cet ouvrage, dit Lancelot dans la préface de sa Méthode latine, je n'aurois garde d'en porter ce jugement, de peur de passer avec raison pour une personne vaine et présomptueuse ; mais, comme je ne donne en ceci au public que ma peine et mon travail, et *non pas aucune production de mon esprit*, je blesserois sans doute la réputation et le mérite de ces trois auteurs célèbres (Sanctius, Scioppius et Vossius), si je ne croyois qu'un *extrait* fidèle et exact de leurs sentiments ne dût être utile et avantageux à tous les amateurs des belles-lettres : car je n'y avance rien de moi-même, et ne dis rien qui ne soit appuyé sur ce qu'ils ont dit, encore que je ne les cite pas toujours.... »

parler Gesner ? On trouverait que, parmi les anciens Latins, les plus illustres, à commencer par Cicéron, ne dédaignèrent pas tant de traduire les Grecs.

1. Comme fait Gibbon, par exemple, tempérant l'éloge et la critique avec la compétence d'un érudit et le bon sens d'un esprit libre (*Extraits raisonnés de mes Lectures ;* voir ce qu'il y dit sur la Grammaire grecque de Port-Royal).

C'est la première fois peut-être qu'un auteur de grammaire s'exprime de la sorte et si *en honnête homme;* car il est à remarquer que moins on met de son esprit dans une œuvre, plus on y tient d'ordinaire ; et rien n'égale, on le sait, l'âpreté des querelles de grammairiens et d'éditeurs.

Il ne faudrait pourtant pas prendre cette modestie trop au pied de la lettre, et ne voir dans les Méthodes de Messieurs de Port-Royal qu'une compilation bien faite; ce serait méconnaître le mode d'une combinaison aussi judicieuse. Les premiers chez nous, ils ont introduit dans ces matières sèches l'ordre naturel et élémentaire; ils les ont mises à la portée de tous dans un français régulier et simple ; ils ont fait pénétrer la lumière commune dans la poudre des classes. Aussi éloignés de la basse routine que de la science ardue, exempts de toute emphase, ils ont rappelé sans cesse qu'on ne puise la connaissance d'une langue qu'à sa source, dans les auteurs mêmes, et non dans des cahiers et autres recettes scolaires[1]. Au rebours des charlatans, ils mettraient volontiers en épigraphe à leurs Grammaires : *Aliud est grammatice, aliud latine loqui.* Ils répètent avec Ramus : *Peu de préceptes et beaucoup d'usage.*

Port-Royal, dans sa manière d'enseigner les belles-lettres, se porte comme par le milieu (toujours le *media quædam ratio*) entre l'Université encore gothique et les

---

1. « On met entre les mains des enfants, dit Lancelot, des livres de phrases, les accoutumant à se servir des plus élégantes, c'est-à-dire, de celles qui paroissent les plus recherchées et les moins communes. C'est pourquoi ils se garderont bien, pour dire *aimer,* de mettre *amare*; mais ils mettront *amore prosequi, benevolentia complecti*; au lieu que souvent le mot simple a bien plus de grâce et plus de force que les périphrases. » — L'Université, même depuis Fontanes, n'était pas encore purgée de ces mauvaises coutumes, et Lancelot a l'air de faire la critique de ce que pratiquait dans notre enfance le professeur Laya.

Jésuites déjà brillantés. Port-Royal a sécularisé à un certain degré l'éducation et l'a faite française, en la laissant très-solide et très-chrétienne. François Ier, par son Ordonnance qui prescrivait l'usage du français dans les Actes publics, par la fondation du Collége de France opposé à l'Université, par tout l'ensemble de ses vues, avait donné en son temps un mouvement *moderne*, lequel, au commencement du dix-septième siècle, avait besoin d'être renouvelé. Richelieu, certes, s'y employa avec grandeur. Port-Royal, de son côté, sans affiche, sans ambition, reprit pour sa part cette œuvre de François Ier et de Ramus, et, à la veille de la majorité de Louis XIV, prépara des hommes à cette langue française tout à l'heure souveraine. De même qu'ils ont plus que personne travaillé à tuer le casuisme en morale et la scolastique en théologie, ces Messieurs, par leurs Méthodes, ont décrié dans l'éducation le pédantisme.

J'ai dit assez les éloges : il y a pourtant à faire la part des critiques. Il en parut alors, et de très-vives. Le Père Labbe, notamment, s'attaqua à ce qu'il appelait la *Secte des Hellénistes* de Port-Royal. C'est autour du *Jardin des Racines grecques* que se livra le plus fort du combat.

Ce *Jardin des Racines grecques*, il faut en convenir, ne répond pas de tout point à l'idée que nous avons donnée de la saine manière de Port-Royal : on a peine à y reconnaître cette raison tempérée d'agrément et de lumière. Avec ses vers gnomiques, mnémoniques, bons tout au plus à accrocher des lambeaux de sens, ce livre ingrat nous paraît aujourd'hui aussi hétéroclite que pouvait l'être alors le Despautère. C'est le cas de répéter ce que Jean-Jacques disait des petites règles rimées en quatrain ou sixain, qu'il essayait d'apprendre dans la *Méthode latine :* « Ces vers ostrogoths me faisaient mal au cœur, et ne pouvaient entrer dans mon oreille. » Tout est relatif cependant ; et si l'on se reporte à l'époque où le livre des *Racines* fut composé, on comprendra qu'en suppléant de la sorte au Dictionnaire grec-français qui n'existait pas, ces Messieurs procurèrent encore un grand soulagement aux jeunes intelligences. Des personnes habiles me font remarquer de véritables fautes dans cette liste des racines [1]. Ce ne sont pas ces fautes que le Père Labbe y releva. Il avait autrefois publié lui-

---

[1]. Je livre la note suivante à la méditation des gens du métier. — Il est reconnu par les grammairiens philosophes que toute racine a dû être, dans le principe, monosyllabe ; qu'un dissyllabe est déjà dérivé ; à plus forte raison quand c'est un mot de trois et quatre syllabes. Or Lancelot s'est si peu inquiété de ce principe, qu'il donne sans hésitation comme racines des trisyllabes à chaque stance, et même des quadrisyllabes : ainsi χρεμετίζειν. Son livre repose donc sur une idée fausse, ou du moins vague. — Une racine doit être d'une grécité incontestable : car si l'on ne prend pour point de départ un fait réel bien constaté, on court risque de se jeter dans l'arbitraire, et de créer une langue imaginaire à côté de la langue véritable. Or, c'est un soin que Lancelot a très-souvent négligé, et il donne en plus d'un cas pour racines certains mots qui ne se rencontrent pas dans l'usage. Ainsi :

Ἀλίω, pour *rouler*, se met.

Ἀλίω n'a jamais été usité nulle part ; c'est ἀλίζω qui paraît avoir été employé. Ainsi :

Φένω, πέφνω, *tue et saccage*.

Φένω et πέφνω sont des inventions des grammairiens, pour rendre raison de quelques formes de φονεύω. Ainsi :

Ἀμός, *un* ou *quelqu'un* désigne.

Ce n'est pas là une racine, mais une terminaison qu'on a prise pour telle (μηδαμός, οὐδαμός). — Le sens d'une racine devrait être précisé avec rigueur, car c'est ce sens primitif qui donne la vie à toute la lignée. Or Lancelot hasarde les sens les plus équivoques, et quelquefois même les plus inapplicables. Ainsi :

Γράω, *manger, être sculpteur*.

On trouve quelques temps de γράω dans le sens de *manger* ; mais *être sculpteur !* Sur quoi Lancelot a-t-il pu fonder cette signification ? — Une racine devrait être traduite de manière à donner le sens fondamental du mot, celui qui subsiste dans tous les dérivés, et

même un petit livre de Racines grecques, en 1648. Il se prétendit pillé par Port-Royal : il cria du même coup *au voleur* et *à l'hérétique*. Selon lui, la nouvelle Secte des Hellénistes[1]; se rattachant à Guillaume Budé et à

qui marque en plein la physionomie de la famille. Or Lancelot prend souvent des sens partiels, accessoires et de ricochet. Ainsi :

Ἀλύω, *s'abat, se chagrine.*

Ce n'est là qu'un étroit côté d'un verbe à mille faces, lequel signifie : errer au hasard et sans but, agité par un sentiment qui met hors de soi, la crainte, la colère, l'amour, etc. Il fallait donc traduire : *erre au hasard et sans but.* — Deux racines ne peuvent jamais être données comme ayant un sens identique, car elles formeraient double emploi, et elles ne sont racines qu'à la condition d'être la souche de deux familles différentes. Or Lancelot nous dit indifféremment :

Ἀμνός, est un *agneau* bêlant.

Ἄρς, ἀρνός, un *agneau* bêlant.

Mais on voit dans Eustathe que ces deux mots avaient en effet des nuances différentes, et qu'on distinguait dans l'animal quatre âges, ἀρήν, ἀμνός, ἀρνειός, et λειπογνώμων (*qui ne marque plus*). Lancelot n'y a pas regardé de si près. — Enfin sur un autre article important qui ne concerne plus les racines, mais la langue en général, on peut remarquer que Lancelot et Port-Royal adoptèrent la prononciation du grec selon Érasme et les Occidentaux, prononciation artificielle, ou du moins qui ne rend que le son brutal et grossier du mot; on la substituait sans raison à cette autre prononciation vivante, à celle des Grecs du quinzième siècle, laquelle avait pour elle la tradition, et gardait certainement des restes directs de la prononciation réelle. Ce dernier point est aujourd'hui hors de doute, et peut se prouver jusqu'à l'évidence par une foule de jeux de mots tirés des meilleurs auteurs anciens, et qui ne s'expliquent que moyennant cette manière de prononcer. Port-Royal, en se rangeant ici du côté des savants de cabinet plutôt que du côté de la tradition, était infidèle à sa propre méthode, qui consistait à ressaisir, partout où on le pouvait, la source même et la vie. — (Je suis redevable de cette note à la docte amitié de M. J.-P. Rossignol. — Voir à l'*Appendice* une lettre de M. Dübner.)

1. *Les Étymologies de plusieurs mots françois, contre les abus de la Secte des Hellénistes du Port-Royal*, par le Révérend Père Philippe Labbe, 1661. — Le Père Labbe inventait le mot *Helléniste* et le prenait en mauvaise part, en y impliquant une idée d'abus. Le mot a prévalu depuis, mais dans le sens simple.

Lazare de Baïf (à peu près comme les Jansénistes se rattachaient à Baïus), avait comploté expressément de ruiner les langues latine et française, de ne promouvoir la langue grecque qu'au préjudice de la latine ; et cette damnable Secte, qui s'appelait *Légion* comme le Démon, semblait vouloir, en infectant de grec les jeunes esprits, *empêcher le commerce que nos Français avaient eu avec Rome depuis près de douze cents ans*. Ainsi, là encore, peu s'en fallait que nos Hellénistes ne méritassent les foudres du Saint-Siége. C'était le prendre bien au grave et au criminel, parce que ces Messieurs avaient jugé à propos de tirer directement du grec quelques étymologies qu'ils auraient pu déduire aussi bien du latin. — Mais quoi ? s'écriait le Père Labbe, s'en aller remonter au grec, quand on peut s'adresser en première ligne au latin ! Mais c'est comme si, en généalogie, on remontait du fils au grand-père, en sautant par-dessus le père ; c'est comme si, en plaidant, on en appelait au juge médiat sans recourir à la juridiction prochaine ; c'est comme si, *en jouant à la paume, on ne touchait la balle que du second bond, et non du premier*. Et le bonhomme s'amusait ainsi à enjoliver l'emportement par le mauvais goût. Ce n'était pas là un adversaire fort dangereux, et Lancelot, dans sa seconde édition des *Racines* (1664), le tança d'importance : « L'auteur du Recueil, disait-il spirituellement et en se raillant de ce style étrange, prétend n'avoir pris les mots dont ce Père veut parler, *ni au second bond ni au premier*, mais *à la volée*, puisqu'il les a fait remonter tout d'un coup à leur première et véritable origine. » — Et quant au reproche de plagiat, si imprudemment soulevé, il n'eut, pour remettre le Père Labbe à la raison, qu'à rappeler à sa Révérence certains petits affronts qu'elle avait déjà essuyés de la part de M. Sanson, l'habile géographe du Roi, et de MM. de Sainte-Marthe, historiographes de France, que le Père Labbe s'était vu publiquement convaincu d'avoir copiés et contrefaits[1].

Un adversaire moins commode était le Père Vavassor, le même qui prit si rudement à partie le poli, mais fragile évêque Godeau, et qui ne faisait pas grâce à son propre confrère Rapin, dont il dénonça sans pitié les légèretés et les inadvertances[2]. Ce Père Vavassor était un savant homme, un de ces esprits critiques et rigoureux qui trouvent à mordre, même sur de bons ouvrages, et qui ne laissent rien passer. Le bon Rollin eut affaire dans son temps à Gibert, un des esprits de cette trempe. Poëte latin et *orfévre* lui-même, c'est-à-dire auteur

[1]. *Il a été accusé d'être un peu pirate*, dit Vigneul-Marville (Bonaventure d'Argonne), qui était d'ailleurs son ami particulier, et qui parle de lui comme d'un *fort bon homme* : « Ce n'étoit pas par nécessité que le Père Labbe détroussoit les savants, mais par amusement; à peu près comme saint Augustin étant écolier déroboit les poires de ses voisins, seulement pour se donner le plaisir de dérober chez autrui ce qu'il n'auroit pas voulu ramasser dans sa maison. » Le Père Labbe mettait ainsi en circulation le bien des riches, et il était utile en ce sens-là à la République des Lettres. Il paraît de plus qu'il avait l'humeur plus pétulante qu'opiniâtre, et qu'il était sans rancune. « Je lui ai ouï dire, ajoute le même témoin, qu'avant le règne de Messieurs de Port-Royal les théologiens ne savoient pas étudier, et perdoient le temps à se forger des espèces vagues et inutiles sur des riens, au lieu de remonter hardiment aux anciennes sources et d'y puiser une solide doctrine. Cet aveu dans un homme de sa robe me surprit.... » Allons! Lancelot avait touché juste dans sa riposte : ce Père Labbe avait plus de mauvais goût et d'*excès de rhétorique* que de méchanceté. — C'est aussi au Père Labbe qu'il est fait sensiblement allusion dans le premier Discours de la *Logique* de Port-Royal, où l'on donne la définition de la *pédanterie* : « Relever des choses basses et petites, faire une vaine montre de sa science..., *piller un auteur en lui disant des injures, déchirer outrageusement ceux qui ne sont pas de notre sentiment... sur l'étymologie d'un mot, comme s'il s'y agissoit de la Religion et de l'État*..., c'est proprement ce qu'on peut appeler pédanterie. » La *Logique* parut en 1662, et les injures du Père Labbe étaient de 1661; l'exemple venait à point. (Voir à l'*Appendice* un complément sur le Père Labbe.)

[2]. Voir à la fin du volume, à l'*Appendice*.

d'épigrammes, le Père Vavassor s'attaqua au Choix d'Épigrammes (*Epigrammatum Delectus*) publié en 1659 par MM. de Port-Royal, et particulièrement à la préface latine, qui était de Nicole. Dans le Traité latin (*De Epigrammate Liber*) qu'il publia à son tour en 1669, les cinq derniers chapitres sont consacrés à la censure du petit volume sorti de l'école rivale. Je dois dire que si ce dernier volume garde encore après cela de son utilité aux mains de la jeunesse, il perd beaucoup en estime auprès des esprits faits ; l'avantage de l'érudition reste tout entier du côté du savant Jésuite. Évidemment, le Père Vavassor était remonté aux sources de l'Épigramme en toute connaissance de cause, et sans aucun des scrupules de nos Messieurs ; il goûtait bien autrement qu'eux les délicatesses de Catulle, et il se faisait de la *Couronne* de Méléagre une plus juste idée que ne le pouvaient en conscience le moraliste Nicole ou l'austère Lancelot. Ceux-ci dirigeaient leur choix en vue de l'enfance : les plus curieux, au contraire, trouvaient chez l'autre de quoi apprendre, et il disait dans son Traité « bien des choses que peu de personnes savoient, avant qu'il en eût parlé[1]. » Port-Royal, sur ce chapitre de l'Anthologie, eut donc le dessous : faut-il s'en étonner? tout occupé des racines ou des fruits, on y négligeait un peu trop la fleur.

Par exemple, le Père Vavassor faisait tout d'abord remarquer ce qu'il y avait de singulier et d'impropre dans le titre de cette Dissertation *sur la vraie et la fausse Beauté*[2], où l'on prétendait donner les raisons et poser

---

[1]. *Nouvelles de la République des Lettres*, par Jacques Bernard, juillet 1709, page 32.

[2]. Voici le titre exact : *Dissertatio de vera Pulchritudine et adumbrata, in qua ex certis principiis rejectionis ac selectionis Epigrammatum causæ redduntur.* — Cette Dissertation a été traduite par Brugière de Barante, ancêtre de l'historien, dans le *Re-*

les règles du choix ou du rejet des Épigrammes. Ce terme de *beauté*, et l'idée naturelle qui s'y rattache, pouvaient-ils en effet s'appliquer sans inconvenance et sans disproportion à un genre borné de sa nature comme l'Épigramme, et dont tout le beau ne saurait guère consister qu'en la délicatesse et la grâce? Il montrait que le dissertateur, d'un goût plus rigide que fin, refusait trop aux poëtes la fable, la fiction, exigeait d'eux une vérité et une justesse réelle qui ne laisse plus jour aux jeux aimables. Il citait des épigrammes pleines d'agrément pour l'invention, qui avaient été réprouvées à tort comme vicieuses[1]. Il en citait d'autres que l'auteur du Choix présentait comme prolixes et bavardes (*loquacia*), et qui n'étaient que des chefs-d'œuvre de gentillesse et d'enjouement[2]. Après avoir vengé Martial qu'on tronquait, qu'on mutilait à plaisir, et Catulle, le maître du genre, sur qui on osait porter la main pour le corriger, comme un régent ferait au thème d'un écolier, le rude adversaire finissait par conclure que sans doute l'auteur de ce Choix informe et *puéril* était un *enfant* aussi, un bon écolier qui, avant la fin de ses études, s'était empressé de donner un échantillon de son savoir, et qui avait tiré de ses cahiers et de son calepin tout ce qu'il avait pu : car, disait-il, on n'y voit rien que de seconde main; et surtout en ce qui concerne les Grecs, on sent que rien n'a été puisé à la source ni tiré des origines.

cueil. qu'il a donné *des plus belles Épigrammes des Poëtes françois*... 1698.

1. Ainsi celle de Tullius Laurea, cet affranchi de Cicéron, sur la *source d'eaux* (minérales) trouvée dans la villa de son maître :

    Quo tua, Romanæ vindex clarissime linguæ, etc

(Voir l'*Anthologie latine*.)

2. Ainsi celle de Martial (livre V, 37), sur la mort de la petite Érotion :

    Puella senibus dulcior mihi cycnis, etc.

J'abrége. Tout cela était dit par le docte Jésuite avec une rudesse latine et sans marchander les termes, mais non pas sans trouver le trait piquant.

Chapelain, qui vaut mieux que son renom, et qui était une autorité en matière d'érudition poétique, se montra moins sévère que le Père Vavassor. Il avait cru d'abord que Lancelot, avec qui il entretenait commerce de lettres, était l'auteur de la Dissertation et de la préface mises en tête de *la judicieuse Collection*, et il lui avait écrit pour le complimenter : « Mais afin qu'il ne croie pas que je l'aie fait par simple compliment, écrivait-il dès le lendemain à M. d'Andilly (9 septembre 1659), je vous répéterai ici, et je vous supplie de le lui dire à la première rencontre, que je ne vois rien de mieux écrit dans le style didactique, rien de plus judicieux, de plus *cavé*[1], de plus sensément démêlé dans la nature de l'Épigramme, enfin de plus instructif non-seulement pour les enfants, mais encore pour les maîtres.... » Si Chapelain louait trop, le Père Vavassor aussi blâmait sans mesure : ce dernier avait pourtant touché le point délicat.

J'ai toujours été frappé de cette inconséquence que commettait Port-Royal en éducation comme dans le reste : là aussi nos amis s'arrêtaient à mi-chemin. Car, je vous le demande, à quoi bon, ô Lancelot, si bien apprendre aux enfants le grec, l'espagnol, l'italien, les finesses du latin, pour défendre ensuite d'aller au théâtre entendre Chimène, pour ne permettre ni la *Jérusalem*, ni l'*Aminte*, ni *Théagène*, ni l'*Anthologie*, ni tout Catulle? Ces défenses et ces interdictions, en effet, s'étendaient jusque par delà l'enfance, et subsistaient en partie pour les hommes faits. Était-ce possible? était-ce raisonnable? A quoi bon tant et si bien instruire, si ce n'est pour mettre plus tard à même d'employer? Ce

---

1. Nous dirions aujourd'hui : *creusé, approfondi.*

grec dont j'ai dévoré les Racines, pourquoi n'en goûterais-je pas le miel et les fleurs? L'enfant qui fera *Bérénice* se le dit un jour, et il sauta à pieds joints sur la défense. Il s'envola par-dessus la haie, comme l'abeille[1].

Lancelot composait un petit Traité *sur les Règles de la Poésie françoise*, en même temps qu'il en estimait l'exercice plutôt *dangereux* qu'utile à la jeunesse. Quand on parlait de Brienne chez les Jansénistes, et de toutes les escapades du bizarre Confrère : « C'étoit, disait-on, un beau génie et qui avoit une érudition peu commune ; mais *la facilité avec laquelle il faisoit des vers lui fut très-pernicieuse.* » A voir cette peur du malin démon, il semble en vérité que les Jansénistes, même quand ils élevaient Racine, aient déjà eu en idée Voltaire.

A moins de se faire solitaires et pénitents, il était impossible que les élèves de Port-Royal (fussent-ils des Bignon) restassent tout à fait tels que les maîtres l'auraient voulu. On se dérangeait toujours un peu, et à proportion du génie; mais ce qui restait du premier fonds était excellent, et vous faisait encore meilleur que les autres, — avec une certaine marque jusque dans le divertissement.

Je n'ai qu'un mot à dire des traductions de ces Messieurs; elles passaient à leur moment pour élégantes : ne nous abusons pas, c'était d'une élégance toute relative. Elles visaient, comme les traductions d'alors, à être lues couramment, et elles ne craignaient pas la paraphrase. Le désir de former les enfants au beau style et aux tours du monde induisait les traducteurs à d'étranges libertés. Ainsi une lettre de Cicéron à Sulpicius

---

1. Je noterai cependant, comme une petite inconséquence de plus, que, parmi les livres de traduction en usage à Port-Royal, on trouve le IVe livre de l'*Énéide* et les *Églogues*, même la seconde et la dixième.

commence de la sorte, dans le petit Recueil de Guyot :
« *Monsieur*, j'ai reçu votre lettre le vingt-neuvième d'avril, lorsque j'étois au Cumin.... Après l'avoir lue, *Madame votre femme* m'ayant *fait l'honneur* de me venir voir avec *Monsieur votre fils*, ils ont jugé à propos que vous *prissiez la peine* de venir ici, et m'ont obligé de vous en écrire[1].... *Postquam litteras tuas legi, Postumia tua me convenit, et Servius noster. His placuit ut tu in Cumanum venires : quod etiam ut ad te scriberem, egerunt.* » Le traducteur ne faisait en cela que suivre les règles posées par le *Sieur de L'Estang*, dans son Traité *de la Traduction* : « Comme notre langue, disait celui-ci, ne souffre pas qu'on parle jamais aux personnes qu'avec civilité et avec respect, et que ce respect paroît en supprimant le nom propre de la personne, pour lui donner seulement celui de *Monsieur* ou de *Madame*;... lorsque dans les lettres ou dans les dialogues des Latins on trouve des noms propres, il ne faut pas douter qu'il n'y ait beaucoup d'occasions où l'on peut traduire, même avec grâce, ces noms propres par le mot de *Monsieur*, de *Madame*, ou de *Mademoiselle*[2]. » Ce besoin de tout ramener au beau français poussait encore nos traducteurs à travestir les noms propres de *Trebatius* et de *Pomponius* en ces singuliers personnages de *M. de Trébace* et de *M. de Pomponne!* Cette dernière rencontre devait surtout leur sembler d'un à-propos charmant, et bien propre à flatter le cœur de M. d'Andilly. — C'est assez indiquer les légers travers et les endroits faibles des estimables maîtres : revenons aux parties toutes saines et sérieuses.

---

1. Voir les notes du Cicéron de M. J.-Victor Le Clerc.
2. *De la Traduction, ou Règles pour apprendre à traduire la Langue latine en la Langue françoise*, par le Sieur de L'Estang (Gaspard de Tende), 1660 ; — dédié à madame la marquise de Sablé ; — page 153.

III

Grammaire générale. — Sa nouveauté; caractère original. — En quoi Port-Royal se distingue de l'Académie. — Quelques objections. — La *Logique.* — Esprit du livre; voie moyenne. — Le bon sens. — L'indépendance. — La modestie. — Élévation finale. — Ce que pourrait être une Logique aujourd'hui.

Avec les Méthodes grecque et latine, rien ne contribua tant à honorer l'enseignement de Port-Royal que la *Grammaire générale* et la *Logique,* deux modèles du bon sens appliqué à des sujets où c'était une nouveauté de le voir introduit.

L'occasion, la rencontre, plutôt qu'un grand dessein prémédité, fit naître ces deux ouvrages. — Pendant qu'il travaillait aux Grammaires particulières des diverses langues, Lancelot s'adressait souvent à M. Arnauld pour lui proposer les difficultés qui l'arrêtaient. Ces questions suggéraient au judicieux docteur, qui ne s'y était jamais appliqué jusque-là, toutes sortes de réflexions sur les véritables fondements de *l'art de parler;* il cherchait à se donner les raisons, à pénétrer les lois secrètes de l'usage et de la coutume. Lancelot, frappé de ce qu'avaient de juste et de curieux les réflexions d'Arnauld, obtint de lui qu'il les lui dictât à ses heures perdues. C'est ce qui a procuré la *Grammaire générale*.

Bon petit livre qui, à sa date, était excellent; qui a ouvert une route où plusieurs sont allés plus loin sans le faire oublier, et qui n'est pas inutile encore à ceux qui le parcourent aujourd'hui.

Je ne dirai pas avec Rollin, amplifiant Arnauld outre mesure, qu'on y reconnaît le profond jugement et *le génie sublime de ce grand homme*. J'ai même osé contester à Voltaire la justesse de ce mot sur Arnauld, que *personne n'était né avec un esprit plus philosophique*. Arnauld, selon moi, n'était pas né avec un esprit philosophique, au sens où l'entend Voltaire; il était plus fait par nature pour éclaircir certaines questions données que pour éclairer hautement les hommes, comme tout libre génie le saura faire s'il en a reçu le don. La première marque du vrai philosophe est de s'affranchir de l'esprit de parti : Arnauld était loin de là. Mais il redevenait un esprit, surtout un *talent* philosophique, et du premier ordre, du moment qu'on le prenait dans un sujet tracé. Il le parcourait en tous sens jusqu'à la limite; il le divisait, le distribuait, l'embrassait et l'épuisait, sans y rien laisser d'obscur : logicien, démonstrateur, classificateur par voie de raison, *solide et puissant réfutateur*, comme l'appelle Bossuet. Voilà au propre le génie d'Arnauld.

Tel il se montre dans sa *Grammaire générale*, forte tête, cherchant et trouvant une raison commune, une définition judicieuse et naturelle aux divers éléments de la parole, aux diverses parties du discours, indépendamment des langues particulières, auxquelles il applique ensuite ses principes.

Arnauld se place tout d'abord dans cette Grammaire au point de vue où Descartes se plaçait dans sa philosophie et sa physique. Il *crée* la grammaire, il la suppose inventée à dessein dans toutes ses parties par les hommes, afin de l'expliquer raisonnablement [1].

Arnauld oublie que la parole n'a pas été inventée de cette sorte par l'homme, qu'elle n'a pu l'être avec ce dessein tout philosophique, ni de toute pièce ; mais enfin rien n'empêche de partir de sa supposition pour se rendre compte raisonnablement des choses.

Il serait inutile aujourd'hui de venir donner de cette Grammaire une analyse qui se réduirait à un extrait. Thémiseul de Saint-Hyacinthe l'a pu faire de son temps, quand le livre avait sa nouveauté [2]. Comme caractère original, ce qui nous paraît à y remarquer, c'est que si, dans l'enseignement particulier des langues, Port-Royal se séparait de l'Université d'alors par la raison dégagée de la routine, il se séparait ici de l'Académie française par la raison encore, et par une philosophie qui ne s'en remettait pas purement et simplement au dernier *usage*, au *bel usage*, mais qui entendait s'en rendre compte.

Arnauld n'avait pas été sans faire pressentir MM. de l'Académie sur quelques points de sa Grammaire, notamment sur les sujets traités dans les chapitres VII et X de la seconde partie [3]. La consultation s'était faite en 1659,

---

1. Ainsi dès le début : « Parler est expliquer ses pensées par des signes que les hommes ont inventés à ce dessein. — *On a trouvé que les plus commodes de ces signes* étoient les sons et les voix.... » — Comparer avec le beau passage de Lucrèce (liv. V, 1027), où le poëte décrit cet immense effort de l'instinct partout aux prises avec la nécessité :

> At varios linguæ sonitus Natura subegit
> Mittere, et utilitas expressit nomina rerum, etc.

2. Voir ses *Mémoires littéraires*, publiés aussi sous le titre de *Mathanasiana*.

3. Le chapitre VII traite des *articles* soit définis, soit indéfinis; si *un* et *une* n'ont pas un pluriel, contre l'opinion commune, etc. — Le chapitre X traite d'une *Règle de la Langue françoise*, que Vaugelas avait promulguée le premier, et qui est qu'*on ne doit pas*

pendant qu'il était caché ; madame de Sablé avait servi d'intermédiaire, et Arnauld n'avait été désigné par elle que sous le nom de *M. de Saint-Denys*. On voit, par des lettres trouvées dans les papiers de cette dame, qu'il n'était pas en tout satisfait des solutions de l'illustre Compagnie. Voici un billet de lui, du 3 décembre 1659, adressé, je crois, à M. Vallant, médecin de madame de Sablé :

« Je vous supplie de remercier Madame la Marquise de la bonté qu'elle a de me ménager si bien le secret que je l'ai priée de garder. Je suis fort aise que ces Messieurs (de l'Académie) soient contents de M. de Saint-Denys ; et, pour vous dire le vrai, quoique j'aie trouvé quelque chose à redire dans leur Mémoire, j'estime beaucoup plus leur manière d'agir si civile et si obligeante, que s'ils étoient infaillibles dans les jugements qu'ils portent sur notre langue. Je suis tout à vous. »

Ce billet se rapporte à la longue lettre qu'Arnauld écrivait à madame de Sablé sous le nom de *M. d'Astein*, à la date du 21 novembre :

« Madame,

« On ne peut rien voir de plus obligeant que la réponse de l'Académie ; mais comme vous auriez sujet de trouver mauvais que je ne vous parlasse pas avec toute sorte de sincérité, je vous dirai franchement que j'attendois quelque chose davantage d'une si célèbre Compagnie : car, des cinq questions qui leur avoient été proposées, n'y ayant que la dernière qui regarde la Grammaire françoise en particulier, et les quatre premières regardant la Grammaire générale, et

---

mettre *le relatif après un nom sans article*. Par exemple, on dira tout court : *Il a été traité avec violence* ; et on dira : *Il a été traité avec* UNE *violence* QUI *a été tout à fait inhumaine*. Mais on dit pourtant très-bien, contrairement à cette règle : *Il agit en politique qui sait gouverner....* Arnauld cherche l'explication de ces irrégularités, et les réduit à une règle commune, à laquelle il donne une expression plus générale que ne l'avait fait Vaugelas.

étant du nombre de celles que M. de La Chambre avoue ne se pouvoir bien résoudre que par les plus hautes méditations de la philosophie, il eût été à désirer qu'ils s'y fussent plutôt appliqués qu'à la dernière, qu'ils pouvoient avec plus de raison remettre à la Grammaire françoise que les premières, puisqu'on n'a pas accoutumé de traiter dans les Grammaires particulières ce qui est commun à toutes les langues. Peut-être que ces Messieurs ont cru que les demandes qu'on leur faisoit sur la nature du *verbe*, du *relatif*, de l'*infinitif*, etc., n'avoient point de difficultés considérables, et que tant d'habiles gens, comme entre autres Scaliger le père, ayant fait des livres entiers pour expliquer ces choses selon les principes de la philosophie, et d'une manière plus relevée que le commun des grammairiens, il n'y avoit point d'apparence qu'elles eussent besoin d'une nouvelle explication. Mais vous saurez, Madame, que c'est particulièrement ce que je désirois savoir, s'ils étoient dans ce sentiment? car je vous avoue que j'en suis fort éloigné, et que tout ce que disent les livres sur ces quatre questions ne me satisfait en aucune sorte; et comme il m'est venu quelques pensées sur ce sujet, j'en aurois fait plus d'estime si elles s'étoient trouvées conformes à celles de ces Messieurs. Après tout, Madame, ce seroit bien mal reconnoître l'obligation que nous leur avons de l'instruction qu'ils nous ont donnée, que de nous arrêter à faire des plaintes de ce qu'ils n'ont pas jugé nous en devoir donner d'autres. La manière dont ils ont résolu la question qui regardoit particulièrement la Langue françoise témoigne une si exacte recherche de toutes les façons de parler de notre Langue, qu'il n'y a rien de parfait et d'achevé qu'on ne doive attendre de cette Compagnie, si elle donne au public, comme on nous le fait espérer, ses méditations et ses remarques. Vous voulez bien néanmoins, Madame, que je vous propose quelques petits doutes.... »

Ce qui suit dans la lettre porte uniquement sur les points exposés aux chapitres VII et X de la seconde partie de la *Grammaire générale*. — Lancelot de son côté, en rendant justice à Vaugelas, se plaignait que ce grammairien eût trouvé si souvent nos façons de parler *d'autant plus belles qu'elles sont,* dit-il, *contraires à la*

Grammaire et à la raison : « Car il seroit facile de faire voir, ajoute Lancelot, que les exemples les plus recherchés qu'il rapporte ont leur fondement, et qu'encore que l'usage soit le maître des langues pour ce qui est de l'analogie, le discours n'étant néanmoins que l'image de la pensée, il ne peut pas former des expressions qui ne soient conformes à leur original pour ce qui est du sens, et par conséquent qui ne soient fondées sur la raison. » C'est là l'endroit notable par où Port-Royal se distingue essentiellement de l'Académie et des autres grammairiens du temps, Vaugelas, Ménage, Patru, Bouhours, tout occupés des mots, du détail des exemples, et ne se formant aucune philosophie du discours.

Port-Royal, grâce à l'excellent instrument philosophique dont disposait Arnauld, développa en grammaire générale une branche du Cartésianisme que Descartes n'avait pas lui-même poussée : à savoir, l'étude, l'analyse de la langue en général, supposée inventée par la seule raison. Cette branche cartésienne, implantée et naturalisée à Port-Royal, dépassait un peu l'ordre habituel d'idées du dix-septième siècle, et devançait les travaux du dix-huitième, dans lequel elle devait se continuer directement par Du Marsais, Duclos, Condillac, et par le dernier et le plus vigoureux peut-être de ces grammairiens philosophes, M. de Tracy.

Nous arriverions à cette conséquence remarquable, mais rigoureuse : M. de Tracy est le disciple direct d'Arnauld... en grammaire générale.

Le savant idéologue, saluant avec respect « MM. de Port-Royal, dont on ne peut assez admirer, dit-il, les rares talents, et dont la mémoire sera toujours chère *aux amis de la raison et de la vérité*[1], » regrette que,

---

1. N'admirez-vous pas comme les mêmes mots expriment des choses toutes différentes? L'opinion finit par faire ce qu'elle veut

dans leur *Grammaire*, non plus que dans leur *Logique*, ils ne soient pas entrés dans plus de détails sur *la formation de nos idées*; il en résulte que ces deux ouvrages, selon lui, ne sont qu'un Recueil d'observations plus ou moins bonnes, mais sans ensemble, et qu'on n'y trouve aucune théorie complète où tout vienne s'enchaîner. Un avantage qui tient à ce défaut même, c'est que les deux ouvrages, n'étant pas expressément liés à une certaine théorie absolue, subsistent au regard du seul bon sens, indépendamment des doctrines métaphysiques particulières qu'on peut avoir. Les savants et profonds écrits de M. de Tracy sur ces sujets, au contraire, se trouvent en partie compromis par l'idéologie exacte et continue dont il a prétendu ne se départir à aucun moment. Contemporain de M. de Tracy, un véritable héritier de la méthode et de l'esprit de MM. de Port-Royal, le respectable M. Silvestre de Sacy a publié des *Principes de Grammaire générale mise à la portée des enfants*; dans ce petit livre dédié à son *fils* aîné, et qu'il écrivait le soir au foyer, empruntant ses exemples au cercle assemblé de la famille, M. de Sacy a suppléé à cette métaphysique dont il ne se piquait point, par sa vaste connaissance comparée des faits grammaticaux, par la rectitude du jugement, la sévérité de l'analyse; tout y sent un antique fonds de science et de prud'homie, et c'est le livre qui me représente le mieux la *Grammaire générale* d'Arnauld, reprise et complétée selon le progrès des temps.

Une objection que j'adresserais aux habitudes de grammaire générale, et à l'abus qu'on en peut faire,

---

des choses célèbres, et par les modeler à son usage. Elle trie ce qui lui convient et se l'approprie, négligeant totalement le reste. Ainsi, pour elle, Port-Royal n'est autre chose que la *raison* et la *philosophie* se faisant jour dans la religion. Or, à bien des égards, Port-Royal était tout le contraire.

objection à laquelle Port-Royal n'échappe point entièrement, c'est que cette façon de tout traduire en raison, si elle sert la philosophie, court risque de frapper dans une langue bon nombre de locutions promptes, indéterminées, qui, bien qu'elles aient leur raison, ne l'ont qu'insensible et secrète, et en tirent plus de grâce. Vaugelas n'avait pas tout à fait tort dans son dire. La Grammaire générale à la façon d'Arnauld, et bientôt à la façon de Condillac et de M. de Tracy, retranche dans une langue, si l'on n'y prend pas garde, les *idiotismes*, cette richesse domestique confuse. Le dix-huitième siècle n'en a déjà presque plus. Il y a peu d'*idiotismes* chez les écrivains de Port-Royal ; tout est à la déduction, à la clarté ; leur phrase manque essentiellement d'imprévu et de toute espèce d'enjouement. Ils ont le style clair et triste [1].

Une autre objection irait plus à fond, et porterait sur la science même. La Grammaire générale (ce que ne pouvaient savoir ni Arnauld ni les autres) était aussi hasardée en leur temps que la Physique de Descartes sans les expériences. Cette Grammaire-générale, utile

---

1. Je n'excepterai que Fontaine et M. Hamon, et un peu M. d'Andilly. — Un écrivain du dix-huitième siècle, Thomas, dans son Traité *de la Langue poétique*, a fait un sujet d'éloge, précisément de ce que nous critiquons : « Avant Locke et Condillac, dit-il, les écrivains de Port-Royal avaient appliqué aux langues leur philosophie mâle et austère ; ils eurent toute la logique que pouvaient avoir les bons esprits de ce temps-là (*quelle morgue et quel ton !*).... ils furent bien supérieurs à ce Vaugelas tant cité, que l'on peut à peine lire aujourd'hui.... Vaugelas était, dans les langues, ce que sont dans les sciences les physiciens qui n'ont dans la tête que des faits isolés...; il n'était que grammairien sans être philosophe, et c'est vouloir être astronome sans géométrie. » — Eh bien ! c'est justement parce que l'estimable et solennel écrivain, M. Thomas, est si content du progrès philosophique dans la langue, que je le suis moins. Lui aussi, il avait le style sans fraîcheur aucune et sans gaieté.

toujours comme exercice et comme habitude de se rendre compte, ne pouvait être que provisoire et bien courte comme résultat. On ignorait trop de langues, trop de familles entières de langues. On construisait avec une simple formule de pensée ce qui présente une quantité de formes et de diversités imprévues dans la nature. Quand on a vu sourdre du sol primitif d'autres langues que le grec et le latin; quand l'Orient par delà l'hébreu s'est révélé, et graduellement est apparu comme versant de toute antiquité, sur ses pentes, les trois ou quatre grands fleuves primordiaux de la parole humaine; quand les anciens idiomes celtiques en leurs fragments brisés se sont découverts, et qu'il s'est rencontré même des langues compliquées de peuplades barbares, on a reconnu que c'était à recommencer sur un autre plan : la *méthode naturelle* des langues a pu naître. Les Jacob Grimm, les Guillaume de Humboldt[1] en ont été les Jussieu. D'un certain mécanisme général tout rationnel, on est venu à la tradition, à la génération historique, à la vraie physiologie du langage, tandis que, d'Arnauld jusqu'à Volney, on avait trop accordé à l'abstraction pure.

De la *Grammaire générale* à la *Logique*, il n'y a qu'à tourner le feuillet. La *Logique* est de tous les livres de Port-Royal le plus célèbre, celui peut-être qui a le moins perdu aujourd'hui encore. L'occasion qui y donna naissance en indique déjà le caractère. On parlait devant le jeune duc de Chevreuse, fils du duc de Luines, de l'objet de ses études; quelqu'un des assistants dit que, dans sa jeunesse, il avait trouvé un homme qui l'avait rendu en quinze jours capable de répondre sur une

---

1. N'oublions encore ni Bopp, ni Eugène Burnouf. — Bopp, avec les années, apparaît de plus en plus et demeure désormais comme le grand organisateur.

partie de la Logique. M. Arnauld qui était présent, et qui n'avait pas grande estime de cette science (la possédant si bien par nature), repartit en riant que, si M. de Chevreuse voulait en prendre la peine, on se faisait fort de lui apprendre en quatre ou cinq jours tout ce qu'elle renfermait d'utile et d'essentiel. De cette sorte de gageure il passa aussitôt à l'effet et se mit à écrire un abrégé en quelques pages. Il comptait ne mettre à la rédaction qu'une seule journée; mais, les réflexions survenant en plus grand nombre qu'il n'avait cru, le travail dura de quatre à cinq jours. Ainsi fut composé le corps de cette *Logique*, à laquelle depuis on ajouta les Discours et plusieurs chapitres; mais le fonds ne prit pas plus de temps à établir. Ce premier fonds, par une certaine touche mâle et grande, sent la main d'Arnauld.

C'était quasi réaliser le mot de Montaigne, qui prétend qu'on peut rendre la logique aussi aisée et agréable à l'esprit des enfants qu'un conte de Boccace[1].

Les principaux Écrits d'où relève cette *Logique* de Port-Royal, et qui en sont en France les vrais précédents, sont : 1° les ouvrages de Ramus, et particulièrement sa *Dialectique* en français, 1555; 2° tout ce que dit Montaigne contre *Baroco* et *Baralipton*, contre cette logique barbare de son temps; son chapitre *de l'Art de conférer*; 3° Descartes, *Discours de la Méthode*, et ailleurs; 4° il y faut joindre Pascal pour son petit écrit *de l'Esprit géométrique* et pour celui *de l'Art de persuader*, où il appelle Montaigne *l'incomparable auteur de l'Art de conférer*; on sait que ces petits écrits de Pascal, antérieurs de composition à la *Logique* de Port-Royal, bien que seulement imprimés depuis, avaient été communiqués en manuscrit à ces Messieurs, et ils reconnaissent en avoir profité.

---

1 Voir précédemment au tome II, page 422.

La *Logique* de Port-Royal, à la bien voir, n'est que l'application plus usuelle et plus développée des règles provisoires que se pose Descartes dans son *Discours de la Méthode*. Port-Royal prend ces règles de même dans le sens commun incontestable ; mais au lieu de partir de là pour se bâtir ensuite toute une philosophie sur un premier fait intérieur, comme Descartes, Port-Royal en part simplement pour donner une suite de réflexions sur les diverses opérations de l'esprit, pour tâcher d'en démêler les erreurs et d'en régler la justesse.

Le premier but de la *Logique* de Port-Royal n'est pas de former le grammairien, le savant en aucune science, le logicien pur, mais l'homme :

« On se sert de la raison comme d'un instrument pour acquérir les sciences, et on se devroit servir, au contraire, des sciences comme d'un instrument pour perfectionner sa raison.... Les hommes ne sont pas nés pour employer leur temps à mesurer des lignes, à examiner les rapports des angles, à considérer les divers mouvements de la matière. Leur esprit est trop grand, leur vie trop courte, leur temps trop précieux pour l'occuper à de si petits objets : mais ils sont obligés d'être justes, équitables, judicieux dans tous leurs discours, dans toutes leurs actions, et dans toutes les affaires qu'ils manient ; et c'est à quoi ils doivent particulièrement s'exercer et se former. »

Ce n'est pas une autre idée que celle de Montaigne qui veut former le *gentilhomme*, non l'homme d'aucun métier ni d'aucune école :

« Allant un jour à Orléans, dit ce charmant causeur qui anime tout, je trouvay dans cette plaine, au deçà de Clery, deux régents qui venoyent à Bourdeaux, environ à cinquante pas l'un de l'aultre : plus loing derriere eux je veoyois une troupe, et un maistre en teste, qui estoit feu M. le comte de La Rochefoucault. Un de mes gens s'enquit au premier de ces régents, qui estoit ce gentilhomme qui venoit après lui : luy qui n'avoit pas veu ce train qui le suyvoit, et qui pensoit qu'on luy parlast de son compaignon, respondit plaisamment : « Il n'est pas gentilhomme, c'est un grammairien ; et je suis logicien. » Or nous qui cherchons icy, au rebours, de former non un grammairien ou logicien, mais un gentilhomme, laissons-les abuser de leur loisir : nous avons affaire ailleurs[1]. »

Pascal, en maint endroit de ses *Pensées*, a traduit ce *gentilhomme* en *honnête homme*.

Jean-Jacques à son tour, au début de l'*Émile*, n'a fait que reprendre à sa manière l'idée de Montaigne et de Port-Royal :

« Dans l'ordre naturel les hommes étant tous égaux, dit-il, leur vocation commune est l'état d'homme, et quiconque est bien élevé pour celui-là ne peut mal remplir ceux qui s'y rapportent. Qu'on destine mon élève à l'épée, à l'Église, au barreau, peu m'importe. Avant la vocation des parents, la nature l'appelle à la vie humaine : vivre est le métier que je lui veux apprendre. En sortant de mes mains, il ne sera, j'en conviens, ni magistrat, ni soldat, ni prêtre : il sera premièrement homme.... »

Dans les trois cas, nous sommes hors de la scolastique ; mais le *gentilhomme* de Montaigne, l'*homme de l'Émile* (qui, par parenthèse, est un gentilhomme aussi, ayant gouverneur), l'*honnête homme* selon le dix-septième siècle, toutes ces formes et variétés, plus ou moins diverses du même type, se rejoignent et se confondent dans Port-Royal avec le *Chrétien*.

En sortant de l'ornière, la *Logique* de Port-Royal ne s'en vante pas trop pourtant :

« On abuse quelquefois beaucoup, dit-elle, de ce reproche de pédanterie ; et souvent on y tombe en l'attribuant aux autres. La pédanterie est un vice d'esprit et non de profession ;

---

[1]. *Essais*, livre I, chap. xxv.

et il y a des pédans de toute robe, de toutes conditions et de tous états[1]. »

En parlant des objets qui font la matière ordinaire des autres Logiques, celle-ci tâche de ne s'y pas enfermer, et d'y joindre des considérations plus utiles. Elle est assez peu portée d'abord à s'exagérer la disposition judicieuse des hommes et sa propre utilité[2]. Elle croit qu'avant de leur apprendre à former des raisonnements exactement enchaînés (ce qu'ils font assez bien d'ordinaire et d'eux-mêmes), il serait plus essentiel de leur apprendre à former de bons jugements, qui sont la matière première des raisonnements, et par où surtout l'on pèche.

La *Logique* de Port-Royal se compose de quatre parties (sans parler des deux Discours préliminaires); elle considère les opérations de l'esprit sous quatre aspects :

1° *Concevoir*. — C'est la simple vue qu'on a des choses ou matérielles ou autres, sans en former un jugement exprès : la *terre*, le *soleil*, un *rond*, la *pensée*, l'*être*. La forme par laquelle on se représente ces choses s'appelle *idée*. La première partie de la *Logique* traite des idées, de leur nature, de leur origine, de leurs objets, etc.

---

1. La *Logique* ne fait ici qu'abréger une pensée de Charron dans la préface du traité *de la Sagesse:* « Peut-être qu'aucuns s'offenseront de ce mot, etc. » Il y a les pédants de longue robe et les pédants de robe courte.

2. Faisant remarquer que le sens commun n'est pas une qualité si commune qu'on le dit, elle ajoute : « Il y a une infinité d'esprits grossiers et stupides que l'on ne peut réformer en leur donnant l'intelligence de la vérité, mais en les retenant dans les choses qui sont à leur portée, et en les empêchant de juger de ce qu'ils ne sont pas capables de connoître. » On se flatte au contraire, depuis quelques années, d'avoir initié tous les esprits au vrai, c'est-à-dire d'avoir changé les vieilles conditions de la nature humaine. Il en sort les fruits que nous voyons.

2° *Juger.* — C'est l'action de l'esprit par laquelle, joignant ensemble diverses idées, il affirme de l'une qu'elle est l'autre, ou le nie. Tel est le *jugement*, la *proposition*, qui suppose les mots et les parties du discours. La *Grammaire générale* se retrouve ici à sa vraie racine.

3° *Raisonner.* — C'est l'action de l'esprit par laquelle il forme un jugement résultant de plusieurs autres. Cette partie, qui comprend les règles du raisonnement et en particulier le *syllogisme*, était réputée jusqu'alors la plus importante de la Logique. Port-Royal doute qu'elle soit aussi utile qu'on se l'imagine; car *la plupart des erreurs des hommes viennent bien plus de ce qu'ils raisonnent sur de faux principes, que de ce qu'ils raisonnent mal suivant leurs principes*[1]. Quoi qu'il en soit, au moins comme exercice de l'esprit, et au besoin dans certaines rencontres, cette portion de la Logique peut être de quelque usage : « Voilà donc, ajoute Port-Royal, ce qu'on en dit ordinairement, et quelque chose même de plus que ce qu'on en dit.... »

4° *Ordonner.* — C'est la méthode, l'action de l'esprit par laquelle il dispose et gouverne dans un but soit d'invention, soit de démonstration, un ensemble de raisonnements, de jugements, d'idées.

La *Logique* ou l'*Art de penser* est une suite de réflexions claires et sensées sur ces quatre modes d'opérations de l'esprit.

Le caractère dominant de tout l'ouvrage est la modé-

---

1. Remarque aussi simple que féconde : et pourtant Port-Royal n'avait pas vu à l'œuvre tous nos esprits *mathématiques, polytechniques*, soi-disant positifs, tous ceux qu'on a spirituellement appelés de *bons esprits faux*. — Ce qu'il y a de piquant, c'est que le duc de Chevreuse, pour qui fut faite la *Logique*, paraît avoir été d'avance un échantillon de ces esprits-là. (Voir la Correspondance de Fénelon avec lui.)

ration du bon sens, un bon sens plein, abondant et distinct, sans système, ce *media quædam ratio* que nous retrouvons partout dans l'enseignement de nos amis, et qui est ici comme à sa source. — On sent déjà dans Arnauld Nicole qui tempère.

Si Bossuet fait jamais une Logique (et il en a fait une [1]), il est à croire qu'il saura moins uniment s'aplanir, et qu'il ne se tiendra pas de tout point dans cette *médiocrité* lumineuse.

La *Logique* de Port-Royal ne s'embarque pas dans une série de raisonnements ou d'inductions reposant sur une idée première; elle est plus expérimentale, et pourtant *rationnelle*. Elle croit au *Je pense, donc je suis*, de Descartes, sans pour cela s'engager dans les détours de sa métaphysique. La clarté incontestable du *Je pense, donc je suis*, qui suppose la conception distincte de *penser* et d'*être*, suffit, selon Port-Royal, à prouver que toutes les idées ne viennent pas des sens, qu'il y a d'autres idées que celles qui se rattachent à de certaines images. On accorde du reste aux sens leur part, tout en maintenant à l'esprit sa faculté propre [2].

Aux mots et aux signes, de même, la *Logique* accorde leur importance, sans les identifier avec l'idée; et à une objection cauteleuse de Hobbes contre Descartes [3] elle oppose trois ou quatre raisons de bon sens, pour faire

1. Elle a été publiée en 1828, par M. Floquet.
2. « Il faut avouer que les idées de l'*être* et de la *pensée* ne tirent en aucune sorte leur origine des sens, mais que notre âme a la faculté de les former de soi-même, quoiqu'il arrive souvent qu'elle est excitée à le faire par quelque chose qui frappe les sens : comme un peintre peut être porté à faire un tableau par l'argent qu'on lui promet, sans qu'on puisse dire pour cela que le tableau a tiré son origine de l'argent. » L'ingénieux de la comparaison sort ici et résulte du bon sens même; c'est le cachet d'Arnauld et de Nicole quand ils sont ingénieux.
3. La IVe objection de Hobbes sur la seconde *Méditation*.

voir qu'en des cas précis on raisonne, à n'en pas douter, non point par de simples enchaînements de noms unis par le verbe, mais par la considération effective des idées qu'on a dans l'esprit.

Une plus grande subtilité d'analyse, une originalité inventive, ne la cherchez pas dans cette *Logique*, non plus que dans la plupart des écrits de ces Messieurs. Nous n'avons pas ici un monument hardi construit sur une base simple, sur une pierre angulaire, haute ou profonde. Nous sommes en plaine, en fertile plaine. Les quatre règles dont Descartes fait provision avant de se mettre en route pour sa recherche, Port-Royal les accueille et n'en veut pas d'autres, en avertissant toutefois que la grande difficulté consiste à les bien observer. Les plus belles règles du monde ne suppléent jamais à l'adresse et à la qualité judicieuse de l'esprit.

La *Logique* de Port-Royal est étendue, elle n'est pas superficielle; et si elle n'est pas plus profonde, c'est que la profondeur ne s'enseigne pas. Quand on la veut enseigner, on ne produit que le creux dans un grand nombre d'esprits.

La pensée pratique ressort à chaque page. Une vérité exprimée dans cette *Logique* est toujours sans préjudice des autres qui sont à côté. On suit préférablement Descartes, on déclare les catégories d'Aristote *très-peu utiles*, mais on ne veut pas décrier Aristote : « *Tous les états violents ne sont pas d'ordinaire de longue durée, et toutes les extrémités sont violentes.* » Et d'ailleurs, « il n'y a point d'auteur dont on ait emprunté plus de choses dans cette *Logique* que d'Aristote, puisque le corps des préceptes lui appartient [1]. » On profite de tout ce qu'il y a

---

1. Je doute que ceux qui ont étudié Aristote en lui-même et dans son austère grandeur se tiennent pour satisfaits de cette estime tiède et mélangée, de même que nous avons vu les Hellénistes

de bon chez tous, du philosophe allemand Clauberg comme de Ramus. Ce besoin d'équité, cette guerre à ses propres préventions, perce dans les moindres circonstances. Le Père Petau, en un endroit, est cité parmi les plus *habiles* gens de l'Église. A l'égard de Montaigne seul, on sort, en une page bien connue [1], des bornes de la modération ; pourtant il est cité en d'autres endroits honorablement, même à l'article des *faux miracles*, où l'on donne son discours comme *ingénieux*.

Les exemples nombreux sont pris à dessein de toutes sortes de sciences, et en particulier de la morale : on n'a pas craint d'en tirer parfois matière à digression. Écoutons la raison qu'en donne ce bon sens libre, à la barbe des pédants formalistes et des suppôts d'école, qui rangeaient avant tout chaque science suivant l'étiquette : « Quand on a jugé qu'une matière pouvoit être utile pour former le jugement, on a peu regardé à quelle science elle appartenoit. *L'arrangement de nos diverses connoissances est libre comme celui des lettres d'une imprimerie;* chacun a droit d'en former différents ordres selon son besoin, quoique, lorsqu'on en forme, on les doive ranger de la manière la plus naturelle. » Ces exemples nombreux sont une partie variée de la *Logique*, et qui la fait lire *avec un peu moins de chagrin*, ce qu'on voulait obtenir. Ils tiennent en éveil l'intérêt et donnent une quantité d'ouvertures à l'esprit pour s'adresser ensuite à ces auteurs dont on a cité quelque opinion. Le choix de certains exemples atteste une noble et, disons

exacts ne pouvoir se contenter des à-peu-près de Lancelot. Mais que vous dirai-je? c'est la manière de Port-Royal, et je me plais à la faire ressortir en tout. L'utilité, à cette date de 1662, était de diminuer Aristote, l'Aristote des Écoles, qui avait ses idolâtres ; et Port-Royal l'a fait, sans soupçonner peut-être assez l'incomparable type de l'Aristote véritable.

1. Voir précédemment tome II, page 402.

mieux, une chrétienne indépendance. Si Louis XIV y obtient l'indispensable louange :

> La Loi divine oblige d'honorer les Rois :
> Louis XIV est Roi :
> Donc la Loi divine, etc., etc.;

c'est le simple cachet du temps, la date du livre. Mais ce qui vaut plus la peine d'être remarqué comme dérogeant aux habitudes régnantes, c'est que dans ce livre, composé d'abord pour l'instruction du jeune duc de Chevreuse, il y a nombre d'exemples et de réflexions directes propres à rabattre la vanité des Grands, et à leur donner une juste idée de leur condition. Ainsi ce passage sur la fausse estime qu'on fait d'eux, et sur la confusion qui s'établit dans l'esprit des autres, et surtout dans le leur, entre leur fortune et leur personne même :

« ... Ils ne peuvent souffrir que ces gens qu'ils regardent avec mépris prétendent avoir autant de jugement et de raison qu'eux ; et c'est ce qui les rend si impatients à la moindre contradiction qu'on leur fait[1]. — Tout cela vient encore de la même source, c'est-à-dire des fausses idées qu'ils ont de leur grandeur, de leur noblesse et de leurs richesses. Au lieu de les considérer comme des choses entièrement étrangères à leur être, qui n'empêchent pas qu'ils ne soient parfaitement égaux à tout le reste des hommes selon l'âme et selon le corps, et qui n'empêchent pas qu'ils n'ayent le jugement aussi foible et aussi capable de se tromper que celui de tous les autres, ils incorporent en quelque manière dans leur essence toutes ces qualités de grand, de noble, de riche, de Maître, de Seigneur, de Prince ; ils

---

1. Si le prince de Condé lut cette *Logique*, ce qui est plus que probable, il put se reconnaître dans cet endroit comme en un miroir. Un jour que Boileau, pour l'avoir contredit, le vit tout courroucé : « Dorénavant, dit-il, je serai de l'avis de M. le Prince quand il aura tort. »

en grossissent leur idée.... Ils s'accoutument à se regarder dès leur enfance comme une espèce séparée des autres hommes : leur imagination ne les mêle jamais dans la foule du genre humain; ils sont toujours Comtes ou Ducs à leurs yeux, et jamais simplement hommes[1]. »

Ce n'est certes là que du bon sens, et même du bon sens un peu long, quoique je l'aie abrégé encore. Mais songez à la date, à la destination du livre pour un jeune Grand ; et soyez sûr qu'on ne trouverait jamais rien de pareil dans un ouvrage venu des Jésuites, mais bien probablement quelque flagornerie en vers latins sur l'excellence des aïeux : *Cara Deûm soboles....*

Dans ces exemples tirés de la morale, il y a des moments où l'on domine tout d'un coup le sujet, des accents de finale élévation vers les choses éternelles : ainsi dans le chapitre x de la 1re partie, où l'on rapporte *quelques exemples d'idées confuses et obscures*, toute la dernière page[2] me fait l'effet d'être du Pascal un peu amorti, étendu et solidifié, pourtant du Pascal ; un chapitre déjà des *Essais de Morale* de Nicole.

De ce genre sont encore, à la fin de la 3me partie et à la suite de l'étude du syllogisme, pour en relever la sécheresse, les abondantes et vraiment belles considérations intitulées : *Des mauvais raisonnements que l'on commet dans la vie civile et dans les discours ordinaires.* Les plus saines règles de la critique s'y rencontrent unies à celles d'une civilité fondée à la vérité même et à la justice. Ces théologiens qui ont tant combattu, qui passent pour obstinés, qui l'ont été quelquefois, ne craignent pas, en garde contre eux-mêmes, de redoubler ces délicates recommandations qu'une sincérité touchante anime :

---

1. Partie III, chap. xx.
2. Depuis ces mots : « On peut découvrir par là.... » jusqu'à la fin du chapitre.

« ... Ils se doivent souvenir que quand il s'agit d'entrer dans l'esprit du monde, c'est peu de chose que d'avoir raison, et que c'est un grand mal de n'avoir que raison, et de n'avoir pas ce qui est nécessaire pour faire goûter la raison....

« Toutes ces manières fières, présomptueuses, aigres, opiniâtres, emportées, viennent toujours de quelque déréglement d'esprit, qui est souvent plus considérable que le défaut d'intelligence et de lumière que l'on reprend dans les autres....

« Cette injustice est encore plus grande s'il arrive qu'on emploie ces manières choquantes pour combattre des opinions communes et reçues ; car la raison d'un particulier peut bien être préférée à celle de plusieurs, lorsqu'elle est plus vraie ; mais un particulier ne doit jamais prétendre que son autorité doive prévaloir à celle de tous les autres.

« Ainsi non-seulement la modestie et la prudence, mais la justice même, obligent de prendre un air rabaissé quand on combat des opinions communes, ou une autorité affermie.... »

Cette modestie, cette prudence dans le ménagement de la vérité, ce scrupule infini à la saisir, cet air *rabaissé* à la proposer, nous en aurons un exemple accompli, au sein de Port-Royal, dans l'élève par excellence sorti de cette école, dans la personne du docte et saint Tillemont, à qui Nicole, son maître, avait inculqué l'esprit de ces régles dès l'enfance.

Les préceptes des derniers chapitres de la *Logique* (4me partie), *pour bien conduire sa raison dans la créance des événements qui dépendent de la foi humaine* et *dans la créance des miracles*, sont exactement ceux que Tillemont a suivis en ses savantes et judicieuses histoires.

Le chapitre final traite *du jugement qu'on doit faire des accidents futurs*. Il commence par des remarques sur les craintes ou les espérances exagérées, qui sont tout en vue d'un inconvénient ou d'un avantage, et sans proportion avec la probabilité de l'événement. Si on avait envoyé le Discours préliminaire à madame de Sablé pour la divertir, on dut lui faire lire ce chapitre final pour la rassurer ; car, sur l'article de sa santé et de sa sûreté personnelle, elle était un peu comme cette Princesse qui, ayant ouï dire un jour que des personnes avaient été écrasées par la chute d'un plancher, ne voulait jamais depuis entrer dans une maison sans en avoir fait visiter tous les planchers auparavant[1]. Et, après avoir discouru quelque temps des chances et des probabilités, le ton lentement s'élève et monte :

« Ces réflexions paroissent petites, et elles le sont en effet si on en demeure là ; mais on les peut faire servir à des choses plus importantes ; et le principal usage qu'on en doit tirer est de nous rendre plus raisonnables dans nos espérances et dans nos craintes....

C'est par là non-seulement qu'il faut détromper ces personnes qui apportent des précautions extraordinaires et importunes pour conserver leur vie et leur santé, en leur montrant que ces précautions sont un plus grand mal que ne

[1]. Et ce n'était pas seulement madame de Sablé qui était peureuse à ce degré, c'était Nicole, — oui, Nicole, l'un des auteurs de la *Logique*, et qui devait se faire l'application à lui-même en relisant ce dernier chapitre. Je lis dans des *Anecdotes manuscrites* (Bibliothèque de Troyes), qu'étant dans cette ville, M. Nicole n'osait sortir quand il faisait un peu de vent, de peur des tuiles. Il ne passait pas une rivière dans un bac, sans avoir pour ceinture un *gougourou* pour pouvoir nager, et s'empêcher de périr en cas de naufrage. Un jour qu'il était monté, non sans une peur horrible, sur la tour de Saint-Jacques-du-Haut-Pas, paroisse des Jansénistes, il dit à M. Marcel, le curé, en redescendant : « Si tous vos pénitents avoient une résolution aussi ferme de ne plus pécher que j'en ai de ne plus remonter à cette tour, ils seroient en bonne voie de salut. » — Il y avait, sous les exemples allégués dans la *Logique* de Port-Royal, quantité d'allusions, qui de près étaient piquantes (ainsi sur madame de Sablé, ainsi sur le Père Labbe, ainsi ce qui est dit, partie I, chap. VIII, sur le *sens d'Aristote*, et qui était une allusion au débat très-présent sur le *sens de Jansénius*). On ne se douterait pas aujourd'hui que tous ces endroits, lus d'abord, appelaient le sourire.

peut être le danger si éloigné de l'accident qu'ils craignent; mais qu'il faut aussi désabuser tant de personnes qui ne raisonnent guère autrement dans leurs entreprises qu'en cette manière : *Il y a du danger en cette affaire, donc elle est mauvaise : il y a de l'avantage dans celle-ci, donc elle est bonne ;* puisque ce n'est ni par le danger ni par les avantages, mais par la proportion qu'ils ont entre eux, qu'il en faut juger.

« Il est de la nature des choses finies de pouvoir être surpassées, quelque grandes qu'elles soient, par les plus petites, si on les multiplie souvent, ou que ces petites choses surpassent plus les grandes en vraisemblance de l'événement, qu'elles n'en sont surpassées en grandeur....

« Il n'y a que les choses infinies comme l'Éternité et le Salut qui ne peuvent être égalées par aucun avantage temporel; et ainsi on ne les doit jamais mettre en balance avec aucune des choses du monde....

« Ce qui suffit à toutes les personnes raisonnables pour leur faire tirer cette conclusion par laquelle nous finirons cette Logique : Que la plus grande de toutes les imprudences est d'employer son temps et sa vie à autre chose qu'à ce qui peut servir à en acquérir une qui ne finira jamais, puisque tous les biens et tous les maux de cette vie ne sont rien en comparaison de ceux de l'autre, et que le danger de tomber dans ces maux est très-grand, aussi bien que la difficulté d'acquérir ces biens.

« Ceux qui tirent cette conclusion, et qui la suivent dans la conduite de leur vie, sont prudents et sages, fussent ils peu justes dans tous les raisonnements qu'ils font sur les matières de science ; et ceux qui ne la tirent pas, fussent-ils justes dans tout le reste, sont traités dans l'Écriture de fous et d'insensés, et font un mauvais usage de la Logique, de la Raison et de la vie. »

Ainsi conclut cette Logique, la première véritablement philosophique en France, la seule qui, à cause de cette conclusion même, le soit tout à fait. Toutes les autres Logiques sont plus ou moins éprises d'elles-mêmes. Ce qu'il y aurait encore de mieux aujourd'hui, à mon sens, ce serait une Logique à la Port-Royal; non pas la même, car tout vieillit ; mais l'équivalent en notre temps, c'est-à-dire, une Logique où après avoir adopté cette division (des *idées*, des *jugements* ou *propositions*, du *raisonnement*, de la *méthode*), cette division-là, ou telle autre suffisamment établie, on parcourrait ce cadre en promenant ses réflexions sur chacun des points, sans aucun système, sans même celui du soi-disant Éclectisme qui en est un, mais selon le simple bon sens direct appliqué en chaque rencontre. On renouvellerait les exemples, on rajeunirait les digressions ; au lieu des critiques de Flud et de Lulle, on ferait passer sous les yeux, en les appréciant, les résultats empruntés aux principaux systèmes plus modernes ; on tirerait à clair leur phraséologie ; on percerait à jour les cloisons, le plus souvent très-minces, qui les séparent. Dans cet examen critique, on se rangerait provisoirement aux principes les plus plausibles, les plus indiqués par le bon sens général, sans prétendre sur toutes ces choses avoir trouvé le dernier mot. En maintenant tout sentiment honorable et moral, on ne supprimerait pas, on laisserait entrevoir le côté physiologique des questions. Puis, ce cadre amplement et librement parcouru, on congédierait ses élèves, non pas après leur avoir enseigné un système, un corps de doctrine, mais après avoir choisi des exemples dans tous, et en avoir discouru sensément à l'occasion ; et pour conclusion finale et morale, comme dans la Logique que nous venons de feuilleter, on leur dirait, — sinon tout à fait comme ce philosophe ancien : *Mes amis, il n'y a pas d'amis ;* — du moins : *Mes amis, il n'y a point de Logique ni de philosophie qu'on apprenne, il y a celle qu'on se fait ; et plus heureux, comprenant toutes ces choses, quand on sait mieux et qu'on s'en passe !*

Je n'ai rien à dire des *Éléments de Géométrie*, si ce n'est que Pascal, qui les avait lus en manuscrit, les jugea si clairs et si bien ordonnés, qu'il jeta au feu, dit-on, un Essai d'*Éléments* qu'il avait fait lui-même d'après Euclide, et qu'Arnauld avait jugé confus; c'est même ce qui avait d'abord donné à Arnauld l'idée de composer son Essai : Pascal le défia en riant de faire mieux, et le docteur, à son premier loisir, tint et gagna la gageure. Toujours nous retrouvons en lui l'excellent ordonnateur, non l'inventeur[1]. Ces *Éléments* d'Arnauld ont eu une longue utilité et célébrité dans l'enseignement; mais, comme tous les bons précepteurs, ils ont travaillé eux-mêmes à se rendre inutiles.

Des livres nous passons aux maîtres et aux élèves de Port-Royal, dont je veux rappeler les principaux.

1. Et à la fois comme le goût naturel d'Arnauld se décèle bien dans ces sortes de gageures qu'il est prompt à relever! Son inclination dominante l'entraînait aux Sciences mathématiques et métaphysiques; Nicole disait en plaisantant que « si les Jésuites avoient voulu le tuer, ils n'auroient eu qu'à lui susciter des gens pour contester avec lui sur ces matières, et se relayer. »

IV

Des principaux maîtres. — Lancelot ; — ses relations avec Chapelain.
— Projet de *Grammaire françoise.* — M. Walon de Beaupuis.
— Thomas Guyot. — Coustel. — Des principaux élèves. — Les
fidèles, et ceux qui le furent moins. — Sur M. d'Aubigny. — De
l'homme aimable au dix-septième siècle.

Les maîtres, nous les connaissons déjà pour la plupart. Nicole en était un, mais ce n'est pas ici le moment de le saisir; nous attendrons, pour l'étudier dans son vrai jour, l'heure de la Paix de l'Église (1669), quand le rayon enfin l'alla chercher à côté d'Arnauld, et se posa sur son front modeste.

Nous avons dès longtemps rencontré et considéré la personne de Lancelot, que j'ai appelé *le maître par excellence*[1]. La suite des Méthodes et Grammaires qu'il composa, ou auxquelles il prit part, vient de nous montrer toute l'étendue de son importance littéraire. Des lettres de Chapelain nous apprennent quelques détails sur la manière dont furent rédigées les *Méthodes italienne* et *espagnole*. — Chapelain, qui devint, sous Colbert et Montausier, comme le Premier Commis de la littérature,

1. Tome I, pages 413-441.

et qui y visait de longue main, était resté en relation épistolaire avec M. d'Andilly[1], avec madame de Sablé, avec M. d'Angers, avec les demi-pénitentes et les demi-solitaires. Il aurait bien voulu ne pas rompre tout à fait avec M. Le Maitre; mais ce dernier n'entendait pas raillerie. Dans une lettre à Balzac, du 30 décembre 1640, Chapelain écrivait : « Quelque protestation publique que vous puissiez faire de ne vouloir point de commerce avec les écrivains, il est malaisé que vous vous en puissiez défendre, *à moins que de faire de votre solitude un désert aussi sauvage et aussi inaccessible que celui de M. Le Maitre*, qui, depuis sa retraite du monde, n'a pas même permis à mon amitié d'y entrer. » Chapelain restait donc jusqu'à un certain point un intermédiaire entre l'hôtel Rambouillet et Port-Royal; il faisait parfois des compliments de mademoiselle de Scudéry; il complimentait pour son propre compte dans les grandes occasions, quand la mère Angélique mourait, quand on dispersait les innocents : « Le bruit de vos nouvelles croix est venu jusqu'à moi, et je les ai ressenties peut-être plus que vous ; du moins a-ce été avec plus de foiblesse[2]. » Il complimentait encore M. d'Andilly dans les bons jours, dans les succès de M. de Pomponne et dans les retours victorieux : « Ce nous est un grand sujet de consolation de voir cesser l'*invisibilité* de M. votre frère (Arnauld) et la captivité de M. votre neveu (Saci), avec l'applaudissement général des gens sensés et la dernière mortification de leurs adversaires; et plus encore de *voir la Vérité*

---

1. Quelques-unes des lettres de Chapelain à d'Andilly sont adressées pompeusement *à M. d'Andilly, Conseiller du Roy en tous ses Conseils, au Port-Royal*.
2. *A M. d'Andilly, Conseiller d'État, au Port-Royal*; lettre du 18 mai 1661. — J'ai entre les mains cinq volumes in-4° manuscrits des *Lettres* de Chapelain, d'où Camusat a tiré le volume des *Mélanges*; il y a malheureusement une lacune de plusieurs années.

à couvert[1].... » A entendre Chapelain parler de la *Grâce* et de la *Vérité* en certains moments, il ne tiendrait qu'à nous, avec un peu de bonne volonté, de le ranger parmi les Jansénistes ; mais il ne l'était que comme nous-même, et comme beaucoup d'honnêtes gens d'alors. Ç'a été le propre de Port-Royal d'attirer et de rassembler, dans une sorte de rendez-vous commun, des admirateurs venus de bien des côtés différents ; et il y avait chance d'y voir se rencontrer et s'embrasser Chapelain et Boileau, comme le firent en effet Boileau et Perrault.

Ce fut probablement par M. d'Andilly que Lancelot fut mis en rapport avec Chapelain. Il l'avait consulté pour sa *Méthode italienne*, et c'est de lui qu'il doit être question dans ce passage de la préface, où l'auteur dit qu'il a trouvé moyen de faire voir son livre à une personne *qui n'est pas moins estimée pour les langues étrangères que pour la nôtre*[2]. Mais c'est surtout pour la *Méthode espagnole* que Chapelain lui fut d'un grand secours. A la fin d'une lettre où ce dernier remerciait Lancelot *des trop avantageux témoignages qu'il rendait à ses faiblesses* dans la préface précédente, il ajoutait : « Si vous croyez que je puisse quelque chose pour le dessein de la Grammaire espagnole, à quoi j'apprends que vous vous allez appliquer, je vous offre tout ce qui dépend de ma médiocrité, et vous prie d'en user sans scrupule.... » (Lettre du 8 septembre 1659.) Et ce n'était pas là une formule banale de politesse. Dans deux longues lettres, l'une du 10 octobre, et l'autre du 21 décembre suivant,

---

1. *A M. d'Andilly, Conseiller du Roy en tous ses Conseils, à Pomponne.* — Lettre du 19 novembre 1668.
2. Le gentilhomme italien dont il est fait mention tout à côté, et à qui Lancelot se reconnaît également redevable, était sans doute M. Brunetti dont parle Du Fossé (*Mémoires*, page 166), et qui demeurait chez le duc de Luines à Vaumurier : il fut ensuite attaché à M. d'Aubigny en Angleterre.

qui ont été imprimées par Camusat[1], Chapelain entre dans le détail des conseils; il indique les voies et les sources; il donne ses jugements des auteurs. Tout cela est passé dans la Grammaire espagnole de Lancelot et dans la préface qu'il a mise en tête : « Je suis toujours, lui écrivait Chapelain, pour les préfaces discourues et solides; le lecteur en est conduit comme par la main à l'intelligence du livre, et l'auteur y a moyen de faire voir sa richesse, et sa conduite à l'employer. » La dernière lettre de Chapelain se terminait par cette phrase, que Camusat a supprimée : « Mais c'est trop pour vous et pour moi; je finis en vous exhortant à publier au plus tôt ces deux Grammaires, surtout cette dernière, pour préparer nos François à se faire entendre lorsqu'ils iront à l'adoration de la nouvelle Reine, et qu'ils lui voudront témoigner qu'ils ne sont pas moins bons Espagnols que bons François. » C'est sans doute cette ouverture de Chapelain qui aura déterminé la dédicace que fit *M. de Trigny* (comme Lancelot s'intitulait) de sa *Méthode espagnole* « A la Sérénissime Infante d'Espagne, doña Maria Teresa, que toute la France considère déjà comme sa Reine[2]. »

1. Elles l'ont été assez peu exactement, comme il arrive presque toujours. Non-seulement l'éditeur a un peu *peigné* Chapelain en l'imprimant, ce ne serait pas là un grand crime; mais il y a des fautes de noms, et même des bévues. Chapelain termine sa lettre du 10 octobre (et non septembre) 1659 par ces mots : « Il vaut mieux que je finisse par la protestation que, si j'ai été téméraire en vous reprenant ou en vous conseillant, ce n'a été que par votre ordre, et comme, M. V., etc.; » c'est-à-dire « comme, Monsieur, votre serviteur; » ou quelque chose de tel. Camusat imprime : « Ce n'a été que par votre ordre, et *comme elle*, » ce qui ne forme aucun sens. (Page 158 des *Mélanges de Littérature, tirés des Lettres manuscrites de M. Chapelain.*)

2. Je lis dans une édition du *Don Quichotte* traduit (La Haye, 1773), page VIII du tome I, que M. Lancelot en est le traducteur, et qu'il a entrepris ce travail « à la *réquisition* de la duchesse de Longueville, retirée à Port-Royal. » Ce sont là des propos de li-

Les suscriptions de ces lettres de Chapelain nous apprennent qu'à cette date de 1659, Lancelot, résidant toujours à Port-Royal ou à Vaumurier, était déjà le précepteur en titre du jeune duc de Chevreuse; ce qui le couvrait aux yeux de l'autorité, et ne l'empêcha pas sans doute d'avoir encore quelques autres écoliers sous lui, jusqu'en 1660. On sait qu'il passa depuis, en 1669, à l'éducation des jeunes princes de Conti; mais qu'il s'en retira en 1672, plutôt que de consentir, comme on le voulait, à conduire ses élèves à la Comédie. L'éducation des jeunes de Conti se mêlait fort alors avec celle du Dauphin[1], et Louis XIV, qui permettait à M. de Montausier d'être si rigoureux et si dur, n'entendait pas, pour cela, qu'on fût plus rigoriste qu'il ne convenait à ses vues. Ces spirituels Conti ne firent guère d'honneur moralement à leur sage précepteur. Le plus jeune des deux, d'abord prince de La Roche-sur-Yon, devenu

braires de Hollande, qui ne méritent pas de réfutation; mais Lancelot put être consulté par le traducteur, Filleau de Saint-Martin; car ces trois Filleau (de La Chaise, des Billettes et de Saint-Martin) étaient tous trois amis de Port-Royal : ils faisaient contraste avec leur oncle, le célèbre Filleau, ancien avocat du roi à Poitiers, « fauteur déclaré et comme écrivain gagé des Jésuites, » auteur de la *fable* de Bourg-Fontaine.

1. On lit dans les fragments de Mémoires du valet de chambre Dubois que j'ai déjà cités (*Bibliothèque de l'École des Chartes*, deuxième série, tome IV, page 35), juste au moment où il prend son service près du Dauphin, âgé de dix ans, alors à Saint-Germain : « Ce même jour (2 juillet 1671), Messeigneurs les princes de Conti, âgés de 10 à 12 ans, vinrent à l'étude de Monseigneur, qui expliqua en latin et en françois la chute de David avec Betsabée, la mort d'Uri, comme Absalon tua son frère et la raison du viol de sa sœur Thamar, la révolte d'Absalon, sa mort.... L'étude finie, ils entendirent la messe et dînèrent avec Monseigneur. L'après-dînée ils furent longtemps sur la terrasse.... » Il est à croire que Lancelot, ce jour-là, accompagnait ses élèves. Mais ce fut quelque autre jour que l'un des princes de Conti, en jouant avec trop de pétulance, cassa le nez à Monseigneur, qui en garda toute sa vie les marques.

prince de Conti à la mort de son aîné[1], est célèbre par ses débordements, comme du reste toute cette race oisive, amollie et brillante. Il faut voir quel portrait trace Saint-Simon[2] de ce débauché *délicieux*, de son esprit, de sa grâce, de sa science : « Il avoit été, contre l'ordinaire de ceux de son rang, extrêmement bien élevé; il étoit fort instruit. Les désordres de sa vie n'avoient fait qu'offusquer ses connoissances sans les éteindre; il n'avoit pas laissé même de lire souvent de quoi les éveiller. » Saint-Simon ne cite, parmi les anciens précepteurs du prince, que l'abbé Fleury, auteur de l'*Histoire ecclésiastique*; il oublie Lancelot, qui, durant trois années d'assistance, dut pourtant laisser des traces lumineuses dans une nature aussi vive et aussi spirituelle, et qui contribua à ce premier fonds de culture qu'aucune corruption ne put abolir. Pauvre Lancelot! il voulait, même d'un prince, faire un saint; et voilà qu'il sortit de là un Alcibiade! Le duc de Chevreuse, bien qu'il eût abjuré Port-Royal à la Cour, restait digne du moins de ses maîtres par la vertu et par le cœur[3]. Mais ce n'est point encore des élèves que nous parlons.

1. Cet aîné mourut subitement, au retour de la guerre de Hongrie, ayant gagné la fièvre à veiller par bienséance sa femme qu'il n'aimait pas, et qui était atteinte de la petite véro'e Il mourut sans connaissance et *sans confession* (9 novembre 1685).
2. Au tome VII, page 58, des *Mémoires*. — Voir aussi les *Mémoires* de la duchesse d'Orléans, mère du Régent, à l'article François-Louis, prince de Conti; et surtout les *Mémoires* de madame de Caylus : « Simple et naturel, profond et solide, frivole même quand il falloit le paroître, il plaisoit à tout le monde; et, comme il passoit pour être un peu vicieux, on disoit de lui ce qu'on a dit de César. »
3. Lancelot eût pourtant été fort surpris de ce que devint la vertu du duc de Chevreuse dans les voies du Guyonisme. On sait que lorsque parut le livre des *Maximes des Saints* de Fénelon, le duc de Chevreuse se signala par son zèle et ses démarches en faveur du recueil mystique, soit pour revoir des épreuves, soit pour retirer et distribuer des exemplaires; sur quoi un sage contemporain

Une dernière question sur Lancelot. On se demande, quand on voit cette suite de grammaires estimables qu'il composa, pourquoi il n'en a point fait une de la *Langue françoise.* C'est aussi ce que demandait le fameux libraire Daniel Elzevier; et je rapporterai textuellement un *Avis* assez curieux qui se lit en tête d'un livre publié à Paris en 1678, sous ce titre : *Nova Grammatica Gallica, qua quivis alienigena, Latinæ linguæ peritus, Gallicam facile poterit assequi* (Nouvelle Grammaire françoise, par laquelle tout étranger qui saura le latin pourra facilement s'instruire dans le françois). Cet *Avis* est de l'une de nos connaissances, le fameux docteur de Sorbonne, Saint-Amour, qu'on ne s'attendait guère à rencontrer en un semblable sujet. Le docteur nous apprend que la présente Grammaire a été entreprise à sa sollicitation par un M. *Mauconduy,* et que ce n'a été qu'après que lui-même eut désespéré d'obtenir de M. Lancelot celle qu'il aurait voulu. Voici l'anecdote, qui n'est pas sans intérêt pour notre sujet, et dont je dois l'indication aux notes d'Adry :

« Je crois, dit le docteur Saint-Amour, que M. Daniel Elzevier, libraire en Amsterdam, homme célèbre par son mérite et par les belles impressions qui sortent de ses presses, ne sera pas marri[1] que l'on sache que c'est à lui originairement que le public est redevable de cette Grammaire.

« Dans le cours d'un voyage que j'eus le bonheur de faire

écrivait : « Son éducation avoit été si solide qu'on en auroit attendu toute autre chose et des fruits d'un bien meilleur goût. Que cette bizarrerie auroit affligé M. Lancelot s'il avoit vécu jusqu'ici! car il avoit toujours des entrailles bien tendres pour son élève! » (Lettre de M. Vuillart à M. de Préfontaine, du 16 juillet 1697.)

1. En insistant sur la nécessité d'une bonne méthode pour l'étude de la langue française, le docteur Saint-Amour va nous prouver combien lui-même il aurait eu à en faire son profit. Cet *Avis*, d'un style suranné, est daté de Paris le 18 mai 1678. J'en ai supprimé ien des longueurs.

avec lui de Francfort en Amsterdam dès l'année de l'Élection de l'Empereur (1657-1658), entre plusieurs agréables entretiens qui nous eûmes ensemble, il me témoigna le grand besoin qu'on avoit d'une bonne Grammaire françoise, et en même temps son étonnement et son déplaisir tout ensemble de ce que, n'y en ayant point qui fût aucunement tolérable, et se trouvant en France des gens qui en avoient fait, il n'y avoit pas longtemps, de si belles pour les langues Grecque et Latine..., on n'en avoit point fait pour la Françoise. Je lui dis que je connoissois fort particulièrement l'Auteur de ces autres Grammaires (Lancelot), qu'il étoit de mes intimes amis, et que, dès que je serois de retour en France, je ne manquerois pas de lui représenter ce qu'il m'avoit dit.... J'assurai M. Elzevier de la grande bonté et de l'honnêteté singulière de cet Auteur, et je lui témoignai que je ne doutois nullement qu'il ne l'entreprît et n'en vînt bientôt à bout, dès que je lui aurois fait connoître le besoin qu'on en avoit, et le service qu'il rendroit au public par cet ouvrage.

« Aussitôt que je fus de retour en France, un de mes premiers soins fut de voir cet excellent Auteur et cordial ami, de lui faire un récit fidèle de tout ce que nous avions dit sur ce sujet, M. Elzevier et moi, et de l'inviter de s'y appliquer le plus tôt que ses autres engagements pourroient le lui permettre. Je le trouvai si fort persuadé par lui-même de tout ce que j'avois à lui dire, que je n'eus besoin que de lui en faire la première ouverture. Il me témoigna qu'il s'étoit plusieurs fois résolu à ce travail, mais qu'il y avoit toujours trouvé tant de difficultés, et si peu d'apparence de pouvoir les surmonter, qu'il avoit été obligé d'y renoncer. Quoique ses premières excuses ne me fissent pas perdre toute espérance..., je ne laissai pas de mander à M. Elzevier les difficultés qu'il m'en avoit faites. M. Elzevier m'encouragea à ne m'en pas rebuter ; j'en parlai encore au même Auteur deux ou trois fois ; mais ce fut toujours sans aucun succès, tant il avoit été rebuté lui-même toutes les fois qu'il avoit voulu l'entreprendre. En sorte que, voyant enfin toutes mes instances sur ce sujet inutiles, je perdis alors toute espérance de voir jamais une raisonnable Grammaire françoise... »

Et Saint-Amour raconte qu'en désespoir de cause il

s'était adressé, pour le projet très réduit et modifié, à ce M. Mauconduy. — L'honneur de composer les premières Grammaires françaises dignes de ce nom était réservé à l'abbé Regnier des Marais et au Père Buffier. Lancelot, s'il avait voulu mener à bonne fin cette idée d'une Grammaire française, aurait dû ne pas tant craindre de suivre un peu son élève le prince de Conti dans le monde et à la Cour; il y aurait rencontré l'abbé de Dangeau, cet homme de qualité, grammairien passionné et philosophe; ils auraient débattu à fond, dans l'embrasure d'une fenêtre à Versailles, quelques-uns de ces points délicats, où serait intervenu en souriant La Bruyère. Au lieu de cela, il se fit bénédictin, et s'en alla mourir exilé à Quimperlé, en basse Bretagne : c'était par trop aussi tourner le dos au bel usage et à l'Académie[1].

Avec Lancelot, le plus considérable et le plus essentiel des maîtres de Port-Royal était M. Walon de Beaupuis, que nous avons vu Supérieur de l'école de la rue Saint-Dominique d'Enfer et de celle du Chesnai. Il nous faut parler de lui plus au long, car c'est une de nos fi-

---

1. L'exil de Lancelot à Quimperlé dura quinze années, et ne se termina que le 15 avril 1695, par sa mort. Il était âgé de quatre-vingts ans. Dans une lettre écrite de Quimperlé le 18 avril 1695, c'est-à-dire trois jours après sa mort, on parlait de lui en ces termes : « M. Lancelot, notre cher ami, est allé à Dieu le 15 de ce mois, vers les trois heures du matin. *Il est mort comme un saint*, et après sa mort, tout le monde lui est venu baiser les pieds. L'on fut obligé bientôt de fermer son cercueil, parce qu'on venoit de toutes parts lui couper sa robe. Les dernières paroles qu'on lui entendit prononcer furent celles du Psaume cxviii : *Vide humilitatem meam, et eripe me, quia legem tuam non sum oblitus* (Considérez l'humiliation où je suis, et daignez m'en retirer, parce que je n'ai point oublié votre loi). » — Sans prétendre juger au poids de l'éternelle balance, et fût-elle même aux mains du plus aveugle Destin, cela ne vaut-il pas encore mieux, ô homme, qu'une Grammaire française de plus?

gures. — Il était né à Beauvais le 9 (ou 29) août 1621. Il fit ses études dans sa ville natale, et y eut pour régent d'humanités M. Godefroy Hermant, alors très-jeune; depuis célèbre par ses Vies de saint Basile et de saint Grégoire de Nazianze, par celles de saint Jean Chrysostome, de saint Athanase et de saint Ambroise, dans lesquelles l'aidèrent Le Maître et Tillemont, et uni en tout de la plus étroite liaison avec Port-Royal. Venu à Paris en 1637, le jeune de Beaupuis y refit une année de rhétorique au Collége des Jésuites, sous le fameux Père Nouet, et il dut s'en ressouvenir plus tard pour savoir la méthode et le genre qu'il fallait éviter. Il fut plus heureux en trouvant au Collége du Mans M. Arnauld, qui, tout en poursuivant sa Licence, préludait avec éclat par un Cours de philosophie. La thèse de M. de Beaupuis, présidée par Arnauld, est restée mémorable dans les fastes de Sorbonne[1]. Mais Arnauld n'était pas encore, à cette date, le fils spirituel de M. de Saint-Cyran. Ce ne fut qu'en 1643 que M. Manguelen ayant fait lire à M. de Beaupuis, pendant ses vacances à Beauvais, le traité de *la Fréquente Communion*, celui-ci témoigna désirer ardemment d'avoir pour directeur de son âme l'auteur de ce livre, où, pour la première fois, il trouvait exprimée l'idée d'une chrétienne conversion. M. Manguelen l'adressa à MM. Singlin et de Rebours, et chez eux M. de Beaupuis retrouva MM. Arnauld et Hermant, ses anciens maîtres : il était donc à Port-Royal par tous les liens. Il vint se joindre aux solitaires des Champs le 16 mai 1644, dans ce premier printemps du désert. On ne l'y laissa pourtant point confiné. Ce fut sans doute en qualité de son élève le plus distingué de philosophie, qu'Arnauld l'envoya visiter de sa part Descartes, qui était venu à Paris dans l'été de 1644 :

---

1. Voir précédemment tome II, page 14.

Arnauld et Descartes ne se virent que par lui. Il suivit dans l'automne de cette même année M. Manguelen à Bazas[1], et au retour il ne tarda pas à être préposé à la conduite des Petites Écoles. M. Singlin le faisait entrer en même temps dans les Ordres malgré ses résistances, et le poussait jusqu'au diaconat; mais M. de Beaupuis ne fut ordonné prêtre qu'en 1666, sur les instances redoublées de l'évêque de Beauvais. Ce qu'il fit durant ces treize années (1647-1660) tant à l'école de la rue Saint-Dominique qu'au petit Collége du Chesnai, nous le savons par le résultat même et par le tableau des études auxquelles nous venons d'assister; dans cette vie unie et laborieuse, chaque jour se ressemblait. Après la ruine des Écoles, M. de Beaupuis logea quelques années à Paris, au sein de la famille Périer, s'occupant à suivre l'éducation des neveux de Pascal. Il était auprès de Pascal dans les derniers temps de sa maladie, et il assista à sa mort; on a une lettre de lui à M. Hermant, où il en raconte les circonstances[2]. Après que la famille Périer fut repartie pour l'Auvergne, en 1664, il demeura à Paris encore, et n'en sortit que lorsqu'il n'y eut plus moyen d'être utile aux amis de toutes parts éclipsés, et aux religieuses captives. Retiré alors à Beauvais (1666), attaché comme prêtre à l'Église de cette ville par l'évêque (Choart de Buzanval, ami de Port-Royal), il remplit dix ans des fonctions actives et diverses; puis il fut Supérieur du Séminaire à partir de 1676. Mais, à la mort de M. de Buzanval (1679), son successeur, le célèbre négociateur Forbin de Janson, prélat éclairé, mais mondain, pour se conformer aux ordres de la Cour et du Père La Chaise, dut sévir contre ce qu'on appelait *l'hérésie de Beauvais*. Il dépouilla M. de Beaupuis de son

---

1. Tome II, page 239.
2. Voir Mémoires manuscrits de M. Hermant (pages 1960-1961).

office de Supérieur, et alla même jusqu'à lui ôter les pouvoirs pour la confession. — « Il faut avouer, Messieurs, que voilà d'honnêtes gens que nous venons de maltraiter, » disait galamment M. de Janson à ses familiers, au sortir d'un de ces actes de rigueur. — Il disait encore qu'on le laissât faire, « qu'il feroit *plus de bruit que de mal;* qu'il n'en feroit point aux amis de son prédécesseur, mais qu'il étoit obligé de leur faire peur. » En attendant il faisait l'un et l'autre [1].

L'humble prêtre, retiré chez sa sœur, subit avec joie cette part de persécution, qui le rendait à une exacte solitude. Il y vécut encore 29 années entières, n'étant mort qu'en février 1709, à l'âge de 87 ans. On a le détail de sa vie dans les *Mémoires* de son neveu : il se levait tous les jours à quatre heures du matin au plus tard; il priait, et travaillait sur les Pères ou sur les Apôtres. Il lisait, debout presque toujours, sur un haut pupitre, et ne s'asseyait que le moins possible, et pour écrire : sans feu dans sa chambre en toute saison, même par les plus rigoureux hivers. Mais comme, dans les temps ordinaires, il était toujours nu-tête et tenait le plus souvent quelque fenêtre ouverte, il disait agréablement que si, dans les grands froids, il ne se chauffait pas, il tâchait au moins de s'échauffer en fermant la fenêtre, en se couvrant la tête et en cessant d'écrire pour se promener ou plutôt pour faire de *petites processions* autour de ses deux chambres : tout en tournant ainsi, et pour se tenir en haleine, il récitait encore des Lita-

---

1. Bien des années après, quand le cardinal de Janson revint de Rome dans son diocèse après une longue absence (1697), comme tout ce qu'il y avait d'un peu notable à Beauvais l'allait saluer, on conseilla à M. de Beaupuis d'en faire autant; il se présenta donc chez le prélat, qui le reçut avec une parfaite distinction et avec toutes sortes d'égards, comme on peut les attendre de ces habiles mondains quand ils n'ont plus qu'à être honnêtes gens tout à leur aise.

nies, ou quelque chose des Heures canoniales. Et lorsque M. de Beaupuis fermait sa fenêtre en faveur de quelqu'un qui lui venait rendre visite, M. Hermant disait que « *c'étoit là tout le fagot dont il falloit se contenter* [1]. » La seule interruption un peu considérable qu'il faisait à sa vie uniforme était un petit voyage chaque année, chaque été, vers le temps de la Fête-Dieu, à Port-Royal des Champs, pour s'y renouveler dans les bonnes dispositions qu'il y avait puisées. Il faisait ce voyage d'ordinaire avec un de ses neveux pour compagnon, à pied et à jeun, hors les toutes dernières années de sa vie, où il dut prendre un cheval [2]. Il avait six nièces reli-

---

1. *Mémoires sur la Vie de M. de Beaupuis*, page 200.
2. Nous avons de dernières nouvelles de M. de Beaupuis, et de tout à fait intimes, par les lettres de M. Vuillart, qu'il allait visiter chaque année à Paris, après avoir passé l'Octave du Saint-Sacrement à Port-Royal. Sa course annuelle était d'environ six semaines; il en profitait pour voir ses amis chrétiens sur la route. Après sa station à Port-Royal, il venait à Paris, où M. Vuillart le retenait quelques jours. Au nombre des personnes de piété de leur connaissance était mademoiselle de Grignan, une fille du comte de Grignan du premier lit, dont la mère était une d'Angennes; cette digne demoiselle était donc petite-fille de l'illustre marquise de Rambouillet. « Elle mène une vie fort retirée, écrit M. Vuillart, dans un de ces petits corps-de-logis du Val-de-Grâce, qui sont vis-à-vis de la fontaine des Carmélites. J'ai l'honneur de l'y voir quelquefois et de lui mener quelques serviteurs de Dieu qui me prennent d'ordinaire pour compagnon des visites assez rares qu'ils lui rendent, parce qu'ils sont eux-mêmes fort solitaires. L'un est M. de Tillemont, et l'autre un saint vieillard (M. de Beaupuis) qui ne la voit qu'une fois l'année, en ce temps-ci, après l'Octave du Saint-Sacrement, qu'il vient de seize lieues *de son pied* passer à Port-Royal-des-Champs chaque année exactement depuis cinquante ans. » (Lettre du 15 juin 1697.) M. Vuillart nous le montre ensuite partant de Paris : « J'accompagnai, dit-il, jusqu'à Tillemont au-dessus de Vincennes, entre Montreuil et Fontenay, le solitaire, ancien disciple de l'incomparable docteur, et j'y passai le jour avec lui. Il y demeura au gîte pour en partir le lendemain avec M. de Tillemont même, qui le vouloit accompagner de son pied (allure accoutumée de l'anachorète presque octogénaire) jusqu'à Boran, mai-

gieuses, dont deux à Port-Royal ; deux de ses neveux étaient morts à La Trappe : famille de saints!

Le croirait-on? en 1689, cet homme de Dieu, vivant de cette sorte, faillit être enveloppé dans la prétendue conspiration qui fit enfermer à Vincennes quatre chanoines de Beauvais, bientôt reconnus pour indignement calomniés et pour innocents : mais il en resta toujours un peu suspect. Poussant un jour son voyage de pèlerin jusqu'à La Trappe, en 1696, à l'âge de 75 ans, pour y embrasser, non plus ses neveux morts, mais le sous-prieur Dom Pierre Le Nain, frère de M. de Tillemont, et comme lui son ancien élève, lequel à diverses reprises avait témoigné le désir de le revoir encore, M. de Beaupuis ne put y parvenir ; et, malgré les instances qu'il fit faire auprès du Père Abbé (de Rancé), il dut reprendre son bâton de route sans avoir dit à son ancien ami le suprême adieu, sans même qu'on lui eût donné une raison du refus. Il repassa par Port-Royal, affecté au cœur, et s'en alla à Tillemont conter toute l'affaire à M. de Tillemont même: Celui-ci fut extrêmement surpris ; mais *il demeura cependant à son ordinaire dans une grande retenue, pour ne juger absolument ni ne condamner particulièrement le Père Abbé*. Le voyez-vous, la balance de l'équité et de la critique à la main? M. de Tillemont la portait en toute chose. Il résulta de l'explication qui eut lieu entre lui et M. de Rancé (nous y reviendrons), que ce dernier avait défense de la Cour de recevoir dans sa maison M. de Beaupuis suspect. Quoi qu'on puisse dire, M. de Rancé fut dur : Port-Royal

---

son de Bénédictines près de Beaumont-sur-Oise, où ils ont des amies communes. En vérité, Monsieur, on ne respire que la bonne odeur de Jésus-Christ auprès de telles personnes, et l'on en demeure tout parfumé pour plusieurs jours ; soit qu'ils parlent dans la conversation, soit qu'ils prient à leurs heures réglées, on est pénétré de les voir et de les entendre. » (Lettre du 16 juillet 1697.)

semble doux à côté. Aussi éloigné de la moindre complaisance que de la dureté extrême, Port-Royal encore ici nous offre le *media quædam ratio* jusque dans la voie austère.

Une grande douleur pour M. de Beaupuis, après la mort de M. Hermant, son digne maître (1690), fut celle de M. de Tillemont, son disciple chéri à la fois et respecté. M. de Tillemont, à son tour, regardait M. de Beaupuis comme son véritable père en Dieu. Dans sa dernière maladie, il souhaita de le voir; et M. de Beaupuis se mit en route, sans égard ni à son grand âge, ni à la rigueur de la saison (janvier 1698) : il arriva à temps pour le voir mourir. « La vénération singulière que M. de Tillemont avoit pour lui faisoit qu'il ne prenoit rien en sa présence, et surtout de ce qui lui étoit ordonné par les médecins, qu'*il ne le priât d'y donner sa bénédiction*[1]. » M. de Tillemont, par son testament, avait demandé que l'on conduisît son corps à Port-Royal des Champs, pour y être enterré auprès du fils de M. de Bernières, « avec qui, disait-il, Dieu m'avoit uni, en me tirant de la maison de mon père, pour me donner une éducation dont je le bénis de tout mon cœur, et dont j'espère de sa miséricorde que je le bénirai dans toute Éternité, *ayant été élevé par des personnes sans ambition, qui aimoient à servir Dieu en esprit et en vérité, dans le silence et dans la retraite.* » M. de Beaupuis, ce maître *sans ambition*, fut un de ceux qui, malgré la rigueur des glaces et la difficulté des chemins, accompagnèrent le corps de M. de Tillemont jusqu'au lieu sacré de la sépulture.

A la fin de cette même année (1698), il perdit M. Thomas Du Fossé, qui était comme le frère et le second de M. de Tillemont, — autre disciple chéri et honoré.

---

1. *Vie de M. de Tillemont*, par M. Tronchai.

Il vieillissait ainsi dans l'épreuve humaine, mêlant à beaucoup de prière beaucoup d'étude, les yeux sans cesse attachés à l'Écriture-Sainte, méditant surtout les *Réflexions morales* de Quesnel, y ajoutant les siennes propres, particulièrement sur les Actes et les Épîtres des Apôtres. Il parut de lui, en 1699, sans nom d'auteur, un petit livre in-12, chez Desprez : *Nouveaux Essais de Morale, contenant plusieurs Traités sur différents sujets.* Des amis qui en avaient le manuscrit prirent sur eux d'en procurer l'édition. Nous y chercherions vainement un de ces traits saillants qu'on puisse détacher; ce n'est plus qu'un fond uni où tout rentre.

Vers les dernières années, les contestations et les aigreurs redoublaient autour de lui; il restait la modération même. Un de ses amis avait signé purement et simplement le Formulaire sans ajouter d'explication, le croyant pouvoir faire en conscience d'après les termes du Bref d'Innocent XII (*in sensu obvio*) : quelques-uns l'en blâmaient, et ne le voyaient plus du même œil qu'auparavant; M. de Beaupuis le défendit, alléguant en sa faveur les derniers sentiments de MM. Arnauld et Nicole : « J'aurois pourtant de la peine, ajoutait-il, à excuser tout à fait ceux qui ne signeroient ainsi que dans la vue d'un bénéfice, ou pour tout autre intérêt.... Mais qui sommes-nous pour condamner, en ce point qui nous est inconnu, le serviteur d'autrui? S'il tombe ou s'il demeure ferme, cela regarde son Maître. » Indulgence pour autrui, vigilance pour lui-même!

Comme on le pressait, vers la fin, de relâcher quelque chose de la rigueur de sa vie à cause de son grand âge, il répondait que cet âge, au contraire, l'avertissait « *qu'il falloit doubler la garde.* » Durant sa dernière maladie, cette âme égale ressentit, malgré tout, quelque extraordinaire angoisse, une sorte d'effroi, à la prochaine vue du Jugement et de l'Éternité. Une personne qui était dans un coin de sa chambre l'entendit un jour, comme pour s'exhorter à l'espérance, proférer ces mots : « Il m'a semblé pourtant, ô mon Dieu, que vous m'avez fait la grâce de chercher toujours et par-dessus tout le Souverain Bien, qui n'est autre que vous-même! » Mais cette agonie fut courte; et, quelques jours après, il dit à la même personne, sitôt qu'il la vit entrer : « Enfin, le Seigneur m'a daigné rendre la joie du Salut! »

Mort à l'âge de 87 ans, le 1ᵉʳ février 1709, il ne vit pas l'accomplissement des derniers excès qui se préparaient contre Port-Royal; et même son tendre amour pour cette maison le rendit mauvais prophète à cet égard : il espérait toujours qu'un dessein si outré ne réussirait pas auprès de Dieu.

Lancelot et lui, voilà nos modèles entre les maîtres de Port-Royal. Je puis maintenant passer sous silence les moins importants, ou ceux qui n'enseignèrent que par occasion; car presque tous ces Messieurs, un jour ou l'autre, eurent à s'occuper des enfants. M. Le Maître entourait de ses conseils le jeune Du Fossé et l'enfance de Racine; M. Hamon soigna également ce dernier, qui lui en demeura filialement reconnaissant. Le bon Fontaine eut sa part fréquente aussi dans ce ministère de charité, sur lequel, en toute rencontre, sa plume affectueuse ne tarit pas[1].

Il est pourtant deux maîtres parmi les quatre primitifs qui professaient rue Saint-Dominique, deux collègues de Lancelot et de Nicole, que nous ne devons pas omettre tout à fait, Guyot et Coustel. De Guyot on ne

---

1. Ainsi encore, M. Floriot fut quelque temps préfet des Études à l'école des Granges; M. Burlugai, curé de Saint-Jean-des-Trous, M. Retard, curé de Magny, eurent quelques élèves ou chez eux, ou dans leur voisinage; les trois messieurs Dirois, dont l'un devint chanoine d'Avranches et nous est connu par les *Mémoires* de Du Fossé, furent parmi les maîtres de l'école de Sevrans; etc., etc.

sait presque rien en réalité, et il est vraiment singulier qu'un collaborateur aussi actif, un auteur et traducteur qui représente autant que personne le côté littéraire des Petites Écoles, et à qui nous avons pu emprunter si utilement pour le détail des préceptes, n'ait pas obtenu le moindre article dans les Nécrologes. Barbier, dans sa Notice sur Guyot, en a suggéré une raison assez plausible. Par une dédicace de 1666, placée en tête du *Recueil* traduit *des plus belles Lettres de Cicéron*, Guyot, (sous le nom de *Le Bachelier*) s'adresse *à Messeigneurs de Montbazon, étudiants chez les RR. PP. Jésuites au Collège de Clermont*, et il fait l'éloge de *cette École célèbre que la piété a consacrée à la science et à la vertu*. Évidemment Guyot n'a point persévéré. Connu à titre d'excellent précepteur, il se sera attaché, après la dispersion des Écoles et peut-être avant, à des enfants de grande maison, et il les aura suivis dans *la terre étrangère*, gardant de ses premiers amis les méthodes d'enseignement plutôt que l'exacte et délicate morale. C'était, en effet, choisir singulièrement cette date de 1666, qui est celle de l'entier abaissement de Port-Royal, pour venir apporter son hommage au Collège de Clermont triomphant. Quel est donc le juste qui porterait l'offrande à Samarie pendant la captivité de Sion? Guyot est de Port-Royal par bien des endroits; il n'en fut point par un seul, — la fidélité au malheur et à la vertu dans la persécution. C'est ainsi que son nom a mérité d'être rayé sans appel de la liste des *amis de la Vérité*.

Le bon Coustel, en cela, fut bien différent. Né à Beauvais la même année que M. de Beaupuis (1621), et plus jeune d'un mois environ, il semble l'avoir suivi comme à la trace, autant qu'un vertueux laïque pouvait imiter un saint prêtre. Après la destruction des Écoles, il devint le précepteur des neveux du cardinal de Furstemberg, et c'est à ce prélat qu'il a dédié ses *Règles de l'Éducation des Enfants.* Retiré et employé pendant un temps au Collége des Grassins, dont le Principal était son ami, il retourna passer à Beauvais les dernières années de sa vieillesse. *Tel qui le vit un jour, pouvait dire qu'il l'avait vu tous les jours de sa vie.* Cette uniformité et régularité dans le silence fait la marque distinctive de la pure race selon Saint-Cyran. Une fièvre lente arrêta tout à la fin ce doux vieillard qui cheminait à petits pas (1704). M. Coustel avait 83 ans.

On a les noms de beaucoup d'élèves de Port-Royal. Du Fossé dans ses *Mémoires* s'est plu à nous parler de ses condisciples les plus chers, le jeune marquis d'Abain, M. de Fresle, M. de Villeneuve, tous trois enlevés dès leur première campagne, et qui débutaient dans le rude métier sous l'œil des Turenne et des Fabert[1]. Il y avait

---

1. De nouveaux documents sont venus s'ajouter à ce qu'on savait déjà de M. de Villeneuve, ce plus jeune fils de M. d'Andilly. On en doit la connaissance à M. Varin, dans le livre qu'il a publié sous le titre : *La Vérité sur les Arnauld* (tome II, pages 184 et suiv.). C'est la première fois que j'ai l'occasion de citer ce livre, et j'éprouve, je l'avoue, un certain embarras. L'estime que j'ai pour M. Varin, et l'amitié qu'il m'a toujours témoignée, ne sauraient m'empêcher de laisser percer mon sentiment. Dans cet ouvrage, les pièces inédites sont intéressantes, la partie érudite et bibliographique est d'une recherche curieuse et exacte ; mais je ne saurais accueillir ni les jugements de l'auteur, ni le procédé d'interprétation qu'il a partout appliqué. Et tout d'abord, quand il veut bien faire mention de moi avec indulgence, comme ayant déjà contribué avant lui à *enlever quelques rayons à l'auréole* qui entoure le nom vénéré des Arnauld, il m'accorde un éloge auquel je n'ai véritablement aucun droit. Je n'ai jamais eu le dessein de découronner les illustres Arnauld, mais bien plutôt de m'honorer en les étudiant, et en les expliquant à des générations qui ont pu les perdre de vue à distance. Si j'ai marqué en eux quelques traits de l'humaine faiblesse, ç'a été par amour de la vérité, et sans entendre leur faire injure. Pour revenir au jeune M. de Villeneuve, M. Varin croit trouver dans les pièces qu'il publie des preuves qui feraient presque de M. d'Andilly le bourreau et l'assassin de son

encore deux autres frères de Du Fossé, qui moururent jeunes ; les fils de M. de Guénegaud ; ceux de M. de Bagnols, dont l'un fut Conseiller d'État ; ceux de M. de Bernières, dont la postérité s'en va refleurir dans les lettres de la jeunesse de Voltaire ; les Périer, neveux de Pascal. Je rencontre M. de Bois-Dauphin, petit-fils de

fils. J'y vois des circonstances de famille beaucoup plus simples. M. d'Andilly sans doute (et on le savait déjà) était pour ses enfants, excepté pour M. de Pomponne, un père moins tendre qu'on n'aurait voulu. Le jeune Villeneuve, qui tenait de sa race une certaine opiniâtreté, et qui avait envie de s'émanciper, comme il est ordinaire aux jeunes gens, se décide pour le parti des armes, sans égard pour les désirs de son père et pour ses propres moyens physiques : il était myope, et peu capable de conduire des soldats. D'Andilly, en envoyant son fils à Fabert, fait comme eussent fait à peu près tous les pères en sa place : pour dégoûter son fils, ou pour éprouver du moins sa vocation, il recommande à son ami de ne pas trop le ménager, et de faire en sorte qu'il *mange un peu, comme nous dirions, de la vache enragée.* Là est tout le crime. Villeneuve tient bon et persévère, en digne Arnauld qu'il est. Alors on cède, on lui accorde ce qu'il désire ; il part comme enseigne et meurt dans sa première campagne. J'avoue que je ne saurais voir là-dedans matière à cet enchaînement de considérations *providentielles* qui se trouvent développées, en des termes si singuliers, aux pages 212 et 215 du tome II de *La Vérité sur les Arnauld.* Dire du mal de Port-Royal, cela porte malheur en fait de logique et de style. — Voici un passage de la Correspondance entre M. d'Andilly et Fabert, qui donne le vrai ton et qui me semble caractéristique. M. de Villeneuve était en garnison à Sédan sous les ordres de Fabert ; celui-ci écrivait à M. d'Andilly, à la date du 11 avril 1657 : « Il n'est pas encore bien certain que j'envoie des compagnies d'infanterie à l'armée ; il faut en lever pour cela, à quoi je trouve beaucoup de difficultés ; mais si je l'entreprends, M. de Villeneuve y pourra avoir emploi puisque vous laissez cela à moi ; mon opinion étant qu'ayant une épée au côté, il la faut rendre utile à sa patrie ou la remettre au croc. Une campagne vous fera connoître ce que l'on doit attendre du génie de M. votre fils. Il a beaucoup de volonté ; il ne prend pas légèrement des pensées, il est ferme dans ses résolutions et ne veut pas demeurer dans un état au-dessous de sa naissance. Sa vue seule me fait peine ; hors cela, je serois absolument persuadé de lui pour toutes choses. » (Manuscrits de la Bibliothèque de l'Arsenal, Papiers de la famille Arnauld, tome II, n° 163.)

madame de Sablé, parmi les élèves de l'école de Sevrans. Il y avait eu, tout au commencement et avant l'institution régulière des Écoles, les deux messieurs Bignon, les fils du *grand Jérôme*, dont l'un (Jérôme II) fut successivement Avocat général, puis Conseiller d'honneur au Parlement, Conseiller d'État, Chef du Conseil établi pour l'enregistrement des Armoiries, et Grand-Maître de la Bibliothèque du Roi; et dont l'autre (Thierry) finit par être Premier Président du Grand-Conseil. De race forte, persévérante, et, comme on dit, de la vieille roche, ils restèrent exactement fidèles aux principes de leur éducation, reconnaissants jusqu'au bout envers Port-Royal; et ils moururent tous les deux en janvier 1697, à quatre jours l'un de l'autre.

J'ai précédemment nommé Des Champs, condisciple de Du Fossé, homme d'intelligence et d'ardeur, dont la vie ne manqua point d'aventures. Il s'était d'abord attaché pour sa fortune à l'aîné des fils de M. de Guénegaud, M. de Montbrison. Après la disgrâce de cette famille, il suivit la profession des armes, devint un officier de mérite, servit avec distinction sous Turenne pendant ses *deux dernières Campagnes*, dont il a écrit, sous les yeux de M. de Lorges, une Relation estimée. Puis il fut préposé par M. le Prince (le grand Condé) à l'éducation militaire de M. le Duc, son petit-fils; et il finit par se faire pénitent auprès de l'abbé d'Aligre, dans l'abbaye de Saint-Jacques de Provins. Il était frère d'un solitaire de Port-Royal, et d'un religieux de la Trappe [1].

C'étaient des élèves de Port-Royal encore, et en droite ligne, que M. Mairat, Conseiller au Grand-Conseil; M. Robert, Conseiller de Grand'Chambre; M. Benoise, Conseiller-clerc [2]; ces derniers du Parlement de Paris,

---

1. Voir, sur M. Des Champs, une lettre d'Arnauld à M. Du Vaucel, du 24 août 1685.

2. Dans les notes secrètes sur le personnel des Parlements, adres-

et qui par leur attache à la bonne cause marchaient plus ou moins dans la ligne des Bignon.

sées à Colbert vers la fin de l'année 1663, on lit à l'article *Benoise*, ce signalement : « Homme de bien, sans intérêt, estimé dans sa Compagnie et particulièrement de M. le Premier Président (Lamoignon) ; est sûr et ferme ; aime sa famille, est très-particulièrement lié avec M. de Brillac, son beau-frère ; n'a nulle déférence pour la Cour, au contraire s'oppose presque toujours à ce qui en part ; son clerc a quelque pouvoir sur lui. » — Si son clerc le menait un peu, Port-Royal le menait beaucoup lui et les siens ; on se rappelle la lettre de mademoiselle d'Aumale, qui a été donnée précédemment, page 71. — C'est le même M. Benoise qui mourut le 4 novembre 1667, et qui ordonna par son testament que l'on portât son cœur à Port-Royal. Mais comme les religieuses étaient prisonnières en ce temps-là dans leur maison des Champs, l'archevêque, M. de Péréfixe, empêcha que la volonté du défunt fût exécutée, et donna de grands ordres aux gardes pour veiller à ce que les religieuses n'en eussent pas seulement connaissance. Ce ne fut qu'après la paix rétablie et très-affermie, le 26 juin 1671, que M. Benoise son frère (toute cette famille était dévouée à Port-Royal) apporta ce cœur fidèle enfermé dans un cœur de plomb. — (Il y a bien quelque difficulté à ce qu'un conseiller-clerc, mort en 1667, ait été élève des Écoles de Port-Royal ; cela suppose qu'il était jeune quand il mourut. Nos auteurs n'entrent pas dans ces sortes d'éclaircissements et il n'y aurait rien d'étonnant à ce qu'on se perdît un peu dan tous ces Benoise.) — Je lis sur l'un d'eux, mort en avril 1699, cette notice dans une lettre de M. Vuillart à M. de Préfontaine, du 14 du même mois :

« Le vénérable vieillard M. Benoise, ancien conseiller au Grand-Conseil, vient d'aller à Dieu dans sa 83ᵉ année, aussi plein de mérites que de jours. Il jouissoit d'une santé parfaite. Il étoit exempt de toute incommodité. C'étoit la vieillesse la plus verte et la plus vigoureuse. Mercredi dernier, 8ᵉ du mois, il alla de son pied rendre visite à M. Le Peletier, le ministre, aux Chartreux où il passa tout le carême, comme à son ancien ami et tout proche voisin. On ne dit pas qu'il se soit trouvé incommodé de cette course. Dès le lendemain matin néanmoins il fut si fortement saisi d'apoplexie qu'il perdit connaissance. On envoya quérir son confesseur à sa paroisse, qui étoit Saint-Gervais. Au son de sa voix, il ouvrit les yeux et sourit, sans pouvoir parler. S'il lui restoit un peu de connoissance, pour cela, ou non, on ne le sait pas ; mais elle ne revint point, et il mourut sans qu'elle fût revenue un seul moment, samedi matin, ayant été au même état environ deux fois vingt-quatre heures. Sa vie étoit depuis longues années très-exemplaire et très-innocente. Je crois avoir appris qu'elle l'avoit toujours été, et qu'il avoit fait des actions de vigueur dans l'exercice de sa charge pour l'appui de la justice. C'étoit

On n'en saurait dire autant de tous ces élèves que nos pieux historiens énumèrent avec complaisance : un certain nombre se dissipèrent. Saint-Simon a dit de la comtesse de Grammont (mademoiselle Hamilton), qui avait été pensionnaire à Port-Royal : « Elle en avoit conservé tout le goût et le bon à travers les égarements de la jeunesse, de la beauté, du grand monde et de quelques galanteries.... » La plupart des élèves furent ainsi sans doute, et ils gardèrent quelque chose de leur éducation première à travers même les dissipations et les oublis. Il serait difficile pourtant de reconnaître à aucun signe le cachet d'élève de Port-Royal dans ce M. de Harlay, Conseiller d'État, le même qui fut Plénipotentiaire à la Paix de Ryswick, et de qui Saint-Simon a dit : « *Homme d'esprit, mais c'étoit à peu près tout*[1]. »

A côté des véritables et sérieux produits de l'éducation qui nous occupe, je ne fais qu'indiquer, par curiosité encore, le fameux duc de Monmouth, qui paraît avoir été placé quelque temps au Chesnai sous M. de Beaupuis. Ce fils naturel de Charles II, amené en France vers l'âge de 9 ans, y passa une couple d'années (1658-1660), tant à l'Académie de Juilly, chez les Oratoriens, qu'à notre École du Chesnai ; et l'on s'explique très-

---

un paroissien très-assidu, et il avoit le cœur vraiment hiérarchique ; car il étoit fort instruit et fort fidèle à pratiquer le bien qu'il savoit. Il lègue mille livres à Port-Royal des Champs, où il a deux filles, et son cœur, qu'il demande qu'on mette au cimetière du dehors dans la cour jointe à l'église, si la Communauté ne trouve à propos de le mettre ailleurs. »

Il y eut cela de particulier que lui étant mort le 11 avril, sa fille aînée, religieuse à Port-Royal, mourut huit jours après, le 19, et que sa veuve, plus qu'octogénaire, mourut le mois suivant, le 17 mai, imitant en toute chose son digne époux. Les cœurs du père et de la mère furent enterrés dans le cimetière des religieuses, auprès du corps de leur fille. C'était une vraie tribu d'Israël que ces Benoise.

1. Voir l'histoire de sa trahison envers M. de Chaulnes, *Mémoires de Saint-Simon*, tome I, page 432.

bien l'accident assez bizarre de cette rencontre, par le moyen des Muskry, des Hamilton, des Lennox, ces seigneurs irlandais ou écossais catholiques, qui étaient en liaison étroite avec nos amis [1].

Le jour que le Lieutenant-civil Daubray fit sa descente à Port-Royal des Champs (30 mars 1656), ayant eu occasion d'entendre parler à la mère Angélique d'un M. de Beauvais qui avait été précepteur du comte de Montauban, fils aîné du prince de Guemené, il répliqua en plaisantant : *Il a fait là une belle nourriture!* C'est ce qu'il aurait pu dire également d'un M. Grimald, précepteur du jeune chevalier de Rohan, et qui passa quelque temps avec son élève à Port-Royal. Ces fils de la princesse de Guemené font peu d'honneur à leurs maîtres : si l'aîné (M. de Montauban) était un si pauvre sire [2], le cadet (le chevalier de Rohan) devint le plus détestable des sujets [3]. Il eut le sort du duc de Mon-

---

[1]. On lit dans les Mémoires manuscrits de M. Hermant, à la date de 1661 : « Parmi les emplois de charité qui occupoient M. de Bernières depuis qu'il avoit quitté sa charge (de maître des Requêtes), et qu'il s'étoit retiré du Conseil du Roi, il s'étoit particulièrement appliqué au soulagement des Catholiques de la domination du roi d'Angleterre. M. Taignier (docteur en Sorbonne) l'avoit aussi souvent secondé dans ce dessein et l'avoit même lié si étroitement avec M. l'abbé d'Aubigny, parent de ce roi, qu'ils ne faisoient plus ensemble qu'une dépense pour le logement et pour la table, dans une maison canoniale du Cloître de Notre-Dame. Cette même charité avoit porté M. de Bernières à recevoir dans sa maison du Chesnai un fils naturel du roi d'Angleterre, qui depuis s'est signalé dans le monde sous le nom de duc de Monmouth; et comme il faisoit alors profession de la religion catholique, on tâchoit de l'y élever, et de lui inspirer des sentiments chrétiens. » Quand la petite troupe d'enfants de qualité qu'on élevait au Chesnai fut dispersée par un ordre de la Cour, M. d'Aubigny, qui y avait placé le jeune Monmouth, le mit à Juilly chez les Pères de l'Oratoire (lettre d'Arnauld à M. Du Vaucel, du 14 septembre 1685).

[2]. Il mourut fou en 1699, après des années de réclusion.

[3]. Accordons-lui pourtant ce qui lui est dû : on disait dans la langue de ce temps-là que M. Talon était *le plus beau sens commun*

mouth, et perdit la tête pour crime de rébellion. Il est dommage que Petitot n'ait pas su le hasard de ces deux étranges *écoliers* de Port-Royal, si l'on peut les appeler de ce nom ; il en aurait tiré grand parti dans son réquisitoire contre le Jansénisme : « Ces doctrines factieuses, anti-sociales, aurait-il dit, cet esprit de rébellion et d'indépendance, dont les germes déposés dans de jeunes cœurs devaient produire de si tristes fruits.... » Je renvoie pour la suite à tous les réquisitoires connus. — Heureusement rien n'eût été moins fondé qu'une telle accusation. Rohan et Monmouth ne furent jamais véritablement *nourris* et élevés à Port-Royal. Les familles de qualité, qui étaient en relation avec nos Messieurs, obtenaient d'eux que les précepteurs particuliers, qu'elles avaient choisis pour leurs enfants, les conduisissent quelque temps aux Champs pour profiter de l'exemple ; mais ce n'étaient là que des passages.

De ces élèves tout mondains et parfaitement infidèles, il en est un pourtant que je ne puis omettre, car il m'a paru trop aimable. Il s'agit de M. Stuart d'Aubigny, fils du duc de Lennox et de Richemond. Ce jeune membre d'une illustre famille écossaise[1] fut conduit de bonne heure en France, et placé aux Écoles de Port-Royal. Devenu, au sortir de là, chanoine de Notre-Dame, c'est chez lui, *au Cloître*, dans cette maison où il faisait ménage commun avec M. de Bernières, que venait loger M. de Beaupuis dans ses voyages du Chesnai à Paris, pendant l'année 1660. Le jeune d'Aubigny fit rapide-

---

du Palais, et l'on disait d'une façon non moins vive que le chevalier de Rohan était *la plus belle jambe* de la Cour. Ce beau danseur avait même de l'esprit, bien que des plus déréglés.

1. Un de ses ancêtres, Jean Stuart, Connétable des Écossais, était venu en France sous Charles VI pour soutenir le Dauphin contre les Anglais ; il avait reçu en récompense de Charles VII la châtellenie d'*Aubigny*, en Berry.

ment son chemin dans l'Église ; ayant résigné son canonicat de Notre-Dame, à la restauration de Charles II, il devint grand-aumônier de la reine d'Angleterre, infante de Portugal. Il fut de la Cour et des grandes affaires ; les souvenirs de l'ancienne vie du Cloître durent s'effacer un peu. Il mourut en 1665, au moment, dit-on, où il recevait de Rome le chapeau de cardinal, et quelques heures avant l'arrivée du courrier : dans tous les cas il paraît bien qu'il était désigné pour la promotion prochaine [1]. Mais je viens d'en parler comme d'un infidèle, dira-t-on ; — c'est qu'il l'était de toute manière, bien que prélat et futur cardinal. Ami intime de Saint-Évremond, nous apprenons chez celui-ci seulement à le bien connaître. Et d'abord personne ne l'égalait pour le charme du commerce et les agréments de la vie :

« Pour la conversation des hommes, dit Saint-Évremond [2], j'avoue que j'y ai été autrefois plus difficile que je ne suis ; et je pense y avoir moins perdu du côté de la délicatesse, que je n'ai gagné du côté de la raison. Je cherchois alors des personnes qui me plussent en toutes choses : je cherche aujourd'hui dans les personnes quelque chose qui me plaise. *C'est une rareté trop grande que la conversation d'un homme en qui vous trouviez un agrément universel ;* et le bon sens ne souffre pas une recherche curieuse de ce qu'on ne rencontre presque jamais.... Ce n'est pas, à dire vrai, qu'il soit impossible de trouver des sujets si précieux ; mais il est rare que la Nature les forme, et que la Fortune nous en favorise. Mon bonheur m'en a fait connaître en France, et *m'en avoit donné un*, aux pays étrangers, *qui fai-*

---

1. On le fait mourir à 46 ans, ce qui s'accorde mal avec les dates possibles de cette éducation à Port-Royal, laquelle pourtant est bien avérée. Adry conjecture qu'il faut lire 36 ans. — On aura dans le tome quatrième, à propos de l'exil de M. de Bernières, quelques extraits de lettres de M. d'Aubigny.

2. Dans sa « Réponse *à M. le Maréchal de Créqui, qui m'avoit demandé en quelle situation étoit mon esprit, et ce que je pensois sur toutes choses dans ma vieillesse.* »

soit toute ma joie. La mort m'en a ravi la douceur; et, parlant du jour que mourut M. d'Aubigny, je dirai toute ma vie, avec une vérité funeste et sensible :

. . . . Quem semper acerbum,
Semper honoratum, sic, Di, voluistis, habebo¹ ! »

Saint-Évremond, avec ce délicieux ami, causait donc vivement de toutes choses ; et un jour qu'il lui avait raconté la *Conversation* qu'il avait eue *avec le Père Canaye*, et dans laquelle les Jésuites sont mis à jour par un des leurs, M. d'Aubigny, se ressouvenant tout d'un coup qu'il était *janséniste* d'éducation, lui dit : « Il n'est pas raisonnable que vous rencontriez plus de franchise parmi les Jésuites que parmi nous.... » Et là-dessus il se mit à parler du parti qu'il connaissait bien, avec une entière ouverture :

« Je vous dirai que nous avons de fort beaux esprits, qui font valoir le Jansénisme par leurs ouvrages;

« De vains discoureurs qui, pour se faire honneur d'être Jansénistes, entretiennent une dispute continuelle dans les maisons;

« Des gens sages et habiles qui gouvernent prudemment les uns et les autres.

---

1. *Énéide*, V. (Montaigne applique ces mêmes vers à son regret de son cher La Boëtie). — Ce mouvement d'un regret si tendre m'a rappelé cette touchante Épitaphe d'un ancien poëte sur la perte d'un ami, d'un homme également bon, gracieux, aimable : « O Tombeau, de quel mortel tu couvres ici les ossements dans ta « nuit! de quel homme tu as englouti la tête chérie, ô Terre! Il se « plaisait avant tout au commerce délicat des Grâces, et il était dans « la mémoire de tous, Aristocratès. Il savait, Aristocratès, tenir « d'agréables discours en public, et, vertueux, ne pas froncer un « sourcil sévère. Il savait aussi, autour des coupes de Bacchus, « diriger sans querelle le babil qui sied aux banquets. Il savait se « montrer plein d'accueil et avec les étrangers et avec ses conci- « toyens. Terre aimable, tel est le mort que tu possèdes! » (Léonidas de Tarente, Anthol. Palat., VII, 440.) — Grec ancien ou prélat moderne, il y a un air et comme un sourire d'*honnête homme*, qui au premier abord se reconnaît.

« Vous trouverez dans les premiers de grandes lumières, assez de bonne foi, souvent trop de chaleur, quelquefois un peu d'animosité.

« Il y a dans les seconds beaucoup d'entêtement et de fantaisie. Les moins utiles fortifient le parti par le nombre; les plus considérables lui donnent de l'éclat par leur qualité.

« Pour les Politiques, ils s'emploient chacun selon son talent, et gouvernent la machine par des moyens inconnus aux personnes qu'ils font agir.... »

Et il continue de ce ton désintéressé, comme ferait d'Alembert ou Voltaire. En tête des meneurs politiques, M. d'Aubigny indique MM. de Bellièvre, de Laigues et Du Gué de Bagnols. Ceci se rapporte évidemment à des souvenirs datant de la Fronde ecclésiastique, quand MM. de Bellièvre et de Bagnols vivaient encore [1], quand le cardinal de Retz adressait de Rome à ses Grands-Vicaires l'ordre de reprendre en son nom l'administration du diocèse de Paris, et que M. d'Aubigny, au sein du Chapitre, *se signalait par sa fermeté* à défendre la cause de son archevêque légitime : c'est Retz lui-même qui lui a rendu ce témoignage [2].

---

1. Ils moururent tous deux en 1657; M. d'Aubigny en parle comme de gens vivants, et pourtant il est bien probable qu'il n'eut cette conversation avec Saint-Évremond qu'après 1657, et en Angleterre. Mais dans ces *Conversations*, écrites après coup par Saint-Évremond, il a dû se glisser bien de petits anachronismes (voir précédemment, page 48).

2. Au moment où le cardinal de Retz parvint à s'échapper du château de Nantes (8 août 1654), le Chapitre de l'Église de Paris et plusieurs curés ayant jugé à propos d'en rendre solennellement des actions de grâces à Dieu, il fut envoyé au nom du roi des lettres de cachet aux grands vicaires du Cardinal et à quelques-uns des chanoines et curés qui s'étaient signalés par leur ardeur. Ces lettres de cachet n'étaient d'abord que pour mander ces ecclésiastiques à Péronne, où était la Cour pendant le siège d'Arras ; mais, après le retour triomphant à Paris, on exerça quelques rigueurs envers les personnes ; il y eut des relégations et des exils. M. Hermant nous apprend dans son *Histoire* « qu'on délibéra

Au milieu des choses vraies et piquantes qu'on peut recueillir dans les aveux du Janséniste irrévérent, on remarquera pourtant qu'il n'y a aucune place pour ces hommes simples, d'humble et secrète vertu, comme l'était son ancien commensal M. de Bernières, son ancien maître M. Walon de Beaupuis, son ami M. Feydeau, qu'il était allé une fois visiter dans l'un des ses lieux d'exil, en compagnie de M. de Lalane. Il semble que le spirituel M. d'Aubigny ne les fasse point entrer en ligne de compte.

Je le soupçonne d'avoir été, — d'avoir fini par être de l'avis de Saint-Évremond lui-même en ces matières. Saint-Évremond a écrit *sur la Religion* des réflexions d'une grande finesse, et d'une impartialité aussi entière qu'on peut l'attendre d'un moraliste qui n'est pas croyant. C'est sans doute après en avoir discouru plus d'une fois, et être tombé d'accord avec son aimable ami, qu'il arrêta ses idées sur les avantages que la Religion procure au véritable et parfait religieux :

« Le véritable Dévot rompt avec la nature, si on le peut dire ainsi, pour se faire des plaisirs de *l'abstinence des plaisirs ;* et, dans l'assujettissement du corps à l'esprit, il se rend

---

longtemps à la Cour sur M. d'Aubigny pour le comprendre au nombre de ceux à qui on envoya des lettres de cachet : mais, ajoute-t-il, la considération de Madame la Princesse Palatine et de M. le Vicomte de Turenne, qui lui étoient unis par une amitié particulière, le fit distinguer d'avec ceux que l'on enveloppoit dans cette affaire. » M. Hermant a, d'ailleurs, grand soin de faire remarquer que, sur les vicaires généraux et les chanoines atteints alors pour cette manifestation de dévouement au cardinal de Retz, il en était peu qu'on pût appeler sérieusement des « disciples de saint Augustin ». Et quant à M. d'Aubigny, « on l'en avoit soupçonné, dit-il, mais sans aucun autre fondement, sinon qu'il ne pouvoit souffrir les maux que l'on faisoit aux disciples de saint Augustin et qu'on les appelât hérétiques ; mais *il n'en avoit jamais étudié les matières.* » M. d'Aubigny ne fut jamais qu'un janséniste de circonstance et *par générosité.*

délicieux l'usage des mortifications et des peines. La Philosophie ne va pas plus loin qu'à nous apprendre à souffrir les maux : la Religion chrétienne en fait jouir ; et on peut dire sérieusement sur Elle ce que l'on a dit galamment sur l'Amour :

> Tous les autres plaisirs ne valent pas ses peines[1]. »

C'est en causant, j'imagine, avec M. d'Aubigny de ces pénitents, et surtout de ces pénitentes raffinées que tous deux connaissaient si bien, les Sablé, les Longueville, les Guemené, que Saint-Évremond a dû développer sa pensée favorite, *que la dévotion est le dernier de nos amours.* Chaque trait porte, et s'applique à quelqu'une des personnes que nous savons :

« La dévotion fera retrouver quelquefois à une vieille des délicatesses de sentiment et des tendresses de cœur, que les plus jeunes n'auroient pas dans le mariage, ou dans une galanterie usée. Une dévotion nouvelle plaît en tout, jusqu'à parler des vieux péchés dont on se repent ; car il y a une douceur secrète à détester ce qui en a déplu, et à rappeler ce qu'ils ont eu d'agréable....

Ce n'est donc point ce qui plaisoit qu'on quitte, en changeant de vie ; c'est ce qu'on ne pouvoit plus souffrir....

« Il y a peu de conversions où l'on ne sente un mélange secret de la douceur du souvenir et de la douleur de la pénitence....

« Il y a quelque chose d'amoureux au repentir d'une passion amoureuse....

« Où l'amour a su régner une fois, il n'y a plus d'autre passion qui subsiste d'elle-même.... »

Lequel des deux, ou du confesseur ou du moraliste, avait été le premier à noter tant de fines nuances ?

---

1. C'est un vers de Charleval. — On se rappelle les premières joies de Pascal retiré au monastère des Champs. Et n'est-ce point Pascal lui-même qui a dit : « La vie ordinaire des hommes est semblable à celle des Saints. Ils recherchent tous leur satisfaction, et ne diffèrent qu'en l'objet où ils la placent. » (*Pensées.*) Cette manière de se rendre compte de la félicité religieuse, en poussant un peu, rentrerait dans l'explication tout humaine de Saint-Évremond.

« J'en ai connu qui faisoient entrer dans leur conversion le plaisir du changement ; j'en ai connu qui, se dévouant à Dieu, goûtoient une joie malicieuse de l'infidélité qu'elles pensoient faire aux hommes....

« Pour quelques-unes, Dieu est un nouvel amant, qui les console de celui qu'elles ont perdu : en quelques autres, la dévotion est un dessein d'intérêt et *le Mystère d'une nouvelle conduite.* »

Que d'à-propos, que de noms célèbres venaient s'offrir d'eux-mêmes à l'appui de chaque trait, dans cette vogue subite de conversions qui suivit les mésaventures de la Fronde ! L'homme du sanctuaire pouvait au besoin fournir le mot à l'homme du monde, et il avait de quoi lui prêter.

Ces deux esprits délicats, en parfaite union, conversaient donc de toutes ces choses et de bien d'autres ; et je ne crois en rien faire injure au Prélat catholique, en lui accordant quelque part dans les pensées de son ami, sur des matières qui étaient si étroitement de son ressort. Saint-Évremond avait été élevé chez les Jésuites au Collége de Clermont, et d'Aubigny à Port-Royal : tous deux se rejoignirent par l'esprit. — D'Aubigny est le Saint-Évremond de Port-Royal, comme Racine en est le Voltaire ; mais Racine est resté en chemin.

J'aurais cru manquer une heureuse occasion, que de ne pas m'arrêter en passant devant cette figure de d'Aubigny, qui m'est apparue comme le type de *l'homme aimable* au dix-septième siècle ; véritable Français d'Écosse, dont l'entretien égalait en charme celui des Clérambaut, des Hamilton et des Grammont. En fait d'élève de M. de Beaupuis, on conviendra qu'il ne s'en pouvait rencontrer de plus distingué, ni surtout de plus imprévu [1].

---

1. Mais on me dira peut-être que j'accorde trop au témoignage

de Saint-Évremond. La note suivante répondra à ceux qui prendront la peine de la lire. J'assemble en cet écrit bien des sortes de pensées : la seule unité que j'ambitionne est de tout comprendre de ce que je rencontre. Voici la note qui résume mon sentiment sur l'ami de d'Aubigny : « Depuis quelques soirs je me suis mis à
« lire Saint-Évremond; je ne lis pas tout indistinctement, mais je
« fais un choix. De cette manière il me paraît délicieux; c'est une
« conversation agréable et fine, d'une parfaite justesse. Cet homme
« n'est pas mis à son rang. Il lui a nui d'être absent de France
« durant tant d'années; sans quoi il serait compté à côté de La
« Rochefoucauld et de Retz. Et puis il a mis tant de négligence
« d'homme du monde à sa réputation littéraire, qu'il en paye les
« frais aujourd'hui. Mais cela même ajoute en lui au charme de
« *l'honnête homme.* Saint-Évremond est un moraliste accompli, un
« esprit juste, éclairé, tempéré, ne tirant des choses que ce qui
« importe à la vie; un vrai *moderne,* comprenant ce monde nou-
« veau qui s'ouvre, y pénétrant de sang-froid, et y devançant à son
« heure, sans empressement, ceux qui feront souvent moins de che-
« min et plus de bruit que lui. On sent à tout instant un esprit sans
« prévention d'aucun genre, qui *est sorti de chez soi,* qui a comparé
« les hommes et les peuples, et qui s'est rendu compte des variétés
« diverses où presque tous ses contemporains se tenaient confinés.
« Il y a bien à dire à ses jugements littéraires; il en est trop resté
« avec la France sur la date de son exil; mais ses jugements his-
« toriques sont excellents. Son style a trop d'antithèses, bien que
« sa pensée n'en soit jamais faussée. Il avait l'esprit railleur, et
« cette disposition lui a nui plus d'une fois auprès du prince de
« Condé, auprès de Mazarin; elle a finalement causé sa disgrâce
« auprès de Louis XIV. Mais, telle qu'elle nous apparaît d'après
« ses écrits, c'était une ironie honnête et libre, sans pétulance, et
« qui n'a fait son malheur que parce qu'il avait affaire à des
« Grands et à des Puissants avec qui la partie n'était pas égale, et
« qui *n'entendaient pas raillerie.* On ferait un volume charmant
« de Saint-Évremond ; on élaguerait presque tous ses méchants
« vers, et on ne ferait entrer que ses plus jolis Essais de moraliste.
« Je voudrais exécuter ce petit projet, et y mettre pour préface un
« portrait de ce gracieux sage. —Saint-Évremond avait causé avec
« Gassendi, Hobbes et Spinosa ; et le livre qu'il aimait à lire par-
« dessus tout était *Don Quichotte.* » — Tel me paraît l'homme qui jugeait l'entretien de M. d'Aubigny le plus parfaitement et le plus universellement agréable qu'il eût rencontré.

FIN DU TROISIÈME VOLUME.

APPENDICE.

SUR GORIN, PÈRE DE M. DE SAINT-AMOUR.

(Se rapporte à la page 14.)

J'ai cité un passage des *Anecdotes* de M. de Brienne où il oppose d'une manière un peu folâtre le père du docteur de Saint-Amour à son fils, l'un, dit-il, cocher du corps de Louis XIII, l'autre, recteur de l'Université de Paris. Cette expression de *cocher du corps* n'est pas seulement un jeu d'esprit et une façon d'antithèse, c'était bien un office ainsi désigné. Je lis dans un bon livre récent : « Il y avait deux offices de Cocher chez le roi, la reine et les princes : les Cochers du corps conduisaient les carrosses où montaient ces augustes personnages ; les Cochers ordinaires conduisaient les voitures de la Cour, les voitures de suite, etc. » (*Dictionnaire critique de Biographie et d'Histoire*, par M. Jal.) Le Cocher du corps était donc un personnage ; il prêtait serment entre les mains du grand écuyer. On a les noms de quelques-uns de ces serviteurs de confiance : Gorin mérite une mention à cause de son fils.

SUR
LE VOYAGE A ROME DES DÉPUTÉS JANSÉNISTES.

(Se rapporte à la page 19.)

Je mettrai simplement ici quelques propos que le docteur Des Lions a recueillis dans ses *Journaux*, sans ordre, sans dessein ni parti pris, au fur et à mesure qu'il les entendait, mais qui, dans leur décousu, donneront une juste idée de la manière dont étaient jugés à Rome les députés augustiniens, des charges que faisaient peser sur eux les adversaires, des arrière-pensées qu'on leur prêtait, et des périls qu'ils auraient bien pu, à la fin et en demeurant trop longtemps, y rencontrer. Ces extraits de conversations se trouvent au commencement des *Journaux* de M. Des Lions sous le titre d'*Observations sur le Jansénisme* :

« Du 10 janvier 1654. M. Hallier m'entretenant de son voyage de Rome m'a dit plusieurs choses, lesquelles, vraies ou fausses, sont également étranges et étonnantes :

« Que MM. de Lalane et Saint-Amour avoient eu toujours grande correspondance avec les ministres de Zurich pendant leurs négociations de Rome ; qu'ils (les ministres) les ont traités à leur retour ; qu'on y a soutenu (à Zurich) des thèses où Jansénius est approuvé comme enseignant leur doctrine *neque plus neque minus ;* — que le Pape lui disoit que M. de Saint-Amour seroit un pur ministre à Genève, ou ailleurs ; — qu'il fut mis en délibération si on ne les arrêteroit pas après la censure ; que quelques cardinaux n'en furent point d'avis, parce que personne désormais n'auroit plus l'assurance d'aller à Rome pour y faire décider les dernières contestations et qu'ils y avoient été les premiers ; qu'un cardinal leur dit confidemment qu'ils eussent à sortir en bref, demeurer peu et parler peu ; qu'ils ne tardèrent guère à partir ; qu'ils ne virent aucun des cardinaux pour leur adieu ; qu'ils firent courir le bruit qu'ils retourneroient par Notre-Dame de Lorette et qu'au lieu de cela ils se rendirent en trois jours dans l'État de Florence pour sortir des terres du Pape.

« Que sur l'instance qu'il (M. Hallier) fit à Sa Sainteté de prononcer sur les trois sens, il (le Pape) répondit qu'il ne le jugeoit point nécessaire, qu'il suffisoit d'avoir, par sa Bulle, condamné clairement les Propositions au sens de Jansénius ; que ce n'étoient que deux ou trois particuliers qui lui proposoient ce triple sens fabriqué d'un même sens avec adresse des prélats.... Il (M. Hallier) m'ajouta que Nolano jacobin est présentement ès prisons de l'Inquisition et en danger d'être brûlé ou envoyé aux galères pour avoir distribué les trois sens imprimés dans Rome et écrit quelques lettres dans la province.

« Que ces messieurs (les députés jansénistes) avoient voulu corrompre par argent plusieurs officiers de la Cour de Rome[1] ; qu'ils avoient eu intelligence avec Cromwell ; que le Père Des Mares étoit franc calviniste dans l'âme ; que tous ces gens-là sortiroient de l'Église avant qu'il fût peu de temps et que je le verrois ; qu'ils étoient calvinistes et pour la transsubstantiation et pour les indulgences ; qu'il avoit en mains le résultat des assemblées de Saint-Méderic (Saint-Merri) où il y a plusieurs erreurs ; qu'ils tiennent que l'absolution est nulle sans la satisfaction, que la foi informe n'est pas une vraie foi.

« Sur ce que je lui disois qu'il falloit tâcher de les rappeler, il m'a dit qu'un hérétique ne se convertissoit jamais (je crois qu'il l'entendoit des hérésiarques ou des docteurs hérétiques[2]) ; que pour témoigner qu'ils ne

---

1. On retrouve cette accusation mentionnée avec d'autres dans le *Journal* même de Saint-Amour (page 558).
2. Des auteurs et des chefs de doctrine.

l'étoient pas, ils devoient condamner les Propositions non pas simplement *ut jacent*,... mais *ad mentem Jansenii*, ce qu'il savoit bien qu'ils ne feroient jamais.

« Qu'il (M. Hallier) a fait le voyage de Rome à ses dépens et qu'il est prêt d'y retourner et peut-être dès ce printemps ; qu'il étoit résolu d'y demeurer encore dix ans, comme peu s'en falloit si les choses eussent pris un autre tour qu'elles n'ont pris ; — que le Pape lui a offert l'évêché de Toul et encore un autre ; qu'il n'est plus en état d'en prendre, ayant 58 ans, et ne voulant plus qu'étudier et se disposer à mourir ; qu'il y a deux ans qu'il ne fait qu'étudier ces matières, qu'il y est plus savant qu'eux [1]....

« M. Hallier ajoutoit que M. de Sainte-Beuve avoit dit à quatre ou cinq docteurs : *Le Pape en aura le démenti*.

« J'ai questionné le même jour le valet de M. Manessier qui a fait avec lui le voyage de Rome et qui ne se défioit de rien et m'a dit tout simplement que ces messieurs avoient à leur retour passé par Zurich ; que M. de Saint-Amour en connoissoit le ministre dès son premier voyage d'Italie avec le marquis de Souvré ; que celui-ci (le ministre) leur vint faire des civilités à leur arrivée ; que le lendemain il se mit en leur compagnie jusqu'à Baden où étoient assemblés les Chefs du canton pour apaiser les émotions populaires du pays et des paysans soulevés ; que dans Baden il n'y a qu'une bonne hôtellerie unique où logeoient les Députés (du Canton) ; que les docteurs y furent descendre, que l'hôtelier alla retenir en ville un logis pour eux, mais qu'il les obligea de venir manger chez lui, ce qu'ils firent ; qu'on mit M. de Lalane au haut, le pasteur de Zurich après, le Père Des Mares ensuite, et ainsi se mêlant ; qu'on fut deux heures à table ; que le lendemain on leur fit voir les raretés de la ville ; — que le Père Des Mares voit appréhendé de venir à Milan de peur de l'Inquisition, que cela fit changer le dessein qu'ils avoient de revenir par Lorette, et prendre la route de Florence et Venise ; qu'ils y arrêtèrent en attendant réponse aux lettres qu'ils avoient écrites à leur départ de Rome, ne sachant si les évêques ne les feroient pas retourner pour avoir un plus ample éclaircissement. Il (le valet) me dit que le Père Des Mares vouloit revenir en France lorsqu'il se vit arrêté pour la quarantaine au port de Gousat, et n'eût point passé outre à Rome sans M. Manessier ; qu'après leur audience ils furent visités solennellement, et qu'à leur départ le Père Isidore consulteur leur dit adieu amplement ; que M. de Lalane disoit souvent la messe, et les autres rarement pour ne pouvoir s'accommoder aux mines et aux formalités d'Italie ; que M. Angran et le Père Des Mares se divertissoient à jouer aux échecs.

« Le 16, M. Hallier m'a dit l'avoir su du voiturier qui les avoit conduits, que, pour se défaire d'un religieux et être seuls, ils avoient rendu les cinquante pistoles d'arrhes que le messager avoit eues de lui ; qu'ils furent de Zurich à Bâle en compagnie de six ministres ; que la reine et le cardinal Mazarin le savoient bien, etc.

« Le 23.... M. Manessier m'est demeuré d'accord qu'aussitôt après la censure, on leur fit dire qu'ils eussent à sortir promptement de Rome. On

---

1. M. Hallier, selon la remarque des Jansénistes, fut puni à l'endroit sensible : Il se laissa faire évêque de Cavaillon, mais il acheva de vivre et mourut paralysé, toutes facultés abolies, ayant oublié tout ce qu'il avait su, même son *Pater*.

dit qu'ils n'en voulurent rien faire et qu'ils firent eur adieu aux cardinaux Barberin et Pamphile qui les reçurent très-bien ; que celui-là reconduisit extraordinairement jusque dans la salle ; que M. l'ambassadeur leur procura lui-même audience du Pape ; qu'ils sortirent de Rome en plein midi, accompagnés d'un cortége de ses carrosses, etc.

« Le 28 j'ai ouï dire de M. Manessier... que dans Venise on leur disoit qu'ils se défiassent toujours de Rome, tant qu'ils fussent en sûreté ; qu'à Rome, ils ont pour maxime que, quand un homme est déclaré hérétique, ils le peuvent faire assassiner partout en conscience ; que le plus scélérat qui s'offre et se dévoue pour cela est réputé saint ; qu'en disant la messe, on se scandalisoit qu'il étoit trop long, quoiqu'il ne durât qu'une demi-heure ; qu'un jour aux Pères de l'Oratoire, un prêtre sacristain se plaignit de lui scandaleusement là-dessus et que le voyant revenir de l'autel, il lui dit deux grosses injures et qu'il lui reprocha de *faticare tota la chiesa*, d'avoir lassé toute l'assistance et été cause de plusieurs péchés ; que c'étoit le jour du Saint-Sacrement et qu'à la procession qui se fit ensuite on le montroit au doigt comme celui qui est si long ; que les Italiens disent la messe avec beaucoup d'indévotion apparente et en un quart d'heure au plus....

« Il nous dit encore dans l'assemblée que chez le cardinal Spada il y a dix ou douze tableaux couverts et qu'en leur montrant les autres peintures, vint un coup de vent qui tira tous les rideaux et leur découvrit des femmes toutes nues sur ces tableaux ; qu'à Venise, étant allés voir un couvent de religieuses dites de Saint-Laurent, ils virent derrière l'autel qui est au milieu de l'église de grandissimes grilles tout ouvertes et qu'étant aperçus de loin, accoururent à eux quelques religieuses pour les entretenir avec la gorge et la poitrine découvertes, un petit voile en forme de coeffion sur la tête, les manches de leurs chemises nouées en bas avec des rubans de couleur, enfin avec si peu de pudeur que nos docteurs se retirèrent sans les vouloir entretenir ; que s'en étant plaints à M. d'Argenson, ambassadeur, il leur avoit dit que c'est peu de chose au prix de ce qu'il a vu (ici l'histoire de l'habit blanc et du noir, du jugement du patriarche, de l'appel à Rome, etc. [1])....

« Le valet dudit sieur Manessier m'a dit que ces messieurs n'avoient point été par Lorette à cause que le Père G. (Guérin ?) ne témoigna pas en avoir inclination, qu'il en tient l'histoire pour fable ; qu'il tenoit suspectes la plupart des reliques qu'on leur montroit. Sur quoi madame de Liancourt me disoit que depuis peu à Rome on tire les corps des catacombes ; que le Pape leur donne un nom de saint, et qu'après on les débite pour des reliques ; que la mademoiselle de Guebriant en avoit rapporté un tout entier de son voyage, et qu'ils tenoient d'elle ce récit.... »

De tous ces extraits que je pourrais multiplier encore, on conclut aisément l'état des esprits *pour et contre*, on assiste aux conversations des docteurs en la salle de Sorbonne ou dans leur cabinet ; on a, si je puis dire, l'air du bureau. La grande objection et imputation faite aux Jansénistes était toujours leur cousinage avec le Calvinisme. Quelques-uns, en effet, y confinaient ou le côtoyaient

---

1. Nous n'avons, par malheur, que les têtes de chapitre de ces histoires qui devaient ressembler à des contes de Boccace.

plus que d'autres : Saint-Amour, qui avait tant voyagé de Paris à Rome, de Rome en Suisse et en Hollande, n'approuvait pas Arnauld de s'acharner si fort à combattre les Protestants et à marquer la séparation. Le Père Des Mares lui-même disait quelquefois, parlant des Calvinistes : « Nous leur avons laissé l'Écriture sainte, et nous n'avons pris pour nous que la scolastique et des raisons tout humaines. » Je lis dans les *Mémoires* de M. Feydeau que madame d'Aumale de Ventadour, après qu'elle se fut convertie et affermie dans la foi catholique, lui avouait en confiance qu'elle déplorait que nos prédicateurs ne prêchassent point l'Écriture comme faisaient les ministres, et qu'elle ne savait qui aller entendre. M. Feydeau était de ce sentiment. Les Jésuites répondaient, et cette fois assez spirituellement, quand on leur demandait ce qu'ils entendaient par ce terme de janséniste : « *Un janséniste est un calviniste disant la messe.* » A la distance où nous sommes de ces disputes, cette définition nous scandalise peu. Que d'autres aient encore là-dessus des olères : pour moi, je comprends très-bien qu'en sortant de Rome, les députés augustiniens se soient d'autant mieux accommodés des ministres réformés et qu'ils se soient dit : « Au moins, voilà des chrétiens [1]. »

SUR M. DE LAUNOI.

(Se rapporte à la page 36.)

Le docteur de Launoi, par ses hardiesses, frisait de près l'hérésie. Les orthodoxes ne le supportaient que tout juste. Je lis dans

---

1. Ceux qui sont curieux, et d'une curiosité sérieuse, peuvent lire dans le *Journal* de Saint-Amour une très-bonne page (p. 563) sur la visite qu'il fit à Bâle au célèbre auteur et professeur en langue hébraïque, Buxtorf. Ce savant homme, lui parlant de ce qui sépare et de ce qui pourrait réunir les différentes communions, indiquait la doctrine de la Grâce, si elle était une fois bien établie, comme le terrain commun d'une réconciliation possible ; les autres points, si importants qu'ils soient, sont, relativement, secondaires. Et c'est bien pour cela que les catholiques exclusivement romains ont tant d'horreur de cette doctrine de la Grâce et que, toutes les fois qu'elle se remontre à nu, ils font tout pour l'extirper. A l'heure qu'il est elle n'a plus d'asile dans le catholicisme tout jésuitisé et sophistiqué à la Liguori. Les vrais chrétiens sont en dehors.

le *Journal* manuscrit de M. de Pontchâteau à la date du 23 décembre 1678 : « Les Minimes de la Place-Royale ont avoué à M. le Premier Président de la Cour des Aides que M. de Paris leur avoit fait dire de ne pas souffrir qu'on mît dans leur église une Épitaphe à M. de Launoi, qui y est enterré, et que, si on en mettoit, le roi enverroit la mettre en pièces. » Je lis encore dans une lettre d'un Bénédictin, insérée dans ce même Journal (du 1er décembre 1678), que « l'un des Pères Minimes de la Place-Royale, confesseur ordinaire de M. de Launoi, lui avoit fait renoncer avant de mourir à tout ce qu'il avoit écrit et dit *qui pouvoit choquer la foi, la sainte Église ou les Saints.* Pour l'Épitaphe qu'on avoit présentée à ces Pères pour placer sur le tombeau dudit docteur, ils la refusèrent à cause de ces paroles qui y étoient : *Perpetuus veritatis assertor,* en la place desquelles ils vouloient qu'on mît : *veritatis indagator,* ou autres semblables. » — C'était en effet un chercheur infatigable et un critique scrutateur bien plus qu'un défenseur et mainteneur des vérités établies. Je lis encore dans une lettre de l'évêque de Grenoble, Le Camus, à M. de Pontchâteau, à la date du 31 mai 1675 : « Nous connoissons, vous et moi, le bonhomme de Launoi. Il est d'un très-bon usage pour débourrer un jeune théologien et pour le mettre dans la route ; mais si ces écoliers ne se tiennent bien, le libertinage est fort à craindre. » Le *libertinage,* c'est-à-dire la non-soumission aux idées reçues et de se faire des principes à soi de théologie trop hardie et trop libre. On verra le docteur Ellies Du Pin s'en ressentir.

SUR LES *LETTRES PROVINCIALES.*

(Se rapporte à la page 62.)

M. d'Andilly avait une correspondance suivie avec le marquis (bientôt maréchal) de Fabert, alors en résidence à Sedan, et le tenait très au courant des controverses et apologies jansénistes. Le vieux guerrier devenu très-dévot s'y intéressait beaucoup. Dans une lettre de lui du 12 mars 1656, adressée à M. d'Andilly, on trouve ce passage :

« .... Jugez, Monsieur, si je ne me tiendrai pas fort honoré d'avoir les livres que vous m'avez envoyés, et si je ne rechercherai pas avec soin tous ceux qui se feront à l'avenir. Je mande à celui qui fait mes affaires à

Paris de m'envoyer ce qui est fait depuis peu contre le jugement de la Sorbonne. Ainsi, Monsieur, s'il n'y a quelque chose qui ne se vende pas chez votre imprimeur ordinaire, il ne sera pas nécessaire que vous preniez la peine de me rien envoyer, si ce n'est un mémoire de tous les livres faits dans votre sainte et illustre compagnie, car je serois marri si je ne les avois tous. »

Dans ce qui suit, il s'agit évidemment des premières Lettres de Pascal sur l'affaire d'Arnauld en Sorbonne. D'Andilly les envoie à Fabert, qui répond le 26 mars 1656 :

« Je m'en vais commencer à lire ce que vous m'avez fait l'honneur de m'envoyer ; je suis déjà tout persuadé de ce que vous me faites celui de me mander, que par cette lecture je saurai qu'on a agi avec beaucoup d'animosité.... »

Les Lettres Provinciales semblent n'avoir été envoyées d'abord que manuscrites ; car ce doit être à cela que Fabert fait allusion dans sa réponse du 9 avril 1656 à M. d'Andilly :

« Je vous renvoie les copies des Lettres jointes à la vôtre du 3 de ce mois que vous m'avez fait l'honneur de m'écrire avec tant de bonté que je ne puis assez vous en remercier ; je puis vous assurer qu'elles n'ont été vues de personne parce que vous me l'avez défendu, car autrement j'ai des amis ici auxquels je les aurois fait voir, les empêchant d'en prendre des copies ; mais c'est assez, Monsieur, que vous m'ayez ordonné d'en user autrement. »

Le 8 mai 1656, Fabert lui écrit de sa maison de campagne de Nanteuil (près Paris) où il était venu passer quelques jours :

« Je vous rends, Monsieur, très-humbles grâces des copies de Lettres que vous m'avez renvoyées ; j'userai des unes discrètement, et des autres selon l'intention avec laquelle elles sont faites. J'ai eu une extrême satisfaction de les lire, et je vous confesse n'avoir jamais rien vu de si beau, de si fort ni de si convaincant que cela. »

Il ne les nomme pas encore dans sa lettre du 28 mai 1656, il se contente de dire à M. d'Andilly :

« J'ai vu avec une satisfaction inexprimable les Lettres que vous m'avez fait l'honneur de m'envoyer ; car il y a longtemps que ce qu'elles détruisent avoit été soutenu devant moi par des docteurs qui m'avoient bien fort scandalisé. »

Enfin elles sont expressément nommées dans sa lettre du 23 août 1656 :

« Je reçus vendredi dernier la lettre que vous m'avez fait l'honneur de m'écrire le 13 ; et les trois de la suite de celles au Provincial, en même temps que celui qui fait mes affaires à Paris m'en envoyoit aussi que je lui avois demandées. »

Fabert écrit à d'Andilly, le 18 octobre 1656 :

« La treizième Lettre est tout à fait admirable, et si ceux contre qui elle parle étoient bien conseillés, ils ne donneroient plus matière de se faire bourrer de la sorte ; ils rendroient grâce pour les lumières qu'on leur offre, et tout au moins, s'ils n'en vouloient pas profiter, ils laisseroient la chose sans obliger leur censeur à leur en dire journellement qu'ils doivent avoir peine d'entendre. »

Et le 7 décembre de la même année :

« J'ai bien de l'impatience que la quinzième Lettre paroisse, mais quoique je ne mette point en doute ce que vous dites, je ne laisse pas de ne pouvoir comprendre comment elle peut être plus belle que la quartorze ; celle *ici* (pour *celle-ci*) m'a charmé et tellement rempli l'esprit d'admiration pour elle que je ne pense pas pouvoir jamais rien voir de si beau. »

Fabert, dans sa lettre du 17 décembre 1656, accuse réception à M. d'Andilly de l'*Avis des Curés de Paris* et de la suite de l'extrait des censures. Il l'en remercie et lui dit qu'à l'avenir une liste des choses imprimées lui suffira, et qu'il se les fera adresser par la personne qu'il en a chargée à Paris. Ce qu'il désirerait surtout serait « la liste de tout ce qui est imprimé depuis le livre de *la Fréquente Communion*. » — Il a lu la quinzième Lettre et la met au même rang que la quatorzième.

Le 24 décembre 1656, il écrit :

« Ce m'a été un extrême déplaisir d'apprendre que la seizième Lettre étoit aussi la dernière. »

Et le 7 mars 1657 :

« Si toutes les Lettres n'étoient telles qu'on ne peut dire d'aucune que ce ne soit la plus belle chose du monde, l'on diroit que la dix-septième est la plus belle qui ait jamais été écrite. »

Le 16 mai 1657 :

« La dix-huitième est une chose à admirer, et que chacun doit savoir, ce me semble. Il y a beaucoup de choses à apprendre en sa lecture, et, à mon avis, une seule à craindre, qui est qu'elle ne donne aux Jésuites autant d'aversion pour saint Bernard qu'ils en ont pour Jansénius. » — (Manuscrits de la Bibliothèque de l'Arsenal, *Papiers de la Famille Arnauld*, tome II.)

Ce qui s'est passé là entre M. d'Andilly et Fabert a dû se produire plus ou moins de la même manière, au même moment, en vingt et en cent cas à peu près semblables. Tous les amis, tous les correspondants de Port-Royal étaient en mouvement. M. d'Andilly, s'il ou il manigançait en tous sens pour recueillir des suffrages.

SUR MADAME DU PLESSIS-GUÉNEGAUD
ET L'HOTEL DE NEVERS.

(Se rapporte à la page 62.)

Le Père Rapin, dans son Histoire du Jansénisme, est homme de parti ; il ramasse des propos, des mémoires de toute main, il n'est pas scrupuleux : tout ce qui est contre les Jansénistes et contre Port-Royal lui est bon ; il y met peu de choix et nulle ingénuité, quoi qu'il en dise ; les intérêts de la Compagnie, comme à tout bon jésuite, lui sont plus chers que la vérité. Mais il est des endroits de ses *Mémoires* qui sont plus originaux que les autres, et qui ont du prix : c'est quand il parle des personnes qu'il a connues, des femmes surtout, des salons qu'il a fréquentés ou dont il a été bien informé par ceux qui en étaient ; je dirai qu'il est là sur son terrain. Toutes les fois qu'il a à parler de madame de Sablé, de madame Du Plessis-Guénegaud, il excelle et il triomphe. C'est un mérite que je me plais à lui reconnaître. Sur madame Du Plessis, par exemple, il revient à bien des reprises ; il décrit parfaitement le ton et l'esprit de la maîtresse de la maison et de la société qu'elle réunissait autour d'elle. Ainsi sur la fin de la seconde Fronde, vers 1651-1652, recherchant les points d'appui et les ramifications, les divers foyers de Port-Royal et du Jansénisme dans le monde, il nous dit :

« Mais le grand théâtre où se débitoit avec plus de bruit et même avec plus d'applaudissement le nouvel évangile de Port-Royal étoit alors l'hôtel de Nevers, qui est à présent l'hôtel de Conti, au bout du Pont-Neuf, chez la comtesse Du Plessis, femme du secrétaire d'État. La politesse de sa maison, dont elle faisoit les honneurs, la bonne chère, car la table y étoit d'une grande délicatesse et d'une grande somptuosité, la compagnie la plus choisie de Paris tant de gens de la robe que de la Cour, et toutes sortes de divertissements d'esprit y attiroient tant de monde, mais du monde poli, que c'étoit le rendez-vous le plus universel de la cabale. L'évêque de Comminges, cousin germain de la comtesse, le prince de Marsillac, depuis duc de La Rochefoucauld, le maréchal d'Albret, la marquise de Liancourt, la comtesse de La Fayette, la marquise de Sévigny, d'Andilly de Pomponne, depuis secrétaire d'État, l'abbé Testu, ami intime de la comtesse Du Plessis, beau parleur, mais sujet aux vapeurs à la mode, l'abbé de Rancé, homme agréable et spirituel, qui a été depuis le fameux abbé de La Trappe, les Barillons et tout ce qu'il y avoit de brillant parmi la jeunesse de qualité qui florissoit alors dans la ville ou à la Cour, se rendoient régulièrement en cet hôtel ou alloient à Fresne, maison de plaisance de la comtesse, à sept lieues de Paris, pour y faire des conférences d'esprit : car c'étoit un lieu agréable délicieux et propre à cela. Ce n'est pas que tous ceux qui s'y trouvoient fussent du parti, car la plupart y alloient par un esprit d'intrigue et de curiosité qui étoit le caractère de la maitresse du logis, et l'on venoit y apprendre les nouvelles aventures et les prospérités de Port-Royal, pour y faire les réflexions que les intéressés jugeoient à propos et pour donner vogue à la nouvelle opinion par ce qu'il y avoit de gens délicats à Paris. On n'a pas su fort exactement tout ce qui s'y passoit, ceux qui s'y trouvoient étant des gens qui savoient vivre sans se vanter de rien ; mais on savoit fort bien que le comtesse, qui avoit de l'honnêteté, de la politesse et de l'esprit, se servoit assez bien de ses talents pour avancer les intérêts de la nouvelle opinion... »

Et à l'année 1656, au moment de la première vogue des *Provinciales*, et de la mise en train du succès :

« J'ai déjà remarqué que l'hôtel de Nevers... étoit alors le réduit le plus agréable de Paris par le concours de la plupart des gens d'esprit qui y brilloient le plus et qui fréquentoient cette maison, attirés par l'honnêteté, la politesse, la magnificence de la maitresse, qui étoit, comme j'ai dit, la comtesse Du Plessis, femme du secrétaire d'État. Comme elle prenoit aisément l'empire, par la qualité de son esprit, sur ceux qui l'approchoient, ce fut à elle à qui on s'adressa de Port-Royal, où elle avoit de grandes liaisons, afin qu'elle fît valoir les *Petites Lettres* auprès de ces beaux esprits, en les obligeant à en appuyer le succès de leurs suffrages dans le monde, où ils s'étoient acquis tant de crédit. La comtesse profita d'une si belle occasion de se signaler auprès d'un parti qu'elle estimoit déjà beaucoup, et où elle ne doutoit pas qu'on ne l'estimât elle-même. Elle s'y engagea d'autant plus volontiers qu'elle ressentit fort l'honneur qu'on lui faisoit d'avoir recours à elle, étant naturellement officieuse; qu'elle suivoit l'inclination qu'elle avoit d'être mêlée à des intrigues d'esprit, étant vaine ; et qu'elle contentoit un peu sa vengeance contre le ministre (Mazarin), croyant lui faire dépit de s'attacher à un parti qui passoit alors pour contraire à la Cour, sans faire réflexion que les grands établissements de son mari et de sa maison dépendoient uniquement de la faveur, comme elle (le) ressentit après. Ainsi l'espérance qu'on eut à Port-Royal qu'elle feroit bien se trouva conforme à l'idée qu'on en avoit et eut tout l'effet qu'on s'en étoit promis : car elle fit des merveilles dans cette conjoncture, où tout réussit beaucoup mieux encore qu'on ne l'avoit projeté.

« Devant que la sixième Lettre parût dans le public, on en envoya une copie à la comtesse pour la faire voir à ses amis, c'est-à-dire à ceux qui lui rendoient leurs assiduités, qui étoient l'abbé de Rancé, depuis le fameux abbé de La Trappe ; l'abbé Testu, célèbre par ses vers de dévotion et par ses sermons ; Barillon l'aîné, conseiller d'État et ambassadeur en Angleterre ; Barillon le cadet, qui se fit appeler Morangis au Conseil et dans ses Intendances ; Courtin, signalé pour ses ambassades dans les Cours du Nord; Pellisson, qui étoit alors le secrétaire favori du surintendant Fouquet, et quelques autres. La comtesse les ayant assemblés chez elle, on prétend qu'elle leur déclara l'intérêt qu'elle prenoit aux affaires de Port-Royal ; que ceux qui le gouvernoient étoient ses bons amis ; que, dans la distribution qui commençoit à se faire des *Petites Lettres* dans le monde, elle venoit d'être privilégiée, parce qu'on lui avoit envoyé celle qui alloit paroître avant que de la donner au public, pour savoir son sentiment et celui de ses amis, c'est-à-dire pour les engager tous à lui devenir favorables et à la prôner dans le monde. Elle leur dit qu'ils avoient trop d'esprit pour ne pas sentir eux-mêmes les beautés de ces Lettres, pour lesquelles elle leur demandoit leur protection ; elle leur représenta même qu'ils trouveroient de quoi exercer leur zèle en contribuant de leurs suffrages à décrier une morale aussi pernicieuse que celle des nouveaux Casuistes qui désoloient la religion par leur relâchement; que, sans examiner si la doctrine de Port-Royal avoit été condamnée à Rome ou non, il paroissoit qu'elle étoit préférable à celle des Jésuites par la seule considération de la morale.

« Après ce préambule, la Lettre fut lue, et elle ne pouvoit pas manquer d'être admirée par des gens aussi disposés à plaire à la comtesse, et qui lui étoient en toutes manières aussi dévoués. Ils vont comme autant de trompettes publier par tout Paris que la sixième Lettre au Provincial commence à paroître, qu'elle étoit encore bien plus belle que celles qui avoient paru, ce qu'ils dirent d'un ton si affirmatif que l'approbation de gens si habiles, faite dans un si grand concert, redoubla l'impatience et la curiosité qu'on eut de la voir. Ce qui se fit dès le lendemain, qui fut le 4 d'avril suivant, et ce fut avec ces préparatifs qu'on la distribua dans le public.... »

Il y a bien, à toute cette mise en scène, à cette petite harangue qu'on prête à madame Du Plessis, un peu d'arrangement et, si je puis dire, une légère invention littéraire: le Père Rapin avait été un bon professeur de rhétorique. Mais enfin on conçoit que les choses aient pu se passer à peu près ainsi.

Ce qui ne laisse pas d'être singulier, c'est que dans ces mêmes *Mémoires*, et au moment où il fait l'homme si bien informé, le Père Rapin paraît persuadé que les trois premières *Provinciales* sont de la plume d'Arnauld, et que comme on vit que ces trois Lettres n'avaient pas « le succès qu'on s'en étoit promis, » l'idée vint seulement alors de s'adresser à Pascal, bien que ce dernier fût depuis quelque temps brouillé avec Arnauld ! ! Pascal ne serait, selon lui, entré dans la composition des *Provinciales* qu'à partir de la quatrième Lettre, et encore la quinzième et les suivantes jusqu'à la fin redeviendraient-elles l'œuvre du seul Arnauld. De pareilles incertitudes et inexactitudes sur le fait littéraire le plus capital de notre Histoire prouvent à quel point le Père Rapin est une autorité contestable et précaire pour tout ce qui est du dedans de Port-Royal: il peut s'étendre à plaisir sur les dehors de la place et battre l'estrade à l'entour, il ne mit jamais le pied dans la citadelle.

Et pour ce qui est de Pascal notamment, le Père Rapin est faible, inexact, mensonger, à la merci des *on dit*. Son goût littéraire même est en défaut sur l'écrivain de génie. Il ne soupçonne rien de sa puissance, de son éloquence, il ne lui accorde pour tout talent que les railleries et les *bouffonneries*. Au moral il ne le méconnaît pas moins : il en fait un libertin de profession dans sa jeunesse, il interprète à contre-sens sa mort et ses sentiments suprêmes. C'est plaisir de voir comme il n'entend rien à ce grand adversaire, à cette organisation, à cette nature, à ce christianisme : l'âme de

Pascal, je ne crains pas de l'affirmer, reste inabordable au Père Rapin. Cela prouve qu'on peut être à l'aise avec madame Du Plessis et ne pas être de force sur Pascal.

SUR LA *RÉPONSE* EN TÊTE DE LA TROISIÈME PROVINCIALE.

(Se rapporte à la page 68.)

Voici une Note plus développée, que j'ai mise dans le *Bulletin du Bibliophile* (septembre 1858), et dans laquelle l'éclaircissement est aussi complet qu'il peut l'être :

« Tout le monde a lu, en tête de la troisième *Provinciale,* la *Réponse* que l'auteur suppose que le *Provincial* lui adresse, et dans laquelle il y a deux billets insérés, tout à son éloge : l'un est censé d'un des académiciens les plus illustres ; l'autre est attribué à une personne que l'on ne veut *marquer* et désigner *en aucune sorte*, et dont il est dit : « Contentez-vous de l'honorer sans la connoître, et quand vous la connoîtrez, vous l'honorerez bien davantage. »

« De qui sont ces deux billets ? N'est-ce qu'une invention adroite de l'auteur, et, de sa part, une manière indirecte de se louer ? ou sont-ils de personnes en effet connues, et que les lecteurs bien informés alors se nommaient tout bas ?

« Les commentateurs, et moi-même autrefois qui me suis occupé de l'examen des *Provinciales*, nous avons négligé de le dire[1] ; j'avais même adopté, faute d'indices dans l'autre sens, la première supposition, et je m'y tenais ; j'en étais resté là jusqu'à ces derniers temps.

« Mais venant à relire la première des deux Petites Lettres où Racine retourne contre ses anciens maîtres de Port-Royal l'art et l'ironie des *Provinciales*, j'y ai remarqué deux passages qui répondent à la question.

« On se rappelle que la Lettre de Racine fut provoquée par un mot dur de Nicole qui, dans l'une de ses *Imaginaires*, avait lancé l'anathème contre les auteurs de romans et de comédies, qu'il appelait des *empoisonneurs publics* et *des gens horribles parmi les Chrétiens*.

« Pourquoi voulez-vous, lui disait Racine, que ces ouvrages d'esprit

---

[1]. M. l'abbé Maynard, qui a publié en 1851 une édition des *Provinciales*, m'a écrit pour me faire remarquer (ce que j'ignorais) qu'il n'avait pas négligé de faire le rapprochement qui est le sujet et le point de départ de cette Note ; il me permettra d'observer, à mon tour, qu'il n'en a pas tiré tout le parti possible.

« soient une occupation peu honorable devant les hommes et horrible
« devant Dieu? Faut-il, parce que Des Maretz a fait autrefois un roman et
« des comédies, que vous preniez en aversion tous ceux qui se sont mêlés
« d'en faire? Vous avez assez d'ennemis : pourquoi en chercher de nou-
« veaux? Oh! que le Provincial étoit bien plus sage que vous! Voyez comme
« il flatte l'Académie, dans le temps même qu'il persécute la Sorbonne. Il
« n'a pas voulu se mettre tout le monde sur les bras; il a ménagé les fai-
« seurs de romans, il s'est fait violence pour les louer.... »

« Comment Pascal a-t-il loué les faiseurs de romans, et en quel endroit?
On ne le voit pas d'abord, mais il est dit tout à côté qu'il flatte aussi l'A-
cadémie, et cela semble déjà indiquer que c'est dans le même endroit qu'il
use, à l'égard des romanciers comme à l'égard de l'Académie, du même
artifice.

« Un peu plus loin, dans cette Lettre si pleine de malice, Racine raconte
la jolie anecdote du volume de la *Clélie* qu'on envoya à Port-Royal, à
cause de l'endroit où il était question du saint Désert et de M. d'Andilly le
patriarche : « L'on fit venir au Désert le volume qui parloit de vous; il y
« courut de main en main, et tous les solitaires voulurent voir l'endroit où
« ils étoient traités d'*illustres*. Ne lui a-t-on pas même rendu[1] (à mademoi-
« selle de Scudéry) ses louanges dans l'une des *Provinciales*, et n'est-ce
« pas elle que l'auteur entend, lorsqu'il parle d'*une personne qu'il admire
« sans la connoître?* »

« Ceci achève de nous fixer et il devient évident que c'est à mademoiselle de Scudéry que s'applique (sauf une légère différence dans les termes)
le passage cité plus haut, dans lequel il est dit : « Contentez-vous de *l'honorer sans la connoître.* » Par conséquent, le billet cité est d'elle, et, maintenant que nous le savons, il nous est facile, en effet, d'y reconnaître sa
manière spirituelle et son agrément apprêté.

« Je vous suis plus obligée que vous ne pouvez vous l'imaginer, écrivait
« donc mademoiselle de Scudéry à une dame qui lui avait fait lire la pre-
« mière *Provinciale*, de la Lettre que vous m'avez envoyée : elle est tout à
« fait ingénieuse et tout à fait bien écrite; elle narre sans narrer, elle éclair-
« cit les affaires du monde les plus embrouillées, elle raille finement; elle
« instruit même ceux qui ne savent pas bien les choses, elle redouble le
« plaisir de ceux qui les entendent; elle est encore une excellente apologie,
« et, si l'on veut, une délicate et innocente censure : et il y a enfin tant
« d'art, tant d'esprit, et tant de jugement en cette Lettre que je voudrois
« bien savoir qui l'a faite, etc. »

« Quand elle louait ainsi les *Provinciales*, mademoiselle de Scudéry ne
se doutait pas que le goût sévère et fin dont elles étaient le premier modèle allait avoir pour effet de la vieillir elle-même et de la *suranner* elle
et ses œuvres, de vingt-cinq ans en un jour.

« Si le second billet cité dans cette *Réponse du Provincial* est de made-

---

1. A prendre les choses au pied de la lettre, il y aurait ici une légère
confusion de dates : les louanges du tome VI de la *Clélie* ne vinrent que
deux ans après la troisième *Provinciale;* mais des deux parts ce ne fut
toujours qu'un échange d'éloges, un *prêté-rendu*, et c'est ce qu'a voulu dire
Racine, qui avait cette idée de prêté-rendu dans l'esprit, mais qui, écrivant
plusieurs années après ces légers faits accomplis, a pu en intervertir l'ordre
et se tromper sur un accessoire, sans que cela intéresse le principal.

moiselle de Scudéry, il est bien évident que le premier billet doit être aussi d'un personnage réel, et il n'est pas difficile de conjecturer de qui, vraisemblablement, il peut être. Quel est, en effet, l'académicien qu'on pouvait, à cette date, désigner comme *des plus illustres entre ces hommes tous illustres*, et à qui cette emphase même, cette solennité d'éloge ne déplaisait pas ? Balzac était mort ; Gomberville, sur le compte duquel de méchants connaisseurs avaient d'abord essayé de mettre les *Provinciales*, était plus occupé à s'en justifier qu'à les louer. Je ne vois guère que Chapelain qui ait pu écrire le majestueux billet qui faisait, à ce point, autorité. Il était, on le sait, fort en correspondance avec M. d'Andilly. Le style du billet ne dément pas la supposition, mais bien plutôt la confirme :

« Je voudrois que la Sorbonne, qui doit tant à la mémoire de feu mon« sieur le Cardinal, voulût reconnoître la juridiction de son Académie fran« çoise : l'auteur de la Lettre seroit content ; car en qualité d'académicien, « je condamnerois d'autorité, je bannirois, je proscrirois, peu s'en faut que « je ne die, j'exterminerois de tout mon pouvoir ce *pouvoir prochain* qui « fait tant de bruit pour rien et sans savoir autrement ce qu'il demande. « Le mal est que notre pouvoir académique est un pouvoir fort éloigné et « borné ; j'en suis marri, et je le suis encore beaucoup de tout ce que mon « petit pouvoir ne sauroit m'acquitter envers vous, etc. »

« La plaisanterie, on le voit, est bien assez compassée et assez lourde pour être de Chapelain, et pour n'être que de lui.

« Au moment où les *Provinciales* commencèrent à paraître, en 1656, les deux plus grandes autorités littéraires universellement reconnues et régnantes étaient Chapelain et mademoiselle de Scudéry : celle-ci avait la vogue, et l'autre le poids. C'était donc un coup d'art et d'habileté à Pascal de les mettre pour soi tout d'abord, de les intéresser et de les envelopper, pour ainsi dire, dès le premier jour dans son succès, — dût-on ensuite, et le moment passé, ne pas trop expliquer ce qui devenait obscur et ne pas se vanter de les avoir loués. »

— Cette Note, insérée dans le *Bulletin du Bibliophile*, et où je plaide en avocat convaincu pour une opinion qui me paraît très-probable, m'a valu une réfutation de M. l'abbé Flottes (Montpellier, 1858). Cet écrivain fort instruit, mais qui paraît craindre, en général, qu'on n'apporte quelque aperçu nouveau dans les sujets qu'il traite, s'est attaché à me contredire sur ce point comme il a déjà fait sur d'autres. Je ne ferai qu'une dernière observation pour réponse. La thèse de l'abbé Flottes, dans le cas présent, en la dégageant de toutes les arguties et de l'appareil d'école dont il l'a revêtue et compliquée selon ses habitudes (car il est un peu ergoteur), consiste à infirmer l'autorité de Racine et à récuser son témoignage en ce qui est de mademoiselle de Scudéry. Mais Racine, en ce temps précisément des *Provinciales* (1656-1657), écolier à Port-Royal des Champs, et écolier des plus avancés, élève de Lancelot, de M. Le Maître, cousin de ce M. Vitart qu'on a vu si mêlé et si présent à la naissance des *Provinciales*, devait être fort curieux et très-bien informé ; il a dû questionner autour de lui pour tout ce qui l'intéressait et recevoir des réponses ; il a su les secrets dont il a plus tard abusé : et notez qu'il n'a pas été contredit ni démenti sur cet endroit délicat de sa Lettre, dans lequel il dénonçait chez ses anciens maîtres une contradiction piquante.

Au reste, il y a si peu de critique en France dans ce temps-ci, je veux parler d'une critique éclairée et au fait de ce qu'elle prétend juger, que la petite brochure de l'abbé Flottes, envoyée par lui avec empressement aux divers Journaux de Paris, lui a valu des adhésions à peu près sans réserve. Comme il a mis ses arguments en forme, et qu'il a conclu en forme : *Donc, donc*, etc., on l'a cru sur parole, et l'on a dit d'après lui : « M. l'abbé Flottes a *démontré* que, etc., » sans distinguer ni même soupçonner le point principal, le point unique de la question, qui est tout entier dans le degré de confiance que mérite l'assertion ou l'insinuation de Racine [1].

Que si l'on me demande, après cela, pourquoi j'ai réservé cette explication pour un Appendice et ne l'ai point introduite dans le texte même à la place de la première supposition que j'avais adoptée, je répondrai que c'est qu'elle n'a, à mes yeux, qu'une très-grande probabilité ; et comme il peut se faire que l'on retrouve d'un moment à l'autre le volume des Lettres manuscrites de Chapelain qui se rapportent à l'année 1656 (les autres volumes de cette Correspondance se sont en effet retrouvés récemment, et je les possède), on verra alors s'il y a une lettre de lui à M. d'Andilly ou à

---

1. L'abbé Flottes, qui est mort depuis (le 25 décembre 1864) et dont on peut parler avec plus de liberté, était un homme d'étude plus qu'un homme d'esprit, un homme de piété aussi, d'une piété éclairée et qui admettait le raisonnement ; dont la messe toutefois, me dit-on, ne durait guère qu'un quart d'heure : il avait à Montpellier la réputation d'une *messe courte* ; il la disait tous les matins entre 9 et 10 heures à l'église Saint-Paul, et sa vitesse à la dire tenait plus à sa vivacité d'esprit qu'à l'envie de se dépêcher. Il avait eu, dès sa jeunesse, la vocation ecclésiastique et s'y était livré, quoique sa famille eût d'autres vues. Au demeurant, un de ces hommes de province remarquables et qui honorent leur cité ; une de ces têtes que l'on distingue et qui ont un caractère ; — un peu singulier d'ailleurs, mais singulier d'habitudes plus que d'humeur, dont toutes les journées se ressemblaient, et qui, ayant habité toute sa vie à Montpellier où il était né, n'avait jamais franchi l'enceinte de la ville, n'avait jamais vu la mer que du haut du Peyrou et des promenades, à la distance d'une ou deux lieues environ. Il a laissé à Montpellier un souvenir de bonté, d'honnêteté, et sa mémoire y est encore entourée d'un sentiment de vénération. Ayant professé la philosophie à la Faculté des Lettres pendant de longues années, il a légué à la Bibliothèque de la Ville ses livres formant eux-mêmes toute une bibliothèque, dans laquelle la philosophie et la théologie se donnent la main, et où quatre sujets, quatre branches surtout sont au complet, *Pascal, Huet, saint Augustin* et *Port-Royal*, les quatre principales occupations de sa vie.

quelque autre de nos amis Port-Royalistes au sujet des *Provinciales*, et si cette lettre est bien celle dont il est question. Je ne prétends donc point trancher absolument par une conjecture ce qu'un fait précis peut venir, au premier moment, confirmer ou peut-être détruire.

SUR LE CARDINAL DE RETZ.

(Se rapporte à la page 197.)

Ce serait ici le lieu de placer le Mémoire très-intéressant et très-neuf que je dois à M. de Chantelauze et qui a pour titre *le Cardinal de Retz et les Jansénistes;* mais l'étendue de ce Mémoire m'oblige à le reporter plus loin, à l'Appendice de l'un des volumes suivants, et lorsqu'il sera question du cardinal de Retz une dernière fois. Le lecteur n'y perdra rien.

SUR MASSILLON.

(Se rapporte à la page 200.)

Il y eut véritablement deux temps très-marqués dans la carrière ecclésiastique et oratoire de Massillon. La série d'extraits qu'on va lire me paraît fort curieuse pour fixer le premier temps de son éloquence, les débuts modestes, convaincus, touchants. Je tire ces passages de la Correspondance manuscrite de M. Vuillart avec M. de Préfontaine; c'est M. Vuillart qui raconte ses impressions au jour le jour :

« Ce mercredi 8 avril 1699. — J'ai ouï aujourd'hui le Père Massillon pour la première fois de ma vie. Je reprends ma lettre où je l'ai interrompue le matin, pour vous dire que ce prédicateur est charmant par sa solidité, son onction, son ordre, sa netteté et sa vivacité d'élocution, et, au milieu de tout cela, par son incomparable modestie. Il prêcha sur l'Évangile de demain, qui est de la femme à qui il fut beaucoup pardonné, parce qu'elle avoit aimé beaucoup. Ce fut (sans citer que très-peu les Peres) la substance et comme le tissu de tout ce qu'ils ont de plus beau, plus fort et plus décisif, fondé sur l'Écriture, qu'il possède admirablement. Vous concevez sur cela, Monsieur, le désir de l'entendre. Vous l'entendrez, si Dieu nous donne la consolation de vous voir après Pâques; car on croit qu'il continuera de prêcher dimanches et fêtes jusqu'à la Pentecôte. »

Un autre Oratorien, le Père Maur, brillait dans la chaire à la même date, et ses débuts semblaient balancer ceux de Massillon; le Père Maur n'a pas tenu depuis tout ce qu'il promettait et son nom n'a pas surnagé, mais on faisait alors de l'un à l'autre des parallèles :

« Ce jeudi 4 mars 1700. — Dieu fait primer encore hautement, cette année, les Pères de l'Oratoire dans le ministère de la parole, le Père Hubert à Saint-Jean, le Père Massillon à Saint-Gervais, le Père Guibert à Saint-Germain de l'Auxerrois, le Père de La Boissière à Saint-André, le Père de Monteuil à Saint-Leu, le Père Maur à Saint-Étienne du Mont. Il y en a d'autres encore: mais voilà ceux qui ont le plus de réputation ; et ceux qui brillent davantage sont le Père Massillon et le Père Maur, Provençaux. Le premier, d'environ trente-quatre ans, a l'air mortifié et recueilli, une grande connoissance de la religion, beaucoup d'éloquence, d'onction, de talent pour appliquer l'Écriture. Le second, d'environ trente-deux ans, a une belle physionomie, l'air fin, le son de la voix plus beau et plus soutenu, l'action plus agréable, une prononciation charmante, a puisé le christianisme dans les mêmes sources, car ils ont les mêmes principes et ont même étudié ensemble et de concert. Deux choses le font emporter au Père Massillon sur le Père Maur : le grand succès qu'il eut l'Avent dernier qu'il prêcha devant le Roi, et l'avantage de la chaire de Saint-Gervais qui est au milieu de la ville, au lieu que celle de Saint-Étienne en est à une des extrémités et qu'il y faut grimper; joint que l'on convient qu'encore que le Père Maur ne manque pas d'onction ni de pathos, le Père Massillon en a davantage. Les chaises de Saint-Gervais sont louées quinze sols; les moindres, douze. Mais la paroisse a bien des gens de qualité et des gens riches, au lieu que Saint-Étienne n'en a que peu en comparaison et qu'il a le désavantage de la situation. Les loueuses de chaises se sont donc humblement réduites à n'en prendre que quatre sols. »

Le bon M. Vuillart a bien de la peine à se décider entre les deux; le prix même des chaises, assez significatif dans son inégalité, ne lui paraît pas concluant : il tient tant qu'il peut pour celui qui prêche dans son quartier à lui, et qu'il est le plus à portée d'entendre. Toutefois on sent qu'à la fin la balance l'emporte pour le plus grand des deux orateurs sacrés :

« Ce jeudi 11° mars 1700. — J'ai entendu hier le Père Massillon, qui repose le mardi, au lieu que le mercredi est le repos du Père Maur. Le dessein de leurs sermons étoit le même : car le Père Maur avoit pris par avance l'Évangile d'hier. Voici leur commune division : *La crainte de la méprise* dans la vocation et la nécessité d'y consulter Dieu et ses ministres pour l'éviter, premier point : et le second fut *le danger de la méprise*, laquelle est si ordinaire. Le dedans du Père Massillon est plus fécond et plus riche. Le dedans du Père Maur est moins fécond et moins riche ; il l'est néanmoins, mais le dehors du dernier l'emporte de beaucoup par le son de la voix, la prononciation, l'action. L'onction des deux pénètre. Celle du premier est plus abondante et plus soutenue. Comme il craignoit hier la trop grande consternation de son auditoire sur les défauts de la vocation et sur la difficulté extrême de les réparer, il le releva et le ranima par une incomparable paraphrase de tout le Cantique de Jonas, qui le tint élevé à Dieu et comme transporté hors de la chaire assez longtemps les bras croisés et les yeux au ciel. Cette fin fut un vrai chef-d'œuvre. Ce fut un torrent de lait et de miel. Heureux qui s'en trouva inondé ! »

M. Vuillart a de grandes admirations pour un prédicateur plus ancien, également de l'Oratoire, le Père Hubert. Il le met au-dessus de tous pour la solidité, pour l'onction, pour la vertu chrétienne qui est dans toute sa vie et qui passe dans ses discours. Même après les grands éloges qu'il se plaît à leur donner, il continue de ne parler du Père Massillon et du Père Maur que comme venant après lui et à titre de jeunes talents qui promettent :

« Pour le Père Massillon et le Père Maur, c'est une réputation naissante que la leur. Elle se soutient bien jusques ici : et il y a grand sujet d'en espérer beaucoup pour la suite. Comme le Père Maur ne préchoit pas aujourd'hui (mercredi 17 mars 1700), j'ai entendu le Père Massillon et j'en ai été encore charmé. C'est un prodige que la fécondité de ses vues pour la morale, sa pénétration dans l'esprit et dans le cœur humain, l'application heureuse et juste des exemples et des autorités de l'Écriture, son onction. Sa méthode est facile et naturelle. Ses preuves sont fortes. Son discours est vif, persuasif et pressant ; son air, modeste et mortifié. Ses élévations à Dieu, assez, mais point trop fréquentes, pénètrent l'auditeur qui ne peut ne pas sentir que le prédicateur en est lui-même pénétré. C'est un homme tout merveilleux. Nous sommes très-redevables à la Provence de nous avoir fourni deux sujets du mérite du Père Massillon et du Père Maur. Par ces fruits tout spirituels, elle n'est pas moins une petite Palestine pour nous et une figure du Ciel que par ses figues, ses muscats, ses olives, ses oranges, etc. »

On voit que cet ami de Racine n'était pas sans avoir l'imagination quelque peu riante. — Il est moins question dans les toutes dernières lettres que nous avons de lui des deux prédicateurs émules ; la Cour les enlève à la ville ; Versailles et le monde, ce sera peu à peu l'écueil de l'illustre Massillon :

« (23 mars 1700). La réputation du Père Massillon et du Père Maur croit de jour à autre, parce qu'ils font de mieux en mieux. Le roi a retenu le second pour l'Avent prochain, et le premier pour le Carême. Ainsi nous en serons frustrés à Saint-Étienne où il avoit promis, et ce grand bien sera différé pour nous. »

L'état général de la prédication à cette fin du siècle est très-bien donné dans cette même lettre par M. Vuillart, au point de vue janséniste, mais avec le désir d'être impartial :

« Les Jésuites sont fort humiliés ici de leur petit nombre de prédicateurs et de leur médiocrité de talent pendant que l'Oratoire en fournit tant et de si habiles. On ne parle que du seul Père Gaillard (jésuite) qui fasse quelque figure à Saint-Jacques-de-la-Boucherie. Encore a-t-il eu d'abord si peu d'auditeurs que le curé de la paroisse s'en plaignoit au prône et recommandoit avec instance à ses paroissiens de le venir entendre, comme un de nos grands vicaires m'en a assuré. On auroit beau le recommander dans le voisinage de Saint-Jean, où prêche le Père Hubert, et de Saint-Gervais, où le Père Massillon brille de plus en plus, on l'abandonneroit comme est abandonné le jésuite de Saint-Nicolas-des-Champs, si le public n'avoit pour lui quelque reste de prévention favorable. Il est certain qu'il a bien du bon et plus que ses confrères. Sa morale n'est pas relâchée. C'est celui des Jésuites, avec le Père de La Rue, qui prêche le mieux. Le Père Bourdaloue ne prêche plus que rarement. »

Massillon suffira à remplir les quinze années suivantes et couronnera cette brillante carrière par son *Petit Carême*, son dernier chef-d'œuvre, déjà un peu amolli. Il connaissait trop bien le monde, il y avait trempé malgré lui; les dames s'en étaient mêlées. Vers la fin, sous sa forme sacrée, ce n'était plus guère qu'un moraliste et un sage [1].

SUR

LE PARALLÈLE DE PORT-ROYAL ET DES JÉSUITES.

(Se rapporte à la page 258.)

Le parallèle établi entre Port-Royal et les Jésuites, et qui a paru tout simple après la victoire des *Provinciales*, était chose reçue au commencement de ce siècle, et les écrivains les moins jansénistes, pourvu qu'ils fussent imbus de la bonne tradition française, en passaient par là. C'est ainsi que l'évêque d'Alais, M. de Bausset, au début de son *Histoire de Fénelon*, à côté d'un chapitre sur la

---

[1]. Voir sur la seconde carrière de Massillon les *Mémoires* de Matthieu Marais, tome I, p. 487; en retrancher l'injure qui y est inutile et injuste; mais y lire les faits articulés. C'est d'un contraste parfait avec le point de départ qui vient de nous être si fidèlement marqué.

Jésuites, en donnait un d'égale étendue sur Port-Royal. Cette sorte d'égalité dans la balance ne laissait pas de choquer le digne M. Émery, dont M. de Bausset recherchait les conseils[1] et qui estimait que c'était trop accorder à l'opinion. Sur ce point pourtant, M. de Bausset, si déférent d'ailleurs, tenait bon et ne se rendait pas. Le 18 janvier 1807, M. Émery, recevant de lui une nouvelle rédaction du premier livre manuscrit de son *Histoire*, ne se déclarait qu'à demi satisfait; il y avait eu quelques retranchements sur des détails de famille :

« Vous avez aussi retranché quelque chose sur les Jésuites, lui écrivait M. Émery, et vous avez bien fait ; mais vous n'avez rien retranché sur Port-Royal, et vous le faites marcher de pair avec les Jésuites, une société de quelques hommes réunis dans les dehors d'une abbaye, avec une Compagnie d'hommes qui remplissaient toutes les chaires, tous les colléges, tous les confessionnaux en France, qui agissaient et travaillaient dans toute l'Europe, et qui annonçaient l'Évangile à la Chine, au Japon et dans toute l'Amérique ! Les Jansénistes rivalisaient en France, du moins dans les commencements, avec les Jésuites, dans la partie littéraire seulement. Je crains que ce qui reste de Jansénistes ne se prévalent de ce que vous dites..., »

Après que l'ouvrage eut paru, M. Émery ne put s'empêcher de revenir sur ce point dans des lettres de février et de mars 1808, et il réitérait les mêmes réserves :

« Quelques personnes, disait-il, ont été mécontentes de votre article sur Port-Royal et madame de Longueville. J'avais moi-même cru dans le temps que vous donniez bien de l'importance à ces gens-là. Vous dites qu'on leur doit la perfection de la langue française. Je sais ce que Voltaire a dit des *Lettres provinciales;* mais quel autre ouvrage singulièrement bien écrit citeriez-vous de ces Messieurs ?... Il faut rendre à Port-Royal la justice qui lui est due ; mais je crois qu'on exagère et qu'on se trompe quand on leur fait l'honneur d'avoir fixé la langue française. »

Malgré toutes ces protestations, plus théologiques que littéraires, l'honneur d'avoir fixé la prose ne restera pas moins à Pascal. Quant aux autres, je n'assurerais pas que, pour parler comme M. Émery, on n'ait pas un peu surfait littérairement *ces gens-là*. Mais c'est qu'ils eurent aussi de beaux jours, des moments décisifs, des affaires brillantes dont le renom ensuite s'étendit à tout le reste. Qu'importe que Port-Royal fût incomparablement moins nombreux, moins considérable, même au temps de son plus grand éclat, moins puissamment organisé que la Société de Jésus? l'opinion qu'il donna de lui fit en grande partie sa force. Il imprima au monde, et même aux adversaires, l'idée de sa supériorité.

---

[1]. *Vie de M. Émery*, supérieur de Saint-Sulpice, par M. Gosselin (1862), au tome II, pages 128 et suivantes.

« Dans la guerre tout est moral, » a dit Napoléon. Or, si cela est vrai, même de la guerre à la baïonnette, qu'est-ce donc quand il s'agit des guerres de plume et de doctrine ?

SUR LE CHEVALIER DE MÉRÉ.

(Se rapporte à la page 303.)

Le chevalier de Méré, qu'on retrouve de temps en temps pour ses rapports avec Pascal, est une figure assez bien connue. L'annotateur des *Mémoires* de Rapin, qui s'entend mieux aux recherches généalogiques qu'à l'usage de la langue, a dit dans une de ses notes que le chevalier de Méré était « un bel esprit peu agréable, assez célèbre, dont *l'identité est débattue.* » Je ne puis comprendre ce que cela veut dire, puisque chacun sait parfaitement de qui il parle quand il s'agit du chevalier de Méré, et que c'est bien d'un seul et même personnage qu'on entend s'occuper. Mais le pédantisme de ces chercheurs est arrivé à un tel point qu'ils vous diraient que vous ne connaissez pas un homme avec qui vous avez passé votre vie, si vous ne savez le premier nom de souche de sa famille. Or, la chicane n'est pas autre en ce qui concerne le chevalier de Méré. Ménage nous a dit depuis longtemps qu'il était le frère cadet de M. de Plassac-Méré, également auteur comme lui, bel esprit de société et un peu précieux. Vigneul-Marville en avait parlé aussi. Un estimable biographe bourguignon, Joly, avait donné sur lui, en 1742, une notice où il avait rassemblé tout ce qu'on savait alors sur son compte. Mais en un point Joly avait erré : il avait conjecturé en effet, tout en appelant de ses vœux des recherches plus exactes, que le chevalier de Méré pouvait bien être de la famille des *Brossins.* Moi-même, en janvier 1848, non plus dans une notice, mais dans un portrait et dans une sorte d'Essai qui a pour titre : *Le chevalier de Méré ou de l'honnête homme au dix-septième siècle,* je me suis appliqué à étudier, à caractériser le tour d'esprit et le genre de distinction de ce curieux amateur de la politesse et des lettres ; mais j'avais évité avec soin, et de peur de confusion, toute assertion généalogique trop précise[1] et je n'avais dit mot des *Brossins*, ces sortes de choses étant peu mon fait. De-

---

1. Voir au tome III, p. 89, des *Portraits Littéraires*, édition de 1864.

puis lors j'ai retrouvé Matthieu Marais, dans ses Lettres au président Bouhier, nous parlant du chevalier de Méré en homme qui le connaissait bien et résumant ou complétant les notions à son sujet :

« Le nom de famille du chevalier, écrivait-il (22 février 1727), est Plassac : il est de Poitou et, parmi ses Lettres, vous trouverez la 29e adressée à M. de Marillac, intendant de Poitou, où il lui recommande son village. Dans le *Menagiana*, tome II, vous trouverez encore bien des particularités sur lui et sur son frère, M. de Plassac-Méré, qui a fait un traité de l'*Honnêteté* et un autre de la *Délicatesse*, qui n'ont pas été trop bien reçus. Ces messieurs-là étoient fort *honnêtes* et fort grands puristes. M. Ménage dédia au chevalier ses *Observations sur la Langue françoise*. Ce chevalier croyoit qu'il n'y avoit que lui qui parloit bien notre langue; il avoit un certain entêtement sur le *bon air* qu'il mettoit partout, et il ne trouvoit pas ce *bon air* dans Démosthène ni dans Cicéron. C'est un des premiers persécuteurs des Anciens. Il n'aimoit pas l'urbanité romaine ; l'éloquence de Nestor, qui avoit la persuasion sur les lèvres, ne lui plaisoit point. Enfin, à mon gré, ce n'étoit qu'un précieux en paroles et en sentiments. »

Voilà donc, ce semble, l'*identité* d'un homme bien constatée. Qu'y manquait-il? un seul petit point. M. Paulin Paris, à l'occasion d'une historiette de Tallemant des Réaux, duquel il a donné une fort belle et copieuse édition, rencontrant le chevalier de Méré, a constaté qu'au lieu d'être de son nom *Brossin* de Plassac, il était *Gombaud* de Plassac (tome IV, p. 115). Il a trouvé très-étonnant que personne n'eût fait avant lui cette découverte; il m'a même reproché, à moi, de ne pas l'avoir faite, quoique je n'eusse pas mis le pied sur ce terrain généalogique. De son côté, l'annotateur de Rapin, qui ne cherche que noise, suppose que j'ai dit le chevalier « originaire de Touraine et non de Poitou; » je ne sais où il a pris cela. Mais, en revoyant mon Portrait du chevalier de Méré, je me ferais plutôt un autre reproche : c'est d'avoir dit que, dans la notice de Joly, M. de Plassac est confondu avec son frère. En ces termes absolus, ma critique peut paraître injuste. J'ai voulu dire simplement que Joly (p. 369) n'avait pas distingué les deux frères comme étant tous deux correspondants de Balzac; car j'ai peine à croire que les Lettres, adressées par Balzac *à M. de Plassac-Méré*, soient à la même personne que celles qui sont adressées tout à côté *au chevalier de Méré* : et il est bien certain que quand Sorel parle de M. de Plassac, il entend parler du frère aîné, auteur d'un recueil de Lettres et critique malencontreux de Montaigne. Mais on conviendra qu'aujourd'hui, et lorsqu'un critique littéraire, sous peine de voir ses jugements infirmés et de passer pour superficiel, est obligé à tout moment de s'appesantir et de s'attarder sur de pareils détails, il ne serait pas mal d'exiger préalablement qu'il fût un peu clerc de notaire. Oh! que les Anciens étaient donc plus favorisés et plus heureux! ils avaient le goût *avant la lettre*, avant l'érudition ou ce qu'on appelle de ce nom-là.

SUR L'ASCÉTISME DE *PORT-ROYAL* ET SON UTILITÉ.

(Se rapporte à la page 337.)

Je rencontre ici un témoignage imprévu à l'appui de ma pensée. Dans un Recueil manuscrit de lettres familières de Proudhon à l'un de ses amis, M. Rolland, je trouve le passage suivant, écrit à Bruxelles le 24 mai 1860; j'avais en effet envoyé mon livre de *Port-Royal* au courageux exilé, et il m'en avait même remercié par une lettre des plus honorables pour moi, dans laquelle il se montrait fort au fait de ces questions théologiques et en assez grande sympathie morale avec les austères persécutés du dix-septième siècle; mais voici, à l'entendre lui-même, le profit qu'il s'efforçait de tirer de cette lecture :

« Je fais ce que je puis pour me calmer : il y a longtemps que je m'exhorte. Je viens d'achever les cinq gros volumes de S.-B. sur l'histoire de *Port-Royal*. Cela m'a remis en plein Jansénisme, et du même coup m'a fait revivre avec les dévots, le style chrétien....

« J'ai bien conclu de tout cela, de tout ce qu'on appelait au dix-septième siècle *direction*, et que S.-B. caresse avec amour, la nécessité de s'occuper sérieusement de remplacer pour les honnêtes gens de l'avenir les *Exercices de la spiritualité chrétienne*. Je comprends que ce n'est pas assez de poser des principes, d'indiquer des règles, de définir le droit et le devoir, d'enseigner la *civilité puérile et honnête*; il faut encore faire de la pratique de la vertu (passez-moi ce mot si mal porté) une occupation assidue ; il faut, enfin, ne pas se contenter de respecter la morale *grosso modo*; il convient, comme les Port-Royalistes l'avaient rêvé, d'y apporter un peu de soin, et, si le mot ne se prenait en mauvaise part, de raffinement.

« Il faut, dirai-je, travailler à réaliser en nous-mêmes notre idéal ; sans quoi la vie est une dégringolade continue ; et comme les orangs, après avoir commencé par la gentillesse, nous finissons par la brutalité.

« Voilà ce que je me dis, et je vous prie de croire que, si je ne commence pas par moi-même, ce n'est pas la bonne volonté qui me manque : mais le puis-je dans ce milieu infernal? Puis-je me livrer à l'ascétisme philosophique, socialiste et républicain, quand j'ai devant moi le spectacle des *immanités*, etc. »

Et ici l'indignation du lutteur le ressaisissait : le tempérament indomptable reprenait le dessus ; mais le témoignage est formel, et il est acquis. Il a tout son prix de la part d'un des plus honnêtes hommes, et des plus prononcés, de l'école rationaliste.

ENCORE UN DÉBAT SUR PASCAL.

(Se rapporte à la page 401.)

Il y a lieu de parler plus longuement de l'édition des *Pensées* par M. Astié et du débat qu'elle a suscité. L'auteur de *Port-Royal* doit lui-même se tenir très-honoré d'avoir fourni la première occasion ou le prétexte à ce conflit, à cette espèce de tournoi des plus sérieux, dans lequel ont figuré les théologiens les plus distingués du jeune Protestantisme, et dans lequel les plus importantes questions de l'Apologétique chrétienne ont été agitées.

En tête de son édition des *Pensées de Pascal, disposées suivant un plan nouveau* (2 vol. in-18, Paris et Lausanne, chez Bridel, 1857), M. Astié disait :

« Cette nouvelle édition des *Pensées de Pascal* doit son origine à deux remarques de M. Sainte-Beuve, qu'il convient de rappeler. Il dit, en parlant de l'édition de M. Faugère : « Le livre, évidemment, dans son état de dé-
« composition et percé à jour comme il est, ne saurait plus avoir aucun effet
« d'édification sur le public. Comme œuvre apologétique, on peut dire qu'il
« a fait son temps. » Aucun admirateur de Pascal ne saurait souscrire à un jugement si absolu et si excessif, et, pour notre part, nous n'en avons pas eu plus tôt connaissance que nous nous sommes demandé comment on pourrait prévenir un si grand malheur.

« Pendant que je cherchais ce qu'il y avait à faire pour restituer aux *Pensées* leur caractère de livre édifiant, auquel Pascal aurait avant tout tenu, la seconde remarque du savant critique... est venue fort à propos m'encourager dans mon dessein : « Chaque époque ainsi va refaisant une
« édition à son usage, dit ailleurs M. S.-B. ; ce sont les aspects et comme
« les perspectives du même homme, qui changent en s'éloignant. Il ne me
« paraît pas du tout certain que l'édition actuelle, que nous proclamons la
« meilleure, soit la définitive. » Ainsi le mal n'est pas, après tout, aussi grand qu'il semblait d'abord ; il y a encore place pour une nouvelle édition ; seulement il faut qu'elle restitue aux *Pensées* leur caractère de livre édifiant. »

Ce caractère *édifiant*, qu'il veut maintenir aux *Pensées* de Pascal, préoccupe avant tout M. Astié : il n'admet à aucun degré que

Pascal exagère un peu, dès le début, le désordre et le trouble de la nature humaine, pour lui faire ensuite plus aisément accepter le remède; qu'il fait exprès le nœud double pour être le seul ensuite à le pouvoir dénouer. Voltaire et Vauvenargues, qui ont admis cette explication, lui semblent à côté du vrai, et moi-même je lui parais m'être fort aventuré pour avoir dit :

« Il est bien vrai, en effet, que le jour où, soit machinalement, soit à la « réflexion, l'aspect du monde n'offrirait plus tant de mystère, n'inspirerait « plus surtout aucun effroi ; où ce que Pascal appelle la perversité humaine, « ne semblerait plus que l'état naturel et nécessaire d'un fonds mobile et « sensible ; où, par un renouvellement graduel et par un élargissement de « l'idée de moralité, l'activité des passions et leur satisfaction dans de cer- « taines limites sembleraient assez légitimes; le jour où le cœur humain se « flatterait d'avoir comblé son abîme; où cette terre d'exil, déjà riante et « commode, le serait devenue au point de laisser oublier toute patrie d'au « delà et de paraître la demeure définitive, — ce jour-là l'argumentation « de Pascal aura fléchi. »

« On ne saurait à notre sens, s'écrie M. Astié que révolté la seule idée d'une supposition pareille, faire un plus magnifique éloge des *Pensées*, car c'est dire que leur sort est indissolublement lié à celui du Christianisme sur la terre. En effet, l'argumentation de Pascal n'aura fléchi que le jour où l'humanité, dépouillée de tout reste de sentiment du Péché, aura, en s'arrachant la conscience, renoncé à l'organe qui seul lui permet d'apercevoir la vérité morale et religieuse. Mais ce jour-là les *Pensées* et le Christianisme n'auraient pas seuls vieilli : l'idéal, la poésie, la moralité auraient aussi fait leur temps, et il est permis de croire que l'humanité n'aurait plus à compter de longs jours. Fort heureusement, le Christianisme ne nous permet pas d'être pessimistes à ce point-là. »

M. Astié a donc entrepris son édition des *Pensées* dans l'espérance de rendre, par un ordre meilleur, aux raisons de Pascal toute leur valeur actuelle morale et religieuse, toute leur efficacité démonstrative ou persuasive.

Ce qu'il y a de particulier dans son ordre et qui distingue son édition de celle de M. Frantin, qu'il a le tort de ne pas citer davantage, et qui, le premier, a donné l'exemple d'une restitution méthodique selon le plan le plus probable, c'est qu'après le premier tableau de la misère et de la grandeur, de la contradiction inhérente à la nature humaine, après que Pascal a stimulé, harcelé, ballotté l'homme et lui a inoculé l'inquiétude et le tourment, l'impossibilité de l'indifférence ; au lieu de se mettre avec lui en quête des religions et d'en passer par une exploration historique qui aboutit à la découverte et à l'examen particulier de la religion du petit peuple juif, M. Astié trouvant, apparemment, cette partie des *Pensées* faible et un peu arriérée, offre tout d'abord le Christianisme au complet, l'Évangile et le Dieu de l'Évangile avec son sublime remède approprié au cœur humain, de telle sorte que l'impression morale est produite, et que la démonstration positive (par les miracles, par les figures, par les prophéties) est rejetée à la suite presque comme superflue. Pascal certes n'eût point procédé de la sorte, et l'entretien célèbre qui nous a été transmis, et dans lequel il exposa devant quelques amis le plan et la matière de son ouvrage, nous montre que ce plan était différent.

L'édition de M. Astié, à peine publiée, obtint des éloges dans le monde protestant et évangélique en vue duquel il l'avait conçue. La *Revue chrétienne*, dirigée par M. de Pressensé, publiait en novembre 1857 un fort bon travail de Vulliemin, critique fin, sagace, mais qui, cette fois, discutant moins qu'il n'exposait, se montrait tout bienveillant et tout favorable. M. Vulliemin concluait en disant :

« Il nous semble, s'il était encore au milieu de nous, voir M. Vinet, l'interprète le plus intelligent et le plus sympathique qu'ait encore eu Pascal, sourire à cette édition qu'il a inspirée, et que M. Astié a consacrée à sa mémoire bénie. « On m'a pris mon Pascal, » disait-il en parlant de je ne sais laquelle des éditions qu'il a connues : « Pascal, dirait-il s'il avait celle-ci en main, mon Pascal m'a été rendu. »

Cependant d'autres critiques plus jeunes et plus verts, moins enchaînés à la tradition des souvenirs et de l'amitié, trouvaient à redire, et en donnaient les raisons précises. M. Eugène Rambert, professeur à l'Académie de Lausanne, publia dans la *Bibliothèque universelle* de Genève (mars, avril et mai 1858) trois remarquables articles où il soumettait à un examen scrupuleux l'édition de M. Astié, et il poussait jusqu'à Pascal lui-même, se demandant si, comme je l'avais fait entendre, le livre de Pascal, en tant qu'œuvre apologétique, *avait fait son temps*, et ce qui en subsistait aujourd'hui.

Pour ce qui était de la nouvelle édition, en particulier, M. Rambert prouvait avec beaucoup de netteté et de vigueur que M. Astié avait tiré Pascal à lui, et en avait fait, bon gré mal gré, un apologiste de sa façon et selon l'esprit de son école : cette école qui se rattache à M. Vinet, mais qui, comme toutes les écoles, est encline à outrer la pensée du maître, a pour principe de déduire la vérité du Christianisme des seules preuves morales internes, en faisant assez bon marché des démonstrations historiques positives (miracles, prophéties) et en y recourant le moins possible. Le Christianisme est démontré divin en vertu de la conscience humaine éclairée et consolée, qui le déclare tel. Or, Pascal, tout en insistant sur les preuves morales, était loin de négliger les autres preuves, de ne pas les mettre au premier rang, en première ligne, et, à l'exemple de M. Astié, de les reléguer comme à la suite de l'armée victorieuse, dans le bagage. Il était trop artiste (à ne le voir que par là) pour ordonner ainsi la marche de défense et l'apologie du Christianisme, et pour faire de son centre de bataille une arrière-garde. M. Rambert, dans cet examen de l'édition de M. Astié, concluait contradictoirement à M. Vulliemin, que M. Vinet lui-même, tant invoqué, était trop artiste, avait un sentiment trop exquis de l'art de Pascal pour permettre qu'on y portât la moindre atteinte, fût-ce au nom des convictions qui lui étaient le plus chères, et que s'il avait pu dire autrefois qu'*on lui avait pris son Pascal*, il n'aurait pas dit cette fois qu'*on le lui avait rendu*.

Mais bientôt M. Rambert étendait son point de vue, et, considérant en elle-même l'œuvre de Pascal, il n'y trouvait de subsistant encore et de vivant aujourd'hui que ce qu'il en appelle la *préface*, c'est-à-dire ce sombre et magnifique tableau de la nature humaine. Il veut bien accorder une attention marquée à la page de *Port-Royal*, que citait également M. Astié, et dans laquelle je ne faisais que commenter Voltaire (« Il est bien vrai, en effet, que le jour où, soit machinalement, soit à la réflexion, etc., etc. ») : il y reconnaît du vrai, tout en la combattant en partie. Il estime que, de Pascal, cet énergique portrait du cœur humain troublé et non comblé dans son abîme n'a pas vieilli et n'est pas près de vieillir. Mais, cela dit, il ne voit plus rien de solide dans l'argumentation de Pascal ni de satisfaisant dans son explication. L'idée de la Chute, par exemple, concorde sans doute avec les phénomènes que présente le cœur humain, et elle explique quelques-unes de ses étonnantes contradictions; mais les explique-t-elle toutes? M. Rambert ne le pense pas, et, selon lui, les contradictions métaphysiques que Pascal signale dans la raison humaine trouveraient aussi bien leur solution dans certain système philosophique, dans la logique de Hégel par exemple, que dans la doctrine de l'illustre croyant. Quant aux preuves historiques invoquées par Pascal, M. Rambert n'a pas de peine à montrer combien elles sont en arrière du progrès de la science exégétique et de l'étude comparative des religions. Et pour éclaircir sa pensée, il introduit ici dans le débat le nom et l'exemple de M. Renan. Il est clair, dit-il, que pour réfuter celui-ci, il faut une autre méthode, une autre tactique et d'autres armes que celles dont usait Pascal en son temps : « les coups du grand athlète ne portent plus. »

Cette manière de voir de M. Rambert effraya fort, à ce qu'il paraît, et scandalisa quelques personnes du parti évangélique, et dans la *Bibliothèque universelle* du mois de juillet 1858, un homme excellent et respecté, M. Ernest Naville, se fit leur organe par un article intitulé : *L'Apologie de Pascal a-t-elle vieilli?* M. Naville étendait de plus en plus et élevait la question. Il ne craignit pas d'aborder la méthode de M. Renan considéré comme le plus récent et le plus ferme adversaire du surnaturel : il se demanda si sa méthode est supérieure à celle de Pascal, et s'il est nécessaire et prudent d'aller précisément sur le terrain de M. Renan pour le combattre. Il s'attacha à montrer que la doctrine du *Péché* et de la *Chute* est encore celle qui rend le plus complétement raison des contradictions humaines, tant de celles du cœur que de celles de l'esprit : « Un avantage marqué de la solution chrétienne, c'est de laisser au Principe de l'univers le caractère auguste de sa parfaite unité ; de ne pas faire remonter jusqu'à l'Essence éternelle la source première de contradictions et de désordres qui restent imputables à la créature seulement. » La conclusion de M. Naville était que, si l'apologie de Pascal manque en effet et si elle est devenue insuffisante sur bien des points, elle subsiste dans son sens profond, dans son esprit même :

« Ses fragments, disait-il, sont encore une source vive de pensées qui conduisent à la vérité, d'arguments qui ne vieillissent pas.... L'apologie de Pascal reste utile.... Pascal n'a pas seulement fait un livre ; il est lui-même une apologie vivante. Il a soumis ce front glorieux au joug de la foi ; il a prosterné devant la croix de Jésus-Christ cette tête ceinte, aux yeux des hommes, d'une si brillante auréole. Ce fait aussi est un argument. Il ne suffit pas à prouver que l'Évangile soit vrai ; il suffit à prouver que l'Évangile est respectable. »

A ce moment, un esprit ferme, exact, rigoureux, de ceux qui font le plus d'honneur à la nouvelle école théologique protestante, M. le professeur Ed. Scherer, crut devoir intervenir dans le débat, et pour plus de liberté il publia ses réflexions dans la *Nouvelle Revue de Théologie* (juillet et août 1858). Il dégagea la question de toute complication sentimentale, de toute prévention admirative ; il y appliqua l'analyse la plus subtile et la plus acérée. Il dit des choses hardies, surprenantes, mais fondées, à ce qu'il paraît, sur le strict examen des textes de l'Écriture, et capables de donner fort à songer à ceux d'entre les Chrétiens qui s'y appuient uniquement. Bon Dieu ! que cette terrible étude critique a marché depuis Richard Simon, et quel chemin elle fait encore tous les jours ! Le résultat net que tirait M. Scherer, sa conclusion en ce qui nous touche, la voici :

« L'apologie de Pascal est aujourd'hui nulle ; elle a vieilli, vieilli tout entière, méthode et arguments. Ainsi que l'a dit M. Rambert, il n'en reste que la préface, c'est-à-dire le tableau de la nature humaine. Mais ce tableau n'est pas un moyen d'apologie, c'est une étude morale. Pascal a fait son temps comme apologiste, il n'est plus aujourd'hui qu'un des plus éloquents de nos moralistes. »

Là-dessus grand émoi parmi les Chrétiens évangéliques ; l'honorable M. de Pressensé, directeur de la *Revue Chrétienne*, homme aimable, affectueux, empressé, écrivain facile, intarissable, de plus de zèle que d'exactitude, de plus de pathétique que de logique, une espèce de M. de Pontmartin protestant, de vertueux chroniqueur à l'affût, qui voit dans chaque auteur qui paraît, dans chaque livre qui passe, le plus ou le moins de christianisme qu'il contient ou qu'il affecte, et qui, sur cette mesure, donne chaque mois avec émotion le tarif moral du siècle, M. de Pressensé (septembre 1858) se mit en frais de lamentations et de gémissements au sujet de M. Scherer, qui lui répondit avec la précision de la science et l'amertume de la force (*Nouvelle Revue de Théologie*, octobre 1858). L'École critique faisait sentir son nerf à l'École sentimentale.

Depuis lors, dans *le Lien*, journal des Églises réformées de France (29 janvier et 12 février 1859), M. Frédéric Chavannes, chrétien sincère, esprit sérieux et attentif, a donné le résumé du débat et a essayé de faire la juste part de chacun. Cet estimable rapporteur, très au fait des doctrines et de l'histoire de Port-Royal, a montré du reste qu'il n'est pas étonnant que toute cette discussion entre théologiens protestants se rattache, par le point de départ, à la plus célèbre production partie d'une main janséniste. Malgré de nombreuses et graves différences en effet, il y a un lien réel entre l'inspiration chrétienne intérieure de Saint-Cyran, de Pascal, et celle des grands Réformés : pour eux tous la foi en la parole de Dieu se fonde moins encore sur la tradition de l'Église que sur *le témoignage du Saint-Esprit*. Ajoutez que les uns et les autres présupposent une interruption de tradition, une corruption radicale et très-ancienne (il ne s'agit que de plus ou moins d'ancienneté) dans l'Église catholique.

Une réflexion se présente d'elle-même au sortir de cette discussion exclusivement protestante, surtout si l'on se rappelle une dissertation du Révérend Père de Montézon qui peut se lire dans l'*Appendice* de notre premier volume. Il s'ensuit que tandis que les Catholiques romains et orthodoxes par excellence, les Jésuites, repoussent de toute leur force les Jansénistes à titre d'hérétiques, les Réformés les tirent à eux tant qu'ils peuvent, les accueillent à titre de frères, de cousins, et communiquent familièrement avec eux. Ainsi repoussés du centre, attirés et invités par delà la frontière, la situation des Jansénistes est singulière et apparaît dans toute sa fausseté.

SUR L'ENSEIGNEMENT DE PORT-ROYAL.

(Se rapporte à la page 525.)

Ayant désiré avoir l'avis de l'un des hommes les plus savants que la France ait enlevés à l'Allemagne, M. Dübner, touchant ces questions et ces méthodes d'enseignement, surtout en ce qui est du grec, je lui ai fait lire les chapitres de *Port-Royal* qui s'y rapportent, et j'ai reçu de lui la lettre suivante où, sauf le trop de modestie et d'humilité de l'entrée en matière, on a le fond de son sentiment qui se fait jour avec bien de la force et de l'autorité :

« Montreuil-sous-Bois, le 31 mai 1866.

« MONSIEUR, votre livre quatrième de *Port-Royal*, que j'ai lu dix-huit ans après son apparition, m'a fait toucher du doigt le mal de ma vie souterraine dans la mine philologique; je me vois sous la figure du père de Luther dans nos livres d'école saxons : mineur du Erzgebirge, tricorne avec le petit lampion à la pointe de devant, un gros cuir au siége. Un jour je m'avisai de quitter mes manuscrits et de saisir la grande manivelle de l'orgue universitaire pour la faire tourner un peu plus dans le sens de la raison et de la nature des choses. Dieu sait combien de peine je me suis donné pour montrer clair comme le jour qu'on tournait dans le faux sens, et qu'avec la moitié, peut-être le quart, de la peine qu'on se donnait, on ferait bien, et surtout qu'on donnerait à la jeunesse le goût à la place du dégoût! Eh bien! Monsieur, Port-Royal et vous, en 1846 (date de la Préface), vous aviez dit tout, *absolument tout* ce qui se trouve d'essentiel dans ce que j'ai élucubré et publié à ce sujet de 1856 à 1863 : aborder le grec directement et non à travers le latin; lire immédiatement après avoir appris la déclinaison et la conjugaison régulières; apprendre la syntaxe par l'observation et ne la résumer systématiquement que quand on la savait par l'usage; beaucoup, beaucoup de lectures; de thèmes, pas avant de savoir lire couramment des textes ordinaires; compositions sur des sujets choisis par les élèves eux-mêmes suivant ce qui les préoccupait par suite de leurs lectures; suppression de l'abus prodigieux des versions *écrites* et des leçons, etc., etc.... : tout cela, Monsieur, vous l'avez dit, au nom de Port-Royal, dans votre ouvrage de 1848.... Jugez, Monsieur, de mes immenses regrets d'avoir ignoré la meilleure de toutes les autorités! Je n'avais lu que Rollin; je n'ai pu m'appuyer sur lui qu'en deux occasions; il y a beaucoup de faible chez lui et *décadence* évidente, si on compare à ce que disent Messieurs de Port-Royal, de l'or pur!... Ne surgira-t-il pas quelqu'un qui voudra et saura écrire l'*Histoire de la Raison en France?* Ce serait une grande, mais navrante histoire.

« Les paroles de Gesner, citées p. 522, m'intriguent comme vous : elles doivent être tirées du *Mithridate* de Conrad Gesner. Je me persuade qu'il veut parler des traductions des auteurs grecs *en langues modernes.* En effet, des grands hellénistes du quinzième et du seizième siècle, aucun ne s'occupa de cela; mais il fallait des traductions d'écrivains si célèbres; elles devinrent donc « le partage des petits esprits. »

« M. Rossignol (p. 525) se montre bien rigoureux de prendre Lancelot au mot et de lui faire la leçon sur ce que c'est qu'une racine. Lancelot a fort bien su, ne fût-ce que par les lettres capitales dans Henri Estienne, que beaucoup de mots qu'il mettait n'étaient pas proprement des mots-racines, mais des simples par rapport à une famille de composés et de dérivés. C'est, comme dans toutes les choses de la pratique, un *nomen a potiori*; ce qui est le principal a donné l'appellation au tout, et il n'y a pas lieu de faire intervenir ici le grammairien philosophe. Quant à la fin de la note, sur la prononciation, M. R. ne la signerait sans doute pas aujourd'hui ; il sait que la chose n'est ni si sûre ni si simple qu'il a pu le penser il y a vingt ans. Les observations du milieu sont très-justes. Elles peuvent se résumer en ces trois points :

« 1° Lancelot tient trop peu compte de l'usage, qui doit dominer tout dans un ouvrage didactique élémentaire ; des mots rares et presque introuvables sont mis par lui en ligne à côté des plus communs, et, qui pis est, quelques-uns ne sont autres que des mots *forgés* par les grammairiens pour les besoins de leurs idées sur l'étymologie ;

« 2° Il y a chez lui mélange continuel des mots poétiques et des mots ordinaires, d'où il résulte que les thèmes des élèves qui savent le mieux leur *Jardin* sont les plus comiques ;

« 3° On peut relever fréquemment l'insuffisance ou même la fausseté des significations, fausseté soit matérielle, soit dans l'ordre qu'il suit, quand il y a plusieurs sens. C'est la rime qui fait ce mal.

« Somme toute, la lecture (si justement et si vivement recommandée par Port-Royal) et nos bons dictionnaires rendent complètement inutile ce livre « ostrogoth. » L'ordre *alphabétique* y est un véritable contre-sens. Les mots simples ou racines y devraient être classés *suivant leur fréquence dans l'usage*. J'ai calculé que six à sept cents mots simples bien choisis, expliqués dans une douzaine de leçons avec exercices sur la composition et la dérivation, et bien appris, mettraient les jeunes gens à même de lire couramment tous les écrivains ordinaires. (Les dizains de Lancelot en renferment environ 3000.) Un plan que je proposais à ce sujet fut applaudi dans la Commission des livres classiques et recommandé par M. le président au ministre M. Rouland, puis le silence se fit.... »

SUR LE PÈRE LABBE.

(Se rapporte à la page 528.)

Pour bien juger du Père Labbe et de son esprit, de cette activité légère et fanfaronne qui lui fit entreprendre tant de choses dont la plupart (telles que les grandes collections) ne sont bonnes et utiles qu'en tant qu'il n'y a pas mis du sien, il n'est pas hors de propos de lire le récit d'une conférence qui fut tenue à Paris, au mois d'août 1652, entre lui et le célèbre professeur en Sorbonne, le docteur de Sainte-Beuve. Ce fut un vrai duel théologique en champ clos. On a de cette conférence deux relations, l'une contenue dans une lettre de M. de Sainte-Beuve lui-même et qui se peut lire à la page 278 et suiv. du *Journal* de M. de Saint-Amour ; l'autre, qui se trouve dans les *Mémoires* manuscrits de M. Feydeau. Je donnerai cette dernière comme moins aisée à connaître :

« Un Père Labbe, Jésuite, raconte M. Feydeau, avoit fait imprimer un livre contre les Jansénistes où, en prose et en vers, il disoit contre eux tout ce que la passion la plus violente peut faire dire à un homme offensé contre ses plus grands ennemis. Il les traitoit partout d'hérétiques et de monstres. Le livre étoit latin ; je ne me souviens pas du titre[1]. Il avoit été précepteur de M. Du Gué de Bagnols ; il étoit de Lyon. Il pressoit M. de Bagnols de quitter le Port-Royal dont celui-ci avoit embrassé depuis peu la conduite avec une ferveur exemplaire, l'assurant qu'il étoit dans l'hérésie, et qu'il l'avoit fort bien prouvé dans son livre. M. de Bagnols lui dit qu'il le voudroit bien voir soutenir ce livre contre quelqu'un de ceux qu'il nommoit hérétiques. On m'en parla, mais me défiant trop de mes forces, je ne voulus pas l'accepter moi seul. Je fus le second de M. de Sainte-Beuve à qui je fus fort inutile, car jamais, dans une conférence, on n'a plus confondu une partie adverse que le fut le Père Labbe, par ce professeur en théologie.

« On conféra à ces conditions que, selon le jugement de la compagnie, si l'avantage demeuroit à M. de Sainte-Beuve, on garderoit le silence et on n'en parleroit point du tout, mais aussi que le Père Labbe supprimeroit son livre; et que, s'il ne lui demeuroit pas, le Père Labbe feroit ce qu'il voudroit. On s'assembla chez M. l'abbé de Bernay où il y avoit des personnes de la première qualité pour la robe. M. de Morangis, M. de Lamoignon, MM. les abbés Charrier, de Bernay, MM. de Bagnols, Le Nain, (MM. de Pomponne et de Croissy).

« M. de Sainte-Beuve, en une seule après-dînée, le convainquit de huit faussetés qu'il avoit faites en rapportant des textes de saint Augustin. Rien ne fut plus semblable à la conférence du cardinal Du Perron contre Du Plessis-Mornay devant Henri IV à Fontainebleau.

« Enfin, comme on lui fit voir qu'il avoit allégué la profession de foi de Pélage pour un sermon de saint Augustin, il dit qu'il ne laissoit pas d'y avoir de bonnes choses là-dedans et fut contraint d'avouer qu'il n'avoit jamais lu saint Augustin, mais qu'on lui fournissoit des mémoires sur lesquels il avoit travaillé. Il chercha ensuite des passages pour prouver une Grâce suffisante donnée à tous; et comme il n'en trouvoit point, je dis dans la conférence que le Père en pourroit trouver ; et je lui dis ces vers de saint Prosper :

> Gratia qua Christi populus sumus, hoc cohibetur
> Limite vobiscum, et formam hanc adscribitis illi,
> Ut cunctos vocet illa quidem invitetque ; nec ullum
> Præteriens studeat communem adferre salutem
> Omnibus, et totum peccato absolvere mundum[2].

Il me remercia et me dit que c'étoit ce qu'il vouloit dire. Je lui dis qu'en

1. Le titre était : *Elogium divi Augustini ; umbra ejusdem. Tumulus novæ doctrinæ, epitaphium ; antitheses Cornelii Jansenii et divi Augustini*.
2. « La Grâce qui nous fait disciples du Christ est de telle nature et se réduit toute à ce point (selon vous), qu'elle nous appelle et nous invite tous, et qu'elle aspire, sans en excepter aucun, à nous sauver tous et à absoudre du péché l'universalité du monde. » C'est la doctrine de Pélage et que saint Prosper expose avant de la réfuter. Cette doctrine, convenons-en, est assez humaine.

effet c'étoit là son sentiment (à lui le Père Labbe) sur la Grâce suffisante donnée à tous, mais que c'étoit le sentiment des Pélagiens que saint Prosper réfutoit, dont tout le monde fut convaincu quand j'eus lu la suite :

> . . . . . . Dic unde probes quod Gratia Christi
> Nullum omnino hominem de cunctis qui generantur
> Prætereat[1] . . . .

« Quoique ce Père souffrit la dernière confusion, il soutenoit néanmoins la dispute avec tant de confiance de visage que, si quelqu'un fût entré et qu'il n'eût jugé de ce que l'on disoit que par la mine, il eût cru qu'il eût eu l'avantage. Mais on fut bien étonné quand il consentit à renouer la partie à huitaine; et, conservant toujours le même visage, il dit à M. de Bagnols, en sortant, qu'il pensoit bien que M. de Bagnols n'étoit pas encore bien convaincu en sa faveur. M. de Bagnols lui dit qu'il ne pouvoit pas l'être davantage du tort qu'il avoit d'avoir fait un tel livre sans avoir lu saint Augustin, comme il l'avoit avoué. Je lui demandai en quelle confiance il pouvoit avoir traité des prêtres de Jésus-Christ d'hérétiques et de monstres sans savoir ni ce qu'ils disoient pour eux ni ce qu'il pouvoit dire contre eux ! Il me dit qu'il ne l'avoit dit que dans ses vers et que ce n'étoient que des figures poétiques[2].

« Tous ces messieurs furent tellement satisfaits de M. de Sainte-Beuve et de la lumière qu'il donna sur les vérités qu'on vouloit faire passer pour des hérésies, que chacun sembloit triompher dans son intérieur. Mais ce qui est de surprenant, c'est que, contre la parole donnée, le Père Labbe fit réimprimer son livre. J'en fis des plaintes à quelques-uns des Messieurs qui ne me répondirent que par leur silence en levant les épaules, donnant à entendre que tout étoit permis à ces gens-là. J'ai un petit abrégé, parmi mes papiers, de cette conférence. »

Les armes sont journalières; et je ne veux rien dissimuler : vers le temps de cette conférence et un peu auparavant il s'en était tenu une autre à Saint-Sulpice chez le curé M. Olier, entre le Père Des Mares et Dom Pierre de Saint-Joseph, feuillant, sur les mêmes matières de la Grâce (mai 1652). La conférence était à l'intention de M. et de madame de Liancourt et pour tâcher de les ramener aux bons principes tels qu'on les entendait à Saint-Sulpice. Le maréchal de Schomberg, frère de madame de Liancourt, y assistait. On assure que dans cette joute réglée le Père Des Mares n'eut point l'avantage. Il était meilleur prédicateur que conférencier. (Voir les *Mémoires* du Père Rapin, tome I,

---

1. Saint Prosper, après avoir exposé la doctrine adverse, la réfute : « Dis-nous quelle preuve tu as que la Grâce du Christ s'étende absolument à tous sans excepter un seul de ceux qui viennent au monde.... » — Disons nous-même toute la vérité: ce saint Prosper parait bien féroce, et l'on a tenté, à première vue, de faire comme le Père Labbe et de prendre l'objection pour l'article de foi.

2. C'est ce qu'il répondit également à M. de Sainte-Beuve, « que cela étoit écrit *poetice*. »

p. 477.) Le docteur de Sainte-Beuve, au contraire, était maître en ce genre d'escrime sorbonique : il avait la parole en main et un vaste fonds de doctrine.

LE PÈRE VAVASSOR ET LE PÈRE RAPIN.

(Se rapporte à la page 528.)

Le duel de ces deux Jésuites n'est pas sans intérêt pour nous. MM. de Port-Royal ont eu affaire à l'un et à l'autre : il n'est pas indifférent de voir comment ils se sont traités entre eux.

Le Père Rapin nous représente bien l'esprit littéraire des Jésuites dans ce qu'il avait de plus facile alors, de plus poli, de plus honnêtement mondain, — l'esprit de collége le plus émancipé et le plus orné de tout ce qui s'acquiert. Le Père Bouhours, son compagnon habituel, passait un peu la mesure par le trop de coquet et de sémillant; « il ne savoit bien que le françois, » disait l'abbé de Longuerue. Le Père Rapin avait professé durant plusieurs années les Belles-Lettres. Il était de cette société de personnes choisies qui s'assemblaient toutes les semaines chez le Premier Président de Lamoignon pour y tenir des conférences académiques; on y traitait des sujets de littérature, on y lisait des discours. Pellisson y prononçait un discours sur Homère : c'est là que le Père Rapin essaya son parallèle d'Homère et de Virgile, et probablement les autres exercices du même genre où il se plaisait. Il publia au fur et à mesure ses comparaisons et observations, ses Réflexions sur la Poétique, de 1669[1] à 1674 et dans les années suivantes. C'était, avant tout, un bel esprit qui faisait bien les vers latins, et c'est par là qu'il avait débuté dans la réputation : on avait fort admiré son Poëme des *Jardins* (1665), et on le célébrait dès lors de confiance plus qu'on ne le lisait. Il se hasarda d'écrire en français, dit Bayle, et il y réussit admirablement. L'abbé de La Chambre, faisant allusion à son mélange de littérature profane et de litté-

---

[1] J'ai sous les yeux le *Discours académique sur la comparaison entre Virgile et Homère*, récité le 19 août 1667 dans l'Assemblée qui se fait chez Monseigneur le Premier Président (in-4°, 1668). Dans une Dédicace que fait un anonyme au Premier Président, il est dit que cette publication est une sorte de larcin, qu'elle est faite sur une copie dérobée à l'auteur, et pendant l'absence du Père Rapin qui était pour lors à Rome. Celui-ci, à son retour, donna une seconde édition revue (1669).

rature de piété (car il en publiait aussi des Traités, sermons et discours), disait « qu'il servoit Dieu et le monde par semestre. »

Ces comparaisons ou parallèles qu'affectionnait le Père Rapin, de Démosthène et de Cicéron, d'Homère et de Virgile, de Thucydide et de Tite-Live, de Platon et d'Aristote, et qui sont ses *Semestres* littéraires, n'ont ni l'originalité ni la solidité qu'on y pourrait désirer; mais ils sont agréables, et ils expriment quantité d'idées, ils renferment quantité de notions suffisamment justes et qui étaient déjà ou qui sont devenues depuis des lieux-communs. Il avait des amis plus en fond que lui et qui lui fournissaient des textes grecs (par exemple Tanneguy Le Fèvre, le père de madame Dacier); mais aussi le Père Rapin a trouvé de son temps des critiques sévères, plus savants et plus exacts qu'il ne l'était. Bayle et Gibert ont parlé de lui sans trop de faveur, bien qu'avec impartialité. Gibert conclut en ces termes son article sur Rapin : « Quelque défaut qu'on découvre dans notre auteur, il sera encore vrai de dire que, s'il ne donne pas toujours les véritables règles de l'Éloquence dans ses principes, il en donne le goût par sa manière de dire les choses. » C'est dans un de ses confrères, le Père Vavassor, que le Père Rapin a surtout rencontré un censeur impitoyable et qui ne lui a rien passé.

Le Père Vavasseur ou *Vavassor*, comme on l'appelle par habitude (car il écrivait surtout en latin, et certes mieux qu'en français), était un savant du seizième siècle en retard, et qui offrait la singularité d'avoir, en 1675, un avis très-motivé sur les vers latins de Buchanan et de Bourbon, qu'il estimait fort virgiliens, et sur les deux Scaligers « qui avoient fait des vers tendres, délicats, admirables. ». Que dis-je? parmi les lyriques latins des derniers siècles, Rapin n'en ayant trouvé que trois qui s'étaient distingués, Sarbieuski, Cerisantes et Magdalenet : « Il ne parle point de Jonin, s'écriait Vavassor, Jonin qui vaut mieux que Cerisantes et Magdalenet tous deux ensemble. Il laisse là Balde, qui ressent mieux son poète qu'aucun de ceux-ci.... » Jonin et Balde, en 1675, quel oubli! Mais lui-même, Vavassor, avait fait IV livres d'Épigrammes latines, et Rapin, parlant de l'Épigramme, avait dit : « Une Épigramme vaut peu de chose quand elle n'est pas admirable, et il est si rare d'en faire d'admirables, que c'est assez d'en avoir fait une en sa vie.» Il rayait ainsi d'un trait de plume les IV livres du Père Vavassor. *Inde iræ*.

Quoi qu'il en soit, le Père Vavassor était un grammairien solide, sachant le grec comme peu, et le latin comme pas un. Il avait pris à partie Nicole pour sa Préface latine élégante, mais un peu légère de doctrine, mise en tête du Choix d'Épigrammes. Il prit au collet son confrère Rapin sans avoir l'air de le connaître, celui-ci ayant gardé d'abord l'anonyme, et il publia en 1675 des *Remarques* qui firent esclandre. Deux confrères aux prises! Corsaire contre corsaire! Il ne fallut pas moins que l'intervention et l'autorité du Premier Président de Lamoignon, grand ami du Père Rapin, pour faire supprimer ce pamphlet d'érudit qui créait une guerre civile.

Le Père Vavassor était un érudit hérissé et farouche, de ceux qui se plaçaient sous les auspices sévères de M. de Montausier : le Père Rapin était un rhéteur bel esprit de ceux qui se rangeaient sous l'astre plus aimable de M. de Lamoignon.

En fait, le Père Vavassor convainc le Père Rapin de parler de ces choses de l'Antiquité un peu à la légère, à la cavalière et par à peu près (le Père Rapin est déjà à quelques égards un littérateur d'aujourd'hui, un peu comme nous autres, hélas!) ; il lui reproche de ne pas toujours prendre les textes qu'il cite et dont il s'autorise dans les originaux mêmes et aux sources premières : de là plus d'un faux sens ou d'un contre-sens, même en citant de l'Horace ; par exemple :

> Aut agitur res in scenis, aut acta refertur.

Rapin allègue ce passage comme si Horace partageait les poëmes en deux sortes, les dramatiques et les épiques, tandis qu'il s'agit seulement de ce qui se passe sur la scène dans les drames, tragédies ou comédies, et de ce qu'on doit se borner à raconter sans l'exposer à la vue.

Parlant de l'*Andromaque* d'Euripide, le Père Rapin lui donne à ce moment pour fils le petit Astyanax, tandis que son fils alors était Molossus qu'elle avait eu de Pyrrhus. Astyanax avait été précipité du haut d'une tour par Ulysse à la prise de Troie ; ce dont il aurait dû se souvenir, s'il avait lu réellement ces anciens poëtes sur lesquels il aime tant à raisonner.

Mais la plus forte bévue est celle-ci. Le peintre Euphranor ayant à représenter les douze dieux principaux, ne savait comment exprimer Jupiter dans sa majesté. Étant entré un jour dans une école, à Athènes, où le maître expliquait publiquement Homère, il l'entendit réciter ces beaux vers du Ier livre de l'*Iliade*, où Jupiter est représenté *avec ses noirs sourcils*,

> Qui font trembler les cieux sur leurs pôles assis.

En sortant de là, et tout plein de son objet, il alla peindre son Jupiter, comme aussi Phidias l'avait sculpté d'après ces mêmes vers. — *Étant sorti de là*, καὶ ἀπιὼν ἔγραψεν.... *Et egressus pinxit*; mais cet ἀπιών trompa, on ne sait comment, le Père Rapin, qui traduisit : « comme l'écrit Apion le grammairien. » On juge si le Père Vavassor triompha de cette bévue, qui est piquante en effet. Au reste, le Père Vavassor, si au-dessus du Père Rapin en savoir positif et en intelligence de l'Antiquité, a commis lui-même dans sa vie quelques bévues assez singulières (voir le *Menagiana*, tome I, p. 209, et Niceron, t. XXVII, p. 137) ; une fois, notamment, il avait pris Κυθήρη, Cythérée, Vénus, pour κιθάρη, harpe. Celui qui ne commet jamais de bévues est celui qui n'écrit jamais.

Toutes ces remarques du Père Vavassor, et qu'il avait mis quatorze mois à élucubrer, étaient exprimées tout juste en français et avec des vestiges d'habitudes latines : *De par Apollon, Monsieur le Réflexif, tout maintenant* pour *tout à l'heure*. Le Père Rapin, en y répondant, fit le dégagé et prit des airs de critique transcendant qui confesse avoir eu de petites distractions, mais qui ne descend pas à se justifier. Il s'exécute assez bien, et le plus rapidement qu'il peut sur Apion : « J'avoue, dit-il, que par imprudence j'ai pris Apion pour Strabon. » Non, il a pris ἀπιὼν pour Apion, un participe pour un grammairien. — « Comme il s'agissoit dans mon ouvrage de juger presque de tous les ouvrages de poésie qui se sont faits depuis 3000 ans dans toutes les langues, et établir sur ce jugement une Poétique réglée, étoit-ce à un grammairien qui n'est propre qu'à confronter des passages, à interposer son jugement dans une affaire qui passoit si fort sa capacité?.... L'on m'arrache la plume des mains, » dit-il en terminant, et comme si ses amis, M. de Lamoignon ou tout autre, lui avaient dit : « Laissez donc là ce critique suranné et borné, vous êtes bien bon de perdre votre temps à lui répondre. »

Le Père Rapin ne s'est donc pas tiré de ce conflit malencontreux avec son rude confrère sans quelques égratignures. Il serait curieux, au sortir de là, de le voir dans sa Correspondance avec Bussy-Rabutin, ce personnage de condition qui se piquait non sans raison de politesse exquise et de belles-lettres. C'était une amie commune, madame de Scudéry, qui les avait mis en relation et en commerce de lettres. Ici tout change de face, et nous avons le Père Rapin comme il était dans le monde : que de respects ! quelle déférence ! que de soumission et de docilité aux moindres observations que Bussy lui fait au courant de la plume ! comme on voit bien le prestige qu'exerçait l'homme de qualité sur le plus mondain des hommes de collége ! Le Père Rapin s'empresse d'accueillir ces légères remarques, toujours assaisonnées de douceurs, avec une tendre reconnaissance et tout à fait en *honnête homme* : il va au-devant ; il adresse au comte questions sur questions concernant sa Poétique et attend ses réponses comme des oracles. Bussy répond avec une rapidité et une concision qui se trouve très-juste pour les choses qu'il sait bien. Un jour c'est sur le tutoiement que le Père Rapin l'interroge : la consultation ne laisse pas d'être piquante ; il s'agit du *tu* et du *toi* dont se servent en vers les poëtes :

« Madame la marquise de Sablé m'a dit quelquefois qu'elle ne le pouvoit souffrir. Le latin le dit en vers, parce qu'il le dit en prose ; mais il n'en est pas de même de notre langue, qui ne parle par *tu* et par *toi* qu'aux valets et aux petites gens : ce qui est si vrai qu'un amant ne dit jamais à sa maîtresse ni *tu* ni *toi*.... »

Sur quoi Bussy lui répond avec finesse, en le redressant sur un point qu'il sait d'original :

« Je suis de votre avis sur le *tu* et sur le *toi* de notre poésie; et la raison que vous en dites me paroît très-bonne, qui est que notre prose ne s'en sert pas.... En amour il n'est pas vrai, mon Révérend Père, qu'on ne tutoye jamais sa maîtresse : mais vous n'êtes pas obligé de savoir cela. »

Le Père Rapin est si prompt à recevoir les moindres avis de Bussy et à y déférer que celui-ci, à la fin, en devient modeste. La politesse extrême et l'humilité du religieux ne sont pas exemptes d'un peu d'obséquiosité.

En résumé, cette Correspondance de Bussy et de Rapin leur fait honneur et montre sous un jour favorable ces deux esprits cultivés et pleins à la fois de monde et de littérature. Des deux le critique le plus sûr et l'Aristarque, c'est encore Bussy : il a, toutes les fois qu'il s'en mêle, le jugement plus ferme, et l'expression aussi.

J'ai prononcé le mot d'obséquiosité. Le Père Rapin payait un peu son écot dans le monde en cette sorte de monnaie. Il y a un petit Traité de lui, intitulé : *Du Grand ou du Sublime*, dans lequel il choisit ses exemples et les tire du milieu du temps présent et du siècle où il vit. On y voit successivement : le sublime de la condition de la robe en la personne du Premier Président de Lamoignon ; le sublime dans les armes et dans l'épée en la personne de M. de Turenne; le sublime de la vie privée dans la retraite de M. le Prince à Chantilly ; et finalement, le sublime de la vie publique et sur le trône en la personne du Roi. Ce dernier genre de sublime est particulièrement amplifié. Il n'y a rien d'ailleurs dans cette abondance d'éloges et dans ces panégyriques à la Pellisson qui ne soit du goût et des habitudes du grand siècle : ma seule remarque dans l'espèce est qu'un homme de Port-Royal, un chrétien selon Saint-Cyran n'eût point fait cela. Nos gens, je l'accorde, ont bien quelques défauts, mais ils ne sont point plats.

LA BASTILLE ET LES JANSÉNISTES.

On n'en a jamais fini lorsqu'on séjourne sur un sujet. Le cours des années amène et fait sortir des documents nouveaux qui nécessairement ajoutent ou corrigent quelque chose à ce qu'on savait et à ce qu'on avait écrit. Dans une histoire comme la nôtre, il n'est presque pas de point qui ne soit sujet à ces sortes de retouches ou *rétractations*. C'est ainsi que l'ouvrage intitulé *Archives de la Bastille*, dont M. Fr. Ravaisson (de la Bibliothèque de l'Arsenal) a commencé la publication en 1866, nous offre une suite de papiers concernant les prisonniers d'État embastillés sous Louis XIV depuis l'année 1659 et, par conséquent, nous apporte quelques notions précises de plus sur la détention de quelques-uns de nos amis pour cause de Jansénisme. J'y trouve d'abord (page 205) une incarcération d'imprimeur-libraire, le sieur *Preveray* ou *Preuveray* (et non *Prémeré*) : il avait été surpris, faisant imprimer sans permission trois ouvrages qu'il avait avoué lui-même venant de Port-Royal, dans l'un desquels se trouvait le *huitième Écrit des Curés de Paris* (octobre 1659). Le cardinal Mazarin était alors à Saint-Jean de Luz, et c'était M. le Chancelier Séguier qui avait ordonné l'arrestation. Le cardinal Mazarin l'approuve, et dans les instructions qu'il donne à Le Tellier, alors à Toulouse, on voit que, tout en paraissant résolu à pousser la sévérité contre Port-Royal, il tient à ce qu'on ait la main aussi à retenir et à brider les adversaires :

« Cependant, dit-il (17 octobre 1659), j'estime, si Sa Majesté le trouve bon, qu'il faut écrire de sa part à M. le Chancelier, après avoir approuvé ce qu'il a fait à l'égard dudit libraire, que Sa Majesté entend que lorsque quelque Jésuite s'émancipera de parler ou d'écrire en d'autres termes qu'il ne doit, on procède contre lui avec la même sévérité qu'on feroit contre un autre ; étant important qu'on reconnoisse que le Roi n'est prévenu d'aucune partialité sur ces affaires-là, et que Sa Majesté veut rendre une égale justice à tout le monde.... »

C'est bien là l'esprit habituel du cardinal Mazarin, tel que nous le connaissons. Cette affaire de l'imprimeur Preveray se liait à des poursuites contre le sieur Petit ou Le Petit, libraire de Port-Royal, et qui était en estime auprès de ces Messieurs. Ce dernier avait échappé à l'arrestation en se cachant, et il avait été, comme on disait, sonné à son de trompe, *trompeté* par trois fois. On était dans les premiers jours de janvier 1660 ; mais lorsque tout le monde croyait que cette affaire était désespérée et la ruine de Le Petit inévitable, le sieur Vitré, un des plus considérables du corps des libraires et des imprimeurs et qui était en bonnes relations avec Le Petit, se porta caution pour son confrère auprès de M. le Chancelier et obtint du même coup la liberté de Preveray qui sortit aussitôt de la Bastille. Le Chancelier s'était subitement radouci.

Je ne vois pas non plus qu'une autre affaire, indiquée dans l'ouvrage de M. Ravaisson, à la date du mois de mai 1661, ait dû avoir de grandes suites. Il s'agit d'un appelé Pierre Baudelot qui, ayant à passer des thèses, avait jugé à propos de les dédier à la mémoire de feu M. de Saint-Cyran. Il avait distribué trois de ces thèses dans la ville d'Orléans, et pour ce fait de la distribution et pour « cette action extraordinaire » de la Dédicace, il avait été mis à la Bastille. La veuve Baudelot, — sans doute sa mère, — avait adressé requête au Chancelier pour qu'on voulût bien interroger son fils. Il est à croire qu'on le lui rendit. Ce nom de Baudelot qui se rencontre seulement dans les *Archives de la Bastille*, ne se retrouve, à ma connaissance, nulle part dans les livres de Port-Royal. C'est un humble martyr perdu dans le nombre et qui s'est vu oublié.

Pour en revenir aux illustres, les papiers de la Bastille n'apprennent rien de nouveau sur la détention de M. de Saci (1666-1668) dont les moindres particularités nous ont été transmises par le fidèle Fontaine. Il est peut-être juste d'adoucir ce que j'ai dit d'après celui-ci (dans le tome II, p. 349) du gouverneur, M. de Besmaus (et non Bézemaux), lequel pouvait bien être sec, dur et désagréable, mais non pas précisément « grossier ; » il faut observer les nuances, même envers les gouverneurs de la Bastille. On a la lettre du roi à ce gouverneur, contresignée de Lionne, pour accorder à madame de Pomponne la permission de voir son cousin prisonnier. La voici, grâce à l'obligeance de M. Ravaisson qui me la communique avant de la publier lui-même :

LE ROI A M. DE BESMAUS.

« ... La dame de Pomponne m'ayant fait demander permission de voir le sieur de Saci que vous détenez par mon ordre dans le château de la Bastille et lui accorder la liberté de pouvoir s'entretenir sur ses affaires particulières, je vous fais cette lettre pour vous dire que je trouve bon que vous permettiez à ladite dame de voir ledit prisonnier toutes les fois que bon lui semblera, à la charge néanmoins que vous serez présent lorsqu'ils conféreront ensemble et que vous ne souffrirez pas qu'il soit parlé d'autres affaires que de celles qui regarderont leur domestique ; à quoi m'assurant que vous satisferez avec la ponctualité que je dois me promettre de votre fidélité et affection à mon service,

Je prie Dieu qu'il vous ait en sa sainte garde.

Paris, 13 décembre 1667.

De LIONNE.

On remarquera la date de cette lettre. Il est aisé de la concilier avec ce qu'a raconté Fontaine d'une autre démarche de madame de

Pomponne, d'une première visite fort antérieure et qui doit remonter au mois d'août 1666. Fontaine remarque en effet que, dans la lettre de cachet qui en donnait l'ordre, il était spécifié que cette visite n'aurait lieu que pour cette fois et en présence de quelque officier. La seconde lettre qu'on vient de lire indique un relâchement et plus de facilité, quoique avec certaine réserve encore. Mais de toutes les visites de madame de Pomponne, la première, qui avait eu lieu le 12 août, était restée la plus chère à M. de Saci et la plus mémorable ; et tous les douzièmes du mois, est-il dit, durant le temps de sa prison, il en récitait un psaume d'actions de grâces à Dieu.

LETTRE EN RÉPONSE A UN MAGISTRAT,

AMATEUR DE PORT-ROYAL,

CONTENANT LE CATALOGUE D'UNE PETITE BIBLIOTHÈQUE JANSÉNISTE.

« Vous me demandez, Monsieur, quels sont ces livres, au nombre d'une trentaine, que M. Royer-Collard s'était réservés comme formant un fonds suffisant de Bibliothèque Port-Royaliste, à l'usage d'un amateur sérieux de Port-Royal, mais d'un amateur non théologien et homme de goût. D'autres que vous m'ont déjà adressé une question pareille. Un tel Catalogue, vous le sentez, est un peu facultatif et peut différer selon les goûts et les désirs des personnes, selon le but qu'elles se proposent. Autre chose est, en effet, pour celui qui sait son Port-Royal de longue main et dès l'enfance, de rejeter et de trier dans la seule vue de se souvenir ; autre chose de s'informer et de s'enquérir d'un choix à faire en vue de mieux pénétrer le sujet et de l'approfondir. Quoi qu'il en soit, voici, à mon sens, comme j'entendrais un tel Catalogue et le dresserais assez au complet. Je n'ai moi-même, dans mon livre de *Port-Royal*, nullement prétendu dispenser de ces lectures premières, mais bien plutôt j'ai eu à cœur d'y inviter et d'y introduire les bons esprits solides, curieux sans bruit, et amis des sources.

« En fait de *Nécrologe* de Port-Royal, il faut avoir celui de Dom Rivet, qui a pour titre : *Nécrologe de l'Abbaye de Notre-Dame de Port-Royal des Champs*, Amsterdam, 1723, in-4°.

« Il faut y joindre un autre in-4°, intitulé: *Supplément au Nécrologe de l'Abbaye de Notre-Dame de Port-Royal des Champs*

(1735), en tête duquel on trouve recueillies quantité de pièces d'une originalité édifiante.

« Indépendamment de ces deux *Nécrologes*, il est bon d'avoir un *Petit Nécrologe* en 7 volumes in-12, intitulé : *Nécrologe des plus célèbres Défenseurs et Confesseurs de la Vérité, des dix-septième et dix-huitième Siècles* (1760). Très-incomplet ou même inexact sur les anciens Messieurs de Port-Royal, ce *Petit Nécrologe* a des suppléments précieux sur les hommes du dix-huitième siècle, Rollin, Mésenguy, M. Collard, etc. Il contient aussi une liste assez incomplète, mais suffisante, des ouvrages composés par chacun des Messieurs ou des Solitaires.

« En fait d'*Histoire de Port-Royal*, indépendamment de celle, en 6 volumes, qui est du docteur Besoigne (1752), si l'on voulait être complet sans beaucoup de frais, il faudrait avoir l'*Histoire générale de Port-Royal*, en 10 volumes in-12, par Dom Clémencet (1755-1757), et les *Mémoires historiques et chronologiques sur l'Abbaye de Port-Royal des Champs*, en 9 volumes in-12, par l'abbé Guilbert (1755-1759). Ce dernier ouvrage, mal digéré, est précieux par certaines pièces, certains aveux qui ne sont que là, et il aide à pénétrer dans l'intérieur de ces Messieurs et dans le secret de la Communauté aux diverses époques.

« En dehors des *Histoires* plus ou moins bien compilées, les livres *classiques* et de première main sur Port-Royal sont :

« *Mémoires touchant la Vie de Monsieur de Saint-Cyran*, par Lancelot (2 volumes in-12, 1738) : ce qu'il y a, à la fois, de plus exact et de plus intime sur la première époque de Port-Royal ;

« *Mémoires pour servir à l'Histoire de Port-Royal*, par Fontaine (2 volumes in-12, 1738), plus exacts de ton et d'esprit que pour les faits, mais charmants de couleur ;

« *Mémoires pour servir à l'Histoire de Port-Royal*, par Du Fossé (1 vol. in-12, 1738) ; intéressants aussi, très-naturels, et qui se joignent bien aux précédents.

« A ces divers Mémoires il est bon de joindre le Recueil dit d'Utrecht, et dont le titre est : *Recueil de plusieurs Pièces pour servir à l'Histoire de Port-Royal, ou Supplément aux Mémoires de Messieurs Fontaine, Lancelot et Du Fossé* (un vol. in-12, Utrecht, 1740) ;

« Un autre volume in-12, plein de pièces, et plus intéressant que ne l'annonce le titre que voici : *Recueil de Pièces qui n'ont pas encore paru sur le Formulaire* (Avignon, 1754).

« Parmi les livres que j'appelle *classiques* et qui concernent plus particulièrement les Religieuses, si l'on veut pénétrer de ce côté, il faut :

Mémoires pour servir à l'Histoire de Port-Royal et à la Vie de la Révérende Mère Marie-Angélique de Sainte-Madeleine Arnauld (3 vol. in-12, Utrecht, 1742) ;

Les *Lettres de la Mère Angélique* (3 vol. in-12, Utrecht, 1742-1744);

Les deux volumes de *Lettres de la Mère Agnès*, que M. Prosper Faugère vient de donner tout récemment (1858);

Mais surtout 2 volumes in-4° intitulés: *Divers Actes, Lettres et Relations des Religieuses de Port-Royal, touchant la persécution et les violences qui leur ont été faites au sujet de la Signature du Formulaire*; ou plus brièvement: *Relations de Port-Royal*;

Plus un autre volume in-4° intitulé: *Histoire des Persécutions des Religieuses de Port-Royal, écrites par elles-mêmes* (1753). On y a du trop, mais on y a tout, et l'on peut choisir.

« Les *Vies intéressantes et édifiantes des Religieuses de Port-Royal* (4 vol. in-12, 1750), achèveront de satisfaire, et très-amplement, ceux que les Histoires générales de Port-Royal auront mis en goût. Quant aux lecteurs qui n'en sentent pas le besoin, ils pourront se dispenser des précédents volumes qui ont servi à construire les Histoires et qui y sont en partie reproduits.

« Comme livre de l'intimité de Port-Royal, du côté des Messieurs, il faut absolument avoir *La Vie et l'Esprit de M. Le Nain de Tillemont* (in-12, 1713), avec le volume de *Réflexions chrétiennes* qui s'y trouve ordinairement joint.

« De Nicole, il faut lire (je demande bien pardon de cet *il faut* continuel dont je m'aperçois un peu tard et que je mets pour plus de brièveté) les premiers volumes des *Essais de Morale* et, dans les volumes suivants, compris sous ce même titre d'*Essais*, les *Lettres* et *Nouvelles Lettres* (Nicole y est plus au vif qu'ailleurs): y joindre aussi le volume intitulé: *Esprit de M. Nicole*.

« De Du Guet, les 10 volumes, petit in-12, intitulés: *Lettres sur divers Sujets de Morale et de Piété*; — la petite *Vie de M. Du Guet*, par l'abbé Goujet, qui n'est que de quelques pages; — le volume intitulé: *L'Esprit de M. Du Guet.*

« Mais de M. Hamon lire surtout l'incomparable petite *Relation de plusieurs Circonstances de la Vie de M. Hamon, faite par lui-même sur le modèle des Confessions de saint Augustin.* — De ce même excellent homme lire le *Recueil de Lettres et Opuscules* (2 vol. in-12), et aussi les *Traités de Piété* en 4 volumes (les 2 premiers in-12, les 2 derniers in-8°).

« Si l'on pouvait trouver un opuscule intitulé: *Lettre intéressante du Père Vincent Comblat, Prêtre des Frères mineurs, à un Évêque, sur le Monastère de Port-Royal*, on ferait le pèlerinage même de Port-Royal à la date de 1678, c'est-à-dire à une époque encore excellente.

« Quand on arrive au dix-huitième siècle et à mesure qu'on avance, l'esprit pur de Port-Royal disparaît; on est dans la contention janséniste, et c'est à peine si l'on retrouve en Du Guet, Collard, Mésenguy et quelques hommes de cette sorte, une tradition qui rappelle les meilleurs temps des Solitaires et l'âge d'or de cette Solitude chrétienne.

« Mais, par exemple, on trouve dans le volume posthume de Mésenguy, intitulé : *Mémoire justificatif du livre intitulé : Exposition de la Doctrine chrétienne*, etc. (in-12, 1763), d'intéressants détails sur la vie de ce Port-Royaliste attardé.

« En tête du recueil intitulé : *Lettres spirituelles*, par M*** (Collard) (2 vol. in-12, 1784), on trouve une intéressante Notice sur la vie de cet autre Port-Royaliste attardé, grand-oncle de M. Royer-Collard.

« Lorsqu'on aura réuni ces divers volumes (et j'ai plus que doublé le nombre de *trente* que je m'étais proposé d'abord, mais j'ai mieux aimé en dire un peu plus que moins), lorsqu'on en aura usé comme on use de ce qu'on a habituellement sous la main, on en saura sur Port-Royal autant que personne en ce temps-ci, et on aura surtout extrait le suc et la moelle morale de tous ces fruits un peu sombres et tristes d'apparence, mais dont la sécheresse n'est qu'à l'écorce. »

FIN DE L'APPENDICE.

TABLE DES MATIÈRES.

Avertissement. . . . . Page i

LIVRE TROISIÈME.
PASCAL (SUITE).

VI, pages 7 et suiv.

Situation extérieure à la veille des *Provinciales*. — Les cinq Propositions déférées à Rome. — Innocent X. — Avocats pour et contre. — Le docteur Saint-Amour; son portrait par Brienne. — Audience solennelle : compliments et condamnation. — La Bulle France ; Mazarin. — Le Formulaire. — Affaire d'Arnauld à la Faculté. — Assemblées religieuses ; Assemblées politiques. — Une *Chambre de* 1815 en Sorbonne. — Arnauld rayé comme indigne. — Pascal survient à son aide; bataille regagnée. — Année 1656, seconde époque.

VII, pages 41 et suiv.

A qui vint l'idée des *Provinciales*. — Anecdote de Perrault. — Première Lettre. — Style nouveau. — Critiques grammaticales du Père Daniel. — Ton comique et jeu. — Détails du succès ; le Chancelier saigné. — Margotin et le président de Bellièvre. — M. de Saint-Gilles et ses expédients. — Chiffres de la vente; chiffre du tirage. — Chronique secrète. — Seconde Lettre; le sérieux commence. — Pascal se loue lui-même. — Il raille l'Académie. —

Troisième Lettre. — Échec au *Docteur*. — Les Jansénistes du monde. — Mademoiselle d'Aumale et le conseiller Benoise.

VIII, pages 73 et suiv.

Dix-septième et dix-huitième Provinciales rapprochées des trois premières ; ces cinq Lettres prises à part. — Pascal jésuitique sur un point, — inexact sur quelques autres. — Sa grande variation sur la méthode de défense. — Il se rapproche finalement de Saint-Cyran. — Sa pensée sur Rome et sur le sens des Bulles. — En guerre là-dessus avec Arnauld. — Réponses *ultrà*-logiques de celui-ci. — Position fausse d'Arnauld et du Jansénisme : — les Protestants la jugent du dehors ; — Pascal la dénonce du dedans. — Indépendance absolue du Pascal des *Pensées* ; hardiesse suprême.

IX, pages 98 et suiv.

Les *Provinciales* à partir de la quatrième ; revanche sur la Bulle. — Conseils en sens divers ; la lecture d'Escobar décide Pascal. — Génie de celui-ci ; ses limites ; — *moral* avant tout. — Le Père Casuiste des *Provinciales* ; Alain du *Lutrin*. — Pascal semi-dramatique, art du dialogue. — Critiques littéraires du Père Daniel ; elles portent peu. — Adresses et finesses véritables. — Le *pistolet* du Casuiste. — Instant où le jeu cesse. — Une qualité absente chez Pascal.

X, pages 122 et suiv.

Examen du fond. — Quelques citations inexactes. — Filliucius, sur l'exemption du jeûne. — Procédé de Pascal en citant. — Réponses des Jésuites en partie fondées. — Page émue du Père Daniel. — Pascal a pourtant raison ; comment cela ? — Les Jésuites *Gouvernement* ; machiavélisme. — Escobar pris comme *verre grossissant*. — Coup d'œil sur les débuts de la Société. — Saint Ignace et saint François-Xavier selon le Père Bouhours. — Esprit *jésuitique* ; — une fois connu, à jamais reconnaissable. — Colère généreuse.

XI, pages 146 et suiv.

Des *Provinciales* depuis la dixième ; vigueur croissante. — Tous les éloges justifiés. — Une réserve en faveur de Démosthène. — Épisode de la Sainte-Épine. — Retour au monastère. — Lettre de la mère Angélique à Arnauld. — Celui-ci poursuivi et caché ; soin touchant. — Les solitaires menacés. — Belle défense de M. d'Andilly : — diplomatie et gloriole. — Lettres de la mère

Angélique à la Reine de Pologne : — Naïveté et grandeur. — Le lieutenant de police Daubray à Port-Royal des Champs. — Espiègleries et malices des saints. — Le reliquaire à Port-Royal de Paris. — Marguerite et *Margot*.

XII, pages 178 et suiv.

Suite du miracle de la Sainte-Épine ; aperçu d'explication physique. — Gui Patin sur la valeur des témoignages.— Faux air d'authenticité. — Les miracles à la suite. — Impression sur Pascal. — Son vrai cachet restitué. — Répit donné à Port-Royal. — Digression sur Retz. — Dernier mot sur ses relations avec Port-Royal. — M. de Saint-Gilles à Paris et à Rotterdam. — Conclusion sur la Sainte-Épine. — Marguerite Périer et Massillon.

XIII, pages 201 et suiv.

Divers jugements sur les *Provinciales*.—Conséquences qu'elles eurent dans l'ordre théologique et dans le monde.— Conséquences théologiques. — Requête des Curés contre les Casuistes. — Pascal secrétaire des Curés. — *Montalte-Wendrock*; Arrêt du Conseil.— Le livre brûlé; les conclusions triomphantes. — Assemblée du Clergé de 1700.—Les Jésuites chassés en 1764.—Essais de réfutation ; Bussy-Rabutin. — Le Père Daniel. — Le comte Joseph de Maistre.

XIV, pages 229 et suiv.

Du livre de *l'Église gallicane*.— Procès criminel au Jansénisme. — Madame de Sévigné témoin à charge; citations tronquées. — Hobbes et Jansénius. — En quoi certaines philosophies accostent nécessairement le Christianisme.—Caractère de Joseph de Maistre ; son rôle singulier.—Son assaut contre Port-Royal.—Verve, excès *crescendo* d'injures. — Belle humeur et légèreté. — Voltaire plus *pieux* que de Maistre. — Port-Royal jugé par La Mennais.

XV, pages 259 et suiv.

Conséquences morales des *Provinciales*. — De la morale dite des *honnêtes gens* ; — divers temps de sa formation ; — Molière après Pascal. — Le *Tartufe* dans un salon janséniste. — Caractère de Molière ; — en quoi supérieur à Montaigne. — Molière plus triste que Pascal. — Idée d'un entretien entre tous les deux.

XVI, pages 280 et suiv.

Suite du *Tartufe*. — Cabale et interdiction. — Grand moment de 1669. — Le Casuiste dans *Tartufe*. — Dévotion aisée, et direction d'intention. — De la religion de Cléante. — L'*Onuphre* de La Bruyère; — ce qu'il est au *Tartufe*. — La peinture à l'huile et la fresque. — La poétique de Molière. — Sa muse comique ou *Dorine*. — Son style. — Anathèmes de la Chaire. — État vrai de la croyance sous Louis XIV. — Bossuet et Molière. — Des discordes entre grands hommes; rêve d'un Élysée.

XVII, pages 312 et suiv.

Dernières années de Pascal depuis 1657. — Son grand ouvrage sur la Religion. — La Roulette. — Ascétisme et sainteté. — Des pratiques excessives. — Véritable esprit de la discipline à Port-Royal. — Sentiment de Pascal sur la maladie. — Lettre de Pline. — Encore Montaigne. — Les deux solitudes avec leurs fruits. — Pascal et les pauvres.

XVIII, pages 338 et suiv.

D'un chapitre à écrire sur Pascal. — Des formes diverses de Sainteté. — La Sœur de Sainte-Euphémie; — scrupules et angoisses sur la Signature; — admirable lettre; — mort. — Pascal fidèle à l'esprit de sa sœur. — Sublime évanouissement. — Les deux grandeurs morales. — Sœurs plus grandes que les frères. — Anecdote de *l'abîme*. — Voltaire et Leibniz. — Bayle et Saint-Cyran. — Derniers moments et mort de Pascal.

XIX, pages 371 et suiv.

Du livre des *Pensées*. — Travail et difficulté de l'édition; — rôle de chacun; — esprit véritable qui préside. — Que devient notre pensée après nous? — Singulier propos de Nicole sur Pascal. — D'autres éditeurs auraient-ils fait mieux? — Succès du livre. — A-t-il manqué de certains suffrages?

XX, pages 394 et suiv.

Suite des éditions. — Attaques et réaction contre les *Pensées*. — Le Père Hardouin; Voltaire. — M. Boullier, défenseur de Pascal. — Caractère de cette apologie. — Édition de Condorcet. — Réaction nouvelle de 1802. — Résultat net de la critique moderne. — État présent de la question.

XXI, pages 418 et suiv.

Conversation de Pascal. — Son plan ressaisi. — Préambule et méthode ; — opposée à celle de Descartes. — Entrée en matière : — 1° l'homme devant la nature. — L'homme en lui-même. — Le *moi*. — L'homme dans la société. — Où est le droit naturel ? — Des opinions populaires. — Incertitude universelle ; — angoisse. — 2° L'homme en quête du salut. — Les philosophies. — Les religions. — La Religion. — Le Peuple juif et l'Écriture. — Les Miracles et les Prophéties. — Jésus-Christ. — La Charité. — Jugement final sur la composition et sur le style.

LIVRE QUATRIÈME.
ÉCOLES DE PORT-ROYAL.

I, pages 467 et suiv.

Entière destruction des Écoles. — Résumé de leur histoire. — Origine ; installation ; vicissitudes. — Esprit de cette éducation. — Idée chrétienne de l'*enfance*. — Milieu entre les Collèges et l'éducation domestique. — Du plus ou moins d'émulation. — Saint-Cyran et le monde moderne.

II, pages 501 et suiv.

Suite des Écoles. — Physionomie morale. — Des livres classiques de Port-Royal ; liste des principaux. — Caractère littéraire de l'enseignement. — Idée d'un Cours d'études. — Le latin et le grec. — Rôle exact de ces Messieurs. — Quelques critiques après l'éloge. — Le Père Labbe. — Le Père Vavassor. — Côté faible et défauts.

III, pages 534 et suiv.

Grammaire générale. — Sa nouveauté ; caractère original. — En quoi Port-Royal se distingue de l'Académie. — Quelques objections. — La *Logique*. — Esprit du livre ; voie moyenne. — Le bon sens. — L'indépendance. — La modestie. — Élévation finale. — Ce que pourrait être une Logique aujourd'hui.

IV, pages 558 et suiv.

Des principaux maîtres. — Lancelot ; — ses relations avec Chapelain. — Projet de *Grammaire françoise*. — M. Walon de Beaupuis. — Thomas Guyot. — Coustel. — Des principaux élèves. — Les fidèles, et ceux qui le furent moins. — Sur M. d'Aubigny. — De *l'homme aimable* au dix-septième siècle.

APPENDICE.

Sur Gorin, père de M. de Saint-Amour..	591
Sur le voyage à Rome des députés jansénistes.	591
Sur M. de Launoi.	595
Sur les *Lettres provinciales*.	596
Sur madame du Plessis-Guénegaud et l'hôtel de Nevers. . .	599
Sur la *Réponse* en tête de la Troisième Provinciale. . .	602
Sur le cardinal de Retz	606
Sur Massillon.	606
Sur le parallèle de Port-Royal et des Jésuites.	609
Sur le chevalier de Méré.	611
Sur l'ascétisme de Port-Royal et son utilité.	613
Encore un débat sur Pascal.	614
Sur l'enseignement de Port-Royal. . . , ...	619
Sur le Père Labbe.	621
Le Père Vavassor et le Père Rapin.	624
La Bastille et les Jansénistes.	629
Lettre en réponse à un magistrat, amateur de Port-Royal, contenant le catalogue d'une petite Bibliothèque janséniste.	631

FIN DE LA TABLE DES MATIÈRES.

8916. — Imprimerie générale de Ch. Lahure, rue de Fleurus, 9, à Paris.

www.ingramcontent.com/pod-product-compliance
Lightning Source LLC
Chambersburg PA
CBHW071154230426
43668CB00009B/950